대혜도경종요大慧度經宗要 외

(대혜도경종요大慧度經宗要 · 법화종요法華宗要 · 화엄경소華嚴經疏 ·

해심밀경소서解深密經疏序 · 대승육정참회大乘六情懺悔 · 발심수행장發心修行章 ·

십문화쟁론十門和諍論 · 판비량론判比量論)

화쟁연구소
원효전서 번역총서 09

대혜도경종요大慧度經宗要 **외**
-
초판 인쇄 2023년 6월 12일
초판 발행 2023년 6월 20일
-
주저자 박태원
발행인 이방원
책임편집 안효희   책임디자인 박혜옥
마케팅 최성수 · 김 준   경영지원 이병은
-
발행처 세창출판사
　　　신고번호 제1990-000013호
　　　주소 03736 서울시 서대문구 경기대로 58 경기빌딩 602호
　　　전화 02-723-8660 팩스 02-720-4579
　　　이메일 edit@sechangpub.co.kr 홈페이지 www.sechangpub.co.kr
　　　블로그 blog.naver.com/scpc1992 페이스북 fb.me/Sechangofficial 인스타그램 @sechang_official
-
ISBN 979-11-6684-210-8 94150
　　　978-89-8411-815-7 (세트)

_ 이 저서는 2015년 정부(교육부)의 재원으로 한국연구재단의 지원을 받아 수행된 연구임.
　(NRF-2015S1A5B4A01036232)

화쟁연구소
원효전서 번역총서 09

대혜도경종요大慧度經宗要 외

(대혜도경종요大慧度經宗要 · 법화종요法華宗要 · 화엄경소華嚴經疏 ·
해심밀경소서解深密經疏序 · 대승육정참회大乘六情懺悔 ·
발심수행장發心修行章 · 십문화쟁론十門和諍論 · 판비량론判比量論)

화쟁연구소 번역
주저자 박태원

세창출판사

80여 부 200여 권의 목록이 확인되는 원효의 저술 가운데 현존하는 20종을 총9권(11책)에 담아 간행을 완료하게 되었다. 8년에 걸친 고된 작업을 마무리하게 되어 후련하기도 하고, 원효전서 번역을 통해 눈뜬 새로운 학문적, 실존적 전망에 벅차기도 하다. 원문에 대한 번역자의 이해를 분명히 밝히는 해석학적 번역양식을 채택한 이 원효전서 번역총서로 인해, 원효사상이나 불교학 탐구에서 철학적 읽기가 활성화되기를 기대한다. 종래의 교학적 읽기와 철학적 읽기가 상호작용하면서 융합되어야 현재적 성찰과 문제해결력을 지닌 불교학으로 향상적 진화를 거듭할 수 있기 때문이다.

교학적 읽기는, 전통 교학체계와 용어 및 이론의 순응적 답습으로 인해, 자칫 고립된 언어 진영 안의 동어반복적 언어게임이 될 수 있다. 기존의 시선을 품으면서도 새로움을 역동적으로 거듭 추가해 온 교학 발달의 성찰적 창발성은, 언어학과 문헌학 및 교학적 읽기가 결합한 작금의 불교학 방법론에 의해 오히려 고사의 위기를 맞고 있다. 열린 성찰적 태도와 현재적 관심으로 전개하는 철학적 읽기는 그 출구가 될 수 있다. 본 번역총서가 원효사상 및 불교학에 대한 성찰적 탐구와 철학적 읽기의 토대가 되기를 바란다.

모든 인문학적 탐구는 한반도 지성의 전통 계보와 접속할 수 있어야 '한국 인문학'이 된다. 한국 인문학계의 숙원인 '한국적 고유성과 인문학적 보편성을 겸비한 자생인문학'도 그럴 때 가능해진다. 그리고 자생인문학 수립의 강력한 근거는 단연 원효사상이다. 그런데 이러한 자생인문학 수립 행보에 참여하기 위해서는 불교학의 문헌 · 언어 · 교학적 읽기만으로는 역부족이다. '지금 여기의 문제들을 해결하는 데 근원적/보편적으로 유효한 통찰들'을 읽어 내려는 인문학적 문제의식을 원효 읽기에 적용하려면 '철학적 읽기'가 필수적이다. 이 번역총서가 한반도 지성 내부 계보의 연속선상에서 '고유성과 보편적 호소력을 지닌 자생 인문학'을 수립하는 데 일조하기를 바란다.

 이 일을 이루게 한 모든 인연에 감사드리며

불기 2567. 4. 8.
박 태 원 합장

원효전서를 번역하면서

박태원

(영산대 화쟁연구소 소장, 울산대학교 명예교수)

대학생 때 『기신론소』를 읽으면서 처음 원효(617-686)와 만났다. 대학원 시절에는 원효전서 전체를 원전으로 일람—覽하였다. 박사학위 논문에도 원효를 담았다. 그러고 보니 원효와의 인연이 거의 35년이다.

인간과 세상의 향상진화에 기여할 수 있는 '보편 성찰에 관한 탐구'를 '보편학'이라 불러 본다면, 원효는 한국학 · 한국철학을 보편인문학으로 승격시키는 데 결정적 가교가 될 수 있는 인물이다. 이런 인물을 탐구한 성취에 기대어 새로 운 한국철학 · 인문학을 수립해 보는 것이 언제부턴가 품게 된 학문적 의지이다. 그리고 이 의지를 구현하기 위해 지성공동체의 협업을 펼쳐 보고 싶은 의욕이 나날이 뜨거워진다.

원효 관련 글을 쓸수록 숙제 하나가 뚜렷해졌다. 원효 저서들을 다시 정밀하게 음미하는 동시에 전체를 번역해 보아야겠다는 생각이 간절하였지만 차일피일 미루고 있었다. 더 이상 미루지 못하게 자신을 압박하는 어떤 계기가 필요했다. 2015년에 한국연구재단 토대연구사업으로 '원효전서 번역'을 수행키로 함으로써 그 계기가 마련되었다. 전체는 아닐지라도 이미 원효 저술의 상당 부분이 번역되어 있고, 『기신론소 · 별기』 같은 저술은 다수의 번역이 나와 있다. 저술 일부는 영역英

譯도 되어 있다. 그래서 〈이런 상황에서 굳이 원효전서를 다시 번역할 필요가 있는가?〉라는 질문을 자주 접하였다. 나의 대답은 〈반드시 다시 번역해야 한다〉는 것이었다. 학인의 길을 걷는 내내, 기존 번역들의 번역양식과 내용에 대해 비판의식을 갖고 새로운 대안적 번역양식에 대해 지속적으로 궁리해 왔기 때문이었다. 원효전서 번역을 통해 원효학 수립의 든든한 초석을 놓고 싶은 의욕도 소신의 근거였다.

어떤 인물과 그의 사상에 대한 탐구가 '학學(Science)'의 지격을 갖추려면 다층적이고 다원적인 탐구와 독법이 결합되어 하나의 학적 체계를 구성할 수 있어야 한다. 그리고 한반도 지성사에서 '학學'의 대상이 될 수 있는 인물들 가운데서도 원효는 단연 돋보인다. 그런데 '원효학'이라 부를 만한 내용은 아직 그 토대나 내용이 많이 취약하다. 무엇보다 원효 저술 전체가 제대로 번역되지 않고 있다는 점이 결정적 원인이다.

새로운 번역양식의 시도

가. 현토형 번역과 해석학적 번역

한문으로 저술한 원효의 글을 읽으면서 번역과 관련하여 품게 된 생각 두 가지가 있다. 하나는, 원문에 대한 자신의 이해를 분명하게 확인하려면 무엇보다도 번역을 해보는 것이 최고라는 생각이다. 다른 하나는, 현재 통용되고 있는 '한문고전 번역양식'에 대한 방법론적 회의이다.

한문 저술을 원문대로 읽을 때는 원문 특유의 감각을 생생하게 직접 대면할 수 있다는 점이 가장 큰 장점이다. 그러나 원효 저술처럼 고도의 철학적 내용을 담은 글을 읽을 때는 심각한 난제에 봉착한다. 한문이 지니는 어문학적 특징은 철학적 사유의 표현과 전달에 심각한 문제를 발생시키기 때문이다. 한자어는 같은 용어라도 개념의 범주가 넓고 중층적 의미를 담아낸다. 또 한문 문장은 단어와 단어, 구절과 구절, 문장과 문장의 관계를 확인시키는 접속어가 풍부하지도 않고 정밀하지도 않다. 그래서 작자의 의중을 문장에 정밀하게 담아내는 일에, 또한 독자가 필자의 의중에 명확하게 접근하는 일에, 많은 장애를 겪게 한다. 무릇 철학적 사유를 글에 담고 또 읽어 내려면, 가급적 개념을 명확히 제한할 수 있는 언어, 문장의 의미를 정확하게 표현할 수 있는 규칙을 정밀하게 구사할 수 있는 언어가 요구된다. 그런 점에서 고전한문은 철학적 사유의 그릇으로 사용하기에는 매우 불편하다.

문장을 구성하는 요소들 상호 간의 관계나 문장 안에서의 역할을 결정해 주는 격변화 법칙이 문장에 정밀하게 적용되는 문어文語, 단어의 개념범주가 분명한 언어는 번역작업을 용이하게 해 준다. 독일어처럼 격변화 법칙이 정밀하고 일관성 있게 반영되는 언어는 철학적 사유를 표현하거나 읽고 이해하는 데 매우 편리하다. 빨리어나 산스크리트어도 격변화 법칙이 분명하고 개념의 범주가 분명하기 때문에 문장 번역이나 이해에서 편차가 줄어든다. 이에 비해 고전한문에는 단어의 격변화 법칙이 없다. 한자어 하나가 어미변화 없이 다양한 품사로 구사된다. 그나마 문장 구성요소들의 관계를 파악하는 데 도움이 되는 허사虛辭들도 소략하다. 정밀하지도 않고 풍부하지도 않다. 그래서 단어들 사이의 관계나 단어의 문장 내에서의 역할을 결정하는 일에서 감당해야 할 독자讀者나 번역자의 몫이 너무 크다. 게다가 단어의 개념범주는 넓고도 다층적이다. 사정이 이렇다 보니 한문 해독력이나 문장 구사력을 확보하기 위해서는 다양한 문형들을 거듭 익히는 것이 전통 학습법이 되었다. '백번 읽다 보면 뜻이 저절로 드러난다(讀書百遍義自見)'는 말도 고전한문의 특성과 무관하지 않다.

원효 시대의 한국어, 특히 구어의 내용이 어떤 것이었는지 정확하게 확인하기는 어렵지만, 현재를 기준 삼아 볼 때 한국어는 관계사나 수사법의 정밀성과 풍부함이 어디에 내놓아도 손색이 없는 수준이다. 한자어를 포섭하면서 구사되는 현재의 한국어는, 기록과 수사修辭는 물론 철학적 사유의 그릇으로 정말 탁월하다. 그래서 나는 한국어의 주체로 살아가는 것을 크나큰 행복으로 여긴다. 원효 시절의 한국어가 지금처럼 정밀하고 풍요로웠는지는 알 수 없으나, 한문이 한국어의 구어적 정밀성과 풍요로움을 담아내기에는 턱없이 부족했을 것이다. 원효는 자신의 정교하고 다층적인 사유를 한자와 한문에 담아내는 데 매우 불편했을 것이다. 그러나 어쩔 수 없이 한문을 문어文語로 사용해야만 하는 시절이었다.

원효의 입장에서 볼 때, 다양한 의미일지라도 어쩔 수 없이 동일한 한자어를 쓸 수밖에 없는 경우가 허다했을 것이다. '불변의 본질', '본연', '특성', '면모' 등의 상이한 의미를 '성性'이라는 한 용어에 담아야 했고, '불변·독자의 실체 없음'과 '헛됨'도 모두 '공空'에 담아야 했으며, '실체 관념', '특징', '양상', '능력', '모습', '차이'라는 다양한 의미도 '상相'이라는 한 용어에 담아야 했다. 또 '가르침', '진리', '방법', '객관세계', '도리', '대상', '바탕', '존재', '온갖 것', '현상' 등의 의미도 모두 '법法'이라는 말에 담아야 했다. 이런 사례가 부지기수이다. 문장이 전하는 뜻을 결정짓는 핵심 개념의 거의 전부가 이런 사정에 노출되어 있다. 게다가 단어와 단어, 구절과 구절, 문장과 문장의 관계를 이어 주는 접속어가 정교하지 않은 탓에, 순접과 역접뿐 아니라 미세하고 중요한 관계의 차이들을 한문 문장으로는 명확히 구현할 수가 없었다. 그의 사유가 보여 주는 극미세한 분석적 정밀성과 다층·다면적 입체성으로 볼 때, 그의 사유와 한문의 관계에는 심각한 불화가 있었을 것이지만, 불화를 해소할 다른 방법도 없었다.

원효 저술뿐 아니라 한문으로 저술된 고전들, 특히 철학적 내용을 담은 고전들에 대한 번역은, 이런 난제들을 얼마나 잘 해결했는가에 따라 번역물의 수준이 결정된다. 그런데 한문고전에 대한 기존의 한글번역본은 과연 이런 난제들을 얼마나 해결하고 있을까? 아니, 번역자나 학인들은 이러한 문제를 해결과제로 인식하고는 있는 것일까? 필자의 생각으로는 회의적이다. 문제의식 자체가 결여되어 있는 것으로 보인다. 그래서 해결의지도 약하고, 해결하려는 시도도 만나기 어렵다.

기존의 원효저서 한글번역본들은 일종의 '현토懸吐형 번역'이다. 원전의 한문용어를 대부분 그대로 채택하면서 최소한의 관계사를 부가하여 한글문장으로 전환시키고 있다. 현토가 전통한문에 결핍되어 있는 관계사들을 최소한의 방식으로 보완하여 의미파악의 보조수단으로 삼는 형태였다면, 근대 이후의 한글번역은 현토의 역할을 한글로 계승한 형태라 할 수 있다. 그런 점에서 선행 번역들은 '현토형 번역' 혹은 '전통형 번역'이라 부를 수 있다.

현토형 번역은, 원전의 어문적 구성요소들을 가급적 원형 그대로 번역문에 반영한다는 점에서, 의미의 변형이나 훼손을 최소화할 수 있는 번역양식으로 간주되곤 한다. 그래서 원효저술 번역의 경우, 예컨대 성性·상相·체體·법法 및 이런 개념들과 결합한 복합어를 모두 원전의 표현 그대로 사용하는 것이 의미 훼손을 막을 수 있다고 주장하면서, 원전 용어들을 그대로 번역어로 채택한다. 그러나 한자는 다의적이고 한문은 다양한 해석이 가능하기에, 원전 용어와 문장의 의미에 대한 번역자의 이해에 따라, 의미단락 구분과 관계사 선정 등 번역문 구성을 위한 선택이 결정된다. 같은 용어라도 맥락에 따라서는 상반되거나 다른 의미로 사용되는 경우가 허다하기 때문에, 번역자는 자신의 관점에 따라 그 의미를 결정하여 번역어에 반영해야 한다. 특히 철학적 문헌의 경우에는 반드시 그렇게 해야 한다. 번역자의 관점에 따라 의미를 선택하고 내용을 명확하게 하는 방식으로 번역해 보면, 원문에 대한 번역자의 이해가 타인뿐 아니라 자신에게도 분명해진다.

'모든 번역은 해석이다'라는 말은 한문으로 된 철학적 문헌, 특히 원효 저술의 경우에도 고스란히 유효하다. 고전은 번역을 통해 '독사와의 대화 자리'로 초대된다. 그러기에 번역은 '대화를 이어 주는 통역'의 역할을 해야 한다. 그러나 한문고전 번역의 현실 풍경은 많이 다르다. 〈풍부한 원어의 의미를 번역으로 제한하면 안 된다〉〈의미를 제한하는 번역으로 심오한 뜻을 훼손시키지 않아야 한다〉는 등의 논리를 앞세워, 가급적 원전의 표현을 그대로 사용하려는 태도가 일반화되어 있다. 단순개념이든 복합개념이든 원문용어 그대로 가져와 한글문장을 만들고 있다. 그런 번역에서는 문장을 구성하는 '용어들의 맥락적 의미'와 '문장의 의미'를 읽어 내는 역자의 관점 및 이해가 드러나기 어렵다. 번역자나 독자 모두 문장의 의미에 접근하기 어렵다. 특히 독자는, '읽을 수는 있으나 뜻을 알기 어려운 현토형 한글문장' 앞에서 고개를 젓는다. 아무리 심오한 뜻을 품은 용어나 문장이라 해도 뜻을 제한적으로 선택하여 번역해야 한다. 뜻을 제한할 수 없는 용어나 문구는 글의 구성요소가 될 수 없다. 글이란 것은 원래 의미의 제한이다. 그 의미를 선택하여 전달하는 것이 번역이다.

문장의 의미 파악을 현토懸吐적 번역으로 처리하는 현토형 번역양식을 채택하는 것은, 번역자에게는 매우 유리하고 독자에게는 극히 불리하다. 원전 용어의 현토형 배열에는 역자의 이해 내용과 수준을 숨길 공간이 넉넉하여, 역자에게는 편할지 몰라도 독자에게는 불편하고, 학문적 기여도는 취약해진다. 현토형 번역물들 사이의 비교평가는 그저 한문해석의 어문학적 타당성이나 현토의 차이를 기준 삼아 행할 수 있을 뿐인데, 그런 평가는 너무 엉성하다. 번역자만 유리한 일방적 언어게임이 관행이라는 방패를 앞세워 답습되고 있다.

한문고전의 현토형 번역물을 영어번역과 비교해 보면 현토형 번역의 문제점이 분명히 드러난다. 영어번역은 아무리 단순한 개념을 담은 용어라도 원전 표현을 그대로 사용할 수가 없다. 영어에는 한자어가 없기 때문이다. 그래서 해당 용어에 대해 번역자가 선택한 의미를 일일이 영어로 기술해야 한다. 한문을 영어로 옮기려면 모든 용어와 문장에 대한 번역자의 이해를 고스란히 번역문에 반영해야 한다. 따라서 영역본을 읽으면 뜻이 분명하고 이해하기가 쉽다. 원문에 대한 의미 파악이 얼마나 정확한지, 얼마나 좋은 번역인지는, 여러 번역본을 비교하고 평가하는 담론과정에서 결정하면 된다. 달리 말해, 영역은 번역자의 이해가 분명히 드러나므로 차이의 확인과 평가가 용이하다. 그리하여 다른 이해를 반영한 다른 번역이나 더 좋은 번역이 등장하기 쉽다. 영역을 비롯한 외국어 번역본에서는 동일 고전에 대한 새로운 번역이 계속 이어지고, 또 그런 현상을 당연하게 여기는 이유가 여기에 있다. 동일 문헌에 대한 다양한 번역을 통해 번역의 자기 진화가 가능하다. 현토형 한글번역과 영역은 모든 점에서 극명하게 대비된다. 이 차이가 무엇을 의미하는지 주목해야 한다.

전통/현토형 번역의 유용성은 제한된 소수자들만의 협소한 공간에 유폐된다. 전문가를 자처하는 소수자들 사이에서만 유통되고 재생산되는 번역은 폐쇄적 공간에 머물기 마련이다. 학문적 기여가 제한되고, 현재어와의 소통성 부재로 인해 다양한 언어지형들과 상호작용하기가 어려우며, 의미 가독성이 떨어져 연구자들과 대중 지성들의 갈증을 채워 줄 수가 없기 때문이다. 그럼에도 불구하고 한국에서의 동아시아 한문고전 번역, 특히 철학/사상 관련 고전들의 번역에서는 아직도 이러한 폐쇄적 방식이 일반형으로 유통되고 있다.

고전한문으로 기술된 철학적 문헌은 번역자의 관점과 이해한 내용에 따라 번역물 수준의 편차가 특히 심하다. 원효저서의 번역에는 이런 문제가 고스란히 노출된다. 원효는 거의 모든 유형의 불교교학을 통섭通攝적으로 다루고 있기에, 그의 언어를 번역하기 위해서는 다채로운 역량을 준비해야 한다. 어문학적 한문해독력은 물론, 모든 불교교학과 원효사상에 대한 심도 있는 탐구, 연관되는 철학적 성찰에 대한 견실한 소양을 확보해야 한다. 아울러 불교언어의 특수성이 요구하는 근원적 역량도 유념해야 한다. 불교언어는 경험에 의한 검증가능성을 원칙으로 삼는 진리관 위에 수립된 것이기에, 사변적 방식만으로 접근하는 것에는 한계가 있다. 언어에 반영된 그 언어주체의 경험지평에 접근하려는 실존적 노력마저 요구된다. 이 근원적 역량의 향상은 결코 단기간에 가능한 것도 아니고 쉬운 것도 아니지만, 용어와 문장의 의미 파악에서 결정적 역할을 하는 경우가 많기 때문에 간과할 수가 없다. 번역자는 이런 다채로운 역량에 의거하여 최종적으로 자신의 해석학적 관점을 선택한 후, 그 관점에 따라 포착한 문장의 의미를 명확한 형태로 현재어에 담아내야 한다.

원효저서에 대한 기존의 한글번역들은 현토형 번역양식이 안고 있는 문제점들을 그대로 노출하고 있다. 이런 문제점들을 극복할 수 있는 대안은 '해석학적 번역양식'이다. 원전 내용에 대한 번역자의 이해를 명확히 드러내면서 그 이해를 현재어에 담아내는 것을 '해석학적 번역'이라 불러 보자. 해석학적 번역은 통상의 의역이 아니라 '해석학적 직역'이다. 해석학적 번역은, 번역자의 이해를 명확히 드러냄으로써 '의미 가독성'을 높이고 '번역내용에 대한 평가'를 용이하게 하여 더 좋은 번역들이 이어지게 한다. 또한 번역이 현재어와 접속되어 다양한 지식 지형의 현재언어들과 상호작용할 수 있는 '소통성'을 높여 준다.

예를 들어 보자. 원효가 즐겨 구사하는 '一心'이라는 기호는 마음의 역동적 국면을 지시한다. 그런데 '一心'을 '일심'이나 '한마음'으로 번역하면, 원효가 이 기호를 통해 알리려는 역동적 사태가 정태적 존재로 둔갑한다. '一心'을 가변적 현상 이면에 있는 '불변의 본체나 궁극실재'를 지시하는 명사적 의미로 읽으면, 원효의 일심철학은 '모든 현상을 지어내고 자신은 불변의 자리를 지키는 궁극실재에 관한 철학'이 된다. 원효의 의도를 엉뚱하게 굴절시키는 이해이다. 원효철학에 대한 이런 관점이 논리의 옷을 걸치고 이론의 집을 짓는 경우가 허다한데, 현토형 번역의 부작용과 무관하지 않다. '一心'을 해석학적으로 번역하려면, '一心'이라는 기호가 채택되는 철학적 의미맥락을 성찰하고 선택한 의미를 반영하는 번역어를 채택해야 한다. 그래서 필자는 '一心'을 '하나처럼 통하는/통하게 하는 마음'이라 번역한다. 『금강삼매경론』의 '경의 핵심 내용을 밝힘'(辨經宗)이라는 대목에 나오는 문장 일부를 해석학적 번역양식에 따라 번역하면 다음과 같다.

원문: "開說十門爲其宗者, 謂從一門, 增至十門. 一門云何? 一心中, 一念動, 順一實, 修一行, 入一乘, 住一道, 用一覺, 覺一味."

해석학적 번역: "〈'펼치는 방식'(開)으로 말하면 '열 가지 [진리 전개] 방식'(十門)이 근본(宗)이 된다〉라는 것은, '일一로써 펼치는 방식'(一門)으로부터 [숫자를 하나씩] 더하여 '십十으로써 펼치는 방식'(十門)에까지 이르는 것을 말한다. 〈'일一'로써 펼치는 방식〉(一門)이란 무엇인가? '하나처럼 통하는 마음'(一心) 가운데 '하나처럼 통하는 생각'(一念)이 움직여, '하나처럼 통하는 진실'(一實)을 따라 '하나처럼 통하는 수행'(一行)을 닦고, '하나처럼 통하게 하는 가르침'(一乘)으로 들어가 '하나처럼 통하는 길'(一道)에 머무르며, '하나처럼 통하게 하는 깨달음'(一覺)으로써 '한 맛 [처럼 서로 통함]'(一味)을 깨닫는 것이다."

해석학적 번역을 구현하기 위해서는, '모든 한자어의 의미 풀어쓰기'와 더불어, 문장 의미에 대한 번역자의 이해를 번역문에 명확하게 반영하는 작업이 이루어져야 한다. 이러한 작업을 위해서는 파악한 뜻을 부연하여 설명하고 단어와 문장들의 관계를 정밀하게 연결시켜 주는 보조문의 삽입이 필수적이다. 원문에는 없어도 의미 전달에 필요한 내용을 원문과 차별 가능한 형태로 적절하게 추가해야 한다. 이를 위해 이 '원효전서 번역' 작업에서는 글자 크기를 달리하는 '[ ]' 기호를 사용하여 그 안에 보조 문구를 기입하는 방식을 적극 활용했다.

기존의 현토형 내지 전통형 번역을 통틀어 '1세대 번역양식'이라 부른다면, 이제는 기존 번역양식의 문제점을 보완한 '2세대 번역양식'이 요청된다. 그리고 이 2세대 번역양식은 '해석학적 번역'이어야 한다. 이번에 시도한 원효전서 번역은 이러한 해석학적 번역양식을 원효저술을 대상으로 구현해 본 것이다. 해석학적 번역본은 원효저서의 외국어 번역을 위한 저본으로 사용하기에도 용이하다. 현행 현토형 번역은 외국어 번역의 저본으로 채택하기가 어렵다. 현재 부분적으로 영역되어 있는 것들은 영어권 학자 스스로 원전의 의미를 파악하여 영어로 옮긴 것이다. 원효저서 전체에 대한 신뢰할 만한 영어번역본의 확보는 원효학 수립의 세계적 협업을 위해 시급한 과제인데, 이번의 번역이 그 가교가 될 수 있기를 기대하고 있다. 아울러 한문 불전佛典뿐 아니라 동아시아 한문고전의 한글번역에 있어서도, 양식 전환의 계기가 되는 한 전범典範을 마련해 보려는 전망까지 품고 있다.

나. 협업적 공동번역시스템에 의한 번역

번역자의 역량이 아무리 출중해도 단독번역 작업은 여러 한계를 수반한다. 아무리 꼼꼼히 챙겨도 놓치는 것이 있다. 관련자료 탐색, 의미 파악, 번역문 구성 등 번역의 모든 면에서 혼자서는 해결하기 어려운 문제점들이 발생하기 마련이다. 이런 문제를 해결하려면 다양한 역량을 지닌 사람들이 팀을 이루어 협업하는 방식이 이상적이다.

통상적으로 대형 공동번역은 번역물을 연구자들에게 배분한 후 각 연구자들이 번역한 것을 종합하는 형식이다. 번역어 통일이나 내용의 정합성을 위한 조정과정을 거치기는 해도, 기본적으로는 단독번역들의 종합이 된다. 그러다 보니 문헌마다 담당 번역자의 이해가 단독적으로 반영될 뿐, 의미 파악의 타당성을 공동으로 면밀하게 검토할 수 있는 기회가 결여된다. 무엇보다도 다수의 연구자들이 꾸준히 머리를 맞대고 함께 작업할 수 있는 환경을 확보하기가 어렵기 때문이다. 이번 원효전서 번역은 한국연구재단의 재정지원으로 인해 이런 문제점을 극복

할 수 있는 협업적 공동번역 시스템을 구성하여 가동할 수가 있었다.

한역漢譯대장경을 산출했던 번역시스템은 탁월했다. 국가적 지원 아래 구성한 번역시스템은 가히 이상적이었던 것으로 보인다. 산스크리트어에 대한 어문학적 해석력, 한문 번역문의 구성력, 불교언어의 뜻을 읽어 내는 의미파악력 등, 번역에 필요한 최고 수준의 전문가들이 모여 각자의 역량을 결합시킬 수 있는 시스템이었다. 그런 시스템을 현재에 그대로 재현하기는 어려울 것으로 보인다. 그러나 이번 원효전서 번역에서는 그런 시스템의 장점을 조금이라도 닮아 보려고 했다. 그래서 불교학 각 분야 전문연구자들의 역량을 결합할 수 있는 팀을 최소한의 규모로라도 구성하고, 모든 번역문을 독회 세미나를 거쳐 결정했다. 매주 1회 개최되는 '원효전서 독회 세미나'에서 연구자들의 역량을 상승적으로 결합시키면서 모든 번역문을 확정했다. 이 팀 번역시스템은 언제나 다음과 같은 3단계의 작업으로 진행하였다.

1단계: 참여연구자들은 각자 맡은 번역내용과 관련된 교학이론 및 기존의 연구를 소화하는 동시에, 문장 내용, 인용문 원전 내용, 전문 교학용어 등 관련 사항들을 꼼꼼히 분석하고 자료들을 종합한다. 또한 기존의 번역이 있는 경우에는 그 번역들과 대비시키면서 해석학적 번역양식에 맞추어 새로운 번역문을 준비하여 책임연구자에게 전달한다.

2단계: 책임연구자는 참여연구자들이 작성한 번역문 및 관련 자료의 모든 내용을 원문과 대조하여 수정/보완한 새로운 번역문을 작성한다.

3단계: 참여연구자들이 준비한 관련 자료 및 번역과 책임연구자의 번역을 종합하여, 매주 1회 연구자들이 모두 모인 '원효전서 독회 세미나'에서 함께 검토하면서 최종 번역문을 확정한다. 한 용어, 한 구절의 의미나 번역을 둘러싼 다양한 문제와 이견이 제 기되고 토론되는 과정에서, 참여자들은 원효사상과 불교철학에 대한 이해 및 번역 역량을 향상시켜 간다.

이 모든 과정에서 번역의 일관성과 정합성을 위해 원문의 의미 파악과 번역문의 최종결정은 책임연구자가 맡았다. 따라서 의미 파악의 오류나 번역문의 문제점이 있다면 전적으로 책임연구자의 허물이다. 책임연구자가 꾸준히 원효연구를 진행했기에 그런 역할을 하긴 했지만, 잘못 이해하거나 놓쳐 버린 뜻을 일깨워 주는 참여연구자들의 혜안과 역량이 있었기에 역할 수행이 가능했다. 이러한 협업적 공동번역은 참여연구자들 각자의 공부 향상에도 크게 기여했지만, 무엇보다 나 자신에게 매우 유익했다. 한 단어 한 구절씩 해석학적 양식으로 꼼꼼히 번역하다 보니, 원문으로 읽을 때는 놓치거나 대충 넘어갔던 내용과 의미들을 새롭게 만날 수 있었다. 그동안 원효와 너무 건성으로 만났다는 것을 확인해야 하는 것은 부끄러움이었지만, 새로운 원효를 만난다는 것은 설레는 기쁨이었다. 거듭 새 모습으로 서 있는 원효를 만나고, 그를 통해 불교철학에 대한 새로운 독법을 전망해 보는 희열 때문에, 나와 참여연구자들 모두 장기간의 혹독한 과정을 기꺼운 마음으로 감내할 수 있었다. 원효와 대화하면서, 비단 불교학이나 종교학뿐만 아니라, 인문학과 철학 자체의 새로운 전망까지 품을 수 있었던 것은 행복을 넘어선 행운이었다.

원효사상의 포괄적 성격 때문에, 원효저서를 번역하려면 원효가 탐구했던 모든 유형의 교학과 불교철학을 소화해야 한다. 따라서 번역과정에서 연구자들은 자연스럽게 넓고 깊고 유기적인 불교 이해와 견실한 학문 역량을 다져 가게 된다. 이러한 성취는 고된 작업과정을 감내해 낸 참여연구자들에게 주어지는 최고의 보상이다.

『대혜도경종요大慧度經宗要』·『법화종요法華宗要』·『화엄경소華嚴經疏』·『해심밀경소서解深密經疏序』·『대승육정참회大乘六情懺悔』·『발심수행장發心修行章』·『십문화쟁론十門和諍論』·『판비량론判比量論』을 한 권으로 묶어 내놓는다. 이로써 원효전서 번역총서를 완간하게 되었다.『중변분별론소』를 비롯한 이후의 출간은 영산대 화쟁연구소가 주관하였다. 그간 원효전서의 번역과 출간을 주관하였던 울산대 원효학토대연구소가 2021년 9월부터 영산대학교 화쟁연구소로 새롭게 출발하였기 때문이다. 원효학토대연구소를 운영하던 필자의 정년퇴임을 계기로, 원효학 연구를 화쟁인문학의 수립에 초점을 맞추어 집중해 보기 위한 선택이다. 원효전서 번역에서 확보한 인문학의 새로운 전망을 구현해 보고자 하는 의욕이 동기가 되었다. 새 출발을 축하하듯 경사도 있었다. 한국연구재단 토대연구사업(2015~2020)으로 수행한 본 '원효전집 번역'이 '교육부 주관 학술연구지원사업 우수성과'로 선정되었다. 멈추지 말고 더 나아가 보라는 학문공동체의 격려이기에 다시 마음을 다잡는다.

2023년 4월 8일
박 태 원

일러두기

❶ 『한국불교전서』 주석에 따르면 『대혜도경종요大慧度經宗要』의 저본
은 『속장경續藏經』 제1편 38투套 2책(X24)이다. 여기서는 『한국불교
전서』에 수록된 『대혜도경종요大慧度經宗要』(H1, 480a1~487b16)를 저
본으로 삼고, 속장경본(X24)을 그대로 옮겨 온 것이 대정장본(T33)이
므로 이것을 참고본으로 삼는다. 『한국불교전서』에 실린 『법화종요
法華宗要』(H1, 487c1~494c21)는 대정장본(T34)에 실린 일본 인화사仁
和寺 소장본(1283년)을 교감하여 수록하였다. 본 번역은 대정장의 인
화사 소장본을 저본으로 삼고, 한불전에 수록된 교감본도 참고한다.
『동문선』 제83권에는 「법화종요서法華宗要序」가 수록되어 있고 선
암사仙巖寺에도 서문의 판본이 전하는데, 이는 모두 『법화종요』가
운데 「대의」부분에 해당한다. 『화엄경소서華嚴經疏序』 번역의 저본
은 『한국불교전서』에 수록된 『진역화엄경소서晉譯華嚴經疏序』(H1,
495a1~b19)이며, 『동문선』 83권(경희출판사, 1966년)에 수록된 『진역
화엄경소서晉譯華嚴經疏序』는 이에 대한 교감본이다. 동문선 영인본
은 조선고서간행회에서 1915년에 출판한 것을 대본으로 삼은 것이
다. 따라서 『화엄경소서華嚴經疏序』에 대한 본 번역은 『한국불교전
서』에 수록된 『진역화엄경소서晉譯華嚴經疏序』를 저본으로 삼고 『동
문선』에 수록된 교감본을 참조하였다. 그리고 『화엄경소華嚴經疏』
번역의 저본은 『한국불교전서』에 수록된 『화엄경소권제삼花嚴經疏
卷第三』(H1, 495c1~497c10)인데, 한불전 수록본은 대정장본 수록본을
저본으로 삼은 것이며 대정장본 수록본은 고잔지(高山寺)에 있는 세
키스이인(石水院) 소장본을 1670년에 필사한 것이다. 『해심밀경소서
解深密經疏序』 번역의 저본은 『한국불교전서』에 수록된 『해심밀경소

서『解深密經疏序』(H1, 553a1~b1)인데,『동문선』83권에 수록된『해심밀경소서解深密經疏序』는 이에 대한 교감본이다. 따라서 번역은『한국불교전서』에 수록된『해심밀경소서解深密經疏序』를 저본으로 삼고『동문선』에 수록된 교감본을 참고하였다.『대승육정참회大乘六情懺悔』는『한국불교전서』(H1, 842a1~843a7)와 대정장본(T45, 921c6~922b14)을,『발심수행장發心修行章』은 해인사사간장海印寺寺刊藏을 저본으로 삼은『한국불교전서』(H1, 841a1~c6)를 번역의 저본으로 삼았다.『십문화쟁론十門和諍論』은『한국불교전서』(H1, 838a1~840a18)에 수록된 것을 번역의 저본으로 삼았는데, 이 한불전본은 해인사海印寺 사간장본寺刊藏本 단간斷簡으로 전하는 권상卷上 제10장(第十張), 제15장(第十五張), 제16장(第十六張), 제31장(第三十一張)의 단간과 서당화상비誓幢和上碑의『십문화쟁론』관련 내용을 소개하고 있다. 그런데 제31장(第三十一張) 단간은 판독이 안 되는 글자가 많아 내용 파악이 불가능하기에 번역에서 제외하였다. 그리고 서당화상비의 관련 구절은 판독이 안 되는 글자가 많지만 맥락을 파악할 수는 있어서 번역에 포함하였다. 아울러 다른 문헌에 인용되어 전하는『십문화쟁론』의 기타 내용들을 종합하여 번역에 추가하였다.『판비량론判比量論』은 현재까지 발견된 총 8종류의 단편들 가운데 가장 분량이 많은 간다 기이치로(神田喜一郎) 소장본과 사카이 우키치(酒井宇吉) 소장본을 수록한『한국불교전서』『판비량론』(H1, 814c1~816c19)을 저본으로 삼았다.

❷ 모든 원문 교감은 해당 원문의 각주에서 교감의 내용 및 그 근거와 이유를 밝히는 것을 기본방식으로 하였다. 문맥에 따른 교감의 경우에는 해당 번역문의 각주에서 그 근거와 이유를 밝히기도 했다. 또한 교감할 필요는 있어도 원효의 의도를 고려하거나 당시 문헌의 판본을 보존하는 의미가 있다고 판단되는 경우라면, 문맥에 저촉되지

않는 사례에 한하여 교감하지 않은 경우도 있다.

❸ 학인들의 연구를 돕기 위해 각 문단마다 해당 원문의 출처를 밝혀 두었다.

❹ 원전 개념어의 뜻을 풀어 번역하는 경우, 번역문은 작은 따옴표(' ') 로 표시했고 해당하는 한문 개념어는 괄호 안에 제시했다. 또한 번 역문에서 '[ ]'로 표시된 보조문의 내용은 단어와 문장 및 문맥에 대 한 번역자의 이해를 나타낸 것이다.

❺ 원전의 개념어나 문맥의 해석을 위해 역주가 필요한 경우에는 관련 된 경론經論의 문구를 제시함으로써 해석의 근거를 밝히는 것을 역 주 작성의 원칙으로 삼았다. 참고한 사전과 연구서들에 관해서도 출 처를 밝혔다.

❻ 『한국불교전서韓國佛敎全書』는 H, 『대정신수대장경大正新修大藏經』 은 T, 『만자속장경卍字續藏經』은 X로 약칭했다.

❼ 원효가 인용하고 있는 경론들의 산스크리트본이 현존하는 경우, 해 당하는 산스크리트 문구들을 찾아 번역하여 역주에 반영시킴으로써 한역漢譯 내용과 대조해 볼 수 있게 하였다. 원효가 인용하고 있는 경론들의 내용과 현존하는 산스크리트본의 해당 내용을 대조할 때 사용한 참고문헌과 약호는 다음과 같다.

『대혜도경종요大慧度經宗要』

AasP. *Adhyardhasatika prajnaparamita,* ed. by P.L. Vaidya in: Mahayana−sutra−samgrahah, Part 1. Darbhanga: The Mithila Institute 1961(Buddhist Sanskrit Texts, 17).

PvsP. *Pañcaviṃśatisāhasrikā Prajñāpāramitā I−1,* ed. by Takayasu Kimura, Tokyo: Sankibo Busshorin 2007.

PvsP. *Pañcaviṃśatisāhasrikā Prajñāpāramitā II−III.* ed. by Takayasu Kimura, Tokyo: Sankibo Busshorin 1986.

PvsP. *Pañcaviṃśatisāhasrikā Prajñāpāramitā VI−VIII,* ed. by Takayasu Kimura, Tokyo : Sankibo Busshorin 2006.

RGV. *Ratnagotravibhāga Mahāyānottaratantraśāstra,* ed. by E. H. Johnston, Patna: The Bihar Research Society, 1950.

『법화종요法華宗要』

ASBh. *Abhidharmasamuccaya−bhāṣya,* ed. by N. Tatia, Tibetan Sanskrit Work Series 17, K. P. Jayaswal Research Institute, Patna, 1976.

RGV. *The Ratnagotra−vibhāga Mahāyānottaratantraśāstra,* ed. by Edward H. Johnston, Patna: The Bihar Research Society, 1950.

SP. *Saddharmapuṇḍarīka,* ed. by H. Kern and Bunyiu Nanjio, Tokyo: Meicho−Fukyū−Kai, 1977(1st. 1908−1912).

차례

—
대혜도경종요大慧度經宗要
—

법화종요法華宗要

화엄경소花嚴經疏

해심밀경소서解深密經疏序 / 319

대승육정참회大乘六情懺悔 / 333

발심수행장發心修行章 / 347

십문화쟁론十門和諍論

판비량론判比量論

원효가 『대혜도경大慧度經』이라고 한역하는 경전은 구마라집鳩摩羅
什 역(404년 역출) 『마하반야바라밀경摩訶般若波羅蜜經』 27권(T8, 『대품
반야경大品般若經』 또는 『대품경大品經』이라고도 불림)과 현장玄奘이 660~
663년에 걸쳐 한역한 『대반야바라밀다경大般若波羅密多經』 600권(T5~
7)을 모두 가리키는 것으로 보인다. 이 두 경전 가운데 원효의 『대혜
도경종요大慧度經宗要』에서는 대부분 구마라집 역 『마하반야바라밀
경』을 인용하여 논의한다. 현장 역 『대반야바라밀경』의 역출 시기
(660~663)를 고려할 때, 원효(617~686) 당대까지 가장 유행했던 경전인
구마라집 역본이 『대혜도경종요』에서 주로 다루어지는 것은 자연스
러운 일이라고 하겠다. 『마하반야바라밀경』의 주석서인 『대지도론大
智度論』 역시 이 경전의 해설을 위해 본서에서 가장 많이 인용되어 있
다. 『대혜도경종요』에서 현장 역 『대반야바라밀다경』에 관해 직접 언
급하는 곳은 '1. 술대의述大意' 단락의 말미에서인데, "此經六百, 有十六
分"(H1, 480b16~17)이라고 하면서 총 600권 및 설법을 위한 16차의 모
임으로 이루어져 있는 현장 역본의 체제를 설명해 간다. 원효는 당시
최근에 역출된 현장 역본에 관해서도 설명함으로써 구마라집 역본까
지 포괄하려는 것으로 보인다. 아울러 현장 역 『대반야바라밀경』의
역출 시기(660~663)를 고려할 때, 『대혜도경종요』는 적어도 원효 나이
46세 이후의 저술이다.

『법화종요法華宗要』의 저본은 『대정신수대장경大正新修大藏經』 34
권에 실린 일본 인화사仁和寺 소장본(1283년)이다. 『한국불교전서』 제
1책에는 대정장본을 교감하여 수록하였다. 그리고 『동문선』 제83권

에는 「법화종요서法華宗要序」가 수록되어 있고, 선암사仙巖寺에도 서문의 판본이 전하는데, 이는 모두 『법화종요』 가운데 「대의」 부분에 해당한다. 『화엄경소華嚴經疏』는 진역晉譯 『화엄경華嚴經』에 대한 주석인데 원래 10권이었지만 지금은 서문과 권3만이 남아 있다. 진역晉譯 『화엄경華嚴經』은 60권 『화엄경』이라 부르며 불타발타라佛陀跋陀羅(359~429)가 중국 진나라 때인 418년~420년 사이에 번역한 것이므로 진역晉譯 또는 구역舊譯 『화엄경華嚴經』이라고 한다. 『해심밀경소서解深密經疏序』는 현재 서문만 남아 있고, 원래 2권이었던 『십문화쟁론十門和諍論』은 지금 해인사에 목판 3매가 남았을 뿐이다. 현재까지 발견된 『판비량론判比量論』 단편들은 총 8종류인데, 단편이지만 가장 분량이 많은 간다 기이치로(神田喜一郎) 소장본, 사카이 우키치(酒井宇吉) 소장본, '회향게廻向偈'가 실린 필사본, 오치아이 히로시(落合博志) 소장본, 고토(五島)미술관 소장본, 바이케이(梅溪) 구장본舊藏本, 미쓰이(三井)기념박물관 소장본, 도쿄(東京)국립박물관 소장본이 그것이다. 한국불교전서 소재 『판비량론』에는 간다 소장 고사본古寫本과 사카이 소장본 내용이 실려 있다.

원효의 삶과 철학을 관통하는 특이점이 있다. '차이/특징(相)에 관한 근원적 수준의 관심과 통찰'이 그것이다. 그의 철학에서 상위의 개념인 일심一心도 '차이/특징(相)을 다루는 마음 수준'으로 읽을 수 있다. 그의 인간관계나 행적도 이런 특이성에 부합한다. 그는 세간과 승단의 한편에 소속되기를 거부하고 신분과 계층, 성별의 차별에 구애받지 않는 자유로운 행보를 보여 준다. 그가 교류한 사람들도 유사한 특징을 보여 준다. 『금강삼매경』을 편집하고 원효에게 『금강삼매경론』을 저술하도록 권유한 대안大安은, 서민들과 어울리며 왕궁에는 들어가지 않았던 거리의 성자였다(『송고승전宋高僧傳』 권4, 「신라국황용사원효전新羅國黃龍寺元曉傳」). 또 원효의 도반이었던 사복蛇福은 과부가

출산하였고, 12살까지는 말도 못 하고 일어나 앉지도 못한 인물이었다. 사회적 약자였고 신체적 소수자였던 셈이다. 그의 이름도 '뱀(蛇)처럼 기어 다니는 사람'이었던 정황을 반영한다. 원효는 그런 사회적 약자이자 신체적 소수자인 사복에게 예를 갖추며 도반의 관계를 맺고 있다(『삼국유사三國遺事』권4, 「사복불언蛇福不言」). 그런 점에서 원효가 보여 주는 '차이/특징(相)에 관한 각별한 관심과 통찰'은 주목되어야 하는 특이점이다. 근대 이전과 그 이후 현재까지, 원효에 대한 시선과 탐구에서는 그가 지닌 이러한 특이성이 제대로 포착되지 않고 있다.

원효의 모든 저술은 '차이(相)에 대한 통찰'로 가득 차 있다. 『열반종요』에서는 차이 존엄의 근거인 '불성의 보편성과 개별성'을 둘러싼 다양한 논의, '차이들에 대한 인식적 왜곡'이 그쳤을 때 드러나는 네 가지 이로움(常樂我淨, 열반의 四德)에 관한 논의와 더불어 견해 차이의 다양한 화쟁이 펼쳐지고, 『대승기신론소·별기』에서는 '차이 현상에 대한 인식적 왜곡의 인과적 전개 국면'(心生滅門)과 그 인식적 굴절이 치유된 '차이들의 사실 그대로와 대면하는 마음 국면'(心眞如門)을 '다르지만 접속해 있는 관계'(不一而不異)로 다루는 통찰이 전개되고 있다. 또한 『이장의』는 삶과 세상을 장애하여 오염과 고통에 묶이게 하는 두 가지 장애를 번뇌의 체계적 분석을 통해 밝히고 있는데, '차이 현상의 자아 범주에 대한 무지와 집착'(我執) 및 그로 인한 장애(煩惱障)가 하나이고 '차이 현상의 대상적 범주에 대한 무지와 집착'(法執) 및 그로 인한 장애(所知障)가 다른 하나이다. 『중변분별론소』에서는 '차이 현상을 사실 그대로 보는 중도적 관점'(中)과 '차이 현상을 왜곡하는 치우친 관점'(邊)을 초기불교 이론으로 분석하고 있고, 『본업경소』에서는 『본업경』이 설하고 있는 대승보살의 '십주十住·십행十行·십회향十廻向·십지十地·등각等覺·묘각妙覺 42현성賢聖의 수행과 그에 따라 증득되는 결과'를 '차이들에 대한 이해와 관계의 향상 과

정'으로 분석하고 있다. 『범망경보살계본사기』와 『보살계본지범요기』에서는 차이들과의 관계를 해로운 것으로부터 이로운 것으로 바꾸는 데 필요한 대승 출가수행자의 행위규범이 거론되고 있다. 『범망경보살계본사기』에서는 '중생의 상황에 밝아 그 상황에 맞는 수단과 방법을 적절히 쓰는 능력을 지닌 보살'을 지칭하는 달기보살達機菩薩이라는 개념이 자주 등장하는데, 절대주의 윤리나 본질적 규범주의를 비판하는 개념으로서 역동적이고 관계의존적인 차이들과의 관계에서 유효한 비非본질적 실용주의 윤리관을 보여 주고 있다. 『보살계본지범요기』는 이러한 시선을 정밀한 분석적 사유와 심층적 철학적 성찰에 의거하여 펼치는 걸작이다. 차이들과의 이로운 관계를 위해 선택해야 할 윤리적 행위의 특징과 기준에 관한 철학적 통찰들이 펼쳐지고 있다.

본서에 수록한 『대혜도경종요大慧度經宗要』·『법화종요法華宗要』·『화엄경소華嚴經疏』·『해심밀경소서解深密經疏序』·『대승육정참회大乘六情懺悔』·『발심수행장發心修行章』·『십문화쟁론十門和諍論』·『판비량론判比量論』에서도 원효철학의 이러한 특이점은 관철되고 있다.

『대혜도경종요』에서는 '오염된 차이'와 '사실 그대로의 차이'를 대비시키면서 '사실 그대로의 차이에 대한 지혜'(實相般若)를 거론한다. 아울러 '차이를 제대로 이해하는 지혜로써 차이들의 현상적 특징과 관계를 왜곡하지 않고 비추어 내는 지혜'(觀照般若)를 거론한다. 차이 자체에 대한 온전한 이해뿐 아니라 차이들의 특징과 상호 관계에 대한 온전한 이해를 함께 확보해야 한다는 것이다. 아울러 이 두 가지 지혜와 언어의 긍정적 관계를 거론한다. '차이의 사실 그대로'(實相)에는 '불변·독자의 본질/실체로서의 차이'가 없기 때문에 '사실 그대로의 차이가 아닌 것'이 없고, 두 가지 지혜로 차이들을 '사실 그대로 비춤'(眞照)은 본래 없던 것을 드러내는 것이 아니다. '불변·독자의 본질/실체로서의 차이'가 본래 없기에 '사실 그대로의 차이가 아닌 것'이 없다면, '차이를 지시하는 방편으로서의 명칭'(假名)을 없애고 '차이의 사실 그대로'를 말할 수가 없다. 따라서 차이를 지시하는 언어 자체가 곧 '사실 그대로의 차이'와 접속할 수 있다는 긍정적 언어관이 성립한다. 언어는 실재를 굴절시키고 가린다는 언어 부정론이 이 맥락에서는 거부된다. 그러기에 '걸림 없는 네 가지 표현 능력'(四辯)으로 '사실 그대로의 차이'에 대해 무한히 말할 수 있다. 이처럼 차이에 관한 두 가지 지혜는 언어와 결합할 수 있다. 따라서 차이에 대한 성찰과 표현의 모든 과정에서 언어의 역할은 긍정적이다. 언어로써 차이들을 왜곡시켜 차별하는 인간, 언어적 존재에서 벗어날 수 없는 인간에게, 새로운 언어 희망이 확보되는 지점이다.

『법화종요』에서는 '사실 그대로의 차이'(眞實相)와 그것을 드러내는 일승一乘의 도리를 핵심축으로 삼아 '적절한 방편들의 실천을 통해 차이의 사실 그대로를 드러냄'(開權示實)을 『법화경』의 핵심으로 거론한다. 아울러 〈'사실 그대로의 차이'(眞實相)를 드러내는 일승의 도리는 삼승三乘의 도리를 모두 포섭적으로 살리고 있음〉(會三歸一)을 주목하여 불교 내부의 이해 차이들을 화쟁적으로 통섭한다.

『화엄경소』에서는 시선을 '차이들로 이루어진 현상세계'(法界) 범주로 확대하여 〈막힘도 없고 걸림도 없는 '사실 그대로인 차이들의 현상세계'(無障無碍法界)로 들어가는 진리의 문〉(無障無碍法界法門)을 밝힌다. 또 이 진리 지평에서는 '불변·동일·독자의 현상이 없으면서도 사실 그대로의 현상이 아님이 없는 것'(無法而無不法)임을 밝히는 것이 『화엄경』의 핵심 취지라고 파악하고 있다. 그런데 원효의 화엄사상 이해에는 중국 화엄교학과 차별화되는 특이성이 있다. 화엄학에서 선호하는 '원융圓融과 무애無碍'라는 개념은 그 초점이 '현상 일반'(事)에 두어지는 것과 달리, 원효는 '차이 현상'(相)에 초점을 맞춘다. 동일성·불변성·독자성·절대성 관념의 허구를 비판하고 관계·변화의 연기적 현상을 '사실 그대로' 지시하려는 취지는 같지만, 화엄교학의 경우는 현상 일반을 대상으로 삼기에 차이 문제에 대한 구체적인 관심과 문제해결력에서 취약하다. 이에 비해 원효의 시선은 현상세계의 구체적 내용인 '차이 현상'(相)에 초점을 맞추기 때문에 '차이로 인한 문제'에 대한 관심과 해결 의지가 돋보인다.

『해심밀경소서』에서는 '차이를 왜곡하여 분별하는 인식'(遍計所執性)을 바꾸어 '사실 그대로의 차이를 드러내는 인식'(圓成實性)으로 그 인식의 '의지처를 바꾸어 가는 수행'(轉依)을 강조하는 한편, '보살수행의 열 가지 본격적인 단계'(十地)의 수행이 성취될 때 '완전하게 의지처를 바꿈'(圓滿轉依)이 구현된다는 것을 밝히는 것이 『해심밀경』의 핵심이라는 것을 밝히고 있다.

『대승육정참회』에서는 차이들을 오염시켜 온 '행위의 장애'(業障)를 없애기 위한 참회의 이유와 사상적 근거를 펼치고 있는 동시에 '차이 현상들의 사실 그대로'(實相)에 대한 성찰을 역설하고 있다. 요컨대 '차이 현상들의 사실 그대로'(實相)를 성찰하지 못하는 것에 대해 깊은 곳으로부터 '스스로 부끄러워함과 남에게 부끄러워함'(慚愧)을 일으켜 참회해야 하며, 모든 현상에는 본래 불변·독자의 본질/실체로서 생겨난 차이가 없음에도 불구하고 나와 타자들이 지닌 특징적 차이를 불변·독자의 본질/실체로 간주하여 차이를 차별로써 왜곡하고 오염시키는 '여섯 가지 지각능력'(六情)을 수립해 왔음을 참회해야 한다. 또 그 차이 왜곡의 지각능력에 의거하여 남성과 여성 등의 차이(相)를 불변의 본질로 여겨 차별적으로 분별하면서도 이 분별에서 벗어나기를 구하지 않음을 참회해야 한다. 이렇게 자주 성찰하면 성찰에 의한 삼매를 얻고, 이 삼매로 말미암아 '모든 차이 현상을 실체적 현상으로 보지 않음을 확고하게 간직하는 경지'(無生忍)를 얻어, 오랜 차이 왜곡과 오염의 길에서 벗어나 〈차이들이 '사실 그대로'와 하나처럼 통하여 같아지는 지평〉(一如床)에 확고히 자리 잡는다. 그리하여 여섯 감관능력으로 차이 현상들과 만나더라도 그것들을 '불변·독자의 본질/실체'로 여기지 않으면서 관계 맺을 수 있다. 이것이 '대승의 도리로 여섯 가지 지각능력을 참회하는 것'(大乘六情懺悔)이다.

『십문화쟁론』에서는 관점과 견해 차이의 배타적 충돌을 극복하려는 통찰을 교학 이론을 대상으로 전개하고 있다. 일부만 전하는 내용, 타인의 저술에 인용되어 있는 내용,『열반종요』등 모든 저술에 등장하는 화쟁 관련 논의를 종합해 볼 때, 견해 차이의 배타적 다툼을 화해시키는 방식의 핵심은 〈견해 자체를 본질주의나 절대주의 시선으로 보지 말고 '견해를 성립시키는 조건들과 그 조건들의 인과적 연관'을 파악하는 것〉이다. 견해를 성립하는 조건은 어떤 맥락과 의도에서 선택한 것들인지, 그 '선택 조건과 견해의 인과적 연결' 및 '조건들 상호 간의 인과적 연결'은 얼마나 합리적인지를 파악하면, 견해와 주장의 타당성과 부당성을 조건적으로 판별하여 수용 내지 비판할 수 있다는 것이다. 이것이 원효가 펼치는 '견해와 그 성립 조건들의 계열'(門) 구별에 의한 화쟁이다.

원효의 화쟁 이론을 '모든 견해의 수용'으로 보는 포용론이나 '제3의 완전한 견해'를 제시하는 정답론으로 읽는 것은 부적절하다. '견해를 성립시키는 조건들과 그 조건들의 인과적 연관'에서 합리성이 존재하면, 그 합리성만큼 타당성을 인정하고 수용하는 것이 원효 저술에서 자주 등장하는 〈모두 일리가 있다〉는 화쟁 방식이다. 또 어떤 견해에도 불변·동일의 본질은 존재하지 않기 때문에 전면적·절대적 타당성은 없다는 것이 〈모두 그렇지 않다〉는 화쟁 방식이다. 만약 견해나 주장에 본질이 있는 것이라면 전면적·무조건적인 절대 긍정이나 절대 부정 가운데 하나를 선택할 수 있다. 그러나 어떤 견해에도 불변의 본질은 없고, 모든 견해는 역동적 성립 조건에 따라 가변적·조건적으로 성립한다. 따라서 그 어떤 견해도 전면적·무조건적인 절대 정답의 자격을 갖지 못한다. 우리가 할 수 있는 것은 '성립 조건들과 견해의 인과적 연관'을 제대로 성찰하여 더 좋은 견해로 나아가는 일이다. 이러한 연기적 사유야말로 '화쟁을 위한 메타 사유'이다. '성립 조건들과 견해의 인과적 연관'에서 일정한 조건적 타당성들이 포착되면 그 타당성들을 포섭하여 더 나은 견해로 나아가는 것이고, 타당성이 발견되지 않으면 그 부당성을 밝히면서 비판하여 나쁜 견해의 길에서 내려오게 하거나 견해를 수정하게 하는 것이다. 『판비량론』에서 보여 주는 엄밀한 논리적 비판은 그의 화쟁사상과 충돌하는 것이 아니라 화쟁사상의 한 면모인 비판적 사유의 정밀한 표현이다.

견해들의 배타적 다툼을 해소하려면, 견해 자체의 본질을 설정하지 말고 '견해를 성립시킨 조건들'을 성찰해야 한다. 그런 점에서 원효의 화쟁 이론은 정답의 제시가 아니라 일종의 방법론적 성찰이다. '성립 조건들에 관한 비판적/합리적 성찰'을 통한 조건적·부분적 타당성/부당성의 판별을 통해 차이들을 화해시키고 더 좋은 견해로 나아가게 하는 '길'에 해당한다. 이러한 원효의 화쟁 이론은 동서고금의 모든 합리적 성찰 지성과 호흡할 수 있기에 보편적 문제해결력을 지닌다.

대혜도경종요 大慧度經宗要

『대혜도경종요大慧度經宗要』

─위대한 지혜로 [사실 그대로의 지평으로] 건너가게 하는 경전의 가장 중요한 핵심─

『大慧度經宗要』[1]

釋元曉撰

> 將說此經, 六門分別. 初述大意, 次顯經宗, 三釋題名, 四明緣起, 五者判教, 六者消文.
>
> [H1, 480a1~7; T33, 68b19~23]

『대혜도경종요大慧度經宗要』

원효 지음

이 경전(『마하반야바라밀경摩訶般若波羅蜜經』)[2]을 여섯 부문으로 구별하

---

1 한불전 주석에 "저본은 『속장경續藏經』 제1편 38투套 2책(X24)이다."라고 되어 있다. 여기서는 한불전본(H1)을 저본으로 삼고, 속장경본(X24)을 그대로 옮겨온 것이 대정장본(T33)이므로 이것을 참고본으로 삼는다.

2 『대혜도경大慧度經』: 원효가 '대혜도경'이라고 한역하는 경전은 구마라집鳩摩羅什 역(404년 역출) 『마하반야바라밀경摩訶般若波羅蜜經』 27권(T8, 『대품반야경大品般若經』 또는 『대품경大品經』이라고도 불림)과 현장玄奘이 660~663년에 걸쳐 한역한 『대반야바라밀다경大般若波羅密多經』 600권(T5~7)을 모두 가리키는 것으로 보인다. 이 두 경전 가운데 원효의 『대혜도경종요大慧度經宗要』에서는 대부분 구마라집 역 『마하반야바라밀경』을 인용하여 논의한다. 현장 역 『대반야바라밀경』의 역출 시기(660~663)를 고려할 때, 원효(617~686) 당대까지 가장 유행했던 경전인 구마라집 역본이 『대혜도경종요』에서 주로 다루어지는 것은 자연스러운 일이라고 하겠다. 『마하반야바라밀경』의 주석서인 『대지도론大智度論』 역시 이 경전의 해설을 위해 본서에서 가장 많이 인용되어 있다. 『대혜도경종요』에

여 설명하겠다. 첫 번째는 '전체의 취지를 서술하는 것'(述大意)이고, 두 번째는 '경전의 핵심내용을 드러내는 것'(顯經宗)이며, 세 번째는 '제목의 명칭을 해석하는 것'(釋題名)이고, 네 번째는 '[경전이 지어진] 인연을 밝히는 것'(明緣起)이며, 다섯 번째는 '가르침[의 위상]을 판별하는 것'(判教)이고, 여섯 번째는 '[경전의] 문장을 풀이하는 것'(消文)이다.

> 第一述大意者. 夫波若爲至道也. 無道非道, 無至不至. 蕭焉無所不寂, 泰然無所不蕩. 是知實相無相故, 無所不相, 眞照無明故, 無不爲明. 無明無不明者, 誰滅癡闇, 而得慧明, 無相無非相者, 豈壞假名, 而說實相? 斯則假名妄相, 無非眞性, 而四辨不能說其相, 實相般若, 玄之又玄之也. 貪染癡闇, 皆是慧明, 而五眼不能見其照, 觀照波若, 損之又損之也.
>
> [H1, 480a8~16; T33, 68b24~c

1. 전체의 취지를 서술함(述大意)

첫 번째인 '전체의 취지를 서술하는 것'(述大意)[은 다음과 같다.] 저 지혜(波若)가 '[깨달음에] 이르는 길'(至道)이 되는 것이여! [깨달음의] 길(道)인 것도 '길이 아닌 것'(非道)도 없고, [깨달음에] '이르는 것'(至)도 '이르지

서 현장 역『대반야바라밀다경』에 관해 직접 언급하는 곳은 '1. 술대의述大意' 단락의 말미에서인데, "此經六百, 有十六分"(H1, 480b16~17)이라고 하면서 총 600권 및 설법을 위한 16차의 모임으로 이루어져 있는 현장 역본의 체제를 설명해 간다. 『불전해제사전佛典解題事典』(p.78)에 따르면 『마하반야바라밀경』은 대승불교 초기에 반야공관般若空觀을 설한 기초적 경전으로서『대반야바라밀다경』의 제2회 78권 85품(권401~478)과 제3회 59권 31품(권479~537)에 포함되어 있다. 원효는 당시 최근에 역출된 현장 역본에 관해서도 설명함으로써 구마라집 역본까지 포괄하려는 것으로 보인다. 아울러 현장 역『대반야바라밀다경』의 역출 시기(660~663)를 고려할 때, 『대혜도경종요』는 적어도 원효 나이 46세 이후의 저술이다.

않는 것'(不至)도 없다. 텅 비어 있어 고요하지 않음이 없으면서도 크게 열려 있어 활발하게 작용하지 않음이 없다. 그러니 '사실 그대로'(實相)에는 '[불변·독자의 본질/실체로서의] 차이'(相)[3]가 없기 때문에 '[사실 그대로의] 차이가 아닌 것'(不相)이 없고, '사실 그대로 비춤'(眞照)에는 [본래 없던 것을 드러내는] 밝힘(明)이 없기 때문에 '밝힘이 되지 않음'(不爲明)이 없음을 알겠노라. 밝힘(明)도 없고 '밝히지 않음'(不明)도 없는 것이라면 누가 '어리석음의 어둠'(癡闇)을 없애어 '지혜의 밝음'(慧明)을 얻겠으며, '[불변·독자의 본질/실체로서의] 차이'(相)도 없고 '[사실 그대로의] 차이가 아닌 것'(非相)도 없는 것이라면 어찌 '[차이를 지시하는] 방편으로서의 명칭'(假名)을 없애고 '사실 그대로'(實相)를 말하겠는가? 그렇다면 '[차이를 지시하는] 방편으로서의 명칭'(假名)과 '분별망상으로서의 차이'(妄相)가 '사실 그대로의 본연'(眞性)이 아님이 없어서 '[걸림 없는] 네 가지 표현 능력'(四辨)[4]으로도 그 [사실 그대로의] 차이(相)를 [이루] 말할 수 없으니, '[모

---

3 상相의 번역어: '相'은 니까야에서 '구분되는 특징적 차이'를 의미하는 빨리어 nimitta의 번역어로 시작하여 불교문헌들 속에서 다양한 변주를 보여 주는 용어이다. 또한 '相'은 붓다를 위시한 모든 불교적 성찰의 핵심부에 놓이는 개념으로서 이 개념을 어떻게 이해하는가에 따라 불교 언어와 이론을 읽는 해석학적 독법의 내용이 결정될 정도로 중요하다. 원효 저술에서는 불교의 교학/해석학에 축적된 '변주된 相의 용법들'이 망라되어 있으며 맥락에 따라 가변적으로 선택되고 있다. 따라서 '相'으로 지칭되는 구체적 내용은 맥락에 따라 다양하며, 번역에서는 그 다양한 맥락에서의 다양한 용법들 가운데 적절한 것을 역자의 이해에 따라 선택하여 번역어에 반영해야 한다. 원효 저술 속에서 목격되는 '相'의 다양한 용법들에 대한 본 번역에서의 번역어 사례로는 〈차이, 양상, [불변·독자의 본질/실체로 차별된] 차이, 특성, 특징, 면모, 모습, 현상, 대상〉 등이 있다. 그리고 이들 번역어는 모두 '相'(nimitta)이 지시하는 '구분되는 특징적 차이'라는 의미의 '문장 맥락에 따른 다양한 변형'이다. 따라서 이 모든 번역어들을 관통하는 일관된 의미는 '구분되는 특징적 차이'이다. 본 번역에서는 이런 점을 충분히 고려하면서 '相'이 등장하는 문장의 의미맥락에 따라 적절한 번역어를 탄력적으로 선택한다.

4 사변四辨: 사무애지四無礙智, 사무애해四無礙解, 사무애四無礙, 사변四辯이라고도 한다. 네 종류의 걸림 없는 이해능력 및 언어적 표현능력을 말한다. 사무애지라는

든 현상의] 사실 그대로에 관한 지혜'(實相般若)는 깊고 또 깊다. [또] '탐욕의 오염'(貪染)과 '어리석음의 어둠'(痴闇)이 모두 [사실 그대로를 비추는] '지혜의 밝음'(慧明)이어서 '다섯 가지 보는 능력'(五眼)[5]으로도 그 [밝음(明)이] '비추어 냄'(照)을 [이루 다] 볼 수 없으니, '[사실 그대로 보는] 이해로써 비추어 내는 지혜'(觀照般若)[6]는 [비추어 내는 제한을] 덜어 내고 또 덜

───────

것은 지혜가 본질이기 때문이고, 사무애해라는 것은 이해능력에 의거하기 때문이며, 사무애변四無礙辨이라는 것은 언어적 표현능력에 의거하기 때문이다. 『佛光大事典』 p.1778 참조. 『아비달마구사론阿毘達磨俱舍論』 권27에서는 "諸無礙解總說有四, 一法無礙解, 二義無礙解, 三詞無礙解, 四辯無礙解. 此四總說如其次第, 以緣名義言及說道, 不可退轉智爲自性, 謂無退智緣能詮法名句文身, 立爲第一, 緣所詮義, 立爲第二, 緣方言詞, 立爲第三, 緣應正理無滯礙說, 及緣自在定慧二道, 立爲第四."(T29, 142a22~28)라고 하여 ① 법무애해法無礙解, ② 의무애해義無礙解, ③ 사무애해詞無礙解, ④ 변무애해辯無礙解의 네 가지를 제시하는데, 이 사무애四無礙는 아라한阿羅漢의 무퇴지無退智로서 ① 법무애해는 능전能詮인 명신名身・구신句身・문신文身의 법法에 무애한 것이고, ② 의무애해는 소전所詮인 의義에 무애한 것이며, ③ 사무애해는 올바른 언사言詞에 무애한 것이고, ④ 변무애해는 정리正理에 맞는 무체애설無滯礙說과 자유자재한 정정・혜慧에 무애한 것이라고 설명한다. 『열반경』 권15에서도 "法無礙, 義無礙, 辭無礙, 樂說無礙."(T12, 705a27~28)라고 하여 ① 법무애法無礙, ② 의무애義無礙, ③ 사무애辭無礙, ④ 요설무애樂說無礙의 사무애지를 제시하는데, 권15의 아래에서는 이승二乘의 사무애지와 비교하면서 "善男子, 聲聞緣覺若有得是四無礙者, 無有是處. … 菩薩摩訶薩爲度衆生故, 修如是四無礙智. 緣覺之人修寂滅法, 志樂獨處, 若化衆生但現神通, 終日默然無所宣說, 云何當有四無礙智?"(T12, 706a12~19)라고 하여, 보살菩薩은 중생을 구제하기 위해 사무애지를 닦지만 연각緣覺은 적멸법寂滅法을 닦고 홀로 있기를 즐겨 종일 침묵하고 가르침을 연설하지 않으므로 사무애지를 가질 수 없다고 지적하기도 한다.

5 오안五眼: 육신에 갖추어진 실제의 눈인 육안肉眼(māṃsa-cakṣus), 가까운 곳이나 먼 곳에 있거나 그 무엇이든 볼 수 있는 특별한 능력을 갖춘 눈인 천안天眼(divya-cakṣus), '모든 현상에는 불변・독자의 실체가 없다'(一切空相)는 안목을 갖추고 있는 혜안慧眼(prajñā-cakṣus), 모든 중생을 깨달음의 길로 안내하는 '모든 종류의 가르침'(一切法門)을 포괄하여 볼 줄 아는 법안法眼(dharma-cakṣus), 모든 것을 사실 그대로 보게 되는 부처의 경지에서 갖추어지는 눈인 불안佛眼(buddha-cakṣus)이다.

6 실상반야實相般若와 관조반야觀照般若: 아래 '2. 현경종顯經宗' 단락의 서두에서

어 낸다.

今是經者, 波若爲宗, 無說無示, 無聞無得, 絶諸獻論之格言也. 無
所示故, 無所不示, 無所得故, 無所不得, 六度萬行, 於之圓滿, 五眼萬
德, 從是生成, 菩薩之要藏也, 諸佛之眞母也. 所以無上法王, 將說是
經, 尊重波若, 親自敷坐, 天雨四華以供養, 地動六變而警喜, 十方大
士, 最在邊而遠來, 二界諸天, 下高光而遲至, 常啼七歲立之, 不顧骨
髓之推, 河天一座聞之, 便得菩提之記. 至如唐虞之蓋天下, 周孔之冠
群仙, 而猶諸天設敎, 不敢逆於天則. 今我法王波若眞典, 諸天奉而仰
信, 不敢違於佛敎. 以此而推, 去彼遠矣, 豈可同日而論乎哉? 爾乃信
受四句, 福廣虛空, 捨恒沙之身命, 所不能况, 起謗一念, 罪重五逆, 墮
千劫之無間, 猶不能償者也.

[H1, 480a17~b9; T33, 68c2~17]

지금 이 경전은 지혜(波若)가 '핵심 내용'(宗)이 되니, [이 경전의 지혜(波
若)는] '[사실과 다른 분별로] 말함도 없고'(無說) '[사실과 다른 분별로] 나타냄
도 없으며'(無示), [이 경전의 지혜(波若)에서는] '[사실과 다른 분별을] 들음도
없고'(無聞) '[사실과 다른 분별로] 얻음도 없어'(無得), 모든 '[사실을 왜곡하
는] 분별로 따지는 일'(戲論)을 끊는 '표준되는 말'(格言)이다. '[사실과 다른

"波若有三, 一文字波若, 二實相波若, 三觀照波若. 今此經者, 後二爲宗. 所以然者, 文
字但是能詮敎故, 後二是其所詮旨故."라고 하는 것에 따르면, 문자文字·실상實相·
관조觀照의 삼종반야三種般若 중에서 문자반야는 능전교能詮敎일 뿐이고 실상반
야와 관조반야는 소전지所詮旨이기 때문에 이 경전의 핵심 내용은 실상반야와 관
조반야가 된다고 하여 '2. 현경종顯經宗' 단락 전체를 이 두 반야에 관한 설명으로
구성한다. 그리고 실상반야에 관해서는 "初明實相般若相者. 諸法實相, 說者不同."
이라고 하여 제법실상諸法實相의 특징에 관한 다섯 가지 설명들을 제시하는 것으
로 구성하고, 관조반야에 관해서는 유루혜有漏慧와 무루혜無漏慧를 중심으로 펼
쳐지는 네 가지 설명들을 제시하는 것으로 구성한다.

분별로] 나타냄이 없기 때문에 [사실 그대로를] 나타내지 못함이 없고'(無所示故, 無所不示) '[사실과 다른 분별로] 얻는 것이 없기 때문에 [사실 그대로를] 얻지 못하는 것이 없으니'(無所得故, 無所不得), '[보시布施 · 지계持戒 · 인욕忍辱 · 정진精進 · 선정禪定 · 지혜智慧, 이] 여섯 가지 보살수행'(六度)과 같은 온갖 수행들이 여기에서 완전해지고 '다섯 가지 보는 능력'(五眼)과 같은 온갖 능력들이 이로부터 생겨나 성취되니, [이 경전의 지혜(波若)는] '보살의 핵심이 긴직된 곳'(菩薩之要藏)이고 '모든 부처의 참된 어머니'(諸佛之眞母)이다.

그래서 '더 이상 높은 경지가 없는 진리의 왕'(無上法王)도 이 경전을 설할 때는 [경전의] 지혜(波若)를 존중하여 친히 자리를 폈고,[7] 하늘에서는 네 가지 꽃비가 내려 공양하였으며,[8] 땅에서는 [솟거나 가라앉기를] 여섯 가지로 변하면서 진동하여 [중생들을] 놀라 기쁘게 하였고,[9] 모든 곳의 보살(大士)[10]들이 변두리의 가장 먼 곳에서 [부처님이 계신 곳으로] 왔으며,[11] '[욕계欲界 · 색계色界, 이] 두 세계의 모든 천신天神들'(二界諸天)[12]이

---

7 친자부좌親自敷坐: 『마하반야바라밀경摩訶般若波羅蜜經』 권1의 「서품序品」에는 이 장면이 다음과 같이 기술되어 있다. "爾時世尊自敷師子座, 結跏趺坐."(T8, 217b 6~9)

8 천우사화天雨四華: 이 장면은 다음과 같이 기술되어 있다. "天青蓮花, 赤蓮花, 白蓮花, 紅蓮花, 天樹葉香持詣佛所, 是諸天花乃至天樹葉香, 以散佛上, 所散寶花於此三千大千國土上."(T8, 218a8~11) 청련화青蓮花 · 적련화赤蓮花 · 백련화白蓮花 · 홍련화紅蓮花와 같은 하늘 꽃과 그 향기가 부처님이 계신 곳과 삼천대천국토에 뿌려졌다는 내용이다.

9 지동육변地動六變: 이 장면은 다음과 같이 기술되어 있다. "以神通力感動三千大千國土, 六種震動, 東踊西沒, 西踊東沒, 南踊北沒, 北踊南沒, 邊踊中沒, 中踊邊沒. 地皆柔軟, 令衆生和悅."(T8, 217c6~9) 동서남북 및 중앙과 변경의 땅이 솟거나 꺼져 중생들을 기쁘게 했다는 내용이다.

10 대사大士: 범어인 'mahāsattva'의 의역이다. 음역은 마하살타摩訶薩埵이고, 'bodhi-sattva'의 음역인 보살菩薩과 동의어이다. 『佛光大辭典』, p.751 및 5209 참조.

11 최재변이원래最在邊而遠來: 『마하반야바라밀경摩訶般若波羅蜜經』 권1의 「서품序品」에는 "是時, 東方過如恒河沙等諸佛國土, 其國最在邊國, 名多寶, 佛號寶積. 今現在

밝은 빛을 비추면서 멀리에서 이르렀고, 상제常啼보살[13]이 [지혜(波若)의] 가르침을 듣기 위해] 7년 동안 일어선 채 골수가 부서지는 것도 돌보지 않았으며, 하천河天[이라는 이름의 여인][14]은 한자리에서 [가르침을] 듣고 곧바로 깨달음(菩提)에 관한 보증(記)을 얻었던 것이다.

爲諸菩薩摩訶薩, 說般若波羅蜜. 彼國有菩薩, 名曰普明, 見大光明, 見地大動. …"(T8, 218a22~26)이라고 하여 보적불寶積佛이 반야바라밀般若波羅蜜을 설하고 있는 동방東方의 가장 변국邊國인 다보국多寶國에서 보명普明보살이 부처님의 광명과 땅의 진동을 보았다는 내용이 나오는데, 중략된 곳에서는 부처님의 방광放光으로 모든 곳의 중생들이 부처님이 계신 곳으로 모여들었으며 보명보살은 그중 하나라고 기술한다.

12 이계제천二界諸天: 앞의 역주 구절과 같은 곳에서는 부처님 계신 곳으로 온 제천諸天들을 "是時首陀會天, 梵衆天, 他化自在天, 化樂天, 兜率陀天, 夜摩天, 三十三天, 四天王天, 及三千大千國土人, …"(T8, 218a4~7)이라고 열거한다. 여기서 타화자재천他化自在天, 화락천化樂天, 도솔천兜率陀天, 야마천夜摩天, 삼십삼천三十三天(도리천忉利天), 사천왕천四天王天(지국천持國天·증장천增長天·광목천廣目天·다문천多聞天)은 욕계欲界의 육천六天이고, 수타회천首陀會天(淨居天)과 범중천梵衆天은 색계色界의 18천十八天에 속하므로, 이계二界는 욕계와 색계이다. 『佛光大辭典』, p.1150 및 1330 참조.

13 상제常啼: 범명梵名은 'Sadāprarudita'이고, 음역은 살타파륜薩陀波倫이다. 『佛光大辭典』, p.4530 참조. 본문의 내용과 관련된 사건의 일부를 「마하반야바라밀경摩訶般若波羅蜜經』 권27에서 인용하면 다음과 같다. "爾時曇無竭菩薩, 七歲一心, 入無量阿僧祇菩薩三昧, 及行般若波羅蜜方便力. 薩陀波崙菩薩, 七歲經行住立, 不坐不臥, 無有睡眠. 無欲恚惱, 心不著味, 但念, 曇無竭菩薩摩訶薩, 何時當從三昧, 起出而說法？"(T8, 422c6~10) 담무갈曇無竭보살이 7년 동안 일심으로 삼매에 들어 수행할 때, 상제보살 역시 담무갈보살이 삼매에서 나와 설법할 때까지 7년 동안 앉지도 눕지도 잠들지도 않고 일어선 채 수행했다는 내용이다.

14 하천河天: 『마하반야바라밀경摩訶般若波羅蜜經』 권18 「하천품河天品」에 나오는 한 여인의 이름이다. 본문의 내용에 관련된 부분을 발췌하여 인용하면 다음과 같다. "爾時有一女人, 字恒伽提婆, 在衆中坐. 是女人, … 白佛言, 世尊, 我當行六波羅蜜, 取淨佛國土. 如佛般若波羅蜜中所說, 我盡當行. … 佛告阿難, 是恒伽提婆姊, 未來世中, 當作佛."(T8, 349b19~c4). 항가제바恒伽提婆(河天)라고 불리는 한 여인이 세존에게 부처님의 설법에 따라 육바라밀六波羅蜜을 닦겠다고 서원하자 세존이 아난阿難을 통해 이 여인은 미래에 부처가 될 것이라고 말했다는 내용이다.

'요堯임금과 순舜임금'(唐虞)[15]이 천하를 뒤덮고 [주周나라를 일으킨] 주
공周公과 [유교儒敎의 성인인] 공자(孔子)가 '갖가지 훌륭한 사람들'(群仙)
의 으뜸이 된 곳[인 중국 땅]에 이르러서도 오히려 '온갖 천신들'(諸天)들
이 가르침을 베푸니, [요순과 주공은] '천신들의 가르침'(天則)을 감히 어
기지 않았다. [그런데] 이제 우리 '진리의 왕'(法王)이 베푼 '지혜에 관한
참된 경전'(波若眞典)은 '모든 천신'(諸天)이 받들고 우러러 믿으면서 감
히 '부처의 가르침'(佛敎)을 어기려 하시 않는다. 이로써 미루어 본다면
저 [요순과 주공의 가르침]과는 먼 격차가 있으니, 어찌 같은 태양이라고
논할 수 있겠는가? 그리하여 [경전의 핵심을 요약한] '네 구절'(四句)[16]만을
믿고 받아들여도 [그] 이로움(福)의 광대함이 허공과도 같아 갠지스강의
모래알만큼의 목숨을 버려도 [그로써 얻은 복福으로는] 비교할 수 없고,
[지혜(波若)에 관한 경전의 가르침에 대해] 한 생각이라도 비방을 일으킨다
면 [그] 허물(罪)의 무거움이 [해탈의 길을] 거스르는 다섯 가지 나쁜 행
위'(五逆)[17]와 같아 천 겁 동안 [괴로움이] 끊임없는 [지옥]'(無間)[18]에 떨어

---

15 당우唐虞: 도당씨陶唐氏인 요堯임금과 유우씨有虞氏인 순舜임금의 병칭이다. 요
순堯舜의 태평성대를 가리키기도 한다. 『논어論語』「태백泰伯」. "唐虞之際, 於斯
爲盛." 『漢語大詞典』참조.

16 사구四句: 광대한 가르침을 요약한 네 가지 구절을 말한다. 예를 들어 같은 반야
계열의 경전인 『금강반야바라밀경金剛般若波羅密經』의 "不應住色, 不應住聲香味
觸法生心, 應無所住, 而生其心."(T8, 749c21~23)이라든가 "凡所有相, 皆是虛妄, 若
見諸相非相, 則見如來."(T8, 749a24~25)와 같은 사구들이 대표적이다.

17 오역五逆: 오역죄五逆罪라고도 한다. 『법원주림法苑珠林』권7에서는 "有五逆罪爲
最極惡. 何者爲五? 故心殺父母阿羅漢, 破壞聲聞和合僧事, 乃至惡心出佛身血. 諸如是
等名爲五逆."(T53, 328a4~6)이라고 하여 ① 마음으로 아버지를 죽이는 것, ② 마
음으로 어머니를 죽이는 것, ③ 마음으로 아라한阿羅漢을 죽이는 것, ④ 성문화합
승사聲聞和合僧事를 망치는 것, ⑤ 악심惡心으로 부처님의 몸에서 피를 흘리게 하
는 것의 다섯 가지라고 설명한다.

18 무간無間: 무간지옥無間地獄, 아비지옥阿鼻地獄이라고도 한다. 오역죄五逆罪를 지
어서 가게 되는 지옥으로서, '무간無間'에는 괴로움을 끊임없이 받는다는 뜻과 목
숨이 끊어지자마자 곧바로 이 지옥에 가게 된다는 등의 뜻이 있다. 『불광대사

져도 여전히 갚을 수 없는 것이다.

> 所言摩訶般若波羅蜜者, 皆是彼語, 此土譯之, 云大慧度. 由無所知,
> 無所不知, 故名爲慧, 無所到故, 無所不到, 乃名爲度. 由如是故, 無所
> 不能, 能生無上大人, 能顯無邊大果. 以此義故, 名大慧度. 所言經者,
> 常也法也. 常性無所有故, 先賢後聖之常軌也, 法相畢竟空故, 反流歸
> 源之眞則也. 此經六百, 有十六分. 在前四百, 以爲初分, 初分之內, 有
> 七十八品. 於中在前, 明起經之緣故, 言"初分「緣起品」第一."
>
> [H1, 480b9~19; T33, 68c17~26]

[경전의 명칭인 '마하반야바라밀경摩訶般若波羅蜜經'에서] '마하반야바라밀
摩訶般若波羅蜜'(mahāprajñāpāramitā)이라고 말한 것은 모두 저 [인도의]
말[을 음역한 것]이고, 이 땅[의 말]로 번역하면 '대혜도大慧度'라고 한다.
'[사실을 왜곡하는 분별에 의해] 아는 것이 없기 때문에 [사실대로] 알지 못하
는 것이 없으니'(由無所知, 無所不知) 따라서 지혜(慧)라 부르고, '[분별로]
도달하는 곳이 없기 때문에 [사실 그대로에] 도달하지 못하는 곳이 없으
니'(無所到故, 無所不到) 이에 건너감(度)이라고 부른다. 이와 같기 때문
에 [사실 그대로의 이로운 일을] '하지 못하는 것이 없어서'(無所不能) '더 이
상 높은 경지가 없는 위대한 사람'(無上大人)을 낳을 수 있고 '끝이 없는
위대한 결과'(無邊大果)를 드러낼 수 있다. 이러한 뜻이기 때문에 '위대
한 지혜로 [사실 그대로의 지평으로] 건너감'(大慧度)이라고 부른다. '경經'
이라고 말한 것은 '늘 제자리를 지키는 것'(常)이고 '진리의 가르침'(法)
이다. [경經의] '늘 제자리를 지키는 면모'(常性)에는 [불변·독자의 본질/실
체로서] 있는 것이 없기'(無所有) 때문에 '[세간을 넘어서기] 이전의 현인들

전』, p.5122 참조.

과 [세간을 넘어선] 이후의 성인들'(先賢後聖)[19]이 '늘 지키는 규범'(常軌)이
고, '가르침의 내용'(法相)[20]에도 끝내 '불변·독자의 본질/실체가 없기'
(空)[21] 때문에 [근본무지에 따라 불변·독자의 본질/실체를 세우는] 흐름을 거
슬러 [깨달음의] 근원으로 돌아가는 '사실 그대로의 법칙'(眞則)이다.

이 경전은 600권이고, [모두] 16부분이 있다.[22] [600권 중에서] 앞에 있

---

19 선현후성先賢後聖: 십주十住·십행十行·십회향十廻向의 지전地前 삼현위三賢位
와 초지初地 이상의 출세성위出世聖位를 가리킨다.

20 법상法相의 번역어: 앞서의 '상相' 역주에서 언급했듯이 '相'(nimitta)을 관통하는
일관된 의미는 '구분되는 특징적 차이'이다. 여기서 '법상法相'은 '경經이 설하는
가르침(法)이 다른 가르침과 구분되는 특징적 차이'를 지시하는 것으로 보아 '가
르침의 내용'으로 번역하였다.

21 공空의 번역어: '공空'은 동일성·독자성·불변성을 인정하려는 모든 유형의 사유
방식을 비판하고 해체하기 위해 채택된 개념적 도구로서 붓다의 무아無我 통찰을
계승하고 있다. 그런데 원효의 저술에서는 이러한 의미 외에도 '긍정 가치의 허무
주의적 부재' '허망함' '없음' 등을 지시하는 개념으로 사용되기도 한다. 따라서 이
용어가 채택되는 의미맥락에 따라 그 의미를 한글 번역어에 적절히 반영해 주어
야 한다. 본 번역에서는 공空이 무아 통찰의 핵심을 반영하는 용어로 사용될 경우
'불변·독자의 본질/실체가 없음'으로 번역한다.

22 차경육백此經六百과 16분十六分: 본문에서 원효는 600권의 반야 계통의 경전을
말하므로 이 경전은 현장玄奘이 660~663년에 걸쳐 한역한 『대반야바라밀다경大
般若波羅密多經』600권(T5~7)을 가리킨다. 본문 아래에서는 이 경전에 관해, 첫
번째로 〈600권 중 초분初分에 해당하는 앞의 400권까지에 78품이 있고〉 두 번째
로 〈경전이 생겨난 인연을 밝히기 때문에 「초분연기품제일初分緣起品第一」이라
한다〉는 두 가지 설명이 있는데, 현행 『대반야바라밀다경』에도 제400권의 마지
막 품명品名에 "初分「法涌菩薩品」第七十八"(T6, 1068c5)이라고 하여 '제78제七十
八'이라고 되어 있고 제1권의 첫 번째 품명도 "初分「緣起品」第一"(T5, 1b5)이라
고 되어 있으므로 원효의 설명과 정확히 일치한다. 구마라집鳩摩羅什이 번역한
『마하반야바라밀경摩訶般若波羅蜜經』권1의 첫 번째 품명은 "「序品」第一"(T8,
217a6)이라고 되어 있다. 16분이라는 것은 『대반야바라밀다경』에서 펼쳐진 16차
의 모임을 말한다. 앞서 보았듯이 『대반야바라밀다경』제1권 서두에 '초분初分'이
라고 명기되어 있고, 제401권 서두에는 "大般若經第二會"(T7, 1a2)라고 하여 제
401권부터 제2회가 시작되며, 제593권 서두에서 이르러서는 "大般若經第十六
會"(T7, 1065b16)라고 하여 여기부터 제600권까지가 마지막 제16차 모임임을 알

는 400권은 [16부분 중에서] '첫 번째 부분'(初分)이 되고, '첫 번째 부분'(初分) 내에는 78품이 있다. [78품] 중 앞에서는 경전[의 가르침]을 일으키는 인연을 밝히기 때문에 "'첫 번째 부분'(初分)의 제1「연기품緣起品」"[23]이라고 말한다.

> 第二顯經宗者. 此經正以波若爲宗. 通而言之, 波若有三, 一文字波若, 二實相波若, 三觀照波若. 今此經者, 後二爲宗. 所以然者, 文字但是能詮敎故, 後二是其所詮旨故. 今欲顯是宗義, 略作三門. 一, 明實相, 二, 明觀照, 三者, 合明二種般若.
>
> [H1, 480b20~c1; T33, 68c27~69a3]

2. 경전의 핵심 내용을 드러냄(顯經宗)

두 번째인 '경전의 핵심 내용'(經宗)을 드러내는 것[은 다음과 같다.] 이 경전은 곧바로 지혜(波若)를 '핵심 내용'(宗)으로 삼는다. 통틀어 말하자면 지혜(波若)에는 세 가지가 있으니, 첫째는 '문자에 관한 지혜'(文字波若)이고 둘째는 [모든 현상의] 사실 그대로에 관한 지혜'(實相波若)이며 셋째는 '[사실 그대로 보는] 이해로써 비추어 내는 지혜'(觀照波若)이다. 지금 이 경전에서는 뒤의 두 가지를 '핵심 내용'(宗)으로 삼는다. 왜냐하면 문자는 단지 '가르침을 드러내는 것'(能詮敎)[24]일 뿐이기 때문이고, 뒤의 두

려준다.

23 『대반야바라밀다경大般若波羅蜜多經』 권1(T5, 1b5). "初分「緣起品」第一."

24 능전能詮과 소전所詮: 소전은 경문經文의 어구에 의거하여 내용을 해석하고 그 의의를 펼쳐 드러낸 것으로서, 경문이 능전이라면 경문의 의리義理가 소전이다. 『불광대사전』 pp.3249~3250 참조. 『번역명의집翻譯名義集』 권4에서는 "文是能顯, 義是所詮, 能詮之文, 必召所詮之義, 所詮之義, 必應能詮之文."(T54, 1113a3~4)이라고 하여 능전인 문자(能詮之文)와 소전인 뜻(所詮之義)의 필수불가결한 관계를

가지는 그 [문자에 의해] '드러난 뜻'(所詮旨)이기 때문이다. 지금 이 '핵심되는 뜻'(宗義)을 드러내고자 간략히 '세 가지 부문'(三門)을 세운다. 첫 번째는 '[모든 현상의] 사실 그대로[에 관한 지혜]'(實相[般若])를 밝히는 것이고, 두 번째는 '[사실 그대로 보는] 이해로써 비추어 내는 [지혜]'(觀照[般若])를 밝히는 것이며, 세 번째는 '[실상實相과 관조觀照, 이] 두 가지 지혜'(二種般若)를 합하여 밝히는 것이다.

> 初明實相般若相者. 諸法實相, 說者不同. 有義, 依他起自性上, 遍計所執自性永無, 所顯眞如是爲實相, 依他起性, 實不空故. 『瑜伽論』云, "若諸名言熏習之想所建立識, 緣色等相[25]事, 計爲色等性, 當知此性, 非實物有, 非勝義有, 唯是遍計所執自性, 當知假有. 若遣名言熏習之想所建立識, 如其色等相[26]事, 緣離言說性, 當知此性, 是實物有, 是勝義有", 乃至廣說故.
>
> [H1, 480c2~11; T33, 69a3~11]

1) 모든 현상의 '사실 그대로'에 관한 지혜를 밝힘(明實相般若, 明實相般若相)

['경전의 핵심 내용을 드러냄'(顯經宗)의] 첫 번째인 '[모든 현상의] 사실 그대로에 관한 지혜'(實相般若)의 특징(相)을 밝히면 [다음과 같다.] '모든 현상의 사실 그대로'(諸法實相)라는 것에 대해서는 설명하는 것들이 같지가 않다.

[첫 번째로] 어떤 [설명의] 뜻은 [다음과 같다.][27] '다른 것에 의존하여 일어

설명한다.
25 『유가사지론』 원문에 따라 '相'을 '想'으로 교감한다.
26 『유가사지론』 원문에 따라 '相'을 '想'으로 교감한다.

나는 면모'(依他起自性)에서 '[사실과 다르게] 두루 분별하여 집착한 면모'
(遍計所執自性)[28]가 전혀 없으면 [그리하여] 드러난 '참 그대로'(眞如)가 '사
실 그대로'(實相)이니, '다른 것에 의존하여 일어나는 면모'(依他起性)는

---

27 제법실상諸法實相에 관한 이하의 네 가지 설명: 이하에서는 제법실상에 관한 네
    가지 설명이 이어진다. 이 네 가지 설명이 끝나고 난 다음 원효는 『대지도론大智
    度論』의 게송을 인용하여 간결하게 정리하므로 미리 이 내용을 언급해 두는 것이
    본문 이해에 도움이 될 것으로 보인다. 먼저 원효가 인용하는 『대지도론』권1의
    게송은 다음과 같다. "一切實一切非實, 及一切實亦非實, 一切非實非不實. 是名諸法
    之實相." ① 일체실一切實, ② 일체비실一切非實, ③ 일체실역비실一切實亦非實,
    ④ 일체비실비불실一切非實非不實의 사구四句를 모두 제법실상이라고 부르는 내
    용인데, 유유·무무·역유역무亦有亦無·비유비무非有非無라는 사구의 일반 형
    식에 충실한 게송이라고 하겠다. 이 게송과 관련하여 원효는 다음과 같이 설명한
    다. "案云, 此說四句是實相者, 如其次第, 許前四說. 離著而說, 無不當故. 若有著者, 如
    言而取, 無不破壞, 故非實相." 이 게송에서 제시한 사구가 모두 제법실상이라면 그
    순서대로 앞의 네 가지 설명은 허용된다는 내용이다. 단 허용의 조건은 집착에서
    벗어나야 한다는 것이고, 만약 그 네 가지 설명들에 집착한다면 깨뜨리지 못할 것
    도 없다는 내용이 부가되어 있다. 이에 따르면 첫 번째 설명은 사구 중에서 '모든
    것이 진실이다.'(一切實)라는 제1구에 해당하고, 두 번째 설명은 '모든 것은 진실
    이 아니다.'(一切非實)라는 제2구에 해당하며, 세 번째 설명은 '모든 것은 진실이
    기도 하고 진실이 아니기도 하다.'(一切實亦非實)라는 제3구에 해당하고, 네 번째
    설명은 '모든 것은 진실한 것도 아니고 진실하지 않은 것도 아니다.'(一切實非不
    實)라는 제4구에 해당한다는 것을 알 수 있다.

28 의타기자성依他起自性과 변계소집자성遍計所執自性: 의타기자성의 범어인 'para-
    tantra-svabhāva'에서 'para-tantra'는 다른 것에 의존하는(dependent on another)
    의 뜻이고, 변계소집자성의 범어인 'parikalpita-svabhāva'에서 'parikalpita'는 고정
    된(settled), 기대된(expected), 추측된(imagined), 설계된(contrived), 나누어진
    (divided) 등의 뜻이다. 'svabhāva'는 출생지(native place), 존재의 상태(state
    of being), 본래적 성질(innate disposition) 등의 뜻이다. 의타기자성은 인연상
    因緣相으로도, 변계소집자성은 허망분별상虛妄分別相으로도 의역된다. 유식唯
    識 삼성三性 중에서 원성실성圓成實性의 범어인 'parinispanna-svabhāva'에서
    'parinispanna'는 완전한(perfect), 실재하는(real) 등의 뜻이고, 진실상眞實相으로
    도 의역된다. Sanskrit-English Dictionary, p.586, 592, 596, 1276, 『불광대사전』,
    p.563 참조.

실제로 '허망한 것이 아니기'(不空) 때문이다.

『유가사지론瑜伽師地論』에서는 [다음과 같이] 말한다. "만약 '언어로 거듭 익혀서 생긴 갖가지 생각'(諸名言熏習之想)에 의해 세워진 인식(識)이 '색깔이나 모양 있는 것'(色)[· 수受· 상想· 행行· 식識] 등에 관한 '지각 현상'(想事)들과 관계 맺어 '색깔이나 모양 있는 것'(色)[· 수受] 등의 '불변· 독자의 본질'(性)[이 있는 것]이라고 헤아린다면, 이 '불변· 독자의 본질'(性)[이라고 분별된 것]은 '현실 측면에서 있는 것'(實物有)도 아니고 [진리인] 탁월한 뜻의 측면에서 있는 것'(勝義有)도 아니며 오직 [사실과 다르게] 두루 분별하여 집착한 면모'(遍計所執自性)일 뿐임을 알아야 하며, '가상의 허구로 있는 것'(假有)임을 알아야 한다. 만약 '언어로 거듭 익혀서 생긴 생각'(名言熏習之想)에 의해 세워진 인식(識)[에 의한 변계소집자성遍計所執自性]을 없앤다면 그 '색깔이나 모양 있는 것'(色)[· 수受· 상想· 행行· 식識] 등에 관한 '지각 현상'(想事)들과 같은 것은 '언어[에 의한 분별]에서 벗어난 면모'(離言說性)[로서의 의타기성依他起性]과 관계 맺으니, 이 [언어에 의한 분별에서 벗어난] 면모'([離言說]性)[로서의 의타기성依他起性]이 '현실 측면에서 있는 것'(實物有)이고 [진리인] 탁월한 뜻의 측면에서 있는 것'(勝義有)임을 알아야 한다."[29]라고 하면서 자세히 말한다.

---

29 『유가사지론』 권74(T30, 708c15~21). "(云何當知色等想事, 色等施設, 是假名有, 非實物有? 謂)〈①〉諸名言熏習之想所建立識, 緣色等想事, 計爲色等性,〈②〉此性非實物有, 非勝義有, (是故如此色等想法, 非眞實有,) 唯是遍計所執自性, 當知假有. 若遣名言熏習之想所建立識, 如其色等想事, 緣離言說性, 當知此性, 是實物有, 是勝義有." 괄호는 생략된 부분을 표시하고 번호는 역자가 보충한 것이다. 본문에서 원효는 이 문장을 인용하면서 ①에는 '若'을 첨가하고 ②에는 '當知'를 첨가한다. 처음 생략된 부분의 내용은 색色· 수受 등 오온五蘊이 가명유假名有인가 실물유實物有인가라는 질문이므로 이 질문을 생략한 본문의 인용문에서는 ①에 '若'을 첨가하여 조건문을 만들고 생략된 질문에 들어 있는 '當知'를 ②에서 보충하는 것으로 보인다. 두 번째 생략된 부분은 직전 문장의 반복이라고 볼 수 있다.

或有說者, 依他性空, 眞如亦空, 如是乃爲諸法實相. 如下文言, “色
無所有不可得, 受想行識無所有不可得, 乃至如法性實際無所有不可
得.” 又言“諸法實相, 云何有? 諸法無所有, 如是有. 是事不知, 名爲無
明,” 乃至廣說故.

[H1, 480c11~16; T33, 69a11~16]

[두 번째로] 또 어떤 설명은 [다음과 같다.] '다른 것에 의존하는 면모'(依
他性)는 '불변·독자의 본질/실체가 없는 것'(空)이고 '참 그대로'(眞如)도
'불변·독자의 본질/실체가 없는 것'(空)이니, 이와 같은 것이 바로 '모
든 현상의 사실 그대로'(諸法實相)이다. [『마하반야바라밀경摩訶般若波羅蜜
經』의] 다음 문장에서 [다음과 같이] 말하는 것과 같다. "'색깔이나 모양
있는 것'(色)은 [불변·독자의 본질/실체로서] 있는 것이 없고'(無所有) '불
변·독자의 본질/실체로서] 얻는 것이 없으며'(無所得), 느낌(受)·'개념적
지각'(想)·의도(行)·의식(識)도 '불변·독자의 본질/실체로서] 있는 것이
없고'(無所有) '불변·독자의 본질/실체로서] 얻는 것이 없으며'(無所得), '현
상의 본연[인 사실 그대로]'(法性)와 '사실 그대로가 온전하게 드러나는 지
평'(實際)과 같은 것에 이르러서도 '불변·독자의 본질/실체로서] 있는 것
이 없고'(無所有) '불변·독자의 본질/실체로서] 얻는 것이 없다'(無所得)."[30]
또 [같은 곳에서는 다음과 같이] 말한다. "[사리불舍利弗이 묻는다.] '모든 현상
의 사실 그대로'(諸法實相)는 어떻게 있는 것입니까? [부처님이 대답한다.]

---

30 『마하반야바라밀경摩訶般若波羅蜜經』 권3(T8, 236b23~c1). "色(法)無所有不可得,
受想行識(法)無所有不可得, (內空法無所有不可得, 乃至無法有法空法無所有不可得.
舍利弗, 四念處法無所有不可得, 乃至十八不共法無所有不可得. 舍利弗, 諸神通法無所
有不可得, 如如法無所有不可得,) 法性(法相法位法住)實際(法)無所有不可得." 괄호는
생략된 부분을 표시한다. 원효는 의타성依他性에 해당하는 오온五蘊 부분만을 인
용하고 진여眞如에 해당하는 법성法性과 실제實際 부분만을 인용한다.

'모든 현상'(諸法)은 '[불변·독자의 본질/실체로서] 있는 것이 없으니'(無所有), 이와 같이 [무소유無所有로서] 있는 것이다. 이러한 일을 알지 못하는 것을 근본무지(無明)이라고 부른다."[31]라고 하면서 자세히 말한다.

或有說者, 依他起性, 亦有亦空. 世俗故有, 勝義故空. 空卽眞如, 眞
如不空. 如是名爲諸法實相. 如下文云, "世俗法故, 說有業報, 第一義
中, 無業無報", 『瑜伽論』云, "於勝義上, 更無勝義"故.

[H1, 480c16~21; T33, 69a16~20]

[세 번째로] 또 어떤 설명은 [다음과 같다.] '다른 것에 의존하여 일어나는 면모'(依他起性)는 '있는 것'(有)이기도 하고 '없는 것'(空)이기도 하다. 세속世俗[에서 인정하는 측면]인 것이기에 '있는 것'(有)이고, '[진리인] 탁월한 뜻'(勝義)[의 측면]인 것이기에 '[불변·독자의 본질/실체가] 없는 것'(空)이다. '불변·독자의 본질/실체가 없는 것'(空)이 바로 '참 그대로'(眞如)이지만 [이] '참 그대로'(眞如)는 '[아무것도] 없는 것이 아니다.'(不空). 이와 같은 것을 '모든 현상의 사실 그대로'(諸法實相)라고 부른다.

[『마하반야바라밀경摩訶般若波羅蜜經』의] 다음 문장에서 "'세속의 현상'(世俗法)이기 때문에 '행위와 [행위로 인한] 과보'(業報)가 있다고 말하지만, '궁극적인 뜻'(第一義)에서는 행위(業)도 없고 '[행위로 인한] 과보'(報)도 없다."[32]라고 말하고, 『유가사지론瑜伽師地論』에서 "[진리인] 탁월한

---

31 『마하반야바라밀경摩訶般若波羅蜜經』 권3(T8, 238c23~25). "(舍利弗白佛言, 世尊,) 諸法實相, 云何有? (佛言,) 諸法無所有, 如是有, (如是無所有.) 是事不知, 名爲無明." 괄호는 생략된 부분을 표시한다. 사리불舍利弗과 부처님이 문답하는 형식이다.

32 정확히 일치하는 문장이 찾아지지 않지만, 『마하반야바라밀경摩訶般若波羅蜜經』 권7에 다음과 같이 유사한 내용이 나온다. "舍利弗, 如世間名字故, 有知有得, 六道別異, 亦世間名字故有, 非以第一實義. 何以故? 舍利弗, 第一實義中, 無業無報, 無生無

뜻'(勝義) 위에 또다시 '[진리인] 탁월한 뜻'(勝義)은 없다."³³라고 말하는 것과 같다.

> 或有說者, 二諦法門, 但是假說, 而非實相. 非眞非俗, 非有非空, 如是乃名諸法實相. 如下文云, "有所得無所得平等, 是名無所得", 論云, "若顚倒少許有實者, 第一義諦亦應有實故."
>
> [H1, 480c21~481a2; T33, 69a20~24]

[네 번째로] 또 어떤 설명은 [다음과 같다.] '[세속적 관점'(俗諦)과 '궁극적 관점'(眞諦), 이 두 가지 관점에 대한 가르침'(二諦法門)은 단지 '언어를 빌린 것'(假說)일 뿐이지 '사실 그대로'(實相)는 아니다. 〈'[궁극적 관점에서 보는] 참'(眞)도 아니고 '[세속적 관점에서 보는] 세속'(俗)도 아니며〉(非眞非俗) 〈'있는 것'(有)도 아니고 '없는 것'(空)도 아닌 것〉(非有非空), 이와 같은 것을 바로 '모든 현상의 사실 그대로'(諸法實相)라고 부른다. [『마하반야바라밀경摩訶般若波羅蜜經』의] 다음 문장에서 "'얻을 것이 있음'(有所得)과 '얻을 것이 없음'(無所得)이 평등하니, 이 [평등의 경지를] [사실 그대로인] '[불변·독자의 본질/실체로서] 얻을 것이 없음'(無所得)이라고 부른다."³⁴라

滅, 無淨無垢."(T8, 271c14~17) 대체로 세간世間의 명자名字에 의거하여 앎(知)과 무엇인가를 얻음(得)이 있고 육도六道에서 다양하게 얻는 업보業報도 있는 것이지만 제일실의第一實義에서는 업보도 없고 생멸生滅도 없으며 염정染淨(垢淨)도 없다는 내용이다.

33 일치하는 문장이 찾아지지 않지만, 유사한 문맥으로 『유가사지론瑜伽師地論』 권19에서는 세속世俗과 차별되는 승의勝義의 결정성決定性(不空)에 관해 다음과 같이 설명한다. "若唯世俗見如來者, 則不決定, 若以勝義見如來者, 是則決定."(T30, 382c27~28) 일치하는 문장으로 찾아지는 문헌은 중관 계통의 논서인 『대승장진론大乘掌珍論』 권2에서이다. "於勝義上, 更無勝義."(T30, 274b28.)

34 『마하반야바라밀경』 권21(T8, 374a4). "有所得無所得平等, 是名無所得." 『대반야바라밀다경大般若波羅蜜多經』 권361에도 거의 동일한 문장이 다음과 같이 검출된

고 말하고, 논서(『대지도론大智度論』)에서 "만약 [사실 그대로가] '뒤바뀐 것'(顚倒)[인 속제俗諦의 대상]에 조금이라도 '불변·독자의 본질/실체'(實)가 있는 것이라면 '궁극적 관점'(第一義諦)[의 대상]에도 '불변·독자의 본질/실체'(實)가 있어야 한다."[35]라고 말한 것과 같다.

> 問. 諸師所說, 何者爲實? 答. 諸師說皆實. 所以然者, 皆是聖典不
> 相違故. 諸法實相絶諸戱論, 都無所然無不然故. 如『釋論』云, "一切
> 實, 一切非實, 及一切實亦非實, 一切非實非不實. 是名諸法之實相."
>
> [H1, 481a2~7; T33, 69a24~28]

묻는다. 여러 논사가 설명한 것에서 어떤 것이 진실인가? 답한다. 여러 논사의 설명이 모두 진실이다. 왜냐하면 모두 '고귀한 경전'(聖典)[의 가르침]과 서로 어긋나지 않기 때문이다. [또한] '모든 현상의 사실 그대로'(諸法實相)는 '[사실을 왜곡하는] 분별로 따지는 일들'(諸戱論)을 끊어 버리기에 [설명들] 모두 '그렇게 [그대로 맞게] 되는 것도 없고 그렇게 [맞지] 않는 것도 없기'(無所然無不然) 때문이다. 『대지도론大智度論』에서 "모든 것은 진실이고, 모든 것은 진실이 아니며, 또 모든 것은 진실이기도 하고 진실이 아니기도 하며, 모든 것은 진실도 아니고 진실이 아닌 것도

다. "有所得無所得平等性, 是名無所得."(T6, 863b25.)

35　일치하는 문장이 찾아지지 않지만, 유사한 문맥으로 『대지도론大智度論』 권83에 서는 "須菩提作是念, 有所得故, 則是世間顚倒, 無所得故, 即是涅槃. 是故問佛, 云何有所得, 云何無所得? 佛略答, 二相是有所得, 無二相是無所得."(T25, 644c23~26)이라는 논의가 나온다. 대체로 세간전도世間顚倒가 유소득有所得이고 열반涅槃이 무소득無所得이라고 생각하는 수보리須菩提가 부처님에게 유소득와 무소득의 차이를 묻자 부처님이 유소득과 무소득의 이상二相은 모두 유소득이고 무이상無二相이 무소득이라고 대답하는 내용이다. 이 내용은 앞의 『마하반야바라밀경』 권21의 인용 경문이 속한 부분에 관해 그 주석서인 『대지도론』 권83에서 해설하는 대목의 일부이기도 하다.

아니네. 이것을 '모든 현상의 사실 그대로'(諸法之實相)라고 부르네."³⁶라
고 말한 것과 같다.

案云, 此說四句是實相者, 如其次第, 許前四說, 離著而說, 無不當
故. 若有著者, 如言而取, 無不破壞, 故非實相. 離絶四句, 不可破壞,
如是乃名諸法實相. 如『廣百論』頌曰, "有非有俱非, 諸宗皆寂滅, 於中
欲興難, 畢竟不能申."

[H1, 481a7~14; T33, 69a28~b5]

생각건대, 이 [『대지도론大智度論』]에서 〈'네 가지 판단'(四句)이 '사실
그대로'(實相)이다.〉라고 말한 것은 그 순서대로 앞의 네 가지 설명을
[실상實相에 부합하는 것으로] 허용하는 것이니, 집착에서 벗어나 설명한
다면 타당하지 않은 것이 없기 때문이다. 만약 집착이 있는 자가 말 그
대로 취한다면 [앞의 네 가지 설명은] 깨뜨리지 않을 것이 없으니, 따라서
[앞의 네 가지 설명은] '사실 그대로'(實相)가 아니다. [만약] '네 가지 판단'
(四句)에서 벗어나 [그 판단들에 대한 집착을] 끊는다면 [앞의 네 가지 설명은]
깨뜨릴 수가 없으니, 이와 같은 것을 곧 '모든 현상의 사실 그대로'(諸法
實相)라고 부른다. 『광백론廣百論』의 게송에서 "있다'(有)거나 '있지 않
다'(非有)거나 '있기도 하고 없기도 하다'(俱)거나 '있는 것도 아니고 없
는 것도 아니다'(非)와 같은 갖가지 주장(宗)들이 모두 [불변·독자의 본질
/실체로 보는 분별의 동요가] 그쳐 고요해지면'(寂滅) 여기에서는 힐난(難)
을 일으키려 해도 끝내 펼칠 수가 없네."³⁷라고 말한 것과 같다.

---

36 『대지도론大智度論』 권1(T25, 61b14~15). "一切實, 一切非實, 及一切實亦非實, 一
切非實非不實. 是名諸法之實相." 이 문장의 앞에서는 "如摩訶衍義偈中說"(T25, 61b9~
10)이라고 하여 칠언七言으로 된 게송의 형식임을 알려 준다.

37 『광백론본廣百論本』 권1(T30, 186c25~26). "有非有俱非, 諸宗皆寂滅, 於中欲興難,
畢竟不能申."

或有說者, 依此『大般若經』, 以如來藏, 爲實相般若. 如下「理趣分」
中言, "爾時, 世尊復依一切住持藏法如來之相, 爲諸菩薩宣說, 般若波
羅蜜多, 一切有情住持遍滿甚深理趣勝藏法門, 謂一切有情皆如來藏,
普賢菩薩自體遍故. 一切有情皆金剛藏, 以金剛藏所灌灑故. 一切有情
皆正法藏, 皆隨正語轉故. 一切有情皆妙業藏, 一切事業加行依故. 佛
說如是住持甚深理趣勝藏法已, 告金剛手菩薩云, 若有得聞如是遍滿
波若理趣勝藏法門, 信解受持讀誦修習, 則能通達勝藏法性藏,[38] 速證
無上正等菩提."

[H1, 481a15~b3; T33, 69b6~17]

어떤 설명[39]은 [다음과 같다.] 이 『대반야바라밀다경大般若波羅蜜多
經』에 의거해 본다면, '여래의 면모가 간직된 창고'(如來藏)를 '[모든 현상
의] 사실 그대로에 관한 지혜'(實相般若)로 삼는다. 아래의 「이취분理趣
分」에서 [이렇게] 말한 것과 같다. "이때 '세상에서 가장 존귀한 분'(世尊)
이 '모든 중생이 머무르고 지녀 간직하는 현상인 여래의 면모'(一切住持
藏法如來之相)에 의거하여 모든 보살을 위해, '지혜가 밝아지는 [대승 보
살의] 수행'(般若波羅蜜多)은 '모든 중생[40]이 머물러 지녀야 할 끝없이 넓
고 깊은 이치를 탁월하게 간직한 가르침'(一切有情住持遍滿甚深理趣勝藏

---

38 『대반야바라밀다경』 원문에 따라 '藏'을 삭제한다.

39 원효 자신의 견해로 보인다.

40 유정有情:『성유식론술기成唯識論述記』 권1(T43, 233c29~234a1)에서는 "梵云薩埵,
此言有情, 有情識故."라고 하여, 범어 'sattva'의 음역인 살타薩埵를 유정有情이라고
의역하는 것은 '정식情識'이 있기 때문이라고 설명한다. 『불광대사전』(p.2441)에서
는, 유정은 신역新譯으로서 구역舊譯인 중생衆生과 일반적으로 통용되는 용어이
지만 유정은 인·천·아귀·축생·아수라 등 '의식이 있는 것'(有情識之物)인 데
비해 중생은 초목금석草木金石, 산하대지山下大地 등의 비정非情·무정無情인 것
까지 포함한다는 일설一說도 소개한다.

法門)이라는 것을 널리 설했으니, [그 내용은 다음과 같은 것들이다.] 〈모든 중생은 다 '여래의 면모가 간직된 창고'(如來藏)이니, 보현보살普賢菩薩[41]의 본연(自體)이 [모든 중생에게] 두루 펼쳐져 있기 때문이다. [또] 모든 중생은 다 '금강석[처럼 굳센 지혜가] 간직된 창고'(金剛藏)[42]이니, [이] '금강석[처럼 굳센 지혜가] 간직된 창고'(金剛藏)에 의해 [모든 번뇌가] 깨끗이 씻겨 있기 때문이다. [또] 모든 중생은 다 '진리다운 가르침을 간직한 창고'(正法藏)이니, 모두 [보현보살의] '진리다운 말'(正語)에 따라 바뀐 것이기 때문이다.[43] [또] 모든 중생은 다 '[세간의 괴로움을 피하고 출세간의 즐거

---

41 보현보살普賢菩薩: 문수보살文殊菩薩과 함께 여래如來의 양옆을 보좌하는 협시보살脇侍菩薩이다. 문수보살은 지智・혜慧・증證을, 보현보살은 이理・정定・행行을 드러내어 함께 여래의 이지理智・정혜定慧・행증行證의 완전함을 대변하는 역할을 한다. 『화엄경』(권40)의 「보현행원품普賢行願品」에서 일으킨 요익중생饒益衆生의 십대원十大願으로 유명한 보살이기도 하다. 『불광대사전』, p.5002 참조. 『대반야바라밀다경반야이취분술찬大般若波羅蜜多經般若理趣分述讚』 권3에서는 "賢謂賢善, 遍體三業一切賢善, 故名普賢."(T33, 58a19~20)이라고 하는데, 신身・구口・의意 삼업三業의 모든 이로움을 두루 체득하기 때문이라고 설명함으로써 이타행利他行을 추구하는 보현보살의 특성을 그 명칭의 풀이를 통해 부각하기도 한다. 아래에서 원효는 보현보살의 서원에 간직된 뜻에 관해 다음과 같이 설명한다. "此菩薩意, 爲一切有情, 唯一法界, 無別有情. 由此道理, 長時熏修, 是故自心變異, 遍諸有情, 以爲自體." 보현보살은, 모든 중생이 오직 일법계一法界이므로 중생을 자신과 다른 것으로 차별할 수 없다는 도리에 의거하여 장구한 세월 동안 거듭 익히기 때문에, '남과 구별하는 자기의 마음'이 바뀌어 '모든 중생과 두루 하나가 된 마음'을 자신의 본연으로 삼는다는 내용이다.

42 금강장金剛藏: 등각지等覺地에서 금강유정金剛喩定에 의거하여 가장 미세한 번뇌를 끊는 견고한 진리의 법문法門으로서 이를 통해 구경究竟인 묘각지妙覺地의 과보를 얻는다. 『불광대사전』, p.3577 참조. 아래에서 원효는 "佛地所有, 大圓鏡智, 相應淨識, 所攝種子變異, 爲諸有情, 以爲等流果故, 言所灌灑故."라고 설명하는데, 모든 중생은 불지佛地의 대원경지大圓鏡智에 상응하는 정식淨識의 종자種子가 변이한 것으로서 그 종자의 등류과等流果이기 때문에 중생은 깨끗이 씻겨 있는 본연을 지닌다는 내용이다.

43 수정어전隨正語轉: 원효는 이 문장을 앞의 보현보살이 의거하는 도리와 관련시켜 아래에서 다음과 같이 설명한다. "皆隨正語轉故者, 普賢菩薩, 變爲諸有情時, 隨自正語, 變

61

움을 추구하는] 탁월한 행위를 간직한 창고'(妙業藏)⁴⁴이니, '모든 [이로운] 현상을 일으키는 행위'(一切事業)인 '이로운 것을 더해 가는 수행'(加行)의 근거(依)이기 때문이다.〉 부처님은 이와 같이 [모든 중생이] 머물러 지녀야 할 깊은 이치를 탁월하게 간직한 가르침'(住持甚深理趣勝藏法)을 설하고 나서 금강수보살金剛手菩薩에게 [다음과 같이] 일러 주었다. 〈만약 이와 같은 '끝없이 넓은 지혜의 이치를 탁월하게 간직한 가르침'(遍滿波若理趣勝藏法門)을 듣고서, 믿고 이해하며 받아 지녀 읽고 외우며 닦아 익힌다면, [모든 지혜의 이치를] 탁월하게 간직한 가르침의 본연'(勝藏法性)에 통달하여 '더 이상 높은 경지가 없이 완전히 동등해진 깨달음'(無上正等菩提)⁴⁵을 속히 증득할 것이다.〉"⁴⁶

異生故, 諸有情皆是正法也." 보현보살이 변하여 모든 중생이 될 때 자신이 갖춘 정어正語에 따라 모든 중생으로 변하여 태어나기 때문에 모든 중생도 정법正法을 지닌다는 내용이다.

44 묘업장妙業藏: 묘업장의 내용에 관해 아래에서 원효는 다음과 같이 설명한다. "皆妙業藏者, 以如來藏自內熏習力故, 生諸有情二種業, 謂避苦求樂. 諸善事業一切加行善心, 皆依此二業生故, 言一切事業加行依故. 由此道理, 名爲妙業." 이에 따르면 묘업장이라는 것은 구체적으로 여래장의 훈습력 때문에 일어난 피고피苦·구락求樂이라는 두 가지 행위를 가리킨다. 그리고 피고·구락이라는 이 두 가지 행위로서의 묘업은 '모든 이로운 현상을 일으키는 행위'(諸善事業)인 '모든 이로운 것을 더해 가는 수행'(一切加行)과 그로 인한 '이로운 마음'(善心)의 근거(依)가 된다.

45 정등正等: 범어 'samyaksambodhi'의 의역漢譯이고, 삼먁삼보리三藐三菩提는 그 음역이다. 깨달음을 의미하는 'bodhi(菩提)'에 접두어인 'samyak-(三藐: 올바르게, 정확하게)'과 'sam-(三: 함께, 완전히)'이 첨가되어 만들어진 용어이다.

46 『대반야바라밀다경大般若波羅蜜多經』권578 「반야이취분般若理趣分」(T7, 990b1~11). "爾時, 世尊復依一切住持藏法如來之相, 爲諸菩薩宣說, 般若波羅蜜多, 一切有情住持遍滿甚深理趣勝藏法門, 謂一切有情皆如來藏, 普賢菩薩自體遍故. 一切有情皆金剛藏, 以金剛藏所灌灑故. 一切有情皆正法藏, (一切)皆隨正語轉故. 一切有情皆妙業藏, 一切事業加行依故. 佛說如是(有情)住持甚深理趣勝藏法已, 告金剛手菩薩〈等言〉, 若有得聞如是遍滿〈般〉若理趣勝藏法門, 信解受持讀誦修習, 則能通達勝藏法性, 〈疾〉證無上正等菩提." 괄호는 생략된 부분을 표시하고, '〈〉' 표시는 원문과 다르지만 문맥에 저촉되지 않아 본문에서 그대로 둔 부분에 해당한다. 〈산스크리트본의 해당

如『寶性論』云, "無始世來性, 作諸法依止, 依性有諸道, 及證涅槃
果." 長行釋言, "此偈明何義? 〈無始世來性〉[47]者, 如經說云, 〈諸佛如
來, 依如來藏說, 諸衆生無[48]本際, 不可得知[49].〉所言〈性〉者, 如『聖者
勝鬘經』云, 〈世尊, 如來藏者, 是法界藏, 出世間法身藏, 出世間上上
藏, 自性淸淨法身藏, 自性淸淨如來藏.〉" 依此五句, 『攝大乘論』及『佛
性論』, 以五義釋. 『無相論』云, "所言性者, 自有五義. 一自性種類義,
二因義, 三生義, 四不壞義, 五祕密義," 乃至廣說.

[H1, 481b3~b14; T33, 69b17~26]

[또] 『구경일승보성론究竟一乘寶性論』에서 [다음과 같이] 말한 것과 같
다. "시작이 없는 때로부터의 [여래장如來藏이라는] 본연(性)이 '모든 현
상'(諸法)의 근거(依止)가 되니, [여래장如來藏이라는] 본연(性)에 의거하여
'모든 수행'(諸道)이 있게 되고 '열반이라는 과보'(涅槃果)를 증득하기에

내용: AasP., p.92. atha bhagavāṃs tathāgato vairocanaḥ punar api
sarvasattvādhiṣṭhānaṃ nāma prajñāpāramitān ayaṃ deśayāmāsa /
sarvasattvās tathāgatagarbhāḥ samantabhadramahābodhisattvasarvātmatayā /
vajragarbhā sarvasattvā vajragarbhābhiṣiktatayā, dharmagarbhāḥ sarvasattvāḥ
sarvavākpravartanatayā, karmagarbhāḥ sarvasattvāḥ sarvasattvakaraṇatāprayogatayā
iti // ('佛說如是' 이하는 해당하는 산스크리트 문장 없음.); 그리고 세존이자 여래
인 비로자나는 또 모든 중생의 근거라고 이름하는 반야바라밀다를 설하셨다. "보
현대보살이 모든 [중생]의 본질이라는 관점에서 모든 중생은 여래를 본질로 가진
자[如來藏]이다. 금강장 [보살에게] 관정을 받았다는 관점에서 모든 중생은 금강을
본질로 가진 자[金剛藏]이다. 모든 말이 발생한다는 관점에서 모든 중생은 가르침
을 본질로 가진 자[正法藏]이다. 모든 중생을 [위한 붓다의] 행위에 노력한다는 관
점에서 모든 중생은 [붓다의] 행위를 본질로 하는 자[妙業藏]이다."〉
47 인용문 안에서 다시 인용된 문장에는 '〈〉'로 표시했다. 아래의 표시들도 마찬가지
이다.
48 『구경일승보성론』 원문에 따라 '無' 뒤에 '始'를 넣는다.
49 『구경일승보성론』 원문에 따라 '知' 뒤에 '故'를 넣는다.

이르네."⁵⁰ [이어서] '산문[의 형식을 띤 문장]'(長行)에서는 [이 게송을] 해석하여 [다음과 같이] 말한다. "이 게송은 어떤 뜻을 밝히는가? 〈시작이 없는 때로부터의 [여래장如來藏이라는] 본연(性)〉(無始世來性)이라는 것은 경전에서 〈모든 부처님과 여래는 '여래의 면모를 간직한 창고'(如來藏)에 의거하여 설하니, 모든 중생은 '시작이 없는 때로부터 본연이 되는 지평'(無始本際)[인 여래장如來藏]을 [제대로] 알 수 없기 때문이다.〉⁵¹라고 말한 것과 같다. [게송에서] 〈본연(性)〉이라고 말한 것은 『싱자승만경聖者勝鬘經』에서 [다음과 같이] 말하는 것과 같다. 〈'세상에서 가장 존귀한 분'(世尊)이시여, '여래의 면모를 간직한 창고'(如來藏)라는 것은 '[무아無我가 본연인] 모든 현상세계를 간직한 창고'(法界藏)이고, '[깨달음의 원인인] 세간을 넘어서는 가르침들을 간직한 창고'(出世間法身藏)이며, '세간의 허물

---

50 『구경일승보성론究竟一乘寶性論』 권4(T31, 839a18~19). "無始世來性, 作諸法依止, 依性有諸道, 及證涅槃果." 〈산스크리트본의 해당 내용: RGV., pp.72-73. Skt: anādikāliko dhātuḥ sarvadharmasamāśrayaḥ / tasmin sati gatiḥ sarvā nirvāṇādhigamo 'pi ca // tatra katham anādikālikaḥ yat tathāgatagarbham evādhikṛtya bhagavatā pūrvakoṭir na prajñāyata iti deśitaṃ prajñaptam / dhatur iti / yad āha / yo 'yam bhagavaṃs tathāgatagarbho lokottaragarbhaḥ prakṛtipariśudhagarbha iti /; 무한한 과거로부터의 계(界)가 모든 법의 공통의 기반이다. 그것이 있을 때 모든 윤회적 생존형태와 열반의 증득도 있다. 그중에서 '무한한 과거'란 여래장을 주제로 하여 세존이 "과거의 끝은 알려지지 않는다."라고 가르친 것이고 알려 준 것이다. '계'란 [『승만경』에서] "세존이시여, 이 여래장은 출세간의 본질로 하는 것[出世間法身藏]이고 본질적으로 청정한 것을 본질[自性淸淨藏]로 하는 것입니다."하고 설한 것과 같습니다.〉

51 정확히 일치하는 문장은 찾아지지 않지만, 『불설부증불감경佛說不增不減經』 권1에 유사한 내용이 보인다. "舍利弗當知. 如來藏本際相應體, 及淸淨法者, 此法如實不虛妄, 不離不脫, 智慧淸淨, 眞如法界不思議法, 無始本際來, 有此淸淨相應法體. 舍利弗, 我依此淸淨眞如法界, 爲衆生故, 說爲不可思議法自性淸淨心."(T16, 467b25~29.) '여래장본제如來藏本際'라든가 '무시본제無始本際'와 같은 유사한 문맥의 표현이 보이고, 사리불舍利弗에게 부처님이 청정진여법계淸淨眞如法界인 여래장如來藏에 의거하여 중생들을 위해 불가사의법不可思議法인 자성청정심自性淸淨心을 설한다는 내용이 마지막 문장에서 나온다.

에서 벗어난 최고의 경지를 간직한 창고'(出世間上上藏)이고, '['믿고 즐겨'(信樂) 여래의 공덕들을 성취하게 되는] 본연이 온전한 진리 몸을 간직한 창고'(自性清淨法身藏)이며, '[염染과 정淨 두 가지 선택 가능성을 모두 지닌] 본연이 온전한 여래의 면모를 간직한 창고'(自性清淨如來藏)입니다.52)53"54

---

52 여래장如來藏에 관한 오구五句: 『구경일승보성론究竟一乘寶性論』에서는 ① 법계장法界藏, ② 출세간법신장出世間法身藏, ③ 출세간상상장出世間上上藏, ④ 자성청정법신장自性清淨法身藏, ⑤ 자성청정여래장自性清淨如來藏의 명칭만 제시할 뿐 각각에 관한 논의가 이어지지 않으므로 아래에서 원효가 제시한 논서들의 설명에 의거하여 오구五句의 뜻을 살펴보면 다음과 같다. 먼저 ① 법계장은 『불성론佛性論』 권2에서 "如來藏有五種, 何等爲五? 一如來藏, 自性是其藏義. 一切諸法不出如來自性, 無我爲相故. 故說一切諸法, 爲如來藏."(T31, 796b7~10)이라는 설명과 관련되는 것으로 보인다. 이에 따르면 『불성론』에서는 여래장의 오의五義를 밝히면서 자성自性을 여래장의 첫 번째 뜻으로서 제시하는데, '모든 현상'(一切諸法)이 여래의 본연(自性)을 벗어나지 않는 것은 무아無我를 특징(相)으로 삼기 때문이다. 즉 ① 법계장은 무아를 본연으로 삼는 모든 현상을 간직한 창고라고 하겠다. 아래에서 원효가 『무상론無相論』 권1(『현식론顯識論』)을 인용하여 "一自性種類義"라고 제시한 문맥에도 부합하는데, 『현식론』에서는 "所言性者, 自有五義. 一者自性種類義, 一切瓶衣等, 不離四大種類義, 同是四大性, 是自性義."(T31, 881c26~28)라고 하여 모든 물병이나 의복과 같은 모든 현상의 자성이 지地·수水·화火·풍風 사대四大의 화합에서 벗어나지 않는 무아의 면모임을 설명한다. ② 출세간법신장出世間法身藏은 『불성론』에서 "二者正法藏, 因是其藏義. 以一切聖人四念處等正法, 皆取此性作境, 未生得生, 已生得滿. 是故說名爲正法藏."(T31, 796b10~12)이라는 설명과 관련되는 것으로 보인다. 정법장正法藏이라는 깨달음의 원인(因)을 여래장의 두 번째 뜻으로 제시하여 모든 성인은 사념처四念處·사정근四正勤 등 정법의 면모를 대상으로 취하여 아직 생겨나지 않은 이로운 것들을 생겨나게 하고 이미 생겨난 것은 완전하게 하는 원인으로 삼는다고 설명한다. 『현식론』에서도 유사한 문맥으로 "二者因性義, 一切四念處等法所緣道理, 緣此道理, 能生聖法, 亦是因義."(T31, 881c28~882a1)라고 하여 사념처四念處와 같은 모든 '고귀한 가르침'(聖法)과 관계 맺는 도리道理들을 깨달음의 '원인되는 면모'(因性)로서 제시한다. 즉 ② 출세간법신장에서 법신法身은 구체적으로 사념처와 같은 '진리다운 가르침'(正法)을 가리킨다고 하겠다. ③ 출세간상상장은 『불성론』에서 "四者出世藏, 眞實是其藏義. 世有三失. 一者對治, 可滅盡, 故名爲世. 此法則無對治, 故名出世. 二不靜住, 故名爲世, 由虛妄心果報, 念念滅不住故. 此法不爾, 故名出世. 三由有倒見故, 心在

[『승만경』에서 말한] 이 '다섯 구절'(五句)에 의거하여 『섭대승론석攝大

世間, 則恒倒見. 如人在三界, 心中決不得見苦法忍等. 以其虛妄, 故名爲世. 此法能出
世間, 故名眞實, 爲出世藏."(T31, 796b16~22)이라는 설명과 관련되는 것으로 보인
다. 이에 따르면 여래장은 출세장出世藏으로서 진실眞實을 그 뜻으로 삼는데, 세
간世間의 허망虛妄과 대비되는 출세간出世間 진실의 세 가지 구체적 내용은 〈번
뇌를 '치유할 것이 없음'(無對治)〉과 〈생각이 '고요히 제자리를 잡음'(靜住)〉 및
〈고법인苦法忍·집법인集法忍 등 사제四諦의 도리를 이해하여 '견해가 뒤바뀜이
없음'(無倒見)〉이 그것이다. 즉 ③ 출세간상상장은 세간의 허물에서 벗어난 최고
의 경지가 간직되어 있는 것을 가리킨다고 하겠다. 『현식론』에서도 유사한 문맥
으로 "四不壞義, 此性在凡夫不染, 在聖不淨, 故名不壞."(T31, 882a6~7)라고 하여, 여
래장의 본연(性)에 관해 범부도 오염시킬 수 없고 성인도 청정하게 하지 못한다는
뜻의 불괴不壞를 세간의 허물에서 벗어난 최고의 경지로 제시하고 있다. ④ 자성
청정법신장은 『불성론』에서 "三者法身藏, 至得是其藏義. 此一切聖人信樂正性, 信樂
願聞, 由此信樂心故, 令諸聖人得於四德, 及過恒沙數等一切如來功德. 故說此性名法身
藏."(T31, 796b12~15)이라는 설명과 관련되는 것으로 보인다. 이에 따르면 여래
장은 법신장法身藏으로서 지득至得을 그 뜻으로 삼는데, '온전한 면모'(正性)인 '진
리 몸'(法身)을 신락信樂하는 마음으로 인해 상락아정常樂我淨의 사덕四德과 같은
모든 여래의 공덕功德을 궁극적으로 얻는 것이다. 즉 ④ 자성청정법신장은 '믿고
즐겨'(信樂) 여래의 공덕들을 성취하게 되는 '진리 몸'(法身)이 간직되어 있는 것을
가리킨다고 하겠다. 『현식론』에서도 유사한 문맥으로 "三自利利他德備, 修五分身,
五分身生, 則顯至得性故. 故五分法身, 以此爲性義."(T31, 882a4~6)라고 하여, 자
리행自利行과 이타행利他行이 갖추어져서 계신戒身·정신定身·혜신慧身·해탈
신解脫身·해탈지견신解脫知見身의 오분법신五分法身을 생겨나게 하는 것이라고
설명하는데, 본문 아래에서 원효는 이 내용을 '생의生義'라고 압축하여 제시한다.
⑤ 자성청정여래장은 『불성론』에서 "五者自性淸淨藏, 以祕密是其藏義. 若一切法隨
順此性, 則名爲內, 是正非邪, 則爲淸淨. 若諸法違逆此理, 則名爲外, 是邪非正, 名爲染
濁, 故言自性淸淨藏."(T31, 796b23~26)이라는 설명과 관련되는 것으로 보인다. 이
에 따르면 여래장은 자성청정장自性淸淨藏으로서 비밀祕密을 그 뜻으로 삼는데,
모든 현상이 이 자성청정장의 본연에 따르느냐 거스르느냐에 의거하여 내외內
外·정사正邪·정염淨染이라는 양편 중에서 어느 것으로도 될 수 있는 것이다. 즉
⑤ 자성청정여래장은 온전함(淨)과 오염됨(染)의 두 가지 선택 가능성을 모두 지
닌 본연적 완전성을 가리킨다고 하겠다. 『현식론』에서도 유사한 문맥으로 "五祕
密藏義, 親近則行淨, 乖違則遠離, 此法難得幽祕, 故名祕密."(T31, 882a7~9)이라고
하여, 친근하면 청정한 행위를 하게 되고 거스르면 본연에서 멀리 벗어나 오염된
행위를 하게 되기에 얻기가 어려워 비밀하다고 설명한다.

乘論釋』과 『불성론佛性論』[같은 논서論書들]에서는 [여래장如來藏을] '다섯 가지 뜻'(五義)으로 해석한다.[55] 『무상론無相論』(『현식론顯識論』)[56]에서는

53 『승만사자후일승대방편방광경勝鬘師子吼一乘大方便方廣經』 권1(T12, 222b22~ 23). "世尊, 如來藏者, 是法界藏, 法身藏, 出世間上上藏, 自性清淨藏." 『승만경』의 이 원문과 본문의 『구경일승보성론究竟一乘寶性論』에서 인용한 문장을 대조해보면, 『구경일승보성론』에서는 ① 법계장法界藏, ② 출세간법신장出世間法身藏, ③ 출세간상상장出世間上上藏, ④ 자성청정법신장自性清淨法身藏, ⑤ 자성청정여래장自性清淨如來藏의 오구五句로 되어 있는 데 비해, 정작 『승만경』에서는 ① 법계장法界藏, ② 법신장法身藏, ③ 출세간상상장出世間上上藏, ④ 자성청정장自性清淨藏의 사구四句로 되어 있는 것을 알 수 있다. 『승만경』의 ② 법신장이 『구경일승보성론』에서는 정법正法을 뜻하는 ② 출세간법신장出世間法身藏과 신락법신信樂法身의 공덕功德을 뜻하는 ④ 자성청정법신장으로 세분되어 있는 것으로 보인다.

54 『구경일승보성론究竟一乘寶性論』 권4(T31, 839a20~25). "此偈明何義? 無始世〈界〉性者, 如經說〈言〉, 諸佛如來, 依如來藏說, 諸衆生無始本際, 不可得知故. 所言性者, 如『聖者勝鬘經』言, 世尊, (如來說)如來藏者, 是法界藏, 出世間法身藏, 出世間上上藏, 自性清淨法身藏, 自性清淨如來藏." 괄호는 생략된 부분을 표시하고, '〈 〉' 표시는 원문과 다르지만 문맥에 저촉되지 않아 본문에서 그대로 둔 부분에 해당한다. 그대로 둔 것 중에서 〈界〉는 본문의 인용문에 '來'라고 되어 있는데, 게송에서 '來'가 포함된 '無始世來性'을 인용하여 장행에서 해석하는 대목이므로 원효의 의도적 변경으로 보아 그대로 두었다.

55 여래장如來藏의 오의五義에 관한 『섭대승론석攝大乘論釋』과 『불성론佛性論』의 해당 대목: 먼저 『섭대승론석』 권5에서는 사종청정四種清淨에 관해 다음과 같이 논의한다. "本性清淨者, 是自體清淨. 此自體即是眞如, 一切衆生皆有, 以平等相故. 由有此故, 說一切法爲如來藏. 離垢清淨者, 即此眞如, 離煩惱障智障垢已, 由此眞如清淨故, 得名爲佛. 至得道清淨者, 得彼之道, 亦是清淨, 即是菩提分, 念處等波羅蜜故. 道生境界清淨者, 是諸菩提分法勝得生緣, 此生緣亦是清淨故, 說道生境界清淨, 即是修多羅等十二部言教, 此言教若是分別, 即成染污因, 若是依他, 即成虛妄, 最清淨法界所流津液, 故非虛妄. 由離此二性故, 得爲成就. 又此四種相, 於大乘中, 隨說一種應知, 即是說成就性." (T31, 290b2~13) ① 본성청정本性清淨은 진여眞如 자체가 모든 중생에게 평등하게 있기에 모든 현상이 여래장如來藏임을 말한다. 『승만경勝鬘經』의 법계장法界藏에 해당한다. ② 이구청정離垢清淨은 번뇌장煩惱障과 지장智障에서 벗어나고 나서 부처(佛)의 명칭을 얻는 진여의 지평을 가리킨다. 『승만경』의 출세간상상장出世間上上藏에 해당한다. ③ 지득도청정至得道清淨은 부처 경지를 얻는 수행(道)이 온전한 것으로서 보리분법菩提分法인 사념처四念處와 같은 수행들을

[다음과 같이] 말한다. "[모든 현상의] 본연(性)이라고 말하는 것에는 자체적으로 '다섯 가지 뜻'(五義)이 있다. 첫 번째는 '[무아無我의 도리를] 자신의 본연으로 삼는 유형'(自性種類)의 뜻이고, 두 번째는 '[깨달음의] 원인'(因)의 뜻이며, 세 번째는 '[세간의 허물에서 벗어난 최고의 경지가] 생겨남'(生)의 뜻이고, 네 번째는 '[믿고 즐겨](信樂) 여래의 공덕들을 성취하게 되는 '진리 몸'(法身)이] 무너지지 않음'(不壞)의 뜻이며, 다섯 번째는 '[염染과 정

━━━━━

가리킨다. 『승만경』의 출세간법신장出世間法身藏에 해당한다. ④ 도생경계청정道生境界淸淨은 보리분법의 수행으로 탁월하게 생겨나는 경계境界의 온전함을 가리키는데, 삼성설三性說에 의거하여 수행의 지침이 되는 12부十二部 경전의 언교言敎들을 '분별성分別性(변계소집성遍計所執性)과 의타성依他性(의타기성依他起性)에서 벗어나 최청정법계最淸淨法界의 진액津液인 성취성成就性(원성실성圓成實性)을 얻게 하는 것'으로 이해한다. 『승만경』에서 신락법신信樂法身의 공덕功德을 가리키는 자성청정법신장自性淸淨法身藏에 해당한다. 끝에서는 이 사종청정을 포괄하는 대승의 성취성(원성실성)을 제시하는데, 『승만경』의 자성청정여래장自性淸淨如來藏에 해당하는 것으로 보인다. 『불성론佛性論』의 오의에 관한 논의는 앞 '여래장에 관한 오구五句' 조목에서 다루었으므로 전체 문장만을 제시하면 다음과 같다. ""如來藏有五種, 何等爲五? 一如來藏, 自性是其藏義. 一切諸法不出如來自性, 無我爲相故. 故說一切諸法, 爲如來藏. 二者正法藏, 因是其藏義. 以一切聖人四念處等正法, 皆取此性作境, 未生得生, 已生得滿. 是故說名爲正法藏. 三者法身藏, 至得是其藏義. 此一切聖人信樂正性, 信樂願聞, 由此信樂心故, 令諸聖人得於四德, 及過恒沙數等一切如來功德. 故說此性名法身藏. 四者出世藏, 眞實是其藏義. 世有三失. 一者對治, 可滅盡, 故名爲世. 此法則無對治, 故名出世. 二不靜住, 故名爲世, 由虛妄心果報, 念念滅不住故. 此法不爾, 故名出世. 三由有倒見故, 心在世間, 則恒倒見. 如人在三界, 心中決不得見苦法忍等. 以其虛妄, 故名爲世. 此法能出世間, 故名眞實, 爲出世藏. 五者自性淸淨藏, 以祕密是其藏義. 若一切法隨順此性, 則名爲內, 是正非邪, 則爲淸淨. 若諸法違逆此理, 則名爲外, 是邪非正, 名爲染濁, 故言自性淸淨藏."(T31, 796b7~26.)

56 『무상론無相論』: 『무상론』은 대장경에 단독으로 수록되어 있지 않다. 본문의 인용문에 해당하는 『현식론顯識論』의 제목 아래에 "從『無相論』出"(T31, 878c3)이라고 각주의 형식으로 기술되어 있는 것으로 보아 『현식론』에 대해 '무상론無相論'이라는 서명이 혼용될 여지가 있었던 것으로 보인다. 『현식론』 외에 『전식론轉識論』과 『삼무성론三無性論』의 제목 아래에도 "從『無相論』出"(T31, 61c3) 또는 "出『無相論』"(T31, 867b3)이라고 되어 있으므로 『무상론』은 이 세 책을 포괄하는 논서였던 것으로 보인다.

淨 두 가지 선택 가능성을 모두 지닌] 비밀스러움'(祕密)의 뜻이다."[57]라고 하면서 자세히 말한다.

今此經云"一切有情皆如來藏, 普賢菩薩自體遍故"者, 謂此菩薩, 意爲一切有情唯一法界, 無別有情, 由此道理, 長時熏修, 是故自心變異, 遍諸有情, 以爲自體. 如是菩薩隨分觀心, 尚能如是, 況諸如來圓滿觀心? 是故諸有情, 皆爲如來藏所攝, 名如來藏. 如是釋也. 如『佛性論』云, "一切衆生, 皆在如來智內, 皆爲如來之所攝持故,"說所攝衆生, 爲如來藏, 如來所攝, 名如來藏故. "以金剛藏所灌灑故"者, 謂佛地所有. 大圓鏡智相應淨識所攝種子變異, 爲諸有情, 以爲等流果故, 言"所灌灑故". "皆隨正語轉故"者, 普賢菩薩變, 爲諸有情時, 隨自正語, 變異生故, 諸有情皆是正法也. "皆妙業藏"者, 以如來藏自內熏習力故, 生諸有情二種業, 謂避苦求樂. 諸善事業一切加行善心, 皆依此二業生故, 言"一切事業加行依故", 由此道理, 名爲"妙業".

[H1, 481b14~c9; T33, 69b26~c14]

지금 이 경전(『대반야바라밀다경大般若波羅蜜多經』)에서 "모든 중생은 다 '여래의 면모가 간직된 창고'이니, 보현보살의 본연이 [모든 중생에게] 두루 펼쳐져 있기 때문이다."(一切有情皆如來藏, 普賢菩薩自體遍故)라고 말한 것은 [다음과 같은 뜻이다.] 이 [보현普賢]보살은 모든 중생이 오직 '하나

---

57 본문의 인용문은 원효가 『현식론顯識論』 권1에서 논의하는 원문 내용의 핵심을 압축하여 제시한 것이다. "所言性者, 自有五義. 一者自性種類義, 一切瓶衣等, 不離四大種類義, 同是四大性, 是自性義. 二者因性義, 一切四念處聖法所緣道理, 緣此道理, 能生聖法, 亦是因義. 三自利利他德備, 修五分身, 五分生身, 則顯至得性故. 故五分法身生, 以此爲性義. 四不壞義, 此性在凡大不染, 在聖不淨, 故名不壞. 五祕密藏義, 親近則行淨, 乖違則遠離, 此法難得幽隱, 故名祕密."(T31, 881c26~882a9.) 앞 '여래장如來藏에 관한 오구五句' 조목에서 다룬 내용이기도 하다.

처럼 통하는 [차이들의] 현상세계'(一法界)이어서 [불변·독자의 본질/실체로] 구별되는 중생은 없다고 생각하고 이 도리에 의거하여 오랜 시간 동안 거듭 닦으니, 이런 까닭에 '자신의 마음'(自心)을 바꾸어서 모든 중생에게 두루 펼쳐 [모든 중생을] '자신의 본연'(自體)으로 삼는다. 이와 같은 보살 [경지]의 '분수에 따라 이해하는 마음'(隨分觀心)도 이와 같을 수 있는데, 하물며 모든 여래 [경지]의 '완전히 이해하는 마음'(圓滿觀心)이야 어떠하겠는가? 그러므로 모든 중생은 다 '여래의 면모가 간직된 창고'(如來藏)에 속하기에 [모든 중생을] '여래의 면모가 간직된 창고'(如來藏)라고 부르는 것이다. [경전의 문장을] 이와 같이 해석할 수 있다. 『불성론佛性論』에서 "모든 중생은 다 '여래의 지혜'(如來智) 안에 있으니, [모든 중생은] 다 '여래가 포섭하여 지키는 것'(如來之所攝持)이기 때문이다."58라고 말한 것과 같이, [여래如來가] 포섭하는 중생'(所攝衆生)이 '여래의 면모가 간직된 창고'(如來藏)가 된다고 말하는 것은 '여래가 포섭하는 것'(如來所攝)[인 중생]을 '여래의 면모가 간직된 창고'(如來藏)라고 부르기 때문이다.

"'금강석[처럼 굳센 지혜가] 간직된 창고'에 의해 [모든 번뇌가] 깨끗이 씻겨 있기 때문이다."(以金剛藏所灌灑故)라는 것은 '부처 경지'(佛地)에 있는 것이다. '거울로 비추는 것처럼 [현상세계를] 온전하게 드러내는 지혜'(大圓鏡智)에 상응하는 '온전한 인식'(淨識)59에 속하는 종자種子가 바뀌어

---

58 『불성론佛性論』 권2(T31, 796a11~14). "一切衆生〈悉〉在如來智內, (중략) 〈並〉爲如來之所攝持故." '〈〉' 표시는 원문과 다르지만 문맥에 저촉되지 않아 본문에서 그대로 둔 부분에 해당한다.

59 정식淨識과 대원경지大圓鏡智: 정정淨淨의 범어인 'amala'는 '먼지(mala)가 없다(a-)'에서 비롯하기 때문에 의역으로는 무구無垢, 청정淸淨이라고도 하고 음역으로는 아말라阿末羅·암마라菴摩羅·암마라唵摩羅·암마라庵摩羅라고도 한다. 제9식으로서 진제眞諦(499~569) 계통의 섭론종攝論宗에서 건립한 개념으로 섭론종에서는 제8아뢰야식阿賴耶識의 미집迷執을 바꾸어 깨달음의 청정계위淸淨階位에 귀의하는 것이 제9아마라식阿摩羅識이라고 한다. 유식학唯識學에서는 6식六識 외에 제7

모든 중생이 된 것이니, [모든 중생이 저 '온전한 인식'(淨識)에 속하는 종자種子와] '같은 흐름의 결과'(等流果)[60]가 되었기 때문에 "[모든 번뇌가] 깨끗이

말나식末那識과 제8아뢰야식을 건립하고, 섭론종에서는 8식 외에 제9식인 아마라식을 건립하며, 지론종地論宗과 천태종天台宗에서도 이 제9식설을 채택한다. 그런데 현장玄奘 계통의 법상종法相宗에서는 제8식이 이미 청정淸淨의 일면인 전식득지轉識得智로서의 대원경지까지 포괄하기 때문에 별도로 제9식을 건립하지 않는다고 한다. 『불광대사전』pp.3671~3672 참조. 박태원은 섭론종의 이론 근거인 진제의 아마라식 사상에 대해 "잡염법과 청정법이 모두 아려야식阿黎耶識에 입각하여 성립한다고 하여 아려야식의 진망화합眞妄和合적 성격을 분명히 하는" 법상신유식法相新唯識의 사상에 일차적으로 근거하면서도 "진제삼장眞諦三藏은 의타기성依他起性 및 아려야식의 잡염분雜染分을 소멸시키고 청정분淸淨分을 실현시킨 상태를 '아마라식'이라는 표현으로써 적극적으로 부각시켰으며, 그리하여 아려야식 이외에 별도로 진여정식眞如淨識의 상태인 아마라식을 설정"하므로 결국 "신역新譯에서는 망妄이, 구역舊譯에서는 진眞이 특히 부각되고 있는 것이다."라고 하여, 제8식에 근거하는 법상 신유식法相新唯識과 제9식에 근거하는 섭론 구유식攝論舊唯識의 특징을 구분한다. 『대승기신론사상 연구(Ⅰ)』, 민족사, 1994, pp.185~186 참조. 진제眞諦 역 『결정장론決定藏論』권1에서는 "阿羅耶識對治故, 證阿摩羅識. 阿羅耶識是無常, 是有漏法, 阿摩羅識是常, 是無漏法, 得眞如境道故, 證阿摩羅識. 阿羅耶識, 爲麁惡苦果之所追逐, 阿摩羅識, 無有一切麁惡苦果. 阿羅耶識, 而是一切煩惱根本, 不爲聖道而作根本, 阿摩羅識, 亦復不爲煩惱根本, 但爲聖道得道, 得作根本."(T30, 1020b11~18)이라고 하여 무상無常·고苦 등 번뇌의 근본인 제8아라야식阿羅耶識과 상常·진여眞如 등 성도聖道의 근본인 제9아마라식을 대비하고, 진제 역 『삼무성론三無性論』권1에서는 "唯阿摩羅識是無顚倒, 是無變異, 是眞如如也. 前唯識義中, 亦應作此識說. 先以唯一亂識, 遣於外境, 次阿摩羅識, 遣於亂識故, 究竟唯一淨識也."(T31, 872a11~15)라고 하여 제8식인 난식亂識으로 외경外境을 제거하고, 다음에 제9아마라식으로 이 난식亂識을 제거하여 무전도無顚倒·무변이無變異·진여여眞如如인 유일정식唯一淨識이 된다고 설명하며, 진제 역 『십팔공론十八空論』에서는 단적으로 "阿摩羅識是自性淸淨心."(T31, 863b20)이라고 한다.

60 등류과等流果: 이숙과異熟果·사용과士用果·증상과增上果·이계과離繫果와 함께 오과五果 중 하나이다. 원인과 같은 성질의 결과를 말한다. 예를 들어 앞 찰나의 불선심不善心이 뒷 찰나에 불선심이나 불선업不善業을 일으키는 경우이다. 한편 이숙습기異熟習氣와 등류습기等流習氣는 서로 대칭을 이루는 용어인데, 제팔식第八識의 종자種子 중에서 스스로 현행現行을 일으키는 종자를 등류습기라 부

71

씻겨 있기 때문이다."(所灌灑故)라고 말했다.

"모두 [보현보살의] '진리다운 말'에 따라 바뀐 것이기 때문이다."(皆隨正語轉故)라는 것은, 보현보살普賢菩薩이 바뀌어 모든 중생이 될 때 자신의 '진리다운 말'(正語)에 따라 바뀌어 태어나기 때문에 모든 중생은 다 '진리다운 가르침'(正法)이라는 것이다.

"[모든 중생은] 다 '[세간의 괴로움을 피하고 출세간의 즐거움을 추구하는] 탁월한 행위를 간직한 창고'(妙業藏)이다."(皆妙業藏)라는 것은, '여래의 면모를 간직한 창고'(如來藏) 자신 내부의 '거듭 익히는 능력'(熏習力) 때문에 모든 중생의 '두 가지 [이로운] 행위'(二種業)를 일으키는 것이니, '[세간世間의] 괴로움을 피하는 것'(避苦)과 '[출세간出世間의] 즐거움을 추구하는 것'(求樂)이 그것이다. [중생의] '온갖 이로운 현상을 일으키는 행위'(諸善事業)인 '모든 이로운 것을 더해 가는 수행'(一切加行)과 '이로운 마음'(善心)은 다 [피고避苦와 구락求樂,] 이 '두 가지 행위'(二業)에 의거하여 생겨나기 때문에 [묘업장妙業藏인 모든 중생은] "'모든 [이로운] 현상을 일으키는 행위'인 '이로운 것을 더해가는 수행'의 근거이기 때문이다."(一切事業加行依故)라고 말했고, 이러한 도리에 의거하여 "[세간의 괴로움을 피하고 출세간의 즐거움을 추구하는] 탁월한 행위"(妙業)라고 불렀다.

次明觀照般若相者. 如論說云, "諸菩薩, 從初發心, 求一切種智, 於其中間, 知諸法實相慧, 是波若波羅蜜." 總說雖然, 於中分別, 如下論文, 諸說不同. 今於其中, 略出四義. 一, "有人言, 無漏慧眼,[61] 是般若波羅蜜相. 何以故? 一切慧中, 第一慧, 是名波若波羅蜜, 無漏慧根, 是第一故."

르고 다른 이숙무기異熟無記의 종자가 현행하도록 돕는 종자를 이숙습기라고 부른다. 『불광대사전』, p.5159 및 5172 참조.

61 『대지도론』 원문에 따라 '眼'을 '根'으로 교감한다.

2) [사실 그대로 보는] 이해로써 비추어 내는 지혜를 밝힘(明觀照波若, 明觀照般若相)

다음으로 '[사실 그대로 보는] 이해로써 비추어 내는 지혜'(觀照般若)의 특징(相)을 밝힌다. 논서(『대지도론大智度論』)에서 "모든 보살은 '처음 [깨달음을 향한] 마음을 일으킨 것'(初發心)으로부터 '모든 것을 사실대로 이해하는 지혜'(一切種智)를 추구하는데, 그 사이에 '모든 현상의 사실 그대로에 관한 지혜를 알아 가는 것'(知諸法實相慧)이 '지혜를 밝히는 [대승 보살의] 수행'(波若波羅蜜)이다."[62]라고 말한 것과 같다. 총괄적으로 말하면 이러하지만 여기서 [다시] 구별하면 아래 논서(『대지도론』)의 문장에서와 같이 갖가지 설명들이 같지가 않다. 이제 그중에서 간략히 네 가지 뜻을 드러내 보인다.

첫 번째 [뜻은 다음과 같다.] "어떤 사람은 [다음과 같이] 말한다. 〈'번뇌가 흘러들어오는 경향성이 없는 지혜의 능력'(無漏慧根)[을 얻는 것]이 '지혜를 밝히는 [대승 보살의] 수행'(般若波羅蜜)의 특징(相)이다.[63] 어째서인

---

62 『대지도론大智度論』 권18(T25, 190a16~18). "諸菩薩, 從初發心, 求一切種智, 於其中間, 知諸法實相慧, 是般若波羅蜜."

63 관조반야觀照般若의 특징인 무루혜無漏慧와 유루혜有漏慧: 원효는 이하에서 전개되는 네 가지 설명에 관해 "案云, 此中前三義者, 依迹顯實, 通取地前地上波若, 有漏無漏, 隨義而說. 第四義者, 唯顯地上無分別智."라고 뒤에서 요약한다. 이에 따르면 앞의 세 가지 뜻은 수행의 과정(迹)에 의거하여 진실(實)을 드러낸 것으로서 견도見道 이전인 지전地前과 견도 이상인 지상地上 수행으로 얻는 반야般若인 유루혜와 무루혜를 통틀어 취하여 각각 해당하는 내용에 따라 말한 것이고, 네 번째 뜻은 오직 지상地上의 무분별지無分別智만을 드러낸 것이다. 그러므로 지금 본문에서 관조반야의 첫 번째 특징으로 제시된 무루혜근無漏慧根(무루혜無漏慧)은 수행 과정에 의거하여 지상地上에서 얻는 무분별지를 가리키는 셈이 된다. 아래에서는 두 번째 특징으로 유루혜가 제시되고, 세 번째 특징으로는 유루혜와 무루혜가 모

가? 모든 지혜 중에서 첫째가는 지혜[를 얻는 것]을 '지혜를 밝히는 [대승 보살의] 수행'(波若波羅蜜)이라고 부르는데, '번뇌가 흘러들어오는 경향성이 없는 지혜의 능력'(無漏慧根)이 첫째가는 것이기 때문이다.〉"[64]

二, "有人言, 般若波羅蜜, 是有漏慧. 何以故? 菩薩至道樹下, 乃斷結使, 先雖有大智慧, 有無量功德, 而諸煩惱未斷. 是故菩薩波羅蜜, 是有漏智慧." 三, "有人言, 菩薩有漏無漏智慧, 總名波若波羅蜜. 何以故? 菩薩觀涅槃, 行佛道. 以是事故, 應是無漏. 以未斷結使, 事未成辦故, 應名有漏."

[H1, 481c16~24; T33, 69c21~27]

두 번째 [뜻은 다음과 같다.] "어떤 사람은 [다음과 같이] 말한다. 〈'지혜를 밝히는 [대승 보살의] 수행'(波若波羅蜜)은 '[아직] 번뇌가 흘러들어오는 경향성이 있는 지혜'(有漏慧)[를 얻는 것]이다. 어째서인가? [부처님은 무상정각無上正覺을 얻기 이전에는] 보살菩薩로서 보리수(道樹)[65] 아래에 이르

두 제시되어 있다. 『아비달마구사론阿毘達磨俱舍論』 권26에서는 "慧有二種, 有漏無漏, 唯無漏慧, 立以聖名."(T29, 134b24~25)이라고 하여 견도 이전의 범부행凡夫行에서 얻는 유루혜와 견도 이상의 성인행聖人行에서 얻는 무루혜를 구분하고, 『불지경론佛地經論』 권6에서는 "在初地, 已入見道正性離生, 眞無漏心創現行故."(T26, 321b25~27)라고 하여 초지初地에서는 견도인 정성리생正性離生에 들어가 진무루심眞無漏心을 비로소 현행시킨다고 설명하기도 한다. 한편 누루의 범어인 'āsrava'는 물길이 흘러 내려가도록 열려 있는 문(a door opening into water and allowing the stream to descend through it)을 말한다. *Sanskrit-English Dictionary*, p.162 참조.

64 『대지도론大智度論』 권11(T25, 139a27~b1). "有人言, 無漏慧根, 是般若波羅蜜相. 何以故? 一切慧中, 第一慧, 是名般若波羅蜜, 無漏慧根, 是第一(. 以是)故(, 無漏慧根, 名般若波羅蜜)." 괄호는 생략된 부분을 표시한다. 이하 '유인언有人言'으로 시작하는 네 가지 설명과 그 아래의 문답은 모두 『대지도론』 권11의 인용문이다. 원효는 이 인용문들이 끝나는 곳에서 "出第十一之卽中"이라고 하여 그 출전을 밝힌다.

러서야 속박(結使)⁶⁶을 끊었으니, 비록 [그] 이전에도 위대한 지혜가 있었고 헤아릴 수 없이 많은 이로운 능력이 있었지만 아직 모든 번뇌가 끊어지지는 않았던 것이다. 그러므로 '보살의 [지혜를 밝히는] 수행'(菩薩波羅密)은 '[아직] 번뇌가 흘러들어 오는 경향성이 있는 지혜'(有漏慧)[를 얻는 것]이다.〉"⁶⁷

세 번째 [뜻은 다음과 같다.] "어떤 사람은 [다음과 같이] 말한다. 〈보살의 '[아직] 번뇌가 흘러들어오는 경향성이 있는 [지혜]'(有漏)와 '번뇌가 흘러들어오는 경향성이 없는 지혜'(無漏智慧)[를 얻는 것]을 모두 '지혜를 밝히는 [대승 보살의] 수행'(波若波羅蜜)이라고 부른다. 어째서인가? 보살은 열반涅槃[의 도리]를 이해하여 '부처가 되는 수행'(佛道)을 실천한다. 이 [부처가 되어가는] 현상 때문에 [보살의 지혜는] '번뇌가 흘러들어 오는 경향성이 없는 것'(無漏)이어야 한다. [그러나] 아직 번뇌를 [모두] 끊지는 못하여 아직 [부처가 되는] 현상이 완전하게 성취되지는 못했기 때문에 '[아직] 번뇌가 흘러들어 오는 경향성이 있는 것'(有漏)이라고 불러야 한다.〉"⁶⁸

---

65 도수道樹: 보리수菩提樹, 각수覺樹, 도량수道場樹, 사유수思惟樹, 불수佛樹라고도 한다. 부처님이 무상정각無上正覺을 증득한 보리수는 중인도中印度 마갈타국摩竭陀國의 가야성伽耶城 남쪽에 위치한다. 『불광대사전』, p.5208 참조.

66 결사結使: 범어인 'bandhana'는 '묶음'(tying), '포박함'(binding), '현혹시킴'(captivating) 등의 뜻이다. *Sanskrit English Dictionary*, p.721 참조. 계박繫縛의 뜻으로서, 번뇌는 중생을 미혹의 대상세계에 묶어 생사의 고통에서 벗어나지 못하게 하기 때문에 번뇌의 다른 이름으로 쓰인다. 『불광대사전』, p.5179 참조.

67 『대지도론大智度論』 권11(T25, 139c4~7). "有人言, 般若波羅蜜, 是有漏慧. 何以故? 菩薩至道樹下, 乃斷結, 先雖有大智慧, 有無量功德, 而諸煩惱未斷. 是故(言)菩薩(般若)波羅蜜, 是有漏智慧." 괄호는 생략된 부분을 표시한다.

68 『대지도론大智度論』 권11(T25, 139c10~13). "有人言, 菩薩有漏無漏智慧, 總名般若波羅蜜. 何以故? 菩薩觀涅槃, 行佛道. 以是事故, (菩薩智慧)應是無漏. 以未斷結使, 事未成辦故, 應名有漏." 괄호는 생략된 부분을 표시한다.

四, "有人言, 是波若波羅蜜不可得相, 若有若無, 若常若無常, 若空
若實. 是波羅⁶⁹波羅蜜, 衆界入所不攝, 非有爲非無爲, 非法非非法, 不
取不捨, 不生不滅. 出有無四句, 適無所著. 譬如火炎, 四邊不可觸, 以
燒手故. 波若波羅蜜, 亦如是不可觸, 以邪見手⁷⁰燒故."

[H1, 481c24~482a6; T33, 69c27~70a4]

네 번째 [뜻은 다음과 같다.] "어떤 사람은 [다음과 같이] 말한다. 〈이 '[대
승 보살의] 수행으로 얻는 지혜'(波若波羅蜜)⁷¹는 '[특정한] 양상'(相)을 얻을
수 없으니, 있다(有)[는 것에 대한 지혜]이기도 하고 없다(無)[는 것에 대한
지혜]이기도 하며 영원하다(常)[는 것에 대한 지혜]이기도 하고 '영원하지
않다'(無常)[는 것에 대한 지혜]이기도 하며 헛되다(空)[는 것에 대한 지혜]이
기도 하고 진실하다(實)[는 것에 대한 지혜]이기도 한 것들이다. 이 '[대승
보살의] 수행으로 얻는 지혜'(般若波羅蜜)는, '[자아를 이루고 있는 요소들의
다섯 가지] 더미'(衆)⁷²와 '[6가지 인식능력과 6가지 인식대상, 그리고 이 둘의 결
합으로 생겨난 6가지 마음현상을 모두 합한 18가지] 경험세계'(界) 및 '[경험세
계를 발생시키는 6가지 인식능력과 6가지 인식대상이라는 열두 가지] 기반이
되는 통로'(入)[에 대한 지혜]에 [전적으로] 속하지 않으며, '행위가 있음'(有
爲)[에 대한 지혜]도 아니고 '행위가 없음'(無爲)[에 대한 지혜]도 아니며, 가
르침(法)[에 대한 지혜]도 아니고 '가르침이 아닌 것'(非法)[에 대한 지혜]도
아니며, 취함(取)[에 대한 지혜]도 아니고 버림(捨)[에 대한 지혜]도 아니며,

---

69 『대지도론』 원문에 따라 '波羅'를 '般若'로 교감한다.
70 『대지도론』 원문에 따라 '手'를 '火'로 교감한다.
71 지금 『대지도론』을 인용하는 문맥에서의 '반야바라밀般若波羅蜜'은 수행에 초점
   을 두는 것이 아니라 수행으로 얻는 반야(지혜)에 초점을 맞추는 것으로 보이므로
   이 문구에서는 '[대승 보살의] 수행으로 얻는 지혜'(波若波羅蜜)로 번역하였다.
72 중衆: 오중五衆을 말하는데, 오중은 색色·수受·상想·행行·식識 오온五蘊의 구
   역舊譯이다. 『불광대사전』, p.1152 참조.

생겨남(生)[에 대한 지혜]도 아니고 사라짐(滅)[에 대한 지혜]도 아니다. [‘[대승 보살의] 수행으로 얻는 지혜’(般若波羅蜜)는 이 모든] ‘있음과 없음’(有無)에 대한 ‘네 가지 판단’(四句)에서 벗어나 [그 어느 것에도] ‘집착하는 것이 없음’(無所著)으로 나아가는 것이다. 비유하자면 불꽃은 ‘네 방면’(四邊)을 [모두] 만질 수 없는 것과 같으니, 손을 태우기 때문이다. [불꽃에 해당하는] ‘[대승 보살의] 수행으로 얻는 지혜’(波若波羅蜜)도 이와 같이 [손에해당하는 사견邪見으로는] 닿을 수 없으니, [있음(有)과 없음(無)에 관한 ‘네 가지 판단’(四句) 가운데 어느 것을 취하는 ‘잘못된 견해’(邪見)는 [지혜(般若)의]불에 타 버리기 때문이다.〉"[73]

“問曰. 上種種人說波若波羅蜜, 何者爲實? 答曰. 有人言, 各各有理, 皆是實故.[74] 如經說,〈五百比丘, 各各說二邊, 及中道義, 佛言, 皆有道理.〉有人言, 末後答者是實. 所以者何? 不可破不可壞故. 若有法如毫釐許有者, 皆有過失可破, 若言無, 亦可破. 是波若波羅蜜[75]中, 有亦無, 無亦無, 非有非無亦無, 如是言說亦無, 是名寂滅無礙[76]無戲論法. 是故不可破不可壞, 是名眞實. 波若波羅蜜, 最勝無過者, 如轉輪聖王, 降伏諸敵, 而不自高, 波若波羅蜜亦如是, 能破一切語言戲論, 亦不有所破."出第十一三[77]卽中.

73 『대지도론大智度論』 권11(T25, 139c15~21). “有人言, 是般若波羅蜜不可得相, 若有若無, 若常若無常, 若空若實. 是般若波羅蜜,〈非陰界入所攝〉, 非有爲非無爲, 非法非非法,〈無〉取〈無〉捨, 不生不滅, 出有無四句, 適無所著. 譬如火〈焰〉, 四邊不可觸, 以燒手故. 般若波羅蜜(相), 亦如是不可觸, 以邪見火燒故." 괄호는 생략된 부분을 표시하고, ‘〈〉’ 표시는 원문과 다르지만 문맥에 저촉되지 않아 본문에서 그대로 둔 부분에 해당한다.

74 『대지도론』 원문에는 ‘故’가 없지만 그대로 둔다.

75 『대지도론』 원문에는 ‘波羅蜜’이 없지만 그대로 둔다.

76 『대지도론』 원문에 따라 ‘礙’를 ‘量’으로 교감한다.

77 한불전 교감주에 “‘三’은 어떤 판본에는 ‘之’라고 되어 있다.”라고 한다. 대정장본

 "묻는다. 위의 여러 사람이 설명한 '[대승 보살의] 수행으로 얻는 지혜'
(波若波羅蜜)에서 어느 것이 진실인가? 답한다. 어떤 사람은 〈각각 도리
가 있어서 모두 진실한 것이다.〉라고 말한다. 경전에서 "오백 명의 수
행자가 각자 '[있음(有)과 없음(無)에 대한] 두 가지 치우친 [뜻]'(二邊)과 [치
우치지 않는] 중도中道의 뜻을 말히자, 부처님이 〈모두 도리가 있다.〉고
말했다."78라고 말한 것과 같다. [또] 어떤 사람은 〈[네 번째인] 마지막에
대답한 것이 진실이다.〉라고 말한다. 이유가 무엇인가? [반야바라밀般若
波羅蜜은 무엇으로도] 깨뜨릴 수 없고 무너뜨릴 수 없기 때문이다. 만약
[어떤] 현상(法)이 털끝만큼이라도 [불변·독자의 본질/실체로서] 있다고 허
용하는 자들이라면 모두 '[불변·독자의 본질/실체로서] 있다는 허물'(有過
失)이어서 깨뜨릴 수 있고, 만약 '[불변·독자의 본질/실체로서] 없음'(無)을
말해도 깨뜨릴 수 있다. 이 '[대승 보살의] 수행으로 얻는 지혜'(波若波羅
蜜)에서는 있음(有)도 [불변·독자의 본질/실체가] 없고 없음(無)도 [불변·
독자의 본질/실체가] 없으며 '있지도 않고 없지도 않음'(非有非無)도 [불변·
독자의 본질/실체가] 없고 이와 같은 말들도 [불변·독자의 본질/실체가] 없
으니, 이것을 '[불변·독자의 본질/실체로 보는 분별에 의한 동요가] 그쳐 고
요하고'(寂滅) '[불변·독자의 본질/실체로 보는 분별로는] 헤아릴 수 없으며'

 교감주에서는 "'三'은 저본인 『만속장경卍續藏經』에 '之'라고 되어 있다."라고 한
 다. 이에 따라 '三'을 '之'로 교감한다.
78 『잡아함경雜阿含經』 권43(T2, 310b20 이하)에서 유사한 내용을 찾아볼 수 있다.
 간단히 요약하자면, 부처님이 녹야원에 머무를 때 많은 비구가 강당에 모여 괴로
 움(苦)에서 벗어나는 방법에 관해 논의하는데, "諸尊, 此有何義? 云何邊? 云何二邊?
 云何爲中?"(T2, 310b27~28)이라고 하여 괴로움을 일으키는 두 가지 극단과 그 중
 中이 무엇인지 먼저 묻고 나서 비구比丘 제존諸尊들 사이에 다양한 견해들이 오고
 간 후 마지막에 부처님이 "佛告諸比丘, 汝等所說, 皆是善說."(T2, 310c24~25)이라
 고 하여 비구들의 견해를 모두 인정한다는 내용이다.

(無量) '[불변·독자의 본질/실체로 보는] 분별로 따지는 일이 없는 현상'(無戱論法)이라고 부른다. 그러므로 깨뜨릴 수 없고 무너뜨릴 수 없으니, 이것을 진실이라고 부른다. '[대승 보살의] 수행으로 얻는 지혜'(波若波羅蜜)가 가장 탁월하여 허물이 없는 것은 마치 전륜성왕轉輪聖王[79]이 모든 적을 항복시키고도 스스로 교만하지 않는 것과 같으니, '[대승 보살의] 수행으로 얻는 지혜'(波若波羅蜜)도 이와 같아서 '언어에 의해 [사실을 왜곡하는] 분별로 따지는 모든 일'(一切語言戲論)을 깨뜨리면서도 '깨뜨려진 것'(所破)을 [불변·독자의 본질/실체로서] 두지 않는다."[80] [이상의 내용은 『대지도론大智度論』] 제11권의 중간 부분에 해당하는 곳에서 나온다.

案云, 此中前三義者, 依迹顯實, 通取地前地上波若, 有漏無漏, 隨義而說. 第四義者, 唯顯地上無分別智, 證會實相, 絶諸戲論, 超過四句, 遠離五相. 故言"末後答者爲實". 是就最勝, 作如是說, 而非盡攝一切智慧故, 言諸說"皆有道理". 如下文云, "波若波羅蜜攝一切智慧. 所

---

79 전륜성왕轉輪聖王: 윤왕輪王이라고도 한다. 전차에 해당하는 윤보輪寶를 굴리는 왕이라는 뜻이다. 부처님 시대에는 전륜성왕이 나타나 윤보輪寶·상보象寶·마보馬寶·주보珠寶·여보女寶·거사보居士寶·주병신보主兵臣寶의 칠보七寶로 세상을 통일하고 백성들을 화락和樂하게 한다는 설이 성행했는데, 전륜성왕이 윤보를 굴리는(轉) 것에 빗대어 부처님이 설법하는 것을 전법륜轉法輪이라고 한다. 전륜성왕은 태고 시대로부터 많이 출현하여 경론에 그 이름이 매우 많은데, 정생왕頂生王·대선견왕大善見王·민주선사왕民主善思王 등이 있다. 『불광대사전』 p.6624~6625 참조.

80 『대지도론大智度論』 권11(T25, 139c21~140a3). "問曰. 上種種人, 說般若波羅蜜, 何者爲實? 答曰. 有人言, 各各有理, 皆是實. 如經說, 五百比丘, 各各說二邊, 及中道義. 佛言, 皆有道理. 有人言, 末後答者爲實. 所以者何? 不可破不可壞故. 若有法如毫釐許有者, 皆有過失可破, 若言無, 亦可破. 〈此〉般若中, 有亦無, 無亦無, 非有非無亦無, 如是言說亦無, 是名寂滅無量無戲論法. 是故不可破不可壞, 是名眞實. 般若波羅蜜, 最勝無過者, 如轉輪聖王, 降伏諸敵, 而不自高, 般若波羅蜜亦如是, 能破一切語言戲論, 亦不有所破." '〈〉' 표시는 원문과 다르지만 문맥에 저촉되지 않아 본문에서 그대로 둔 부분에 해당한다.

以者何? 菩薩求佛道時,[81] 應學一切法, 得一切智慧, 所謂求[82]聲聞辟支佛佛智慧. 是智慧有三種, 學無學非學非無學. 非學非無學智者, 如乾慧地, 不淨安般欲界繫四念處, 煗[83]法頂法忍法世第一法等," 乃至廣說.

[H1, 482a19~b7; T33, 70a15~26]

생각건대 이 [네 가지 뜻] 중에서 앞의 세 가지 뜻에서는 '[수행의] 과정'(迹)에 의거하여 진실(實)을 드러낸 것이니, '[십지十地의] 첫 번째 경지 이전'(地前)[인 범부凡夫 단계]와 '[십지十地의] 첫 번째 경지 이상'(地上)[인 성인聖人 단계]의 지혜(般若)를 통틀어 취하여 '[아직] 번뇌가 흘러들어오는 경향성이 있는 것'(有漏)과 '번뇌가 흘러들어오는 경향성이 없는 것'(無漏)을 뜻에 따라 말한 것이다. 네 번째 뜻에서는 오직 '[십지十地의] 첫 번째 경지 이상'(地上)[인 성인聖人 단계]의 '[불변 · 독자의 본질/실체가 있다는 생각으로] 나누어 구분함이 없는 지혜'(無分別智)[84]만을 드러낸 것이니, '사실 그대로'(實相)를 증득하여 모든 '[사실을 왜곡하는] 분별로 따지는

---

81 『대지도론』 원문에 따라 '時'를 삭제한다.
82 『대지도론』 원문에 따라 '求'를 삭제한다.
83 『대지도론』 원문에 따라 '煗'를 '煖'으로 교감한다.
84 무분별지無分別智: 유식학唯識學에서 출세성자出世聖者의 지혜로 제시되는 두 가지의 지혜인 무분별지와 분별지分別智 중 하나이다. 무분별지는 정체지正體智, 근본지根本智, 근본무분별지根本無分別智, 정체무분별지正體無分別智, 여리지如理智, 이지理智, 승의지勝義智 등으로 불리는데, 인공人空과 법공法空에 의해 드러나는 진여眞如의 이치를 직증直證하여 번뇌를 끊은 지혜로서 무차별無差別의 이치를 비추는 지혜이다. 상대어인 분별지는 후득지後得智, 후득차별지後得差別智, 여량지如量智, 양지量智, 속지俗智, 세속지世俗智 등으로 불리는데, 무분별지를 깨달은 후 세간의 통속사通俗事에 대해 차별差別의 이치를 비추는 지혜이다. 『불광대사전』, pp.215, 5012 참조. 원효는 이 두 가지 지혜에 대해 『이장의二障義』에서 "若人若法, 非有非無. 非無故, 說人法皆以量智所照, 非有故, 說人法二空理智所證."(H1, 814a22~24)이라고 하여, 인법人法은 비유비무非有非無인데 비무非無이기 때문에 인법의 유有가 양지量智로 이해되고 비유非有이기 때문에 인법의 공空이 이지理智로 증득된다고 설명한다.

일'(戲論)을 끊고 '네 가지 판단'(四句)을 넘어서며 '다섯 가지 양상'(五相)[85]에서 멀리 벗어난다. 그러므로 "[네 번째인] 마지막에 대답한 것이 진실이다."(末後答者爲實)라고 말했다.

이 [네 번째 대답]은 '가장 탁월한 것'(最勝)[인 무루혜無漏慧]에 의거하여 이와 같이 설명했지만 [유루혜有漏慧를 포함하는] 모든 지혜를 다 포괄한 것은 아니기 때문에 [네 가지의] 모든 설명에 "다 도리가 있다."(皆有道理)라고 말했다. [『대지도론大智度論』의] 아래 문장에서 [다음과 같이] 말한 것

85　오상五相: 『섭대승론석攝大乘論釋』 권8에서는 무분별지無分別智를 얻어 벗어나는 오상에 관해 다음과 같이 설명한다. "無分別智離五種相, 以爲自性. 一離無作意故, 二離過有尋有伺地故, 三離想受滅寂靜故, 四離色自性故, 五離於眞義異計度故. 離此五相, 應知是名無分別智."(T31, 363c23~27.) 이에 따르면 첫 번째로 벗어나야 할 분별상分別相은 무분별지를 무작의無作意라고 오해하는 것이다. 아래 해석하는 곳에서는 "若無作意是無分別智, 睡醉悶等, 應成無分別智."(T31, 364a1~2)라고 하여, 만약 무작의가 무분별지라면 잠들거나 술에 취하거나 무기력한 것이 무분별지의 경지라고 오해할 수 있다고 말한다. 바르게 이해되어야 할 무분별지는 작의가 없는 것이 아니라 바르게 작의하는 것이라는 점을 밝히는 것으로 보인다. 두 번째 분별상은 무분별지가 유심유사지有尋有伺地를 넘어선 것이라고 오해하는 것이다. 아래 해석하는 곳에서는 "若過有尋有伺地是無分別智, 第二靜慮已上諸地應成無分別智, 若如是者, 世間應得無分別智."(T31, 364a2~4)라고 하는데, 만약 유심유사지를 넘어선 것이 무분별지라면 유심유사지인 색계色界 제1정려靜慮 이상의 제2정려靜慮부터 모든 경지에서 무분별지가 성취될 것이므로 세간의 수행으로도 도달할 수 있는 지혜가 되어 버린다고 설명한다. 세 번째 분별상은 무분별지를 상수멸想受滅의 적정寂靜이라고 오해하는 것이다. 아래 해석하는 곳에서는 "若想受滅等位中, 心心法不轉是無分別智, 滅定等位無有心故, 智應不成."(T31, 364a5~6)이라고 하여, 만약 상수멸想受滅定과 같은 단계에서 마음과 마음현상이 바뀌어 가지 않는 것이 무분별지라면 멸수상정滅受想定과 같은 단계에는 마음이 없기 때문에 지혜 자체가 성립하지 않을 것이라고 설명한다. 네 번째 분별상은 무분별지를 색色의 자성自性이라고 오해하는 것이다. 아래 해석하는 곳에서는 "若如色自性是無分別智, 如彼諸色頑鈍無思, 此智應成頑鈍無思."(T31, 364a6~8)라고 하여, 만약 색의 자성과 같은 것이 무분별지라면 모든 색이 무디고 둔하여 생각이 없는 것과 같이 무분별지도 그러할 것이라고 설명한다. 다섯 번째로 벗어나야 할 분별상은 진의眞義를 실제와 다르게 계탁計度하는 것이다.

과 같다. "'[대승 보살의] 수행으로 얻는 지혜'(波若波羅蜜)는 모든 지혜를 포괄한다. 왜 그런가? 보살이 '부처가 되는 길'(佛道)을 추구한다면 모든 가르침을 배워 모든 지혜를 얻어야 하는 것이니, '가르침을 들어서 [혼자] 깨달으려는 수행자'(聲聞)와 '연기緣起의 이치로 [혼자] 깨달으려는 수행자'(辟支佛) 및 부처님(佛)의 지혜가 그것이다. 이 지혜들에 세 가지가 있으니, '[아직] 배워야 할 것이 있는 [성인聖人의 지혜]'(學)와 '[더 이상] 배울 것이 없는 [성인聖人의 지혜]'(無學) 및 '[충분히] 배운 것도 아니지만 [전혀] 배우지 않은 것도 아닌 [범부凡夫의 지혜]'(非學非無學)가 그것이다.[86] '[충분히] 배운 것도 아니지만 [전혀] 배우지 않은 것도 아닌 [범부凡夫의] 지혜'(非學非無學)라는 것은, '[아직 선정禪定을 갖추지 못해] 메마른 지혜의

---

86 학學·무학無學·비학비무학非學非無學: 학·무학·비학비무학의 구체적 내용에
   관해 지금 인용문에서는 『대지도론大智度論』 권18에서 비학비무학에 관한 내용
   까지만 인용하고 있는데, 생략된 부분을 인용하면 다음과 같다. "學智者, 苦法智忍
   慧, 乃至向阿羅漢第九無礙道中金剛三昧慧. 無學智者, 阿羅漢第九解脫智, 從是已後,
   一切無學智, 如盡智, 無生智等, 是爲無學智."(T25, 191a18~22). 먼저 본문의 인용문
   에 따르면 비학비무학은 부정관不淨觀·자비관慈悲觀·연기관緣起觀·계차별관
   界差別觀·수식관數息觀(안나반나安那般那)의 오정심관五停心觀 수행, 신身·수
   受·심心·법法의 사상四相에 대한 별상념주別相念住와 총상념주總相念住의 사념
   처四念處 수행, 그리고 난법煖法·정법頂法·인법忍法·세간제일법世間第一法의
   사선근四善根 수행에 이르는 범부凡夫의 수행과정을 말한다. 학지學智는 견도見
   道의 십육심十六心이라는 '사성제四聖諦를 깨닫는 과정'의 첫 단계인 고법지인혜
   苦法智忍慧(예류향豫流向, 수다원향須陀洹向)의 단계로부터 일래一來(사다함斯陀
   含)와 불환不還(아나함阿那含)을 거쳐 수도修道의 마지막 단계인 아라한향阿羅漢
   向의 금강삼매혜金剛三昧慧(금강유정金剛喩定)에 이르는 성인聖人의 수행 과정을
   말하며, 무학지無學智는 진지盡智와 무생지無生智 등의 해탈지解脫智를 얻는 아라
   한과阿羅漢果를 말한다고 한다. 요약하면 비학비무학은 이승二乘의 수행을 기준
   으로 견도 이전의 범부 수행이고, 학은 예류향에서 아라한향에 이르는 성인의 수
   행이며, 무학은 아라한과를 말한다. 대승大乘의 수행을 기준으로 삼는다면, 대체
   로 비학비무학은 십신十信에서 십회향十廻向에 이르는 40심四十心의 단계이고,
   학은 초지初地에서 등각等覺에 이르는 단계이며, 무학은 묘각여래지妙覺如來地를
   가리킬 것이다.

경지'(乾慧地)[87]인 '[몸을] 청정하지 않은 것으로 관찰하는 수행'(不淨)과 '숨을 관찰하는 수행'(安般)[88] 및 욕망세계(欲界)에 매인 '네 가지를 토대로 [지혜를 수립하여] 간직해 가는 수행'(四念處),[89] 그리고 '[사제四諦에 관한

---

87 건혜지乾慧地: 『대지도론大智度論』 권75에 따르면 건혜지는 『대지도론』에서 제시하는 십지十地 수행에서 첫 번째 단계이다. 해당 대목을 인용하면 다음과 같다. "十地者, 乾慧地等. 乾慧地有二種, 一者聲聞, 二者菩薩. 聲聞人獨爲涅槃故, 勤精進, 持戒清淨, 堪任受道. 或習觀佛三昧, 或不淨觀, 或行慈悲, 無常等觀, 分別集諸善法, 捨不善法. 雖有智慧, 不得禪定水, 則不能得道, 故名乾慧地."(T25, 585c28~586a4.) 이에 따르면 건혜지는 홀로 열반에 들고자 하는 성문인聲聞人이 부지런히 정진하고 계율을 지켜 본격적인 수행을 받아들여 가는 과정인데, 부처님의 상호相好와 공덕功德에 집중하는 관불삼매觀佛三昧를 익히거나 오정심관五停心觀 수행에 속하는 부정관不淨觀·자비관慈悲觀(行慈悲) 등을 닦거나 사념처四念處 수행으로 무상無常·고苦·부정不淨·무아無我 등을 이해하여 모든 선법善法을 모으고 불선법不善法을 버리는 것을 말한다. 건혜지라는 명칭과 관련해서는, 이 수행들을 통해 비록 지혜智慧를 가지게 되지만 선정수禪定水를 얻지 못하여 득도할 수 없기 때문이라고 설명한다. 건혜지의 구체적인 수행 내용에 관해 본문의 인용문에서도 오정심관에 속하는 부정관과 안반安般(수식관數息觀) 수행과 함께 사념처四念處를 들고 있고, 십지를 설명하는 『대지도론』 권75에서 제1건혜지의 다음인 제2성지性地에 관해 "性地者, 聲聞人, 從煖法乃至世間第一法."(T25, 586a5~6)이라고 하여 제2성지는 난煖·정頂·인忍·세간제일법世間第一法의 사선근四善根 수행 단계라고 규정하므로, 건혜지는 사선근 이전의 단계인 오정심관과 사념처 수행에 해당하는 것으로 보인다.

88 오정심관五停心觀: ① 부정관不淨觀, ② 자비관慈悲觀, ③ 연기관緣起觀, ④ 계분별관界分別觀, ⑤ 수식관數息觀(안반安般, 안나반나관安那般那, 지식념持息念)을 말한다. 김동화에 따르면 ① 부정관은 몸의 부정不淨을 관찰하여 탐욕(貪)을 멈추는 수행이고, ② 자비관은 다른 중생을 관찰하여 부모와 같은 경애상敬愛想을 일으킴으로써 분노(瞋)를 멈추는 수행이며, ③ 연기관은 십이연기十二緣起를 관찰하여 어리석음(癡)을 멈추는 수행이고, ④ 계분별관은 지地·수水·화火·풍風·공空·식識이라는 육계六界의 화합으로 아상我相이 성립함을 관찰하여 '불변·독자의 실체로서의 자아'(我)에 대한 집착을 멈추는 수행이며, ⑤ 수식관은 들숨(入息)과 날숨(出息)을 관찰하여 산란심散亂心을 멈추는 수행이다. 『구사학』(동국대학교석림회, 1982), pp.291~292 참조.

89 사념처四念處: 『불광대사전』은 이에 대해, 신身·수受·심心·법法의 네 가지 대상에 관해 차례로 정淨·낙樂·상常·아我라고 보는 사전도四顚倒를 대치對治하

이해를] 착수하는 수행'(煖法) · [사제四諦에 관한 이해가] 탁월해진 수행'(頂法) · [사제四諦의 도리를] 감당해 내는 수행'(忍法) · [견도見道 이전의 단계에서] 가장 뛰어난 수준의 수행'(世第一法)[90]들과 같은 것이다."[91]라고 하

여 부정不淨 · 고苦 · 무상無常 · 무아無我를 관찰하는 ① 신념주身念住, ② 수념주受念住, ③ 심념주心念住, ④ 법념주法念住의 네 가지를 말한다고 설명한다. 『불광대사전』, p.1708 참조. 사념처에 관한 니까야/아함의 설명에 따른다면, 몸(身) · 느낌(受) · 마음상태(心) · '법칙적 경험'(法)으로 분류된 네 가지 경험범주에서 '해탈로 이어지는 이해와 마음'을 새기듯 잊지 않고 간직해 가는 수행이다.

90 난煖 · 정頂 · 인忍 · 세제일법世第一法의 사선근四善根: 사념처四念處 다음의 수행 단계로서 견도見道 이전에 사제四諦를 관찰하고 16행상十六行相을 닦아 성위聖位에 도달하는 수행 계위를 말한다. 『佛光大辭典』, p.1767 참조. 『아비달마구사론阿毘達磨俱舍論』 권23(T29, 119b11~c16)에서 자세히 설명하고 있는데, 이에 따르면 먼저 사선근에서 닦는 16행상은 고성제苦聖諦의 비상非常 · 고苦 · 공空 · 비아非我, 집성제集聖諦의 인因 · 집集 · 생生 · 연緣, 멸성제滅聖諦의 멸滅 · 정靜 · 묘妙 · 이離, 도성제道聖諦의 도道 · 여如 · 행行 · 출出이다. 다음으로 난법煖法은 순해탈분順解脫分에 해당하는 사념주四念住 수행으로부터 순결택분順決擇分의 첫 번째 선근善根이 일어난 것이고, 따뜻함(煖)이라는 명칭이 붙여진 것은 번뇌라는 땔감(惑薪)을 태우는 성도聖道의 불길(聖道火)이 일어나기 이전의 양상(前相)이기 때문이다. 정법頂法은 난선근煖善根이 점차 증장하여 완성된 것으로서 난선근煖善根이 바뀌어 탁월해진 것(轉勝)이기 때문에 달리 명칭을 붙인 것이다. 꼭대기(頂)라는 명칭이 붙여진 것은 진퇴進退의 움직임이 있는 동선근動善根 중에 가장 탁월하여 사람의 정수리(人頂)와 같고, 앞으로 나아가거나 뒤로 물러서는 두 방향 사이에 위치하여 산의 정상(山頂)과 같기 때문이다. 인법忍法은 앞의 정선근頂善根이 점차 증장하여 완성된 것으로서 사제의 이치를 받아들이는 고통을 참아내어 인가忍可하는 것 중에서 가장 탁월한 것이다. 앞의 난법과 정법까지가 진퇴進退가 있는 동선근動善根이라면 인법忍法은 퇴타退墮가 없는 부동선근不動善根이며, 인법忍法의 하 · 중 · 상품 중에서 하 · 중품은 난법 및 정법에서와같이 사제 16행상을 구관具觀 · 구수具修하지만 상품에서는 차이가 있어서 오직 욕계欲界의 고성제苦聖諦(欲苦)만을 관찰하는데, 이것은 세제일법과 서로 인접하기 때문이다. 범부위凡夫位의 마지막 단계인 세제일법은 인법忍法의 상품이 무간無間으로 세제일법을 일으켜 욕계 고성제라는 일행상一行相만을 한 찰나에 닦는 것으로서, 유루有漏이기 때문에 세간世間이고 가장 탁월한 것이기 때문에 제일第一이어서 세간의 유루법有漏法 중에 가장 탁월하기에 세제일법이라고 한다.

91 『대지도론大智度論』 권18(T25, 191a13~18). "般若波羅蜜攝一切智慧. 所以者何? 菩

면서 자세히 말한다.

第三合明二種般若. 由非一故, 假說二種, 而離能所, 畢竟無異. 所
以然者, 菩薩修行般若之時, 推求一切諸法性相, 若我若無我, 若常若
無常, 若生若滅, 若有若空, 如是一切, 都無所得, 不得一切所取相, 不
起一切能取之見. 是時遠離一切相見, 平等證會諸法實相. 無二無別,
無始無終, 無生無滅, 非有非空, 超過一切語言之路, 永絶一切心行之
處, 云何於中, 有二般若? 但一切諸法, 無不同然, 是故强名諸法實相,
一切分別, 無所不離, 是故亦名無分別智, 無智而非實相, 無實相而非
智. 如論說云, "菩薩觀一切諸法, 非常非無常, 非我非無我, 非有非無
等, 亦不有是觀, 是名菩薩行般若波羅蜜. 是義捨一切觀, 滅一切語言,
離一切心行, 從本已來, 不生不滅, 如涅槃相. 諸法亦如是, 是名諸法
實相," 乃至廣說.

[H1, 482b8~c1; T33, 70a27~b13]

3) [실상實相과 관조觀照, 이] 두 가지 지혜를 합하여 밝힘(合明二種般
若)

세 번째로 '[실상實相과 관조觀照, 이] 두 가지 지혜'(二種般若)를 합하여
밝힌다. 하나가 아니기 때문에 방편으로 [실상반야實相般若와 관조반야觀
照般若, 이] 두 가지라고 말했지만, '[불변 · 독자의 본질/실체로 보는] 주관과
대상'(能所)에서 벗어나면 결국 차이가 없다. 왜냐하면 보살이 지혜(般
若)를 수행할 때 '모든 현상'(一切諸法)의 본연(性)과 양상(相)이 '[불변 · 독

薩求佛道, 應當學一切法, 得一切智慧, 所謂聲聞辟支佛佛智慧. 是智慧有三種, 學無
學非學非無學. 非學非無學智者, 如乾慧地, 不淨安(那)般(那)欲界繫四念處, 煖法頂法
忍法世(間)第一法等." 괄호는 생략된 부분을 표시한 것이다.

자의 본질/실체인] 자아'(我)인지 '자아가 [아예] 없는 것'(無我)인지 '영원한 것'(常)인지 '허망한 것'(無常)인지 '생겨나는 것'(生)인지 '사라지는 것'(滅)인지 '[불변·독자의 본질/실체로서] 있는 것'(有)인지 [아무것도] 없는 것'(空)인지 추구해 보아도 이와 같은 모든 것을 전혀 얻을 수 없으니, 모든 '취해지는 대상의 양상'(所取相)을 [불변·독자의 본질/실체로서] 얻지 못하기에 모든 '[불변·독자의 본질/실체를] 취하는 주관'(能取之見)도 일으키지 않는다. 이때 모든 [불변·독자의 본질/실체인] '대상[으로서의 인식]'(相)과 [불변·독자의 본질/실체인 대상에 대한] '주관[으로서의 인식]'(見)[92]에서 멀리 벗어나 평등하게 '모든 현상의 사실 그대로'(諸法實相)를 증득한다. [이 '모든 현상의 사실 그대로'(諸法實相)는] '[불변·독자의 본질/실체로서의] 둘이 없어 별개의 것이 없고'(無二無別) '시작도 없고 끝도 없으며'(無

---

92 견분見分과 상분相分 그리고 자증분自證分: 유식학唯識學에서는 마음의 기능적 양상을 설명하기 위해 견분·상분·자증분의 세 가지로 분류한다. 『성유식론成唯識論』 권2에서는 먼저 견분과 상분에 관해 "然有漏識自體生時, 皆似所緣能緣相現, 彼相應法應知亦爾. 似所緣相說名相分, 似能緣相說名見分."(T31, 10a21~24)이라고 설명한다. 이에 따르면 유루식有漏識이 생겨날 때 모두 사소연상似所緣相과 사능연상似能緣相으로 나타나는데, 여기서 사소연상이 상분이고 사능연상이 견분이다. 같은 곳에서는 소연所緣의 개념에 관해 "執有離識所緣境者, 彼說外境是所緣."(T31, 10b2)이라고 하여, 식識을 떠나서도 소연경所緣境이 존재한다고 집착하는 자, 즉 소박한 실재론자는 외부에 실재하는 대상(外境)을 소연이라 말한다고 규정한다. 그러므로 유식학에서 제시하는 상분은 사소연상, 즉 외부에 실재하는 대상(外境)인 것처럼 나타나는 유루식의 한 모습이고, 견분見分은 사능연상, 즉 내부에 실재하는 대상(內境)인 것처럼 나타나는 유루식의 또 다른 모습이다. 다음으로 같은 곳에서는 자증분에 관해 "達無離識所緣境者, 則說相分是所緣, 見分名行相, 相見所依自體名事, 即自證分. 此若無者應不自憶心心所法. 如不曾更境必不能憶故."(T31, 10b5~9)라고 설명한다. 자증분은 이 상분과 견분이 의거하는 바탕(自體)으로서, 이 자증분이 없다면 유루식은 마음(心)과 마음현상(心所法)들을 기억하지 못해야 한다. 자증분은 사소연상인 상분과 사능연상인 견분이 성립하는 바탕(自體)이 된다. 바꾸어 말하면 자증분은, 〈대상인 것처럼 나타난 식'(相分, 似所緣相)을 인지하는 '주관인 것처럼 나타난 식'(見分, 似能緣相)〉을 다시 대상으로 삼아 '다시금 인지하는 식'이다.

始無終) '[불변·독자의 본질/실체로서] 생겨남도 없고 사라짐도 없으며'(無生無滅) '[불변·독자의 본질/실체로서] 있음도 아니고 [아무것도] 없음도 아니어서'(非有非空) '모든 언어의 [불변·독자의 본질/실체를 수립하는] 길'(一切語言之路)을 넘어서고 '모든 [불변·독자의 본질/실체로 분별하는] 마음이 작용하는 영역'(一切心行之處)을 완전히 끊으니, 어찌 여기에 '[실상實相과 관조觀照, 이] 두 가지 지혜'(二般若)[로 나뉨]이 있겠는가? 단지 '모든 현상'(一切諸法)은 [불변·독자의 본질/실체가 없다는 점에서] 같지 않음이 없기 때문에 억지로 '모든 현상의 사실 그대로'(諸法實相)라 부른 것[이 실상반야實相般若]이고, '[근본무지에 따르는] 모든 분별'(一切分別)에서 벗어나지 않음이 없기 때문에 또한 [억지로] '[불변·독자의 본질/실체가 있다는 생각으로] 나누어 구분함이 없는 지혜'(無分別智)라고 부른 것[이 관조반야觀照般若]일 뿐이니, [불변·독자의 본질/실체가 없는 경지에서는] 지혜(智)가 [불변·독자의 본질/실체로서] 없고 '사실 그대로'(實相)도 [불변·독자의 본질/실체가] 아니며 [또한] '사실 그대로'(實相)가 [불변·독자의 본질/실체로서] 없고 지혜(智)도 [불변·독자의 본질/실체가] 아닌 것이다.

논서(『대지도론大智度論』)에서 [다음과 같이] 말한 것과 같다. "보살은 '모든 현상'(一切諸法)이 '영원한 것'(常)도 아니고 '허망한 것'(無常)도 아니며 '[불변·독자의 본질/실체인] 자아'(我)도 아니고 '자아가 [아예] 없는 것'(無我)도 아니며 '[불변·독자의 본질/실체로서] 있는 것'(有)도 아니고 '[아무것도] 없는 것'(無)도 아니라는 것들을 이해하고, 또한 이러한 이해(觀)도 [불변·독자의 본질/실체로서] 두지 않으니, 이것을 '보살이 행하는 지혜 수행'(菩薩行般若波羅蜜)이라고 부른다. 이 뜻은 '모든 이해'(一切觀)를 [불변·독자의 본질/실체로서 두는 것을] 버리고 '[불변·독자의 본질/실체를 수립하는] 모든 언어'(一切語言)를 없애며 '[불변·독자의 본질/실체로 분별하는] 모든 마음작용'(一切心行)에서 벗어나면 본래 '[불변·독자의 본질/실체로서] 생겨남도 없고 사라짐도 없어서'(不生不滅) '열반의 모습'(涅槃相)과 같다는 것이다. '모든 현상'(諸法)도 이와 같으니, 이것을 '모든 현상의 사실 그대로'(諸法實相)이라 부른다."[93]라고 하면서 자세히 말한다.

問. 觀照般若, 若有三分不? 若有見分, 何言無見, 若無見分, 何名觀
照? 有自證分, 證自體者, 則此智體不同實相, 云何得言無二無別? 若
無見分, 亦無自證, 則同虛空, 不得名慧. 答. 有義, 此智有見無相, 有
義, 此智無相無見, 唯有自證, 證於自體. 或有說者, 若就有別開分, 三
分俱無. 若依無異假說, 三分俱有, 謂卽於此平等之中, 無相爲相, 無
見爲見, 無別自證, 非不自證. 如是自證, 無所不證, 諸法實相, 無非自
故. 故此自證, 無非是見, 見實相者, 是無所見, 有所見者, 不見實故.
故此見分, 無非實相. 如是三分, 只是一味. 若如是說, 有見不見, 無障
無礙, 卽是解脫. 若存能見, 卽墮有邊, 若無見分, 則墮無邊, 不離邊
故, 卽爲被縛. 如論偈云, "若人見般若, 是卽爲被縛, 若不見般若, 卽
亦名被縛. 若人見般若, 是則得解脫, 若不見般若, 則亦得解脫."上來
第二顯經宗竟.

[H1, 482c1~22; T33, 70b13~c3]

묻는다. '[사실 그대로 보는] 이해로써 비추어 내는 지혜'(觀照般若)에는
'[견분見分·상분相分·자증분自證分, 이] 세 가지 인식'(三分)[94]이 있는가?
만약 '주관으로서의 인식'(見分)이 있다면 어찌하여 주관(見)이 없는 것
이라 말하고 만약 '주관으로서의 인식'(見分)이 없다면 어찌하여 '[사실
그대로 보는] 이해로써 비추어 내는 것'(觀照)이라고 말하는가? [또] '자기

---

93 『대지도론大智度論』 권18(T25, 190b13~18). "菩薩觀一切〈〉法, 非常非無常, (非苦
非樂,) 非我非無我, 非有非無等, 亦不〈作〉是觀, 是名菩薩行般若波羅蜜. 是義捨一切
觀, 滅一切〈言語〉, 離〈諸〉心行, 從本已來, 不生不滅, 如涅槃相. (一切)諸法(相)亦如
是, 是名諸法實相." 괄호는 생략된 부분을 표시하고, '〈〉' 표시는 원문과 다르지만
문맥에 저촉되지 않아 본문에서 그대로 둔 부분에 해당한다.
94 삼분三分에 관해서는 앞 '견분見分과 상분相分 그리고 자증분自證分' 각주 참조.

인식에 대한 재인식'(自證分)이 있어서 '자기 자신'(自體)을 재인식(證)하는 것이라면 이 [자증분自證分이라는] '지혜 자신'(智體)은 [이면에 있는 것이어서] '사실 그대로'(實相)와 같을 수 없는데, 어찌하여 '둘이 없어 별개의 것이 없다.'(無二無別)라고 말하는가? [또] 만약 '주관으로서의 인식'(見分)도 없고 '자기인식에 대한 재인식'(自證)도 없다면 텅 빈 허공과 같아서 지혜(慧)라고 부르지도 못할 것이다.

답한다. [이에 대한 설명 가운데] 어떤 뜻에서는 〈이 지혜(관조반야觀照般若)에는 '주관으로서의 인식'(見)만 있고 '대상으로서의 인식'(相)은 없는 것〉이라 하고, [또] 어떤 뜻에서는 〈이 지혜에는 '대상으로서의 인식'(相)도 없고 '주관으로서의 인식'(見)도 없으며 오직 '자기인식에 대한 재인식'(自證)만 있어서 '자기 자신'(自體)만을 재인식(證)할 뿐이다.〉라고 한다.

또 어떤 설명은 [다음과 같다.] 만약 차이(別)가 [불변·독자의 본질/실체로서] 있다는 것에 의거하여 '[견분見分·상분相分·자증분自證分, 이] 세 가지 인식'(三分)을 나눈다면 '세 가지 인식'(三分)은 모두 허망한 것이다. [하지만] 만약 [삼분三分에는 불변·독자의 본질/실체로서의] 다름(異)이 없다는 것에 의거하여 방편으로 말한다면 '세 가지 인식'(三分)은 모두 [사실 그대로] 있는 것이니, 바로 이 [세 가지 인식이] 평등한 지평에서는 [불변·독자의 본질/실체인] '대상으로서의 인식'(相)이 없는 것이 '대상으로서의 인식'(相)이고, [불변·독자의 본질/실체인] '주관으로서의 인식'(見)이 없는 것이 '주관으로서의 인식'(見)이며, 별개의 '자기인식에 대한 재인식'(自證)이 [불변·독자의 본질/실체로서] 없기에 '자기인식에 대한 재인식'(自證)을 하지 않는 것이 아니다. 이와 같이 '자기인식에 대한 재인식'(自證)이 재인식(證)하지 않은 것이 없는 것이 [곧] '모든 현상의 사실 그대로'(諸法實相)이니, ['자기인식에 대한 재인식'(自證)에서는 모든 현상이] 자기(自)가 아닌 것이 없기 때문이다. 그러므로 이 '자기인식에 대한 재인식'(自證)은 '주관으로서의 인식'(見)이 아닌 것이 없어 '사실 그대로를 보는 자'(見實相者)는 [불변·독자의 본질/실체인 대상으로서의] 본 것'(所見)이 없는 것이니, [불변·독자의 본질/실체인 대상으로서의] 본 것이 있는 자'(有所見者)는 '사실 그대로'(實)를 보지 못한 것이기 때문이다. 그러므로 이 [경우의] '주관으로서의 인식'(見分)에는 '사실 그대로'(實相)가 아닌 것이 없다. 이와 같이 '세 가지 인식'(三分)은 단지 '한 맛[처럼 서로 통하는 것]'(一味)이다. 만약 이와 같이 말한다면, 주관(見)이 있다고 하든지 주관(見)이 없다고 하든지 장애(障)도 없고 걸림(礙)도 없어 곧바로 [주관에 대한 집착에서] 풀려난다(解脫). [그러나] 만약 주관(能見)을 [불변·독자의 본질/실체로서] 둔다면 곧바로 [항상] 있다고 보는 치우친 견해'(有邊)에 떨어지고, 만약 '주관으로서의 인식'(見分)이 [전혀] 없는 것이라고 한다면 곧바로 [아무것도] 없다고 보는 치우친 견해'(無邊)에 떨어질 것이니, '치우친 견해'(邊)에서 벗어나지 못하기 때문에 곧바로 [주관에 대한 집착에] 얽매일(被縛) 것이다.

논서(『대지도론大智度論』)의 게송에서 "어떤 사람은 지혜(般若)를 보아도 이것이 곧 얽매임이 되고, 지혜(般若)를 보지 못해도 곧 얽매임이라 부르게 된다네. [반면에] 어떤 사람은 지혜(般若)를 보아도 바로 해탈하게 되고 지혜(般若)를 보지 못해도 해탈하게 된다네."[95]라고 말한 것과 같다. 이상으로 두 번째인 '경전의 핵심 내용을 드러내는 [단락]'(顯經宗)을 마친다.

第三釋題名者. 摩訶言大, 般若云慧, 波羅蜜者, 名到彼岸, 如論說

---

[95] 『대지도론大智度論』 권18(T25, 190c13~16). "若不見般若, 是則爲被縛, 若人見般若, 是亦名被縛. 若人見般若, 是則得解脫, 若不見般若, 是亦得解脫." 인용문에는 문장의 순서가 바뀌어 있지만, 문맥에 저촉되지 않고 견見과 불견不見의 대구를 이루려는 원효의 의도로 보아 그대로 두었다.

也. 將釋此名, 卽作三門, 先大, 次慧, 後到彼岸.

[H1, 482c23~483a2; T33, 70c4~6]

3. 제목의 명칭을 해석함(釋題名)

[다음은] 세 번째인 [마하반야바라밀摩訶般若波羅蜜이라는] 제목의 명칭을 해석하는 것이다. 마하摩訶(mahā)는 위대하다(大)[는 뜻]을 말하고 반야般若(prajñā)는 지혜(慧)[라는 뜻]을 말하며 바라밀波羅蜜(pāramitā)은 '저 언덕에 도달한다.'(到彼岸)[라는 뜻]으로 말하니, 논서(『대지도론大智度論』)에서 말한 것과 같다.[96] 이 명칭을 해석하고자 곧바로 세 부문으로 나누니, 먼저 '위대함'(大)이고 다음은 '지혜'(慧)이며 마지막은 '저 언덕에 도달함'(到彼岸)이다.

所言大者, 總而言之, 凡諸所有大事大法, 不可思議神力威德, 皆是般若之所成辦, 以是義故, 名之爲大. 如下文云, "般若波羅蜜, 爲大事故起, 不可思議事故起, 不可稱事故起, 無有量事故起, 無等等事故起. 何以故? 波若波羅蜜中, 含受五波羅蜜, 含受內空, 乃至有法無法[97]空, 含受四念處, 乃至八聖道分, 是深般若波羅蜜中, 含受佛十力, 乃至一切種智. 譬如灌頂王, 國土中尊, 諸有官事, 皆委大臣, 國王安樂無事. 如是須菩提, 所有聲聞辟支佛法, 若菩薩法若佛法, 一切皆在般若波羅蜜中, 般若波羅蜜, 能成辦其事", 乃至廣說.

[H1, 483a3~16; T33, 70c6~18]

---

[96] 『대지도론大智度論』권18(T25, 191a4~5). "摩訶, 秦言大, 般若言慧, 波羅蜜言到彼岸."

[97] 『마하반야바라밀경』원문에 따라 '有法無法'을 '無法有法'으로 교감한다.

1) 위대하다는 것을 해석함(釋大)

'위대하다.'(大)고 말한 것[의 뜻은 다음과 같다]. 총괄적으로 말한다면 무릇 존재하는 모든 '위대한 현상'(大事)과 '위대한 가르침'(大法) 및 '생각으로 헤아릴 수 없이 자유자재한 능력'(不可思議神力)과 '위엄 있는 능력'(威德)들은 다 지혜(般若)에 의해 이루어지는 것이니, 이러한 뜻 때문에 '위대하다.'(大)라고 부른다.

[『마하반야바라밀경摩訶般若波羅蜜經』의] 아래 문장에서 [다음과 같이] 말하는 것과 같다. "[수보리須菩提가 말한다.] '[대승 보살의] 수행으로 얻는 지혜'(般若波羅蜜)는 '위대한 현상'(大事)을 위해 일어나고 '생각으로 헤아릴 수 없는 현상'(不可思議事)을 위해 일어나며 '[말로] 지시할 수 없는 현상'(不可稱事)을 위해 일어나고 '헤아릴 수 없이 많은 현상'(無有量事)을 위해 일어나며 '[어떤 것과도] 동등한 것이 없는 현상'(無等等事)[98]을 위해 일어납니다. [부처님이 설한다.] 어째서인가? '[대승 보살의] 수행으로 얻는 지혜'(波若波羅蜜)는 '[보시布施·지계持戒·인욕忍辱·정진精進·선정禪定, 이] 다섯 가지 [대승 보살의] 수행'(五波羅蜜)을 [모두] 포함하여 수용하고, '내면[의 육근六根]에 불변·독자의 본질/실체가 없음'(內空)[99]과 나아가 '현

---

98 무등등無等等: 범어인 'asamasama'는 동등하지 않음(unequalled)의 뜻이다. *Sanskrit-English Dictionary*, p.119 참조. 『유마경의소維摩經義疏』권1에서는 "諸佛無等, 唯佛與佛等, 是故號佛爲無等等也. 又實相無等, 唯佛與實相等, 名無等等."(T38, 922b12~14)이라고 하여, 모든 부처님은 무등無等이지만 오직 부처님과 부처님끼리는 동등(等)하기 때문에 부처님을 무등등이라 부르고, 실상實相도 무등이지만 오직 부처님과 실상은 동등하기 때문에 무등등이라고 부른다는 설명이 보인다.

99 내공內空과 무법유법공無法有法空: 18공十八空을 구성하는 공의 개념들 가운데 두 가지이다. 『마하반야바라밀경摩訶般若波羅蜜經』권1에서 "菩薩摩訶薩, 欲住內空, 外空, 內外空, 空空, 大空, 第一義空, 有爲空, 無爲空, 畢竟空, 無始空, 散空, 性空, 自相空, 諸法空, 不可得空, 無法空, 有法空, 無法有法空, 當學般若波羅蜜."(T8,

상이 없다고 하든 있다고 하든 모두 불변·독자의 본질/실체가 없음'
(無法有法空)에 이르기까지 [18공十八空의 이치를 모두] 포함하여 수용하
며, '네 가지를 토대로 [지혜를 수립하여] 간직해 가는 수행'(四念處)과 나
아가 '여덟 가지 수행으로 이루어진 해탈의 길'(八聖道分)에 이르기까지
[37도품三十七道品의 수행을 모두] 포함하여 수용하고, 이 심오한 '[대승 보
살의] 수행으로 얻는 지혜'(般若波羅蜜)는 부처님의 '열 가지 [지혜의] 능
력'(十力)[100]과 나아가 '모든 것을 사실대로 이해하는 지혜'(一切種智)에
이르기까지 [수행으로 얻는 과보들을 모두] 포함하여 수용한다. 비유하자
면 '정수리에 물을 붓는 의식을 치른 왕'(灌頂王)[101]은 [그] 나라의 땅에서

219c8~12)이라고 하는 것에 따르면, 십팔공十八空이란 ① 내공內空, ② 외공外空,
③ 내외공內外空, ④ 공공空空, ⑤ 대공大空, ⑥ 제일의공第一義空, ⑦ 유위공有爲
空, ⑧ 무위공無爲空, ⑨ 필경공畢竟空, ⑩ 무시공無始空, ⑪ 산공散空, ⑫ 성공性
空, ⑬ 자상공自相空, ⑭ 제법공諸法空, ⑮ 불가득공不可得空, ⑯ 무법공無法空, ⑰
유법공有法空, ⑱ 무법유법공無法有法空을 말하는데, 내공은 그 첫 번째로 제시되
고 무법유법공은 마지막인 열여덟 번째로 제시된다. 『대지도론』 권31에서는 먼
저 내공에 관해 "內空者, 內法, 內法空. 內法者, 所謂內六入."(T25, 285b11~12)이라
고 하여 내법인 안眼·이耳·비鼻·설舌·신身·의意의 내육입內六入이 공空인
것이고, 무법유법공에 관해서는 "無法有法空者, 取無法有法相不可得, 是爲無法有法
空."(T25, 296a13~14)이라고 하여 무법無法이든 유법有法이든 취해 보아도 그 양
상을 얻을 수 없는 것이라고 설명한다. 『대지도론』 권70에서는 "十八空皆因緣相
待, 如內空因內法, 故名內空, 若無內法, 則無內空, 十八空皆爾."(T25, 551a3~5)라고
하여, 18공의 첫 번째인 내공이 내육입內六入 내법을 원인으로 삼아 성립하는 것처럼
18공의 개념 모두가 인연상대因緣相待인 것이어서 상대하는 인연이 없어지면 함
께 없어지는 것이기도 하다고 설명한다.

100 십력十力: 『대지도론』 권2에서는 일체지인一切智人인 부처님이 얻은 열 가지 지
혜의 힘을 다음과 같이 나열한다. "實有一切智人, 何以故? 得十力故, ① 知處非處故,
② 知因緣業報故, ③ 知諸禪定解脫故, ④ 知衆生根善惡故, ⑤ 知種種欲解故, ⑥ 知種
種世間無量性故, ⑦ 知一切至處道故, ⑧ 先世行處憶念知故, ⑨ 天眼分明得故, ⑩ 知
一切漏盡故. … 如是種種因緣故, 佛爲一切智人."(T25, 75a20~29.) 번호는 십력의
순서를 표시한다. 같은 책 권19에서는 "佛雖有無量力, 但說十力, 於度衆生事足."
(T25, 198b7~8)이라고 하여 부처님이 가진 무량력無量力에서 십력만을 말해도 중
생을 구제하는 일에 충분하다고 설명한다.

[가장] 존귀하기에 갖가지 공적인 일들을 모두 신하들에게 맡기고 국왕
은 일이 없이 안락하게 지내는 것과 같다. 수보리여, 이와 같이 '[가르침
을] 들어서 [혼자] 부처가 되려는 수행자'(聲聞)와 '연기緣起의 이치로 [혼
자] 깨달으려는 수행자'(辟支佛)의 가르침(法)이든 '보살의 가르침'(菩薩
法)이든 '부처의 가르침'(佛法)이든 모든 것이 다 [대승 보살의] 수행으로
얻는 지혜'(般若波羅蜜) 안에 있기에 '[대승 보살의] 수행으로 얻는 지혜'(般
若波羅蜜)가 그 [위대하고(大) '생각으로 헤아릴 수 없으며'(不可思議) '말로 지
시할 수 없고'(不可稱) '헤아릴 수 없이 많으며'(無有量) '어떤 것과도 동등한 것이
없는'(無等等)] 현상(事)들을 이루어 내는 것이다."[102]라고 하면서 자세히
말한다.

> 別而論之, 乃有衆多, 今撮其要, 略釋四義. 有勝力故, 得多聞故, 生
> 大人故, 與大果故. 有勝力故, 名爲大者, 謂諸菩薩, 能學般若波羅蜜
> 故, 有不思議殊勝神力. 如經言, "欲以一毛, 擧三千大千國土中諸須彌
> 山,[103] 擲過他方無量阿僧祇諸[104]國土, 不嬈衆生者, 當學般若波羅蜜"

---

101 관정灌頂: 고대 인도에서는 왕이 즉위하거나 태자를 세울 때 사해四海의 물을 그
　　정수리에 붓는 의식을 통해 번영을 축복했다. 『불광대사전』, p.6853 참조.
102 『마하반야바라밀경摩訶般若波羅蜜經』 권15(T8, 328a6~18). "(爾時, 須菩提白佛言,
　　世尊, 是深)般若波羅蜜, 爲大事故起, 不可思議事故起, 不可稱事故起, 無有量事故起.
　　(世尊, 是深般若波羅蜜,) 無等等事故起. (佛告須菩提, 如是如是. 是深般若波羅蜜, 爲
　　大事故起, 乃至無等等事故起.) 何以故? 般若波羅蜜中, 含受五波羅蜜, (般若波羅蜜中)
　　含受內空(外空), 乃至無法有法空, 含受四念處, 乃至八聖道分, 是深般若波羅蜜中, 含
　　受佛十力, 乃至一切種智. 譬如灌頂王, 國土中尊, 諸有官事, 皆委大臣, 國王安樂無事.
　　如是須菩提, 所有聲聞辟支佛法, 若菩薩法若佛法, 一切皆在般若波羅蜜中, 般若波羅蜜,
　　能成辦其事." 괄호는 생략된 부분을 표시한다. 생략된 부분을 보면 인용문에서
　　"何以故?"를 기준으로 앞부분은 수보리須菩提의 설법이고 뒷부분은 부처님의 설
　　법임을 알 수 있다.
103 『마하반야바라밀경』 원문에 따라 '山' 뒤에 '王'을 넣는다. 한불전 교감주에도 "경
　　전에는 '山' 뒤에 '王'이 있다."라고 되어 있다.

故. 得多聞故, 名爲大者, 謂諸菩薩, 學般若故, 過去未來一切諸佛所
說言教, 已說當說, 皆得遍聞. 如經言, "過去諸佛已說, 現在諸佛今
說,¹⁰⁵ 未來諸佛當說, 欲聞, 聞已, 自利亦利他人, 當學般若波羅蜜",
論曰, "菩薩有三昧, 名觀三世諸佛三昧, 入是三昧, 皆¹⁰⁶見三世諸佛,
聞其說法."

[H1, 483a16~b6; T33, 70c18~71a2]

[위대하다(大)고 말하는 뜻에 관해] 나누어서 논한다면 매우 다양하지만
지금은 그 핵심을 간추려 간략히 네 가지 뜻으로 해석한다. [지혜(般若)
에는] '탁월한 능력'(勝力)이 있기 때문이고, '많이 들을'(多聞) 수 있기 때
문이며, '위대한 사람'(大人)을 낳을 수 있기 때문이고, '위대한 결과'(大
果)를 주기 때문이다.

[첫 번째인,] 〈'탁월한 능력'(勝力)이 있기 때문에 위대하다(大).〉고 부
르는 것은 [다음과 같다.] 모든 보살은 '[대승 보살의] 수행으로 얻는 지혜'
(般若波羅蜜)를 배울 수 있기 때문에 '생각으로 헤아릴 수 없이 탁월하고
자유자재한 능력'(不思議殊勝神力)을 가진다. 경전(『마하반야바라밀경摩訶
般若波羅蜜經』)에서 "[보살이] 하나의 털로 '우주의 모든 국토'(三千大千國
土)[의 산들 중]에서 모든 '왕노릇하는 수미산'(須彌山王)¹⁰⁷들을 들어서 '다

---

104 『마하반야바라밀경』 원문에 따라 '諸' 뒤에 '佛'을 넣는다. 한불전 교감주에도 "경
　　전에는 '諸' 뒤에 '佛'이 있다."라고 되어 있다.

105 『마하반야바라밀경』 원문에는 '現在諸佛今說'이 없지만 원효의 의도로 보아 그대
　　로 둔다.

106 한불전 교감주에 "경전에는 '皆'가 어떤 판본에는 '悉'이라고 되어 있다."라고 한
　　다. 『대지도론』 원문에도 '悉'이라고 되어 있지만, 그대로 둔다.

107 삼천대천국토三千大千國土와 수미산왕須彌山王: 삼천대천국토는 고대 인도인의
　　우주관으로서 삼천대천세계三千大千世界, 삼천세계三千世界, 대천세계大千世界,
　　일대삼천대천세계一大三千大千世界라고도 한다. 소세계小世界가 천 개 모인 것이
　　소천세계小千世界이고, 소천세계가 천 개 모인 것이 중천세계中千世界이며, 중천

른 곳의 헤아릴 수 없이[108] 많은 부처님의 국토들'(他方無量阿僧祇諸佛國
土)을 넘어가도록 던지면서도 중생들을 놀라게 하지 않고자 한다면 '[대
승 보살의] 수행으로 얻는 지혜'(般若波羅蜜)를 배워야 한다."[109]라고 말한

세계가 천 개 모인 것이 대천세계大千世界인데, 대천세계가 대 · 중 · 소의 3종으
로 천 개 모인 것이 삼천대천세계이다. 수미산은 삼천대천세계에서 가장 작은 단
위인 소세계의 중심에 있는 산으로서 소세계에는 남섬부주南贍部洲 · 동승신주東
勝身洲 · 서우화주西牛貨洲 · 북구로주北拘盧洲의 사대주四大洲 및 9산九山 8해八
海가 둘러싸 있고 위로는 색계천色界天으로부터 아래로는 지하의 풍륜風輪까지
이르는데, 그 사이에 해, 달, 수미산須彌山, 사천왕천四天王天 · 도리천忉利天 · 염
마천焰摩天 · 도솔천兜率天 · 화자재천化自在天 · 타화자재천他化自在天의 육욕천
六欲天과 색계色界의 천범천千梵天 등을 포함한다. 불전佛典에서는 삼천대천세계
三千大千世界가 바로 하나의 부처님이 교화하는 영역이어서 일불국一佛國, 일불
찰一佛刹이라고도 한다. 『불광대사전』, p.523 참조. 『장아함경長阿含經』 권18에
유사한 전거가 나오는데, 다음과 같다. "如一日月周行四天下, 光明所照, 如是千世
界, 千世界中有千日月, 千須彌山王, 四千天下, 四千大天下, 四千海水, 四千大海, 四千
龍, 四千大龍, 四千金翅鳥, 四千大金翅鳥, 四千惡道, 四千大惡道, 四千王, 四千大王,
七千大樹, 八千大泥犁, 十千大山, 千閻羅王, 千四天王, 千忉利天, 千焰摩天, 千兜率天,
千化自在天, 千他化自在天, 千梵天, 是爲小千世界. 如一小千世界, 爾所小千千世界, 是
爲中千世界. 如一中千世界, 爾所中千千世界, 是爲三千大千世界. 如是世界周匝成敗,
眾生所居, 名一佛刹."(T1, 114b26~c8.)
108 아승지阿僧祇: 범어인 'asaṃkhya'는 헤아릴 수 없음(innumerable)의 뜻이다.
Sanskrit-English Dictionary, p.118 참조.
109 『마하반야바라밀경摩訶般若波羅蜜經』 권1(T8, 219c28~220a2). "(菩薩摩訶薩)欲以
一毛, 擧三千大千國土中, 諸須彌山王, 擲過他方無量阿僧祇諸佛國土, 不嬈眾生, 當學
般若波羅蜜." 괄호는 생략된 부분을 표시한다. 〈산스크리트본의 해당 내용:
PvsP.I-1, pp.36-37. punar aparaṃ śāriputra bodhisattvena mahāsattvena
trisāhasramahāsāhasre lokadhātau ye sumerumahāsumerucakravāḍamahācakravāḍādayaḥ
parvatās tān ekena vālena baddhā asaṃkhyeyān apramāṇān lokadhātūn
samatikrāmayeyaṃ kṣipeyam iti prajñāpāramitāyāṃ śikṣitavyam ··· (현존
산스크리트본에는 한 문단이 증광되어 있음) punar aparaṃ śāriputra
bodhisattvena mahāsattvena daśasu dikṣu pratyekaṃ yāvanto gaṅgānadībālukopameṣu
lokadhātuṣu buddhā bhagavantaḥ saśrāvakabodhisattvasaṃghās tān ekena
piṇḍapātreṇa pratipādayitukāmena prajñāpāramitāyāṃ śikṣitavyam.; 또 다음
으로 샤리푸트라여, 보살마하살은 '삼천대천세계에서 수미산과 대수미산, 철위산

것과 같다.

[두 번째인,] 〈'많이 들을'(多聞) 수 있기 때문에 위대하다(大).〉고 부르는 것은 [다음과 같다.] 모든 보살은 지혜(般若)를 배우기 때문에 과거와 미래의 모든 부처님이 설한 '말씀과 가르침'(言敎)들을 '이미 설한 것'(已說)이든 '앞으로 설할 것'(當說)이든 모두 두루 들을 수 있다. 경전(『마하반야바라밀경』)에서 "과거의 모든 부처님이 이미 설한 것이든 현재의 모든 부처님이 지금 설하는 것이든 미래의 모든 부처님이 앞으로 설할 것이든 [모두] 들으려 하고 듣고 나서는 자기를 이롭게 하고 남도 이롭게 하려 한다면 '[대승 보살의] 수행으로 얻는 지혜'(般若波羅蜜)를 배워야 한다."110라 말하고, 논서(『대지도론大智度論』)에서 "보살이 지니는 삼매三昧를 '과거·현재·미래의 모든 부처[의 가르침]을 이해하는 삼매'(觀三世諸佛三昧)라고 부르니, 이 삼매三昧에 들어가면 모두 '과거·현재·미래의 모든 부처'(三世諸佛)을 보고 그 설법을 듣는다."111라고 말한 것과 같다.

과 대철위산 등의 산을 한 가닥의 털로 묶어 무수하고 무량한 세계를 뛰어넘고 압축해야 한다.' 하고 반야바라밀을 배워야 한다. … 또 다음으로 샤리푸트라여, 시방에서 각각 갠지스강의 모래 수와 같은 세계에서 성문과 보살 승가를 가진 불세존들을 하나의 발우로 공양하고자 하는 보살은 반야바라밀을 배워야 한다.〉

110 『마하반야바라밀경摩訶般若波羅蜜經』 권1(T8, 220c3~5). "過去諸佛已說, 未來諸佛當說, 欲聞, 聞已自利亦利他人, 當學般若波羅蜜." 〈산스크리트본의 해당 내용: PvsP.I-1, p.40. punar aparaṃ śāriputra bodhisattvena mahāsattvena yat kiñcit pūrvasyāṃ diśi buddhair bhagavadbhir bhāṣitaṃ bhāṣyate bhāṣiṣyate ca tat sarvam udgrahītukāmena dhārayitukāmena vācayitukāmena tathatvāya pratipattukāmena parebhyaś ca vistareṇa saṃprakāśayitukāmena prajñāpāramitāyāṃ śikṣitavyam.; 또 다음으로 사리불이여, 동방[의 불국토]에서 불세존이 설했고, 설하고, 설할 그 모든 것을 수지하고자 하고, 기억하고자 하며, 설하고자 하고, 타당한 방식으로 실천하고자 하며, 나아가 다른 사람을 위해 설명하고자 하는 보살마하살은 반야바라밀을 배워야 한다.〉

111 『대지도론大智度論』 권34(T25, 308c12~14). "菩薩有三昧, 名觀三世諸佛三昧, (菩薩)入是三昧(中), 悉見三世諸佛, 聞其說法." 괄호는 생략된 부분을 표시한다. 이 『대지도론』의 문장은 앞 『마하반야바라밀경摩訶般若波羅蜜經』의 경문을 해석하

問. 過去未來諸佛音聲, 至現在故, 菩薩得聞耶, 聲不至現, 而三昧力, 能聞已滅未生音耶? 若彼音聲, 至現在者, 云何已滅, 重生於現, 云何未生, 先現於今? 若彼音聲, 不至今現, 則彼音聲, 已滅未生, 未生已滅, 卽是無聲, 云何得聞於無聲耶? 答. 彼過未音, 雖不至今, 而能得聞, 三昧力故. 如障外色, 雖物所隔, 而能得見, 天眼力故, 過未音聲, 當知亦爾. 雖時有隔, 而能得聞, 得聞曾有當有之聲, 非聞已滅未生之無. 若彼過未諸佛力故, 聲至於今, 而令聞者, 凡夫二乘, 皆得聽聞, 非謂般若, 三昧之力. 故此經言, "已說", "當說", 當說卽是當有之音, 已說卽是曾有之聲.

[H1, 483b6~20; T33, 71a2~14]

묻는다. 과거와 미래의 모든 부처님의 음성이 현재에 이르기 때문에 보살이 들을 수 있는 것인가, [아니면] 음성이 현재에 이르지 않지만 '삼매의 능력'(三昧力)으로 이미 사라졌거나 아직 생기지 않은 음성을 들을 수 있는 것인가? 만약 그 음성이 현재에 이르는 것이라면 어떻게 이미 사라진 것이 다시 현재에 생기겠으며 어떻게 아직 생기지 않은 것이 미리 현재에 나타나겠는가? [또] 만약 그 [과거와 미래의] 음성이 지금 현재에 이르지 않는다면 그 음성은 이미 사라졌거나 아직 생겨나지 않은 것이니, 아직 생겨나지 않았거나 이미 사라진 것은 곧 음성이 없는 것인데 어떻게 없는 음성을 들을 수 있겠는가?

답한다. 그 '과거와 미래의 음성'(過未音)이 비록 지금에 이르지 않았더라도 들을 수 있으니, '삼매의 능력'(三昧力) 때문이다. 마치 '장벽 너머에 있는 색깔이나 모양 있는 것'(障外色)을, 비록 [그] 장벽에 가리어

는 대목에서 나온다.

있지만 볼 수 있는 것은 '세간을 넘어선 시각 능력'(天眼力)¹¹² 때문인 것과 같이, '과거와 미래의 음성'(過未音聲)도 그러하다고 알아야 한다. 비록 시간에 간격이 있더라도 들을 수 있는 것이니, '일찍이 있었거나 앞으로 있을 음성'(曾有當有之聲)을 들을 수 있는 것이지 '이미 사라졌거나 아직 생겨나지 않아서 [아예] 없는 [음성]'(已滅未生之無)을 듣는 것은 아니다. 만약 [대승 보살이 배우는 지혜(般若)의 능력 때문이 아니라] 저 '과거와 미래의 모든 부처의 능력'(過未諸佛力) 때문에 음성이 지금에 이르러 [보살이] 듣게 하는 것이라면 범부凡夫와 '[성문聲聞·연각緣覺] 두 부류의 수행자'(二乘)도 모두 들을 수 있을 것이니, [그렇다면 대승 보살이 배우는] 지혜(般若)가 '[과거·현재·미래의 모든 부처의 가르침을 이해하는] 삼매를 일으키는 능력'(三昧之力)이라고 말하지 못하게 된다. 그러므로 이 경전(『마하반야바라밀경摩訶般若波羅蜜經』)에서 "이미 설한 것"(已說)이나 "앞으로 설할 것"(當說)이라고 말했으니,¹¹³ '앞으로 설할 것'(當說)은 바로

---

112 천안天眼: 『대지도론大智度論』에서 말하는 오통五通 중 하나이다. 『대지도론』권 5에서는 "【經】 悉是五通. 【論】 如意, 天眼, 天耳, 他心智, 自識宿命."(T25, 97c21~22)이라고 하여 『마하반야바라밀경摩訶般若波羅蜜經』에서 제시하는 오통에 관해 여의통如意通, 천안통天眼通, 천이통天耳通, 타심지통他心智通, 자식숙명통自識宿命通이라고 밝히는데, 같은 곳에서는 천안통에 관해 "天眼通者, 於眼得色界四大造清淨色, 是名天眼. 天眼所見, 自地及下地六道中, 衆生結物, 若近若遠, 若麤若細諸色, 無不能照."(T25, 98a7~10)라고 설명한다. 이에 따르면 천안天眼은 색계色界의 청정색清淨色으로 만들어진 안근眼根으로서 자지自地인 색계色界와 하지下地인 욕계欲界 육도六道에 있는 근원近遠·추세麤細의 모든 색色들을 비추어 본다. 한편 천이통에 관해서는 "云何名天耳通? 於耳得色界四大造清淨色, 能聞一切聲, 天聲人聲三惡道聲."(T25, 98a28~b1)이라고 하는데, 색계의 청정색으로 만들어진 이근耳根으로서 천天·인人·삼악도三惡道의 모든 음성을 듣는 능력이라고 하여 천안통과 유사한 방식으로 설명하므로 본문에서 삼세三世의 부처님 음성을 듣는 보살의 삼매력三昧力이라는 것도 이 천이통과 관련된 것으로 보인다.

113 이실已說과 당설當說 및 관삼세제불삼매觀三世諸佛三昧: 다문多聞이기 때문에 위대하다(大)는 것을 설명하기 위해 앞 문단에서 원효는 『마하반야바라밀경摩訶般若波羅蜜經』권1의 "過去諸佛已說, 未來諸佛當說."의 문장을 인용했다. 이어서 이

‘앞으로 있을 음성’(當有之音)이고 ‘이미 설한 것’(已說)은 바로 ‘일찍이 있었던 음성’(曾有之聲)이다.

問. 菩薩現能聞於曾當, 佛豈不能令聲至今? 若能令至, 不離前難, 重生逆理, 不應理故. 答. 誰言諸佛不能令至? 但說聞至, 非般若力. 當知諸佛法輪音聲, 遍於三世, 無所不至, 能至所至, 不可得故. 如『華嚴經』言, "譬如章文字, 悉入一切數, 所入無所入, 法輪亦如是. 如來轉法輪, 三世無不至, 所轉無所轉, 求之不可得." 雖去來音, 至於今現, 而非重生, 亦非過¹¹⁴理. 所以然者, 佛知三世長遠之劫, 卽是極促一念之頃, 而不令劫促, 亦不令念長. 是故當知, 彼聲至今, 無重生逆理過失. 如彼經言, "無量無數¹¹⁵劫, 卽是一念頃, 亦不令劫短, 究竟刹那法." 且止乘¹¹⁶論, 還述本宗.

[H1, 483b20~c10; T33, 71a14~26]

묻는다. 보살은 현재에 ‘일찍이 있었거나 앞으로 있을 [부처의 음성]’(曾當)을 들을 수 있는데, 어찌 부처님이 [자신의] 음성을 지금에 이르게 할 수 없겠는가? [또] 만약 [부처님이 자신의 음성을 지금에] 이르게 할 수

경문을 해석하는 문장으로 인용된 『대지도론大智度論』 권34에서는 "菩薩有三昧, 名觀三世諸佛三昧."라고 하여 반야般若를 배운 대승 보살이 지니게 되는 삼매로서 관삼세제불삼매觀三世諸佛三昧를 제시하기도 했다.

114 한불전 교감주에 "‘過’는 어떤 판본에는 ‘逆’이라 되어 있다."라고 한다. 대정장본 교감주에서는 "‘過’는 저본인 『만속장경卍續藏經』에 ‘逆’이라고 되어 있다."라고 한다. 이에 따라 ‘過’를 ‘逆’으로 교감한다.

115 『화엄경』 원문에 따라 ‘數’를 ‘邊’으로 교감한다.

116 한불전 교감주에 "‘乘’은 ‘剩’인 듯하다."라고 되어 있다. 대정장본 교감주에는 "‘乘’은 저본인 『만속장경卍續藏經』에 ‘剩’이라고 되어 있다."라고 한다. 그런데 원효의 다른 저작들에서 "且止乘論, 還釋本文."(『금강삼매경론金剛三昧經論』 권1, T34, 965c20~21)과 같은 표현이 자주 보이므로 교감하지 않고 그대로 둔다.

있다면 [미래에 아직 생겨나지 않았거나 과거에 이미 사라진 음성이 현재에 이를 수 없다고 한] 앞의 비판에서 벗어나지 못하니, '[과거에 이미 사라진 음성이 현재에] 다시 생겨나는 것'(重生)과 '[미래에 아직 생겨나지 않은 음성이] 이치를 거슬러 [현재에 나타난다는 것]'(逆理)은 도리에 맞지 않기 때문이다.

답한다. 모든 부처님은 [자신의 음성을 지금에] 이르게 할 수 없다고 누가 말했는가? 단지 [범부凡夫와 이승二乘이] '[현재에] 이른 것'(至)[인 부처님의 음성]을 듣는 것은 '[대승 보살이 닦는] 지혜의 능력'(般若力)[에 의거한 것]이 아니라고 말했을 뿐이다. ['지혜의 능력'(般若力)에 의거하여] '모든 부처가 가르침을 펴는 음성'(諸佛法輪音聲)은 '과거・현재・미래의 모든 시간'(三世)에 두루 펼쳐져 이르지 않는 곳이 없으면서도 '이르는 [음성]'(能至)과 '이르는 곳'(所至)을 [불변・독자의 본질/실체로서] 얻을 수 없다는 것을 알아야 한다. 『화엄경華嚴經』에서 [계송으로 다음과 같이] 말한 것과 같다. "비유하자면 문장과 문자들이 다 모든 마음현상(數)에 들어가지만 '들어간 [문장과 문자]'(所入)에는 '들어간 [문장과 문자]'(所入)가 [불변・독자의 본질/실체로서] 없으니, 가르침(法輪)도 이와 같다네. 여래가 펼치는 가르침(法輪)은 '과거・현재・미래의 모든 시간'(三世)에 이르지 않음이 없지만 '펼쳐진 [가르침]'(所轉)에는 '펼쳐진 [가르침]'(所轉)이 [불변・독자의 본질/실체로서] 없어서 그것을 구하여도 [불변・독자의 본질/실체로서] 얻을 수 없다네."[117]

비록 '과거와 미래의 음성'(去來音)이 지금에 이르러 나타난다고 해도 '[과거에 이미 사라진 음성이 현재에] 다시 생겨나는 것'(重生)도 아니고 '[미

---

117 『화엄경華嚴經』 권35(T9, 628a9~14). "如來轉法輪, 三世無不至, 所轉無所轉, 求之不可得. (譬如諸文字, 說之不可盡, 十力亦如是, 轉法輪無盡.) 譬如章文字, 悉入一切數, 所入無所入, 法輪亦如是." 괄호는 생략된 부분을 표시한다. 본문의 인용문에는 '譬如'로 시작하는 뒤의 1송이 '如來'로 시작하는 앞의 1송과 순서가 바뀌어 있다. 원효의 의도로 보아 그대로 두었다.

래에 아직 생겨나지 않은 음성이] 이치를 거슬러 [현재에 나타난다는 것]'(逆理)
도 아니다. 왜냐하면 부처님은 '과거·현재·미래의 모든 시간이라는
장구한 세월'(三世長遠之劫)이 바로 '지극히 촉박한 한 생각의 순간'(極促
一念之頃)임을 알기에, [장구한] 세월(劫)을 촉박하게 줄이지도 않고 [지극
히 촉박한 한] 생각(念)을 길게 늘이지도 않기 때문이다. 그러므로 저 [과
거와 미래의] 음성이 지금에 이르는 것에는 '[과거에 이미 사라진 음성이 현
재에] 다시 생겨나는 것'(重生)과 '[미래에 아직 생겨나지 않은 음성이] 이치를
거슬러 [현재에 나타난다는 것]'(逆理)의 허물이 없음을 알아야 한다. 저 경
전(『화엄경』)에서 [게송으로] "헤아릴 수 없이 많고 끝이 없는 세월이 바
로 한 생각의 순간이지만 [장구한] 세월을 줄이는 게 아니니, 궁극적으로
[무량한 세월이] 한순간의 현상인 것이네."¹¹⁸라고 말한 것과 같다. '부연
하는 논의'(乘論)는 그치고 다시 본래의 주제를 서술하겠다.

生大人故, 名爲大者, 四種大人, 皆從般若, 而得生故. 如論說言,
"一切世間中, 十方三世諸佛, 是¹¹⁹第一大, 次有菩薩辟支佛聲聞. 是四
大人, 皆由般若波羅蜜生, 故名爲大." 與大果故, 名之爲大者, 能與一
切衆生, 無邊無盡果故. 如論說言, "復次, 能與衆生大果報, 無量無盡,
常不變壞, 所謂涅槃. 故名爲大.¹²⁰ 餘五不能, 故不名大." 依是四義,
般若名大. 六種釋中, 是有財釋.

[H1, 483c10~19; T33, 71a26~b6]

[세 번째인,] 〈'위대한 사람'(大人)을 낳기 때문에 위대하다(大).〉고 부

---

118 『화엄경華嚴經』 권33(T9, 610a12~14). "無量無邊劫, (常化諸衆生, 不可說諸劫,) 即
是一念頃, 亦不令劫短, 究竟刹那法." 괄호는 생략된 부분을 표시한다.
119 『대지도론』 원문에는 '是'가 없지만 그대로 둔다.
120 『대지도론』 원문에는 '故名爲大'가 없지만 인용문 편집 과정에서 원효가 첨가한
것으로 보아 그대로 둔다.

르는 것은, '네 종류의 위대한 사람'(四種大人)이 모두 지혜(般若)에서 생겨나기 때문이다. 논서(『대지도론大智度論』)에서 "모든 세간에서 '모든 곳과 모든 시간의 갖가지 부처'(十方三世諸佛)가 가장 위대하고, 다음으로 '[대승] 보살'(菩薩)과 '연기緣起의 이치로 [혼자] 깨달으려는 수행자'(辟支佛) 그리고 '[가르침을] 들어서 [혼자] 부처가 되려는 수행자'(聲聞)가 있다. 이 '네 종류의 위대한 사람'(四大人)은 모두 '[대승 보살의] 수행으로 얻는 지혜'(般若波羅蜜)에 의거하여 생겨나기 때문에 위대하다(大)고 부른다."[121]라고 말한 것과 같다.

[네 번째인,] ⟨'위대한 결과'(大果)를 주기 때문에 위대하다(大).⟩고 부르는 것은, 모든 중생에게 '끝이 없고 다함이 없는 결과'(無邊無盡果)를 줄 수 있기 때문이다. 논서(『대지도론』)에서 "또한 [지혜(般若)는] 중생에게 '위대한 과보'(大果報)를 줄 수 있으니, 헤아릴 수 없이 많고 다함이 없으며 한결같아 변하거나 무너지지 않는 열반涅槃[의 경지]가 그것이다. 그러므로 [지혜(般若)를] 위대하다(大)고 부른다. '[보시布施·지계持戒·인욕忍辱·정진精進·선정바라밀禪定波羅蜜, 이] 나머지 다섯 가지'(餘五)는 [그렇게] 할 수 없기 때문에 위대하다(大)고 부르지 못한다."[122]라고 말한 것과 같다.

---

121 『대지도론大智度論』 권18(T25, 191a7~9). "一切世間中, 十方三世諸佛, 第一大, 次有菩薩辟支佛聲聞. 是四大人, 皆⟨從⟩般若波羅蜜生, (是)故名爲大." 괄호는 생략된 부분을 표시한다. '⟨⟩' 표시는 원문과 다르지만 문맥에 저촉되지 않아 본문에서 그대로 둔 부분에 해당한다.

122 『대지도론大智度論』 권18(T25, 191a9~12). "復次, 能與衆生大果報. 無量無盡, 常不變⟨異⟩, 所謂涅槃. 餘五(波羅蜜)不能(爾, 布施等離般若波羅蜜, 但能與世間果報, 是)故不(得)名大." 괄호는 생략된 부분을 표시한다. '⟨⟩' 표시는 원문과 다르지만 문맥에 저촉되지 않아 본문에서 그대로 둔 부분에 해당한다.

['탁월한 능력'(勝力)이 있음, '많이 들을'(多聞) 수 있음, '위대한 사람'(大人)을 낳을 수 있음, '위대한 결과'(大果)를 줌,] 이 '네 가지 뜻'(四義)에 의거하여 〈지혜(般若)를 '위대하다'(大).〉고 부른다. [위대함(大)을 네 가지 뜻으로 해석한 것은] '[산스크리트 복합어의 의미구조를 파악하는] 여섯 가지 해석법'(六種釋)123 중에서 '소유하는 것에 의거한 해석'(有財釋)124이다.

---

123 육종석六種釋: 육합석六合釋이라고도 한다. 육종석은 산스크리트어 'ṣaṭ samāsā'의 번역어로, 산스크리트어에서 둘 이상의 단어가 결합된 복합어를 해석하기 위한 여섯 가지 방식이다. ① 지업석(持業釋, Karmadhāraya): 한량복합어를 해석하는 방식이라는 점에서는 의주석과 같으나 앞부분에 형용사 또는 부사 등이 오는 점에서 차이가 난다. 앞 단어가 뒷 단어의 작용, 성질, 상태, 시간, 공간 등을 한정하기 때문에 지업持業이란 말을 붙였다. 즉, 동격한정同格限定 복합어이다. ② 의주석(依主釋, Tatpuruṣa): 한량복합어를 해석하는 방식이다. 곧 뒷 단어가 앞 단어에 의해 한정되는 것으로 파악하여 해석하는 방법이다. 이때 앞 단어와 뒷 단어 사이에는 격(格) 관계가 있다. 즉, 격한정格限定 복합어이다. ③ 유재석(有財釋, Bahuvrīhi): 단어의 맨 끝부분이 명사 또는 형용사 형태가 되면서 단어 전체가 소유격 복합어 곧 형용사 기능을 지닐 때의 해석방식이다. 즉, 소유所有 복합어이다. ④ 상위석(相違釋, Dvandva): 앞 단어와 뒷 단어를 병렬복합어로 보아 단어 안의 각 부분의 위상을 동등하게 놓고 해석하는 방식이다. 즉, 병렬竝列 복합어이다. ⑤ 인근석(隣近釋, Avyayībhāva): 앞 단어가 불변화사, 뒷 단어에 명사계열이 올 경우의 해석방식이다. 즉, 불변화不變化 복합어이다. ⑥ 대수석(帶數釋, Dvigu): 의주석과 유사하나 앞 단어가 수사로 구성되는 경우를 가리킨다. 즉, 수사한정數詞限定 복합어이다.

124 유재석有財釋과 대혜大慧(마하반야摩訶般若): 유재석의 범어인 'bahu-vrīhi'는 형용사적 복합어(adjective compound)라는 뜻으로서, 복합되어 있는 두 단어에서 뒤의 단어가 명사의 성격을 잃으면서 앞 단어와 함께 복합어 뒤에 오는 새로운 단어를 형용하게 되는 경우를 말한다. *Sanskrit-English Dictionary*, p.726 참조. 위 육종석六種釋에 관한 각주의 설명에서도 유재석은 둘 이상의 단어로 결합된 복합어 자체가 형용사 기능을 지니는 경우라고 한다. 유재석의 이 기본적 의미에 따르자면, 본문에서 "반야를 위대하다고 부르는 것"(般若名大)이 유재석이라는 것은 대혜도大慧度(마하반야바라밀摩訶般若波羅蜜)라는 경전 명칭에서 대혜大慧(마하반야摩訶般若)라는 복합어가 새로운 단어인 도度(바라밀波羅蜜)를 형용하는 관계라는 뜻으로 이해할 수 있겠는데, 본문에서는 아직 도度에 관한 논의가 이루어지지 않은 문맥이라는 점에서 다소 한계가 있는 이해라고 하겠다. 한편 유재석은 복

第二釋慧義者. 解了義是慧義, 能了一切所知境界故. 無知義是慧
義, 有所知者, 不知實相故. 破壞義是慧義, 壞一切法可言性相故. 不
壞義是慧義, 不壞假名, 而證實相. 遠離義是慧義, 永離一切取著相
故. 不離義是慧義, 證會一切諸法相故. 復次, 無離無不離義是般若義,
於一切法, 都無所離無所不離故. 無壞無不壞義是般若義, 於一切法,
永無所壞無所不壞故. 無知無不知義是般若義, 由得無所知, 無所不知
故. 無義無非義義是般若義, 不得一切義, 不得非義故. 如是等義, 如論
廣說, 如是十種, 般若之義. 若約境智非一之義, 觀照名慧, 是持業釋,
實相名慧, 是依主釋. 若依能所無二之門, 亦一實相般若, 亦持業釋.

[H1, 483c20~484a13; T33, 71b6~21]

2) 지혜의 뜻을 해석함(釋慧義)

['제목의 명칭을 해석하는 것'(釋題名)의] 두 번째인 '지혜(慧)의 뜻을 해석

합어에 관한 문법적 해석에만 국한되지 않는 것으로 보이는데, 『대승법원의림장
大乘法苑義林章』 권1에서는 유재석에 관해 "有財釋者, 亦名多財, 不及有財. 財謂財
物, 自從他財, 而立己稱, 名爲有財. 如世有財, 亦是從喩, 而爲名也."(T45, 255b9~12)
라고 설명한다. 이에 따르면 유재석은 다재석多財釋이라고도 하는데, 재財는 재
물財物(소유물)을 말하는 것으로서 '달리 소유하는 것'(他財)에 따라 자기의 명칭
을 세우는 것을 말한다. 유재有財라는 명칭이 붙여진 것은 세간에서 재물을 소유
하는 일에 비유한 것이기도 하다. 즉 유재석은 어떤 단어가 가리키는 대상이 소유
하는 것에 의거하여 그 단어의 뜻을 해석하는 것을 말하는 것으로 보인다. 아래
도피안到彼岸(바라밀波羅蜜)을 해석하는 곳에서 원효는 "此四義中, 第一第三, 因中
說果, 是有財釋."이라고 하여 유재석이라는 용어의 문맥을 좀 더 구체적으로 드러
내준다. 이에 따르면 도피안을 해석하는 네 가지 뜻 가운데 원인 중에서 결과를
말하는 첫 번째와 세 번째는 유재석이라고 하는데, 도피안이라는 결과가 원인을
소유하는 것에 의거하여 해석되었기 때문이라는 설명이다. 지금 본문에서도 위대
함(大)은 유승력有勝力 · 득다문得多聞 · 생대인生大人 · 여대과與大果의 네 가지
뜻을 소유한다고 해석했으므로 원효는 이 해석법을 유재석이라고 부른다고도 이
해할 수 있을 것이다.

하는 것'(釋慧義)[은 다음과 같다]. [첫째,] '제대로 이해한다.'(解了)는 뜻이 지혜(慧)의 뜻이니, [지혜(慧)는] '모든 앎의 대상'(一切所知境界)을 제대로 이해할 수 있기 때문이다. [둘째,] '[근본무지에 따라 분별하는] 앎이 없다.'(無知)는 뜻이 지혜(慧)의 뜻이니, '[근본무지에 따라 분별하는] 앎'(所知)이 있는 자는 '사실 그대로'(實相)를 알지 못하기 때문이다. [셋째,] '파괴한다.'(破壞)는 뜻이 지혜(慧)의 뜻이니, 모든 현상의 '말로 규정할 수 있는 [불변·독자의] 본질과 양상'(可言性相)을 파괴하기 때문이다. [넷째,] '파괴하지 않는다.'(不壞)는 뜻이 지혜(慧)의 뜻이니, '실체가 없는 [방편으로 채택한] 명칭'(假名)을 파괴하지 않으면서도 '사실 그대로'(實相)를 증득하기 때문이다. [다섯째,] '멀리 벗어난다.'(遠離)는 뜻이 지혜(慧)의 뜻이니, '모든 집착하는 양상'(一切取著相)에서 완전히 벗어나기 때문이다. [여섯째,] '벗어나지 않는다.'(不離)는 뜻이 지혜(慧)의 뜻이니, '모든 현상의 [사실 그대로인] 양상'(一切諸法相)을 증득하기 때문이다. 또한 [일곱째,] '벗어남도 없고 벗어나지 않음도 없다.'(無離無不離)는 뜻이 지혜(般若)의 뜻이니, '모든 현상'(一切法)에서 전부 '벗어남도 없고 벗어나지 않음도 없기'(無所離無所不離) 때문이다. [여덟째,] '파괴함도 없고 파괴하지 않음도 없다.'(無壞無不壞)는 뜻이 지혜(般若)의 뜻이니, '모든 현상'(一切法)을 끝내 '파괴함도 없고 파괴하지 않음도 없기'(無所壞無所不壞) 때문이다. [아홉째,] '앎도 없고 알지 못함도 없다.'(無知無不知)는 뜻이 지혜(般若)의 뜻이니, '[근본무지에 따르는 분별로서의] 앎이 없는 것'(無所知)을 증득했기 때문에 '[사실대로] 알지 못함이 없기'(無所不知) 때문이다. [열째,] '뜻도 없고 뜻이 아닌 것도 없다.'(無義無非義)는 뜻이 지혜(般若)의 뜻이니, [근본무지에 따르는 분별의] '모든 뜻'(一切義)을 얻지 않기에 [사실대로의] 뜻(義)이 아닐 수 없기 때문이다. 이와 같은 뜻들은 논서(『대지도론大智度論』)에 자세히 설명되어 있는 것과 같으니,[125] [간추려보면] 이와 같은 열 가지가 지혜般若의 뜻이다.

만약 '대상[인 실상實相]과 지혜[인 관조觀照]가 같지 않다는 측면'(境智非一之義)에 의거한다면, [관조반야觀照般若에서] '[사실 그대로 보는] 이해로써 비추어 내는 것'(觀照)을 지혜(慧)라고 부르는 것은 '작용을 지니는 것에 의거한 해석'(持業釋)[126]이고 [실상반야實相般若에서] '사실 그대로'(實相)를

---

125 『대지도론大智度論』에서는 도처에서 반야般若의 뜻을 중도中道의 논법으로 제시하는데, 그 가운데 하나를 예로 들면 다음과 같다. "如是菩薩觀一切法, 非常非無常, 非苦非樂, 非空非實, 非我非無我, 非生滅非不生滅. 如是住甚深般若波羅蜜中, 於般若波羅蜜相亦不取."(권11, T25, 140a7~10.) 제법실상諸法實相의 뜻에 관한 중도中道 논법이 보이는 곳을 예로 들면 다음과 같다. "一切實一切非實, 及一切實亦非實, 一切非實非不實, 是名諸法之實相."(권1, T25, 61b14~15.)

126 경지비일지의境智非一之義 · 능소무이지문能所無二之門과 지업석持業釋 · 의주석依主釋: 본문에서 원효는 지혜(般若)의 뜻을 열 가지로 정리하고 나서 앞 '현경종顯經宗' 단락의 핵심어인 관조반야觀照般若와 실상반야實相般若라는 복합어를 육종석六種釋으로 설명한다. 경境(또는 소所)에 해당하는 실상實相과 이에 따르는 실상반야의 개념 및 지智(또는 능能)에 해당하는 관조觀照와 이에 따르는 관조반야의 개념은 기본적으로 경지비일지의境智非一之義에 의거하여 차별적으로 성립하므로, 이 측면에서 관조반야라는 복합어는 지업석이고 실상반야라는 복합어는 의주석이라는 설명이다. 지업석(동의석同依釋)에 관해『대승법원의림장大乘法苑義林章』권1에서는 "持業釋, 亦名同依. 持謂任持, 業者業用, 作用之義. 體能持用, 名持業釋."(T45, 255a12~14)이라고 하는데, 지업持業은 업용業用 또는 작용作用을 지닌다는 뜻으로서 체體가 작용(用)을 지니는 관계에 관한 해석을 지업석이라 한다고 설명한다. 즉 관조반야라는 복합어는 지혜라는 체가 관조라는 작용을 지니는 관계를 드러낸 용어라는 것이 본문에서 원효의 설명인 것으로 보인다. 이 지업석은 반야(능能)와 실상(소所)이 다른 것이 아니라는 능소무이지문能所無二之門에서도 적용되는데, 여기서는 체에 해당하는 실상이 지혜의 작용을 지녀 실상과 지혜가 둘로 나뉘지 않는 관계를 가리키는 것으로 보인다. 의주석(의사석依士釋)에 관해서는『대승법원의림장大乘法苑義林章』의 같은 곳에서 "依主釋者, 亦名依士. 依謂能依, 主謂法體, 依他主法, 以立自名, 名依主釋. 或主是君主, 一切法體, 名爲主者, 從喩爲名, 如臣依王, 王之臣故, 名曰王臣."(T45, 255a27~b1)이라고 하는데, 의주依主는 법체法體(主)에 의지한다(依)는 뜻으로서 법체인 주법主法에 의거하여 주법에 '의지하는 것'(能依)인 자기의 명칭을 세우는 것이라고 설명한다. 그리고 모든 법체를 뜻하는 의주의 주主는 군주君主를 가리키는 것이기도 한데, 비유하자면 신하는 왕에 의지하기 때문에 왕신王臣이라는 복합어로 표현하는 경우와

지혜(慧)라고 부르는 것은 '의지하는 것의 본연에 의거한 해석'(依主釋)이다. 만약 '주관[인 관조觀照]와 대상[인 실상實相]이 다르지 않다는 측면'(能所無二之門)에 의거한다면, [[사실 그대로 보는] 이해로써 비추어 내는 지혜'(觀照般若)는] 또한 '사실 그대로에 관한 지혜'(實相般若)와 하나인 것인데, [이 경우의 '사실 그대로에 관한 지혜'(實相般若)는] 또한 '작용을 지니는 것에 의거한 해석'(持業釋)이다.

問. 若彼般若之名, 此土譯言慧者, 何故論說, 此二不稱? 如下文云, "不亦[127]稱者, 稱名智慧, 般若之[128]實相, 甚深極重, 智慧輕薄. 是故不能稱. 又般若多, 智慧少. 故不能稱. 又般若利益處廣, 未成, 能與世間果報, 成已, 與道果報. 又究竟盡知, 故名稱, 般若波羅蜜, 無能稱知, 若常若無常, 若實若虛, 若有若無, 如是等不可稱義, 應知.

[H1, 484a14~22; T33, 71b21~28]

묻는다. 만약 그 반야般若(prajñā)라는 이름(名)을 이 땅에서 번역하여 지혜(慧)라고 말하는 것이라면 어찌하여 논서(『대지도론大智度論』)에서는 이 두 가지 [명칭]으로 ['사실 그대로'(實相)의 본연(體)을] '가리킬 수 없다'(不稱)고 말하는가?[129] [『대지도론』의] 아래 문장에서 [다음과 같이] 말한

같다. 즉 경지비일지의境智非一之義에서 실상반야라는 복합어는 지혜(능의)가 실상(주법)에 의지하는 관계를 드러낸 용어라는 것이 본문에서 원효의 설명인 것으로 보인다.

127 『대지도론』원문에 따라 '亦'을 '可'로 교감한다.

128 『대지도론』원문에 따라 '之'를 '定'으로 교감한다.

129 질문과 원효 관점의 차이: 질문은 반야般若라는 음역어와 지혜智慧라는 의역어가 같은 것이라는 전제로 아래 『대지도론大智度論』 인용문을 〈반야든 지혜든 모두 명칭일 뿐이므로 양자가 다 실상實相 또는 본연(體)을 '가리킬 수 없다'(不可稱)는 의미를 기술한 문장〉이라고 이해하는 관점이다. 이에 비해 원효의 이해에 따르면, 이 인용문은 〈음역어인 반야는 '사실 그대로'(實相)를 온전하게 지시하려는 용

것과 같다. "'가리킬 수 없다.'(不可稱)라는 것에서 '가리킨다'(稱)는 것을 지혜智慧라고 부르는 것이니, 반야般若[라는 명칭으로 가리키는 본연(體)]은 ['언어적 규정을 벗어나고 분별하는 생각을 끊은'(離言絶慮)] 확실한 '사실 그대로'(實相)이어서 매우 깊고 지극히 두텁지만, 지혜智慧[라는 명칭으로 가리키는 것]은 ['언어적 규정과 분별하는 생각에서 벗어나지 못하여'(不離言慮) 가볍고 얇다. 그러므로 ['지혜라는 이름으로 가리킬 수 있는 것'은 '반야般若라는 명칭으로 가리키는 본연(體)'을] '가리킬 수 없는 것'(不能稱)이다. 또 반야般若[라는 명칭으로 가리키는 본연(體)]은 [알아야 할 것과 증득해야 할 것이 무한히] 많지만, 지혜智慧[라는 명칭으로 가리킬 수 있는 것]은 적다. 그러므로 ['지혜라는 이름으로 가리킬 수 있는 것'은 '반야般若라는 명칭으로 가리키는 본연(體)'을] '가리킬 수 없다'(不能稱). 또 반야般若[라는 명칭으로 가리키는 본연(體)]은 '이로움이 미치는 범위'(利益處)가 넓으니, 아직 성취하지 못했다면 '세간의 과보'(世間果報)를 줄 수 있고 성취하고 나면 [세간을 넘어서는] 수행의 과보'(道果報)를 준다. [그러므로 '지혜라는 이름으로 가리킬 수 있는 것'은 '반야般若라는 명칭으로 가리키는 본연(體)'을 가리킬 수 없다.] 또 [지혜智慧는] '궁극적으로 완전히 앎'(究竟盡知)[을 언어로 가리키는 것]이기 때문에 '가리킨다'(稱)고 부르지만, [대승 보살의] 수행으로 얻는 반야의 지혜'(波若波羅蜜)는 [그 내용을 언어로] 가리켜 알 수 없으니 '영원하다'(常)라거나 '늘 변한다'(無常)라거나 '실제이다'(實)라거나 '헛되다'(虛)라거나 '있다'(有)라거나 '없다'(無)라거나 하는 말들로 [반야般若의 본연(體)이 지닌] 뜻을 가리킬 수 없다는 것을 알아야 한다."[130]

―――

어인 데 비해, 의역어인 지혜는 비록 '완전한 앎'(盡知)의 내용을 언어로 가리키려는 것이지만 아직 언어에 의한 제한에서 벗어나지 못하는 용법의 용어이므로, 양자는 구분된다.)는 것이다. '지혜'와 '반야'를 동일하게 이해하려는 질문과는 달리, 원효는 두 용어가 언어적 명칭이라는 점에서는 공통되지만 구체적인 용법은 다르다는 견해로 주석하고 있는 것이다. 이하 『대지도론大智度論』 인용문의 번역은 아래 원효의 설명에 따랐다.

答. 此論文意, 正明智慧之名, 不稱般若之體, 非謂般若之稱, 不當
智慧之名. 何者? 文"稱名智慧"者, 是擧能稱, 名爲智慧. "般若甚深極
重"者, 是顯般若之體, 離言絶慮. "智慧輕薄"者, 是明般若[131]之名, 不
離言慮. 是故此名不能稱體. "又般若多, 智慧少"者, 般若之體, 無量無
邊, 所知所證, 無限量故, 智慧之名, 有限有量, 能稱能知, 唯一名故.
是故少名, 不稱多體. 次言"般若利益處廣"者, 是明般若之體, 利益處
廣, 智慧之名, 所不能詮. 是故言不可稱. 次言"究竟盡知, 名稱"者, 是
明智慧之體, 名稱於盡知, 而般若體, 都無所知, 謂常無常, 虛實有無,
如是一切, 不可得故. 是故言不可稱. 又釋盡知體相, 故得以名, 稱其
體相, 而般若相, 無能知者, 當無常等, 不可得故. 由是道理, 故不可
稱. 以是四義, 釋不可稱, 是顯名體不得相稱也.

[H1, 484a22~b16; T33, 71b28~c15]

답한다. 이 논서(『대지도론大智度論』) 문장의 뜻은 바로 지혜智慧라는
이름(名)[으로 가리킬 수 있는 것]이 반야般若[라는 명칭으로 가리키는] 본연
(體)을 가리키지 못함을 밝히는 것이지, 반야般若라는 명칭(稱)이 지혜
智慧라는 이름(名)에 해당하지 않는다고 말하는 것은 아니다. 어째서인
가? [『대지도론』의] 문장에서 "가리킨다는 것을 지혜라고 부르는 것이
다."(稱名智慧)라는 것은, '가리키는 [역할]'(能稱)에 의거하여 [가리킴(稱)
을] 지혜智慧라고 부른다는 것이다. ['지혜라는 이름으로 가리킬 수 있는 것'

---

130 『대지도론大智度論』 권70(T25, 552a2~8). "不可稱者, 稱名智慧, 般若定實相, 甚深
極重, 智慧輕薄. 是故不能稱. 又般若多, 智慧少. 故不能稱. 又般若利益處廣, 未成, 能
與世間果報, 成已, 與道果報. 又究竟盡知, 故名稱, 般若波羅蜜, 無能稱知, 若常若無常,
若實若虛, 若有若無, 如是等不可稱義, 應當知."
131 한불전 교감주에 "'般若'는 '智慧'인 듯하다."라고 되어 있다. 여기서는 그대로 둔
다. 해당 번역의 각주 참조.

은 '반야般若라는 명칭으로 가리키는 본연(體)'을 가리킬 수 없는 네 가지 이유 가운데 첫 번째로] "반야般若[라는 명칭으로 가리키는 본연(體)]은 [확실한 '사실 그대로'(實相)이어서] 매우 깊고 지극히 두텁다."(般若甚深極重)라는 것은, 반야般若[라는 명칭으로 가리키는] 본연(體)이 '언어적 규정을 벗어나고 분별하는 생각을 끊은 것'(離言絶慮)이라는 것을 나타낸 것이다. "지혜智慧 [로 가리키는 것]은 가볍고 엷다."(智慧輕薄)라는 것은, [지혜로 가리키는] 반야般若라는 명칭(名)132마저 '언어적 규정과 분별하는 생각'(言慮)에서 벗어나지 못함을 밝힌 것이다. 그러므로 이 ['지혜智慧'라는] 이름(名)[으로 가리킬 수 있는 것]은 [반야般若라는 명칭으로 가리키는] 본연(體)을 가리킬 수 없다.

['지혜라는 이름으로 가리킬 수 있는 것']은 '반야般若라는 명칭으로 가리키는 본연(體)'을 가리킬 수 없는 네 가지 이유 가운데 두 번째로] "또 반야般若[라는 명칭으로 가리키는 본연(體)]은 많지만, 지혜智慧[라는 명칭으로 가리킬 수 있는 것]은 적다."(又般若多, 智慧少)라는 것은, 반야般若[라는 명칭으로 가리키는] 본연(體)은 헤아릴 수 없고 끝이 없어서 알아야 할 것과 중득해야 할 것이 무한히 많은 것이지만, 지혜智慧라는 명칭(名)[으로 가리킬 수 있는 것]은 한계가 있고 헤아릴 수 있어 가리킬 수 있고 알 수 있으니 오직 하나(一)[의 내용]만을 '언어로 지칭'(名)하기 때문이다. 그러므로 '적은 언어지칭'(少名)으로는 '많은 본연'(多體)을 가리키지 못한다.

다음으로 ['지혜라는 이름으로 가리킬 수 있는 것']은 '반야般若라는 명칭으로

<hr />

132 반야지명般若之名: 원문의 "智慧輕薄"을 주석하는 대목이라는 점에서는 '지혜지명 智慧之名'이라는 표현이 문장의 구성상 순조롭겠지만, 오히려 '반야지명'이라는 표현을 채택함으로써 "智慧輕薄"의 이유를 극적으로 부각시키려는 의도가 반영되어 있을 수도 있다. 문장의 서술구조로는 '智慧之名'으로 교감하는 것이 적절하고, 논의의 의미맥락에 초점을 맞춘다면 '般若之名'을 그대로 두는 것이 적절할 수 있다. 여기서는 두 가지 가능성을 모두 열어 놓으면서도 원문의 표기를 가급적 살리는 번역을 위해 논의의 의미맥락에 초점을 두어 번역하였다.

가리키는 본연(體)'을 가리킬 수 없는 네 가지 이유 가운데 세 번째로] "또 반야般若[라는 명칭으로 가리키는 본연(體)]은 '이로움이 미치는 범위'가 넓다." (般若利益處廣)라고 말한 것은, 반야般若[라는 명칭으로 가리키는] 본연(體)은 '이로움이 미치는 범위'(利益處)가 넓어서 지혜智慧라는 명칭[으로 가리킬 수 있는 것]으로는 [세간世間에서 출세간出世間에 이르는 모든 과보의 범위를] 드러낼 수 없다. 그러므로 '[지혜라는 이름으로 가리킬 수 있는 것]은 '반야般若라는 명칭으로 가리키는 본연(體)'을] 가리킬 수 없다.'(不可稱)라고 말한다.

다음으로 ['지혜라는 이름으로 가리킬 수 있는 것'은 '반야般若라는 명칭으로 가리키는 본연(體)'을 가리킬 수 없는 네 가지 이유 가운데 네 번째로] "[지혜智慧는] '궁극적으로 완전히 앎'(究竟盡知)[을 언어로 가리키는 것]이기 때문에 '가리킨다'(稱)고 부르지만"(究竟盡知, 名稱)이라고 말한 것은, 지혜智慧[라는 명칭으로 가리키는] 본연(體)은 '완전히 앎'(盡知)을 언어(名)로 가리키는 (稱) 것이지만 반야般若[라는 명칭으로 가리키는] 본연(體)에는 [언어의 가리킴에 의해] 알게 되는 것이 모두 [불변·독자의 본질/실체로서] 없음을 밝힌 것이니, [반야般若라는 명칭으로 가리키는 본연(體)에서는] '영원하다'(常)라거나 '늘 변한다'(無常)라거나 '헛되다'(虛)라거나 '실제이다'(實)라거나 '있다'(有)라거나 '없다'(無)라고 말하는 것과 같은 모든 것을 [불변·독자의 본질/실체로서] 얻을 수 없기 때문이다. 그러므로 '[지혜라는 이름으로 가리킬 수 있는 것'은 '반야般若라는 명칭으로 가리키는 본연(體)'을] 가리킬 수 없다.'(不可稱)라고 말한다. 또 [지혜는] '완전히 앎'(盡知)의 '본연과 양상' (體相)을 해석하기 때문에 언어(名)로써 그 ['완전히 앎'의] '본연과 양상' (體相)을 가리키지만(稱), '반야般若[라는 명칭으로 가리키는 본연의] 양상' (般若相)에는 '[불변·독자의 본질/실체로서] 알 수 있는 것'(能知者)이 없으니, '늘 변한다거나'(無常)[·영원하다(常)]는 등[의 말]에 해당하는 것을 [불변·독자의 본질/실체로서] 얻을 수 없기 때문이다. 이러한 도리 때문에 '[지혜라는 이름으로 가리킬 수 있는 것'은 '반야般若라는 명칭으로 가리키는 본

연(體)'을] 가리킬 수 없다.'(不可稱)

이러한 '네 가지 뜻'(四義)으로써 '[지혜라는 이름으로 가리킬 수 있는 것'
은 '반야般若라는 명칭으로 가리키는 본연(體)'을] 가리킬 수 없다.'(不可稱)는
것을 해석하였으니, 이것은 [지혜智慧라는] 명칭(名)[으로 가리키는 것]과
[반야般若라는 명칭(名)으로 지시하는] 본연(體)이 서로 부합할 수 없음을 드
러낸 것이다.

問. 般若之體, 無所知故, 盡知之名, 不得稱者, 則如前釋言, "無知
義是慧義", 是名可稱般若之體. 答. 無知之名, 亦不稱體, 直是遮詮,
不能表示故. 但遮於知, 非表於無故.

[H1, 484b16~20; T33, 71c15~18]

묻는다. 〈반야般若[라는 명칭으로 가리키는] 본연(體)에는 [언어의 가리킴
에 의해] 알게 되는 것이 [불변·독자의 본질/실체로서] 없기 때문에 [지혜智
慧로 가리키는] '완전히 앎'(盡知)이라는 언어지칭(名)으로는 [반야般若라는
명칭으로 지시하는 본연(體)을] 가리킬 수 없다.〉는 것이라면, 앞서 [지혜
(慧)의 뜻을 열 가지로] 해석한 것 중 [두 번째로] "[근본무지에 따라 분별하는]
앎이 없다'는 뜻이 지혜의 뜻이다."(無知義是慧義)라고 말한 것과 같은
언어지칭(名)은 '반야般若[라는 명칭으로 가리키는] 본연'(般若體)을 가리킬
수 있는 것이 아닌가?

답한다. '[근본무지에 따라 분별하는] 앎이 없다.'(無知)라는 언어지칭(名)
도 [반야般若라는 명칭(名)으로 지시하는 본연(體)을] 가리킬 수 없으니, [이러
한 언어지칭은] 단지 '부정하여 드러내는 것'(遮詮)일 뿐 [반야般若라는 명칭
(名)으로 지시하는 본연(體)을] [직접적으로] 드러내 보여줄 수는 없기 때문
이다. [즉,] 단지 '[근본무지에 따라 분별하는] 앎'(知)을 부정하는 것이지 '[근
본무지에 따라 분별하는 앎이] 없음'(無)[의 내용]을 드러내는 것은 아니기

때문이다.

問. 若爾, "甚深極重"之言, 是擧其體, 故能表示, 能表示故, 非不可
稱. 若"甚深"言, 亦不稱者, 何謂此言, 是擧體耶? 答. "甚深"等言, 亦遮
詮, 但遮"淺薄", 不得深故. 是故此言, 亦不稱體. 然論主意, 向般若體,
而發此言, 就般若名, 說"輕薄"言. 爲顯是意, 故言擧體, 非謂"甚深"之
言, 能稱般若之體也.

[H1, 484b20~c3; T33, 71c18~25]

묻는다. 만약 그렇다면 [앞의 『대지도론大智度論』에서의] "[반야般若라는
명칭으로 가리키는 본연(體)]은 매우 깊고 지극히 두텁다."(甚深極重)라는
말은 그 [반야般若라는 명칭으로 가리키는] 본연(體)을 거론한 것이기 때문
에 [반야般若라는 명칭으로 가리키는 본연(體)을] 드러내 보여 줄 수 있는 것
이고, 드러내 보여 줄 수 있기 때문에 [반야般若라는 명칭으로 가리키는 본
연(體)을] 가리킬 수 없는 것이 아니다. [또한] 만약 "매우 깊다."(甚深)라
는 말도 [반야般若라는 명칭으로 가리키는 본연(體)을] 가리키지 않는 것이
라면, 어찌하여 이 말이 [반야般若라는 명칭으로 가리키는] 본연(體)을 거론
하는 것이라고 하는가?

답한다. "매우 깊다."(甚深) 등의 말도 '부정하여 드러낸 것'(遮詮)이니,
단지 '얕고 엷다는 것'(淺薄)을 부정할 뿐이지 '깊음'(深)을 얻은 것은 아
니기 때문이다. 그러므로 이 말도 [반야般若라는 명칭으로 가리키는] 본연
(體)을 가리키지 못한다. 그런데 논서(『대지도론』) 저자의 뜻은, '반야[라
는 명칭으로 가리키는] 본연'(般若體)을 향하여 이 ["매우 깊다."(甚深)는] 말을
일으키고 [또한] '반야라는 언어지칭'(般若名)에 나아가 "가볍고 엷다."(輕
薄)는 말을 한 것이다. 이러한 뜻을 드러내기 위해 [반야般若라는 명칭으
로 가리키는] 본연(體)을 거론하는 것을 서술한 것이지, "매우 깊다."(甚

深)라는 말이 반야般若[라는 명칭으로 가리키는] 본연(體)을 가리킬 수 있다
는 것은 아니다.

問. 若如是者, 前以十義, 釋般若名, 皆不稱實[133]般若之體, 亦不稱
於般若之業, 云何而言, 是"持業釋"? 答. 般若非然故, 不當諸名, 而非
不然故, 能當諸名. 又"持業釋", 且是假說, 非謂實然. 故不相違也.

[H1, 484c3~8; T33, 71c25~29]

묻는다. 만약 이와 같다면 앞에서 '열 가지 뜻'(十義)으로 반야般若라
는 명칭(名)을 해석한 것들은 그 '반야般若[라는 명칭으로 가리키는] 본연'
(般若體)을 가리킬 수 없고 반야般若의 작용(業)도 가리킬 수 없는 것인
데, 어찌하여 ['열 가지 뜻'(十義)으로 해석한 것들을] "작용을 지니는 것에
의거한 해석"(持業釋)이라고 말했는가?

답한다. 반야般若는 '[불변·독자의 본질/실체로서] 그러한 것이 아니기'
(非然) 때문에 모든 명칭(名)에 해당하지 않지만, '[현상으로서] 그러하지
않은 것도 아니기'(非不然) 때문에 모든 명칭(名)에 해당할 수 있다. 또
한 "작용을 지니는 것에 의거한 해석"(持業釋)이라는 것은 '[실체를 설정하
지 않는] 방편으로 말한 것'(假說)이지 '[실체를 설정하면서] 실제로 그러하
다.'(實然)라고 말하는 것이 아니다. 그러므로 서로 어긋나지 않는다.

第三釋到彼岸義者. 到彼岸義, 乃有衆多, 依此經論, 略出四義. 一
者, 從生死此岸, 到涅槃彼岸, 故名到彼岸. 如論釋言, "三乘之[134]人,

---

133 한불전 교감주에 "'實'은 어떤 판본에는 '其'라고 되어 있다."라고 한다. 대정장본
교감주에는 "'實'은 저본인 『만속장경卍續藏經』에 '其'라고 되어 있다."라고 한다.
이에 따라 '實'을 '其'로 교감한다.

以是般若, 到彼岸涅槃, 滅一切憂苦. 以是義故, 名波羅蜜." 二者, 從
有相此岸, 到無相彼岸, 故名到彼岸. 如論釋言, "是般若波羅蜜等,[135]
以[136]色心二法推求, 破壞[137]不得堅實. 以是義故, 名波羅蜜."

[H1, 484c9~16; T33, 72a1~8]

3) '저 언덕에 도달한다'는 뜻을 해석함(釋到彼岸義)

['제목의 명칭을 해석하는 것'(釋題名)의] 세 번째인 '저 언덕에 도달한다'
(到彼岸)는 뜻을 해석하는 것[은 다음과 같다]. '저 언덕에 도달한다'(到彼
岸)는 뜻이야 매우 많지만 이 경전(『마하반야바라밀경摩訶般若波羅蜜經』)
과 논서(『대지도론大智度論』)에 의거하여 간략히 네 가지 뜻을 나타낸다.

첫 번째, '[근본무지에 따라] 나고 죽는 이 언덕'(生死此岸)으로부터 '열반
이라는 저 언덕'(涅槃彼岸)에 도달하기 때문에 '저 언덕에 도달함'(到彼
岸)이라고 부른다. 논서(『대지도론』)에서 [도피안到彼岸을] 해석하여 "[성
문聲聞·연각緣覺·보살菩薩, 이] 세 부류의 수행자들'(三乘之人)은 이 지혜
(般若)로써 '저 언덕인 열반'(彼岸涅槃)에 도달하여 '모든 걱정과 괴로움'
(一切憂苦)을 없앤다. 이러한 뜻이기 때문에 '[지혜로써] 건너감'(波羅蜜)[138]

---

134 『대지도론』 원문에는 '之'가 없지만 그대로 둔다.
135 『대지도론』 원문에 따라 '等'을 '中'으로 교감한다.
136 『대지도론』 원문에 따라 '以'를 삭제한다.
137 『대지도론』 원문에 따라 '推究, 破壞'를 '破壞, 推究'로 교감한다.
138 바라밀波羅蜜: 범어인 'pāramitā'는 저 반대편 기슭으로 건너감(gone to the
opposite shore), 탁월함·초월적임(transcendent), 완전한 성취(complete
attainment) 등의 뜻이다. *Sanskrit-English Dictionary*, p.619 참조. 바라밀다波羅
密多라고도 음역되고, 도피안到彼岸·도무극度無極·도도·사구경事究竟 등으로
의역된다. 일반적으로 대승 보살의 수행을 가리키는데, 보살의 수행을 통해 생사
로부터 열반으로 건너갈 수 있기 때문이다. 『불광대사전』, p.3445 참조.

이라 부른다."¹³⁹라고 말한 것과 같다.

두 번째, '[불변·독자의 본질/실체로 차별된] 차이를 두는 이 언덕'(有相此岸)으로부터 '[불변·독자의 본질/실체로 차별된] 차이가 없는 저 언덕'(無相彼岸)에 도달하기 때문에 '저 언덕에 도달함'(到彼岸)이라고 부른다. 논서(『대지도론』)에서 [도피안到彼岸을] 해석하여 "이 '지혜를 밝히는 [대승 보살의] 수행'(般若波羅蜜)에서는 '색깔이나 모양 있는 것과 마음, 이 두 가지 현상'(色心二法)[의 불변·독자의 본질/실체로 차별된 차이]가 파괴되니, [이 두 가지 현상을] 추구해 보아도 '불변·독자의 본질/실체'(堅實)를 얻을 수 없다. 이러한 뜻이기 때문에 [지혜로써] 건너감'(波羅蜜)이라 부른다."¹⁴⁰라고 말한 것과 같다.

三者, 從未滿智此岸, 到究竟智彼岸故, 名到彼岸. 如論釋言, "彼岸, 名盡一切智慧邊智, 名不可破壞相. 不可破壞相者,¹⁴¹ 即是如法性實際, 以其實故, 不可破壞. 是三事攝入般若中故, 名波羅蜜." 四者, 從有此彼岸, 到無彼此岸, 無所到故, 名到彼岸. 如下文言, "此彼岸不度故, 名般若波羅蜜," 『金鼓經』云, "生死涅槃, 皆妄見, 能度無餘故, 名波羅蜜." 此四義中, 第一第三, 因中說果, 是有財釋, 第二第四, 說其已到, 是持業釋也. 若以此大慧度之名, 目能詮者, 是依主釋也.

[H1, 484c16~485a5; T33, 72a8~18]

세 번째, '아직 완성되지 못한 지혜[의 지평]인 이 언덕'(未滿智此岸)으

---

139 『대지도론大智度論』 권84(T25, 650b15~17). "三乘人, 以是般若(波羅蜜度), 到彼岸涅槃, 滅一切憂苦, 以是義故, 名(般若)波羅蜜." 괄호는 생략된 부분을 표시한다.

140 『대지도론大智度論』 권84(T25, 650b20~22). "是般若波羅蜜中, 心色二法破壞, 推求不得堅實. 以是義故, 名(般若)波羅蜜." 괄호는 생략된 부분을 표시한다.

141 『대지도론』 원문에는 없지만 그대로 둔다.

로부터 '궁극적 지혜[의 지평]인 저 언덕'(究竟智彼岸)에 도달하기 때문에 '저 언덕에 도달함'(到彼岸)이라고 부른다. 논서(『대지도론』)에서 [도피안 到彼岸을] 해석하여 "'저 언덕'(彼岸)은 '모든 [것을 '사실 그대로'로 만나게 하는] 지혜인 궁극적 지혜를 모두 완성한 [지평]'(盡一切智慧邊智)이라 불리고 '[사실 그대로 만나는] 차이들을 파괴하지 않는 [지평]'(不可破壞相)이라고 불린다. '[사실 그대로 만나는] 차이들을 파괴하지 않는 [지평]'(不可破壞相) 이라는 것은 바로 〈현상의 본연 그대로인 '사실 그대로'가 온전하게 드러나는 지평〉(如法性實際)이니, 그 [지평]은 '사실 그대로'(實)이기 때문에 파괴되지 않는다. [진일체변지盡一切智慧邊智・불가파괴상不可破壞相・여법성 실제如法性實際,] 이 '세 가지 현상'(三事)은 지혜(般若)에 들어가 포함되기 때문에 '[지혜로써] 건너감'(波羅蜜)이라 부른다."[142]라고 말한 것과 같다.

네 번째, '이 언덕과 저 언덕이 [불변・독자의 본질/실체로서] 있다는 것' (有此彼岸)으로부터 '저 언덕과 이 언덕이 [불변・독자의 본질/실체로서] 없다는 것'(無彼此岸)에 이르러도 '[불변・독자의 본질/실체에] 이르는 곳이 없기'(無所到) 때문에 '저 언덕에 도달함'(到彼岸)이라고 부른다. [『마하반야 바라밀경摩訶般若波羅蜜經』의] 다음 문장에서 "'이 언덕과 저 언덕'(此彼岸) [어디]로도 건너가지 않기 때문에 '지혜를 밝히는 [대승 보살의] 수행'(般若 波羅蜜)이라고 부른다."[143]라 말하고, 『금고경金鼓經』에서 "'[근본무지에 따라] 나고 죽음'(生死)과 열반涅槃[을 별개의 본질/실체로 보는 것]은 모두 '사실과 다르게 보는 견해'(妄見)이니, [이 두 가지 분별을] 남김없이 건너

---

142 『대지도론大智度論』 권84(T25, 650b23~26). "彼岸, 名盡一切智慧邊智(慧), 名不可破壞相. 不可破壞相, 即是如法性實際, 以其實故, 不可破壞. 是三事攝入般若中故, 名爲(般若)波羅蜜." 괄호는 생략된 부분을 표시한다.

143 『마하반야바라밀경摩訶般若波羅蜜經』 권3(T8, 236b2~3). "(是)名(菩薩摩訶薩)般若波羅蜜, 此彼岸不度故." 괄호는 생략된 부분을 표시한다. 인용문에서는 문장의 순서를 바꾸었다.

갈 수 있기 때문에 '[지혜로써] 건너감'(波羅蜜)이라 부른다."[144]라고 말한 것과 같다.

이 네 가지 뜻[으로 도피안到彼岸을 해석하는 것]에서 첫 번째와 세 번째[145]는 [저 언덕에 도달하게 하는] 원인(因) 중에서 결과(果)[인 도피안到彼岸]을 말하기에 '소유하는 것에 의거한 해석'(有財釋)이고, 두 번째와 네 번째[146]는 그 [반야般若의 수행으로] '이미 도달한 [경지]'(已到))를 말하기에 '작용을 지니는 것에 의거한 해석'(持業釋)이다. ['대혜도경大慧度經'이라는 경전의 명칭에서] 만약 이 '위대한 지혜로써 건너감'(大慧度)이라는 ['가르침의 본연'(法體)이 드러난] 명칭(名)으로써 [가르침(法)을] '드러내는 것'(能詮)[인 경經의 내용]을 지목하는 것이라면, 이것은 '의지하는 것의 본연에 의거한 해석'(依主釋)이다.[147]

---

144 『합부금광명경合部金光明經』권3(T16, 374a11~12). "生死涅槃, 皆(是)妄見, 能度無餘,〈是〉波羅蜜(義)." 괄호는 생략된 부분을 표시한다. '〈 〉'로 표시한 '是'는 본문 인용문에 '故名'이라고 되어 있는데, 앞 인용문과의 운율을 고르게 하기 위한 것으로 보인다.〈산스크리트본의 해당 내용: 대응하는 산스크리트 문장 없음.〉

145 첫 번째와 세 번째 해석의 특징: 첫 번째 해석을 위해 인용한 『대지도론大智度論』 인용문에서는 "三乘之人, 以是般若, 到彼岸涅槃."이라고 하여 반야般若를 도피안到彼岸의 원인으로 제시하고, 세 번째 해석을 위해 인용한 『대지도론』 인용문에서도 진일체변지盡一切智邊智·불가파괴상不可破壞相·여법성실제如法性實際의 삼사三事를 도피안의 원인으로 제시한다.

146 두 번째와 네 번째 해석의 특징: 두 번째 해석을 위해 인용한 『대지도론大智度論』 인용문에서는 "以色心二法破壞, 推求不得堅實."이라고 하여 도피안到彼岸의 경지를 표현하고, 네 번째 해석을 위해 인용한 경전들에서도 "此彼岸不度."라든가 "生死涅槃, 皆妄見, 能度無餘."라고 하여 그 경지를 표현한다.

147 대혜도경大慧度經이라는 복합어와 의주석依主釋: 대大와 혜慧 및 도도에 관해 각각 설명해 온 '석제명釋題名' 단락을 마무리하면서 '대혜도경'이라는 제목 전체를 '대혜도大慧度'와 '경經'으로 나누어 양자의 관계를 의주석으로서 설명하는 것으로 보인다. 즉 '대혜도'는 법체法體(주법主法)에 해당하고 '경'은 능전능전能詮(능의能依)에 해당하겠다. 이에 관해서는 앞의 '경지비일지의境智非一之義·능소무이지문能

第四明說經內緣者. 如論說云, "問曰, 佛以何因緣故, 說『摩訶般若
波羅蜜經』? 諸佛之[148]法, 不以無事, 及小因緣, 而自發言, 譬如須彌山
王, 不以無事, 及小因緣而動. 今有何等大因緣故, 佛說是經?" 答中,
廣出衆多因緣, 今撮其要, 略出六因. 一爲廣示菩薩行故, 二爲不違諸
天請故, 三爲欲斷諸人疑故, 四爲欲治衆生病故, 五爲欲說第一義諦
故, 六爲欲伏諸論議師故.

[H1, 485a6~15; T33, 72a19~27]

4. 경전이 지어진 인연을 밝힘(明緣起, 明說經內緣)

네 번째인 '경전을 설한 내면적 인연'(說經內緣)을 밝히는 것[은 다음과
같다]. 논서(『대지도론大智度論』)에서 [다음과 같이] 말한 것과 같다. "묻는
다. 부처님은 어떤 인연으로『마하반야바라밀경摩訶般若波羅蜜經』을 설
하는가? 모든 부처님의 가르침에서는 아무 일이 없거나 작은 인연으로
는 스스로 말을 일으키지 않으니, 비유하자면 '왕노릇하는 수미산'(須彌
山王)은 아무 일이 없거나 작은 인연으로는 흔들리지 않는 것과 같다.
지금 어떤 위대한 인연들이 있어서 부처님은 이 경전을 설하는가?"[149]

[『대지도론』의] 대답에서는 매우 많은 인연을 자세히 나타내지만, 지금
그 핵심을 간추려 간략히 여섯 가지 원인을 나타낸다. 첫 번째는 '보살
의 수행'(菩薩行)을 자세히 보여 주기 위해서이고, 두 번째는 모든 '천신

所無二之門과 지업석持業釋·의주석依主釋' 조목 참조.
148 『대지도론』 원문에는 '之'가 없지만 그대로 둔다.
149 『대지도론大智度論』 권1(T25, 57c23~27). "問曰, 佛以何因緣故, 說『摩訶般若波羅
蜜經』? 諸佛法, 不以無事, 及小因緣, 而自發言, 譬如須彌山王, 不以無事, 及小因緣而
動. 今有何等大因緣故, 佛說〈摩訶般若波羅蜜〉經)?" '〈〉' 표시는 원문과 다르지만
문맥에 저촉되지 않아 본문에서 그대로 둔 부분에 해당한다.

들의 요청'(天請)을 저버리지 않기 위해서이며, 세 번째는 '모든 수행자의 의심'(諸人疑)을 끊으려는 것이고, 네 번째는 '중생의 병'(衆生病)을 치유하려는 것이며, 다섯 번째는 '궁극적 관점'(第一義諦)을 설하려는 것이고, 여섯 번째는 '[분별로] 따지는 모든 논사'(諸論議師)를 제압하려는 것이다.

> 初爲廣示菩薩行者, 如論說言, "佛於三藏中, 廣引種種譬[150]喩, 爲聲聞說法, 而不說菩薩道. 唯中『阿含』『本業[151]經』中, 佛記彌勒, 當得作佛, 亦不說種種菩薩行. 今欲爲彌勒等, 廣說諸菩薩行, 故說是經."
>
> [H1, 485a15~19; T33, 72a27~b2]

첫 번째인 〈'보살의 수행'(菩薩行)을 자세히 보여 주기 위함〉이라는 것은 논서(『대지도론大智度論』)에서 [다음과 같이] 말한 것과 같다. "[이미] 부처님은 [소승小乘의] '[경經·율律·논論, 이] 세 가지 [가르침의] 창고'(三藏)에서 갖가지 깨우침(喩)으로 널리 인도했고 '[가르침을] 들어서 [혼자] 부처가 되려는 수행자'(聲聞)를 위해 가르침을 설했지만 [아직] '보살의 수행'(菩薩道)을 설하지 않았다. 오직 『아함경阿含經』의 『본말경本末經』[152]에서 부처님은 미륵彌勒[보살]이 앞으로 부처가 될 수 있다고 보증

---

150 『대지도론』 원문에 따라 '譬'를 '諸'로 교감한다.
151 『대지도론』 원문에 따라 '業'을 '末'로 교감한다.
152 본말경本末經과 미륵彌勒의 수기受記: 『중아함경中阿含經』(T1, 60권)에서 세부 경전명으로 '본말경本末經'이라는 명칭은 찾아지지 않는다. 미륵彌勒이 수기受記하는 내용은 『중아함경』 권13 「왕상응품王相應品」의 두 번째인 『설본경說本經』에 나오는데, 해당 대목을 인용하면 다음과 같다. "佛復告曰, 彌勒, 汝於未來久遠, 人壽八萬歲時, 當得作佛, 名彌勒."(T1, 511a13~15.) 『중아함경』에서 부처님이 미륵의 신분을 부르는 명칭은 "於是, 世尊迴顧告曰, 阿難, 汝取金縷織成衣來, 我今欲與彌勒比丘."(T1, 511a29~b2)라고 하는 것에서 보듯이 비구比丘이다. 『아함경』이 설해진 시기상 당연한 일이라고 하겠는데, 『대지도론大智度論』에서는 보살菩薩

했을 뿐, 역시 갖가지 '보살의 수행'(菩薩行)에 관해서는 설하지 않았던 것이다. 이제 미륵[보살] 등을 위해 모든 '보살의 수행'(菩薩行)을 자세히 설하려 하기 때문에 이 경전(『마하반야바라밀경摩訶般若波羅蜜經』)을 설했다."[153]

二爲不違諸天請者, 論說言, "爾時, 菩薩菩提樹下, 降魔衆已, 得無上覺. 是時, 三千大千世界主梵天王, 名尸棄, 及色界諸天等, 釋提桓因, 及欲界諸天等, 皆詣佛所, 請轉法輪, 亦念本願, 及大慈悲故, 受請說法. 諸法甚深者, 般若波羅蜜是, 以是故, 說此經."

[H1, 485a20~b2; T33, 72b2~8]

두 번째인 〈모든 '천신들의 요청'(天請)을 저버리지 않기 위함〉이라는 것은 논서(『대지도론大智度論』)에서 [다음과 같이] 말한 것과 같다. "이때 [성불成佛하기 전] 보살菩薩[이었던 부처님]이 보리수菩提樹 아래에서 '[수행을 방해하는] 신적 존재들'(魔衆)을 항복시키고 나서 '최고의 깨달음'(無上覺)을 얻었다. 이때 '우주 모든 세계'(三千大千世界)의 우두머리 노릇을

이라고 부른다. 『불광대사전』에 따르면 미륵은 미래에 출현할 부처로서 『아함경阿含經』이 설해진 이래 신앙의 대상이 되어 왔고 특히 중국에서 미륵보살에 대한 신앙은 미륵삼부경彌勒三部經으로 불리는 『미륵상생경彌勒上生經』·『미륵하생경彌勒下生經』·『미륵성불경彌勒成佛經』 등을 위시하여 남북조南北朝 이래 10여종의 역본이 유통될 정도로 크게 성행했는데, 그 계통은 대체로 도솔천兜率天으로의 상생上生과 용화수龍華樹 아래로의 하생下生 그리고 십선업十善業이 성취되기를 바라는 본원本願의 세 가지로 나뉜다. pp.1976, 6422 참조.

153 『대지도론大智度論』 권1(T25, 57c27~58a3). "佛於三藏中, 廣引種種諸喩, 爲聲聞說法, 不說菩薩道. 唯『中阿含』『本末經』中, 佛記彌勒(菩薩, 汝當來世), 當得作佛, (號字彌勒,) 亦不說種種菩薩行. (佛)今欲爲彌勒等, 廣說諸菩薩行, (是)故說〈摩訶般若波羅蜜〉經." 괄호는 생략된 부분을 표시한다. '〈〉'로 표시는 원문과 다르지만 문맥에 저촉되지 않아 본문에서 그대로 둔 부분에 해당한다.

하는 시기尸棄라고 불리는 '[색계色界 초선천初禪天의] 범천왕'(梵天王)[154]과 '유형세계의 모든 천신'(色界諸天) 및 '[욕계欲界 제2도리천忉利天의] 석제환인'(釋提桓因)[155]과 '욕망세계의 모든 천신'(欲界諸天)이 다 부처님이 있는 곳으로 가서 가르침을 펼쳐 달라고 청하자, 또한 [부처님은] [중생구제를 위한] 근본적인 다짐과 바람'(本願)을 생각하면서 '크나큰 연민'(大慈悲) [베풀고자 하기] 때문에 청을 받아들여 가르침을 설하셨다. [그런데] 모든 가르침에서도 깊고 깊은 것이 '지혜를 밝히는 [대승 보살의] 수행'(般若波羅蜜)이니, 이런 까닭에 이 경전(『마하반야바라밀경摩訶般若波羅蜜經』)을 설했다."[156]

---

154 범천왕梵天王 시기尸棄: 범어로는 'Śikhi-brahman'으로서 시기대범尸棄大梵이라고도 하고, 범천왕의 이름인 시기는 식기式棄라고도 음역된다. 원래 인도 베다시대 이래 범천梵天(Brahmā)으로 존숭받다가 우파니샤드 시대에 이르러 범아일여梵我一如의 사상으로 발전해간 바라문교婆羅門教 최고의 신격인데, 불교에서는 욕계欲界의 번뇌를 끊은 색계色界 초선천初禪天의 천주天主로서 흡수한다. 『佛光人辭典』, p.849 및 944 참조.

155 석제환인釋提桓因: 범어로는 'Śakkra-Devānāmindra'로서 전칭은 석가제환인다라釋迦提桓因陀羅이고 약칭으로는 석가제바釋迦提婆라고도 음역한다. 제석천帝釋天, 천제석천帝釋, 천주天主 등은 의역이고, 이칭異稱으로는 인다라因陀羅, 교시가憍尸迦, 사바바婆婆婆, 천안千眼 등이라고도 한다. 인도의 인드라 신이었던 것이 불교에 들어와 제석천이라고 불린다. 불교에서는 마가다국摩伽陀國의 바라문婆羅門이 복덕福德을 쌓아 욕계欲界 육천六天(사천왕천四天王天·도리천忉利天·야마천夜摩天·도솔천兜率天·화락천化樂天·타화자재천他化自在天) 중 제2도리천에서 태어나 석존釋尊이 성도한 후 석존의 수호신이 되었다고 회자된다. 『불광대사전』, p.3776 참조.

156 『대지도론大智度論』권1(T25, 58a22~b2). "爾時, 菩薩(捨苦行處, 到)菩提樹下, (坐金剛處. 魔王將十八億萬衆來, 壞菩薩, 菩薩以智慧功德力故,) 降魔衆已, (即)得〈阿耨多羅三藐三菩提〉. 是時, 三千大千世界主梵天王, 名〈式〉棄, 及色界諸天等, 釋提桓因, 及欲界諸天等, (并四天王,) 皆詣佛所, (勸)請(世尊初)轉法輪, 亦(是菩薩)念本願, 及大慈(大)悲故, 受請說法. 諸法甚深者, 般若波羅蜜是, 以是故, (佛)說〈摩訶般若波羅蜜〉經." 괄호는 생략된 부분을 표시한다. '〈〉' 표시는 원문과 다르지만 문맥에 저촉되지 않아 본문에서 그대로 둔 부분에 해당한다.

三爲欲斷諸人疑者, 論云, "有人疑, 佛不得一切智. 所以者何, 諸法
無量無數, 云何一人, 能知一切法? 佛住般若波羅蜜實相, 清淨如虛空.
無量無數法中, 自發誠言, 我是一切智人, 欲斷一切衆生疑, 以是故,
說此經." 案云, 此中"發誠言"者, 謂不妄語, 有長舌故. 喩如世共知, 有
長舌者, 如世典云, 舌長覆鼻, 必不妄語. 依此比量, 證成道理, 證知如
來所言非妄. 是故如來有一切智, 以是斷除衆生疑也.

[H1, 485b2~12; T33, 72b8~16]

세 번째인 〈'모든 수행자의 의심'(諸人疑)을 끊으려 함〉이라는 것에
관해 논서(『대지도론大智度論』)에서는 [다음과 같이] 말한다. "어떤 사람이
부처님은 '모든 [것을 사실 그대로 이해하는] 지혜'(一切智)를 얻지 못했다고
의심했다. 까닭이 무엇인가 하면, 〈모든 현상(法)은 헤아릴 수 없고 셀
수 없이 많은데 어찌 한 사람이 모든 현상을 알 수 있겠는가?〉라는 것
이었다. [이때] 부처님은 '[대승 보살의] 수행으로 얻는 지혜'(般若波羅蜜)가
밝히는 '사실 그대로'(實相)에 자리 잡아 온전하기가 마치 허공과 같았
다. [그때 부처님은] 〈'헤아릴 수 없고 셀 수 없이 많은 현상'(無量無數法)에
서 나는 '[그] 모든 [것을 사실 그대로 이해하는] 지혜를 갖춘 사람'(一切智人)
이니 '모든 중생의 의심'(一切衆生疑)을 끊어 주려고 한다.〉라고 스스로
진실한 말씀을 하셨으니, 이런 까닭에 이 경전(『마하반야바라밀경摩訶般
若波羅蜜經』)을 설했다."[157]

생각건대 이 [『대지도론』]에서의 "진실한 말씀을 하셨다."(發誠言)라는
것은 '사실과 다른 말을 하지 않았다.'(不妄語)는 것을 가리키니, [부처님

---

[157] 『대지도론大智度論』 권1(T25, 58b2~7). "有人疑, 佛不得一切智. 所以者何, 諸法無
量無數, 云何一人, 能知一切法? 佛住般若波羅蜜實相, 清淨如虛空. 無量無數法中, 自
發誠言, 我是一切智人, 欲斷一切衆生疑, 以是故, 說〈摩訶般若波羅蜜〉經." '〈〉' 표시
는 위와 같다.

의 탁월한 용모 중에는] '긴 혀'(長舌)[158]가 있기 때문이다. 비유하자면 세상 [사람들]이 '긴 혀'(長舌)를 가진 자[에 관한 속설]을 모두 아는 것과 같으니, '세간의 서적'(世典)[159]들에서 혀가 길어 코를 덮으면 반드시 '사실과 다른 말을 하지 않는다.'(不妄語)라고 하는 것과 같다. 이 추론(比量)[160]에 의거하여 도리를 증명해 보면 여래如來가 말한 것이 사실과 다르지 않음을 확실히 알 수 있다. 그러므로 여래如來에게는 '모든 [것을 사실 그대로 이해하는] 지혜'(一切智)가 있고 이것으로써 '중생의 의심'(衆生疑)을 끊어 없애는 것이다.

---

158 장설長舌: 부처님의 응화신應化身에 갖추어진 32가지 수승한 용모와 미묘한 형상 중의 하나로서 대설大舌이라고도 한다. 『대지도론大智度論』 권4에서는 32상三十二相 각각에 대해 설명하는데, 그 중 27번째로 "二十七者, 大舌相."(T25, 91a6)이라고 한 것에 해당한다.

159 세전世典: 『유마힐소설경維摩詰所說經』 권1에서 "雖明世典, 常樂佛法."(T14, 539a24)이라고 하는 용례에 따르면 불법佛法을 제외한 세간의 전적典籍들을 말하는 것으로 보인다.

160 비량比量: 지식의 연원이나 지식의 진위를 판정하는 표준인 비량比量·성언량聖言量·현량現量의 삼량三量 중 하나이다. 양량의 범어인 'pramāṇa'는 척도(measure), 기준(standard) 등의 뜻이다. ① 비량比量의 범어는 'anumāna-pramāṇa'이다. 'anumāna'는 주어진 전제들로부터 결론을 추론하는 행위(the act of inferring or drawing a conclusion from given premises)라는 뜻으로서 이미 알고 있는 원인(因)을 가지고 아직 알지 못하는 명제(宗)를 추론하여 증명하는 것을 말한다. ② 성언량聖言量(聖教量)의 범어는 'āgama-pramāṇa'이다. 'āgama'는 전통적 교리(a traditional doctrine), 성전聖典(sacred work) 등의 뜻으로서 스스로 존중하는 성전聖典이나 성인聖人의 가르침을 지식의 연원으로 삼는 것을 말한다. ③ 현량現量의 범어는 'pratyakṣa-pramāṇa'이다. 'pratyakṣa'는 눈앞에 있음(present before the eyes), 지각할 수 있음(perceptible) 등의 뜻으로서 다섯 가지 감각기관의 능력으로 외계의 현상을 직접 지각하여 지식의 연원을 구성하거나 그 진위를 판정하는 것을 말한다. 『불광대사전』, pp.633, 1481, 5582 및 *Sanskrit-English Dictionary*, pp.36, 129, 674, 685 참조.

四爲欲治眾生病者, 論云, "一切眾生, 爲結使病之所煩惱, 無始已
來, 無人能治, 常爲外道惡師所誤. 我今出世, 爲大醫王, 集諸法藥, 汝
等當服, 以是故, 說此經."

[H1, 485b12~16; T33, 72b17~20]

네 번째인 〈'중생의 병'(眾生病)을 치유하려 함〉이라는 것에 관해 논
서(『대지도론大智度論』)에서는 [다음과 같이] 말한다. "[부처님이 설한다.]
〈모든 중생은 '묶이는 병'(結使病)에 의한 번뇌煩惱에 시달리는데, 시작
이 없는 때 이래로 [이 병을] 치유할 수 있는 사람이 없어 늘 '[불법佛法과
는] 다른 길을 가는 해로운 스승'(外道惡師)들에게 현혹되어왔다. 내가
이제 세상에 나와 '위대한 치유의 왕'(大醫王)이 되어 갖가지 '약이 되는
가르침'(法藥)들을 모았으니, 너희들은 복용할지어다.〉[라고 하였으니,]
이런 까닭에 이 경전(『마하반야바라밀경摩訶般若波羅蜜經』)을 설했다."[161]

五爲欲說第一義諦者, 論云, "佛欲說第一義悉檀相故, 說是『般若波
羅蜜經』. 有四種悉檀, 何者爲四[162]? 一者世界悉檀, 二者各各爲人悉
檀, 三者對治悉檀, 四者第一義悉檀. 此[163]四悉檀攝一切十二部經, 八
萬四千法藏, 皆是實, 不相違背."

---

161 『대지도론大智度論』권1(T25, 58c4~8). "一切眾生, 爲結使病所煩惱, 無始(生死)已
來, 無人能治(此病者), 常爲外道惡師所誤. 我今出世, 爲大醫王, 集諸法藥, 汝等當服,
〈是故〉(佛)說〈摩訶般若波羅蜜〉經." 괄호는 생략된 부분을 표시하고, '〈 〉' 표시는
원문과 다르지만 문맥에 저촉되지 않아 본문에서 그대로 둔 부분에 해당한다. 이
『대지도론』권1의 직전 대목에서는 "說是『般若波羅蜜經』言, (중략)"(T25, 58b28~
29)이라고 하여 경전에서 부처님이 설하는 내용임을 알려 주는데, 이에 해당하는
대목이 『대반야바라밀다경大般若波羅蜜多經』권570에 "善施法藥, 爲大醫王."(T7,
945a3)이라는 내용으로 나온다.
162 『대지도론』본문에는 '何者爲四'가 없지만 그대로 둔다.
163 『대지도론』본문에는 '此'가 없지만 그대로 둔다.

다섯 번째인 〈'궁극적 관점'(第一義諦)을 설하려 함〉이라는 것에 관해 논서(『대지도론大智度論』)에서는 [다음과 같이] 말한다. "부처님은 '궁극적으로 확립된 것'(第一義悉檀)의 내용을 설하려 하기 때문에 이 『마하반야바라밀경摩訶般若波羅蜜經』을 설했다. '네 가지 확립된 것들'(四悉檀)[164]이 있으니, 어떤 것들이 네 가지인가? 첫 번째는 '[조건(緣)에 따라

---

164 사실단四悉檀: 실단悉檀의 범어인 'siddhānta'는 확립된 결말(established end), 최종적 목적(final aim), 논의를 통해 증명된 결론(demonstrated conclusion of an argument) 등의 뜻이다. 어근에 해당하는 'siddha'는 성취됨(accomplished), 완수됨(fulfilled) 등의 뜻이고, 'anta'는 끝(end), 극한(limit), 결론(conclusion) 등의 뜻이다. *Sanskrit-English Dictionary*, pp.42, 1215, 1216 참조. 'siddhānta'의 음역인 실단悉檀은 실의본實義本·도리道理·성구成究竟 등으로 의역된다. 'siddha'는 성成·성취成就·득성得成·극성極成 등으로, 'anta'는 종終, 진盡, 제際, 변邊 등으로 의역된다. 『梵和大辭典』, pp.71, 1469, 1470 참조. 사실단四悉檀 각각에 관해 『佛光大辭典』과 같은 사전류에서는 본문 아래에서 원효가 인용하는 『대지도론大智度論』 권1의 논의에 의거하여 설명하므로 사실단의 뜻에 관해서는 아래의 본문을 참조하면 될 것으로 보인다. 먼저 세계실단世界悉檀에 관해서는 아래에서 "世界悉檀者, 有法從緣和合故有, 無別性."이라고 하여 존재하는 현상(法)은 조건에 따라 화합하여 있는(有) 것이지 '별도의 본연'(別性)이 없다고 결론 내리는 것이라고 설명한다. 각각위인실단各各爲人悉檀에 관해서는 "云何各各爲人悉檀? 觀人心行, 而爲說法."이라고 하여 사람들의 마음작용(心行)을 이해하여 설법하는 것이라고 설명하는데, 여기서 각각의 사람들은 크게 단견인斷見人과 상견인常見人으로 나뉜다. 대치실단對治悉檀에 관해서는 "云何爲對治悉檀? 有法, 對治則有, 實性則無."라고 하여, 어떤 가르침(法)이 병을 치유한다면 대치실단이 있는 것이지만 어떤 가르침을 '불변·독자의 본질/실체를 지닌 것'(實性)으로 본다면 대치실단이 없다고 한다. 이어지는 논의에서는 어떤 가르침(法)의 사례로서 부정관不淨觀과 자심慈心을 드는데, 욕병欲病에는 부정관이 선대치善對治가 되지만 진병瞋病에는 부정관이 선대치라 할 수 없고, 반대로 진병에는 자심이 선대치가 되지만 욕병에는 자심이 선대치라 할 수 없다고 결론 내린다. 제일의실단第一義悉檀에 관해서는 "云何名第一義悉檀? 一切法性, 一切論議一切是非, 一一可破, 諸佛辟支佛阿羅漢所行眞實法, 不可破不可壞. 且於三悉檀中, 所不通, 此中皆通."이라고 하여, 모든 '현상의

생겨나는] 세계에서 확립된 것'(世界悉檀)이고, 두 번째는 '사람들 각각[의
마음 작용]에 따라 확립된 것'(各各爲人悉檀)이며, 세 번째는 '치유해야 할
대상[인 병의 종류]에 따라 확립된 것'(對治悉檀)이고, 네 번째는 '궁극적으
로 확립된 것'(第一義悉檀)이다. 이 '네 가지 확립된 것들'(四悉檀)은 모든
'12가지 형식의 경전들'(十二部經)[165]과 [부처님의] 팔만 사천 가지 가르침

본연'(法性)에 관한 것이고, 모든 논의와 시비를 하나하나 깨뜨리는 것이고, 모든
부처와 벽지불辟支佛 및 아라한阿羅漢이 행한 진실법眞實法으로도 파괴할 수 없
는 것이며, 앞의 세 가지 실단에서 통하지 않는 것이 이 제일의실단에서는 모두
통하는 것이라고 설명한다. 원효는 사실단四悉檀에 관해 총괄적으로 "總而言之,
一切敎門不出二宗, 所謂二諦."라고 설명하면서 앞의 세 가지 실단을 이제二諦 중에
서 세제世諦에, 제일의실단을 제일의제第一義諦에 배속한다.

165 12부경十二部經: 부처님의 설법을 서술방식이나 내용에 따라 분류한 것으로서 12
분교十二分敎, 12분경十二分經이라고도 한다. ① 계경契經, ② 시詩, ③ 기記, ④
게偈, ⑤ 인연因緣, ⑥ 탄歎, ⑦ 본말本末, ⑧ 비유譬喩, ⑨ 생生, ⑩ 방광方廣, ⑪ 미
증유未曾有, ⑫ 법의法義의 12가지를 말한다. ① 계경契經(음역: 수다라修多羅)은
장행長行이라고도 하는데, 산문 형식의 기술이다. ② 시詩(음역: 기야祇夜)는 응
송應頌이라고도 하는데, 계경에 해당하는 내용을 반복한 시 형식의 기술이다. ③
기記(음역: 화가라나和伽羅那)는 기별記別·수기授記라고도 하는데, 설법 후 제
자에게 미래에 있을 일을 말해주는 형식의 기술이다. ④ 게偈(음역: 가타伽陀)는
풍송諷頌·고기송孤起頌이라고도 하는데, 응송應頌에서 계경의 내용을 반복하는
것과 달리 새로운 설법 내용을 시 형식으로만 기술하는 것이다. ⑤ 인연因緣(음
역: 니다나尼陀那)은 설법하게 된 인연에 대한 기술로서 경전의 서품序品과 같은
것이다. ⑥ 탄歎은 찬탄하는 형식의 기술로 보이는데, 자설自說이라는 형식을 12
부十二部의 하나로 꼽는 것이 일반적이다. 자설(음역: 우다나優陀那)은 대론자의
질문 없이 부처님 스스로 진행하는 설법이다. ⑦ 본말本末(음역: 이제왈다가伊帝曰
多伽)은 본사本事라고도 하는데, 본생담本生譚 이외에 부처님과 제자들의 전생에
관한 기술이다. ⑧ 비유譬喩(음역: 아바다나阿波陀那)는 비유로 설법하는 것이다.
⑨ 생生(음역: 사다가闍多伽)은 본생本生이라고도 하는데, 부처님 전생의 대비행大
悲行에 관한 기술이다. ⑩ 방광方廣(음역: 비불략毗佛略)은 광대하고 심오한 교의를
널리 설법하는 것이다. ⑪ 미증유未曾有(음역: 아부타달마阿浮陀達磨)는 희법希法
이라고도 하는데, 부처님과 제자들의 초세간적 사건에 관한 기술이다. ⑫ 법의法
義(음역: 우바제사優婆提舍)는 논의論議라고도 하는데, 제법諸法의 체성體性을 논의
하여 그 뜻을 결택決擇하는 내용에 관한 기술이다. 『불광대사전』 p.344 참조.

들'(八萬四千法藏)[166]을 포섭하니, 모두 [자체로서는] 진실한 것이기에 서로 어긋나지 않는다."[167]

"世界悉檀者,[168] 有法從緣和合故有, 無別性. 如車轅輻軸輞, 和合故有, 無別事.[169] 人亦如是, 五衆和合故有, 無別人也. 問曰, 如[170]經說[171]言, 〈一人出世, 多人蒙度,[172]〉又佛『二夜經』中說, 〈佛從得道夜, 至涅槃夜, 是二夜中間, 所說經敎, 一切皆實, 而[173]不顚倒〉, 若實無人者, 云何說人等? 答曰, 人等, 世界故有, 第一義故無, 如如法性實際, 世界故無, 第一義故有. 人等亦如是, 第一義故無, 世界故有. 所以者何? 五衆因緣有, 故有人, 非如一人第二頭第三手, 無其[174]因緣, 而有假名. 如是等相, 名世界悉檀."

[H1, 485b22~c10; T33, 72b25~c7]

---

166 팔만사천법장八萬四千法藏: 팔만사천법문八萬四千法門, 팔만사천법온八萬四千法蘊, 팔만사천법취八萬四千法聚라고도 한다. 매우 많은 수량을 형용하는 숫자로 팔만八萬과 팔만사천八萬四千이 통용되므로 팔만법음八萬法陰, 팔만법문八萬法門, 팔만법장八萬法藏, 팔만법온八萬法蘊, 팔만법취八萬法聚라고도 한다. 『불광대사전』 p.300 참조. 『아비달마구사석론阿毘達磨俱舍釋論』 권1에서는 "衆生有八萬煩惱行類, 謂欲瞋癡慢等差別故, 爲對治此行, 世尊正說八萬法陰."(T29, 166c7~9)이라고 하여, 중생의 팔만 가지 수많은 번뇌를 다스리기 위해 부처님은 팔만법음八萬法陰을 정설正說한다고 설명한다.

167 『대지도론大智度論』 권1(T25, 59b17~22). "佛欲說第一義悉檀相故, 說是『般若波羅蜜經』. 有四種悉檀, 一者世界悉檀, 二者各各爲人悉檀, 三者對治悉檀, 四者第一義悉檀. 四悉檀(中, 總)攝一切十二部經, 八萬四千法藏, 皆是實, 無相違背." 괄호는 생략된 부분을 표시한다.

168 『대지도론』 원문에는 '者'가 없지만 그대로 둔다.

169 『대지도론』 원문에 따라 '事'를 '車'로 교감한다.

170 『대지도론』 원문에는 '如'가 없지만 그대로 둔다.

171 『대지도론』 원문에는 '說'이 없지만 그대로 둔다.

172 『대지도론』 원문에 따라 '度'를 '慶'으로 교감한다.

173 『대지도론』 원문에는 '而'가 없지만 그대로 둔다.

174 『대지도론』 원문에는 '其'가 없지만 그대로 둔다.

"'[조건(緣)에 따라 생겨나는] 세계에서 확립된 것'(世界悉壇)이라는 것은, 존재하는 현상(法)은 '[갖가지] 조건들의 결합'(緣和合)에 따르기 때문에 있는 것이어서 '[결합된 갖가지 조건들과는] 별개인 [불변·독자의] 본질/실체'(別性)가 없다는 것이다. 마치 수레(車)는 끌채(轅)·바퀴살(輻)·바퀴축(軸)·바퀴테(輞)들이 결합하기 때문에 있는 것이지 [불변·독자의 본질/실체인] 별개의 수레(車)가 없는 것과 같다. [현상세계의] 사람(人)도 이와 같으니, '[자아를 이루고 있는 요소들의] 다섯 가지 더미'(五衆)가 결합하기 때문에 있는 것이지 '[오중五衆과는] 별개의 [불변·독자의 본질/실체인] 사람'(別人)은 없는 것이다.

묻는다. 어떤 경전에서는 〈한 사람(人)이 세간을 넘어서면 많은 사람(人)이 경사를 얻는다.〉[175]라 말하고, 또한 부처님은 『이야경二夜經』에서 〈부처님이 진리(道)를 얻은 밤으로부터 열반에 든 밤에 이르기까지 이 두 밤 사이에 설한 '경전의 가르침'(經敎)은 모두 다 진실이어서 뒤바뀐 것이 아니다.〉[176]라고 설하였는데, 만약 실제로 사람(人)이 없는 것이라면 어떻게 '사람(人)' 등을 말하는 것인가?

답한다. '사람(人)'과 같은 것들은 '[조건(緣)에 따라 생겨나는] 세계[에서 확립된 것]'(世界[悉壇]) 때문에 있는 것이지만 '궁극적으로 [확립된 것]'(第一義[悉壇]) 때문에 없는 것이고, 〈'사실 그대로'인 현상의 본연이 온전하게 드러나는 지평〉(如如法性實際)은 '[조건(緣)에 따라 생겨나는] 세계[에서 확립된 것]'(世界[悉壇]) 때문에 없는 것이지만 '궁극적으로 [확립된 것]'(第一義

---

175 유사한 내용으로 『대방등대집경大方等大集經』 권29에 "一人出世, 多所利益, 多人受樂."(T13, 205b28~29)과 같은 문장이 보인다.
176 출전을 찾을 수 없으나, 유사한 내용으로는 다음과 같다. 『대반야바라밀다경大般若波羅蜜多經』 권53(T5, 302a18~20). "我如來應正等覺, 從初證得, 阿耨多羅三藐三菩提夜, 乃至最後所作已辦, 入無餘依大涅槃夜, 於其中間, 常無誤失."

[悉壇]) 때문에 있는 것이다. '사람(人)' 등도 이와 같아서, '궁극적으로 [확립된 것]'(第一義[悉壇]) 때문에 없는 것이지만 '[조건(緣)에 따라 생겨나는] 세계[에서 확립된 것]'(世界[悉壇]) 때문에 있는 것이다. 이유가 무엇인가? '[자아를 이루고 있는 요소들의] 다섯 가지 더미'(五衆)라는 '원인과 조건'(因緣)이 있기 때문에 사람(人)이 있는 것이니, 한 사람(人)의 두 번째 머리나 세 번째 손과 같이 그 '원인과 조건'(因緣)이 없는 것과는 같지 않으면서도 '[사람(人)을 지시하는] '방편으로서의 명칭'(假名)은 있는 것이다. 이와 같은 특징들을 '[조건(緣)에 따라 생겨나는] 세계에서 확립된 것'(世界悉壇)이라고 부른다."[177]

"云何各各爲人悉檀? 觀人心行, 而爲說法. 於一事中, 或聽或不聽, 如經中說, 〈雜報業故, 雜生世間, 得雜觸, 得[178]雜受,〉又餘經說, 〈無人得觸, 無人得受.〉前爲斷見人, 後爲常見人. 如是等相, 名爲各各爲人悉檀."

[H1, 485c10~15; T33, 72c7~11]

"어떤 것을 '사람들 각각[의 마음 작용]에 따라 확립된 것'(各各爲人悉檀)

---

177 『대지도론大智度論』 권1(T25, 59b24~60a3). "世界悉檀, 有法從因緣和合故有, 無別性. (譬)如車轅軸輻輞(等)和合故有, 無別車. 人亦如是, 五衆和合故有, 無別人也. … 經言, 一人出世, 多人蒙慶, … 又佛『二夜經』中說, 佛從得道夜, 至(般)涅槃夜, 是二夜中間, 所說經教, 一切皆實不顚倒, 若實無人者, 佛云何說人等? 〈問曰〉, (第一義悉檀是眞實, 實故名第一, 餘者不應實.) 答曰, 人等, 世界故有, 第一義故無, 如如法性實際, 世界故無, 第一義故有. 人等亦如是, 第一義故無, 世界故有. 所以者何? 五衆因緣有, 故有人, … 非如一人第二頭第三手, 無因緣, 而有假名. 如是等相, 名(爲)世界悉檀." 괄호는 생략된 부분을 표시한다. '〈 〉'로 표시된 '問曰'은 바로 아래 괄호로 표시된 "第一義悉檀是眞實, 實故名第一, 餘者不應實"의 문장이 생략되면서 본문에서는 "經言, 一人出世, 多人蒙慶"의 문장 앞으로 이동해 있다.
178 『대지도론』 원문에는 '得'이 없지만 그대로 둔다.

131

이라고 말하는가? 사람들의 '마음 작용'(心行)을 이해하여 가르침을 설하는 것이다. [사람들의 마음을 이해하여] '동일한 현상'(一事)에 대해 어떤 경우는 [있다는 것을] 받아들이고(聽) 어떤 경우는 [있다는 것을] '받아들이지 않으니'(不聽), 이를테면 [어떤] 경전에서는 〈다양하게 행위(業)[의 과보]를 받기 때문에 다양하게 [갖가지] 세간에서 태어나 [대상들과] 다양하게 접촉함'(雜觸)을 얻고 [그로 인해] '다양한 느낌'(雜受)[179]들을 얻는다.〉[180]라고 설하고, 또 다른 경전에서는 〈누구라도 [대상들과의] 접촉'(觸)을 얻을 수 없고 [그로 인해] 누구라도 느낌(受)을 얻을 수 없다.〉[181]라

---

179 촉觸과 수受: 이 두 가지는 유식불교의 육위심소六位心所 중에서 변행심소遍行心所에 속하는 마음현상들이다. 『성유식론成唯識論』 권5에서는 "眼色爲緣, 生於眼識, 三和合觸, 與觸俱生, 有受想思."(T31, 28a3~4)라고 하여 안근眼根과 색경色境이 조건이 되어 안식眼識을 일으키는데, 이 세 가지가 화합한 것이 촉觸이고 촉觸과 더불어 수受·상想·사思의 심소가 함께 생겨난다고 설명한다. 한편 12연기十二緣起의 계열에서 식識·명색名色·육처六處의 화합에 따라 촉觸과 수受가 연이어 일어나는 구조와도 관련된다.

180 출전을 찾을 수 없으나 『장아함경長阿含經』 권13에서 "此人身行惡, 口言惡, 意念惡, 誹謗賢聖, 信邪倒見, 身敗命終, 墮三惡道. 此人身行善, 口言善, 意念善, 不謗賢聖, 見正信行, 身壞命終, 生天人中."(T1, 86b19~22)이라고 하는 것과 같이, 선업善業이나 악업惡業으로 선도善道나 악도惡道에서 태어나는 과보를 받는다는 내용의 문장은 경전의 곳곳에서 나타난다.

181 『대지도론大智度論』 권1의 원문에서는 이 경전의 명칭이 『파군나경破群那經』이라고 밝히는데, 『중아함경』 권50에는 『모리파군나경牟犁破群那經』이라는 명칭의 경전이 수록되어 있다. 파군나破群那는 부처님의 대론자로서 등장한다. 여기에서 본문의 문장과 같은 출전은 찾을 수 없지만, 유사한 문맥으로 화가의 비유에 이어지는 마땅한 수행 방법에 관한 설법이 다음과 같이 나온다. "猶如畫師, 畫師弟子, 持種種彩來, 彼作是說, 我於此虛空, 畫作形像, 以彩莊染, 於意云何? 彼畫師, 畫師弟子, 以此方便, 寧能於虛空, 畫作形像, 以彩莊染耶? … 如是, 此互言道, 若他說者, 或時或非時, 或眞或不眞, 或軟或堅, 或慈或恚, 或有義或無義, … 向言說者, 緣彼起慈愍心, 心行如虛空, 無結無怨, 無恚無諍, 極廣甚大, 無量善修, 遍滿一切世間成就遊, 汝等當學如是."(T1, 745c11~27)라고 하는데, 갖가지 채색 도구로 허공을 그리려는 제자에게 그 도구로는 허공을 그릴 수 없다고 알려 주는 비유와 함께 이분법적인 언설을 추구하는 자는 자민심慈愍心을 일으켜 심행心行을 허공처럼 여기고 분노와 쟁론 등

고 설한다. 앞[에서 설한 것]은 '아무것도 없다는 견해에 빠진 사람'(斷見人)을 위한 것이고, 뒤[에서 설한 것]은 '항상 있다는 견해에 빠진 사람'(常見人)을 위한 것이다. 이와 같은 특징들을 '사람들 각각[의 마음 작용]에 따라 확립된 것'(各各爲人悉檀)이라고 부른다."[182]

"云何爲對治悉檀? 有法對治即[183]有, 實性則無. 如不淨觀, 於欲病中, 是善對治, 於瞋病中, 不名爲善, 非對治法. 如是[184]慈心, 於瞋是善, 於欲非善. 如是等相, 名爲對治. 云何名第一義悉檀? 一切法性, 一

이 없는 수행이 무량無量해야 한다는 내용이다. 한편 『잡아함경雜阿含經』 권15에는 피구나頻求那 비구가 대론자인 372번 경전이 있고 여기에서는 『대지도론』 원문 중 본문에서 요약된 내용, 즉 수受가 있다고 대답하면 상견常見에 빠질 것을 염려하여 수受가 있다고 대답하지 않는다는 내용에 해당하는 대목의 일부가 보이는데, 다음과 같다. "復問, 爲誰受? 佛告頻求那, 我不說有受者, 我若言有受者, 汝應問, 爲誰受? 汝應問言, 何因緣故有受? 我應如是答, 觸緣故, 有受."(T2, 102a25~28.) 이 『잡아함경』의 인용 부분은 12연기十二緣起의 계열 중에서 수受에 관한 대화의 일부이기도 하다.

182 『대지도론大智度論』 권1(T25, 60a4~15). "云何各各爲人悉檀(者)? 觀人心行, 而爲說法, 於一事中, 或聽或不聽. 如經中(所)說, 雜報業故, 雜生世間, 得雜觸雜受, ① 〈更有『破群那』經(中)說, 無人得觸, 無人得受. ② 〈問曰, 此二經云何通? 答曰, 以有人疑後世, 不信罪福, 作不善行, 墮斷滅見. 欲斷彼疑, 捨彼惡行, 欲拔彼斷見. 是故說雜生世間, 雜觸雜受. 是破群那計有我有神, 墮計常中. 破群那問佛言, 大德, 誰受? 若佛說, 某甲某甲受, 便墮計常中, 其人我見, 倍復牢固, 不可移轉. 以是故, 不說有受者觸者.〉 如是等相, 名爲各各爲人悉檀." 괄호는 생략된 부분을 표시한다. '〈〉'로 표시한 두 부분 중에서 ①은 본문에서는 '又餘'라고 하여 '파군나破群那'라는 명칭을 익명으로 대체하고, ②는 본문에서는 "前爲斷見人, 後爲常見人"이라고 하여 원문 내용의 핵심을 간추린 문장으로 대체한다. ②의 대체적 내용은, 죄복罪福의 과보를 믿지 않아 불선행不善行을 짓는 단견인斷見人을 위해서는 잡생세간雜生世間과 잡촉잡수雜觸雜受에 관해 설하지만 유아유신有我有神이라고 분별하여 상견常見에 빠진 파군나와 같은 사람에게는 수자受者와 촉자觸者가 있다고 설하지 않는다는 것이다.

183 『대지도론』 원문에 따라 '卽'을 '則'으로 교감한다.

184 『대지도론』 원문에는 '如是'가 없지만 그대로 둔다.

切論議一切是非, 一一可破, 諸佛辟支佛阿羅漢, 所行眞實法, 不可破 不可壞.[185] 且[186]於三悉檀中, 所不通, 此中皆通." 乃至廣說.

[H1, 485c15~23; T33, 72c11~19]

"어떤 것을 '치유해야 할 대상[인 병의 종류]에 따라 확립된 것'(對治悉檀)이라고 하는가? 어떤 가르침(法)이 [번뇌의 병을] 치유한다면 [대치실단對治悉檀은] 있는 것이지만, [어떤 가르침(法)이] [언제나 무조건 적용되는] '[불변·독자의] 본질/실체로서의 속성'(實性)[을 지닌 것으로 간주되는 것]이라면 [대치실단對治悉檀은] 없는 것이다. 예를 들어 '[몸을] 청정하지 않은 것으로 관찰하는 수행'(不淨觀)은 '탐욕의 병'(欲病)에 대해서는 '이로운 치유 수행'(善對治)이지만 '분노의 병'(瞋病)에 대해서는 이롭다(善)고 부르지 못하니, [아예] '치유 수행'(對治法)이 아닌 것이다. 이와 마찬가지로 '자애의 마음'(慈心)은 분노(瞋)에 대해서는 '이로운 것'(善)이지만 탐욕(欲)에 대해서는 '이로운 것'(善)이 아니다. 이와 같은 특징들을 '치유해야 할 대상[인 병의 종류]에 따라 [확립된 것]'(對治[悉檀])이라고 부른다.

어떤 것을 '궁극적으로 확립된 것'(第一義悉檀)이라고 말하는가? '모든 현상의 본연[인 사실 그대로]'(一切法性)[에 관한 것]이니, [근본무지에 따르는] 모든 논의와 모든 시비를 하나하나 깨뜨릴 수 있으며, '모든 부처'(諸佛)와 '연기緣起의 이치로 [혼자] 깨달으려는 수행자'(辟支佛) 및 '더 이상 배울 것이 없는 경지에 도달한 수행자'(阿羅漢)가 행한 '진실한 가르침'(眞實法)으로도 깨뜨려질 수 없고 흩어질 수 없는 것이다. 앞서의 '[세계世界·각각위인各各爲人·대치對治, 이] 세 가지로 확립된 것들'(三悉檀)에서 통하지 않는 것들이 이 [제일의실단第一義悉檀]에서는 모두 통한다."[187]라

---

185 『대지도론』 원문에 따라 '壞'를 '散'으로 교감한다.
186 『대지도론』 원문에 따라 '且'를 '上'으로 교감한다.
187 『대지도론大智度論』 권1(T25, 60a15~c10). "云何〈名〉對治悉檀? 有法對治則有, 實

고 하면서 자세히 말한다.

案云, 總而言之, 一切敎門, 不出二宗, 所謂二諦. 但於世諦, 有多差別, 故於其中, 分出二種,[188] 此二之餘, 皆屬初一中. 二悉檀有何界[189]者? 通而言之, 爲人悉檀無非對治, 對治悉檀亦是爲人. 然於一事中, 有無異說, 是由人界,[190] 故名爲人, 不由病異, 以授別藥, 唯一事故, 不名對治. 若說別法, 以治異病, 病別藥異, 故名對治, 非於一事中, 爲人異說故, 於中不名爲人. 除此二種, 說世俗事, 皆是世界悉檀所攝.

[H1, 485c23~486a9; T33, 72c19~27]

생각건대, 총괄적으로 말하면 모든 가르침은 '두 가지 근원'(二宗)에서 벗어나지 않으니, '['세속적 관점'(世諦)과 '진리적 관점'(眞諦), 이] 두 가지 관점'(二諦)이 그것이다. 단지 '세속적 관점'(世諦)에 많은 차이가 있기 때문에 그 [차이들]에서 [각각위인실단各各爲人悉檀과 대치실단對治悉檀, 이] 두 가지가 갈라져 나오고, 이 두 가지 이외의 것들은 모두 첫 번째[인 세계실단世界悉檀]에 속한다.

性則無. … (佛法中治心病亦)如(是), 不淨觀(思惟), 於(貪)欲病中, 〈名爲〉善對治(法), 於瞋(恚)病中, 不名爲善, 非對治法. … 慈心, 於瞋(恚病中,) 〈名爲〉善(對治法), 於(貪)欲(病中,) 〈不〉(名爲)善. … 如是等相, 名爲對治(悉檀). 云何名第一義悉檀? 一切法性, 一切論議(語言)一切是(法)非(法), 一一可(分別)破(散), 諸佛辟支佛阿羅漢, 所行眞實法, 不可破不可散. 上於三悉檀中, 所不通, 此中皆通." 괄호는 생략된 부분을 표시하고, '〈〉' 표시는 원문과 다르지만 문맥에 저촉되지 않아 본문에서 그대로 둔 부분에 해당한다.

188 한불전 교감주에는 "'種'은 어떤 판본에 '宗'이라 되어 있다."라고 한다. 대정장본 교감주에 "'種'은 『만속장경卍續藏經』에 '宗'이라 되어 있다."라고 한다. 여기서는 그대로 둔다.

189 문맥에 따라 '界'를 '異'로 교감한다.

190 문맥에 따라 '界'를 '異'로 교감한다.

'[각각위인各各爲人과 대치對治, 이] 두 가지로 확립된 것들'(二悉檀)에는 어떤 차이가 있는 것인가? 통틀어 말하면 '사람들 [각각의 마음 작용]에 따라 확립된 것'(各各爲人悉檀)도 치유하지(對治) 않음이 없고, '치유해야 할 대상[인 병의 종류]에 따라 확립된 것'(對治悉檀)도 '사람들 [각각의 마음 작용]에 따르는'(爲人) 것이다. 그러나 '동일한 현상'(一事)에 대해 [단견인 斷見人을 위해] 있다(有)거나 [상견인常見人을 위해] 없다(無)고 다르게 설한 것은 '사람의 차이'(人異)에 의거한 것이기 때문에 '사람들 [각각의 마음 작용]에 따름'(爲人)이라고 부르지만, [각각위인실단各各爲人悉檀은] '[갖가지] 병의 차이'(病異)들에 의거하여 '[갖가지] 다른 약'(別藥)들을 준 것이 아니라 오직 '동일한 현상'(一事)[에 대한 것]이기 때문에 '[병의 종류에 따라] 치유함'(對治)이라고 부르지 않는다. 만약 [부정관不淨觀이나 자심慈心과 같은] '[갖가지] 다른 가르침'(別法)들을 설하여 [탐욕(欲)이나 분노(瞋)와 같은] '[갖가지] 다른 병'(異病)들을 치유하는 것이라면 병도 다르고 약도 다르기 때문에 '[병의 종류에 따라] 치유함'(對治)이라고 부르지만, [대치실단對治悉檀은] '동일한 현상'(一事)에 대해 사람(人)에 따라 달리 설한 것이 아니기 때문에 여기서는 '사람들 [각각의 마음 작용]에 따름'(爲人)이라고 부르지 않는다. [각각위인各各爲人과 대치對治,] 이 두 가지를 제외하고 '세속의 현상'(世俗事)이라 설하는 것은 모두 [조건(緣)에 따라 생겨나는] 세계에서 확립된 것'(世界悉檀)에 속한다.

問. 諸佛說法, 無不爲人, 無非對治衆生病者, 云何初後二種悉檀, 不名爲人, 不名對治? 答. 通相而言, 有如來問, 但爲直示世俗假名, 又爲直顯勝義實相. 如是二種, 由諦故異, 不由人異, 不由病別. 是故別立初後二也.

[H1, 486a9~15; T33, 72c28~73a3]

묻는다. 모든 부처님이 가르침을 설한 것에는 '사람들 [각각의 마음 작용]에 따르지'(爲人) 않은 것이 없고 중생의 [갖가지] 병을 치유하지(對治) 않은 것이 없는데, 어찌하여 [세계실단世界悉壇과 제일의실단第一義悉壇, 이] 처음과 마지막의 '두 가지로 확립된 것'(二悉壇)은 '사람들 [각각의 마음 작용]에 따름'(爲人)이라 부르지 않고 [병의 종류에 따라] 치유함'(對治)이라고 부르지 않는가?

답한다. [세계실단과 제일의실단에] '공통되는 양상'(通相)으로 말하면, 여래如來에게 질문이 있을 경우 그저 곧바로 '세속에서 [차이를 지시하는] 방편으로서의 명칭'(世俗假名)을 제시하기도 하고 또는 곧바로 '궁극적인 뜻을 갖춘 사실 그대로'(勝義實相)를 드러내기도 한다. [세계실단과 제일의실단,] 이와 같은 두 가지는 [세속가명世俗假名과 승의실상勝義實相, 이 두 가지] 관점(諦)에 의거하기 때문에 다른 것이지, 사람(人)들 각각의 마음 작용]에 의거하여 다른 것이 아니고 병病[의 종류]에 의거하여 다른 것이 아니다. 그러므로 [세계실단世界悉壇과 제일의실단第一義悉壇, 이] 처음과 마지막의 두 가지를 [각각위인실단各各爲人悉壇·대치실단對治悉壇과는] 별개로 세운 것이다.

問. 若說人等, 世諦故有, 非如一人第二頭等者, 蘊界處中, 何法所攝? 又若有人, 卽是有我, 何異犢子部所立耶? 答. 薩婆多宗, 說無有人, 如第二頭, 蘊界處法所不攝故. 犢子部, 說實有人法, 不卽不離, 雖蘊界處之所不攝, 而在第五不可說藏. 今大乘, 說因緣故有, 而無別性, 色心等法, 皆亦如是. 若實有人, 是增益邊, 若都無人, 是損減邊. 大乘不爾, 從緣有故, 離損減邊, 無別性故, 離增益邊. 蘊界處中, 何法攝者, 心不相應行蘊中攝, 二十四中, 衆生同分攝, 當知法界法處所攝. 且止乘論, 還述本宗.

[H1, 486a15~b3; T33, 73a3~14]

묻는다. 만약 사람(人) 등이 [세속에서 이름 붙여서 '있다'고 인정되는] '세속적 관점'(世諦) 때문에 있는 것이지 한 사람(人)의 두 번째 머리[나 세번째 손] 등 [본래 없는 것]과는 같지 않다고 말한다면, [사람(人)은] '[자아를 이루고 있는 요소들의 다섯 가지] 더미'(蘊) · '[6가지 인식능력과 6가지 인식대상, 그리고 이 둘의 결합으로 생겨난 6가지 인식을 모두 합한 열여덟 가지] 현상'(界) · '[경험세계를 발생시키는 6가지 인식능력과 6가지 인식대상이라는 열두 가지] 기반'(處) 중에서 어떤 현상(法)에 속하는가? 또 만약 사람(人)이 있는 것이라면 이것은 '[불변 · 독자의 본질/실체인] 자아'(我)가 있다는 것인데, 독자부犢子部에서 세운 주장과 무엇이 다른가?

답한다. 설일체유부說一切有部(薩婆多宗)[191]에서는 〈[불변 · 독자의 본질/실체인] 사람(人)은 있지 않으니, 마치 두 번째 머리[가 존재하지 않는 것]과 같이 '[다섯 가지] 더미'(蘊) · '[열여덟 가지] 현상'(界) · '[열두 가지] 기반'(處)이라는 현상(法)들에 속하지 않는 것이다.〉라고 말한다. [그리고] 독자부에서는 〈[불변 · 독자의 본질/실체인] 사람(人)과 현상(法)이 실제로 있으면서 [서로] 같은 것도 아니고 벗어나 있는 것도 아니니(不卽不離), [불변 · 독자의 본질/실체인 사람(人)은] 비록 '[다섯 가지] 더미'(蘊) · '[열여덟 가지] 현상'(界) · '[열두 가지] 기반'(處)[과 같은 현상(法)들]에 속하지 않는 것이지만 [오장五藏 중에서] 다섯 번째인 '[온蘊 · 계界 · 처處와 같은 현상들에 벗어나 있는 것도 아닌] 말로 설명할 수 없는 [내면의] 세계'(不可說藏)[192]에 있다.〉라

191 살바다종薩婆多宗: 살바다薩婆多는 범어 'Sarvāstivādin'의 음역인 '살바아사저바지薩婆阿私底婆地'의 약칭이다. 약칭으로는 이 외에도 살바제바薩婆帝婆, 살위薩衛 등이 있다. 일반적으로 설일체유부說一切有部라는 의역어가 통용된다. 소승 아비달마阿毗達磨 교학의 정통正統을 대표하는 학파이다. 『불광대사전』, p.5919 참조.
192 독자부犢子部와 제5불가설장第五不可說藏: 『이부종륜론異部宗輪論』 권1에 따르면 "大衆部四破或五破, 本末別說合成九部, 一大衆部, 二一說部, 三說出世部, 四雞胤部, 五多聞部, 六說假部, 七制多山部, 八西山住部, 九北山住部. 其上座部經爾所時, 一

고 말한다.

지금 대승大乘에서는 ([사람(人)은] '원인과 조건'(因緣) 때문에 있는 것이지만 [결합된 갖가지 원인과 조건들과는] 별개인 [불변·독자의] 본질/실체'(別性)는 없으니, '색깔이나 모양 있는 것'(色)과 마음(心) 같은 현상(法)도 모두 이와 같다.)라고 말한다. 만약 [불변·독자의 본질/실체인] 사람(人)이 실제로 있다[고 말한다]면 [없는 것을] 있다고 하는 치우침'(增益

味和合, 三百年初, 有少乖諍, 分爲兩部, 一說一切有部, 亦名說因部, 二即本上座部, 轉名雪山部. 後即於此第三百年, 從說一切有部, 流出一部, 名犢子部."(T49, 15b5~12)라고 하여 불멸佛滅 이후 상좌부上座部와 대중부大衆部가 화합했다가 다시 설일체유부說一切有部와 상좌부로 나누어지는데, 삼백 년 후에 설일체유부로부터 분파한 것이 독자부라고 한다. 『중론中論』권2에 따르면 독자부는 실아론實我論을 주장하는 학파의 사례로 나오는데, "若人說我相, 如犢子部衆說. 不得言色即是我, 不得言離色是我, 我在第五不可說藏中."(T30, 15c27~29)이라고 하는 것에 따르면 색色등의 오온五蘊을 아我라 할 수도 없고 색 등의 오온을 떠나서 '아我'라고 할 수도없어 제5불가설장을 실아實我라 하고, 비슷한 맥락으로 『이부종륜론異部宗輪論』권1에서는 "有犢子部本宗同義, 謂補特伽羅非即蘊離蘊, 依蘊處界假施設名, 諸行有暫住, 亦有刹那滅, 諸法若離補特伽羅, 無從前世轉, 至後世, 依補特伽羅, 可說有移轉."(T49, 16c14~18)이라고 하여 윤회의 주체로서 보특가라補特伽羅를 상정한다고 한다. 『중관론소中觀論疏』권9에서 "即是犢子計五陰和合, 別有我法, 四大和合, 別有眼法, 但如來在第五不可說藏中. 五藏者, 三世及無爲, 並不可說也."(T42, 141c10~12)라고 하는 것에 따르면 독자부에서는 오음화합五陰和合으로 존재하는 가아假我 외에 실아가 따로 있어서 여래如來는 이 실체로서의 아법我法인 제5불가설장에 있다고 하는데, 여기서 오장五藏이라는 것은 과거·현재·미래의 삼세三世와무위無爲 및 불가설장不可說藏의 다섯 가지라고 설명한다. 『대방광불화엄경소大方廣佛華嚴經疏』권3에서 십종교판十宗敎判 중 처음의 두 가지에 관해 "一我法俱有宗, 謂犢子部等. (중략) 立五法藏, 謂三世爲三, 無爲爲四, 第五不可說藏, 我在其中. (중략) 二法有我無宗, 謂薩婆多等."(T35, 521a13~19)이라고 하는 것에 따르면, 제5불가설장에 대한 위와 유사한 설명과 함께 독자부를 아법구유종我法俱有宗이라규정하고, 다음으로 설일체유부說一切有部(살바다薩婆多)를 법유아무종法有我無宗이라고 규정한다. 대체로 대승불교의 관법觀法 내용이 인공법공人空法空이라면, 아비달마阿毗達磨 불교에서 설일체유부는 인공법유人空法有이고 독자부는 인유법유人有法有라고 정리할 수 있겠다.

邊)이고, 만약 사람(人)[이라 할 만한 것이] 전혀 없다[고 말한다]면 '[있는 것을] 없다고 하는 치우침'(損減邊)이다. 대승은 그렇지 않으니, [사람(人)은] 조건(緣)에 의거하여 있다[고 말하기] 때문에 '[있는 것을] 없다고 하는 치우침'(損減邊)에서 벗어나고, '[결합된 갖가지 원인과 조건들과는] 별개인 [불변·독자의] 본질/실체'(別性)가 없다[고 말하기] 때문에 '[없는 것을] 있다고 하는 치우침'(增益邊)에서도 벗어난다. [사람(人)은] '[다섯 가지] 더미'(蘊)·'[열여덟 가지] 현상'(界)·'[열두 가지] 기반'(處) 중에서 어떤 현상(法)에 속하는 것인가 하면, [오온五蘊 중에서는] '마음과 상응하지 않는 작용들의 더미'(心不相應行蘊)[193]에 속하고 [심불상응행온心不相應行蘊의 내용인]

---

193 심불상응행온心不相應行蘊: 『아비달마구사론阿毘達磨俱舍論』 권4에서는 일체법一切法에 대해 "一切法略有五品, 一色, 二心, 三心所, 四心不相應行, 五無爲."(T29, 18b16~18)라고 하여 색色, 심心, 심소心所, 심불상응행心不相應行, 무위無爲의 다섯 부류로 나누고, 심불상응행법心不相應行法에 대해 "心不相應行, 何者是耶? 頌曰, 心不相應行, 得非得同分, 無想二定命, 相名身等類. 論曰, 如是諸法, 心不相應, 非色等性, 行蘊所攝. 是故名心不相應行."(T29, 22a4~9)이라고 하여 득득·비득非得 등의 심불상응행법에 속하는 것들(諸法)은 마음과 상응하지 않고(心不相應) 색 등의 면모도 아닌(非色等性) 것이므로 행온行蘊에 포함된다고 설명한다. 권오민에 따르면 아비달마에서 말하는 심불상응행법은 "존재양태에 관한 관념을 추상화시켜 얻은 개념"으로서 현상세계를 구성하는 조건들 중에서 심법心法이나 심소법心所法과 같은 주관 영역에 소속시킬 수 없는 추상적·객관적 원리들을 일컫는데, 득득·비득非得·동분同分·무상과無想果·무상정無想定·멸진정滅盡定·명근命根·생生·주住·이異·멸滅·명신名身·구신句身·문신文身의 14가지가 있다. 『아비달마의 철학』(민족사, 2003), p.82 및 『유부아비달마와 경량부철학의 연구』(경서원, 1994), p.113 참조. 『불광대사전』(p.2567)에 따르면 아비달마 교학에서는 46가지 심소법 중에서 심대지법心大地法에 속하는 수受(수음受陰)와 상想(상음想陰)을 제외한 44가지 심상응법心相應法과 14가지 심불상응행법心不相應行法을 모두 행음行陰에 소속시킨다고 설명한다. 한편 『유가사지론瑜伽師地論』 권3에서는 "不相應行有二十四種, 謂得, 無想定, 滅盡定, 無想異熟, 命根, 衆同分, 異生性, 生, 老, 住, 無常, 名身, 句身, 文身, 流轉, 定異, 相應, 勢速, 次第, 時, 方, 數, 和合, 不和合."(T30, 293c7~11)이라고 하여 득득·무상정無想定·멸진정滅盡定·무상이숙無想異熟·명근命根·중동분衆同分·이생성異生性·생生·노老·주住·무상無常·명신名身·구신句身·문신文身·유전流轉·정이定異·상응相應·세

'24가지[의 작용들]'(二十四) 중에서는 '중생들 [각자와 집단]의 고유성을 유지하게 하는 작용'(衆生同分)[194]에 속하니, [십팔계十八界와 십이처十二處 가운데] '개념적 경험세계'(法界)와 '개념적 기반'(法處)에 속한다는 것을 알아야 한다. '부연하는 논의'(乘論)는 그만두고 다시 본래의 주제를 서술하겠다.

> 六爲欲伏諸論議師者, 論云, "欲令長爪梵志等大論議師, 於佛法中, 生信故, 說是經. 彼若不聞般若氣分, 離絶四句第一義法, 小信尙不得, 何況得道果?" 乃至廣說. 長爪梵志, 論議因緣, 此中應廣說. 其餘諸緣, 廣如論說. 說經因緣, 略述如是.
>
> [H1, 486b4~9; T33, 73a14~20]

여섯 번째인 〈'[분별로] 따지는 모든 논사'(諸論議師)를 제압하려 함〉이라는 것에 관해 논서(『대지도론大智度論』)에서는 [다음과 같이] 말한다. "'브라만(Brahman) 계급의 장조'(長爪梵志)[195]와 같은 '[분별로] 따지는 큰

논사'(大論議師)까지도 '부처님의 가르침'(佛法)에 믿음을 일으키게 하고
자 하기 때문에 이 경전(『마하반야바라밀경摩訶般若波羅蜜經』)을 설했다.
그가 만약 '지혜의 기풍'(般若氣分)인 '네 가지 판단을 끊어 벗어난 궁극
적 가르침'(離絶四句第一義法)을 듣지 못한다면 '작은 믿음'(小信)도 오히
려 얻지 못할 텐데, 하물며 어떻게 [부처가 되는] 수행의 과보'(道果)를 얻
겠는가?"[196]라고 하면서 자세히 말한다. '브라만(Brahman) 계급의 장조'

다. 정예淨裔, 정행淨行 등으로 의역한다. 바라문 계급의 사람들은 무구청정無垢
淸淨에 머물러 범천梵天으로 태어날 수 있기를 의지意志하여 추구하므로 범지라
는 명칭으로 불린다. 『불광대사전』, p.4632 참조. 장조범지와 관련된 일화에 관
해서는 본문의 인용문에서 생략되어 있는 『대지도론大智度論』권1(T25, 61b20~
62a25)에서 자세히 서술되어 있다. 이에 따르면 장조라는 이름은 브라만교의 근
본경전인 베다 18종경十八種經을 다 읽을 때까지 손톱(爪)을 깎지 않고 길렀기 때
문에 붙여진 것일 정도로 그는 경서에 해박하고 이로 인해 논의에 출중하여 다른
사람의 견해를 논파하는 힘이 대력광상大力狂象과 같았다. 그는 부처님의 명성을
듣고 불신심不信心을 일으켜 쟁론하기 위해 찾아가는데, 그 대화의 주요 부분을
발췌하면 다음과 같다. "長爪梵志見佛, … 語佛言, 瞿曇, 我一切法不受. 佛問長爪, 汝
一切法不受, 是見受不? 佛所質義, 汝已飮邪見毒, 今出是毒氣, 言一切法不受, 是見汝
受不? 爾時, 長爪梵志, 如好馬見鞭影, 即覺, 便著正道. 長爪梵志亦如是, 得佛語鞭影
入心, 即棄捐貢高, 慚愧低頭. … 答佛言, 瞿曇, 一切法不受, 是見亦不受. 佛語梵志, 汝
不受一切法, 是見亦不受, 則無所受, 與衆人無異, 何用自高, 而生憍慢? 如是長爪梵志
不能得答, 自知墮負處, 即於佛一切智中, 起恭敬, 生信心."(T25, 61c18~62a18) '모든
가르침(一切法)을 받아들이지 않는다(不受).'는 장조의 견해에 대해 '그 받아들이
지 않는 견해도 받아들이지 않는가?'라는 반문으로 부처님이 대답하자 장조는 준
마가 채찍의 그림자를 보듯이 깨달아 고개를 숙이게 되었고, 이어서 '모든 가르침
을 받아들이지 않는다는 견해도 받아들이지 않는다.'는 장조의 대답에 대해 '그렇
다면 어떤 가르침도 받아들이지 않는(無所受) 일반사람(衆人)과 무엇이 달라서 스
스로를 높이고 교만한 것인가?'라는 부처님의 반문을 듣고는 더 이상 대답하지 못
하고 승부에서 진 것(墮負處)을 알아 부처님의 일체지一切智에 공경과 신심信心을
일으켰다는 내용이다.

196 『대지도론大智度論』권1(T25, 61b18~62a27). "欲令長爪梵志等大論議師, 於佛法中,
生信故, 說是〈『摩訶般若波羅蜜』經. (중략) 〈若長爪梵志〉不聞般若波羅蜜氣分, 離四
句第一義(相應)法, 小信尙不得, 何況得(出家)道果?" 괄호는 생략된 부분을 표시하
고, '〈〉' 표시는 원문과 다르지만 문맥에 저촉되지 않아 본문에서 그대로 둔 부분

(長爪梵志)가 '[분별로] 따지게 된 인연'(論議因緣)은 이 [『대지도론』]에 응당 자세히 설명되어 있다.

[『마하반야바라밀경』을 설하게 된] 그 [여섯 가지 인연] 이외의 갖가지 인연 (緣)들[197]은 [그] 자세한 내용들이 논서(『대지도론』)에서 설명한 것과 같다. '경전을 설한 인연'(說經因緣)에 관해 간략히 서술한 것은 이상과 같다.

次第五判敎者. 分判佛敎, 諸說不同. 今且略出二說, 平章是非. 有人說言, 一化敎門, 不出二途, 一者頓敎, 二者漸敎. 漸敎之內, 有其五時, 一四諦敎, 二無相敎, 三抑揚敎, 四一乘敎, 五常住敎, 從淺至深, 漸次而說. 今此經等, 諸般若敎, 在第二時, 名無相敎.

[H1, 486b10~16; T33, 73a21~26]

5. 가르침의 위상을 판별함(判敎)

다음으로는 다섯 번째인 '가르침[의 위상]을 판별하는 것'(判敎)이다. '부처의 가르침'(佛敎)을 나누어 [그 특징을] 판별하는 것에 대해서는 여러 설명이 같지 않다. 지금 간략히 두 가지 설명을 드러내어 옳고 그름을 구분해 보겠다.

어떤 사람은 [다음과 같이] 말한다. ⟨[부처님이] 평생 동안 교화한 가르

에 해당한다.

197 기여제연其餘諸緣: 원효가 간추린 이상의 여섯 가지 인연因緣 이외에 『대지도론 大智度論』 권1에서는 "復次, 佛世尊, 欲令衆生歡喜故, 說是『般若波羅蜜經』"(T25, 58b28~29)이라 하고 "復次, 爲當來世人, 供養般若波羅蜜因緣故. 又欲授三乘記別故, 說是『般若波羅蜜經』."(T25, 59b7~9)이라고 하여, 중생을 환희하게 하고 미래의 사람들이 반야바라밀般若波羅蜜의 인연에 따라 공양하게 하며 삼승三乘에게 부처 가 되리라는 보증(記別)을 주려는 것 등으로 다양한 인연들에 관해 설명한다.

침들'(一化敎門)은 두 가지 길에서 벗어나지 않으니, 첫 번째는 '한꺼번에 깨닫는 가르침'(頓敎)이고 두 번째는 '점차 깨닫는 가르침'(漸敎)이다. '점차 깨닫는 가르침'(漸敎) 안에는 그 '다섯 가지 시기'(五時)[의 구분]이 있으니, 첫 번째는 '네 가지 고귀한 진리에 관한 가르침'(四諦敎)이고 두 번째는 '[불변·독자의 본질/실체로서의] 양상이 없음에 관한 가르침'(無相敎)이며 세 번째는 '[이승을] 제압하고 [대승을] 높이는 가르침'(抑揚敎)이고 네 번째는 '[삼승을] 하나처럼 통하게 하는 가르침'(一乘敎)이며 다섯 번째는 '[법신法身을 갖춘 모든 중생이] 늘 [본연에] 머무른다는 가르침'(常住敎)인데,[198] 얕은 것으로부터 깊은 것에 이르기까지 점차적으로 설한 것

---

198 돈교頓敎·점교漸敎의 이도二途와 사제교四諦敎·무상교無相敎·억양교抑揚敎·일승교一乘敎·상주교常住敎의 오시五時: 『법화현론法華玄論』권3에서는 "宋道場寺惠觀法師, 著涅槃序明敎有二種. 一頓敎即華嚴之流, 二漸敎謂五時之說. 後人更加其一復有無方敎也. 三大法師並皆用之."(T34, 382b23~26)라고 하여, 남조南朝 송대宋代 도량사道場寺 혜관慧觀(惠觀) 법사가 부처님의 가르침을 돈頓(화엄華嚴)·점漸의 이교二敎로 나누고 점교漸敎를 다시 오시五時로 구별하는 이교오시설二敎五時說을 세우고 양대梁의 3대법사三大法師(승민僧旻, 법운法雲, 지장智藏)가 모두이 설을 사용했다고 전하는데, 『中國般若思想史研究』(平井俊榮, 東京: 春秋社, 1976)에서는 이 혜관의 설이 "중국 불교에서의 교판론의 효시로서 널리 강남江南의 땅에 유포되었다."(p.495)라고 설명한다. 『대품경유의大品經遊意』권1에서는혜관의 점교 오시에 관해 "慧觀法師云, 『阿含』爲初, 『波若』爲第二, 『維摩』『思益』等爲第三, 『法華』爲第四, 『涅槃』爲第五."(T33, 66b29~c2)라고 하여 ① 아함阿含, ② 반야波若, ③ 유마維摩·사익思益, ④ 법화法華, ⑤ 열반涅槃이라고 밝히므로, 본문에 제시되어 있는 ① 사제교四諦敎, ② 무상교無相敎, ③ 억양교抑揚敎, ④일승교一乘敎, ⑤ 상주교常住敎의 순서와 호응하는 것을 알 수 있다. 여기서 ③ 억양교에 관해 『삼론현의三論玄義』권1에서는 "『淨名』『思益』讚揚菩薩, 抑挫聲聞, 謂抑揚敎."(T45, 5b12)라고 하여 『정명경淨名經』과 『사익경思益經』에서는 보살菩薩을 찬양하고 성문聲聞을 제압하기에 붙여진 명칭이라고 설명한다. ⑤ 상주교常住敎에 관해서는 원효의 『열반종요涅槃宗要』에서 소개된 오시설五時說의 논의 중에서 "五佛臨涅槃, 說『大涅槃』, 明諸衆生皆有佛性, 法身常住."(T38, 255a26~27)라고하는 것에 따르면, 부처님이 열반에 들 때(제5시第五時)에 설해진 『대반열반경大般涅槃經』에서는 모든 중생이 불성佛性을 지닌다는 것과 법신法身이 상주常住한다는 것을 밝힌다고 설명한다.

이다. 지금 이 경전(『마하반야바라밀경摩訶般若波羅蜜經』)과 같은 모든 '지혜에 관한 가르침'(般若教)은 두 번째 시기에 있기에 '[불변·독자의 본질/실체로서의] 양상이 없음에 관한 가르침'(無相教)이라고 부른다.〉

成¹⁹⁹有說者, 出世教門, 不過三品, 所謂經說, 三種法輪. 如『解深密經』言, "勝義生菩薩白言, 世尊初於一時, 在波羅泥斯仙人墮處, 施鹿林中, 唯爲發趣聲聞乘者, 以四諦相, 轉正法輪. 雖是甚奇甚爲希有, 而是法輪, 有上有容, 是未了義, 是諸諍論安足處所. 世尊在昔第二時中, 唯爲發趣修大乘者, 依一切法, 空²⁰⁰無自性, 無生無滅, 本來寂靜, 自性涅槃, 以隱密相, 轉正法輪. 而是法輪, 亦是有上, 是²⁰¹未了義, 是諸諍論安足處所. 世尊於今第三時中, 普爲發趣一切乘者, 依一切法, 空²⁰²無自性, 無生無滅, 本來寂靜, 自性涅槃, 無自性性, 以顯了相, 轉正法輪, 無上無容, 是其²⁰³了義, 非諸諍論安足處所." 今此大品, 幷諸般若, 皆是第二法輪所攝.

[H1, 486b16~c8; T33, 73a26~b11]

또 어떤 설명은 [다음과 같다.] 〈'세간에서 벗어나는 가르침들'(出世教門)은 세 가지를 넘지 않으니, 경전에서 설한 '세 가지 가르침'(三種法輪)²⁰⁴이 그것이다. 『해심밀경解深密經』에서 [다음과 같이] 말한 것과 같

---

199 대정장본에 따라 '成'을 '或'으로 교감한다.
200 『해심밀경』원문에 따라 '空'을 '皆'로 교감한다.
201 『해심밀경』원문에 따라 '是'를 '猶'로 교감한다.
202 『해심밀경』원문에 따라 '空'을 '皆'로 교감한다.
203 『해심밀경』원문에 따라 '其'를 '眞'으로 교감한다.
204 『해심밀경解深密經』의 삼종법륜三種法輪: 아래 『해심밀경』인용문에서는 제1시에 성문승聲聞乘을 위해 사제상四諦相을 설하고 제2시에 대승大乘을 위해 은밀상隱密相을 설하며 제3시에 일체승一切乘을 위해 현료상顯了相을 설한다는 내용의 삼종법륜을 제시한다. 『불광대사전』에 따르면 중국의 법상종法相宗에서는 소의

다. "승의생勝義生 보살이 [부처님께 다음과 같이] 아뢰었다. '세상에서 가장 존귀한 분'(世尊)께서는 처음 어느 시기에 바라니사波羅泥斯라는 '신통력을 가진 자'(仙人)가 [공중을 날아가다] 떨어진 곳인 시록림施鹿林[205]에서 오직 '[가르침을] 들어서 [혼자] 부처가 되려는 수행자들'(聲聞乘者)을 [부처가 되는 길로] 일으켜 나아가게 하기 위해 '네 가지 고귀한 진리의 양상'(四諦相)으로써 '바른 가르침'(正法輪)을 펼쳤습니다. 비록 이 [가르침]은 매우 뛰어나고 매우 드문 것이었지만 이 가르침(法輪)은 '아직 더 높은 가르침이 있고 더 담아내야 할 가르침이 있는 것'(有上有容)이어서 '아직 완전하지 않은 뜻'(未了義)이었고 '모든 배타적 말다툼이 발붙일 만한 자리'(諸諍論安足處)였습니다. [다시] '세상에서 가장 존귀한 분'(世尊)께서는 과거 '두 번째 시기'(第二時)에 오직 '대승을 닦는 자들'(修大乘者)을 [부처가 되는 길로] 일으켜 나아가게 하기 위해 '모든 현상'(一切法)은 다 '불변·독자의 본질/실체가 없고'(無自性) '[불변·독자의 본질/실체로서] 생겨나거나 사라짐도 없으며'(無生無滅) '본래 [분별의 동요가] 그쳐

경전인 이 『해심밀경』의 삼종법륜에 의거하여 유有·공空·중中의 삼시교三時教를 세우는데, 제1시에서 설하는 사제四諦의 이치는 아공법유我空法有의 소승교小乘教이고 제2시에 설하는 제법개공諸法皆空의 이치는 『반야경般若經』의 대승공교大乘空教이며 제3시에 설하는 중도中道의 이치는 『해심밀경』의 유식교唯識教라는 것이다. p.596 참조. 법상종 규기窺基의 『대승법원의림장大乘法苑義林章』권1에서는 "略說教者, 四『阿笈摩』等, 是初時教. 諸說空經, 是第二時教, 以隱密言, 總說諸法無自性故. 『花嚴』『深密』唯識教等, 第三時也."(T45, 249a10~13)라고 하여, 장長·중中·잡雜·증일增一의 네 가지 『아함경阿含經』은 초시교初時教이고 공空을 설하는 모든 경전은 제2시교第二時教이며 『화엄경華嚴經』·『해심밀경』의 유식교는 제3시第三時라고 설명한다.

205 시록림施鹿林: 부처님이 성도成道한 후 오비구五比丘에게 초전법륜初轉法輪을 펼친 곳인 녹야원鹿野苑의 다른 이름이다. 이곳은 초전법륜 이전부터 오신통五神通을 얻은 선인仙人들이 머물던 곳이기 때문에 선인주처仙人住處라 부르기도 하고, 오백 명의 선인들이 공중을 날아가다가 왕의 궁녀를 보고 욕심이 일어나 신통력을 잃고 이곳에 떨어졌기 때문에 선인타처仙人墮處라고 부르기도 한다. 『불광대사전』, p.4848 참조.

고요하고'(本來寂靜) '본연 그대로 열반'(自性涅槃)이라는 [도리]에 의거하여 '현상으로 드러나지 않는 양상'(隱密相)으로써 '바른 가르침'(正法輪)을 펼쳤습니다. 그런데 이 가르침(法輪)도 '아직 더 높은 경지가 있는 가르침'(有上)이어서 여전히 '아직 완전하지 않은 뜻'(未了義)이었고 '모든 배타적 말다툼이 발붙일 만한 자리'(諸諍論安足處所)였습니다. [다시] '세상에서 가장 존귀한 분'(世尊)께서는 지금 '세 번째 시기'(第三時)에 널리 '모든 것을 [하나처럼] 통하게 하는 가르침을 닦는 자들'(一切乘者)을 [부처가 되는 길로] 일으켜 나아가게 하기 위해 '모든 현상'(一切法)은 다 '불변·독자의 본질/실체가 없고, [불변·독자의 본질/실체로서] 생겨나거나 사라짐도 없으며 본래 [분별의 동요가] 그쳐 고요하고 본연 그대로 열반'(無自性, 無生無滅, 本來寂靜, 自性涅槃)이라는 것도 '불변·독자의 본질/실체의 면모가 없는 것'(無自性性)[이라는 도리]에 의거하여 '사실 그대로 드러나는 양상'(顯了相)으로써 '바른 가르침'(正法輪)을 펼치니, '더 높은 가르침이 없고 더 담아내야 할 가르침이 없는 것'(無上無容)이어서 '사실 그대로의 완전한 뜻'(眞了義)이고 '모든 배타적 말다툼이 발붙일 만한 자리'(諸諍論安足處所)가 아닙니다."206 지금 이 『마하반야바라밀경摩訶般若波羅蜜經』과 모든 '지혜[에 관한 가르침]'(般若)은 다 '두 번째 시기의 가르침'(第二法輪)에 속한다.〉

---

206 『해심밀경解深密經』 권2(T16, 697a23~b9). "勝義生菩薩(復)白(佛)言, 世尊初於一時, 在〈婆〉羅〈疟〉斯仙人墮處, 施鹿林中, 唯爲發趣聲聞乘者, 以四諦相, 轉正法輪. 雖是甚奇甚爲希有, (一切世間諸天人等, 先無有能如法轉者,) 而〈於彼時所轉〉法輪, 有上有容, 是未了義, 是諸諍論安足處所. 世尊在昔第二時中, 唯爲發趣修大乘者, 依一切法, 皆無自性, 無生無滅, 本來寂靜, 自性涅槃, 以隱密相, 轉正法輪. (雖更甚奇甚爲希有,) 而〈於彼時所轉〉法輪, 亦是有上, (有所容受,) 猶未了義, 是諸諍論安足處所. 世尊於今第三時中, 普爲發趣一切乘者, 依一切法, 皆無自性, 無生無滅, 本來寂靜, 自性涅槃, 無自性性, 以顯了相, 轉正法輪. (第一甚奇最爲希有, 于今世尊所轉法輪,) 無上無容, 是眞了義, 非諸諍論安足處所." 괄호는 생략된 부분을 표시하고, '〈〉' 표시는 원문과 다르지만 문맥에 저촉되지 않아 본문에서 그대로 둔 부분에 해당한다.

> 問. 是二師說, 何者爲實? 答. 二種教門, 三種法輪, 是就一途, 亦有
> 道理. 然其判此大品經等, 皆屬第二時攝, 第二法輪者, 理必不然, 違
> 經論故. 如此論「釋畢定品」言, "須菩提聞『法華經』說, 〈若²⁰⁷於佛所作
> 小²⁰⁸功德, 乃至戲咲,²⁰⁹ 一稱南無佛, 漸漸必當作佛,〉又聞「阿鞞跋致
> 品」中, 〈有退不退.〉如『法華經』中畢定, 餘經說有退有不退, 是故今
> 問, 爲畢定, 爲不畢定," 乃至廣說. 以是驗知, 說是經時, 在法華後, 卽
> 示第二時者, 不應道理也.
>
> [H1, 486c8~18; T33, 73b11~20]

묻는다. 이 두 논사의 설명에서 어느 것이 진실인가? 대답한다. '[돈교
頓教 · 점교漸教, 이] 두 가지 가르침'(二種教門)과 '[성문승聲聞乘 · 대승大
乘 · 일체승一切乘을 위한] 세 가지 가르침'(三種法輪)은 '한 길'(一途)로 나
아가는 것이기에 [두 논사의 설명에는] 또한 [각기] 도리가 있다. 그런데 그
[두 논사]가 이『마하반야바라밀경摩訶般若波羅蜜經』과 같은 것들을 모두
'두 번째 시기'(第二時)[인 무상교無相教]에 속하고 [미료의未了義인] '두 번
째 가르침'(第二法輪)인 것으로 판별하는 것은 이치가 결코 그러하지 않
으니, 경전과 논서에 어긋나기 때문이다.

예컨대 이 논서(『대지도론大智度論』)의 「석필정품釋畢定品」에서는 [다
음과 같이] 말한다. "수보리는『법화경法華經』에서 〈부처님에게 지은 '조
그만 이로움'(小功德)이나 웃고 놀면서도 한 번이라도 '부처님께 귀의합
니다.'(南無佛)²¹⁰라고 말하는 것으로도 점점 [부처가 되는 길에 나아가] 반

---

207 『대지도론』원문에 따라 '若'을 삭제한다.
208 『대지도론』원문에는 '小'가 '少'라고 되어 있지만 그대로 둔다.
209 『대지도론』원문에는 '咲'가 '笑'라고 되어 있지만, 같은 글자이므로 그대로 둔다.
210 나무南無: 범어 'namas'의 음역으로서 절(bow), 공손한 인사(reverential salutation),

드시 '부처가 될'(作佛) 것이다.〉[211]라고 말하는 것을 듣기도 하고, 또 [『마하반야바라밀경』의] 「아비발치품阿毘跋致品」에서 〈'[이전 수준으로] 퇴행함'(退)과 '[이전 수준으로] 퇴행하지 않음'(不退)이 있다.〉[212]라고 말한 것을 듣기도 하였다. 『법화경』과 같은 곳에서는 [작불作佛이] '반드시 정해진 것'(畢定)이라 하였고 다른 경전에서는 '[이전 수준으로] 퇴행함'(退)도 있고 '[이전 수준으로] 퇴행하지 않음'(不退)도 있다고 말했기 때문에 [수보리는] 지금 [작불作佛이] '반드시 정해진 것'(畢定)인지 '반드시 정해지지는 않은 것'(不畢定)인지 물은 것이다."[213]라고 하면서 자세히 말한다.

경의를 표함(to do homage) 등의 뜻이다. *Sanskrit-English Dictionary*, p.528 참조. 경례敬禮, 귀경歸敬, 귀의歸依, 귀명歸命 등으로 의역된다. 『불광대사전』, p.3746 참조.

[211] 『묘법연화경妙法蓮華經』 권1에서는 "或有人禮拜, 或復但合掌, 乃至擧一手, 或復小低頭, 以此供養像, 漸見無量佛."(T9, 9a19~21)이라고 하여 불상佛像에 예배하기 위해 거수저두擧手低頭하는 작은 일로도 무량불無量佛을 점견漸見하게 된다고 하고, 같은 곳에서는 "若人散亂心, 入於塔廟中, 一稱南無佛, 皆已成佛道."(T9, 9a24~25)라고 하여 산란심散亂心으로 부처님의 탑묘塔廟에 들어가서도 한번만 나무불南無佛을 말하면 이미 불도佛道를 이룬 것이라고 한다.

[212] 『마하반야바라밀경摩訶般若波羅蜜經』 권16 「불퇴품제15不退品不退品第五十五」의 서두에서는 "須菩提白佛言, 世尊, 以何等行, 何等類, 何等相貌, 知是阿惟越致菩薩摩訶薩?"(T8, 339a9~10)이라고 하여 어떤 수행과 종류 및 모습으로 아비발치보살阿毘跋致菩薩(불퇴전보살不退轉菩薩)을 알 수 있는가라고 수보리가 묻고, 이하에서는 이에 관해 부처님이 자세히 설명하는 내용이 나온다.

[213] 『대지도론大智度論』 권93 「석필정품제83釋畢定品第八十三」(T25, 713b25~c1). "須菩提聞『法華經』(中)說, 於佛所作少功德, 乃至戲笑, 一稱南無佛, 漸漸必當作佛, 又聞「阿鞞跋致品」中, 有退不退. (又復聞聲聞人皆當作佛, 若爾者, 不應有退.) 如『法華經』中說畢定, 餘經說有退不退, 是故今問, 爲畢定, 爲不畢定." 괄호는 생략된 부분을 가리킨다. 이 『대지도론』 「석필정품」에서 해설하는 대상 경전인 『마하반야바라밀경摩訶般若波羅蜜經』 권26 「필정품畢定品」에서는 "須菩提白佛言, 世尊, 是菩薩摩訶薩爲畢定爲不畢定? 佛告須菩提, 菩薩摩訶薩畢定非不畢定."(T8, 409b14~16)이라고 하여, 보살이 퇴전退轉하지 않고 작불作佛하는 것이 필정畢定인가 아닌가를 수보리須菩提가 묻는 내용이 나온다.

이 [『대지도론』의 내용]으로써 이 경전(『마하반야바라밀경』)을 설한 시기
는 『법화경』의 뒤에 있음을 확인할 수 있는데, [이것은] 곧 [오시교판五時
教判에서 『마하반야바라밀경』이 『법화경』보다 앞선] '두 번째 시기'(第二時)라
는 것은 도리에 맞지 않음을 보여 주는 것이다.

> 問. 若判此經, 在法華後者, 是說云何通, 知[214]『仁王經』言, "爾時,
> 大衆各相謂言, 〈大覺世尊, 前已爲我等大衆, 二十九年, 說『摩訶般
> 若』『金剛般若』『天王問般若』『光讚般若波羅蜜』, 今日如來, 放大光
> 明, 斯作何事?〉"? 答. 摩訶般若, 非一衆多, 有在前說, 有在後說. 如論
> 說言, "此經二萬二千偈, 『大般若』十萬渴, 若[215]龍王宮,[216] 阿修羅
> 宮,[217] 天宮中者,[218] 千億萬偈," 乃至廣說. 以是義故, 不相違也.
>
> [H1, 486c18~487a4; T33, 73b21~29]

묻는다. 만약 이 경전(『마하반야바라밀경摩訶般若波羅蜜經』)이 『법화경
法華經』보다 뒤에 있는 것이라고 판별한다면, 이러한 설명은 『인왕반야
바라밀경仁王般若波羅蜜經』에서 "이때 대중들은 [괴이하게 여기면서 다음
과 같이] 각자 서로 수군거렸다. 〈'크게 깨달아 세상에서 가장 존귀하신
분'(大覺世尊)은 이전에 우리 대중들을 위해 29년 동안[219] 『마하반야바라

---

214 대정장본에 따라 '知'를 '如'로 교감한다.
215 『대지도론』원문에는 '若'이 없지만 그대로 둔다.
216 『대지도론』원문에는 '宮'이 없지만 그대로 둔다.
217 『대지도론』원문에는 '宮'이 없지만 그대로 둔다.
218 『대지도론』원문에는 '者'가 없지만 그대로 둔다.
219 반야교般若教를 설한 29년: 지금 『인왕반야바라밀경仁王般若波羅蜜經』 인용문에
   서는 반야교를 설한 시기가 29년이라 밝히고 원효가 『열반종요涅槃宗要』에서 오
   시교판五時教判에 관해 소개하는 글에서는 30년을 제시하는데, 여기서는 이 햇수
   의 차이에 주목하기보다는 질문자의 의도에 따라 반야교와 법화교法華教를 설한
   시기의 순서에 주목해야 할 것으로 보인다. 『열반종요』의 문장은 다음과 같다.

밀경摩訶般若波羅蜜經』·『금강반야바라밀경金剛般若波羅密經』·『천왕문
반야바라밀경天王問般若波羅蜜經』(『승천왕반야바라밀경勝天王般若波羅蜜
經』)·『광찬반야바라밀경光讚般若波羅蜜經』[220]들을 이미 설하였는데, 오

"一佛初成道已, 爲提胃等, 說五戒十善人天敎門. 二佛成道已, 十二年中宣說三乘差別
敎門, 未說空理. 三佛成道已, 三十年中說空無相, 『波若』『維摩』『思益』等經. 雖說三乘
同觀於空, 未說一乘破三歸一. 四佛成道已四十年後, 於八年中說『法花經』, 廣明一乘破
三歸一, 未說衆生皆有佛性. 但彰如來壽過塵數, 未來所住復倍上數, 不明佛常, 是不了
敎. 五佛臨涅槃, 說『大涅槃』, 明諸衆生皆有佛性法身常住, 是了義經. 南土諸師多傳是
義."(H1, 546b15~c2; T38, 255a18~28.) 이에 따르면 성도成道 직후에 처음으로
인천교문人天敎門을 설했고, 성도 후 두 번째로 12년 동안 삼승차별교문三乘差別
敎門을 설했으며, 성도 후 세 번째로 30년 동안『반야경般若經』부류의 공무상교
空無相敎를 설했고, 성도 후 40년이 지나 네 번째로 8년 동안『법화경法華經』의
일승교一乘敎를 설했으며, 열반에 들면서 다섯 번째로『열반경涅槃經』의 상주교
常住敎를 설했다는 것이 대체적 내용이다. 즉 질문자는 이러한 오시교판의 순서
와 29년 동안 이미 반야교를 모두 설했다고 말하는『인왕반야바라밀경』의 내용
을 근거로『반야경』을 설한 시기가『법화경』의 뒤로 놓일 수 없다고 주장하는 것
으로 보인다.

220 반야 계통 경전들:『금강반야바라밀경金剛般若波羅密經』은『금강경金剛經』, 『금
강반야경金剛般若經』이라고도 부르는데, 반야 계통의 경전들 중에서는『반야심
경般若心經』과 함께 가장 널리 유행했으며, 특히 선종禪宗에서 오조五祖 홍인弘忍
이래 중시되었다. 한역은 대정장大正藏 제8책에 총 5종(구마라집鳩摩羅什·보리
류지菩提流支·진제眞諦·급다笈多·의정義淨 역)이 수록되어 있고 현장 역『대
반야바라밀다경大般若波羅蜜多經』(T7)으로는 권577의 제9「능단금강분能斷金剛
分」에 해당하는데, 이들 중 구마라집 역본이 가장 널리 유통되었다.『佛典解題事
典』, p.81 참조.『천왕문반야바라밀경天王問般若波羅蜜經』은『승천왕반야바라밀
경勝天王般若波羅蜜經』이라는 명칭으로 대정장 제8책(7권 16품)에 수록되어 있
고,『승천왕경勝天王經』,『승천왕문반야勝天王問般若』,『승천왕반야경勝天王
般若經』이라고도 부른다. 진대陳代 월파수나月婆首那 역(565년 역출)으로 발파라
천왕鉢婆羅天王의 물음에 답하여 부처님이 반야般若와 그 수행법에 관해 설했기
때문에 붙여진 명칭이다. 현장 역『대반야바라밀다경』으로는 권566~573에 해당
한다.『광찬반야바라밀경光讚般若波羅蜜經』은『광찬마하반야경光讚摩訶般若經』,
『광찬경光讚經』,『광찬반야경光讚般若經』이라고도 부르고, 대정장 제8책(10권
26품)에 수록되어 있으며, 현장 역『대반야바라밀다경』으로는 제2회 85품 중에
서 처음의 27품에 해당한다. 서진西晉 축법호竺法護 역(286년 역출)으로서『마하

늘 여래가 크나큰 광명을 비추는 것은 어떤 일을 하려는 것인가?〉"라고
말한 것과 어떻게 통하는가?²²¹

답한다. '위대한 지혜'(摩訶般若)[에 관한 경전들]은 하나가 아니라 여러
가지이니, [『법화경』보다] 앞에서 설한 것도 있고 뒤에서 설한 것도 있다.
논서(『대지도론大智度論』)에서 "이 경전(『마하반야바라밀경摩訶般若波羅蜜
經』)에는 2만2천의 게송이 있고, 『대반야바라밀다경大般若波羅蜜多
經』에는 십만의 게송²²²이 있으며, 용왕龍王의 궁전이나 아수라阿修羅의

반야바라밀경摩訶般若波羅蜜經』의 초역본이다. 구마라집 역『마하반야바라밀경』
27권 98품 중에서 처음의 29품에 해당한다. 『불광대사전』, pp.2185, 4859 참조.

221 『인왕반야바라밀경仁王般若波羅蜜經』권1(T8, 825b19~24). "爾時, (諸)大衆(俱共
僉然生疑,) 各相謂言, (四無所畏十八不共法五眼法身)大覺世尊, 前已爲我等大衆, 二十
九年, 說『摩訶般若(波羅蜜)』『金剛般若(波羅蜜)』『天王問般若(波羅蜜)』『光讚般若波
羅蜜』, 今日如來, 放大光明, 斯作何事?" 괄호는 생략된 부분을 표시한다. 이 인용문
은 「서품제1序品第一」의 한 대목인데, 대중들이 모인 자리에서 부처님의 방광放
光이라든가 대지의 진동("是時世界, 其地六種震動"(T8, 825b18) 등 기이한 현상이
일어나자 대중들이 『인왕반야바라밀경』이라는 반야교般若敎에 관한 새로운 설법
이 시작될 것을 짐작하면서 의문을 일으키는 장면이다.

222 『마하반야바라밀경摩訶般若波羅蜜經』2만2천의 게송과 『대반야바라밀다경大般
若波羅蜜多經』십만의 게송: 『대지도론大智度論』에서 제시하는 두 경전의 게송
숫자와 관련하여 일반적으로 『마하반야바라밀경』(『대품반야경大品般若經』, 27
권)은 범본 『이만오천송반야二萬五千頌般若』에 상당하고 『소품마하반야바라밀
경小品摩訶般若波羅蜜經』(T8, 10권)은 범본 『팔천송반야八千頌般若』에 상당하는
것으로 알려진다. 『대품반야경』의 동본이역同本異譯으로는 『광찬반야경光讚般若
經』(T8, 10권)과 『방광반야경放光般若經』(T8, 20권)이 있고, 『소품반야경』의 동
본이역으로는 『도행반야경道行般若經』(T8, 10권)이 있다. 『불광대사전』, p.6081
참조. 『개원석교록開元釋敎錄』권11에서 "『大般若波羅密多經』, 右此經, 梵本都有
二十萬頌. 總四處十六會, 唐言譯之成六百卷."(T55, 594a15~17)이라고 하는 것에 따
르면, 4처 16회의 모임으로 구성되어 있는 『대반야바라밀다경』(600권)은 범본梵
本으로는 20만 게송인 것으로 설명한다. 같은 곳에서는 『대반야바라밀다경』의
구성을 설명하면서 제2회의 모임에 관해 "第二重會, 王舍城鷲峯山說. 右新譯重本,
梵文二萬五千頌, 唐譯成七十八卷八十五品, 與舊『大品』『放光』『光讚般若』, 同本異

궁전이나 천신天神의 궁전[223]에는 천억만의 게송이 있다."[224]라고 하면서 자세히 말한 것과 같다. 이러한 뜻이기 때문에 서로 어긋나지 않는다.

又此論云, "復次, 有二種說法, 一者諍處, 二者無諍處. 諍處者,[225]
如餘經. 今欲明無諍處故, 說是『摩訶[226]般若波羅蜜經』."以此證, 知今
此經者, 同於第三顯了法輪, 非諸諍論安足處故. 而判此經等, 示第二
法輪, 是卽此經, 爲諍論處, 不應謂論說是無諍.

[H1, 487a4~10; T33, 73b29~c5]

또 이 논서(『대지도론大智度論』)에서는 [다음과 같이] 말한다. "또한 '두 가지로 설하는 방법'(二種說法)이 있으니, 첫 번째는 '배타적 말다툼의 자리'(諍處)이고 두 번째는 '배타적 말다툼이 없는 자리'(無諍處)이다. '배

譯."(T55, 594a23~26)이라고 하는데, 범문梵文 2만5천 게송이 제2회의 모임에 상당하고 『대품반야경』·『방광반야경』·『광찬반야경』이 그 동본이역이라고 밝힌다. 『佛典解題事典』(p.80)에 따르면 반야 계통의 경전이 처음 출현한 시기는 2세기경으로 추정되고 7세기 현장玄奘의 시대에 이르러 『대반야바라밀다경』으로 집대성된다.

223 용왕龍王·아수라阿修羅·천天: 이 삼자는 흔히 부처님을 따르는 권속들로 등장하는데, 예를 들어 『대승본생심지관경大乘本生心地觀經』 권1에서는 "復有四萬八千諸大龍王, 摩那斯龍王, 德又迦龍王, 難陀龍王, 跋難陀龍王, …"(T3, 291c25~26)이라고 하여 부처님의 설법을 듣기 위해 모여든 무리 중에 4만8천의 용왕을 나열하기도 하고, 『마하반야바라밀경摩訶般若波羅蜜經』 권8에서는 "世尊, 以是因緣故, 一切世間諸天及人阿修羅, 應守護是菩薩摩訶薩."(T8, 280b25~26)이라고 하여 보살을 수호하는 이들로서 천과 아수라가 등장하기도 한다.

224 『대지도론大智度論』 권100(T25, 756a28~b1). "此〈中『般若波羅蜜』品, 有〉二萬二千偈, 『大般若』〈品, 有〉十萬偈, 諸龍王, 阿修羅王, 諸天宮中, 〈有〉千億萬偈." 괄호는 생략된 부분을 표시하고, '〈 〉' 표시는 원문과 다르지만 문맥에 저촉되지 않아 본문에서 그대로 둔 부분에 해당한다.

225 『대지도론』 원문에는 '者'가 없지만 그대로 둔다.

226 『대지도론』 원문에는 '摩訶'가 없지만 그대로 둔다.

타적 말다툼의 자리'(諍處)에 관해서는 다른 경전들[에서 이미 말한 것]과 같다. 지금은 '배타적 말다툼이 없는 자리'(無諍處)를 밝히고자 하기 때문에 이『마하반야바라밀경摩訶般若波羅蜜經』을 설한다."²²⁷ 이 증명으로써 지금 이 경전(『마하반야바라밀경』)은 [『해심밀경解深密經』의 교판敎判에서] '세 번째인 사실 그대로 드러나는 가르침'(第三顯了法輪)과 같은 것임을 알 수 있으니, '모든 배타적 말다툼이 발붙일 만한 자리'(諸諍論安足處)가 아니기 때문이다. 그런데 이 경전(『마하반야바라밀경』)과 같은 것들이 '두 번째[인 '현상으로 드러나지 않는'(隱密相)] 가르침'(第二法輪)을 나타낸다고 판별한다면 이 경전은 '배타적 말다툼의 자리'(諍論處)가 되어 버리니, 논서(『대지도론』)에서 이 [경전]에 관해 '배타적 말다툼을 없앤 것'(無諍)이라고 말한 것과는 상응하지 않는다.

> 又此經言, "欲求三乘菩提, 當學般若波羅蜜," 又言, "波若波羅蜜中, 雖無法可得, 而有三乘之敎," 乃至廣說. 如『解深密經』中亦言, "一切聲聞獨覺菩薩, 皆是一妙淸淨道". 當知此經, 同彼第三, 普爲發趣一切乘者, 以顯了相, 轉正法輪. 而彼第二法輪中言, 唯爲發趣修大乘者, 何得以此, 屬彼第二?
>
> [H1, 487a11~18; T33, 73c5~12]

또 이 경전(『마하반야바라밀경摩訶般若波羅蜜經』)에서는 "'[성문聲聞·연각緣覺·보살菩薩, 이] 세 부류 수행자의 깨달음'(三乘菩提)을 [모두] 추구하려 한다면 '지혜를 밝히는 [대승 보살의] 수행'(般若波羅蜜)을 배워야 한

---

227 『대지도론大智度論』권1(T25, 62b6~8). "復次, 有二種說法, 一者諍處, 二者〈不〉諍處. 諍處, 如餘經〈中已說〉. 今欲明無諍處故, 說是『般若波羅蜜經』." 괄호는 생략된 부분을 표시하고, '〈〉' 표시는 원문과 다르지만 문맥에 저촉되지 않아 본문에서 그대로 둔 부분에 해당한다.

다."[228]라 말하고, 또 "'지혜를 밝히는 [대승 보살의] 수행'(波若波羅蜜)에서
는 비록 얻을 수 있는 [불변·독자의 본질/실체인] 현상(法)이 없으면서도
'[성문聲聞·연각緣覺·보살菩薩, 이] 세 부류의 가르침'(三乘之教)은 [사실 그
대로] 있는 것이다."[229]라고 하면서 자세히 말한다. 『해심밀경解深密
經』에서 "모든 '가르침을 들어서 [혼자] 깨달으려는 수행자'(聲聞)와 '연기
緣起의 이치로 [혼자] 깨달으려는 수행자'(獨覺) 및 [대승의] 보살菩薩은 다
'하나처럼 통하는 사실 그대로의 온전한 길'(一妙清淨道)[에서 만나는 것]
이다."[230]라고 말하는 것과도 같다. [따라서] 이 경전(『마하반야바라밀경』)
은 저 [『해심밀경』의] 세 번째 [가르침(法輪)]에서 〈널리 '모든 것을 [하나처

---

228 일치하는 문장은 찾아지지 않지만, 유사한 문맥으로 『마하반야바라밀경摩訶般
若波羅蜜經』 권8에서는 "般若波羅蜜中, 廣說三乘之教, 及護持菩薩之教."(T8, 276
c6~7)라고 하여 삼승三乘의 가르침을 광설廣說하는 반야바라밀般若波羅蜜의 면
모가 서술되어 있다. 〈산스크리트본의 해당 내용: PvsP.I-1, p.30. evaṃ
bodhisattvena mahāsattvena prajñāpāramitāyāṃ śikṣitavyam, bodhisattvanyāmam
avakramitukāmena śrāvakapratyekabuddhabhūmim atikramitukāmena,
avinivartanīyabhūmau sthātukāmena ⋯; 결점이 없는 보살의 지위에 들어가고
자 하는, 성문과 독각의 단계를 뛰어넘고자 하는, 불퇴전의 단계에 머물고자 하는
⋯ 보살은 이와 같이 반야바라밀을 배워야 한다.〉
229 『마하반야바라밀경摩訶般若波羅蜜經』 권8(T8, 279c1~3). "般若波羅蜜中, 雖無法可
得, (所謂色受想行識, 乃至一切種智), 而有三乘之教, (所謂聲聞乘, 辟支佛乘, 佛乘.)"
괄호는 생략된 부분을 표시한다. 〈산스크리트본의 해당 내용: PvsP.II-III., p.34.
na ca nāma kaścid dharma upalabhyate rūpaṃ vā vedanā vā saṃjñā vā
saṃskāra vā vijñānaṃ vā yāvat sarvākārajñatā vā, kutaḥ punas trayāṇāṃ
yānānāṃ vyavasthānaṃ prajñāyate śrāvakayānasya vā pratyekabuddhayānasya
vā mahāyānasya vā.; 그리고 [반야바라밀에서는] 어떤 법도 지각되지 않으니, 신
체든, 느낌이든, 통각이든, 성향이든, 지각이든, 나아가 모든 양상을 아는 사람의
지혜든 [지각되지 않는다.] 그런데 어디서 3승 곧 성문승, 혹은 독각승, 혹은 대승
의 확립이 설정되겠는가?〉
230 『해심밀경解深密經』 권2(T16, 695a17~18). "一切聲聞獨覺菩薩, 皆(共)〈此〉一妙清
淨道." 괄호는 생략된 부분을 표시하고, '〈〉' 표시는 원문과 다르지만 문맥에 저촉
되지 않아 본문에서 그대로 둔 부분에 해당한다.

림] 통하게 하는 가르침'(一切乘)에 발심하여 나아가는 자들을 위해 '사실 그대로 드러나는 양상'(顯了相)으로써 '바른 가르침'(正法輪)을 펼쳤던 것)과 같음을 알아야 한다. 그리고 저 『해심밀경』의] '두 번째 가르침'(第二法輪)에서 말한 것은 오직 대승에 발심하여 나아가 닦는 자들만을 위한 것이니, 어찌 이 [『마하반야바라밀경』]을 저 [『해심밀경』의] 두 번째 [가르침]에 속하게 하겠는가?

> 又此經「如化品」言, "〈若法有生滅者, 如化, 若法無生無滅, 所謂[231]無誑相涅槃, 是法非變化.〉須菩提言, 〈如佛所說, 一切[232]諸法性空, 非聲聞作, 乃至非諸佛作, 云何涅槃一法, 非如化?〉佛言, 〈如是如是. 一切法性常空.[233] 若新發意菩薩, 聞一切法皆是性空, 乃至涅槃亦皆如化, 心卽驚怖. 爲是新發意菩薩故, 分別生滅者如化, 不生滅者不如化.〉須菩提言, 〈世尊, 云何令新發意菩薩, 知是[234]性空?〉佛告須菩提, 〈諸法先有今無耶?〉"以是文證, 當知此經, 說涅槃法, 亦無自性. 而彼第二法輪中, 言"一切諸[235]法, 無生無滅, 本來寂靜, 自性涅槃,"不言涅槃無自性性. 第三了義法輪中, 言"一切諸[236]法, 無生無滅, 乃至涅槃, 無自性性". 以是故, 知今此經宗, 超過第二, 同第三也.
>
> [H1, 487a18~b10; T33, 73c12~26]

---

231 『마하반야바라밀경』 원문에는 '所謂'가 없지만 그대로 둔다.
232 『마하반야바라밀경』 원문에는 '一切'가 없지만 그대로 둔다.
233 『마하반야바라밀경』 원문에는 '一切法性常空'이 '諸法平等'이라고 되어 있지만, 전체 문장을 축약하면서 앞 내용에서 사용한 용어로써 문장을 적절히 구성하기 위한 선택으로 보이므로 그대로 둔다.
234 『마하반야바라밀경』 원문에는 '是'가 없지만 그대로 둔다.
235 『해심밀경』 원문에는 '諸'가 없지만 그대로 둔다.
236 『해심밀경』 원문에는 '諸'가 없지만 그대로 둔다.

또 이 경전(『마하반야바라밀경摩訶般若波羅蜜經』)의 「여화품如化品」에서 [다음과 같이] 말한다. "[부처님이 수보리須菩提에게 말했다.] 〈만약 현상(法) 에 [불변·독자의 본질/실체로서] 생겨남과 사라짐'(生滅)이 있는 것이라면 [그것은 모두] 허깨비(化)와 같지만, 만약 현상에 '[불변·독자의 본질/실체 로서] 생겨남도 없고 사라짐도 없다'(無生無滅)면 이른바 '[불변·독자의 본 질/실체 관념에 의한] 속임이 없는 양상으로서의 열반'(無誑相涅槃)이니, 이런 현상(法)은 [분별망상에 의해] 변화하는 것이 아니다.〉 수보리須菩提 가 말했다. 〈부처님께서 [이전에] 말씀하신 것처럼, [열반涅槃을 포함한] '모든 현상의 본연에 불변·독자의 본질/실체가 없다.'(一切諸法性空)는 것은 '가르침을 들어서 [혼자] 깨달으려는 수행자'(聲聞)가 지어낸 것도 아니고 내지 모든 부처가 지어낸 것도 아닌 것인데, 어찌하여 열반涅槃 이라는 이 하나의 현상(法)만을 허깨비(化)와 같은 것이 아니라고 하십 니까?〉 부처님이 말씀하셨다. 〈그렇다, 그렇다. [열반을 포함한] '모든 현 상의 본연에는 늘 불변·독자의 본질/실체가 없다.'(一切法性常空) [그런 데] 만약 '[열반 증득을 위한 수행에] 새롭게 뜻을 일으킨 보살'(新發意菩薩) 이 '모든 현상'(一切法)은 다 '본연에 불변·독자의 본질/실체가 없고'(性 空) 열반도 다 허깨비(化)와 같다[는 말]을 듣게 되면 마음이 곧바로 놀라 고 두렵게 될 것이다. [그래서] 이 '[열반 증득을 위한 수행에] 새롭게 뜻을 일으킨 보살'(新發意菩薩)을 [보호하기] 위해, '[불변·독자의 본질/실체로서] 생겨나거나 사라지는 것'(生滅者)은 허깨비(化)와 같고 '[불변·독자의 본 질/실체로서] 생겨나거나 사라지지 않는 것'(不生滅者)은 허깨비(化)와 같 지 않다고 구별[하여 말]한 것이다.〉 수보리須菩提가 말했다. 〈'세상에서 가장 존귀하신 분'(世尊)이여, 어떻게 '[열반 증득을 위한 수행에] 새롭게 뜻 을 일으킨 보살'(新發意菩薩)로 하여금 이 '[모든 것의] 본연에 불변·독자 의 본질/실체가 없음'(性空)을 알게 할 수 있습니까?〉 부처님이 수보리 須菩提에게 이르기를, 〈[어떻게] '모든 현상'(諸法)이 '이전에는 [불변·독자 의 본질/실체로서] 있다가 지금은 [아예] 없는 것'(先有今無)[237]이겠는가?〉라고 했다."238

237 선유금무先有今無: 본유금무本有今無라고도 하는데, 이에 관해 『대지도론大智度
論』 권42에서는 "今行般若波羅蜜, 滅虛誑顚倒, 了知其無, 非本有今無. 本有今無, 則
墮斷滅."(T25, 364b26~28)이라고 하여 '본래 있다가 지금 없는 것'(本有今無)이라
면 단멸론斷滅論에 떨어진다고 설명한다. 말하자면 모든 것이 불변·독자의 본질
/실체로서 본래 있다가 지금은 아예 없는 것이라고 하면 아무것도 없다는 단멸론
에 떨어지게 되므로, 열반을 위시한 모든 현상은 성공性空이라는 설명이다.

238 『마하반야바라밀경摩訶般若波羅蜜經』 권26(T8, 416a2~16). "(佛告須菩提,) 若〈有
法〉生滅(相)者, 〈皆是變化〉. (須菩提言, 世尊, 何等法非變化? 佛言,) 若法無生無滅,
(是非變化. 須菩提言, 何等是不生不滅非變化? 佛言,) 無誑相涅槃, 是法非變化. (世
尊,) 如佛〈自〉說, ① (諸法平等)非聲聞作, 〈非辟支佛作, 非諸菩薩摩訶薩作,〉 非諸佛
作, (有佛無佛,) ② 諸法性(常)空, (性空即是涅槃)一法非如化? 佛〈告〉
(須菩提), 如是如是. ③〈諸法平等,〉(非聲聞所作, 乃至性空即是涅槃). 若新發意菩薩,
聞(是)一切法(畢竟)性空, 乃至涅槃亦皆如化, 心〈則〉驚怖. 爲是新發意菩薩故, 分別生
滅者如化, 不生不滅者不如化. 須菩提(白佛)言, 世尊, 云何〈教〉新發意菩薩, (令)知性
空? 佛告須菩提, 諸法先有今無耶?" 괄호는 생략된 부분을 표시하고, '〈〉' 표시는
원문과 다르지만 문맥에 저촉되지 않아 본문에서 그대로 둔 부분에 해당한다. 번
호로 표시한 곳들 중 ①의 '제법평등諸法平等'은 ②의 '제법성(상)공諸法性(常)空'
을 가져와 본문에서 문장의 주어로 대체한 곳이고, ③의 '제법평등諸法平等'은 앞
의 교감주에서 언급했듯이 ②의 '제법성(상)공諸法性(常)空'의 문맥을 이어 가기
위해 본문에 '일체법성상공一切法性常空'이라고 표현되어 있는 곳에 해당한다.
이 경문은 『열반종요涅槃宗要』(H1, 528c10 이하)에서 원효가 "餘處說生死虛妄, 涅
槃不空等者, 爲護淺識新發意者生驚怖故, 作方便說."이라고 하여, 생사生死는 허망虛
妄이고 열반涅槃은 '허망하지 않은 것'(不空)이라고 말한 것은 천식신발의자淺識新
發意者들을 보호하기 위해 방편으로 말한 것이라고 하면서 그 아래에 경증으로서
인용하는 문장이기도 하다. 〈산스크리트본의 해당 내용: PvsP. VI-VIII, pp.178-
179. bhagavān āha: ye kecit subhūte dharmā utpāditā vā nirodhitā vā sarva
ete nirmitāḥ. subhūtir āha: katamo bhagavan dharmo yo na nirmitakaḥ?
bhagavān āha: yasya notpādo na nirodhaḥ sa dharmo na nimitaḥ. subhūtir
āha: sa punaḥ katamo bhagavan? bhagavān āha: asaṃmoṣadharmo na
nirmitaḥ. subhūtir āha: yat punar bhagavatoktaṃ śūnyatā yāś ca na calati, na
ca dvaye nopalabhyate, na ca kaścid dharmo yo na śūnyas tasmād bhagavan
saṃmoṣadharmo nirmitako bhavet. bhagavān āha: evam etat subhūte evam
etat, sarvadharmāḥ subhūte svabhāvena śūnyās te na śrāvakaiḥ kṛtā na
pratyekabuddhaiḥ kṛtā na bodhisattvair mahāsattvaiḥ kṛtā na tathāgataiḥ kṛtā,

이러한 '문헌에 의거한 증명'(文證)으로써 이 경전(『마하반야마라밀경』)에서는 〈'열반이라는 현상'(涅槃法)도 '불변·독자의 본질/실체'(自性)가 없다.〉고 말한다는 것을 알아야 한다. 그런데 저 [『해심밀경解深密經』의] '두 번째 가르침'(第二法輪)에서는 "'모든 현상'은 '[불변·독자의 본질/실체로세] 생겨나거나 사라짐도 없으며' '본래 [분별의 동요가] 그처 고요하고' '본연 그대로 열반'이다."(一切諸法, 無生無滅, 本來寂靜, 自性涅槃)²³⁹라고 말하는 것이지, '열반의 불변·독자의 본질/실체가 없는 면모'(涅槃無自

---

yā ca svabhāvaśūnyatā tan nirvāṇam. evam ukte āyuṣmān subhūtir bhagavantam etad avocat: ādikarmiko bhagavan pudgalaḥ katham avavaditavyaḥ? katham anuśāsitavyo yat svabhāvaśūnyatāṃ parijānīyāt? atha khalu bhagavān āyuṣmantaṃ subhūtim etad avocat: kiṃ punaḥ subhūte pūrvaṃ bhāvo 'bhaviṣyat paścād abhāvo bhaviṣyati? nātra subhūte bhāvo nābhāvo na svabhāvo na parabhāvaḥ, kuta eva svabhāvaśūnyatā bhaviṣyati?; 세존께서 말씀하셨다. "수보리여, 발생하거나 소멸하는 그 모든 법은 환영으로 만들어진 것이다." 수보리가 말했다. "세존이시여, 어떤 법이 환영으로 만들어지지 않은 것입니까?" 세존이 말씀하셨다. "발생하지도 소멸하지도 않는 그 법이 환영으로 만들어지지 않은 것이다." 수보리가 말했다. "그런데 세존이시여, 그것은 무엇입니까?" 세존이 말씀하셨다. "혼란되지 않는 법이 환영으로 만들어지지 않은 것이다." 수보리가 말했다. "그런데 세존께서 설한 공성은 움직이지도 않고 두 가지가 지각되지도 않으며, 어떤 법도 공하지 않은 것이 없습니다. 그러므로 세존이시여, 혼란스러운 법은 환영으로 만들어진 것입니다." 세존께서 말씀하셨다. "그것은 그와 같다. 수보리여, 그것은 그와 같다. 수보리여, 모든 법은 그 자체로 공하다. 그것은 성문에 의해 만들어진 것도 아니고 독각에 의해 만들어진 것도 아니며 보살마하살에 의해 만들어진 것도 아니고 여래에 의해 만들어진 것도 아니다. 그리고 본질적으로 공성인 것은 열반이다." 이와 같이 말해졌을 때 장로 수보리는 세존께 다음과 같이 말했다. "세존이시여, 초보자를 어떻게 가르쳐야 합니까? 어떻게 본질적인 공성을 철저히 인식하도록 가르쳐야 합니까?" 그때 세존은 장로 수보리에게 다음과 같이 말씀하셨다. "수보리여, 어떻게 이전에 존재했던 것이 나중에 비존재가 되는가?")

239 『해심밀경』권2의 삼종법륜三種法輪 중에서 "(世尊在昔第二時中, 唯爲發趣修大乘者, 依)一切法, (皆無自性,) 無生無滅, 本來寂靜, 自性涅槃."(T16, 697a28~b1)이라고 설한 것에 해당한다. 괄호는 생략된 부분을 표시한다.

性性)에 관해서는 말하지 않는다. [그리고] '세 번째인 완전한 뜻에 관한 가르침'(第三了義法輪)에서는 "'모든 현상'은 '[불변·독자의 본질/실체로서] 생겨나거나 사라짐도 없으며' '[본래 분별의 동요가 그쳐 고요하고 본연 그대로] 열반'이라는 것도 '불변·독자의 본질/실체의 면모가 없는 것'이다."(一切諸法, 無生無滅, 乃至涅槃, 無自性性)[240]라고 말한다. 이런 까닭에 지금 이 경전(『마하반야바라밀경』)의 '핵심 내용'(宗)은 두 번째 [가르침]을 넘어서서 세 번째 [가르침]과 같다는 것을 알 수 있다.

> 又『華嚴經』云, "生死及涅槃, 是二悉虛妄, 愚智亦如是, 二皆無眞實." 今此經云, "色受想等, 如幻如夢, 乃至涅槃如幻夢. 若當有法勝涅槃者, 我說亦復如幻如夢", 當知此經, 同彼『華嚴』, 無上無容, 究竟了義. 但其教門, 各各異一耳. 第五判教, 略述如之.
>
> [H1, 487b10~16; T33, 73c26~a2]

또 『화엄경華嚴經』에서는 "[세간에 매인] 생사生死와 [세간을 넘어선] 열반涅槃, 이 두 가지[를 각각 실체로서 분별하는 것]은 모두 '사실이 아니니'(虛妄), 어리석음(愚)과 지혜(智)[를 각각 실체로서 분별하는 것]도 이와 같아서 [실체로서 분별한] 두 가지 모두 '사실 그대로[의 면모]'(眞實)가 없네."[241] 라고 말한다. 지금 이 경전(『마하반야바라밀경摩訶般若波羅蜜經』)에서도 "'색깔이나 모양 있는 것'(色)·느낌(受)·'개념적 지각'(想) 등[의 오온五蘊]은 허깨비(幻)와 같고 꿈(夢)과 같고, 내지 열반涅槃도 허깨비(幻)나

---

240 『해심밀경』 권2의 삼종법륜三種法輪 중에서 "(世尊於今第三時中, 普爲發趣一切乘者, 依)一切法, (皆無自性,) 無生無滅, (本來寂靜, 自性)涅槃, 無自性性."(T16, 697b4~7)이라고 설한 것에 해당한다. 괄호는 생략된 부분을 표시한다.

241 『화엄경華嚴經』 권10(T9, 464c23~24). "生死及涅槃, 〈此〉二悉虛妄, 愚智亦如是, 二〈俱〉無眞實." '〈 〉' 표시는 원문과 다르지만 문맥에 저촉되지 않아 본문에서 그대로 둔 부분에 해당한다.

꿈(夢)과 같다. 만약 어떤 현상(法)이 열반보다 더 탁월해진다고 해도 나는 역시 허깨비(幻)와 같고 꿈(夢)과 같다고 설할 것이다."[242]라고 말

---

242 『마하반야바라밀경摩訶般若波羅蜜經』 권8(T8, 276a27~b8). "色(如幻如夢,) 受想(行識), 如幻如夢, … 涅槃亦如幻(如)夢. 若當有法勝(於)涅槃者, 我說亦復如幻如夢." 괄호는 생략된 부분을 표시한다. 중략된 내용에서는 갖가지 현상들을 제시하여 그 실체성을 부정하는데, 예를 들어 안眼 · 이耳 · 비鼻 등의 육근六根, 내공內空 · 무법유법공無法有法空 등의 18공十八空, 사념처四念處 · 사정근四正勤 등의 수행과정과 그로 인해 얻는 수다원과須陀洹果 · 사다함과斯多含果 및 불과佛果 등의 과지果地들이 그것이다. 본문에 인용된 열반涅槃은 가장 마지막에 부정되는 현상이다. 〈산스크리트본의 해당 내용: PvsP.II-III.,pp.14-15. rūpam api devaputrāḥ svapnopamaṃ māyopamaṃ, vedanā saṃjñā saṃskārā vijñānam api devaputrāḥ svapnopamaṃ māyopamaṃ. cakṣur api devaputrāḥ svapnopamaṃ māyopamaṃ. evaṃ śrotraṃ ghrāṇam jihvā kāyo mano 'pi devaputrāḥ svapnopamaṃ māyopamaṃ. rūpam api devaputrāḥ svapnopamaṃ māyopamaṃ. evaṃ śabdagandharasasparśadharmā api devaputrāḥ svapnopamā māyopamāś. cakṣurvijñānaṃ cakṣuḥsaṃsparśaś cakṣuḥsaṃsparśajā vedanā svapnopamā māyopamāḥ. evaṃ śrotraṃ ghrāṇam jihvā kāyo manovijñānaṃ manaḥsaṃsparśo manaḥsaṃsparśajā vedanā svapnopamā māyopamā. dānapāramitāpi svapnopamā māyopamā. evaṃ śīlapāramitā kṣāntipāramītā vīryapārmitā dhyānapāramitā prajñāpāramitāpi svapnopamā māyopamā. evam adhyātmaśūnyatā bahirdhāśūnyatādhyātmabahirdhāśūnyatā yāvad abhāvasvabhāvaśūnyatāpi svapnopamā māyopamā. smṛtyupasthānāny api svapnopamāni māyopamāni. evaṃ samyakprahāṇarddhipādendriyabalabodhyaṅgāryāṣṭāṅgamārgāpramāṇadhyā nārūpyasamāpattayaḥ, abhijñā satyāni daśa balāni catvāri vaiśāradyāni catasraḥ pratisaṃvido 'ṣṭādaśāveṇikā api buddhadharmāḥ svapnopamā māyopamāḥ. srotaāpattiphalam api svapnopamaṃ māyopamaṃ. srotaāpanno 'pi svapnopamo māyopamaḥ. evaṃ sakṛdāgāmiphalam api sakṛdāgāmy apy anāgāmiphalam apy anāgāmy apy arhatphalam apy arhann api svapnopamo māyopamaḥ. pratyekabodhir api svapnopamā māyopamā, pratyekabuddho 'pi svapnopamo māyopamaḥ. bodhisattvatvam api svapnopamaṃ māyopamaṃ, bodhisattvo 'pi svapnopamo māyopamo. anuttarā samyaksaṃbodhir api svapnopamā māyopamā, buddho 'pi svapnopamo māyopamaḥ. atha khalu te devaputrā āyuṣmantaṃ subhūtim etad avocat: buddhatvam api sthavira

하니, 이 경전(『마하반야바라밀경』)은 저 『화엄경』과 같이 '더 높은 가르

subhūte svapnopamaṃ māyopamam iti vadasi. tat kiṃ manyase? nirvāṇam api svapnopamaṃ māyopamaṃ. subhūtir āha: nirvāṇam apy ahaṃ devaputrāḥ svapnopamaṃ māyopamam iti vadāmi, saced ahaṃ devaputrā nirvāṇād api kaṃcid dharmaviśiṣṭataraṃ jāniyāṃ, tam apy ahaṃ svapnopamaṃ māyopamaṃ vadeyaṃ. tat kasya hetos? tathā hi devaputrāḥ svapnaś ca māyā ca nirvāṇaṃ cādvayam etad advaidhīkāram.; 천신의 아들이여, 신체도 꿈과 같고 마술과 같습니다. 천신의 아들이여, 느낌, 통각, 성향, 지각도 꿈과 같고 마술과 같습니다. 천신의 아들이여, 안[근]도 꿈과 같고 마술과 같습니다. 마찬가지로 이[근], 비[근], 설[근], 신[근], 의[근]도 꿈과 같고 마술과 같습니다. 천자여, 물질도 꿈과 같고 마술과 같습니다. 마찬가지로 천자여, 소리, 향기, 맛, 감촉, 법도 꿈과 같고 마술과 같습니다. 안식과 안[근]이 접촉하여 안촉으로부터 발생한 느낌도 꿈과 같고 마술과 같습니다. 마찬가지로 이[식], 비[식], 설[식], 신[식], 의[식]과 [이근·비근·설근·신근·의근이 접촉하여 [이촉·비촉·설촉·신촉]·의촉으로부터 발생한 느낌도 꿈과 같고 마술과 같습니다. 보시바라밀도 꿈과 같고 마술과 같습니다. 마찬가지로 지계바라밀·인욕바라밀·정진바라밀·정려바라밀·반야바라밀도 꿈과 같고 마술과 같습니다. 마찬가지로 내적인 공, 외적인 공, 내외의 공부터 비존재를 본질로 하는 공[無有自性空]도 꿈과 같고 마술과 같습니다. [네 가지] 주의집중의 확립[四念處]도 꿈과 같고 마술과 같습니다. 마찬가지로 [네 가지] 바른 끊음, [네 가지] 초월적 능력, [다섯 가지] 기능, [다섯 가지] 능력, [일곱 가지] 깨달음의 수단인 지분, 여덟 가지 바른길, [네 가지] 무량, [네 가지] 정려, [네 가지] 무색정, [여섯 가지] 초월적 인식능력, [네 가지] 진리, 열 가지 힘, 네 가지 자신감, 네 가지 막힘없는 인식, 열여덟 가지 붓다만의 속성도 꿈과 같고 마술과 같습니다. 예류과도 꿈과 같고 마술과 같습니다. 예류과를 얻은 자도 꿈과 같고 마술과 같습니다. 마찬가지로 일래과도 일래과를 얻은 자도, 불환과도 불환과를 얻은 자도, 아라한과도 아라한과를 얻은 자도 꿈과 같고 마술과 같습니다. 독각의 깨달음도 꿈과 같고 마술과 같습니다. 독각도 꿈과 같고 마술과 같습니다. 보살의 깨달음도 꿈과 같고 마술과 같습니다. 보살도 꿈과 같고 마술과 같습니다. 최고의 바른 깨달음도 꿈과 같고 마술과 같습니다. 붓다도 꿈과 같고 마술과 같습니다. 그러자 그 천자들은 장로 수보리에게 다음과 같이 말했다. "상좌 수보리여, 붓다의 깨달음도 꿈과 같고 마술과 같다고 하였는데, 어떻게 생각하십니까? 열반도 꿈과 같고 마술과 같습니까?" 수보리가 대답했다. "천자여, 나는 열반도 꿈과 같고 마술과 같다고 말합니다. 천자여, 만약 내가 열반보다도 더 뛰어난 어떤 법을 안다면, 나는 그것도 꿈과 같고 마술과 같다고 말할 것입니다. 왜 그러합니까? 천자여, 꿈과 마술은 열반과 둘이 아니고 다르지 않기 때문입

침이 없고 더 담아내야 할 가르침이 없는 것'(無上無容)이기에 '궁극적으로 완전한 뜻'(究竟了義)임을 알아야 한다. 단지 그 '가르침의 방식들'(教門)이 각각 [설법의 구체적 상황에 따라] 다르거나 같을 뿐이다.

다섯 번째인 '가르침[의 위상]을 판별하는 것'(判教)에 관해 대략 서술한 것은 이상과 같다.

第六消文, 依論廣釋. 『大慧度經宗要』終.

[H1, 487b17~18; T33, 73a3~4]

6. 경전의 문장을 풀이함(消文)

여섯 번째인 '[경전의] 문장을 풀이하는 것'(消文)은 '논서(『대지도론大智度論』)의 자세한 해석'(論廣釋)에 의지[하는 것으로 대신]하겠다.[243]

『대혜도경종요大慧度經宗要』를 마친다.

니다.〉

243 의론광석依論廣釋: 이 문장은 크게 두 가지 관점에서 번역될 수 있을 것으로 보인다. 첫 번째는 '대혜도경종요大慧度經宗要'라는 서명에 의거하는 관점이다. 원효의 저작들 중 『기신론소起信論疏』·『본업경소本業經疏』·『범망경보살계본사기梵網經菩薩戒本私記』 등에서처럼 대상 경론의 원문을 직접 수문해석隨文解釋해가는 문헌에는 '소疏'나 '기記'의 명칭이 채택되고, 『열반종요涅槃宗要』·『미륵상생경종요彌勒上生經宗要』 등에서처럼 원문을 수문해석하지 않고 대상 경전의 대의大意를 자세히 분석하기만 하는 문헌에는 '종요宗要'의 명칭이 채택된다. 따라서 『대혜도경종요』에서는 제6소문第六消文 단락이 배치되어 있을 뿐 그 구체적 내용은 『대지도론大智度論』에 미루는 방식을 취하는 것이라고 하겠다. 두 번째는 소문消文 단락에 해당하는 방대한 내용이 필사 및 유통의 과정에서 전해지지 않게 되었다고 보는 관점이다. 이 경우에는 "여섯 번째는 '[경전의] 문장을 풀이하는 것'이다. 『대지도론大智度論』에 의거하여 자세히 해석한다."(第六消文. 依論廣釋)라고 번역할 수 있다. 본문의 번역은 첫 번째 관점에 따랐다.

법화종요法華宗要

『법화종요法華宗要』[1]

―『법화경法華經』의 가장 중요한 핵심―

원효 대사가 짓다(元曉師撰)

將欲解釋此經, 略開六門分別.
[初述大意, 次辨經宗, 三明詮用, 四釋題名, 五顯教攝, 六消文義.][2]
[T34, 870c10~11; H1, 487c5~7]

앞으로 이 『[법화]경』을 해석하려 함에 있어 대략 '여섯 부문'(六門)으로 나누어 펼치고자 한다.

[처음은 '전체의 취지를 서술함'(述大意)이고, 다음은 '경의 핵심내용을 밝힘'(辨經宗)이며, 세 번째는 '[뜻을] 드러내는 작용을 밝힘'(明詮用)이고, 네 번째는 '제목의 명칭을 해석함'(釋題名)이며, 다섯 번째는 '가르침이 속하는 [교설의] 영역을 드러냄'(顯教攝)이고, 여섯 번째는 '경문의 뜻을 자세히 풀어냄'(消文義)[3]이다.]

---

1 본 번역의 저본은 『대정신수대장경大正新修大藏經』 34권에 실린 일본 인화사仁和寺 소장본(1283년)이다. 『한국불교전서』 제1책에는 대정장본을 교감하여 수록하였다. 본 번역은 대정장의 인화사 소장본을 저본으로 삼고, 한불전에 수록된 교감본도 참고한다. 그리고 『동문선』 제83권에는 「법화종요서法華宗要序」가 수록되어 있고, 선암사仙巖寺에도 서문의 판본이 전하는데, 이는 모두 『법화종요』 가운데 「대의」부분에 해당한다. 이는 「대의」부분을 번역할 때 참고한다.
2 저본인 대정장에는 '[初述大意, 次辨經宗, 三明詮用, 四釋題名, 五顯教攝, 六消文義.]'가 세주로 표기되어 있다.(T34, 870c10~11.)
3 현재 여섯 번째인 '경문의 뜻을 자세히 풀어냄'(消文義)은 전하지 않는다.

1. 먼저 전체의 취지를 서술함(初述大意)

初述大意者. 『妙法蓮華經』者, 斯乃十方三世諸佛出世之大意, 九道四生, 滅[4]入一道之弘門也. 文巧義深, 無妙不極, 辭敷理泰, 無法不宣. 文辭巧敷, 花而含實, 義理深泰, 實而帶權. 理深泰者, 無二無別也, 辭巧敷者, 開權示實也.

[T34, 870c11~16; H1, 487c8~13]

'먼저 전체의 취지를 서술함'(初述大意)이란 [다음과 같다.] 『묘법연화경 妙法蓮華經』은 '온 세상 과거·현재·미래의 모든 부처님'(十方三世諸佛) 이 '세상에 출현한 크나큰 뜻'(出世之大意)이며, '[여섯 가지 미혹세계인 육도 六道와 세 가지 수행자들의 길인 삼승도三乘道를 합친] 아홉 가지 길'(九道)[5]과 '[태생胎生·난생卵生·습생濕生·화생化生, 이] 4가지 중생'(四生)을 모두 '하나의 길에 들어가게 하는 넓은 문'(咸入一道之弘門)이다 '문장은 교묘 하고 뜻은 깊어서 오묘함이 극에 이르지 않음이 없고'(文巧義深, 無妙不 極), '말은 두루 펼쳐지고 이치는 광대하여 도리가 드러나지 않음이 없 다'(辭敷理泰, 無法不宣). 문장과 말이 교묘하고 두루 펼쳐지니 꽃이면서 도 열매를 머금었고, 뜻과 이치가 깊고 광대하니 진실(實)이면서도 방 편(權)을 [함께] 갖추었다. '이치가 깊고 광대한 것'(理深泰)은 '[깊어서] 둘 이 없고 [광대하여] 다른 것이 없음'(無二無別)이고, '말이 교묘하고 두루 펼쳐지는 것'(辭巧敷)는 것은 '[교묘한] 방편을 펼쳐 [두루] 진실을 드러냄'

4　저본인 대정장에는 '滅'이라고 되어 있지만, 한불전 교감주에는 갑본인 『동문 선』본에 의거하여 '咸'으로 교감하였다. 본 번역도 한불전에 의거하여 '咸'으로 번 역한다.

5　구도九道: 세속의 중생인 육도六道(지옥地獄·아귀餓鬼·축생畜生·아수라阿修 羅·천상天上·인간人間)와 진리를 추구하는 수행자의 길인 삼승도三乘道(성문聲 聞·연각緣覺·보살菩薩)를 합친 아홉 가지 길을 의미한다.

(開權示實)이다.

"開權"者, 開門外三車是權, 中途寶城是化, 樹下成道非始, 林間滅
度非終. "示實[6]"者, 示口[7]生並是吾子, 二乘皆當作佛, 算[8]數不足量
其[9]命, 劫火不能燒其立.[10] 是謂文辭之巧妙也. 言"無二"者, 唯一大事,
於佛知見開示悟入, 無上無異, 令知令證故. 言"無別"者, 三種平等, 諸
乘諸身, 皆同一揆, 世間涅槃, 永離二際故. 是謂義理之深妙也. 斯則
文理, 滅[11]妙無非玄, 則離麤之軌, 乃稱妙法. 權華[12]開敷, 實菓泰彰,
無染之美, 假喻蓮花.

[T34, 870c16~25; H1, 487c13~488a3]

"[교묘한] 방편을 펼친다."(開權)는 것은, [『법화경』에서] 〈'문밖으로 유
인하는 세 가지 수레'(門外三車)[13]는 [교묘한] 방편이다.〉(門外三車是

---

6 저본인 대정장과 『동문선』본에는 '實'이라고 되어 있는데, 한불전은 '質'이라고 되
  어 있다. 본 번역은 저본에 따라 '實'로 번역한다.

7 저본인 대정장에는 '示' 뒤에 한 글자가 탈락되어 있다고 하였는데, 『동문선』본에
  는 '四'로 되어 있다. 본 번역은 『동문선』본에 따라 '四'를 추가하여 번역한다.

8 『동문선』본에는 '塵'으로 되어 있지만, 저본대로 '算'으로 번역한다.

9 한불전에는 '共'으로 되어 있지만, 대정장과 『동문선』본에는 '其'로 되어 있다. 본
  번역은 저본인 대정장대로 '其'로 번역한다.

10 저본인 대정장과 한불전 모두 '立'으로 되어 있지만, 『동문선』본에는 '土'로 되어
  있다. 본 번역은 『동문선』본에 따라 '土'로 번역한다.

11 저본인 대정장과 한불전 모두 '滅'로 되어 있지만, 『동문선』본에는 '咸'으로 되어
  있다. 본 번역은 『동문선』본에 따라 '咸'으로 번역한다.

12 『동문선』본에는 '花'로 되어 있지만, 저본대로 '華'로 번역한다.

13 문외삼거門外三車: 『법화경法華經』 권2 「비유품譬喩品」(T9, 12b13~16b6)에서,
  불타는 집에 머물고 있는 아이들을 구출하기 위해 '양이 끄는 수레'(羊車)·'사슴
  이 끄는 수레'(鹿車)·'소가 끄는 수레'(牛車)의 세 가지 수레로 문밖으로 유인하였
  는데 나와 보니 세 가지 수레는 없고 오직 흰 소가 끄는 '하나의 큰 수레'(一大車)
  가 있었다는 내용에서 유래하는 용어로서, 방편인 삼승三乘을 회통시켜 진실인

權)·〈[보물이 가득한 진짜 성으로] 가던 길에 [보여 준] 보물이 가득한 성'
(中途寶城)은 '[방편 삼아 신통력으로] 나타낸 것'(化)이다.〉(中途寶城是
化)¹⁴·〈[보리수] 나무 아래에서 깨달음을 이루신 것'(樹下成道)은 처음
(始)이 아니다.〉(樹下成道非始)¹⁵·〈[사라(sara) 나무가 쌍으로 서 있는] 숲
사이에서 열반한 것'(林間滅度)은 끝(終)이 아니다.〉(林間滅度非終)¹⁶는 것
들을 펼치는 것이다. "진실을 드러낸다."(示實)는 것은, [『법화경』에서]
〈[태생胎生·난생卵生·습생濕生·화생化生, 이] 4가지 중생'(四生)이 모두
'나의 자식'(吾子)이다.〉(示四生並是吾子)¹⁷·〈[성문聲聞·연각緣覺, 이] 두
부류의 수행자'(二乘)도 모두 부처가 될 것이다.〉(二乘皆當作佛)¹⁸·〈수

일승一乘으로 돌아가게 한다는 회삼귀일會三歸一의 법화사상法華思想을 대변
한다.

14 화성化成 비유: 큰 상단을 이끄는 우두머리가 진귀한 보배가 있는 성으로 대중을
이끌고 가는 도중에 무리가 피곤에 지쳐 더 나아가지 않으려고 하자, 우두머리가
신통력으로 환상의 성을 만들어 무리에게 그 성안에 보물이 있다고 말하며 달래
고 쉬게 하였다. 이 비유는 『법화경』 권7 「화성유품化城喩品」(T9, 22a18~27b8)
에서 자세한 내용을 확인할 수 있다.

15 수하성도비시樹下成道非始:『법화경』「종지용출품從地湧出品」에 나오는 것이다.
세존이 가야성의 보리수나무 아래에서 깨달음을 처음으로 이룬 것이 아니라, 깨
달음을 이룬 것은 이미 무량 백천억 겁 전이었다고 말하고 있다. 석가세존의 깨달
음은 시간을 초월하여 과거·현재·미래에 통시적으로 존재하며 또한 동시에 방
편으로 현재에 드러내 보인다는 것을 말하는 것으로 볼 수 있다.

16 임간멸도비종林間滅度非終:『법화경法華經』「여래수량품如來壽量品」에서는 석가
세존이 가야성의 보리수 아래에서 처음 정각을 이루거나 사라(sara) 나무가 쌍으
로 서 있는 숲 사이에서 마지막으로 입멸에 들었다는 것에 대하여 부정한다. 이런
것들은 방편으로 보인 것일 뿐으로 실제로는 여래가 이미 구원겁 전에 성불하여
과거로부터 현재와 미래에 이르기까지 계속 설법을 한다고 주장한다. 그러므로
〈[보리수] 나무 아래에서 깨달음을 이루신 것은 처음이 아니며〉(樹下成道非始),
〈[사라(sara) 나무가 쌍으로 서 있는] 숲 사이에서 열반한 것은 끝(終)이 아니다.〉
(林間滅度非終)라고 주장하는 것이다.

17 위 본문과 정확히 일치하는 문장은 『법화경』에서 찾을 수 없으나 흡사한 문장은
다음과 같다. "我亦如是, 衆聖中尊, 世間之父, 一切衆生, 皆是吾子."(T9, 14c19~ 21)
또는 "汝諸人等, 皆是吾子, 我則是父."(T9, 15a16.)

를 셈하여도 [부처의] 그 수명을 헤아릴 수 없다.〉(算數不足量其命)[19] ·
〈겁화劫火[20]로도 그 땅을 태울 수 없다.〉(劫火不能燒其土)[21][고 한 것] 등이
다. 이것을 일컬어 [『법화경』의] '문장과 말의 교묘함'(文辭之巧妙)이라 하
는 것이다.

"[깊어서] 둘이 없다."(無二)라고 말한 것은, 오직 '하나의 크나큰 일[을
위한 인연]'(一大事[因緣])으로 '부처의 깨달음의 견해'(佛知見)를 '펼쳐서 보
이고 [중생으로 하여금] 깨달아 들어가게'(開示悟入) 하여 '[더] 높은 것이
없고 [견줄 만한] 다른 것이 없는 [깨달음]'(無上無異)을 알게 하고 증득하게
하기 때문이다. "[광대하여] 다른 것이 없다."(無別)라고 말한 것은, '세 가
지가 평등'(三種平等)하여[22] '[대승과 소승의] 모든 가르침'(諸乘)과 '[자신의

---

18 위 본문과 정확히 일치하는 문장은 『법화경』에서 찾을 수 없으나 흡사한 문장은
    다음과 같다. "過去有佛, 號威音王, 神智無量將, 導一切, 天人龍神, 所共供養. 是佛滅
    後, 法欲盡時, 有一菩薩, 名常不輕. 時諸四衆, 計著於法. 不輕菩薩, 往到其所, 而語
    之言.〈我不輕汝, 汝等行道, 皆當作佛.〉"(T9, 51b11~16.)

19 위 본문과 정확히 일치하는 문장은 『법화경』에서 찾을 수 없으나 흡사한 문장은
    다음과 같다. "我成佛已來, 甚大久遠, 壽命無量阿僧祇劫, 常住不滅."(T9, 42c19~21.)

20 겁화劫火: 겁진화劫盡火 또는 겁소劫燒라고도 한다. 괴겁壞劫 때 일어나는 화재火
    災를 말한다. 불교의 우주관에서는 하나의 세상이 성립하고 지속하며 파괴되고
    없어지는 과정을 성겁成劫·주겁住劫·괴겁壞劫·공겁空劫의 네 시기로 나누는
    데, 세상이 파괴되는 시기인 괴겁에는 수재水災·풍재風災·화재火災의 삼재三災
    가 일어난다. 이때 세상을 모두 태우는 불이 겁화이다.

21 위 본문과 정확히 일치하는 문장은 『법화경』에서 찾을 수 없으나 흡사한 문장은
    다음과 같다. "大火所燒時, 我此土安隱."(T9, 43c6~7.)

22 삼종평등三種平等: 세친이 저술하였다고 알려진 『묘법연화경론우파제사妙法蓮華
    經論優波提舍』(약칭 『법화경론法華經論』)에서 '세 가지 평등'(三種平等)에 대하여
    다음과 같이 설명하고 있다. "說三種平等應知. 一者, 乘平等, 與聲聞授記, 唯有大乘
    無二乘故. 二者, 世間涅槃平等, 以多寶如來入涅槃, 世間·涅槃平等故. 三者, 身平等,
    多寶如來已入涅槃, 復示現身, 自身·他身·法身平等無差別故."(T26, 18a12~17.) 즉
    첫 번째는 승평등乘平等으로 성문에게도 수기를 하였으므로 대승과 소승의 차이
    가 없다는 것이고, 두 번째는 세간열반평등世間涅槃平等으로 다보여래多寶如來가
    열반에 들었기 때문에 세간과 열반이 평등하다는 것이며, 세 번째는 신평등身平

몸'(自身)·'타인의 몸'(他身)·'진리의 몸'(法身)의] 모든 몸'(諸身)이 모두 한 가지로 같으며, 세간과 열반이 [별개인] 둘로 나뉨'(二際)에서 완전히 벗어났기 때문이다. 이것을 일컬어 [『법화경』의] '뜻과 이치가 깊고 오묘함'(義理之深妙)이라 하는 것이다.

이리하여 문장과 이치가 '모두 오묘하고 그윽하지 않음이 없어'(咸妙無非玄) 곧 '[오묘하고 그윽하지 못한] 거친 법도'(麤之軌)에서 벗어나니, 이에 "오묘한 진리"(妙法)라고 부르는 것이다. [그리고] '방편의 꽃'(權華)이 열리어 펼쳐지면 '진실의 열매'(實菓)가 광대하게 드러나니, '[번뇌에] 오염되지 않는 [방편의 꽃과 진실의 열매가 지닌] 아름다움'(無染之美)을 연꽃을 빌려 비유한 것이다.

> 然妙法妙絶, 何三何一, 至久[23]至冥, 誰短誰長? 兹□□總,[24] 入之不易, 諸子瀾漫, 出之良難. 是[25]如來引之□[26]權, 羨□[27]車於鹿苑, 示有□[28]之麤身, 駕白牛於鷲岳, 顯無限之長命. 斯迺□[29]一以破三, 三除一

等으로 다보여래가 열반에 들었다가 다시 몸을 나타냈기 때문에 자신自身·타신他身·법신法身이 평등하다는 것이다.

23 저본인 대정장에는 '久'로 되어 있지만, 『동문선』본에 따라 '人'으로 교감하고 번역한다.

24 저본인 대정장에는 '□□總'으로 되어 있지만, 『동문선』본에 따라 '處悅惚'로 교감하고 번역한다.

25 저본인 대정장에는 '是'로 되어 있지만, 『동문선』본에 따라 '於是'로 교감하고 번역한다.

26 저본인 대정장에는 '□'로 되어 있지만, 『동문선』본에 따라 '以'로 교감하고 번역한다.

27 저본인 대정장에는 '□'로 되어 있지만, 『동문선』본에 따라 '羊'으로 교감하고 번역한다.

28 저본인 대정장에는 '□'로 되어 있지만, 『동문선』본에 따라 '待'로 교감하고 번역한다.

29 저본인 대정장에는 '迺□'로 되어 있지만, 『동문선』본에 따라 '乃借'로 교감하고 번역한다.

捨, 假□³⁰以□³¹短, 短息而□³²忘.

[T34, 870c25~871a1; H1, 488a3~9]

그러나 '오묘한 진리'(妙法)에서는 오묘함(妙)마저 끊어지니 무엇을 셋으로 삼고 무엇을 하나로 삼겠으며, '지극한 경지에 오른 사람'(至人)³³에게는 '지극한 경지'(至)마저 아득한 것이니 누구를 [올라간 경지가] 짧은 사람으로 여기고 누구를 [올라간 경지가] 긴 사람으로 여기겠는가? 이 [묘법妙法과 지인至人의] 경지는 [분간이 어렵게] 황홀하여 그곳으로 들어가기가 쉽지 않은데, [불타는 집 같은 세속에서] 자식들은 노는 데 빠져 그곳에서 벗어나기가 참으로 어렵구나.³⁴ 이에 여래는 방편을 써서 [불타는 집 같은 세속에서] 이끌어 내기 위해 녹야원(鹿[野]苑)³⁵에서 [중생의 근기에 맞춰] '양이 끄는 수레'(羊車)를 탐내게 하면서 '[수명에] 한계가 있는 거친 몸'(有待之麤身)을 보였으나, 영취산(靈鷲山)³⁶에서는 '흰 소가 [이끄

---

30 저본인 대정장에는 '□'로 되어 있지만, 『동문선』본에 따라 '修'로 교감하고 번역한다.
31 저본인 대정장에는 '□'로 되어 있지만, 『동문선』본에 따라 '斥'으로 교감하고 번역한다.
32 저본인 대정장에는 '□'로 되어 있지만, 『동문선』본에 따라 '修'로 교감하고 번역한다.
33 지인至人: 지인은 노장사상에서 도를 체득한 사람을 가리키는 말인데, 여기서는 불교의 깨달음을 성취한 부처님을 비유한다.
34 '제자란만諸子爛漫, 출지량난出之良難' 비유: 이는 『법화경法華經』권2 「비유품譬喩品」(T9, 12b13~16b6)에 나오는데, 불타는 집에 머물고 있는 아이들이 놀이에 빠져 집 밖으로 벗어나지 못하는 것을 의미하는 비유이다. 즉 욕망으로 불타는 삼계를 벗어나지 못하는 중생을 천진난만한 아이들로 비유한 것이다. 이에 아버지인 장자는 자식들을 구하기 위해 '양이 끄는 수레'(羊車)·'사슴이 끄는 수레'(鹿車)·'소가 끄는 수레'(牛車)의 세 가지 수레로 아이들을 문밖으로 유인하였다.
35 녹원鹿薗(Mṛgadāva): 녹야원鹿野苑이라고도 하는데, 석가모니께서 진리를 성취한 후 처음으로 가르침을 펼친 곳이다. 이곳은 지금 북인도 지방의 바라나시(Varanasi) 지역에 있다.

는 수레'(白牛[車])[37]를 몰면서 한없이 긴 수명을 나타냈다. 이는 바로 하나[인 '진실의 일승一乘']을 빌려서 셋[인 '방편의 삼승三乘']을 깨트린 것으로서 셋[인 '방편의 삼승三乘']이 제거되어 하나[인 '진실의 일승一乘']도 놓는 것이며, '긴 것을 빌려 짧은 것을 물리친 것'(假修以斥短)으로서 짧은 것이 그쳐 긴 것도 잊는 것'(短息而修忘)이다.

是法不可示, 言辭相寂滅, 蕩然靡據, 肅焉離寄. 不知何以言之, 強稱[38]"妙法蓮花". 是以分坐令聞之者, 當受輪王釋梵之座, 逕耳一句之人, 並得無上菩提之記, 況乎受持演說之福, 豈可思議所量乎哉? 舉是大意, 以標題目, 故言『妙法蓮花經』也.

---

36 영취산靈鷲山: 고대 인도 마가다국의 수도 라자그리하(王舍城) 주위에 있는 산이다. 기사굴산耆闍崛山이라고 음역하기도 한다. 석가모니가 『법화경』을 설한 장소로 유명하다. 즉 앞의 녹야원에서는 방편승을 설했다면, 영취산에서는 일불승을 설한 것을 의미한다.

37 백우白牛: '흰 소가 끄는 하나의 큰 수레'(一大白牛車)의 준말이다. 『법화경法華經』 권2 「비유품譬喻品」에서 장자가 불타는 집에서 노는 아이들을 밖으로 불러내고는 '양이 끄는 수레'(羊車)·'사슴이 끄는 수레'(鹿車)·'소가 끄는 수레'(牛車) 이외에 다시 '흰 소가 끄는 하나의 큰 수레'(一大白牛車)를 주었는데, 이는 방편의 삼승三乘이 아닌 진실의 일승一乘을 의미한다. 『법화경』 원문을 참고하면 다음과 같다.(T9, 12c4~24) "爾時長者即作是念, 〈此舍已爲大火所燒, 我及諸子若不時出, 必爲所焚. 我今當設方便, 令諸子等得免斯害.〉 父知諸子先心各有所好種種珍玩奇異之物, 情必樂著, 而告之言, 〈汝等所可玩好, 希有難得, 汝若不取, 後必憂悔. 如此種種羊車, 鹿車, 牛車, 今在門外, 可以遊戲. 汝等於此火宅 宜速出來, 隨汝所欲, 皆當與汝.〉 爾時諸子聞父所說珍玩之物, 適其願故, 心各勇銳, 互相推排, 競共馳走, 爭出火宅. 是時長者見諸子等安隱得出, 皆於四衢道中露地而坐, 無復障礙, 其心泰然, 歡喜踊躍. 時諸子等各白父言, 〈父先所許玩好之具, 羊車, 鹿車, 牛車, 願時賜與.〉 「舍利弗! 爾時長者各賜諸子等一大車, 其車高廣, 眾寶莊校, 周匝欄楯, 四面懸鈴. 又於其上張設幰蓋, 亦以珍奇雜寶而嚴飾之, 寶繩絞絡, 垂諸華纓, 重敷綩綖, 安置丹枕. 駕以白牛, 膚色充潔, 形體姝好, 有大筋力, 行步平正, 其疾如風, 又多僕從而侍衛之."

38 저본인 대정장에는 '稱'이 있지만, 한불전과 『동문선』본에는 '稱'이 없다. 본 번역은 저본인 대정장 원문대로 번역한다.

이 '[오묘한] 진리'([妙]法)은 [실체로] 드러낼 수 없으니, '말의 양상'(言辭
相)이 '[분별이 그쳐] 고요하고'(寂滅) '[불변·독자의 본질/실체를] 쓸어 버려
[불변·독자의 본질/실체에] 의거하는 것이 없으며'(蕩然靡據) '엄숙하여 [분
별에] 기대는 것에서 벗어났다.'(肅焉離寄) [그래서] 무엇으로 불러야 할지
알지 못하지만 억지로 '연꽃처럼 피어난 오묘한 진리'(妙法蓮花)라 부른
것이다. 그러므로 자리를 나눠 이 경전을 [다른 중생들로 하여금] 듣게 한
다면 마땅히 [전]륜[성]왕([轉]輪[聖]王)³⁹·제석[천](帝釋[天])⁴⁰·범천梵天⁴¹

---

39 윤왕輪王(轉輪聖王): 전차에 해당하는 윤보輪寶를 굴리는 왕이라는 뜻이다. 부처
님 시대에는 전륜성왕轉輪聖王이 나타나 윤보輪寶·상보象寶·마보馬寶·주보珠
寶·여보女寶·거사보居士寶·주병신보主兵臣寶의 7보七寶로 세상을 통일하고
백성들을 화락和樂하게 한다는 설이 성행했는데, 전륜성왕이 윤보를 굴리는(轉)
것에 빗대어 부처님이 설법하는 것을 전법륜轉法輪이라고 한다. 전륜성왕은 태고
시대로부터 많이 출현하여 경론에 그 이름이 매우 많은데, 정생왕頂生王·대선
견왕大善見王·민주선사왕民主善思王 등이 있다. 『불광대사전』, pp.6624~6625
참조.

40 제석천帝釋天: 석제환인釋提桓因이라고도 한다. 범어 'Śakra-Devānām indra'를
한역漢譯한 말이다. 음역하여 석가제환인다라釋迦提桓因陀羅 또는 줄여서 석제환
인釋提桓因, 석가제바釋迦提婆, 제석환인帝釋桓因 등으로 부르기도 한다. 범어를
우리말로 옮기면 '신들 중에서 가장 힘센 인드라'의 뜻이므로 '천제석天帝釋' '천주
天主'로 옮기기도 한다. 인드라Indra 신은 인도의 베다Veda 시대부터 힘센 신격
으로서 흔히 전쟁의 신, 번개를 다스려 비를 내리게 하는 신 등으로서 존숭되었
다. 이 인드라신이 불교에 유입되면서 도리천忉利天에 머무르면서 아수라와 같은
악한 존재를 물리치고 하늘세계를 다스리는 왕으로서의 이미지에 불교를 수호하
는 역할을 덧붙임으로써 불교에서도 중시된다. 동아시아 문화에서는 제석천帝釋
天이라는 이름으로 존중된다.

41 범천梵天: 범어梵語로는 'Brahmā'이다. 음역은 '바라하마婆羅賀摩·범마梵摩'이
며, 의역은 '청정清淨·이욕離欲'이다. 인도사상에서 모든 것의 근원을 '범梵'이라
고 하며, 이를 신격화한 것이 바라문교이다. 범천은 인도의 창조신으로서 파괴신
인 습파濕婆(Śiva), 유지의 신인 비습노毘濕奴(Viṣṇu)와 더불어 바라문교의 삼대
신三大神으로 불린다. 불교 내에서는 제석천과 함께 불교의 호법신이다. 석가세

의 자리를 받을 것이며, 〈『법화경』의] 한 구절'(一句)이라도 귀에 스쳐서 들은 사람〉(逕耳一句之人)은 모두 '가장 높은 깨달음을 얻을 것이라는 부처님의 보증'(無上菩提之記)을 얻을 것[42]인데, 하물며 '[『법화경』을] 받아 간직하며 [중생을 위하여] 설명하여 얻는 이로움'(受持演說之福)이야 어찌 생각으로 헤아릴 수 있는 것이겠는가? 이러한 '[『법화경』] 전체의 뜻'(大意)에 의거하여 [경전의] 제목을 지었으니, 그러므로 『연꽃처럼 피어난 오묘한 진리를 설하는 경전』(妙法蓮花經)이라고 말하였다.

2. 경의 핵심내용을 밝힘(辨經宗)

> 第二辨經宗者. 此經正以廣大甚深一乘實相爲所詮宗. 總說雖然, 於
> 中分別者, 一乘實相略說有二, 謂能乘人及所乘法.
>
> [T34, 871a8~10; H1, 488a17~20]

두 번째인 '경의 핵심내용을 밝히는 것'(辨經宗)이란 [다음과 같다.] 이 『[법화]경』은 곧바로 〈넓고 크며 매우 깊은 [삼승三乘을] 하나처럼 통하게 하는 가르침'(一乘)이 드러내는 '사실 그대로'(實相)〉(廣大甚深一乘實相)를 '말로 표현된 핵심내용'(所詮宗)으로 삼는다. 총괄적으로 설명하면 비록 그러하지만 이 가운데에서 [다시] 구분하자면 [다음과 같다.] 〈[삼승三乘을] 하나처럼 통하게 하는 가르침'이 드러내는 '사실 그대로'〉(一乘實相)를 간략하게 말하면 두 가지가 있으니, '[하나처럼 통하게 하는 가르침'(一佛乘)에] 올라타는 사람'(能乘人)과 '[하나처럼 통하게 하는 가르침'(一佛

존께서 도리천에 올라 어머니를 위해 설법하고 현세에 내려올 때 범왕이 부처님의 우측에서 시봉하였다고 한다. 『불광대사전』, p.5828.

42 위의 문장은 『묘법연화경妙法蓮華經』 4권 「법사품法師品」의 다음 문장을 참고할 만하다. "聞妙法華經一偈一句, 乃至一念隨喜者, 我皆與授記, 當得阿耨多羅三藐三菩提."(T9, 30c5~7.)

乘)이] 태우고 있는 도리'(所乘法)가 그것이다.

1) ['하나처럼 통하게 하는 가르침'(一佛乘)에] 올라타는 사람(能乘人)

> 此經所說一乘人者, 三乘行人, 四種聲聞, 三界所有四生衆生, 並是
> 能乘一佛乘人. 皆爲佛子, 悉是菩薩, 以皆有佛性, 當紹佛位故. 乃至
> 無性有情, 亦皆當作佛故.
>
> [T34, 871a10~14; H1, 488a20~24]

이 『[법화]경』에서 말하는 '[삼승三乘을] 하나처럼 통하게 하는 가르침
[에 올라타는] 사람'(一乘人)은 '[성문·연각·보살] 세 종류의 수행을 하는
사람'(三乘行人), '네 종류의 성문'(四種聲聞),[43] 〈'[욕망세계·유형세계·무형
세계, 이] 세 종류의 세계'(三界)에 있는 [모든] [태생胎生, 난생卵生, 습생濕生,
화생化生의] 4가지 중생〉(三界所有四生衆生)들이 모두 '하나처럼 통하게
하는 부처님의 가르침'(一佛乘)에 탈 수 있는 사람이다. [이들은] 모두 '부
처가 되는 길을 가는 사람'(佛子)이 되며, 모두 다 보살이니, 모두에게
'부처 면모'(佛性)가 있어서 '부처의 지위'(佛位)를 이을 것이기 때문이다.
나아가 '좋은 능력이 모두 끊어진 중생'(無性有情)[44]도 모두 부처가 될 것

---

43 사종성문四種聲聞: 세친이 저술한 『법화경론法華經論』에는 사종성문에 대하여 다
  음과 같이 나온다.(T26, 9a15~19) "聲聞有四種. 一者決定聲聞, 二者增上慢聲聞, 三
  者退菩提心聲聞, 四者應化聲聞. 二種聲聞如來授記, 謂應化者, 退已還發菩提心者. 若
  決定者, 增上慢者二種聲聞, 根未熟故不與授記." 즉 사종성문은 ① 결정성문決定聲
  聞, ② 증상만성문增上慢聲聞, ③ 퇴보리심성문退菩提心聲聞, ④ 응화성문應化聲聞
  이다. 그런데 세친은 ③ 퇴보리심성문, ④ 응화성문은 수기를 받지만, ① 결정성
  문, ② 증상만성문은 근기가 미숙하여 수기를 받지 못한다고 하였다.
44 무성유정無性有情: 유식학의 오종종성 가운데 하나이다. 『대승입능가경大乘入楞
  伽經』 권2에서는 "大慧! 有五種種性. 何等爲五? 謂, 聲聞乘種性, 緣覺乘種性, 如來乘
  種性, 不定種性, 無種性."(T16, 597a29~b2)이라고 하여 성문승종성聲聞乘種性 · 연

177

이기 때문이다.

> 如『寶雲經』言, "菩薩發心, 便作是念. 一切世界中, 少智衆生, 愚癡
> 瘖瘂無涅槃分, 不生信心者, □□⁴⁵菩薩之所棄捨, 如是衆生我皆調伏,
> 乃至坐於道場, 得阿耨菩提. 發此心時, 魔宮震動." 又言, "菩薩成佛,
> 衆願滿足."
>
> [T34, 871a14~19; H1, 488a24~b5]

마치 『보운경寶雲經』에서 [다음과 같이] 말한 것과 같다. "보살은 [깨달음을 구하는] 마음을 일으키자마자 바로 이러한 생각을 하였다. 〈일체의 세계 가운데 지혜가 적은 중생으로 우둔하고 어리석기가 마치 말 못하고 듣지 못하는 사람과도 같아 열반에 이르는 자질이 없고 [진리의 가르침을] '믿는 마음'(信心)을 내지 못하는 자는 모든 부처님과 보살에게 버림받은 자가 되지만, 이와 같은 중생을 내가 모두 길들여서 '진리를 구

각승종성緣覺乘種性·여래승종성如來乘種性·부정종성不定種性·무종성無種性의 5종성五種性을 말하였는데, 이 중 무종성이 바로 무성유정과 같다. 나아가 무종성無種性에 대해 『대승입능가경』 권2에서는 "大慧! 此中一闡提, 何故於解脫中不生欲樂? 大慧, 以捨一切善根故, 爲無始衆生起願故. 云何捨一切善根? 謂謗菩薩藏." (T16, 597c9~12)이라고 하는데, 무종성을 일천제一闡提라고 고쳐 부르면서 무종성이 해탈에 대해 원하고 즐거워하지 않는 까닭은 모든 선근善根을 버렸기 때문이고 모든 선근을 버린다는 것은 보살장菩薩藏을 비방하는 것이라고 한다. 이어 "云何爲無始衆生起願? 謂諸菩薩以本願方便, 願一切衆生悉入涅槃, 若一衆生未涅槃者, 我終不入."(T16, 597c13~16)이라고 하여, 모든 보살菩薩이 본원방편本願方便을 세워 모든 중생이 열반에 들기까지 자신도 열반에 들지 않겠다는 서원을 세우는 것도 이 때문이라고 한다. 『불광대사전』에서는 무종성에 대해, 삼승三乘의 무루종자無漏種子가 없이 오로지 유루종자有漏種子만 있어서 생사生死에서 해탈할 수 없고 단지 세간의 선업善業만을 닦아 인천人天의 선과善果를 얻을 수 있을 뿐이라고 하였다. 하지만 위의 본문에서는 이러한 무성유정도 성불할 수 있다고 주장하였다.
45 저본인 대정장에는 '□□'으로 되어 있는데, 『보운경寶雲經』 원문에 따라 '而爲一切諸佛'을 추가하고 번역한다.(T16, 218c7~8.) "而爲一切諸佛菩薩之所棄捨."

하는 자리'(道場)에 앉게 하여 '최고의 깨달음'(阿耨菩提)을 얻게 할 것이
다.〉 이와 같은 마음을 낼 때 '수행을 방해하는 자들의 궁전'(魔宮)이 진
동하였다."[46] 또 말하기를, "보살이 부처를 이루어 갖가지 서원을 모두
이루었다."[47]라고 하였다.

「方便品」說, "三世諸佛, 但敎化菩薩", 「譬喩品」云, "一切衆生, 皆
是吾子"故. 又言, "諸法從本來, 當[48]自寂滅相. 佛子□[49]道已, 來世得
作佛." 斯則無一衆生, 而非佛子, 所以'廣大', 此衆生界, 卽涅槃界, 是
故'甚深'. 如『論』說言, "三界相者, 謂衆生界, 卽涅槃界, 不離衆生界,
有如來藏故." 是謂能乘一佛乘人也.

[T34, 871a19~25; H1, 488b5~12]

[『법화경』의] 「방편품方便品」에서는 "'과거·현재·미래의 모든 부처
님'(三世諸佛)이 다만 보살을 교화한다."(三世諸佛, 但敎化菩薩)[50]라고 말하
였고, 「비유품譬喩品」에서는 "모든 중생이 다 내 아들이다."(一切衆生, 皆
是吾子)[51]라고 하였다. 또 [「방편품」에서는] "모든 현상은 본래부터 항상

---

46 『보운경寶雲經』의 해당 원문은 다음과 같다. 권2(T16, 218c5~10). "菩薩發心便作
    是念, 一切世界中少智衆生, 愚癡瘖瘂無涅槃分, 不生信心者, 而爲一切諸佛菩薩之所棄
    捨, 如此衆生我皆調伏, 乃至坐於道場得阿耨多羅三藐三菩提. 發此心時, 一切魔宮悉皆
    震動."

47 『보운경寶雲經』 권2(T16, 218c14~15). "菩薩成佛, 衆願滿足."

48 『묘법연화경妙法蓮華經』 원문에 따라 '當'을 '常'으로 교감하여 번역한다.

49 저본인 대정장에는 '□'로 되어 있지만, 『법화경』 원문에 따라 '行'으로 교감하고
    번역한다.

50 『묘법연화경妙法蓮華經』 「方便品」(T9, 7a29). "諸佛如來, 但敎化菩薩." '諸佛如來'
    가 '三世諸佛'로 바뀌어 있다. 〈산스크리트본의 해당 내용: 이 구절의 한역본에 해
    당하는 현존 산스크리본에는 대응 구절이 없음.〉

51 『묘법연화경妙法蓮華經』 「비유품譬喩品」(T9, 14c20~21). "一切衆生, 皆是吾子."
    〈산스크리트본의 해당 내용: SP., p.89. putrāś ca te prāṇina sarvi mahyam.; 그

스스로 '[불변·독자의 본질/실체가 없어] 고요한 양상'(寂滅相)이다. [그러므로] '부처가 되는 길을 가는 사람'(佛子)이 수행을 실천하기를 완성하면 미래에 부처가 될 수 있다."(諸法從本來, 常自寂滅相. 佛子行道已, 來世得作佛)⁵²라고 말하였다. 그렇다면 '한 중생도 부처가 되는 길을 가는 사람이 아님이 없으니'(無一衆生, 而非佛子) 이러한 까닭에 '넓고 크며'(廣大), '이 중생의 세계가 곧 열반의 세계'(此衆生界, 即涅槃界)이니 이런 까닭에 '매우 깊은'(甚深) 것이다. 이는 『[법화·경法華經]론論』에서 "'[욕망세계欲界·유형세계色界·무형세계無色界, 이] 세 가지 세계의 양상'(三界相)이라고 하는 것은 '중생의 세계'(衆生界)가 곧 '열반의 세계'(涅槃界)임을 말하는 것이니, '중생의 세계'(衆生界)를 떠나지 않고 '여래의 면모가 간직된 창고'(如來藏)⁵³가 있기 때문이다."⁵⁴라고 말한 것과 같다. 이러한 [도리]

모든 숨 쉬는 자들은 나의 아들들이다.〉

52 『묘법연화경妙法蓮華經』「방편품方便品」(T9, 8b25~26). "諸法從本來, 常自寂滅相. 佛子行道已, 來世得作佛."〈산스크리트본의 해당 내용: SP., p.48. evaṃ ca bhāṣāmyahu nityanirvṛtā ādi praśāntā imi sarvadharmāḥ / caryāṃ ca yo pūrapi buddhaputro anāgate 'dhvani jino bhaviṣyati //68//; 그리고 이와 같이 이 모든 법은 처음부터 영원히 열반해 있고 적멸하다고 설했다. 그리고 불자는 행을 완성하여 미래세에 승리자가 될 것이다. //68//〉

53 여래장如來藏: 여래의 면모가 간직된 창고라는 뜻으로 『불성론佛性論』에서는 '세 가지 여래장'(三種如來藏) 개념을 설하였다. 즉 제3장 '본연을 나타내는 부분'(顯體分)의 제3절인 '여래의 면모가 간직된 창고에 관한 단락'(如來藏品)에서 '세 가지 여래장'(三種如來藏)에 대해 자세한 설명이 나온다. '세 가지 여래장'(三種如來藏)이란 '[번뇌에 얽매여 오염된 것들이] 포섭되어 있는 여래장'(所攝如來藏), '가리고 덮어 있는 여래장'(隱覆如來藏), '[모든 이로운 능력을] 포섭하는 여래장'(能攝如來藏) 셋이다. 원효는 『금강삼매경론金剛三昧經論』의 본문에서 '세 가지 여래장'(三種如來藏)에 대해 '[모든 이로운 능력을] 포섭하는 여래장'(能攝如來藏), '[번뇌에 얽매여 오염된 것들이] 포섭되어 있는 여래장'(所攝如來藏), '가리고 덮어 있는 여래장'(隱覆如來藏)의 순서로 설명하였다.

54 『법화경론法華經論』(『묘법연화경우파제사妙法蓮華經憂波提舍』) 권하卷下「비유품譬喩品」(T26, 9b19~21). "三界相者, 謂衆生界, 即涅槃界, 不離衆生界, 有如來藏故."

를 일컬어 〈'하나처럼 통하게 하는 부처님의 가르침'(一佛乘)에 탈 수 있는 사람〉(能乘一佛乘人)이라 한다.

2) [일승인一佛人이] 올라타는 가르침(所乘法)

> 此一乘人所乘之法, 略而說之, 有四種─. 謂一乘理, 及一乘敎, 一乘之因, 一乘之果.
>
> [T34, 871a25~27; H1, 488b13~15]

이 '하나처럼 통하게 하는 가르침[에 올라타는] 사람'(一乘人)이 '올라타는 가르침'(所乘之法)을 간략히 말하면 '하나처럼 통하게 하는 [가르침에 올라타게 하는] 네 가지'(四種一[乘])가 있다. '하나처럼 통하게 하는 가르침의 이치'(一乘理), '하나처럼 통하게 하는 가르침의 교설'(一乘敎), '하나처럼 통하게 하는 가르침의 원인'(一乘之因), 하나처럼 통하게 하는 가르침의 결과'(一乘之果)가 그것이다.

(1) 하나처럼 통하게 하는 가르침의 이치(一乘理)

> "一乘理"者, 謂一法界, 亦名法身, 名如來藏. 如『薩遮尼揵子經』云, "文殊師利白佛. 〈若無三乘差別性者, 何故如來說三乘法?〉佛言. 〈諸佛如來說三乘者, 示地差別, 非乘差別, 說人差別, 非乘差別. 諸佛如來說三乘者, 示小功德, 知多功德, 而佛法中, 無乘差別. 何以故, 以法界法[55]無差別故.〉"
>
> [T34, 871a27~b4; H1, 488b15~22]

---

55 저본에는 '法'이라고 되어 있지만, 『살차니건자경薩遮尼揵子經』 원문에 따라 '性'으로 교감하여 번역한다. "以法界性無差別故."(T9, 326a4.)

"하나처럼 통하게 하는 가르침의 이치"(一乘理)라는 것은 '하나처럼 통하는 [차이들의] 현상세계'(一法界)가 그것인데, 또한 '진리의 몸'(法身)[56]이라고도 부르며, '여래의 면모가 간직된 창고'(如來藏)라고도 부른다. 마치 『살차니건자경薩遮尼犍子經』에서 [다음과 같이] 말한 것과 같다. "문수사리보살이 부처님께 물었다. 〈만약 '[성문·연각·보살] 세 종류의 수행자들'(三乘)에 '차별적 면모'(差別性)가 없다면 어찌하여 여래께서는 '[성문·연각·보살] 세 종류의 수행자들이 따르는 도리'(三乘法)를 설하셨습니까?〉 부처님께서 말씀하셨다. 〈모든 부처와 여래가 '[성문·연각·보살] 세 종류의 수행자들'(三乘)을 말한 것은 '[수행에 따른] 경지의 차별'(地差別)을 보인 것이지 '[성문·연각·보살 세 종류의] 가르침에 대한 차별'(乘差別)은 아니며, '[수행에 따른] 사람마다의 차별'(人差別)을 말한 것이지 '[성문·연각·보살 세 종류의] 가르침에 대한 차별'(乘差別)은 아니다. 모든 부처와 여래가 '[성문·연각·보살] 세 종류의 수행자들'(三乘)을 말한 것은 [삼승三乘의] 적은 '이로운 능력'(小功德)을 보여서 [일불승一佛乘의] '많은 이로운 능력'(多功德)을 알게 하는 것이지, '부처가 되는 도리'(佛法)에 '[성문·연각·보살 세 종류의] 가르침에 대한 차별'(乘差別)은 없

---

56 법신法身: 삼신三身 가운데 하나이다. 삼신은 부처의 면모를 세 측면에서 설명하는 것인데, 일반적으로 법신法身과 보신報身과 응應·화신化身이 그것이다. 법신은 진리 그 자체로서 비로자나불과 대일여래가 여기에 해당한다. 보신은 중생을 위해 서원을 세워 수행한 결과로서 성취한 부처의 몸인데, 아미타불이 여기에 해당한다. 응신은 부처님이 중생을 교화하기 위하여 중생들의 근기에 따라 변화하여 몸을 나타내는 것을 뜻한다. 즉 때와 장소, 중생의 능력이나 소질에 따라 나타나 그들을 구제하는 부처인데, 석가모니불을 포함한 과거불과 미래의 미륵불이 여기에 해당한다. 응신과 화신은 모두 여래如來가 중생의 바람에 응하여 세상에 나타내는 몸이지만, 응신이 32상相 80종호種好를 갖추어 중생을 교화하는 석가모니 부처님의 몸을 가리키는 데 비해, 화신은 응신의 분신화불分身化佛로서 중생을 교화하기 위해 부처님의 형태가 아닌 모습으로 나타나는 몸을 가리킨다. 여기에서 일불승을 법신과 일법계로 부른 것은 일승이 바로 법신의 경지를 나타내는 것을 의미한다.

다. 왜 그런가 하면, '현상세계의 본연'(法界性)에는 차별이 없기 때문이
다.〉"[57]

> 『金光明經』言, "法界無分別, 是故無異乘. 爲度衆生故, 分別說三
> 乘." 又此經言, "諸佛如來, 能知彼法, 究竟實相." 論釋此云, "實相者,
> 謂如來藏, 法身之體, 不變相故." 又下文言, "同者, 示諸佛如來法身之
> 性, 同諸凡夫聲聞辟支佛等, 法身平等無有差別故."
>
> [T34, 871b4~10; H1, 488b22~c4]

[또한] 『금광명경金光明經』에서도 [다음과 같이] 말하였다. "'현상세계[의
본연]에는 [불변·독자의 본질/실체로 구분하는] 분별이 없으니'(法界無分別),
이러한 까닭으로 '[하나처럼 통하지 않는] 다른 가르침'(異乘)이 없다. [다만]
중생을 구제하고자 하기 때문에 '[성문·연각·보살에 대한] 세 종류의 가
르침'(三乘)을 구분하여 설하였다."[58] 또 이 『[법화]경』에서 [다음과 같이]
말하였다. "'모든 부처로서의 여래'(諸佛如來)께서는 '저 현상'(彼法)이 '궁
극적인 사실 그대로'(究竟實相)임을 잘 아신다."[59] 『법화경론法華經論』에

---

57 위의 원문은 『살차니건자경薩遮尼揵子經』 권2 「일승품一乘品」(T9, 325c25~
326a4)의 다음 문장을 인용한 것이다. "爾時聖者文殊師利法王子菩薩白佛言, 世尊,
若無三乘差別性者, 何故如來爲諸衆生說三乘法, 而言此是聲聞學乘, 而言此是緣覺學
乘, 而言此是菩薩學乘? 佛告文殊師利, 諸佛如來說三乘者, 示地差別, 非乘差別. 諸佛
如來說三乘者, 說法相差別, 非乘差別, 諸佛如來說三乘者, 說人差別, 非乘差別 ; 諸佛
如來說三乘者, 示少功德, 知多功德, 而佛法中無乘差別. 何以故? 以法界性無差別故."
58 『합부금광명경合部金光明經』 권3 「다라니최정지품陀羅尼最淨地品」(T16, 376c14~
15). "法界無分別, 是故無異乘. 爲度衆生故, 分別說三乘."
59 『묘법연화경妙法蓮華經』 「방편품方便品」(T9, 5c11~12). "佛與佛乃能究盡諸法實
相." 원효는 원문을 약간 변형시켜 인용하고 있다. 〈산스크리트본의 해당 내용:
SP., p.30. tathāgata eva śāriputra tathāgatasya dharmaṃ deśayed yān
dharmāṃs tathāgato jānāti / sarvadharmān api śāriputra tathāgata eva
deśayati / sarvadharmān api tathāgata eva jānāti /; 사리자여, 여래만이 여래가

서는 이것을 해석하여 [다음과 같이] 말하였다. "'사실 그대로'(實相)이란 '여래의 면모가 간직된 창고'(如來藏)를 말하는데, '진리 몸의 면모'(法身之體)는 [근본무지(無明)의 분별망상에 의해] 변하지 않는 양상'(不變相)이기 때문이다."⁶⁰ 또 그 아래의 글에서 [다음과 같이] 말하였다. "'같다'(同)는 것은 '모든 부처로서의 여래'(諸佛如來)의 '진리 몸의 본연'(法身之性)이 '평범한 사람'(凡夫)과 '가르침을 들어서 [혼자] 깨달으려는 수행자'(聲聞)와 '연기緣起의 이치로 [혼자] 깨달으려는 수행자'(辟支佛) 등[의 '진리 몸의 본연']과 같다는 것을 나타내는 것이니, '진리 몸'(法身)은 평등하여 차별이 없기 때문이다."⁶¹

案云, 如來法身, 如來藏性, 一切衆生, 平等所有, 能運一切, 同歸本原. 由是道理, 無有異乘, 故說此法, 爲一乘性. 如是名爲一乘理也.

[T34, 871b10~13; H1, 488c4~c8]

생각건대, '여래의 진리 몸'(如來法身)과 '여래의 면모가 간직된 창고의 본연'(如來藏性)은 모든 중생이 평등하게 가지고 있기에 모든 것을 움직여 함께 '본래의 근원'(本原)[인 '여래의 진리 몸'(如來法身)과 '여래의 면모가 간직된 창고의 본연'(如來藏性)]으로 돌아갈 수 있다. 이러한 도리로 말미암아 '[하나처럼 통하지 않는] 다른 가르침'(異乘)은 없으니, 따라서 이 [『법화경』의] 가르침을 설하여 '하나처럼 통하게 하는 가르침의 본연'(一乘性)으로 삼았다. 이와 같은 것을 '하나처럼 통하게 하는 가르침의 이

인식하는 여래의 법을 설할 것이다. 사리자여, 모든 법은 여래만 설한다. 또한 모든 법은 여래만 안다.)
60 『묘법연화경우파제사妙法蓮華經優波提舍』 권하(T26, 6a12~13), "言實相者, 謂如來藏, 法身之體, 不變義故."
61 『묘법연화경우파제사妙法蓮華經優波提舍』 권하(T26, 7b17~19). "聲聞同者, 此中示現諸佛如來法身之性, 同諸凡夫聲聞之人辟支佛等, 法身平等無差別故."

치'(一乘理)라고 부른다.

(2) 하나처럼 통하게 하는 가르침의 교설(一乘敎)

一乘敎者, 十方三世一切諸佛, 從初成道乃至涅槃, 其間所說一切言
敎, 莫不令至一切智地, 是故皆名爲一乘敎. 如「方便品」言, "是諸佛亦
以無量無數方便, 種種因緣譬喩言辭, 而爲衆生演說諸法, 是法皆爲一
佛乘故. 是諸衆生, 從佛聞法, 究竟皆得一切種智"故. 是敎遍通十方三
世, 無量無邊, 所以廣大. 故一言一句, 皆爲佛乘, 一相一味, 是故甚
深. 如是名爲一乘敎也.

[T34, 871b13~21; H1, 488c8~c17]

'하나처럼 통하게 하는 가르침의 교설'(一乘敎)이란, '온 세상 과거·
현재·미래의 모든 부처님'(十方三世一切諸佛)이 처음 진리를 성취하고
부터 열반에 들 때까지 그 사이에 설하신 '말로 한 모든 교설'(一切言敎)
은 [중생으로]하여금 '모든 [것을 사실 그대로 만나게 하는] 지혜의 경지'(一切
智地)에 이르게 하지 않음이 없기 때문에 [부처님이 설한 교설] 모두를 '하
나처럼 통하게 하는 가르침의 교설'(一乘敎)이라고 부른다. 마치 「방편
품方便品」에서 [다음과 같이] 말한 것과 같다. "이 모든 부처님이 또한 '생
각으로 헤아릴 수도 없고 숫자로 셀 수도 없이 많은 방편'(無量無數方便)
과 갖가지 인연과 비유의 말씀으로 중생을 위하여 '갖가지 가르침'(諸
法)을 펼쳐 설하시니, 이 가르침은 모두 '하나처럼 통하게 하는 부처님
의 가르침'(一佛乘)이기 때문이다. 이 모든 중생이 부처님으로부터 [이러
한 일불승一乘의] 가르침을 듣고 끝내 모두 '모든 것을 사실대로 이해하
는 지혜'(一切種智)[62]를 얻는다."[63] [그러므로] 이 『법화경』의] 가르침은 '온
세상 과거·현재·미래'(十方三世)에 두루 통하여 '한량없고 끝이 없으
니'(無量無邊), 그래서 '넓고 크다'(廣大). 따라서 '한마디 말이나 문장 한

구절'(一言一句)이 모두 '[하나처럼 통하게 하는] 부처님의 가르침'([一]佛乘)
이 되어 '[모든 것과] 하나처럼 통하는 양상'(一相)이고 '한 맛[처럼 통하는
것]'(一味)[64]이니, 그러므로 '매우 깊은 것'(甚深)이다. 이와 같은 것을 '하
나처럼 통하게 하는 가르침의 교설'(一乘敎)이라 부른다.

---

62 일체종지一切種智(sarvathā-jñāna): 삼지三智 가운데 하나이며 불지佛智라고도 한
다. 넓은 뜻으로 말하자면 일체지一切智인 살바야薩婆若와도 같다. 『대승기신론
大乘起信論』에서는 다음과 같이 설명하였다. "諸佛如來離於見相, 無所不遍, 心眞實
故, 即是諸法之性. 自體顯照一切妄法, 有大智用無量方便, 隨諸重生; 衆生所應得解, 皆
能開示種種法義, 是故得名一切種智"(T32, 581b23~27) 또한 『대지도론大智度論』
권27(T25, 259a18~a22)에서는 "所謂禪定, 智慧等諸法, 佛盡知諸法總相,別相故, 名
爲一切種智. … 一切智是聲聞, 辟支佛事, 道智是諸菩薩事, 一切種智是佛事."라고 한
다. 『불광대사전』, p.29.
63 『묘법연화경妙法蓮華經』「방편품方便品」(T9, 7b3~16). "舍利弗! 一切十方諸佛, 法亦如
是. 舍利弗!過去諸佛, 以無量無數方便, 種種因緣, 譬喩言辭, 而爲衆生演說諸法, 是法皆爲
一佛乘故. 是諸衆生, 從諸佛聞法, 究竟皆得一切種智. 舍利弗! 未來諸佛當出於世, 亦以無
量無數方便, 種種因緣, 譬喩言辭, 而爲衆生演說諸法, 是法皆爲一佛乘故. 是諸衆生, 從佛
聞法, 究竟皆得一切種智. 舍利弗! 現在十方無量百千萬億佛土中, 諸佛世尊多所饒益安樂衆
生, 是諸佛亦以無量無數方便, 種種因緣, 譬喩言辭, 而爲衆生演說諸法, 是法皆爲一佛乘故,
是諸衆生, 從佛聞法, 究竟皆得一切種智." 〈산스크리트본의 해당 내용: SP., p.42. ye
nānābhinirhāranirdeśavividhahetukāraṇanidarśanārambaṇaniruktyupāyakauś
alyair nānādhimuktānāṃ sattvānāṃ nānādhātvāśayānām āśayaṃ viditvā
dharmaṃ deśayanti / te 'pi sarve śāriputra buddhā bhagavanta ekam eva
yānam ārabhya sattvānāṃ dharmaṃ deśayanti yadidaṃ buddhayānaṃ
sarvajñatāparyavasānaṃ; 그 [현재의 여래들은] 다양하게 산출하는 자세한 설명
과, 다양한 원인과 수단을 보여 주는 것에서 시작하는 설명을 능숙한 수단으로 하
여, 다양한 믿음과 다양한 성향을 가진 중생들의 성향을 안 후에 법을 설한다. 사
리자여, 그 모든 불세존은 오직 일승에 의거하여 중생들의 법을 설명하니, 곧 일
체종지를 최후로 하는 불승이다.〉
64 일상일미一相一味: 이는 『묘법연화경妙法蓮華經』 제5「약초유품藥草喩品」의 다음
문장을 참고할 만하다. 권3(T9, 19b23~26). "如來說法, 一相一味, 所謂解脫相, 離
相, 滅相, 究竟至於一切種智. 其有衆生聞如來法."

(3) 하나처럼 통하게 하는 가르침의 원인(一乘因)

> 一乘因者, 總說有二. 一者性因, 二者作因.
>
> [T34, 871b21~22; H1, 488c17~489a1]

'하나처럼 통하게 하는 가르침의 원인'(一乘因)에 대하여 총괄적으로 설명하면 두 가지가 있다. 첫 번째 '본연으로 갖추어진 원인'(性因)이고, 두 번째 '만드는 원인'(作因)이다.

① 본연으로 갖추어진 원인(性因)

> 言性因者, 一切衆生所[65]有佛性爲三身果而作因故. 如「常不輕菩薩品」云. "我不輕汝, 汝等皆當作佛." 『論』釋此言. "示諸衆生皆有佛性故." 又言. "決定·增上慢, 二種聲聞, 根未熟故, 佛不與授記, 菩薩與授記. 菩薩與授記者, 方便令發心故." 當知, 依此經意而說, 趣寂二乘·無性有情, 皆有佛性, 悉當作佛.
>
> [T34, 871b22~29; H1, 489a1~8]

'본연으로 갖추어진 원인'(性因)이란 모든 중생이 가지고 있는 '부처 면모'(佛性)이니, '[법신法身·보신報身·화신化身, 이] 세 가지 부처 몸[66]이

---

65 한불전에는 '所'가 없지만, 저본인 대정장의 원문대로 번역한다.

66 삼신三身: 부처의 면모를 세 측면에서 설명하는 것이다. 이 삼신의 명칭과 분류, 각각의 해석에 대해서는 경론經論에 여러 가지 설이 있어 일정하지 않다. 두 가지가 대표적이다. 첫 번째는 법신法身과 보신報身과 응應·화신化身이다. 법신은 진리 그 자체로서 비로자나불과 대일여래가 여기에 해당한다. 보신은 중생을 위해 서원을 세워 수행한 결과로서 성취한 부처의 몸인데, 아미타불이 여기에 해당한다. 응신은 부처님이 중생을 교화하기 위하여 중생들의 근기에 따라 변화하여 몸

라는 결실'(三身果)을 이루는 데 원인이 되기 때문이다. 마치 [『법화경』의] 「상불경보살품常不輕菩薩品」에서 "나는 그대들을 가벼이 여기지 않으니, 그대들은 모두 마땅히 부처가 되기 때문이다."[67]라고 말한 것과 같다. 『법화경론法華經論』에서는 이 문장을 해석하여 "모든 중생에게 모두 '부처 면모'(佛性)가 있음을 보인 것"[68]이라고 말하고, 또한 "'[성문의 자질이] 결정[되다시피 확고해진 수행자]'(決定[聲聞])[69]와 '최고라는 교만[을

─────

을 나타내는 것을 뜻한다. 즉 때와 장소, 중생의 능력이나 소질에 따라 나타나 그들을 구제하는 부처인데, 석가모니불을 포함한 과거불과 미래의 미륵불이 여기에 해당한다. 응신과 화신은 모두 여래如來가 중생의 바람에 응하여 세상에 나타내는 몸이지만, 응신이 32상相 80종호種好를 갖추어 중생을 교화하는 석가모니 부처님의 몸을 가리키는 데 비해, 화신은 응신의 분신화불分身化佛로서 중생을 교화하기 위해 부처님의 형태가 아닌 모습으로 나타나는 몸을 가리킨다. 삼신의 두 번째 유형은 자성신自性身과 수용신受用身 및 변화신變化身이다. 자성신은 진리 그 자체이고, 수용신은 깨달음의 경지를 되새기면서 스스로 즐기고 또 그 경지를 중생들에게 설하여 그들을 즐겁게 하는 부처이며, 변화신은 중생을 구제하기 위해 변화하여 나타나는 부처이다.

67 『묘법연화경妙法蓮華經』「상불경보살품常不輕菩薩品」권6(T9, 51b16). "我不輕汝, 汝等行道, 皆當作佛." 아래 주석에서 소개한 『묘법연화경우파제사妙法蓮華經優波提舍』에서 인용한 것으로 보인다. 〈산스크리트본의 해당 내용: SP., p.378. nāham āyuṣmanto yuṣmākaṃ paribhavāmi / aparibhūtā yūyaṃ / tat kasya hetoḥ / sarve hi bhavanto bodhisattvacaryāṃ carantu / bhaviṣyatha yūyaṃ tathāgatā arhantaḥ samyaksambuddhā iti /; 장로들이여, 나는 그대들을 경멸하지 않습니다. 그대들은 경멸당하지 않습니다. 왜 그렇습니까? 그대들 모두는 보살행을 행하[시오. 그러]면, 그대들은 여래, 응공, 정등각자가 될 것[이기 때문]입니다.〉

68 『묘법연화경우파제사妙法蓮華經優波提舍』「비유품譬喻品」권하(T26, 9a12~14). "「不輕菩薩」中示現應知. 〈禮拜讚歎作如是言, 我不輕汝, 汝等皆當得作佛〉者, 示現衆生皆有佛性故."

69 결정決定: 앞서 나온 『묘법연화경우파제사妙法蓮華經優波提舍』에서 설명한 사종성문四種聲聞 가운데 결정성문決定聲聞을 말한다. 이때 결정성문은 성문의 자질이 결정되다시피 확고해진 경우를 지칭하는 것으로 보인다. 세친은 이러한 결정성문은 증상만성문增上慢聲聞과 더불어 수기授記를 받지 못한다고 하였다. 앞의 사종성문 각주 참고.

가진 수행자'(增上慢[聲聞])[70] 이 두 종류의 '가르침을 들어서 [혼자] 깨달으려는 수행자'(聲聞)는 자질이 아직 성숙되지 않았기 때문에 부처님이 [그들에게] '부처가 될 것이라는 보증'(授記)을 주시지 않고[71] 보살이 [그들에게] '부처가 될 것이라는 보증'(授記)을 주었다.[72] 보살이 [그들에게] '부처가 될 것이라는 보증'(授記)을 준 것은 [보살이 수기授記를 주는] 방편을 통해 [결정·증상만 성문 같이 부처님의 수기를 받지 못하는 수행자를] 발심하도록 하기 위한 것이다."[73]라고 말하였다. 이 『법화경法華經』의 뜻에 의거하여 말하면, '고요함(寂)에만 나아간 [성문聲聞, 연각緣覺] 두 부류의 수행자'(趣寂二乘)와 [성문聲聞·연각緣覺이나 부처가 되는] 자질이 없는 중생'(無性有情)[74]도 전부 '부처 면모'(佛性)가 있어서 마땅히 모두 '부처가

---

70 증상만(增上慢, abhi-māna): 자신을 남과 비교하면서 항상 자신이 최고라는 교만으로 남을 얕보는 사람이다. 예컨대 실제로는 덕이 없으면서도 있다고 착각하고, 깨닫지 못하고도 깨달았다고 생각해 오만하게 행동한다.

71 불불여수기佛不與授記:『묘법연화경妙法蓮華經』권1「방편품方便品」에서 증상만 성문 등 5천여 명이 자신들은 깨닫지 못했는데도 깨달았다고 여기고는 부처님의 일불승 설법을 듣지 않고 퇴장했지만, 부처님은 침묵하고 나가는 것을 제지하지 않으셨다. 이를 통해 볼 때 부처님이 직접적으로 이러한 결정성문이나 증상만 성문에게는 수기를 주지 않은 것으로 이해할 수 있다. 해당 원문은 다음과 같다. 권 1(T9, 7a5~11). "爾時世尊告舍利弗,〈汝已慇懃三請, 豈得不說. 汝今諦聽, 善思念之, 吾當爲汝分別解說.〉說此語時, 會中有比丘·比丘尼·優婆塞·優婆夷, 五千人等, 即從座起, 禮佛而退. 所以者何? 此輩罪根深重及增上慢, 未得謂得, 未證謂證, 有如此失, 是以不住. 世尊默然而不制止."

72 보살여수기菩薩與授記: 수기는 부처님이 주지만, 방편으로 보살이 수기를 주기도 한다.『법화경』에서는 상불경보살이 대표적이다.『묘법연화경妙法蓮華經』「상불경보살품常不輕菩薩品」권6(T9, 51b16). "我不輕汝, 汝等行道, 皆當作佛."

73 『묘법연화경우파제사妙法蓮華經優波提舍』「비유품譬喩品」(T26, 9a18~20). "若決定者, 增上慢者, 二種聲聞, 根未熟故, 如來不與授記應化聲聞是大, 菩薩與授記者, 方便令發菩提心故." 밑줄 친 '如來'는 대정장본에 없지만 교감주에 따르면【宋】【元】【明】【宮】에 있다고 하였다. '應化聲聞是大'도 대정장본에는 없지만【宋】【元】【明】에는 나온다.

74 무성유정無性有情: 법상종法相宗이 말하는 중생의 서로 다른 다섯 가지 선천적 자

됨'(作佛)을 알아야 한다.

② 만드는 원인(作因)

言作因者, 若聖若凡, 內道外道, 道分福分 一切善根, 莫不同至, 無
上菩提. 如下文言, "或有人禮拜, 或復但合掌, 乃至擧一手, 或復少傾
頭", "若人散亂心, 入於塔廟中, 一稱□[75]無佛, 皆已成佛道", 乃至廣
說.

[T34, 871b29~c4; H1, 489a9~14]

'만드는 원인'(作因)이란, 성인이거나 '평범한 사람'(凡夫)이거나 [또는]
'불교의 진리[를 따르는 수행자]'(內道)이거나 [불교와는] 다른 가르침[을 따
르는 수행자]'(外道)[76]이거나 간에, '[해탈하는 출세간] 깨달음의 부분'(道分)
이나 '[세간] 복福의 부분'(福分)[77]이 되는 '모든 이로운 능력'(一切善根)[을
짓는 것은 다 '가장 높은 깨달음'(無上菩提)에 이르지 않음이 없다는 것을

질(五性·五種種性·五種乘性·五乘種性, 菩薩定姓(定性菩薩)/獨覺定姓(定性緣覺)/
聲聞定姓(定性聲聞)/三乘不定姓(不定種性)/無姓有情(無種性)) 가운데 마지막 다섯
번째로서, 삼승三乘의 무루종자無漏種子를 갖추지 못한 중생(有情)을 가리키는데
인천승성人天乘性이라고도 한다. 법상종은, 이 다섯 가지 차이는 아뢰야식의 본
유종자本有種子에 의해 결정되며 바뀌지 않는다고 하여 오성각별설五姓各別說을
주장한다. 무성유정은 인천유루종자人天有漏種子만을 지녔기에 선업을 닦아 인간
과 천상세계에서의 좋은 과보를 얻을 수는 있지만 해탈하지는 못하는 부류라고
한다.

75 저본인 대정장에는 '□'로 되어 있지만, 『법화경法華經』 원문에 따라 '南'을 추가
하여 번역한다.

76 내도內道나 외도外道: 내도는 부처님의 가르침, 혹은 부처님 가르침을 따르는 사
람이고, 외도는 부처님 아닌 사람의 가르침 혹은 그 가르침을 따르는 사람.

77 도분道分이나 복분福分: 도분은 해탈을 성취하는 깨달음의 범주에 속하는 내용이
고, 복분은 세속적 이로움의 범주에 속하는 내용이다.

말한다. 아래 [『법화경法華經』의] 글에서, "혹 어떤 사람은 예배하고, 혹 [어떤 사람은] 다시 합장만 하거나 내지 한 손만을 들어 [경의를 표시하거나], 혹 [어떤 사람은] 다시 조금 고개를 숙여 [경의를 표시하거나]"[78] "어떤 사람이 산란한 마음으로 탑묘塔廟에 들어가 '부처님께 귀의합니다'(南無佛)[79]라고 한 번만 부를지라도, 모두 이미 '부처의 길'(佛道)[에 들어서는 일]을 이루게 된다."[80]라고 하면서 자세히 설하는 것과 같다.

『本乘經』[81]言. "凡聖一切善, 不受有漏果, 唯受常住之果." 『大悲經』言. "佛告阿難. 〈若人樂着三有果報, 於佛福田, 若行布施, 諸餘善根, 願我世世莫入涅槃, 以此善根不入涅槃, 無有是處. 是人雖不樂求涅槃, 然於佛所, 種諸善根, 我說是人必入涅槃.〉" 『尼健子經』 「一乘

---

78 여기까지의 『법화경法華經』의 해당 원문은 다음과 같다. 권1 제2 「방편품方便品」 (T9, 9a19~21). "或有人禮拜, 或復但合掌, 乃至擧一手, 或復小低頭, 以此供養像, 漸見無量佛."

79 나무불南無佛: 나무南無는 산스크리트어 및 팔리어인 'namas(namo)'의 음역으로 '남모南牟, 나모那謨, 남모南謨' 등으로 한역된다. 의역하면 '경례敬禮, 귀경歸敬, 귀의歸依'라고 할 수 있다. 그러므로 나무불南無佛은 부처님께 귀의한다는 뜻이다.

80 『묘법연화경妙法蓮華經』 「방편품」(T9, 9a24~25). "若人散亂心, 入於塔廟中, 一稱南無佛, 皆已成佛道." 〈산스크리트본의 해당 내용: SP., p.52. yaiś cāñjali tatra kṛto 'pi stūpe paripūrṇa ekā talaśaktikā vā / unnāmitaṃ śīrṣam abhun muhūrtam avanāmitaṃ kāyu tathaikavāraṃ //95// namo 'stu buddhāya kṛtaikavāraṃ yehī tadā dhātudhareṣu teṣu / vikṣiptacittair api ekavāraṃ te sarvi prāptā imam agrabodhiṃ //96//; 어떤 사람이 완전한 그 탑에 [두 손으로] 합장하거나 혹은 겨우 한 손으로 하거나 정수리를 굽혀 잠시라도 [부처님의] 신체에 예배하거나 //95// 그와 같이 한순간이라도 부처님께 예배한다면, [혹은] 산란한 마음을 가졌더라도 그때 탑(dhātu-dhara, 사리안치소)에 잠시 들어갔다면 그들 모두는 이 최고의 깨달음을 얻을 것이다. //96//〉 인용 경문의 해당 범본은 게송96이지만, 전체 내용을 파악할 수 있도록 게송95도 함께 실었다.

81 『보살영락본업경菩薩瓔珞本業經』을 가리킨다. '乘'을 '業'으로 교감한다.

191

品」言,"佛語文殊.〈我佛國□[82]所有僧伽尼乾子等,皆是如來住持力
故,方便示現此諸外道.善男子等,雖行種種諸異學相,皆同佛法一橋
梁度,更無餘度故.〉"

[T34, 871c4~13; H1, 489a14~24]

『본업경本業經』에서 [다음과 같이] 말하였다. "'평범한 사람과 성인'(凡
聖)이 [행한] '모든 이로움'(一切善)은 '번뇌에 물든 행위로 인한 결과'(有漏
果)[83]를 받지 않고 오로지 '늘 [본연에] 머무는 과보'(常住之果)[84]를 받는
다."[85] [또] 『대비경大悲經』에서는 [다음과 같이] 말하였다. "부처님이 아닌

---

82 저본인 대정장에는 '□'로 되어 있지만, 『니건자경尼健子經』 원문에 따라 '土'를 추
    가하여 번역한다.

83 유루과有漏果: 유루과에서 유루는 산스크리트어 'sāsrava'의 의역으로 무루無漏에
    대칭되는 말이다. 루漏는 유실流失되거나 누설漏泄된다는 뜻으로 번뇌의 다른 이
    름이다.(『불광대사전』, p.2452.) 따라서 유루과는 '아직 번뇌가 스며들게 되는 원
    인'(有漏因)에 의하여 받게 되는 과보를 말한다.

84 상주지과常住之果: 상주는 범어梵語로 'nitya-sthita'이며, 상常으로 약칭하기도 한
    다. 무상無常에 대칭하는 말이며, 이 경우의 '상주常住'는 영원불변을 의미하는 것
    이 아니라, 근본무지의 속박에서 풀려난 '지혜'와 망상분별에 의한 동요가 그친
    '평온'이 한결같이 유지되는 상태를 의미한다. 『승만경勝鬘經』 「자성청정장自性
    清淨章」 또는 『북본열반경北本涅槃經』 권34 등에도 모두 "여래법신은 상주하며
    변화하지 않는다."(如來法身常住不變)라고 하였다. 『대승장엄경론大乘莊嚴經論』
    권3 「보리품菩提品」에는 여래법신如來法身뿐만 아니라 보신報身이나 응신應身도
    상주불변常住不變한다고 하였다. 그리고 『불성론佛性論』 권4 「무변이품無變異
    品」에는 삼신상주三身常住에 대하여 열 가지 인연으로 설명하였다. 열 가지는 다
    음과 같다. "一因緣無邊, 二衆生界無邊, 三大悲無邊, 四如意足無邊, 五無分別智無邊,
    六恒在禪定無散, 七安樂清涼, 八行於世間八法不染, 九甘露寂靜遠離死魔, 十本性法然
    無生無滅."(『불광대사전』, p.4524.) 한편 『수능엄경首楞嚴經』 권4, 『능가경楞伽
    經』 권4에서는 7가지의 상주常住果를 설명한다. 7가지는 ① 보리菩提, ② 열반
    涅槃, ③ 진여眞如, ④ 불성佛性, ⑤ 암마라식菴摩羅識, ⑥ 공여래장空如來藏, ⑦ 대
    원경지大圓鏡智이다. 이러한 상주과는 그 바탕이 하나이며 청정원만하고 견고하
    게 응고되어 마치 금강석이 상주하며 부서지지 않는 것과 같다고 한다.(『불광대
    사전』, p.104.)

192 『법화종요』

阿難에게 말씀하셨다. 〈만약 어떤 사람이 '[욕망존재(欲有)·유형존재(色有)·무형존재(無色有), 이] 세 종류의 존재양상'(三有)[86][으로 받는] 과보果報

85 위의 인용문은 『보살영락본업경菩薩瓔珞本業經』「불모품佛母品」의 다음 문장을 축약한 것이다. 권2(T24, 1019a6~11). "古佛常說, 無相智火, 滅無明闇. 而善惡二別, 而言同一果者, 亦無是處. 一切善受佛果, 無明受有爲生滅之果. 是故善果從善因生, 是故惡果從惡因生, 故名善不受生滅之果, 唯受常佛之果. 佛子, 若凡夫聖人一切善, 皆名無漏不受漏果."

86 삼유三有: 십이연기의 유有를 아함경에서는 욕유欲有·색유色有·무색유無色有의 삼유로 나누어 설명하고 아비달마에서는 업유(業有, karmabhava)로 설명한다. '유有'를 '삼계三界에서 오온五蘊으로 존재하는 모든 것'으로 보는 견해는 연기지緣起支의 한 부분으로는 지나치게 범위가 넓으므로 이후 업유의 의미가 강조되었다. 업유는 과거의 선악업이기 때문에 이로부터 금세의 생이 있다고 이해된다. 그러나 '유'에 관한 아비달마 등의 이해와 니까야/아함이 전하는 12연기 법설에서의 의미는 구별해서 접근할 필요가 있다. 니까야/아함에서의 12연기를 반드시 삼세에 걸친 윤회 현상에 배대시킬 이유는 없다. 아비달마의 12연기 이해인 삼세양중인과 해설을 지지할 수 있는 근거는 니까야/아함에서 극히 일부에 불과하다. 붓다 법설은 시종일관 '지금 여기의 삶에서 확인되는 경험적 사태'에 집중하고 있다는 점을 고려할 때, 12연기도 현재적 삶을 연기적으로 이해하기 위해 선택된 '조건인과 연쇄'로 접근해 볼 필요가 있다. 명색名色부터 유有까지의 조건인과 연쇄를 현재의 오온에서 작동하는 현상으로 보는 것은 전혀 문제가 없다. 다만 '무명無明-행行-식識'의 조건인과를 과거 생에 배대시켜야 하는가의 문제는 논란의 여지가 있다. 니까야/아함에서 식識을 금생의 초기조건으로 말하는 경우는 극히 일부에 불과하다. 게다가 현재에 작동하는 오온 안에 행온行蘊과 식온識蘊이 포함되어 있고, 오온은 현재의 인간 존재를 설명하는 일관된 법설이다. 그리고 중생이 경험하는 현재의 오취온五取蘊이 무명을 조건으로 한다는 점, 그리고 그 무명은 현재에도 여러 방식과 형태로 작동한다고 보는 것이 합리적이다. 따라서 무명부터 유까지는 전부 현재의 오온에서 일어나는 조건인과 현상으로 보아도 무방하다. 문제는 '생生-노사老死'의 부분이다. 이 부분을 '태어나 늙고 죽어 가는 현상'으로 보면서 현재 삶에 배대하면, 그 이전의 조건인과 연쇄가 모두 전생의 것이 되어 수행의 근거가 사라진다. 따라서 미래의 생에 배대하는 것이 전통적 관점인데, 붓다의 현재적 시선과 경험주의적 태도를 고려하면 이것 역시 어색하다. 현재 삶에서 가장 현저한 현상이며 또 현재 경험하는 것이 고통 범주인데, 이것을 미래 생으로 넘겨 버리는 것이 붓다 12연기 법설의 취지라고 보는 것은 너무 부자연스럽다. 현재의 고통 현상에서 출발하는 것이 붓다의 법설이기 때문이다. 이러한 난

를 즐기며 집착하면서도 '부처가 마련해 준 복덕의 터전'(佛福田)에서 보시布施 및 다른 여러 '이로운 능력'(善根)을 행하면서 '원하건대 나는 [태어나는] 세상마다 열반에 들지 않겠다.'고 한다면, 이 '이로운 능력'(善根)으로 열반에 들어갈 수 없다는 것은 옳지가 않다. 이 사람이 비록 열반을 구하는 것을 기꺼워하지 않더라도 '부처님이 [마련해 준 복덕의] 장소'(佛所)에서 갖가지 '이로운 능력'(善根)을 심었다면, 나는 이 사람이 반드시 열반에 들어갈 것이라고 말한다.〉"[87] [그리고] 『니건자경尼健子經』 「일승품一乘品」에서는 [다음과 같이] 말하였다. "부처님이 문수보살에게 말씀하셨다. 〈나의 '부처가 사는 세상'(佛國土)에 있는 '부처님의 가르침대로 닦는 수행자'(僧伽)[88]와 니건자尼乾子[89] 등은 모두 〈여래가 지닌 '있

점을 해소하면서 12연기 법설을 현재적 삶에 초점을 맞추어 읽으려면 현재적 조건인과를 중층적으로 처리하면 된다. 무명에서 유까지의 조건인과 연쇄와 '생-노사'의 조건인과 모두를 현재 범주로 넣는 방식이다. 이런 이해방식은 오히려 니까야/아함에서 전하는 다양한 12연기 법설로부터 견실한 논거들을 풍부하게 확보할 수 있다. 12연기 법설에 대한 새로운 독법이므로 구체적 논의는 별도의 기회로 넘긴다. 다만 여기서는 '욕유, 색유, 무색유'의 내용을 지닌 '유有'의 번역어로서 어떤 독법을 선택해도 통용될 수 있는 것을 고려해야 하는데, 삶(生)이라는 고유성을 지닌 구체적인 현상의 발생조건이라는 점에서 '존재 양상'라고 번역해 본다.

87 『대비경大悲經』 권3(T12, 960a7~12). "佛, 如是如是, 阿難. 若有衆生, 樂著生死, 三有愛果, 於佛福田種善根者, 作如是言, 以此善根, 願我莫般涅槃. 阿難, 是人若不涅槃, 無有是處. 阿難, 是人雖不樂求涅槃, 然於佛所, 種諸善根, 我說是人必得涅槃. 盡涅槃際."

88 승가僧伽: 산스크리트어 'saṃgha'의 음역이며, 의역하면 화합중和合衆이다. 승가의 준말이 승僧이다.

89 니건자尼乾子: 니건자尼健子라고도 하는데, 산스크리트어로 'Nirgrantha-putra'이다. 인도 고대 육사외도六師外道 가운데 하나이다. 이 외도는 고행을 닦아 세간의 옷과 음식 등의 속박에서 벗어나 번뇌의 고통과 삼계에 묶임에서 영원히 벗어나는 것을 기대한다. 그러므로 이계離繫, 불계不繫, 무계無繫 등으로 한역하기도 한다. 또한 이 외도는 옷을 벗고 다녀도 부끄러워하지 않기 때문에 무참외도無慚外道 또는 나형외도裸形外道라고도 부른다. 현재 인도의 자이나교이다.(『불광대사전』, p.1889.)

게 하는 힘'〉(如來住持力) 때문에 방편으로 이 모든 '[불법과는] 다른 가르
침을 따르는 사람들'(外道)을 나타내 보인 것이다. 선남자 등이 비록 '갖
가지 다른 배움의 양상'(諸異學相)을 행하지만 모두 같은 '[부처님이 설한]
깨달음의 진리'(佛法)의 한 다리를 건너는 것이니, 그 밖에 다른 건너는
[다리는] 없기 때문이다."[90]

案云, 依此等文, 當知佛法五乘諸善, 及與外道種種異善, 如是一切,
皆是一乘, 皆依佛性, 無異體故. 如『法花論』顯此義, "云何體法者? 謂
理無二體. 無二體者, 謂無量乘皆是一乘故." 而下文言"汝等所行是菩
薩道'者, 發菩提心, 退已還發者, 前所修行善根不滅, 同後得果故"者,
爲顯種子無上義故. 且[91]約發心善根而說, 非謂餘善不得佛果. 是故
□[92]違前所引文. 由是言之, 〈若凡若聖, 一切衆生內道外道一切善根,
皆出佛性, 同歸本原.〉 如是本來唯佛所窮, 以是義故, "廣大甚深", 如
是名爲"一乘因"也.

[T34, 871c13~24; H1, 489a24~b13]

생각건대, 이러한 글들에 의거하여 [다음과 같이] 알아야 한다. 〈부처
님의 가르침'(佛法)을 따르는 '다섯 종류 수행자'(五乘)[93]의 '갖가지 이로

---

90 『대살차니건자소설경大薩遮尼乾子所說經』 권2 「일승품一乘品」(T9, 326b26~c1).
"文殊師利, 我佛國土所有僧佉毘世師遮梨迦尼乾子等. 皆是如來住持力故, 方便示現.
文殊師利, 此諸外道善男子等, 雖行種種諸異學相, 皆同佛法一橋梁度, 更無餘濟故."
91 저본인 대정장에는 '旦'로 되어 있지만, 문맥상 '但'로 교감하고 번역한다.
92 저본인 대정장에는 '□'로 되어 있지만, 문맥상 '不'을 추가하고 번역한다.
93 오승五乘: 삼승三乘의 수행자인 성문聲聞·연각緣覺·보살菩薩에 인승人乘·천승
天乘을 합한 것이다. 한편 사승四乘도 있는데, 이 경우에는 주장마다 차이가 있
다. 첫 번째는 삼승인 ① 성문聲聞, ② 연각緣覺, ③ 보살菩薩에, ④ 불승佛乘을 추
가한 경우이고, 두 번째는 ① 인천승人天乘, ② 소승小乘, ③ 삼승三乘, ④ 일승一
乘으로 분류한 것이며, 세 번째는 ① 인천人天, ② 성문聲聞, ③ 연각緣覺, ④ 보살

운 능력'(諸善[根])이나 '[불교와는] 다른 가르침[을 따르는 수행자]'(外道)의 '갖가지 다른 이로운 능력'(種種異善[根])은 이런 모든 것들이 다 '하나처럼 통하게 하는 가르침'(一乘)[으로 들어가는 것]이니, 모두 '부처 면모'(佛性)에 의지하지 '다른 본연'(異體)은 없기 때문이다.〉라고. 『법화경론法華經論』에서는 이 뜻을 드러내기 위하여 [다음과 같이 말하였다.] "무엇을 '본연[에 대한] 도리'(體法)라고 부르는가? 진리(理)에는 '두 가지 본연'(二體)이 없다는 것이 그것이다. '두 가지 본연'(二體)이 없다는 것은 '헤아릴 수 없이 많은 가르침'(無量乘)이 모두 '하나처럼 통하게 하는 가르침'(一乘)[으로 들어가는 것]임을 일컫는다."⁹⁴ [『법화경론法華經論』의 그] 아래 글에서 "〈그대들이 닦은 것이 보살도이다.〉(汝等所行是菩薩道)라는 것은, [예전에] '깨달음을 구하는 마음'(菩提心)을 일으켰으나 [도중에 보리심에서] 물러났다가 다시 '깨달음을 구하는 마음'(菩提心)을 일으키는 것은 예전에 닦은 '이로운 능력'(善根)이 없어지지 않고 마찬가지로 나중에 결과를 얻게 되기 때문이다."⁹⁵라고 말한 것은, '씨앗이 최고라는 뜻'(種子無上義)을 드러내기 위한 것이다. [이것은] 단지 [깨달음을 구하는] 마음을 일으키는 이로운 능력'(發心善根)에 의거하여 말한 것이지, '다른 이로운 능력'(餘善[根])으로는 '부처라는 결과'(佛果)를 얻지 못한다는 것을 말한 것이 아니다. 이런 까닭으로 앞에서 인용한 글과 어긋나지 않는다. 이로 말미암아 [다음과 같이] 말할 수 있다. 〈'평범한 사람'(凡夫)든 성인이든, 모든 중생 가운데 '불교의 진리[를 따르는 자]'(內道)나 '[불교와는] 다른 가르침[을 따르는 자]'(外道)⁹⁶의 온갖 '이로운 능력'(善根)은 모두 '부

菩薩로 분류한 경우도 있다. 『불광대사전』, p.1126.

94 『묘법연화경우파제사妙法蓮華經優波提舍』 권하 「방편품지여方便品之餘」(T26, 6b 5~6). "何體法者, 無二體故. 無二體者, 謂無量乘唯一佛乘."

95 『묘법연화경우파제사妙法蓮華經優波提舍』 권하 「비유품比喩品」(T26, 9b1~3). "汝等所行是菩薩道者, 謂發菩提心退已還發者, 前所修行善根不滅, 同後得果故."

96 내도內道나 외도外道: 내도內道는 부처님의 가르침, 혹은 부처님 가르침을 따르는

처 면모'(佛性)에서 나와서 '본래의 근원'(本源)[인 '부처 면모'(佛性)]로 함께 돌아간다.〉

이와 같은 [도리]는 본래 오직 부처만이 완전하게 안 것이니, 이런 뜻이기 때문에 ['하나처럼 통하게 하는 가르침'(一乘)은] "넓고 크며 매우 깊다."(廣大甚深)라고 하였으며, 이와 같은 것을 '하나처럼 통하게 하는 가르침의 원인'(一乘因)이라고 부른다.

(4) 하나처럼 통하게 하는 가르침의 결과(一乘果)

"一乘果"者, 略說有二, 謂本有果及始起果.

[T34, 871c24~25; H1, 489b13~b14]

"하나처럼 통하게 하는 가르침의 결과"(一乘果)에 대하여 간략히 말하면 두 가지가 있으니, '본래부터 갖춘 [부처라는] 결과'(本有果)[97]와 '비로소 일으킨 [부처라는] 결과'(始起果)[98]를 말한다.

① 본래부터 갖춘 [부처라는] 결과(本有果)

本有果者, 謂法佛菩提. 如「壽量品」云, "如來如實知見三界之相, 無有生死若退若出, 亦無在世及滅度者, 非實非虛, 非如非異." 案云, 此

<hr />

사람이고, 외도外道는 부처님 아닌 사람의 가르침 혹은 그 가르침을 따르는 사람.

97 본유과本有果: 아래 본문의 설명에 의하면 『법화경론』의 법불보리法佛菩提와 같은 것이다. 즉 법신과 같이 본래적으로 갖춰진 깨달음을 의미한다.

98 시기과始起果: 아래 본문의 설명에 의하면 『법화경론』의 보불보리報佛菩提나 응불보리應佛菩提이다. 즉 보신이나 응신과 같이 수행을 통해 비로소 깨달음을 성취하는 것을 의미한다.

文就一法界, 顯一果體, 非有體故非實, 非無體故非虛, 非眞諦故非如, 非俗諦故非異. 如『本乘[99]經』云, "果體圓滿, 無德不備, 無理不周, 無名無相, 非一切法可得, 非有體非無體", 乃至廣說. 又言, "二體[100]之外, 獨在無二."故是明法佛菩提果體.

[T34, 871c25~872a5; H1, 489b14~23]

'본래부터 갖춘 [부처라는] 결과'(本有果)라는 것은 '진리 [몸]으로서의 부처의 깨달음'(法佛菩提)[101]을 말한다. 마치 [『법화경法華經』의] 「여래수량품如來壽量品」에서 [다음과 같이] 말하는 것과 같다. "여래께서는 '[욕망세계欲界·유형세계色界·무형세계無色界, 이] 세 가지 세계의 양상'(三界之相)을 '사실 그대로 알고 보시니'(如實知見), [삼계三界에] 태어나고 죽는 것이나 물러나거나 나오는 것이 [불변·독자의 본질/실체로서] 없고, 또한 [삼계三界의] 세상에 머무는 것이나 열반에 드는 것도 [불변·독자의 본질/실체로서] 없어, [삼계三界의 양상은 불변·독자의 본질/실체로서] 가득 찬 것도 아니고 [아무것도 없이] 텅 빈 것도 아니며 [서로] 같은 것도 아니고 다른 것도 아니다."[102] 생각건대, 이 [『법화경法華經』에서 인용한] 문장은 '하

---

99 저본인 대정장본에는 '乘'이라고 되어 있지만, 원전에 따라 '業'으로 교감하고 번역한다.

100 해당 원문은 『보살영락본업경菩薩瓔珞本業經』 권상 「현성학관품賢聖學觀品」(T24, 1015c15). "二諦之外, 獨在無二."이다. 이에 따라 '二體'를 '二諦'로 교감하여 번역한다.

101 법불보리法佛菩提: 『법화경론』(『묘법연화경우파제사』)에서 말하는 삼품보리三品菩提 중 하나이다. 『묘법연화경우파제사妙法蓮華經憂波提舍』 권2(T26, 9b17~18). "三者示現法佛菩提, 謂如來藏性淨涅槃常恒清涼不變等義."

102 『묘법연화경妙法蓮華經』 권5 제16 「여래수량품如來壽量品」(T9, 42c13~15). "如來如實知見三界之相, 無有生死若退若出, 亦無在世及滅度者, 非實非虛, 非如非異."〈산스크리트본의 해당 내용: SP., p.318. dṛṣṭaṃ hi tathāgatena traidhātukaṃ yathābhūtaṃ na jāyate na mriyate na cyavate nāpapadyate na saṃsarati na parinirvāti na bhūtaṃ nābhūtaṃ na sattaṃ nāsattaṃ na tathā nānyathā na

나처럼 통하는 [차이들의] 현상세계'(一法界)에 의거하여 〈하나처럼 통하는 '결과로서의 바탕[인 본연]'〉(一果體)을 드러낸 것이니, '[불변·독자의 본질/실체로서의] 바탕[인 본연]이 있는 것이 아니기'(非有體) 때문에 '가득 찬 것이 아니고'(非實) '바탕[인 본연]이 없는 것이 아니기'(非無體) 때문에 '텅 빈 것도 아니며'(非虛), '궁극적 진리'(眞諦)인 것만도 아니기 때문에 '[서로] 같은 것도 아니고'(非如) '세속적 진리'(俗諦)인 것만도 아니기 때문에 '[서로] 다른 것도 아니다.'(非異) 『본업경』에서 [다음과 같이] 말하는 것과 같다. "'결과로서의 바탕[인 본연]'(果體)은 완전(圓滿)하여, '갖추지 못하는 능력이 없고'(無德不備) '이치는 두루 통하지 못하는 바가 없으며'(理無不周) '[내용을 확정 짓는] 이름이 없고'(無名) '[불변·독자의 본질/실체로서의] 차이/특징이 없으며'(無相) 〈'[불변·독자의 본질/실체로서] 얻을 수 있는 어떤 것'이 아니며〉(非一切法可得) '[불변·독자의 본질/실체로서의] 바탕[인 본연]이 있는 것도 아니고'(非有體) '바탕[인 본연]이 [완전히] 없는 것도 아니다'(非無體)."[103] 등으로 자세히 설명하고 있다. 또한 [다음과 같이] 말하였다. "'[세간적 관점'(俗諦)과 '진리적 관점'(眞諦), 이] '두 가지 관점'(二諦)의 영역을 넘어 '오직 두 가지로 나누는 것이 없는 경지에 있다'(獨在無二)."[104] 그러므로 이것은 '진리 [몸]으로서의 부처의 깨달음'(法佛菩

---

vitathā nāvitathā nānyathā na tathā /; 여래는 3계[의 중생들]이 태어나지도 않고 죽지도 않으며, 물러나지도 않고 발생하지도 않으며, 윤회하지도 않고 반열반하지도 않으며, 실존하는 것도 아니고 실존하지 않는 것도 아니며, 존재하는 것도 아니고 존재하지 않는 것도 아니며, 그와 같지도 않고 다르지도 않으며, 거짓되지도 않고 거짓되지 않지도 않으며, 다르지도 않고 그와 같지도 않다는 것을 여실하게 보았다.〉

103 『보살영락본업경菩薩瓔珞本業經』 권하 제6 「인과품因果品」(T24, 1020a20~23). "佛子. 果體圓滿, 無德不備, 理無不周, 居中道第一義諦清淨國土, 無極無名無相, 非一切法可得. 非有體非無體." 밑줄 부분이 인용한 구절이다.

104 『보살영락본업경菩薩瓔珞本業經』 권상 제3 「현성학관품賢聖學觀品」(T24, 1015c15). "二諦之外, 獨在無二."

提)이라는 '결과로서의 바탕[인 본연]'(果體)을 밝힌 것이다.[105]

② 비로소 일으킨 [부처라는] 결과(始起果)

> 始起果者, 謂餘二身. 如論說言, "報佛菩提者, 十地行滿足得常涅槃
> 證故, 如經言, 〈我實成佛已來, 無量無邊百千萬億那由他劫〉故." 應
> 化菩提者, 隨所應見而爲示現, 謂出釋宮, 樹下成道, 及與十方分身諸
> 佛. 如「寶塔品」之所廣明.
>
> [T34, 872a5~10; H1, 489b23~c5]

'비로소 일으킨 [부처라는] 결과'(始起果)란 나머지 다른 '두 가지 [진리

---

105 위 본문에서 인용한 『보살영락본업경菩薩瓔珞本業經』의 내용에 대하여 원효는
『본업경소本業經疏』에서 다음과 같이 풀이하였다. "〈세간적 관점〉(世諦)이라고
말한 것은 '다른 것에 의존하는 면모'(依他性)와 '[근본무지의 망상에 의해] 분별된
면모'(分別性)를 말한다. '항상 있다는 관점'(有諦)과 '아무것도 없다는 관점'(無諦)
을 여기서는 합하여 [모두] '세간적 관점'(世諦)으로 삼는다. '다른 것에 의존하는
면모'(依他性) 중에 '[근본무지의 망상에 의해] 분별된 면모'가 나타나지 않은 '참
그대로'(眞如)를 '궁극적 관점'(第一義諦)이라 부른다. 여래는 '하나처럼 통하는 마
음'(一心)으로 돌아갔기에, '있는 것도 아니고'(非有) '없는 것도 아니며'(非無), '텅
빈 것도 아니고'(非虛) '가득 찬 것도 아니며'(非實), '행함이 있는 것도 아니고'(非
有爲), '행함이 없는 것도 아니며'(非無爲), '차별인 것도 아니고 평등한 것도 아니
니'(非差別非平等), 그렇기 때문에 〈['세간적 관점'(俗諦)과 '진리적 관점'(眞諦), 이]
'두 가지 관점'(二諦)의 영역을 넘어〉(二諦之外)라고 한 것이다. ['세간적 관점'(俗
諦)과 '진리적 관점'(眞諦)을 넘어선] 이 '세 번째 관점'(三諦)은 견줄 것도 없고 상
대될 것도 없어 '두 가지가 없는 관점'(無二諦)이라 부르기도 하고 '무한한 관점'(無
盡諦)이라 부르기도 하니, 이 때문에 〈오직 두 가지로 나누는 것이 없는 경지에 있
다.〉(獨在無二)라고 한 것이다."("言〈世諦〉者, 謂依他性及分別性. 有無二諦, 此中合
爲世諦. 依他性中, 分別性無所顯眞如, 名第一義諦. 如來歸於一心之原, 非有非無, 非
虛非實, 非有爲非無爲, 非差別非平等, 故言〈二諦之外〉. 是第三諦, 無比無對, 名無二
諦, 名無盡諦, 故言〈獨在無二.〉"(H1, 500c14~20.)

의] 몸'(二身)[인 '[진리성취의] 결실인 부처[몸]으로서의 깨달음'(報佛菩提)과
'중생에 응하여 나타나는 부처[몸]으로서의 깨달음'(應化菩提)]¹⁰⁶을 말한
다. 마치 『법화론』에서 [다음과 같이] 말한 것과 같다. "[진리성취의] 결실
인 부처[몸]으로서의 깨달음'(報佛菩提)이란 '열 가지 [본격적인] 수행'(十地
行)이 모두 채워져 '늘 그러한 열반'(常涅槃)을 증득한 것이니, 마치 『법
화경』에서 〈내가 실제로 부처가 된 이래 한량없고 끝없는 백천만억百
千萬億의 '헤아릴 수 없는 수많은 시간'(那由他劫)¹⁰⁷이 지났다〉¹⁰⁸고 말한
것과 같다."¹⁰⁹ '중생에 응하여 나타나는 부처[몸]으로서의 깨달음'(應化
菩提)이란 [중생이 처한 상황에] 응하여 본 것에 따라서 나타내 보이는 것
이니, 〈'석가족의 궁전'(釋宮)을 나와 보리수나무 아래에서 진리를 성취

---

106 여이신餘二身: 『법화경론』에서 말하는 삼품보리三品菩提 가운데 법불보리法佛菩
提를 제외한 보불보리報佛菩提와 응불보리應佛菩提이다. 『법화경론』 권하 제3
「비유품譬喩品」(T26, 9b11~19)의 관련 원문은 다음과 같다. "一者, 示現應佛菩提,
隨所應見而爲示現, 如經〈皆謂如來出釋氏宮, 去伽耶城不遠, 坐於道場得成阿耨多羅三
藐三菩提〉故. 二者, 示現報佛菩提, 十地行滿足得常涅槃證故, 如經〈善男子! 我實成佛
已來無量無邊百千萬億那由他劫〉故. 三者, 示現法佛菩提謂, 如來藏性淨涅槃常恒淸涼
不變等義, 如經〈如來如實知見三界之相, 次第乃至不如三界見於三界〉故."
107 나유타(那由他, nayuta): 나유다那由多라고도 음역되고 조兆라고 의역된다. 인도
의 수량에 관한 명칭이다. 『불광대사전』, p.3022 참조. 『번역명의집翻譯名義集』
권3에서 "那由他, 或阿庾多, 或術那, 或那術. 此云萬億."(T54, 1106c27~28)이라고
하는 것에 따르면 나유타는 만억萬億으로서 조兆 단위의 많은 수를 가리키는 수사
數詞이다.
108 『묘법연화경妙法蓮華經』 권5 제16 「여래수량품如來壽量品」(T9, 42b12~13). "善男子!
我實成佛已來, 無量無邊百千萬億那由他劫." 〈산스크리트본의 해당 내용: SP., p.316.
api tu khalu punaḥ kulaputrā bahūni mama kalpakoṭīnayutaśatasahasrāṇy
anuttarāṃ samyaksaṃbodhimabhisaṃbuddhasya /; 그러나, 양가의 아들들이여,
실로 내가 최고의 올바른 깨달음을 [얻은 이후] 수많은 백천만억의 나유타 겁이
지났다.〉
109 『묘법연화경우파제사妙法蓮華經優波提舍』 권하 제3 「비유품譬喩品」(T26, 9b14~
16). "二者示現報佛菩提, 十地行滿足得常涅槃證故, 如經'善男子! 我實成佛已來, 無量
無邊百千萬億那由他劫'故."

하는 것과 '모든 곳'(十方)에 몸을 나누는 부처님들〉(出釋宮樹下成道, 及與 十方分身諸佛)이 그것이다. [『법화경』의] 「견보탑품見寶塔品」에서 자세히 밝힌 것과 같다.[110]

> 總而言之, 一切衆生, 皆修萬行, 同得如是□[111]菩提果, 是謂一乘一 乘果也. 如「方便品」云, "舍利弗, 當知. 我本立誓願, 欲令一切衆, 如 我等無異, 如我昔所願, 今者已滿足, 化一切衆生, 皆令入佛道."
>
> [T34, 872a10~14; H1, 489c5~10]

총괄적으로 말하건대, 모든 중생은 누구나 '온갖 실천수행'(萬行)을 닦으면 이와 같은 [법불보리法佛菩提, 보불보리報佛菩提, 응화보리應化菩提라 는] '부처의 깨달음이라는 결실'(佛菩提果)을 똑같이 얻으니, 이를 〈[모두 를 태우는] 하나의 수레'(一乘)[를 통한] '하나처럼 통하는 가르침의 결실' (一乘果)〉(一乘一乘果)이라고 부른다. [『법화경』의] 「방편품方便品」에서 [다 음과 같이] 말하는 것과 같다. "사리불이여 마땅히 알라. 내가 본래 서원 을 세우길 모든 중생으로 하여금 나와 같아져 다름이 없게 하고자 하였 는데, 내가 예전에 서원한 것이 이제는 다 이루어져 모든 중생을 교화 하여 모두를 '부처가 되는 길'(佛道)에 들어가게 하노라."[112]

---

110 『묘법연화경妙法蓮華經』 권4 제11 「견보탑품見寶塔品」(T9, 32b16~34b23)의 내 용이다. 〈산스크리트본의 해당 내용: SP., pp.239-265. Stūpa-saṃdarśana- parivartaḥ.〉

111 저본인 대정장에는 '□'로 되어 있지만, 문맥상 '佛'로 교감하여 번역한다.

112 『묘법연화경妙法蓮華經』 권1 제2 「방편품方便品」(T9, 8b4~7). "舍利弗, 當知. 我本 立誓願, 欲令一切衆, 如我等無異, 如我昔所願, 今者已滿足, 化一切衆生, 皆令入佛道." 〈산스크리트본의 해당 내용: SP., p.47. evaṃ ca cintemyahu śāriputra kathaṃ nu evaṃ bhavi sarvasattvāḥ / dvātriṃśatīlakṣaṇarūpadhāriṇaḥ svayaṃprabhā lokavidū svayaṃbhūḥ //60// yathā ca paśyāmi yathā ca cintaye yathā ca

案云, 此文正明如來所願滿足. 所以然者, 遍化三世一切衆生, 如應
皆令得佛道故. 如『寶雲經』云, "譬如油鉢, 若已平滿, 更投一渧, 終不
復受. 菩薩成佛, 衆願滿足, 亦復如是, 更無減少, 一塵之願." 『大雲密
藏藏經』[113]云, "大雲密藏菩薩曰言,[114] 〈世尊! 唯願如來, 爲未來世薄福
衆生, 演說如是深進大海水潮三昧.〉 佛言, 〈善男子! 莫作是言. 何以
故, 佛出世難, 此『大雲經』聞者亦難, 云何偏爲未來之[115]? 吾當遍爲三
世衆生, 廣門[116]分別.〉."

[T34, 872a14~23; H1, 489c10~21]

생각하건대, 이 경문은 여래가 서원한 것이 만족되었음을 곧장 밝힌
것이다. 왜냐하면, '과거 · 현재 · 미래'(三世)의 모든 중생을 두루 교화

---

saṃkalpa mamāsi pūrvaṃ / paripūrṇam etat praṇidhāna mahyaṃ buddhā ca
bodhiṃ ca prakāśayāmi //61//; 그리고 사리불이여, 나는 다음과 같이 생각했
다. 모든 중생은 내가 본 것과 같고 [내] 생각과 같으며 [내] 결심과 같이, 32상을
갖추고 스스로 빛나고 세간을 이해하며 스스로 존재하는 자가 되어야 하지 않겠
는가? 이 나의 전생의 서원이 완성되어 [현생에] 나는 붓다와 [붓다의] 깨달음을 밝
힌다.〉

113 저본인 대정장에는 '大雲密藏藏經'이라고 되어 있지만, 역경록 등에 따라 '大雲密藏
經'으로 교감하고 번역한다. 『역대삼보기歷代三寶紀』 권9(T49, 84b2). "方等大雲
經六卷(一名方等無相大雲經, 一名大雲無相經, 一名大雲密藏經)."

114 저본인 대정장에는 '曰言'이라고 되어 있지만, 원전의 경문에 따라 '白佛言'으로 교
감하고 번역한다. 『대방등무상경大方等無想經』 권5(T12, 1101a28). "大雲密藏菩
薩白佛言."

115 저본인 대정장에는 '未來之'라고 되어 있지만, 『대방등무상경大方等無想經』의 원
문에 따라 '未來之人'으로 교감하고 번역한다. 『대방등무상경大方等無想經』 권5
「대운초분증장건도大雲初分增長健度」(T12, 1101b3~5). "云何偏爲未來之人? 吾當
普爲三世衆生, 廣開分別."

116 저본인 대정장에는 '門'이라고 되어 있지만, 원전의 경문에 따라 '開'로 교감하고
번역한다. 『대방등무상경大方等無想經』 권5(T12, 1101b4~5). "吾當普爲三世衆生,
廣開分別."

하여 모두 응당 '부처가 되는 길'(佛道)을 얻게 했기 때문이다. 마치 『보운경寶雲經』에서 [다음과 같이] 말한 것과 같다. "비유하건대, 기름 그릇이 이미 가득 채워졌다면 다시 [기름] 한 방울을 떨어뜨리더라도 끝내 [그릇은] 다시 [기름을] 받아들이지 못하는 것과 같다. 보살이 '깨달음을 성취'(成佛)하여 온갖 서원이 만족되는 것도 이와 같으니, 한 티끌[정도로 작은] 서원이라도 다시 줄어듦이 없다."¹¹⁷ 『대운밀장경大雲密藏經』에서도 [다음과 같이] 말하였다. "대운밀장보살大雲密藏菩薩이 부처님께 [다음과 같이] 사뢰었다. 〈세존이여! 오직 원하옵건대 여래께서는 미래 세상의 '복이 부족한 중생'(薄福衆生)을 위하여 이와 같은 '큰 바다로 깊이 나아가는 조수와 같은 삼매'(深進大海水潮三昧)를 설해 주시옵소서.〉 [이에] 부처님께서 [다음과 같이] 말씀하셨다. 〈선남자여! 그런 말은 하지 마시오. 왜냐하면, 부처님이 세상에 나오는 것이 어렵고 이 『대운경大雲經』을 듣는 것 또한 어려우니, 어찌 미래에 사는 사람만을 위하겠는가? 나는 마땅히 두루 '과거·현재·미래의 [모든] 중생'(三世衆生)을 위하여 '널리 펼쳐 설명할 것'(廣開分別)이다.〉"¹¹⁸

『花嚴經』云, "如來轉法輪, 於三世無不至." 依此等文, 當知諸佛初成正覺, 一念之頂,¹¹⁹ 遍化三世一切衆生, 無一不成無上菩提, 如昔所願已滿足故. 設有一人不成菩提, 如昔所願卽不滿故. 雖實皆度而無盡

---

117 『보운경寶雲經』 권2(T16, 218c13~16). "譬如油鉢, 若已平滿, 更投一渧, 終不復受. 菩薩成佛, 衆願滿足, 亦復如是, 更無減少, 一塵之願."
118 『대방등무상경大方等無想經』 권5 「대운초분중장건도大雲初分增長健度」(T12, 1101a28~b5). "大雲密藏菩薩白佛言. 〈世尊, 唯願如來, 爲未來世薄福德衆生, 演說如是深進大海水朝三昧.〉 佛言, 〈善男子, 汝今不應作如是言. 何以故, 佛出世難, 此『大雲經』聞者亦難. 若有書寫受持, 讀誦一句一字, 亦復難得. 云何偏爲未來之人? 吾當普爲三世衆生, 廣開分別.〉"
119 저본인 대정장본에는 '頂'이라고 되어 있지만, 문맥상 '頃'으로 교감하고 번역한다.

際, 雖實無際而無不度, 以無限智力, 度無限衆生故.

[T34, 872a23~29; H1, 489c21~490a3]

『화엄경花(華)嚴經』에서도 [다음과 같이] 말하였다. "여래께서 진리의 가르침을 펼치니, '과거와 현재와 미래'(三世)에 이르지 않음이 없다."[120] 이런 글들에 의거하여 [다음과 같이] 알아야 한다. 〈모든 부처님은 처음 '완전한 깨달음'(正覺)을 이루고 '한 생각[과 같은 짧은] 시간'(一念之頃)에 '과거와 현재와 미래'(三世)의 모든 중생을 두루 교화하여 한 중생이라도 '가장 높은 깨달음'(無上菩提)을 이루지 못함이 없게 하였으니, 예전에 서원한 것이 이미 다 이루어진 것과 같은 것이다.〉라고. 설령 한 사람이라도 깨달음(菩提)을 이루지 못한다면, 예전에 서원한 것이 다 이루어지지 않은 것이기 때문이다. 비록 진실로 모두 구제하더라도 '끝이 다함'(盡際)이 없고, [또한] 비록 진실로 '끝이 없어도'(無際) [다] 구제하지 않음이 없으니, '[본질/실체로서의] 한계가 없는 지혜의 힘'(無限智力)으로 '[본질/실체로서의] 한량이 없는 중생'(無限衆生)을 구제하기 때문이다.

而此經下文言, "我本行菩薩道所成壽命, 今猶未盡, 復倍上數." 論釋此云, "〈我本行菩薩道, 今猶未滿〉者, 以本願故, 衆生界未盡, 願非究竟, 故言'未滿', 非謂菩提不滿足故. 〈所成壽命, 復倍上數〉者, 示現如來常命方便, 顯多過上數量, 不可數知故."

[T34, 872a29~b6; H1, 490a3~9]

그런데 이 『법화경』의 아래 글에서는 [다음과 같이] 말하였다. "내가 본래 행한 '보살 수행'(菩薩道)으로 이룬 수명은 지금도 오히려 다하지

---

120 『대방광불화엄경大方廣佛華嚴經』 권35 「보왕여래성기품寶王如來性起品」(T9, 628a 9). "如來轉法輪, 三世無不至."

않아서, 다시 앞에서 말한 수량의 배가 된다."¹²¹ 『법화경론』에서 이것
을 해석하여 [다음과 같이] 말하였다. "〈내가 본래 행한 '보살 수행'(菩薩
道)은 지금도 아직 다 이루어지지 않았다.〉(我本行菩薩道, 今猶未滿)라는
것은 '[중생구제를 위한] 근본적인 바람'(本願) 때문이니, 중생세계(衆生界)
가 아직 다 없어지지 않으면 [중생구제를 위한] 바람(願)도 끝난 것이 아
니기 때문에 '[보살 수행이] 아직 다 이루어지지 않았다.'(未滿)고 말한 것
이지, 깨달음(菩提)이 다 이루어지지 않았기 때문이라는 것을 일컫는
것이 아니다. 〈이룬 수명은 다시 앞에서 말한 수량의 배가 된다.〉(所成
壽命, 復倍上數)라는 것은 '여래가 [중생구제를 위해] 늘 유지하는 수명'(如
來常命)이라는 방편을 나타내 보인 것인데, 앞에서 말한 수량보다 매우
많아서 '셈으로는 알 수 없음'(不可數知)을 드러낸 것이다."¹²²

> 此『論』意者, 爲明約今衆生未盡□,¹²³ 如是時本願未滿, 非謂菩提已
> 滿, 而其本願未滿, 亦非本願未滿, 而說佛法已足. 如『花嚴經』云, "一
> 切衆生, 未成¹²⁴菩提, 佛法未足, 本願¹²⁵未滿." 是故當知, 願與菩提不

---

121 『묘법연화경妙法蓮華經』 권5 제16 「여래수량품如來壽量品」(T9, 42c22~23). "諸善男子!
我本行菩薩道所成壽命, 今猶未盡, 復倍上數."〈산스크리트본의 해당 내용: SP., p.319.
na ca tāvan me kulaputrā adyāpi paurvikī bodhisattvacaryāpariniṣpāditāyuṣpramāṇam
apy aparipūrṇam / api tu khalu punaḥ kulaputrā adyāpi taddviguṇena me
kalpakoṭīnayutaśatasahasrāṇi bhaviṣyanty āyuṣpramāṇasyā paripūrṇatvāt /;
그리고 우선, 양가의 자식들이여, 나의 이전 보살행은 완성되지 않았으며 수명도
아직 다 차지지 않았다. 그런데 실로 다시, 양가의 자식들이여, 나의 수명이 다 차
기까지는 아직 백천만억의 겁의 두 배가 남아 있을 것이다.〉
122 『묘법연화경우파제사妙法蓮華經優波提舍』 권2(T26, 9b27~c3). "〈我本行菩薩道,
今猶未滿〉者, 以本願故, 衆生界未盡, 願非究竟, 故言'未滿', 非謂菩提不滿足也.〈所成
壽命, 復倍上數〉者, 此文示現如來命常, 善巧方便顯多數故, 過上數量不可數知."
123 저본인 대정장에는 '□'로 되어 있지만, 문맥상 '度'로 교감하여 번역한다.
124 『화엄경』 원문은 '得'으로 되어 있다.
125 『화엄경』 원문에는 '本願'이 '大願'으로 되어 있다.

滿, 等則已, 滿則等滿. 如是名爲一乘果也.

[T34, 872b6~11; H1, 490a9~15]

이 『법화경론』의 뜻은 〈지금은 중생을 아직 다 구제하지 않았다는 것에 의거하여, 이런 때에는 '[중생구제를 위한] 근본적인 바람'(本願)이 아직 다 이루어지지 않았다.〉는 것을 밝히기 위함이지, 〈깨달음(菩提)이 이미 완성되었지만 그 '[중생구제를 위한] 근본적인 바람'(本願)은 아직 다 이루어지지 않았다.〉는 것을 말하는 것이 아니며, 또한 〈[중생구제를 위한] 근본적인 바람'(本願)이 아직 다 이루어지지 않았지만 '부처님의 가르침'(佛法)은 이미 충분하다.〉고 설하는 것도 아니다. 마치 『화엄경』에서 [다음과 같이] 말한 것과 같다. "아직 모든 중생이 깨달음(菩提)을 이루지 못했으면 '부처님의 가르침'(佛法)도 아직 충분하지 않은 것이고 '[중생구제를 위한] 근본적인 바람'(本願)도 아직 이루어지지 않은 것이다."(一切衆生, 未成菩提, 佛法未足, 本願未滿)[126] 그러므로, '[중생구제를 위한] 바람'(願)이 깨달음(菩提)과 함께 다 이루어지지 않았다면 [두 가지] 모두 그런 것이고, 이루어지면 [두 가지] 모두 다 이루어진다는 것을 알아야 한다. 이와 같은 것을 '하나처럼 통하게 하는 가르침의 결과'(一乘果)라고 부른다.

合而言之, 理教因果, 如是四法, 更互相應, 共運一人, 到薩婆若. 故說此四, 名一乘法. 猶如四馬, 更互相應, 共作一運, 故說四馬, 名爲一乘, 當知, 此中道理亦爾.

[T34, 872b11~14; H1, 490a16~19]

종합해서 말하면 [다음과 같다.] '[하나처럼 통하게 하는 가르침[에 올라타

---

126 『대방광불화엄경大方廣佛華嚴經』 권39(T9, 645c22~23). "一切衆生, 未得菩提, 佛法未足, 大願未滿."

는] 사람'(一乘人)이 '올라타는 가르침'(所乘之法)인] [하나처럼 통하게 하는 가르침의] 이치'([一乘]理)와 '[하나처럼 통하게 하는 가르침의] 교설'([一乘]敎)과 '[하나처럼 통하게 하는 가르침의] 원인'([一乘]因)과 '[하나처럼 통하게 하는 가르침의] 결과'([一乘]果)라는 이와 같은 '네 가지'(四法)는 서로에게 작용하면서 함께 한 사람을 옮겨 '모든 것을 사실 그대로 아는 지혜'(薩婆若)[127]에 이르게 한다. 그러므로 이 네 가지를 [대승의] 하나처럼 통하는 가르침'(一乘法)이라고 부른다. 마치 네 마리 말이 서로에게 작용하면서 함께 하나로 움직이기 때문에 네 마리 말을 '한 수레'(一乘)라 부르는 것과도 같으니, 여기서의 도리도 마찬가지임을 알아야 한다.

問. 理敎及因, 共運衆生, 到薩婆若, 此事可爾, 果旣到究竟之處, 云何與三共運衆生?

解云. 此有四義. 一者, 由未來世有佛果力, 冥資衆生, 令生善心, 如是展轉, 令至佛地. 如『涅槃經』云, "以現在世煩惱因緣, 能斷善根, 未來佛性力因緣故, 還生善根"故. 二者, 當果報佛, 現諸應化, 化今衆生, 令得增進. 如『本乘[128]經』云, "自見己身當果, 諸佛摩頂說法, 身心別行, 不可思議"故.

[T34, 872b14~22; H1, 490a20~b5]

묻는다. '[하나처럼 통하게 하는 가르침의] 이치'([一乘]理)와 '[하나처럼 통하게 하는 가르침의] 교설'([一乘]敎)과 '[하나처럼 통하게 하는 가르침의] 원인'([一乘]因)이 중생을 함께 움직여 '모든 것을 사실 그대로 아는 지혜'(薩婆若)

에 이르게 한다는 이러한 일은 그럴 수 있지만, '[하나처럼 통하게 하는 가르침의] 결과'([一乘]果)는 이미 '궁극의 경지'(究竟之處)에 도달한 것인데 어떻게 '[이치(理)·교설(敎)·원인(因), 이] 세 가지와 함께 중생을 옮기는가?

풀이하여 말하면 [다음과 같다.] 여기에는 네 가지 뜻이 있다. 첫 번째는, '미래 세상에 있게 될 부처라는 결과의 힘'(未來世有佛果力)으로 말미암아 암암리에 중생을 도와 '이로운 마음'(善心)을 생겨나게 하니, 이와같이 [결과(果)가 이치(理)·교설(敎)·원인(因)과 함께 중생을] 옮겨 나아가게 하여 '부처 경지'(佛地)에 이르게 하는 것이다. 마치 『열반경涅槃經』에서 "현재 세상의 번뇌인연煩惱因緣 때문에 '이로운 능력'(善根)을 끊을 수 있지만, 미래 세상[에 있을] '부처 면모가 지닌 힘과의 인연'(佛性力因緣) 때문에 다시 '이로운 능력'(善根)을 생기게 한다."[129]라고 말한 것과 같다.
두 번째는, '미래[에 성취할] 결실로서의 부처'(當果報佛)가 [중생에] 응하여 [갖가지 모습으로] 나타나는 [부처 몸]'(應化[身])들을 나타내어 '지금의 중생'(今衆生)을 교화하여 '향상하고 나아감'(增進)을 얻게 하는 것이다. 마치 『본업경本業經)』에서 "'자기 몸이 누리게 되는 과보'(己身當果)를 스스로 보며, 모든 부처님께서 머리를 쓰다듬으며 설법해 주시니, '몸과 마음 각각의 수행'(身心別行)은 '생각으로 헤아리기 어렵기'(不可思議)[때문에 [십지十地의 여덟 번째 단계를] '동요하지 않는 단계'(不動地)라 부른다.]"[130]라고 말한 것과 같다.

---

129 『대반열반경大般涅槃經』 권35 「가섭보살품迦葉菩薩品」(T12, 571c19~20). "以現在世煩惱因緣, 能斷善根, 未來佛性力因緣故, 還生善根."

130 『보살영락본업경菩薩瓔珞本業經』 권하 「석의품釋義品」(T24, 1018a20~22). "自見己身當果, 諸佛摩頂說法, 身心別行不可思議, 故名不動地." 이 문장은 제8지 보살을 설명하는 부분이다. 밑줄 부분이 인용 구절이다.

三者, 此經六處授記, 記當得成阿耨菩提. 由得此記, 筞[131]心進修, 當果屬彼, □[132]得運彼. 故下文言, "各賜諸子, 等一大車." 四者, 此經中說一切種智, 無□[133]不盡, 無德不備, 一切衆生, 同到此果. 衆生緣此能詮所詮, 發心勝進, 逕四十心, 遊戲神通, 化四生類. 故說, 衆生乘於果乘,[134] 乘乘能運因地衆生. 如下頌, "諸子是時, 歡喜踊躍, 乘是寶車, 遊於四方."

[T34, 872b22~c1; H1, 490b5~b13]

세 번째는 [다음과 같다.] 이 『법화경』은 여섯 곳에서 '부처가 될 것이라는 보증'(授記)을 하여[135] '최상의 깨달음'(阿耨菩提)을 이루게 될 것이라고 보증하였다. 이 '[부처가 될 것이라는] 보증'([授]記)을 얻음으로 말미암아 '마음을 [더욱] 채찍질하여 수행으로 나아가게 하니'(策心進修), [이것은] '앞으로 누리게 될 과보'(當果)가 [부처가 될 것이라는 보증을 받은] 그에게 속하게 되어 그를 ['최상의 깨달음'(阿耨菩提)으로] 옮겨가게 하는 것

---

131 저본인 대정장과 한불전 모두 '筞'으로 되어 있는데, 이는 '策'의 이체자로 교감하여 번역한다.

132 저본인 대정장과 한불전 모두 '□'로 되어 있는데, 문맥상 '乃'로 교감하여 번역한다.

133 저본인 대정장과 한불전 모두 '□'로 되어 있는데, 글자를 정할 수 없음으로 교감하지 않고 번역한다.

134 한불전에는 '乘'이 없지만, 저본인 대정장에는 '果乘'으로 되어 있다. 저본인 대정장에 따라 '果乘'으로 번역한다.

135 『법화경』에서의 6번의 수기: ① 『법화경』 권2 「비유품譬喩品」의 사리불 수기, ② 권3 「수기품授記品」에서 마하가섭, 수보리, 가전연, 목건련의 수기, ③ 권4 「오백제자수기품五百弟子授記品」에서 부루나 등 오백제자의 수기, ④ 권4 「수학무학인기품授學無學人記品」에서 아난·라홀라 등을 비롯한 이천인의 수기, ⑤ 권4 「법사품法師品」에서 『법화경』의 한 게송이나 구절이라도 듣고 잠시라도 환희심을 낸 사람들의 수기, ⑥ 권4 「권지품勸持品」에서 석가모니 부처님의 이모였던 마하파사파제와 아내였던 야수다라 비구니의 수기이다.

이다. 그러므로 [『법화경』의] 아래 글에서 "모든 자식 각자에게 똑같이 '하나의 큰 수레'(一大車)를 주었다."[136]라고 말하였다.

네 번째는, 이 『법화경』에서 설한 '모든 것을 사실대로 이해하는 지혜'(一切種智)는 '□'이 다하지 않음이 없고, '이로운 능력'(德)을 갖추지 않음이 없어서, 모든 중생이 똑같이 이 '부처가 된 결과'(佛果)[인 '모든 것을 사실대로 이해하는 지혜'(一切種智)]에 이르게 된다. 중생들은 이러한 [『법화경』이 설하는] 가르침(能詮)[인 '모든 것을 사실대로 이해하는 지혜'(一切種智)]와 '가르침의 내용'(所詮)을 인연으로 삼아 '[깨달음을 향해] 마음을 일으키고'(發心) '뛰어나게 정진하여'(勝進) '40가지 수행경지'(四十心)[137] 을 거쳐 '특별한 능력'(神通)을 마음대로 발휘하면서 '[태생胎生・난생卵生・습생濕生・화생化生, 이] 네 가지 중생의 부류'(四生類)를 교화한다. 그러므로 〈중생들이 '[부처라는] 결과의 수레'(果乘)를 타니, [그 결과의] 수레마다 능히 '[부처의] 원인이 되는 수행단계에 있는 중생'(因地衆生)을 실어 나른다.〉고 말한다. 마치 [『법화경』의] 아래 게송에서 "모든 자식이 이때 뛸 듯이 기뻐하며 이 '[흰 소가 끄는] 보배 수레'(寶車)를 타고 사방에 자유로이 다녔다."[138]라고 하는 것과 같다.

---

136 『묘법연화경妙法蓮華經』 권2 제3 「비유품譬喩品」(T9, 12c18). "各賜諸子, 等一大車." 〈산스크리트본의 해당 내용: SP., p.75. atha khalu śāriputra sa puruṣas teṣāṃ svakānāṃ putrāṇāṃ vātajavasaṃpannān gorathakān evānuprayacchet.; 실로 사리불이여, 그 남자는 그들 한 명 한 명의 자식들에게 바람처럼 빠른 소가 끄는 마차만 주었다.〉

137 사십심四十心: 일반적으로 '[열 가지] 본격적인 수행단계 이전'(地前)의 '40가지 수행단계'(四十)를 말한다. 구체적인 것은 다음과 같다. ① 십신十信: 믿음을 얻는 열 가지 단계, ② 십주十住: 그 지위가 안착하는 열 가지 단계, ③ 십행十行: 이타적 수행의 열 가지 단계, ④ 십회향十迴向: 수행으로 성취한 모든 것을 중생들에게 돌리는 행위의 열 가지 단계.

138 『묘법연화경妙法蓮華經』 권2 제3 「비유품譬喩品」(T9, 14c17~18). "諸子是時, 歡喜踊躍, 乘是寶車, 遊於四方." 〈산스크리트본의 해당 내용: SP., p.89. te cāpi tuṣṭantamanāś ca tehi diśāś ca vidiśāś ca vrajanti krīḍakāḥ //84//; 그리고 그

> 由方是四義, 當知果乘, 與餘三法, 共運一人. 人人四法, 因緣和合,
> 遠離諸邊, 不可破壞, 除此更無若過[139]若增. 如是名爲廣大甚深究竟一
> 乘眞實相也. 所詮之宗, 略述如是.
>
> [T34, 872c1~5; H1, 490b13~18]

바야흐로 이 네 가지 뜻으로 말미암아, '[부처라는] 결과의 수레'(果乘)
가 나머지 [이치(理)·교설(敎)·원인(因), 이] 세 가지와 더불어 한 사람을
함께 옮긴다는 것을 알아야 한다. [이] '네 가지'(四法)[140]가 [서로] '원인과
조건'(因緣)으로 화합하여 사람마다 '모든 치우침'(諸邊)에서 멀리 벗어
나게 하여 [그 경지를] 깨트리거나 무너뜨릴 수 없으니, 이것을 제외하고
다시 줄거나 늘어나게 할 것이 없다. 이와 같은 것을 〈넓고 크며 매우
깊은 '궁극적으로 [삼승三乘을] 하나처럼 통하게 하는 가르침'(究竟一乘)
이 드러내는 '참된 사실 그대로'(眞實相)〉(廣大甚深究竟一乘眞實相)라고 부
른다. '말로 드러낸 핵심내용'(所詮之宗)을 간략히 서술하면 이와 같다.

3. 드러내는 작용을 밝힘(明能詮用)

> 第三明能詮用者, 如「法師品」云, "一切菩薩, 阿耨菩提, 皆屬此經,
> 開方便門, 示眞實相." 此文正明是經勝用. 用有二種, 謂開及示. 開者,

들은 매우 만족하였고, 그들은 4방과 4유로 놀러 갔다.〉
139 저본인 대정장과 한불전에는 모두 '過'로 되어 있지만 문맥상 '減'으로 교감하여 번
역한다.
140 사법四法: 앞에서 나온 이理·교敎·인因·과果이다. 즉 '하나처럼 통하게 하는
가르침에 올라타는 사람'(一乘人)이 '올라타는 가르침'(所乘之法)인 '[하나처럼 통
하게 하는 가르침의] 이치'([一乘]理)와 '[하나처럼 통하게 하는 가르침의] 교설'([一
乘]敎)과 '[하나처럼 통하게 하는 가르침의] 원인'([一乘]因)과 '[하나처럼 통하게 하
는 가르침의] 결과'([一乘]果)이다.

開於三乘方便之門, 示者, 示於一乘眞實之相. 總說雖然, 於中有三.
先開, 次示, 第三合明開示之用.

[T34, 872c6~11; H1, 490b19~24]

세 번째인 '드러내는 작용을 밝힘'(明能詮用)이라는 것은 [『법화경』의]
「법사품法師品」에서 "모든 보살[이 성취하는] '최고의 깨달음'(阿耨菩提)는
모두 이 『법화경』에 속하니, [『법화경』은] '방편의 문'(方便門)을 열어 '참
된 사실 그대로'(眞實相)를 드러내 보인다."[141]라고 말한 것과 같다. 이
경문은 곧바로 이 『법화경』의 '뛰어난 작용'(勝用)을 밝힌 것이다. 작용
(用)에는 두 종류가 있으니, '[방편의 문'(方便門)을] 여는 것'(開)과 '[참된
사실 그대로'(眞實相)를] 드러내 보이는 것'(示)이 그것이다. '[방편의 문'(方
便門)을] 여는 것'(開)이란 〈[성문聲聞·연각緣覺·보살菩薩, 이] 세 부류를
위한 가르침'(三乘)이라는 '방편의 문'(方便門)을 여는 것〉(開於三乘方便之
門)이고, '[참된 사실 그대로'(眞實相)를] 드러내 보이는 것'(示)이란 〈[삼승
三乘을] 하나처럼 통하게 하는 가르침'(一乘)이 드러내는 '참된 사실 그대
로'(眞實相)을 [드러내] 보이는 것〉(示於一乘眞實之相)이다. 총괄적으로 설
명하면 비록 이러하지만, 이 가운데에는 세 가지가 있다. 처음은 '[방편

---

141 『묘법연화경妙法蓮華經』 권4 제10「법사품法師品」(T9, 31c15~17). "一切菩薩, 阿
耨多羅三藐三菩提, 皆屬此經, 此經開方便門, 示眞實相." 〈산스크리트본의 해당 내
용: SP., p.234. sattvānām ito bhaiṣajyarāja dharmaparyāyād anuttarā
samyaksaṃbodhir ājāyate / tat kasya hetoḥ / paramasandhābhāṣitavivaraṇo hy ayaṃ
dharmaparyāyas tathāgatair arhadbhiḥ samyaksaṃbuddhair dharmanigūḍhasthānam
ākhyātaṃ bodhisattvānāṃ mahāsattvānāṃ pariniṣpattihetoḥ /; 약왕이여, 이 법문으
로부터 중생들에게 최고의 바른 깨달음이 발생한다. 왜 그런가? 여래·아라한·
정등각자들이 보살마하살을 완성시키고자, 최고의 숨겨진 의도를 해명하는 것이
고, 가르침[법]의 숨겨진 주제를 밝히는 것[이기 때문]이다.(한역의 "此經開方便門,
示眞實相."에 해당하는 구절은 산스크리트의 '왜 그런가?' 뒤에 오는 문장이지만,
현존 산스크리트 원문에서는 나타나지 않는다.)〉

213

의 문'(方便門)을] 여는 것'(開)이고, 다음은 '[참된 사실 그대로'(眞實相)를] 드
러내 보이는 것'(示)이며, 세 번째는 '여는 것과 드러내 보이는 작용'(開
示之用)을 합하여 밝히는 것이다.

1) ['방편의 문'(方便門)을] 여는 뜻을 밝힘(明開義)

> 先明開義, 卽有二種, 謂所開之門及能開之用.
>
> [T34, 872c11~12; H1, 490b24~c2]

먼저 '['방편의 문'(方便門)을] 여는 뜻'(開義)을 밝히는 것에는 두 가지가
있으니, '열려진 [방편의] 문'(所開之門)과 '['방편의 문'(方便門)을] 여는 작
용'(能開之用)이 그것이다.

(1) '열려진 [방편의] 문'(所開之門)

> 所開之門, 卽三乘教. 此名方便, 略有四義. 一者, 佛方便智之所說
> 教, 依主立名, 名方便教. 二者, 卽三乘教, 巧順三機, 持乘[142]作名, 名
> 方便教. 三者, 爲一乘教, 作前方便, 因是後說一乘正教, 對後正教, 名
> 爲方便. 四者, 於一乘理權說, 方便非眞實說, 是方便義, 對眞實說, 名
> 爲方便. 依此四義, 故名方便.
>
> [T34, 872c12~18; H1, 490c2~9]

'열려진 [방편의] 문'(所開之門)은 바로 '[성문 · 연각 · 보살] 세 부류의 수
행자를 위한 가르침'(三乘教)이다. 이것을 방편方便[의 가르침]이라고 부

---

[142] 저본인 대정장과 한불전에는 모두 '乘'이라고 되어 있지만, 문맥상 '業'으로 교감하
고 번역한다.

르니, [이에는] 간략히 네 가지 뜻이 있다. 첫 번째는 '부처님이 방편으로 설하는 지혜에 의해 설해진 가르침'(佛方便智之所說敎)이니, '의지하는 것의 본연에 의거하여 이름을 수립하여'(依主¹⁴³立名) '방편인 가르침'(方便敎)이라고 부른다. 두 번째는 바로 [성문·연각·보살] 세 부류의 수행자를 위한 가르침'(三乘敎)으로 [성문·연각·보살이라는] 세 가지 근기'(三機)에 교묘하게 따른 것이니, '작용을 지니는 것에 의거하여 이름을 지어'(持業¹⁴⁴作名) '방편으로 작용하는 가르침'(方便敎)이라고 부른다. 세 번째는 [삼승三乘을] 하나처럼 통하게 하는 가르침'(一乘敎)을 위하여 먼저 방편을 만들고 이에 의거하여 뒤에 [삼승三乘을] 하나처럼 통하게 하는 온전한 가르침'(一乘正敎)을 설하는 것이니, 뒤[에 설하는] '온전한 가르침'(正敎)에 대비하여 방편方便이라고 부른다. 네 번째는 '하나처럼 통하게 하는 가르침의 이치'(一乘理)를 '방편으로 설하여'(權說) '방편이지 진실이 아닌 설명'(方便非眞實說)이니, 이러한 '방편으로 설하는 뜻'(方便義)을 '진실한 설명'(眞實說)에 대비하여 방편方便이라고 부른다. 이 네 가지 뜻에 의지하기 때문에 방편이라고 부른다.

---

143 의주석依主釋: 산스크리트어에서 둘 이상의 단어가 결합된 복합어를 해석하기 위한 여섯 가지 방식인 육종석(ṣaṭ samāsā) 가운데 하나이다. 이 중 의주석(依主釋, Tatpuruṣa)은 한량복합어를 해석하는 방식이다. 곧 뒷 단어가 앞 단어에 의해 한정되는 것으로 파악하여 해석하는 방법이다. 이때 앞 단어와 뒷 단어 사이에는 격格 관계가 있다. 즉, 격한정格限定 복합어이다. 예를 들어 '방편교'에서 '방편'은 뒤에 있는 '교'를 한정한다. 즉 '교'가 중심이 되고, '방편'이 이를 한정하는 관계라고 할 수 있으므로, '방편인 가르침'이라는 뜻이 된다.

144 지업석持業釋: 산스크리트어에서 둘 이상의 단어가 결합된 복합어를 해석하기 위한 여섯 가지 방식인 육종석(ṣaṭ samāsā) 가운데 하나이다. 지업석(持業釋, Karmadhāraya)은 복합어를 해석하는 방식이라는 점에서는 의주석과 같으나 앞부분에 형용사 또는 부사 등이 오는 점에서 차이가 난다. 앞 단어가 뒷 단어의 작용, 성질, 상태, 시간, 공간 등을 한정하기 때문에 지업이란 말을 붙였다. 즉, 동격한정同格限定 복합어이다. '방편으로 작용하는 가르침'이라는 뜻이 된다.

此名爲門, 有其二義. 一者, 出義, 諸子依此出三界故. 二者, 入義,
又依此敎入一乘故. 然門有二名. 若言佛門人門, 則門非佛人. 若言板
門竹門, 則門是板竹. 今三乘敎名方便門者, 同板竹門. 門卽方便, 是
故名爲方便門也.

[T34, 872c18~23; H1, 490c9~15]

이것을 문門이라고 부른 것에는 두 가지 뜻이 있다. 첫 번째는 '[고통
의 세계로부터] 빠져나온다는 뜻'(出義)이니, '[『법화경』에서 비유한] 모든 자
식'(諸子)[145]이 이 [가르침]을 의지하여 '[욕망세계・유형세계・무형세계, 이]
세 종류의 세계'(三界)에서 빠져나오기 때문이다. 두 번째는 '[일승一乘의
경지에] 들어간다는 뜻'(入義)이니, 또한 이 가르침을 의지하여 '[삼승三乘
을] 하나처럼 통하게 하는 가르침'(一乘)에 들어가기 때문이다. 그런데
문에는 두 가지 이름이 있다. 만약 '부처의 문'(佛門)・'사람의 문'(人門)
이라고 말한다면, [이 경우의] 문은 부처나 사람이 아니다.[146] 만약 '판자
로 만든 문'(板門)・'대나무로 만든 문'(竹門)이라고 말한다면 [이 경우의]
문은 곧 판자이고 대나무이다.[147] 지금 '[성문・연각・보살] 세 부류의 수
행자를 위한 가르침'(三乘敎)을 '방편의 문'(方便門)이라고 한 것은 판자
문・대나무문[이라 하는 경우]와 같다. [이 경우의] 문은 곧 방편이니, 이런
까닭에 '방편인 문'(方便門)이라고 부른다.

---

145 제자諸子: 『법화경法華經』제2「방편품方便品」에 나오는 화택火宅의 비유에 나오
는 장자의 세 아들을 가리키는 말로 중생을 의미한다.
146 불문인문佛門人門: 육종석 가운데 의주석依主釋에 해당한다고 볼 수 있다. 즉 문
을 한정하는 의미에서 불문佛門과 인문人門으로 쓰기 때문이다. 앞의 의주석 각
주 참고.
147 판문죽문板門竹門: 육종석 가운데 지업석持業釋에 해당한다고 볼 수 있다. 즉 문
의 성질이나 상태를 알려 주는 말이기 때문이다. 앞의 지업석 각주 참고.

(2) ['방편의 문'(方便門)을] 여는 작용(能開之用)

開方便門, 方便有其二義. 若望出義說三乘, 開而不閉, 望其入義說
三之時, 閉而不開, 雖出三界, 未入一乘故. 今說一乘敎, 言三是方便,
方開方便門, 令入一乘故. 如下文言, "當知諸佛方便力故, 於一佛乘分
別說三." 此言正開方便之門, 諸餘言語, 例此可知.

[T34, 872c23~29; H1, 490c15~21]

'방편의 문을 연다'(開方便門)는 것에서 방편에는 두 가지 뜻이 있다.
만약 '[고통의 세계로부터] 빠져나온다는 뜻'(出義)에 의거하여 '[성문·연
각·보살에 대한] 세 종류의 가르침'(三乘)을 설한다면 ['방편의 문'(方便門)
을] '열고서 닫지 않는 것'(開而不閉)[148]이며, '[일승一乘의 경지에] 들어간다
는 뜻'(入義)에 의거하여 '[성문·연각·보살에 대한] 세 종류의 가르침'(三
乘)을 설할 때에는 ['방편의 문'(方便門)을] '닫고서 열지 않는 것'(閉而不
開)[149]이다. 비록 '[욕망세계·유형세계·무형세계, 이] 세 종류의 세계'(三界)
에서 나왔지만 아직 '하나처럼 통하게 하는 가르침'(一乘)에 들어가지는
못하였기 때문이다. 이제 '하나처럼 통하게 하는 가르침의 교설'(一乘
敎)을 설하면서 '[성문·연각·보살에 대한] 세 종류의 가르침'(三乘)이 방
편이라고 말한 것은, 비로소 '방편의 문'(方便門)을 열어서 '하나처럼 통
하게 하는 가르침'(一乘)에 들어가게 하기 때문이다. 마치 아래의 ['법화
경』의] 문장에서 "모든 부처님은 방편을 쓰는 힘이 있기 때문에 '하나처
럼 통하게 하는 부처님의 가르침'(一佛乘)에서 나누어 '[성문·연각·보살

---

148 개이불폐開而不閉: 방편문을 열어 삼승三乘으로 하여금 일단 불타는 집과 같은 삼
  계三界에서 빠져 나오게 한 후 다시 일승一乘으로 이끌어 가기 위해 계속 방편문
  을 닫지 않는다는 뜻으로 보인다.
149 폐이불개閉而不開: 일승으로 이끌어 들이기 위해 삼승을 삼계에서 이끌어 내는 방
  편문은 이제 닫아버리고 더 이상 열지 않는다는 뜻으로 보인다.

에 대한] 세 종류의 가르침'(三乘)을 설한 것임을 알아야 한다."150라고 말
한 것과 같다. 이것은 방편의 문을 곧장 열은 것을 말한 것이니, 모든
나머지 말씀도 이것에 비추어 알 수 있다.

2) ['참된 사실 그대로'(眞實相)를] 드러내 보이는 작용을 밝힘(明示用)

> 次明示用. 於中亦二, 先明所示, 次明能示.
>
> [T34, 872c29~873a1; H1, 490c22~23]

다음으로는 '[참된 사실 그대로'(眞實相)를] 드러내 보이는 작용'(示用)을
밝힌다. 여기에도 두 가지가 있으니, 먼저 '드러내 보이는 대상'(所示)을
밝히고 다음에는 '드러내 보이는 주체'(能示)를 밝힌다.

> 所示之眞實相, 謂如前說. 一乘人法, 法相常住, 道理究竟, 天魔外
> 道所不能破, 三世諸佛所不能易, 以是義故, 名眞實相. 而非三非一,
> 無人無法, 都無所得, 如是正觀乃名眞實究竟一乘. 所以然者, 諸有所
> 得, 無道無果, 不動不出. 故知如前, 非三是一.
>
> [T34, 873a1~7; H1, 490c23~491a5]

'드러내 보인 참된 사실 그대로'(所示之眞實相)는 앞에서 말한 것과 같
다. '하나처럼 통하게 하는 가르침[에 올라타는] 사람이 배우는 도리'(一乘
人法)는 '현상의 [사실 그대로인] 양상이 늘 머무는 것'(法相常住)이며 '진리

---

150 『묘법연화경妙法蓮華經』 권2 제3「비유품譬喩品」(T9, 13c17~18). "當知諸佛方便力
故, 於一佛乘分別說三."〈산스크리트본의 해당 내용: SP., p.82. anenāpi śāriputra
paryāyeṇaivaṃ veditavyaṃ / yathopāyakośalyajñānābhinirhārais tathāgata
ekam eva mahāyānaṃ deśayati /; 사리불이여, 이 [법]문으로 여래는 능숙한 숙
련지를 산출하는 방식에 의해 오직 하나의 대승을 가르친다.〉

의 이치가 궁극적인 것'(道理究竟)이어서 '[수행을 방해하는] 신적 존재들'
(天魔)[151]과 '[부처님의 가르침과는] 다른 가르침을 따르는 자'(外道)[152]들이
파괴할 수 없는 것이고 '과거·현재·미래의 모든 부처님'(三世諸佛)도
바꿀 수 없는 것이니, 이러한 뜻이기 때문에 '참된 사실 그대로'(眞實相)
라고 부른다. 그러나 [이 '참된 사실 그대로'(眞實相)는] 삼승三乘도 아니고
일승一乘도 아니며 '[불변/독자의 실체로서의] 사람도 없고 현상도 없어
서'(無人無法) 아무것도 [불변/독자의 실체로서] 얻을 것이 없으니, 이와 같
이 '사실대로 이해함'(正觀)을 〈참되고 궁극적인 '하나처럼 통하게 하는
가르침'〉(眞實究竟一乘)이라고 부른다. 왜 그러하냐면, '얻은 것이 [불변/
독자의 실체로서] 있다고 하는 모든 것'(諸有所得)에는 '[하나처럼 통하게 하
는] 도리도 없고 [하나처럼 통하게 하는] 결과도 없으며'(無道無果) '[욕망세
계·유형세계·무형세계에서 벗어나려는] 움직임도 없고 [욕망세계·유형세
계·무형세계에서] 나옴도 없기'(不動不出) 때문이다. 그러므로 앞에서 [말
한 것과] 같이 '[참된 사실 그대로'(眞實相)는] [방편인] 삼승三乘이 아니라 [진
실인] 일승一乘이라는 것을 알아야 한다.

---

151 천마天魔: 산스크리트 원어인 'deva-putra-māra'의 뜻을 옮긴 말이다. 여기서 천天
은 욕계欲界에 해당하는 육천六天 가운데 최상위에 있는 하늘인 타화자재천他化
自在天을 가리킨다. 본래 힌두교의 천신天神 가운데 하나인 'Maheśvara'를 자재천
自在天으로 옮긴 것이다. 자재천은 훌륭한 일을 하는 사람이나 현인 및 성자를 미
워하고 질투하여 그들이 뜻을 이루지 못하도록 방해하기 때문에 수행의 방해물로
설정한 것이다.

152 외도外道: 부처 재세 전후로 불법과 다른 가르침들과 그 가르침을 따르는 자들을
외도라고 한다. 크게 육사외도六師外道와 이들의 제자들을 합하여 95종 또는 96
종 외도라고 한다. 육사외도는 다음과 같다. ① 부란나가섭富蘭那迦葉, ② 말가리
구사리자末伽梨拘賒梨子, ③ 산사야비라지자刪闍夜毘羅胝子, ④ 아기다시사흠바
라阿耆多翅舍欽婆羅, ⑤ 가라구태가전연迦羅鳩馱迦旃延, ⑥ 니건타야제자尼犍陀若
提子. 『불광대사전』, p.126 참조.

(問.)[153] 能乘所乘人法之相, 不出四句, 是有所得, 云何說此爲眞
實相?

[T34, 873a7~8; H1, 491a5~7]

(묻는다.) 〈'['하나처럼 통하게 하는 가르침'(一乘)에] 올라타는 사람'(能乘
人)과 ['하나처럼 통하게 하는 가르침'(一乘)이] 싣고 있는 노리'(所乘法)의
양상〉(能乘所乘人法之相)도 '[유유·무無·역유역무亦有亦無·비유비무非有
非無의] 네 가지 판단'(四句)[154]에서 벗어나지 못하니, 이것은 '얻는 것이
있음'(有所得)인데 어찌하여 이것을 '참된 사실 그대로'(眞實相)라고 말
하는가?

解云. 此言不然, 所以者何? 若言非三是一, 不出四句故, 是有所得,
非究竟者, 是則有得爲非, 無得爲是, 亦入四句故, 是有所得, 亦非正
觀. 若言寄言說無所得, 而非如言取於無得, 是故, 無得不入四句者,
他亦寄言假說一乘, 而非如言取於一乘, 所以一乘, 亦出四句. 是故當
知, 遂言俱非, 不如言取, 二說無異.[155]

[T34, 873a8~15; H1, 491a7~14]

해설해 보겠다. 이 말은 그렇지 않으니, 어째서인가? 만약 〈'['참된 사
실 그대로'(眞實相)는] [방편인] 삼승三乘이 아니라 [진실인] 일승一乘이라는

---

153 현존 판본에는 없지만 '問'이 빠져있는 것으로 보인다. 본 번역에서는 '問'을 추가
하여 번역한다.
154 사구四句: 존재에 대해 네 가지로 분류하여 고찰하는 방법으로 '사구분별四句分別'
이라고도 한다. 즉, 존재에 대해 '① 유유, ② 무無, ③ 역유역무亦有亦無, ④ 비유
비무非有非無'의 네 가지 판단을 적용하는 것이다. 불교에서는 이러한 명제에 집
착하는 것을 존재에 대한 잘못된 판단으로 간주한다.
155 '異'는 '非'여야 뜻이 통한다. 본 번역에서는 '非'로 교감하여 번역한다.

것〉(非三是一)이 '[유有·무無·역유역무亦有亦無·비유비무非有非無의] 네 가지 판단'(四句)을 벗어나지 않기 때문에 '얻는 것이 있음'(有所得)이고 '궁극적인 것'(究竟)이 아니다.〉라고 말한다면, '얻음이 있음'(有得)은 '잘 못된 것'(非)이고 '얻음이 없음'(無得)은 '옳은 것'(是)이 되어 또한 '[유有·무無·역유역무亦有亦無·비유비무非有非無의] 네 가지 판단'(四句)에 들어가게 되기 때문에 이러한 '얻는 것이 있음'(有所得)도 '사실대로 이해함'(正觀)이 아니다. [또] 만약 〈말에 기대어서 '얻는 것이 없음'(無所得)을 말하여도 말대로 '얻음이 없음'(無得)을 취하는 것이 아니니, 이런 까닭으로 '[유有·무無·역유역무亦有亦無·비유비무非有非無의] 네 가지 판단'(四句)에 들어가지 않음이 없다.〉라고 말한다면, 그 역시 [마찬가지로] 말에 기대어 일승一乘을 '방편[인 말]로 설하지만'(假說) 말대로 일승一乘을 취하는 것은 아니므로 일승一乘 역시 '[유有·무無·역유역무亦有亦無·비유비무非有非無의] 네 가지 판단'(四句)에서 벗어난다. 그러므로 '말을 쫓아가면'(遂言) 모두 틀리고 '말대로 취하지 않으면'(不如言取) 두 가지 설명에 [모두] 잘못이 없다는 것을 알아야 한다.

問. 若不取[156]言, 皆爲實者, 彼三乘教, 亦應是實? 答. 通義皆許, 而有別義. 以三乘敎下, 都無三理, 一乘敎下, 不無一理. 故三是權, 一乘是實. 雖不無一, 而非有一, 是故亦非有所得也. 所示眞實, 其相如是.

[T34, 873a15~19; H1, 491a14~20]

묻는다. '말대로 취하지 않으면'(不如言取) 모두가 진실(實)이 된다고 한다면, 저 [성문·연각·보살] 세 부류의 수행자를 위한 가르침'(三乘敎) 또한 마땅히 진실인 것인가?

---

156 '如'가 있어야 앞 구절과의 연계가 분명해진다. '不取言'을 '不取如言'으로 교감하여 번역한다.

답한다. '통하는 측면'(通義)에서는 모두 인정되지만 '구별되는 측면'(別義)도 있다. [성문·연각·보살에 대한] 세 종류의 가르침'(三乘敎) 아래에서는 [성문·연각·보살에 대한] 세 가지 이치'(三理)가 전혀 없지만, '하나처럼 통하게 하는 가르침의 교설'(一乘敎) 아래에서는 '하나[처럼 통하게 하는 가르침]의 이치'(一理)가 없지 않다. 그러므로 삼승三乘은 방편이고, 일승一乘은 진실이다. [그러나] 비록 [하나처럼 통하게 하는 가르침의 교설'(一乘敎)에서] '하나[처럼 통하게 하는 가르침 이치]'(一理)가 없는 것은 아니지만 '하나[처럼 통하게 하는 가르침 이치]'(一理)가 [불변·독자의 본질로서] 있는 것도 아니니, 이러한 까닭으로 '얻는 것이 있음'(有所得)도 아니다. '드러내 보인 참된 사실 그대로'(所示眞實)는 그 양상이 이와 같다.

能示□[157]用有其二種. 一者, 則[158]開之示. 如前, 開三是方便時, 卽知一乘是眞實故. 如開門時, 卽見內物. 二者, 異開之示. 異前開三, 別說一乘, 聞之得悟一乘義故. 如以手□,[159] 方見內物. 如下文言, "諸佛唯以一大事因緣, 故出現於世." 如是等言, 是示眞實相也.

[T34, 873a19~25; H1, 491a20~b2]

'드러내 보이는 주체의 작용'(能示之用)에는 두 가지 [드러내 보이는 작용]이 있다. 첫 번째는 '곧바로 열어서 보여 주는 것'(卽開之示)이다. 앞에서처럼 '삼승三乘을 여는 것'(開三)이 방편일 때는 일승一乘이 '참된 사실'(眞實)이라는 것을 곧바로 알기 때문이다. 마치 문을 열 때 [문] 안의

<hr>

157 저본인 대정장과 한불전에는 '□'로 되어 있지만, 문맥상 '之'로 교감하고 번역한다.
158 저본인 대정장과 한불전에는 '則'으로 되어 있지만, 문맥상 '卽'으로 교감하고 번역한다.
159 저본인 대정장과 한불전에는 '□'로 되어 있지만, 문맥상 '開'으로 교감하고 번역한다.

물건을 곧바로 보는 것과도 같다. 두 번째는 '다르게 열어서 보여 주는 것'(異開之示)이다. 앞에서 '삼승三乘을 여는 것'(開三)과는 달리 일승一乘을 별도로 설하여 그것을 듣고서 '하나처럼 통하게 하는 가르침의 뜻'(一乘義)을 깨닫게 하기 때문이다. 마치 손으로 [문을] 열어야 비로소 [문] 안의 물건을 보는 것과도 같다.[160] [『법화경』의] 아래 경문에서 "모든 부처님은 오직 '하나의 크나큰 일을 위한 인연'(一大事因緣)으로 세상에 출현한다."[161]라고 말한 것과 같다. 이와 같은 말들은 '참된 사실 그대로를 드러내 보이는 것'(示眞實相)이다.

3) 여는 것과 드러내 보이는 작용을 합하여 밝힘(合明開示用)

第三合明開示用者. 一開示中, 合有四義. 一者, 用前三爲一用, 前三乘之敎, 卽爲一乘敎故. 二者, 將三致一, 將彼三乘之人, 同致一乘果故. 三者, 會三歸一, 會昔所說三乘因果, 還歸於本一乘理故. 四者, 破三立一, 破彼所執三乘別趣, 以立同歸一乘義故. 此經具有如是四種勝用, 故言"開方便門, 示眞實相."

[T34, 873a25~b3; H1, 491b2~10]

---

160 이는 길장의 『법화현론』 권5의 다음 문장을 참고할 만하다. "能示所示者, 雖開三是方便門, 則示一乘爲眞實, 實智卽是能示. 一乘卽是所示, 故實智有二能, 一能開, 二能示也. 如人手能開門, 又示門內之物. 是門內之物卽是所示, 手是能示也."(T34, 398a 13~17.)

161 『묘법연화경妙法蓮華經』 권1 제2「방편품方便品」(T9, 7a21~22). "諸佛世尊唯以一大事因緣, 故出現於世."〈산스크리트본의 해당 내용: SP., pp.39-40. ekakṛtyena śāriputraikakaraṇīyena tathāgato 'rhan samyaksaṃbuddho loka utpadyate mahākṛtyena mahākaraṇīyena /; 사리불이여, 여래·아라한·정등각자는 하나의 의무 [곧] 하나의 임무 때문에, 위대한 의무 [곧] 위대한 임무 때문에 세상에 태어난다.〉

세 번째로 '여는 것과 드러내 보이는 작용을 합하여 밝히는 것'(合明開
示用)은 [다음과 같다.] '여는 것과 드러내 보이는 것'(開示)을 하나로 하는
것에는 합하여 네 가지 뜻이 있다. 첫 번째는 앞의 삼승三乘[을 여는 것]
을 [방편으로] 쓰는 것을 '일승의 작용'(一乘用)으로 삼는 것이니, 앞의
'[성문·연각·보살] 세 종류의 수행자를 위한 가르침'(三乘之敎)이 곧바로
'[삼승을] 하나처럼 통하게 하는 가르침'(一乘敎)이 되기 때문이다. 두 번
째는 '삼승三乘을 가지고 일승一乘에 이르는 것'(將三致一)이니, 저 '[성
문·연각·보살] 세 종류의 수행자'(三乘之人)를 이끌어 함께 '하나처럼 통
하게 하는 가르침의 결과'(一乘果)에 이르기 때문이다. 세 번째는 '삼승
三乘을 [서로 통하고] 만나게 하여 [삼승을] 일승一乘으로 돌아가게 함'(會
三歸一)이니, 이전에 설한 '삼승三乘의 원인과 결과[에 관한 가르침]'(三乘
因果)을 [서로 통하고] 만나게 하여 〈근본인 '하나처럼 통하게 하는 가르
침의 이치'〉(本一乘理)로 돌아가게 하기 때문이다. 네 번째는 '삼승三乘
을 부수고 일승一乘을 세움'(破三立一)이니, 저들이 집착하는 '삼승三乘
각자가 나아가는 경지'(三乘別趣)를 부수고 '하나처럼 통하게 하는 가르
침의 뜻으로 함께 돌아가는 경지'(同歸一乘義)를 세우기 때문이다. 이
『법화경』은 이와 같은 '네 종류의 뛰어난 작용'(四種勝用)을 모두 갖추고
있으니, 그러므로 "'방편의 문'(方便門)을 열어 '참된 사실 그대로'(眞實
相)를 드러내 보인다."[162]라고 말한다.

> 問. "用三爲一", "將三致一", 是二未知以何爲證. 答. 「方便品」言,
> "佛以無數方便演說諸法, 是法皆爲一佛乘故." 此文正是"用三爲一"之
> 證也. 又言, "是諸衆生, 從佛聞法, 究竟皆得一切種智." 此言正是"將
> 三致一"之證也.

---

[162] 『묘법연화경妙法蓮華經』권4 제10 「법사품法師品」(T9, 31c15~17). "一切菩薩, 阿
耨多羅三藐三菩提, 皆屬此經, 此經開方便門, 示眞實相."

묻는다. 〈삼승三乘[을 여는 것]을 [방편으로] 쓰는 것을 '일승[의 작용]'(一
[乘用])으로 삼는 것〉(用三爲一)과 '삼승三乘을 가지고 일승一乘에 이르는
것'(將三致一), 이 두 가지는 무엇으로써 증명이 되는지 아직 모르겠다.

답한다. 「방편품」에서 [다음과 같이] 말한다. "부처님께서는 '숫자로
셀 수도 없이 많은 방편'(無數方便)으로 '갖가지 가르침'(諸法)을 연설하
셨으니, 이러한 가르침(法)은 모두 '하나처럼 통하게 하는 부처님의 가
르침'(一佛乘)이기 때문이다."[163] 이 경문이 바로 〈삼승三乘[을 여는 것]을
[방편으로] 쓰는 것을 '일승[의 작용]'(一[乘用])으로 삼는 것〉(用三爲一)의 증
명이다. 또 [다음과 같이] 말한다. "이러한 모든 중생이 부처님에게 가르
침(法)을 듣고, 궁극적으로 모두 '모든 것을 사실대로 이해하는 지혜'(一
切種智)를 얻는다."[164] 이 말이 바로 '삼승三乘을 가지고 일승一乘에 이르

---

163 『묘법연화경妙法蓮華經』 권1 제2 「방편품方便品」(T9, 7b11~15). "舍利弗! 現
在十方無量百千萬億佛土中, 諸佛世尊多所饒益安樂衆生, 是諸佛亦以無量無數方
便, 種種因緣, 譬喻言辭, 而爲衆生演說諸法, 是法皆爲一佛乘故." 이 구절의 내용
을 압축하여 인용한 것이다. 〈산스크리트본의 해당 내용: SP., p.41. ye
nānābhinirhāranirdeśavividhahetukāraṇanidarśanārambaṇaniruktyupāyakauś
alyair nānādhimuktānāṃ sattvānāṃ nānādhātvāśayānāṃ āśayaṃ viditvā
dharmaṃ deśitavataḥ / te 'pi sarve śāriputra buddhā bhagavanta ekam eva
yānam ārabhya sattvānāṃ dharmaṃ deśitavanto yadidaṃ buddhayānaṃ
sarvajñatāparyavasānaṃ; 그 [과거의 여래들은] 다양하게 산출하는 자세한 설명
과, 다양한 원인과 수단을 보여 주는 것에서 시작하는 설명을 능숙한 수단으로 하
여, 다양한 믿음과 다양한 성향을 가진 중생들의 성향을 안 후에 법을 설했다. 사
리자여, 그 모든 불세존은 오직 일승에 의거하여 중생들의 법을 설명했으니, 곧
일체종지를 최후로 하는 불승이다.〉
164 『묘법연화경妙法蓮華經』 권1 제2 「방편품方便品」(T9, 7b15~16). "是諸衆生, 從佛
聞法, 究竟皆得一切種智." 〈산스크리트본의 해당 내용: SP., p.41. yair api
śāriputra sattvais teṣām atītānāṃ tathāgatānām arhatāṃ samyak

225

는 것'(將三致一)의 증명이다.

問. '會三因果歸本一'者, 爲當三皆非實, 故歸於一實耶? 爲當唯二
非實, 故歸於一實耶? 若如後者, 何故經言, "我有方便力, 開示三乘
法", 若如前者, 云何復言, "唯是一事實, 餘二則非眞." 答. 或有說者.
三皆非實, 如前文說. 而言'一實二非眞'者, 三中之一與無三之一, 俱是
佛乘, 通說是實, 餘二不用開, 別言非實. 由是義故, 二文不違. 或有說
者. 二非實, 如後文故. 而說'三乘皆方便'者, 於一實中, 加二非實, 合
說爲三, 是三非實. 如人手內, 實有一菓, 方便言三, 三非是實, 無三菓
故. 考而論之, 一菓是實, 二是方便, 有一菓故.

[T34, 873b8~19; H1, 491b15~c5]

묻는다. 〈'삼승三乘의 원인과 결과[에 관한 가르침]'(三乘因果)을 [서로 통
하고] 만나게 하여 '근본인 하나처럼 통하게 하는 가르침[의 이치]'(本一[乘
理])로 돌아가게 하는 것〉(會三因果歸本一)은, 응당 [성문·연각·보살] 삼
승三乘이 모두 '[참된] 사실'([眞]實)이 아니기 때문에 '하나처럼 통하는 사
실 그대로'(一實)에 돌아가게 한다는 것인가, [아니면] 응당 [성문과 연각]
이승二乘만이 '[참된] 사실'([眞]實)이 아니기 때문에, '하나처럼 통하는 사
실 그대로'(一實)에 돌아가게 한다는 것인가? 만약 뒤의 경우와 같은 것
이라면 어찌하여 『법화경』에서 "나에게 '수단과 방법을 쓰는 힘'(方便
力)이 있어서 '[성문·연각·보살] 세 종류의 수행자들이 따르는 도리'(三
乘法)를 열어 보인다."[165]라고 하였으며, [또한] 만약 앞의 경우와 같은 것

---

saṃbuddhānām antikāt saddharmaḥ śrutas te 'pi sarve 'nuttarāyāḥ samyak
saṃbodher lābhino 'bhūvan / (과거, 미래, 현재로 세 차례 반복되는 구절임); 또
한 사리불이여, 그 과거의 여래·응공·아라한들의 곁에서 정법을 들은 그들 모
두는 최고의 바른 깨달음을 획득한 자가 되었다. (될 것이다. 된다.))
[165] 『묘법연화경妙法蓮華經』권1 제2 「방편품方便品」(T9, 8b27). "我有方便力, 開示三

이라면 어찌하여 다시 "오직 이 '한 가지'(一)만 사실이고 나머지 둘은 '참된 [사실]'(眞[實])이 아니다."[166]라고 하였는가?

답한다. 어떤 사람은 [다음과 같이] 말한다. 〈[성문·연각·보살] 세 가지가 모두 '[참된] 사실'(眞實)이 아님은 앞의 문장[167]에서 말한 것과 같다. 그런데 "한 가지만 사실이고 [나머지] 둘은 '[참된] 사실'(眞實)이 아니다." 라고 말하는 것은, '세 가지 가운데의 하나'와 '세 가지가 없는 하나'는 모두 '부처님의 가르침'(佛乘)이어서 통틀어 [한 가지만] 사실이라 말하고, 나머지 둘은 [방편으로] '열어 [보임]'(開[示])을 사용하지 않기에 따로 [나머지 둘은] '[참된] 사실'(眞實)이 아니라고 말한 것이다. 이런 뜻으로 말미암아 두 문장[168]은 [서로] 어긋나지 않는다.〉

[또] 어떤 사람은 [다음과 같이] 말한다. 〈[성문과 연각, 이] 두 가지가 '[참된] 사실'(眞實)이 아님은 뒤의 문장[169]과 같은 것이다. 그런데 "삼승三乘이 모두 방편이다."라고 말하는 것은 [다음과 같은 뜻이다.] '하나의 사실'(一實)에 두 가지의 '사실이 아닌 것'(非實)을 더하여 [모두] 합하여 세 가지라 말하면, 이 세 가지는 사실(實)이 아니다. 마치 사람 손안에 실제로는 하나의 열매가 있는데 방편으로 세 개라고 말하면 [이] 세 개는 사실(實)이 아닌 것과 같으니, 세 개의 열매는 없기 때문이다. 따져서 논

乘法." 〈산스크리트본의 해당 내용: SP., p.48. upāyakauśalya mamaivarūpaṃ yat trīṇi yānāny upadarśayāmi.; 내게는 3승을 드러내 보이는 수단의 능숙함이 있다.〉

166 『묘법연화경妙法蓮華經』 권1 제2 「방편품方便品」(T9, 8a21). "唯此一事實, 餘二則非眞." 〈산스크리트본의 해당 내용: SP., p.47. ekaṃ hi kāryaṃ dvitiyaṃ na vidyate.; 의무는 [붓다의 지혜를 드러내는 것] 하나이며 두 번째는 존재하지 않는다.〉

167 "爲當三皆非實, 故歸於一實"을 말한다.

168 "爲當三皆非實, 故歸於一實"과 "爲當唯二非實, 故歸於一實"의 두 문장이다.

169 "爲當唯二非實, 故歸於一實"을 말한다.

하면, '하나의 열매'(一菓)는 사실이고 [나머지] 두 개는 방편이니, '하나의 열매'(一菓)만 있기 때문이다.

如『智度論』云, "於一佛乘, 開爲三分, 如人分一斗米以爲三聚, 亦得言會三聚歸一, 亦得言會二聚歸. 會三會二, 猶是一義, 不相違也."

[T34, 873b19~22; H1, 491c5~8]

『대지도론』에서 말한 것과 같다. "'하나처럼 통하게 하는 부처님의 가르침'(一佛乘)을 펼쳐서 세 가지로 나누니, 마치 [어떤] 사람이 쌀 한 말을 나누어 '세 더미'(三聚)로 만들어서 〈세 더미를 모아서 한 더미로 되돌린다.〉라고 말할 수도 있고 〈두 더미를 모아서 [한 더미로] 되돌린다.〉라고 말할 수도 있는 것과 같다. 세 더미를 모으거나 두 더미를 모으거나 같은 뜻이니, 서로 어긋나지 않는다."[170]〉

或有說者. 前後二文, 各有異意, 不可一會. 所以然者, 三乘之教, 有其二種. 一者, 別教, 二,[171] 通教. 別教三乘, 三皆非實, 皆是方便. 以彼教說, 三僧祇劫, 唯修四度, 百劫之中, 修相好業, 最後身中, 修於定惠, 菩提樹下, 成無上覺. 如是因果, 以爲佛乘, 是故佛乘, 亦是方便.

[T34, 873b22~28; H1, 491c8~15]

어떤 사람은 [다음과 같이] 말한다: 〈앞뒤 두 문장[172]은 각기 다른 뜻이

---

170 위 본문에 인용된 『대지도론大智度論』은 CBETA 전자불전(2018)에서 검색되지 않는다. 위의 문장은 길장吉藏의 『대승현론大乘玄論』의 다음 문장을 재인용한 것으로 보인다. 권3(T45, 43c15~19). "問. 爲會三歸一, 爲會二歸一? 答. 此亦是一義. 智度論云, 於一佛乘, 開爲三分, 如人分一斗米爲三聚, 亦得合三聚爲一聚, 亦得言會二聚歸一聚. 會三會二, 猶是一義, 不相違也."

171 저본인 대정장이나 한불전에는 '者'가 없지만, 문맥상 '者'를 추가하여 번역한다.

있어서 '하나로 만나게'(一會) 할 수가 없다. 왜냐하면 '[성문 · 연각 · 보살] 세 종류의 수행자를 위한 가르침'(三乘之敎)에는 두 종류가 있기 때문이다. 첫 번째는 '[보살만을 위한] 특별한 가르침'(別敎)[173]이고, 두 번째는 '[성문 · 연각 · 보살에 모두] 통하는 가르침'(通敎)[174]이다. '[보살만을 위한] 특별한 가르침'(別敎)에서의 삼승三乘은 세 가지가 모두 '[참된] 사실'([眞]實) 아니고 다 방편이다. 저 [별교別敎의] 가르침은 〈삼아승지겁三僧祇劫[175] 동안 오직 '[보시布施 · 지계持戒 · 인욕忍辱 · 정진精進의] 네 가지 보살 수행'(四度)[176]을 닦고, [또] 백겁百劫 동안 '수승한 용모와 빼어난 특징[을 만드는] 행위'(相好業)를 닦으며, [중생으로서의] '마지막 몸'(最後身)에서 선정禪定[바라밀波羅蜜]과 지혜智慧[바라밀波羅蜜]을 닦아 보리수菩提樹 아래서 '가장 높은 깨달음'(無上覺)을 이룬다.〉라고 설하기 때문이다. [별교別敎에서는] 이와 같은 '원인과 결과'(因果)를 '[하나처럼 통하게 하는] 부처님의 가르침'([一]佛乘)으로 삼으니, 이런 까닭으로 [별교別敎에서는] '[하나처럼 통하게 하는] 부처님의 가르침'([一]佛乘) 또한 방편이다.

---

172 "爲當三皆非實, 故歸於一實"과 "爲當唯二非實, 故歸於一實"을 말한다.

173 별교別敎: 중국불교가 다양한 경전들을 혼란 없이 이해하기 위해 수립한 '경전의 특징에 대한 판단과 해석'(敎相判釋)의 이론체계들 가운데 천태종에서 수립한 분류방식인 장교藏敎 · 통교通敎 · 별교別敎 · 원교圓敎의 이른바 화법사교化法四敎 가운데 하나이다. 별교는 보살을 위해 특별히 설한 가르침으로 성문 · 연각 이승二乘의 수행자가 공유할 수 없는 수준의 가르침이다.

174 통교通敎: 장교藏敎 · 통교通敎 · 별교別敎 · 원교圓敎의 화법사교化法四敎 가운데 하나로서 성문 · 연각 · 보살의 삼승三乘에 모두 통하는 가르침이다.

175 삼아승지겁三僧祇劫: 보살이 수행을 하여 불과佛果를 완전히 이루는 데 필요한 시간을 의미한다. 아승지阿僧祇(asaṃkhya)는 의역하면 '헤아릴 수 없는 수'이며, 겁劫 또한 매우 오랜 시간을 가리키는 말이다. 이러한 아승지겁이 대겁大劫 · 중겁中劫 · 소겁小劫으로 나누어지기 때문에 삼아승지겁이라고 한다.

176 사도四度: 육바라밀 가운데 선정禪定 · 지혜智慧바라밀을 제외한 네 가지 바라밀을 의미한다.

若論通教所說三乘, 佛乘是實, 定餘二非眞. 以彼教說, 於十地中,
具修六度, 萬行圓滿, 致薩婆若, 此薩婆若果, 不與三世合. 如是因果,
究竟眞實, 此爲佛乘, 豈是方便? 是故當知, 二文意異. "我有方便力,
開示三乘法"者, 是顯別教所說三乘也, "唯是一事實, 餘二則非眞"者,
是對通教所說三乘. 其餘諸文, 皆作是通.

[T34, 873b28~c6; H1, 491c15~23]

만약 '[성문 · 연각 · 보살에 모두] 통하는 가르침'(通敎)에서 설하는 삼승
三乘을 논한다면, '[하나처럼 통하게 하는] 부처님의 가르침'([一]佛乘)은 '[참
된] 사실'([眞]實)이지만 [성문과 연각, 이] 나머지 둘은 결코 '[참된] 사실'([眞]
實)이 아니다. 저 [통교通敎의] 가르침은 [다음과 같이] 설하기 때문이다:
〈'열 가지 [본격적인] 수행단계'(十地) 가운데 '[보시布施 · 지계持戒 · 인욕忍
辱 · 정진精進 · 선정禪定 · 지혜智慧, 이] 여섯 가지 보살수행'(六度)을 모두
닦아서 '온갖 수행'(萬行)이 완전(圓滿)해지면 '모든 것을 사실 그대로 아
는 지혜'(薩婆若)에 이르는데, 이 '모든 것을 사실 그대로 아는 지혜'(薩婆
若)라는 결실(果)은 '[과거 · 현재 · 미래의] 세 가지 [무명無明에 매여 윤회하
는] 세계'(三世)와 함께하지 않는다. 이러한 '원인과 결과'(因果)는 궁극적
인 '참된 사실'(眞實)이어서 이것은 '[하나처럼 통하게 하는] 부처님의 가르
침'([一]佛乘)이 되니, 어찌 방편이겠는가? 이러한 까닭에 두 문장의 뜻이
다름을 마땅히 알아야 한다. [『법화경』에서] "나에게 '수단과 방법을 쓰는
힘'(方便力)이 있어서 '[성문 · 연각 · 보살] 세 종류의 수행자들이 따르는
도리'(三乘法)를 열어 보인다."[177]라고 한 것은 '[보살만을 위한] 특별한 가

---

177 『묘법연화경妙法蓮華經』 권1 제2「방편품方便品」(T9, 8b27). "我有方便力, 開示三
乘法." 〈산스크리트본의 해당 내용: SP., p.48. upāyakauśalya mamaivarūpaṃ
yat trīṇi yānāny upadarśayāmi /; 내게는 3승을 드러내 보이는 수단의 능숙함이
있다.〉

르침'(別敎)에서 설한 삼승三乘을 드러낸 것이고, "오직 이 '한 가지'(一) 만 사실이고 나머지 둘은 '참된 [사실]'(眞[實])이 아니다."[178]라고 한 것은 '[성문·연각·보살에 모두] 통하는 가르침'(通敎)에서 설한 삼승三乘에 대한 것이다. 그 나머지 글들은 모두 이렇게 통하게 할 수 있다.〉

問. 若說別敎三乘因果, 皆是方便, 故歸一者, 爲歸一因, 爲歸一果? 答. 於一佛乘, 分別說三, 故隨其本, 歸因歸果. 是義□[179]何? 聲聞緣覺, 若因若果, 皆於一因, 分別爲二. 如經說言, "聲聞緣覺, 若智若斷, 皆是菩薩無生法忍." 當知此二, 皆歸一因, 歸一因故, 終致一果. 彼敎中說佛乘因果, 分別佛地, 化身少分, 如經說言, "我實成佛已來, 百千萬億那由他劫故." 當知彼說佛乘因果, 同歸於此一乘果內.

[T34, 873c6~15; H1, 491c23~a8]

묻는다. 만약 '[보살만을 위한] 특별한 가르침'(別敎)에서의 '삼승三乘의 원인과 결과'(三乘因果)는 모두 방편이므로 '하나[처럼 통하게 하는 부처님의 가르침]에 돌아가는 것'(歸一[佛乘])이라고 설한다면, '하나[처럼 통하게 하는 부처님의 가르침]에 돌아가는 원인'(歸一[佛乘]因)이 되는 것인가, [아니면] '하나[처럼 통하게 하는 부처님의 가르침]에 돌아간 결과'(歸一[佛乘]果)가 되는 것인가?

답한다. '하나처럼 통하게 하는 부처님의 가르침'(一佛乘)에서 삼승三

---

178 『묘법연화경妙法蓮華經』 권1 제2「방편품方便品」(T9, 8a21). "唯此一事實, 餘二則 非眞." 〈산스크리트본의 해당 내용: SP., p.47. ekaṃ hi kāryaṃ dvitiyaṃ na vidyate.; 의무는 [붓다의 지혜를 드러내는 것] 하나이며 두 번째는 존재하지 않는 다.〉

179 저본인 대정장이나 한불전에는 '□'로 되어 있지만, 문맥상 '如'로 교감하고 번역 한다.

乘을 나누어 설한 것이니, 따라서 그 근본에 따라 '[하나처럼 통하게 하는
부처님의 가르침에] 돌아가는 원인'(歸[一佛乘]因)이 되기도 하고 '[하나처럼
통하게 하는 부처님의 가르침에] 돌아간 결과'(歸[一佛乘]果)가 되기도 한다.
이 뜻은 어떠한 것인가? 성문聲聞과 연각緣覺은 원인(因)이거나 결과
(果)이거나 모두 '하나[처럼 통하게 하는 부처님의 가르침]에 돌아가는 원
인'(歸一[佛乘]因)에서 나누어 둘이 되었다. 마치 경에서 "성문聲聞과 연
각緣覺은 [원인(因)인] 지혜(智)이든 [결과(果)인] [번뇌를] 끊음(斷)[180]이든 다

---

180 성문연각聲聞緣覺, 약지약단若智若斷: 이는 이승인 성문과 연각의 깨달음의 과정
과 내용을 제시한 것으로 사제현관四諦現觀의 16찰나十六刹那를 말한다. 구체적
으로 견도見道에서 모든 견혹이 끊어지는 무루지無漏智가 최초로 나타나는 순간,
정확히 말하면 16심, 즉 8인(八忍)·8지(八智)의 16찰나를 의미한다. 8인(八忍)은
사제를 바로 알아 욕계·색계·무색계의 번뇌를 끊음이다. 인忍의 범어인
'kṣānti'는 어떤 것을 위해 참고 기다리는 것(patient waiting for anything)의 뜻
(Sanskrit-English Dictionary, p.326 참조)이므로 고법지인은 해탈도인 고법지를
얻기 위해 감당해야 하는 수행 과정을 가리킨다. 즉 욕계의 고법지인苦法智忍·
집법지인集法智忍·멸법지인滅法智忍·도법지인道法智忍, 색계·무색계의 고류
지인苦類智忍·집류지인集類智忍·멸류지인滅類智忍·도류지인道類智忍을 말한
다. 8지(八智)란 욕계·색계·무색계에서 사제를 체득한 지혜이다. 즉 욕계의 고
법지苦法智·집법지集法智·멸법지滅法智·도법지道法智, 색계·무색계의 고류
지苦類智·집류지集類智·멸류지滅類智·도류지道類智를 말한다. 도표로 나타내
면 다음과 같다.

	고제苦諦	집제集諦	멸제滅諦	도제道諦	도道
욕계欲界	고법지인苦法智忍	집법지인集法智忍	멸법지인滅法智忍	도법지인道法智忍	무간도無間道
	고법지苦法智	집법지集法智	멸법지滅法智	도법지道法智	해탈도解脫道
색色·무색계無色界	고류지인苦類智忍	집류지인集類智忍	멸류지인滅類智忍	도류지인道類智忍	무간도無間道
	고류지苦類智	집류지集類智	멸류지滅類智	도류지道類智	해탈도解脫道

권오민은 견도 16찰나에서 제시되는 팔인八忍과 팔지八智의 관계에 관해 다음과
같이 설명한다. "아비달마불교에서는 이때 팔인을 무간도라고 하고, 팔지를 해탈
도라고 하는데, 이 같은 번뇌의 단절과 이계의 증득은 각기 도둑을 잡아 문밖으로

보살의 '생겨나[고 사라지]는 것에 대해 실체적 현상으로 보지 않음을 확고하게 간직하는 경지'(無生法忍)[181]이다."[182]라고 말한 것과 같다. [성문과 연각의 원인과 결과] 이 두 가지가 다 '하나[처럼 통하게 하는 부처님의 가르침]에 돌아가는 원인'(歸一[佛乘]因)이며, '하나[처럼 통하게 하는 부처님의 가르침]에 돌아가는 원인'(歸一[佛乘]因)이기 때문에 마침내 '하나처럼 통하게 하는 결과'(一果)에 이르게 된다는 것을 알아야 한다. 저 가르침에서 설하는 '[하나처럼 통하게 하는] 부처님 가르침의 원인과 결과'([一]佛乘因果)는 '부처 경지'(佛地)를 나누어 [중생의 바람에 응하여 갖가지 모습으로] 나타나는 [부처] 몸'(化身)의 일부로 하니, 마치 경에서 "내가 실제로는 부처가 된 이래 백천만억百千萬億의 '헤아릴 수 없는 수많은 시간'(那由

쫓아내는 이와 그것을 확인하고 문을 닫아 다시는 들어오지 못하게 하는 이에 비유되기도 한다."(『아비달마불교』, 서울: 민족사, 2003, p.251.)

181 무생법인無生法忍: 무생법인의 범어인 'anutpattika-dharma-kṣānti'에서 인忍의 원어인 'kṣānti'에 대해 'patient waiting for anything'이라고 하여 어떤 것을 참고 기다리는 것이라 하고 'the state of saintly abstraction'이라고 하여 무념무상無念無想의 상태라고도 설명한다.(Monier-Williams Sanskrit-English Dictionary, p.326 참조.) 즉 '무생無生'은 '생겨나고 사라지는 것을 실체적 현상으로 보지 않는 경지'를, '법인法忍'은 그런 경지를 마치 인내하고 있는 마음처럼 '확고하게 간직하고 있는 상태'를 지시하는 것으로 보인다. 따라서 무생법인을 '생겨나고 사라지는 것에 대해 실체적 현상으로 보지 않음을 확고하게 간직함'이라 번역해 보았다. 또한 『대지도론』 권50에서는 "無生法忍者, 於無生滅諸法實相中, 信受通達無礙不退, 是名無生忍."(T25, 417c5~6)이라고 하여 무생멸無生滅의 제법실상諸法實相을 신수통달信受通達한 것이라고 설명하고, 『유가사지론』 권48에서는 "菩薩無加行無功用無相住, 謂入一切法第一義智成滿得入故, 得無生法忍故, 除斷一切災患故."(T30, 561b3~6)라고 하여 이 무가행무공용무상주無加行無功用無相住에서 얻는 것으로서 일체법에 대한 제일의지第一義智가 완성된 것이라고 설명하므로 『대지도론』의 설명과 대체적으로 궤를 같이하는 것으로 보인다.

182 『마하반야바라밀경摩訶般若波羅蜜經』 권22 제74 「편학품遍學品」의 다음 문장을 참고할 만하다. "須菩提, 是八人若智若斷, 是菩薩無生法忍, 須陀洹若智若斷, 斯陀含若智若斷, 阿那含若智若斷, 阿羅漢若智若斷, 辟支佛若智若斷, 皆是菩薩無生忍."(T8, 381b23~26) 또한 유사한 문장이 같은 경의 여러 곳에서 발견된다.

他劫)이 지난 것이다."[183]라고 말하는 것과 같다. 저 [가르침에서] 설하는 '[하나처럼 통하게 하는] 부처님 가르침의 원인과 결과'([一]佛乘因果)는 모두 이 '하나처럼 통하게 하는 가르침의 결과'(一乘果) 안으로 돌아간다는 것을 알아야 한다.

若有菩薩, 依彼教故, 望樹下佛, 發心修行, 如是願行, 歸於一因, 同彼二乘, 未至果故. 通而言之, 應作四句. 一, 以方便因歸眞實因, 謂菩薩因及二乘因. 二, 以方便果歸眞實果, 謂於樹下成無上覺. 三, 以方便因, 歸眞實果, 謂樹下佛前菩薩行. 四, 以方便果歸眞實因, 謂二乘人之無學果. 總攝如是四句, 以說會三歸一.

[T34, 873c15~22; H1, 492a9~16]

만약 어떤 보살이 저 '[보살만을 위한 특별한] 가르침'([別]教)에 의지하여 보리수 아래[에서 깨달음을 성취한] 부처님처럼 되기를 바라면서 '[깨달음을 구하는] 마음을 일으켜 수행한다면'(發心修行), 이러한 '[부처가 되고자 하는] 바람과 수행'(願行)은 '하나처럼 통하게 하는 [가르침의] 원인'(一[乘]因)이 되어 저 이승二乘과 같으니 아직 '[하나처럼 통하는 가르침의] 결실'([一乘]果)에는 이르지 못하였기 때문이다.

[이상의 설명을] 통틀어서 말하자면 '네 가지 판단'(四句)을 지을 수 있다. 첫 번째는 '방편인 원인'(方便因)으로써 '참된 원인'(眞實因)으로 돌아

---

183 『묘법연화경妙法蓮華經』 권5 제16 「여래수량품如來壽量品」(T9, 42b12~13). "善男子! 我實成佛已來, 無量無邊百千萬億那由他劫." 〈산스크리트본의 해당 내용: SP., p.316. api tu khalu punaḥ kulaputrā bahūni mama kalpakoṭīnayutaśatasahasrāṇy anuttarāṃ samyaksaṃbodhimabhisaṃbuddhasya /; 그러나, 양가의 아들들이여, 실로 내가 최고의 올바른 깨달음을 [얻은 이후] 수많은 백천만억의 나유타 겁이 지났다.〉

가는 것이니, '보살[이 짓는] 원인'(菩薩因)과 '이승[이 짓는] 원인'(二乘因)이 그것이다. 두 번째는 '방편인 결과'(方便果)로써 '참된 결과'(眞實果)로 돌아가는 것이니, 보리수 아래서 '가장 높은 깨달음'(無上覺)을 이룬 것이 그것이다. 세 번째는 '방편인 원인'(方便因)으로써 '참된 결과'(歸眞實果)로 돌아가는 것이니, 보리수 아래에서 부처가 되기 전의 보살행菩薩行이 그것이다. 네 번째는 '방편인 결과'(方便果)로써 '참된 원인'(眞實因)으로 돌아가는 것이니, [성문聲聞과 연각緣覺인] 이승인(二乘人)의 '더 이상 배울 것이 없는 경지'(無學果)가 그것이다. 이와 같은 '네 가지 판단'(四句)을 모두 껴안아서 '삼승三乘을 [서로 통하고] 만나게 하여 일승一乘으로 돌아가게 함'(會三歸一)을 설한 것이다.

> 問. 方便敎中有人天乘, 何故不會此二, 唯會彼三? 答. 會三之言, 亦攝此二. 所以然者, 法花敎中說三乘有二. 一者, 三車所譬, 出「喩品」. 二者, 三草所呪,[184] 出「藥草品」. 此義云何? 人天二乘, 合爲小乘, 如小藥草. 聲聞緣覺, 名爲中乘, 如中藥草. 依彼別敎, 發心菩薩, 說名爲大乘, 如大藥草. 會此三乘, 卽攝五乘. 然彼人天會因, 而不會果, 果是無記, 不作一因故. 彼因善法, 有二功能, 報因功能, 亦不會之, 有受盡故. 等流因用, 是今所會, 無受盡故. 會此因義, 入第一句.
>
> [T34, 873c22~874a3; H1, 492a17~b4]

묻는다. '방편인 가르침'(方便敎) 가운데 '인간 세계나 하늘 세계에 태어나는 가르침'(人天乘)이 있는데, 어찌하여 이 두 가지는 [서로 통하고] 만나게 하지 않고 오직 저 [성문, 연각, 보살이 배우는] 세 가지 [가르침]'(三[乘])만 [서로 통하고] 만나게 하는가?

---

184 저본인 대정장이나 한불전에는 '呪'로 되어 있지만, 문맥상 '喩'로 교감하고 번역한다.

답한다. 〈삼승三乘을 [서로 통하고] 만나게 한다.〉(會三)라는 말은 이 두 가지도 포섭한다. 왜냐하면 『법화경』의 가르침'(法花敎)에서 설하는 '[성문, 연각, 보살이 배우는] 세 가지 가르침'(三乘)에는 두 가지가 있기 때문이다. 첫 번째는 '세 가지 수레'(三車)로 비유된 것이니 「비유품譬喩品」185에 나온다. 두 번째는 '세 가지 풀'(三草)로 비유된 것이니 「약초유품藥草喩品」186에 나온다. 이 뜻은 어떤 것인가?

'인간 세계에 태어나는 가르침'(人乘) · '하늘 세계에 태어나는 가르침'(天乘) 이 '두 가지 가르침'(二乘)은 합하여 '작은 수준의 가르침'(小乘)이 되니, '약효가 작은 풀'(小藥草)과 같다. 성문聲聞과 연각緣覺은 '중간 수준의 가르침'(中乘)이니, '약효가 중간 수준인 풀'(中藥草)과 같다. 저 '[보살만을 위한] 특별한 가르침'(別敎)에 의지하여 [깨달음을 향해] 마음을 일으킨 보살'(發心菩薩)은 '큰 수준의 가르침'(大乘)이라 부르니, '약효가 큰 풀'(大藥草)과 같다. [인천이승人天二乘 · 중승中乘 · 대승大乘] 이 '세 가지 가르침'(三乘)을 [서로 통하고] 만나게 하면 곧 '다섯 가지 가르침'(五乘)187을 포섭한다. 그런데 저 '인간 세계에 태어나는 가르침'(人乘)과 '하늘 세계에 태어나는 가르침'(天乘)은 [하나처럼 통하게 하는 가르침의] 원인'([一乘]因)과는 [서로 통하여] 만나게 되지만 [하나처럼 통하게 하는 가르침의] 결과'([一乘]果)와는 [서로 통하여] 만나게 되지 않으니, [인천승人天乘으로 인하

---

185 『법화경法華經』 권2 제3 「비유품譬喩品」(T9, 12b13~16b6)에서, 불타는 집에 머물고 있는 아이들을 구출하기 위해 '양이 끄는 수레'(羊車) · '사슴이 끄는 수레'(鹿車) · '소가 끄는 수레'(牛車)의 세 가지 수레로 아이들을 문밖으로 유인하였다는 비유이다.

186 삼초三草: 『법화경法華經』 권3 제5 「약초유품藥草喩品」에 나오는 약초의 비유이다. 약초이수藥草二樹, 또는 삼초이수三草二樹라고도 한다. 삼초는 소초小草 · 중초中草 · 상초上草이고, 이수는 최고의 깨달음을 구하는 보살인 소수小樹와 깨달은 후 중생을 구제하는 대보살인 대수大樹를 말한다.

187 오승五乘: 인승人乘 · 천승天乘 · 성문승聲聞乘 · 연각승緣覺乘 · 보살승菩薩乘을 합한 것이다.

여 생긴] 결과果는 '이롭지도 않고 해롭지도 않는 것'(無記)[188]이어서 '하나처럼 통하게 하는 [가르침의] 원인'(一[乘]因)을 이루지 못하기 때문이다. 저 '[하나처럼 통하게 하는 가르침의] 원인'([一乘]因)의 '이로운 현상'(善法)에는 두 가지 작용능력(功能)[189]이 있는데, [인천승人天乘으로 인하여 생긴 결과는] [그 가운데 하나인] '[원인과는] 다른 과보를 받게 하는 원인'(報因)[190]의 작용능력(功能)과는 또한 [서로 통하여] 만나지 못하니, '받음의 다함'(受盡)[191]이 있기 때문이다. [그리고] [인천승人天乘으로 인하여 생긴 결과는] '[원인과] 같은 과보를 받게 하는 원인'(等流因)[192]의 작용과는 이제

---

188 무기無記: 무기는 모든 현상을 선善·불선不善·무기無記의 3성三性으로 나눈 것 중의 하나로, '이롭지도 않고 해롭지도 않은'(非善非不善) 모든 현상을 말한다. 무기는 유부무기有覆無記(不淨無記)와 무부무기無覆無記(淨無記)로 나뉘는데, 양자 모두 선善이나 불선不善의 이숙과異熟果를 내지 못한다는 점에서 무기無記이지만, 유부무기는 그 면모가 오염되어 있어 성도聖道를 덮고 심성心性을 가리는 데 반해 무부무기無覆無記는 면모가 청정하여 성도를 덮거나 심성을 가리지 않는다.

189 공능功能(samartha): 작용능력인 공능은 유위법을 생산하는 작용의 세력이다. 의미적으로는 '능력 발휘'(功用)와 대략 같지만 차이점도 있다. 공용功用은 오직 현재와 미래에만 한정되지만, 공능은 과거·현재·미래에 모두 통용된다. 또 공용은 직접적인 역량이지만, 공능은 간접적인 역량이다. 『아비달마순정리론阿毘達磨順正理論』 14권에 의하면, 인因과 같이 스스로 결과를 끌어 포섭하는 힘을 작용作用이라고 칭하고, 연緣과 같이 원인을 돕는 다른 종류의 세력을 공능이라고 칭한다고 하였다. 유식唯識에서는 종자가 결과를 생기게 하는 힘의 작용을 공능이라고 칭한다. 『불광대사전』, p.1564.

190 보인報因: 『대지도론大智度論』 권32에 따르면, 보인은 업을 행한 인연으로 선악의 과보를 받는 것이다. 유식학의 이숙식과 같아서 행한 업이 과보로 결정될 때 다르게 받을 수 있다. "報因者, 行業因緣故, 得善惡果報, 是爲報因."(T25, 296c22~23.)

191 수진受盡: 앞서 지은 업력이 다하여 과보와 그 증장이 그치는 것을 의미한다. 이와 관련하여 『유가사지론』 권1의 다음 문장을 참고할 만하다. "受盡先業, 所引果已. 若行不善業者, 當於爾時, 受先所作, 諸不善業, 所得不愛果之前相. 猶如夢中見無量種變怪色相. 依此相故薄伽梵說. 若有先作惡不善業及增長已."(T30, 281c9~13.)

192 등류인等流因: 원인과 같은 종류의 과보를 받게 하는 원인을 말한다. 즉 선업을 지으면 선과를, 악업을 지으면 악과라는 같은 종류의 결과를 받는 것이다. 이는

[서로 통하여] 만나게 되니, [등류인等流因의 측면에서는] [인천승人天乘으로
인하여 생긴 결과는] '받음의 다함'(受盡)이 없기 때문이다. 이 원인因의 뜻
을 [모두] 모아 '궁극적 관점'(第一句)에 들어간다.

問. 會三歸一, 其義已顯, 破三立一, 云何可知? 答. 欲知此義, 有廣
有略. 略而言之, 破四種三, 一執三教定非方便, 二執三人定是別趣,
三執三因別感, 四執三果別極. 破此四種所執之相, 遣其四種能執之
見, 是故建立一乘眞實. 謂立一教故, 則破三教, 立一人故, 則破三人,
立一因故, 則破三因, 立一果故, 則破三果. 立一理性, 通破四三, 以四
一皆同一乘理故. 略說如是. 廣而論之, 爲破十種凡聖執故, 說七種譬
及三平等. 此義至彼第六門釋. 第三明詮用竟也.

[T34, 874a3~13; H1, 492b4~16]

묻는다. '삼승三乘을 [서로 통하고] 만나게 하여 일승一乘으로 돌아가게
함'(會三歸一)은 그 뜻이 이미 드러났으나, '삼승三乘을 부수고 일승一乘
을 세움'(破三立一)은 [그 뜻을] 어떻게 알 수 있는가?

답한다. 이 뜻을 알고자 하면, 자세함(廣)과 간략함(略)이 있다. 간략
하게 말하면 '[삼승교三乘教 · 삼승인三乘人 · 삼승인三乘因 · 삼승과三乘果,
이] 네 가지 삼승三乘[에 대한 집착]'(四種三[執])을 부수는 것이니, 첫 번째
는 '[성문 · 연각 · 보살] 세 종류의 수행자를 위한 가르침'(三[乘]教)이 '결단
코 방편이 아니다.'(定非方便)라는 집착이고, 두 번째는 '[성문 · 연각 · 보
살] 세 종류의 수행자들'(三[乘]人)이 '결단코 [삼승三乘] 각자가 다른 수행

이숙식이 원인과 다르게 결과를 발생시키는 것과 대비된다. 이는 『유가론기瑜伽
論記』 권10의 다음 문장을 참고할 만하다. "因是善惡果是無記, 異因而熟故名異熟.
從義得名一切有爲前後相似名等流因."(T42, 528b8~10.)

길'(定是別趣)이라는 집착이며, 세 번째는 '삼승三乘의 원인'(三[乘]因)은 '[삼승三乘 각자] 별개로 감응한다.'(別感)라는 집착이고, 네 번째는 '삼승三乘의 결과'(三[乘]果)는 '[삼승三乘 각자] 다른 곳에 이른다.'(別極)라는 집착이다. 이 네 가지 집착의 대상을 부수고 그 네 가지 집착하는 견해를 없애니, 이런 까닭으로 '[삼승三乘을] 하나처럼 통하게 하는 가르침이 드러내는 참된 사실'(一乘眞實)을 세우는 것이다. 즉 '하나처럼 통하게 하는 가르침의 교설'(一[乘]教)을 세우기 때문에 곧 '[성문·연각·보살] 세 종류의 수행자를 위한 가르침'(三[乘]教)을 부수고, '하나처럼 통하게 하는 가르침[에 올라타는] 사람'(一[乘]人)을 세우기 때문에 곧 '[성문·연각·보살] 세 종류의 수행자들'(三乘人)을 부수며, '하나처럼 통하게 하는 가르침의 원인'(一[乘]因)을 세우기 때문에 곧 '삼승三乘의 원인'(三[乘]因)을 부수고, '하나처럼 통하게 하는 가르침의 결과'(一[乘]果)를 세우기 때문에 곧 '삼승三乘의 결과'(三[乘]果)를 부수는 것이다. '하나처럼 통하게 하는 가르침의 이치 면모'(一[乘]理性)를 세워 '네 가지 삼승三乘[에 대한 집착]'(四[種]三[執])을 모두 부수니, '[일승교一乘教·일승인一乘人·일승인一乘因·일승과一乘果, 이] 네 가지 일승'(四一)이 모두 '하나처럼 통하게 하는 가르침의 이치'(一乘理)와 같기 때문이다. 간략히 말하는 것은 이와 같다.

자세히 논하자면, '열 가지 범부와 성인'(十種凡聖)[193]에 대한 집착을 부수기 위하여 [『법화경』에서는] '일곱 가지의 비유'(七種譬)[194]와 '세 가지

---

193 십종범성十種凡聖: 육도六道인 ① 지옥도地獄道, ② 아귀도餓鬼道, ③ 축생도畜生道, ④ 인도人道, ⑤ 천도天道, ⑥ 아수라도阿修羅道의 6종류 중생과 ① 성문聲聞, ② 연각緣覺, ③보살菩薩, ④ 불佛의 4종류의 성인을 합쳐서 부르는 말이다.

194 칠종유七種譬:『법화法華經』에 나오는 일곱 가지 비유로, ①「비유품比喩品」의 화택유火宅喩, ②「신해품信解品」의 장자궁자유長子窮子喩, ③「약초유품藥草喩品」의 약초유藥草喩, ④「화성유품化城喩品」의 화성유化城喩, ⑤「오백제자수기품五百弟子授記品」의 의주유衣珠喩, ⑥「안락행품安樂行品」의 계주유髻珠喩, ⑦「여래수량품如來壽量品」의 의자유醫子喩가 그것이다. 『묘법연화경론우바제사妙法蓮華經論優波提舍』권1 제3「비유품譬喩品」에서는 이러한 7가지 비유가 각 종류

평등'(三平等)[195]을 설하였다. 이 뜻은 저 '여섯 번째 부분'(第六門)[인 소문의消文義][196]에서 풀이한다.

세 번째인 [뜻을] 드러내는 작용을 밝힘'(明詮用)을 마친다.

4. 제목의 명칭을 해석함(釋題名)

第四釋題名者. 具存梵音, 應云, "『薩達摩分陀利修多羅』", 此云, "『妙法蓮華經』"

[T34, 874a13~15; H1, 492b17~18]

네 번째는 '제목의 명칭을 해석함'(釋題名)이다. [『묘법연화경妙法蓮華經』이라는 제목을] 범음梵音[197]으로 모두 갖추어 [음역하면]『살달마분다리수다라薩達摩分陀利修多羅』[198]라고 말해야 하는데, 이곳에서는 [의역하여]

의 중생을 위한 비유라고 설명하였다. "爲七種具足煩惱性衆生說七譬喩, 對治七種增上慢應知. 又三種染無煩惱人三昧解脫見等染慢, 對治此故說三平等應知. 何者七種具足煩惱性人? 一者求勢力人. 二者求聲聞解脫人. 三者求大乘人. 四者有定人. 五者無定人. 六者集功德人. 七者不集功德人. 七種增上慢者, 顚倒求功德增上慢."(T26, 17b23~c1.)

195 삼평등三平等:『묘법연화경론우바제사妙法蓮華經論優波提舍』권1 제3「비유품譬喩品」에서는『법화경法華經』의 삼평등을 다음과 같이 설명하였다. 즉 성문에게도 평등하게 수기를 주므로 이승은 없고 다만 대승만 있다는 ① 승평등乘平等, 세간과 열반이 평등하다는 ② 세간열반평등世間涅槃平等, 여러 가지 몸이 평등하다는 ③ 신평등身平等이 그것이다. 관련된 원문은 다음과 같다. "爲對治此三種染, 說三種平等應知. 一者乘平等, 與聲聞授記, 唯有大乘無二乘故. 二者世間涅槃平等, 以多寶如來入涅槃, 世間, 涅槃平等, 三者身平等, 多寶如來已入涅槃, 復示現身, 自身, 他身法身平等無差別故."(T26, 18a12~17.)

196 현재 소문의消文義는 전하지 않는다.

197 범음梵音: 본래 '대범천왕이 내는 소리'(大梵天王所發之聲) 또는 '불보살의 목소리'(佛菩薩之音聲)를 의미하지만, 여기서는 산스크리트어인 범어梵語를 가리킨다.

『묘법연화경妙法蓮華經』이라고 말한다.

1) 오묘한 진리[에 대하여 해석함]([釋]妙法)

言妙法者, 略有四義. 一者巧妙, 二者勝妙, 三者微妙, 四者絶妙. 言
巧妙者, 此經巧開方便之門, 巧滅執三之見, 巧示眞實之相, 巧生已[199]
一之惠, 以是四義, 而作眞軌, 故言妙法.

[T34, 874a15~19; H1, 492b18~23]

[『묘법연화경妙法蓮華經』이라는 제목 가운데] '오묘한 진리'(妙法)라고 말
하는 것[에서의 '오묘함'(妙)이라는 말]에는 대략 '네 가지 뜻'(四義)이 있다.
첫 번째는 '적절하기에 오묘함'(巧妙)이고, 두 번째는 '뛰어나기에 오묘
함'(勝妙)이며, 세 번째는 '완전하기에 오묘함'(微妙)이고, 네 번째 [말에
대한 분별을] 끊기에 오묘함'(絶妙)이다.

'적절하기에 오묘함'(巧妙)이라는 것은 [다음과 같은 뜻이다.] 이 『묘법
연화경妙法蓮華經』은 방편[이 되는] 문을 '적절하게 열어'(巧開), 〈'삼승三
乘 [각자가 나아가는 경지]'(三[乘別趣])에 대해 집착하는 견해〉(執三之見)를
'적절하게 사라지게 하고'(巧滅), '참된 사실 그대로'(眞實之相)를 '적절하
게 드러내어'(巧示), '일승一乘을 세우는 지혜'(立一之惠)를 '적절하게 생
기게 하니'(巧生), 이 '네 가지 뜻'(四義)으로써 '참된 법칙'(眞軌)을 만들기

---

198 살달마분다리수다라薩達摩分陀利修多羅: 산스크리트어, 'Saddharmapuṇḍarīka-
sūtra'의 음역이다. 이 가운데 'Saddharma(薩達磨)'는 묘법妙法, 'puṇḍarīka(分多
利加)'는 연화蓮華, 'sūtra(修多羅)'는 경經이다. 합하여 의역하면 묘법연화경妙法蓮
華經이 된다.

199 저본인 대정장이나 한불전에는 '已'로 되어 있지만, 문맥상 '立'으로 교감하고 번역
한다.

때문에 '오묘한 진리'(妙法)라고 말한다.

言勝妙者, 此經能宣一切佛法, 能示一切神力, 能顯一切祕藏, 能說一切深事, 以此四義, 最爲勝妙, 故名妙法. 「如²⁰⁰神力品」云, "以要言之, 如來一切所有之法, 如來一切自在神力, 如來一切祕密之藏, 如來一切甚深之事, 皆於此經, 宣示顯示顯說.²⁰¹" 故言妙法.

[T34, 874a19~24; H1, 492b23~c5]

'뛰어나기에 오묘함'(勝妙)이라는 것은 [다음과 같은 뜻이다.] 이 『묘법연화경妙法蓮華經』은 모든 '부처님의 가르침'(佛法)을 펼칠 수 있고, 모든 신통력(神力)을 보일 수 있으며, 모든 '은밀하게 갖추어 있는 가르침'(祕藏)을 드러낼 수 있고, 온갖 '심오한 일'(深事)을 설할 수 있으니, 이러한 네 가지 뜻으로써 가장 '뛰어난 오묘함'(勝妙)이 되기 때문에 '오묘한 진리'(妙法)라고 부른다. 「여래신력품如來神力品」에서 [다음과 같이] 말하였다. "요약하여 말하자면, 여래께서 지닌 '모든 가르침'(一切所有之法)과 여래께서 지닌 '모든 자유자재한 수승한 능력'(一切自在神力)과 여래께서 지닌 '모든 은밀하게 갖추어 있는 가르침'(一切祕密之藏)과 여래께서 지닌 '모든 매우 심오한 일'(一切甚深之事)을 모두 이 경에서 펼치고(宣) 보이며(示) 드러내고(顯) 설하셨다(說)."²⁰² 그러므로 '오묘한 진리'

---

200 저본인 대정장이나 한불전에는 '來'가 없지만, 『묘법연화경妙法蓮華經』 원문에 따라 '來'를 추가하여 번역한다.

201 저본인 대정장이나 한불전에는 '宣示顯示顯說'로 되어 있지만, 『묘법연화경妙法蓮華經』 원문에 따라 '宣示顯說'로 교감하고 번역한다. 『묘법연화경』 권6 제21 「여래신력품如來神力品」(T9, 52a19~20). "皆於此經, 宣示顯說."

202 『묘법연화경妙法蓮華經』 권6 제21 「여래신력품如來神力品」(T9, 52a17~20). "以要言之, 如來一切所有之法, 如來一切自在神力, 如來一切要之藏, 如來一切甚深之事, 皆於此經, 宣示顯說." 〈산스크리트본의 해당 내용: SP., p.391. na cāhaṃ guṇānāṃ pāraṃ gaccheyam asya dharmaparyāyasya bhāṣamāṇaḥ /

(妙法)라고 부른다.

言微妙者, 此經所說一乘之果, 無妙德而不圓, 無雜染而不淨, 無義
理而不窮, 無世間而不度, 以是四義故, 名微妙之法. 如「譬喩品」云,
"是乘微妙, 清淨第一, 出²⁰³諸世間, 爲無有上." 故言妙法.

[T34, 874a24~29; H1, 492c6~10]

'완전하기에 오묘함'(微妙)이라고 말한 것은 [다음과 같은 뜻이다.] 이
『묘법연화경妙法蓮華經』에서 설한 '하나처럼 통하게 하는 가르침의 결
과'(一乘之果)에는 〈'오묘한 능력'(妙德)이 완전하지 않음이 없고〉(無妙德
而不圓), 〈'갖가지 오염'(雜染)이 청정하지 않음이 없으며〉(無雜染而不淨),
〈'뜻과 이치'(義理)가 궁극적이지 않음이 없고〉(無義理而不窮), 〈'세속 세
계'(世間)를 구제하지 못함도 없으니〉(無世間而不度), 이러한 네 가지 뜻
때문에 '완전하기에 오묘한 가르침'(微妙之法)이라고 부른다. 마치 [『묘
법연화경』의] 「비유품譬喩品」에서 "이 [하나처럼 통하게 하는 부처님의] 가르
침'([一佛]乘)은 '완전하기에 오묘하고'(微妙) '온전하기가 제일이어서'(淸
淨第一) 모든 '세속 세계'(世間)에서 위없는 것이 된다."²⁰⁴라고 말한 것과

samkṣepeṇa kulaputrāḥ sarvabuddhadharmāḥ sarvabuddhavṛṣabhitāḥ
sarvabuddharahasyaṃ sarvabuddhagambhīrasthānaṃ mayāsmin dharmaparyāye
deśitam /; 그리고 이 법문[의 공덕]을 설함에도 불구하고, 나는 공덕[을 설하는 것]
의 궁극에 도달하지 못할 것이다(=공덕을 다 설하지 못할 것이다). 양가의 아들
들이여, 나는 이 법문 가운데 모든 붓다[만]의 속성, 모든 붓다의 탁월함, 모든 붓
다의 비밀, 모든 붓다의 심오한 점을 간결하게 설했다.〉

203 『묘법연화경妙法蓮華經』 원문에 따라 '出'을 '於'로 교감하여 번역한다.

204 『묘법연화경妙法蓮華經』 권2 제3「비유품譬喩品」(T9, 15a7~8). "是乘微妙, 清淨第
一, 於諸世間, 爲無有上." 〈산스크리트본의 해당 내용: SP., p.90. tac cāvariṣṭhaṃ
sumanoramaṃ ca viśiṣṭarūpaṃ ciha sarvaloke /; 그리고 그 [일불승]은 가장 뛰
어나고 매우 미묘하며, 그리고 이 모든 세상에서 [가장] 탁월하다.〉

같다. 그러므로 '오묘한 진리'(妙法)라고 말한다.

> 言絶妙者, 此經所說一乘法相, 廣大甚深, 離言絶慮, 以是四義故,
> 爲絶妙之法. 如「方便品」云, "是法不可示, 言辭相寂滅, 諸餘衆生類,
> 無有能得解."
>
> [T34, 874a29~b3 H1, 492c10~14]

'[말에 대한 분별을] 끊기에 오묘함'(絶妙)이라고 말한 것은 [다음과 같은 뜻이다.] 이 『묘법연화경妙法蓮華經』에서 설한 '[하나처럼 통하게 하는 부처님의] 가르침의 양상'(一乘法相)은 '넓고 크며'(廣大) '매우 깊어'(甚深) '언어적 규정을 벗어나고'(離言) '분별하는 생각을 끊으니'(絶慮), 이 네 가지 뜻 때문에 '[말에 대한 분별을] 끊기에 오묘한 가르침'(絶妙之法)이 된다. 마치 [『묘법연화경』의] 「방편품方便品」에서 "이 진리(法)는 [드러내] 보일 수가 없고 [이 진리를 표현하는] '말의 양상'(言辭相)은 [말에 대한 분별이] '그쳐 고요하니'(寂滅), 모든 중생 부류에서 [이 도리를] 이해할 수 있는 자는 없다."[205]라고 말한 것과 같다.

> 故此四義中,[206] 巧妙勝妙之法, 當能詮用立名, 微妙絶妙之義, 從所
> 詮宗作目. 合而言之, 具含如是巧勝微絶, 十有六種, 極妙之義, 十方

---

205 『묘법연화경妙法蓮華經』 권1 제2 「방편품方便品」(T9, 5c25~26). "是法不可示, 言辭相寂滅, 諸餘衆生類, 無有能得解." 〈산스크리트본의 해당 내용: SP., p.31. na tad darśayituṃ śakyaṃ vyāhāro 'sya na vidyate /; nāpy asau tādṛśaḥ kaścit sattvo loke 'smi vidyate //6//; 이것을 볼 수는 없다. 여기에는 관습적 언어표현은 존재하지 않는다. 또한 이 세간에서는 그 어떤 중생도 그와 같은 자(=붓다와 같이 인식하는 자)는 존재하지 않는다.〉
206 한불전에는 '四中義'라고 되어 있지만, 저본인 대정장의 원문대로 '四義中'으로 번역한다.

三世, 無二之軌, 以是義故, 名爲妙法. 妙法之名, 略釋如是.

[T34, 874b3~7; H1, 492c14~19]

그러므로 이러한 네 가지 뜻 가운데 〈'적절하기에 오묘하고'(巧妙) '뛰어나기에 오묘한'(勝妙) 진리〉(巧妙勝妙之法)[라는 것은 '드러내는 작용'(能詮用)에 맞추어 이름을 세운 것이며, 〈'완전하기에 오묘하고'(微妙) '[말에 대한 분별을] 끊기에 오묘한'(絶妙) 뜻〉(微妙絶妙之義)[이라는 것은 '드러나는 핵심내용'(所詮宗)에 따라서 이름을 붙인 것이다. 종합해서 말하면, 이와 같은 '적절하기[에 오묘함]'(巧[妙])·'뛰어나기[에 오묘함]'(勝[妙])·'완전하기[에 오묘함]'(微[妙])·'[말에 대한 분별을] 끊기[에 오묘함]'(絶[妙])의 16가지 '지극히 오묘한 뜻'(極妙之義)[207]을 모두 품어 '과거·현재·미래의 온 세상'(十方三世)에 '두 가지가 없는 법칙'(無二之軌)이니, 이러한 뜻 때문에 '오묘한 진리'(妙法)라고 부른다. '오묘한 진리'(妙法)라는 명칭에 대하여 간략히 해석하면 이와 같다.

---

207 16가지 '지극히 오묘한 뜻'(極妙之義): '적절하기에 오묘함'(巧妙)·'뛰어나기에 오묘함'(勝妙)·'완전하기에 오묘함'(微妙)·'[말에 대한 분별을] 끊기에 오묘함'(絶妙)에 각각 4가지 뜻이 있으므로 합하여 16가지 뜻이 된다. 즉 '적절하기에 오묘함'(巧妙)에는 ① 교개방편지문巧開方便之門, ② 교멸집삼지견巧滅執三之見, ③ 교시진실지상巧示眞實之相, ④ 교생입일지혜巧生立一之惠라는 4가지 뜻이 있고, '뛰어나기에 오묘함'(勝妙)에는 ⑤ 능선일절불법能宣一切佛法, ⑥ 능시일체신력能示一切神力, ⑦ 능현일체비장能顯一切祕藏, ⑧ 능설일체심사能說一切深事라는 4가지 뜻이 있으며, '완전하기에 오묘함'(微妙)에는 일승지과一乘之果에 ⑨ 무묘덕이불원無妙德而不圓, ⑩ 무잡염이부정無雜染而不淨, ⑪ 무의리이불궁無義理而不窮, ⑫ 무세간이부도無世間而不度라는 4가지 뜻이 있고, '[말에 대한 분별을] 끊기에 오묘함'(絶妙)에는 일승법상一乘法相에 ⑬ 광대廣大, ⑭ 심심甚深, ⑮ 이언離言, ⑯ 절려絶慮라는 뜻이 있어 모두 합하여 16가지 '지극히 오묘한 뜻'(極妙之義)이 된다.

245

2) 연꽃의 비유[에 대하여 해석함]([[釋]蓮花之喩)

> 蓮花之喩, 有別有通. 通者, 此華必具華鬚臺實四種, 合成殊爲美妙,
> 喩於此經具四妙義, 合成一經, 故名妙法.
>
> [T34, 874b7~10; H1, 492c19~22]

연꽃의 비유에는 '나누어 하는 것'(別)과 '통틀어 하는 것'(通)이 있다.
'통틀어 하는 것'(通)이란 [다음과 같다.] 이 꽃은 반드시 꽃(華)·꽃술
(鬚)·꽃받침(臺)·열매(實)라는 네 가지를 갖추어 [이 네 가지가] 합하여
매우 '아름답고 오묘'(美妙)하게 되니, [이것은] 이『법화경』이 '네 가지 오
묘한 뜻'(四妙義)을 갖추어 [이 네 가지가] 합하여 '하나의 경전'(一經)을 이
루기 때문에 '오묘한 진리'(妙法)라고 부르는 것을 비유한다.

> 別而言之, 卽有四義. 一者, 蓮花之類, 有四種中, 分陀利者, 是白蓮
> 花, 鮮白分明, 花開實顯, 喩於此經, 了了分明, 開權顯實之巧妙也. 二
> 者, 此花凡有三名, 未敷之時, 名屈摩羅, 將落之時, 名迦摩羅, 已敷未
> 衰, 處中之時, 開榮勝盛, 稱分陀利, 喩於此經, 大機正發之盛時, 宣示
> 顯說之勝妙也.
>
> [T34, 874b10~16; H1, 492c22~493a5]

[비유의 의미를] 나누어 말하자면 '네 가지 뜻'(四義)이 있다. 첫 번째는
[다음과 같은 뜻이다.] 연꽃의 유형에는 네 가지가 있는데 그 가운데 분타
리分陀利[208]는 백련화白蓮花이며 선명한 하얀색이 분명하고 꽃이 피고

---

208 분타리分陀利: 산스크리트어 'puṇḍarīka'의 음역으로 완역하면 분타리화分陀利華
이다. 의역하면 백련화白蓮花이며, 이 꽃이 지닌 청정무구淸淨無垢로 부처와 법성
法性 등을 비유한다.『불광대사전』, p.253.

열매가 드러나니, [이것은] 이 경이 [그 뜻이] '확실하게 분명하며'(了了分明) '방편을 펼쳐 진실을 드러내는 교묘함'(開權顯實之巧妙)[을 지니는 것]을 비유한다. 두 번째는 [다음과 같은 뜻이다.] 이 꽃에는 무릇 세 가지 이름이 있으니 아직 꽃이 피지 않았을 때는 굴마라屈摩羅라고 하고 [꽃이] 떨어지려 할 때는 가마라迦摩羅라고 하며 이미 피어 아직 시들지는 않은 시기에 아름답게 피어 매우 무성한 것을 분타리分陀利라고 부르는데,[209] [이것은] 이 경이 '큰 근기'(大機)가 바로 드러나 왕성할 때 '펼쳐 보여 가르침을 드러내는 탁월한 오묘함'(宣示顯說之勝妙)[을 지니는 것]을 비유한다.

三者, 此花, 非直出離泥水, 亦乃圓之香, 潔衆美具足, 喻於此經所說佛乘, 出煩惱濁, 離生死海, 衆德圓滿之微妙也. 四者, 此花, 非直荷廣口[210]深, 亦乃不着水渧, 不染塵垢, 喻於此經所說一乘, 法門廣大, 道理甚深, 離言絶慮之絶妙也. 由是四義, 有同妙法, 故寄是喻, 以立題名也.

[T34, 874b16~22; H1, 493a5~12]

세 번째는 [다음과 같은 뜻이다.] 이 꽃은 흙탕물에서 나와 벗어날 뿐 아니라 또한 온전한 향기와 깨끗한 갖가지 아름다움을 모두 갖추었으니, [이것은] 이 경에서 설한 '[하나처럼 통하게 하는] 부처님의 가르침'([一]佛乘)

---

209 위의 문장은 길장이 지은 『법화유의法華遊意』의 다음 문장을 인용한 것으로 보인다. "未敷之時名屈摩羅, 敷而將落名迦摩羅, 處中盛時秤分陀."(T34, 642c24~25.) 한편 이는 본래 후진後秦 사문沙門 승독僧叡이 쓴 「묘법연화경후서妙法蓮華經後序」에 다음과 같이 나온다. "華尚未敷, 名屈摩羅. 敷而將落, 名迦摩羅, 處中盛時, 名芬陀利."(T9, 62b12~13.) 이 문장을 이후 천태 지의와 길장 등이 인용한 것으로 보인다.
210 저본인 대정장에는 '口'로 되어 있고, 한불전에는 '禍'로 되어 있다. 문맥상 '藕'로 교감하고 번역한다.

이 '번뇌에 의한 오염'(煩惱濁)[211]에서 벗어나 '[근본무지에 매인] 삶과 죽음의 바다'(生死海)를 여의어 〈'갖가지 이로운 능력'(衆德)이 온전해진 '완전한 오묘함'(微妙)〉(衆德圓滿之微妙)[을 지니는 것]을 비유한다. 네 번째는 [다음과 같은 뜻이다.] 이 꽃은 잎이 넓고 뿌리가 깊을 뿐만 아니라 물방울이 [꽃이나 잎에] 붙지 않고 먼지와 때에 오염되지 않으니, [이것은] 이 경에서 설한 '하나처럼 통하게 하는 가르침'(一乘)은 '진리로 들어가게 하는 문'(法門)이 광대하고 도리가 매우 깊어 〈'언어적 규정을 벗어나고 분별하는 생각을 끊는'(離言絶慮) '말에 대한 분별을] 끊는 오묘함'(絶妙)〉(離言絶慮之絶妙)[을 지니는 것]을 비유한다. 이 네 가지 뜻으로 말미암아 '오묘한 진리'(妙法)와 같음이 있으니, 그러므로 이 비유에 의지하여 '[『묘법연화경』이라는] 제목의 명칭'(題名)을 세운 것이다.

---

211 번뇌탁煩惱濁: '다섯 가지 오염된 상태'(五濁) 가운데 하나이다. 말법 시대가 되면 나타나는 '다섯 가지 오염된 상태'가 발생하는 경우를 가리킨다. 『법원주림法苑珠林』(T53, p.1005a24~c27 참조)에 따르면, '다섯 가지 오염된 상태'는 ① 겁탁劫濁(굶주림, 질병, 전쟁 등으로 세상이 오염되는 것), ② 견탁見濁(갖가지 삿된 견해와 사상이 난무하는 것), ③ 번뇌탁煩惱濁(중생들의 마음이 온갖 번뇌에 의해 오염되는 것), ④ 중생탁衆生濁(해로운 행위를 일삼는 악한 인간들이 넘쳐 세상이 오염되는 것). ⑤ 명탁命濁(본래 8만 년인 인간들의 수명이 점차 줄어드는 것)이라고 한다. 그런데 이 오탁五濁의 개념은 『잡아함경雜阿含經』에서 말법시대에 대해 설명하는 가운데 제시되고 있어서 흥미롭다. 곧 권32 제906 「법손괴경法損壞經」에서 "佛言: 「如是, 迦葉! 命濁, 煩惱濁, 劫濁, 衆生濁, 見濁, 衆生善法退減故, 大師爲諸聲聞多制禁戒, 少樂習學. 迦葉! 譬如劫欲壞時, 眞寶未滅, 有諸相似僞寶出於世間; 僞寶出已, 眞寶則沒. 如是, 迦葉! 如來正法欲滅之時, 有相似像法生; 相似像法出世間已, 正法則滅."(T2, 226c1~8)이라는 서술을 통해 오탁五濁으로써 말법末法을 묘사하고 있음을 알 수 있다. 이 내용은 『별역잡아함경別譯雜阿含經』제121경(T2, 419b20~24: "佛告迦葉: 如是, 如是. 衆生命濁, 結使濁, 衆生濁, 劫濁, 見濁, 衆生轉惡, 正法亦末, 是故如來爲諸弟子多制禁戒, 少有比丘, 能順佛語, 受持禁戒, 諸衆生等, 漸漸退沒.")에서도 나타나고 있어 오탁五濁의 연원을 가늠해 볼 수 있다. 대승경전에서는 『묘법연화경妙法蓮華經』권1 제2 「방편품」(T9, 7b23~27; "舍利弗! 諸佛出於五濁惡世, 所謂劫濁, 煩惱濁, 衆生濁, 見濁, 命濁. 如是, 舍利弗! 劫濁亂時, 衆生垢重, 慳貪嫉妬, 成就諸不善根故, 諸佛以方便力, 於一佛乘分別說三.") 등에서 명시되고 있다.

5. 가르침이 속하는 [교설의] 영역을 드러냄(顯敎攝)

> 第五明敎攝門者, 是『法華經』, 何敎所攝, 爲是了義, 爲不了義?
>
> [T34, 874b23~24; H1, 493a13~14]

다섯 번째인 '가르침이 속하는 [교설의] 영역을 밝힘'(明敎攝門)이라는 것은 [다음과 같다.] [묻는다.] 이 『법화경法華經』은 어떤 가르침에 속하며 [또한 그 가르침은] '완전한 뜻[에 속하는 가르침]'(了義)이 되는가, '완전하지 않은 뜻[에 속하는 가르침]'(不了義)이 되는가?[212]

1) 완전하지 않은 뜻[에 속하는 가르침](不了義)[이라는 주장]

> 有說, 此經是不了義. 所以然者, 大分佛敎有三法輪, 一者, 有相法輪. 唯爲發趣聲聞乘者, 依四諦相, 轉法輪故. 如『阿含經』等. 二者, 無相法輪. 唯爲發趣菩薩乘者, 依法空性, 轉法輪故. 如『般若經』等. 三者, 無相無上法輪. 普爲發趣三乘者, 依諸法空無自性性, 而轉法輪, 無上無容故. 如『解深密經』等. 此中前二, 是不了義, 第三法輪, 是眞了義. 是義具如彼[213]論廣說.

---

212 요의了義와 불요의不了義: 불법佛法의 완전한 가르침을 직접 드러내는 것을 요의라고 하고, 그렇지 못하고 점차적으로 방편을 통해 중생을 이끄는 것을 불요의라고 한다. 즉 직접적이고 완전하게 불법의 도리를 빠짐없이 드러내는 가르침이 요의교了義敎이니, 마치 대승경전에서 생사와 열반이 다름이 없다는 것을 설하는 것과 같다. 이에 비해 중생의 이해 정도에 맞추느라 불법의 완전한 뜻을 직접 드러내지 못하고 점차적으로 방편을 통해 중생을 이끄는 가르침이 불요의교不了義敎이니, 마치 생사를 싫어하여 등지게 하고 열반을 추구하여 좋아하게 하는 경전의 가르침과 같은 것이다. 『불광대사전』, p.165 참조.

213 저본인 대정장에는 '彼'라고 되어 있는데, 한불전에는 '初'로 되어 있다. 본 번역은 저본대로 '彼'로 번역한다.

이 『법화경』이 '완전하지 않은 뜻[에 속하는 가르침]'(不了義)이라는 주장이 있다. 그 까닭은 [다음과 같다.]

'부처님의 가르침'(佛教)을 크게 나누면 [여기에는] '세 가지 부류의 가르침'(三法輪)이 있으니, 첫 번째는 '[차별된] 차이가 있는 가르침'(有相法輪)이다. 오직 '[부처님의] 가르침을 들어서 부처가 되려는 수행자의 부류에 들어선 자'(發趣聲聞乘者)를 위한 것이니, '네 가지 고귀한 진리의 특성'(四諦相)에 의거하여 가르침(法輪)을 펼치기 때문이다. 마치 『아함경阿含經』 등과 같다. 두 번째는 '[차별된] 차이가 없는 가르침'(無相法輪)이다. 오직 '[대승의] 보살 수행으로 부처가 되려는 수행자의 부류에 들어선 자'(發趣菩薩乘者)를 위한 것이니, '현상에 불변·독자의 실체가 없는 본연'(法空性)에 의거하여 가르침(法輪)을 펼치기 때문이다. 마치 『반야경般若經』 등과 같다. 세 번째는 '[불변·독자의 본질/실체로서의] 차이도 없고 높은 것도 없는 가르침'(無相無上法輪)이다. '[성문·연각·보살] 세 종류의 가르침으로 부처가 되려는 수행자의 부류에 들어선 자'(發趣三乘者) 모두를 위한 것이니, '모든 현상에 불변·독자의 실체가 없는 본연'(諸法空無自性性)에 의거하여 가르침(法輪)을 펼쳐 더 높은 것도 [불변·독자의 본질/실체로서] 없고 포용할 것도 [불변·독자의 본질/실체로서] 없기 때문이다. 마치 『해심밀경解深密經』 등과 같다. 이 가운데 앞의 두 가지[인 유상법륜有相法輪과 무상법륜無相法輪]은 '완전하지 않은 뜻[에 속하는 가르침]'(不了義)이고, 세 번째[인 무상무상無相無上의] 가르침(法輪)은 진실로 '완전한 뜻[에 속하는 가르침]'(了義)이다. 이러한 뜻은 구체적으로 저 논論[214]에서 자세히 설한 것과 같다.

此『法華經』, 是第二攝. 如偈說言, "諸法從本來, 常自寂滅相. 佛子
行道已, 來世得作佛"故. 是故當知, 第二無相法輪所攝, 既屬第二, 是
不了義.

[T34, 874c3~6; H1,493a23~b3]

이『법화경法華經』은 두 번째[인 '차별된 차이가 없는 가르침'(無相法輪)]에
속한다. 게송에서 "모든 현상은 본래부터 응당 스스로 '[불변·독자의 본
질/실체가 없어] 고요한 양상'(寂滅相)이다. [그러므로] '부처가 되는 길을
가는 사람'(佛子)이 수행을 실천하기를 완성하면 미래에 부처가 될 수
있다."[215]라고 설한 것과 같다. 이러한 까닭에 [이『법화경法華經』은] 두
번째인 '[차별된] 차이가 없는 가르침'(無相法輪)에 속하고, 이미 두 번째
[인 '차별된 차이가 없는 가르침'(無相法輪)]에 속하기에 [이『법화경法華經』이]
'완전하지 않은 뜻[에 속하는 가르침]'(不了義)이라는 것을 알아야 한다.

---

214 본문에서 말한 '저 논'(彼論)은 『유가사지론』을 말한다. 즉 『유가사지론』 권76
「섭결택분」의 다음 문장 내용을 요약한 것으로 보인다. "世尊初於一時, 在婆羅痆
斯仙人墮處施鹿林中, 唯爲發趣聲聞乘者, 以四諦相轉正法輪. 雖是甚奇甚爲希有, 一切
世間諸天人等先無有能如法轉者, 而於彼時所轉法輪有上有容是未了義. 是諸諍論安足
處所. 世尊在昔第二時中, 唯爲發趣修大乘者, 依一切法皆無自性, 無生無滅, 本來寂靜,
自性涅槃, 以隱密相, 轉正法輪. 雖更甚奇甚爲希有, 而於彼時所轉法輪, 亦是有上有所
容受, 猶未了義, 是諸諍論安足處所. 世尊於今第三時中, 普爲發趣一切乘者, 依一切法
皆無自性, 無生無滅, 本來寂靜, 自性涅槃無自性性, 以顯了相轉正法輪. 第一甚奇最爲
希有, 于今世尊所轉法輪, 無上無容是眞了義. 非諸諍論安足處所."(T30, 722c26~
723a12.)
215 『묘법연화경妙法蓮華經』 권1 제2「방편품方便品」(T9, 8b25~26). "諸法從本來, 常
自寂滅相. 佛子行道已, 來世得作佛." 〈산스크리트본의 해당 내용: SP., p.48. Skt.:
evaṃ ca bhāṣāmyahu nityanirvṛtā ādi praśāntā imi sarvadharmāḥ / caryāṃ ca
yo pūrapi buddhaputro anāgate 'dhvani jino bhaviṣyati //68//; 그리고 이와 같
이 이 모든 법은 처음부터 영원히 열반해 있고 적멸하다고 설했다. 그리고 불자는
행을 완성하여 미래세에 승리자가 될 것이다. //68//〉

此義卽以二文爲證. 一者, 卽彼『解深密經』云, "一向趣寂聲聞種性
補特伽羅, 雖蒙諸佛施設種種勇猛加行方便化道, 終不能令當坐道場
證得無上正等菩提. 何以故? 由彼本來唯有下劣種性故, 一向慈悲薄
弱故, 一向怖畏衆苦故," 乃至廣說. 二者, 『對法論』言, "衆生意樂樂
樂²¹⁶者, 如爲不定種性者, 捨離下劣意樂故, 記大聲聞當得作佛. 又說
一乘, 更無第二."

[T34, 874c6~14; II1, 493b3~12]

이러한 뜻은 곧 두 가지의 경문으로 증명된다. 첫 번째는 바로 저
『해심밀경解深密經』에서 [다음과 같이] 말한 것이다. "한결같이 '[분별이 없
는] 고요함'(寂)으로 나아가는 '가르침을 들어서 깨달으려는 특성을 지
닌 사람'(聲聞種性補特伽羅)²¹⁷은 비록 모든 부처님께서 베풀어주신 갖가

---

216 저본인 대정장에는 '樂樂'이 '意[*]趣'로 되어 있고, 그 교감주에 '趣【大】*, 樂
【聖】*'으로 나온다. 즉 대정장인【大】본은 '意趣'이지만,【聖】본은 '意樂'으로 되
어 있다는 것이다. 원효는『대승아비달마잡집론大乘阿毘達磨雜集論』을『대승기
신론소』에서도『대법론對法論』이라고 약칭했는데, 이는【聖】본에서 쓰는 표현이
다. 즉 '大乘阿毘達磨雜集論卷第一'의 교감주에서(T31, p.700a08, [4]) "(大乘…第
一) 十二字【大】, 對法論第一卷【聖】"라고 한 것을 보면 원효는【聖】본을 참고한
것으로 볼 수 있다. 따라서 본 번역은 '樂樂'을 '意樂'으로 교감하여 번역한다.

217 보특가라補特伽羅: 범어인 'pudgala'의 음역이다. 인人, 중생衆生 등으로 의역된
다.『불광대사전』, p.5270 참조. Monier-Williams Sanskrit-English Dictionary에
서는 몸(the body), 사람(man), 영혼(soul), 인격적 존재(personal entity), 부정적
의미의 자아나 개인(the Ego or individual in a disparaging sense) 등의 뜻이라고
설명한다. p.633 참조.『유가사지론』에서는 전체 수행 과정을 여러 단계로 나눌
때 특정 단계에 해당하는 사람을 가리키는 용어로 자주 나오는데, 예를 들어 권97
에서는 "依四念住修習增上, 略由三處三地三種補特伽羅."(T30, 854b13~14)라고 하
여 4념주四念住 수행에 의거하여 향상해가는 것에도 세 가지 보특가라補特伽羅가
있다고 하면서 "云何三種補特伽羅? 一正加行異生補特伽羅, 二有學補特伽羅, 三無學
補特伽羅."(T30, 854b17~19)라고 하여 이생異生 범부위凡夫位와 유학有學 성위聖
位 및 무학無學 성위聖位라는 세 가지 보특가라의 단계가 있다고 설명한다.

지 '용맹스럽게 더해가는 수행'(勇猛加行)과 '방편으로 교화시키는 방법' (方便化道)을 받았더라도 끝내 '진리의 자리'(道場)에 앉아서 '더 이상 높은 경지가 없이 완전히 동등해진 깨달음'(無上正等菩提)을 증득하게 할 수 없다. 어찌하여 그런가? 저들은 본래 오직 '하열한 특성을 지닌 사람'(下劣種性)이기 때문이고, 한결같이 '자비가 부족하고 약하기'(慈悲薄弱) 때문이며, 한결같이 '갖가지 고통을 두려워하기'(怖畏衆苦) 때문이다."[218] 등으로 자세히 설하고 있다. 두 번째는 『대법론對法論』에서 [다음과 같이] 말한 것이다. "'중생이 마음으로 좋아하고 좋아하는 것[에 따라 설하는 것]'(衆生意樂意樂)[219]이란, 마치 ['성문聲聞·연각緣覺·보살菩薩의 길 가운데] 방향이 정해져 있지 않은 부류의 사람'(不定種性者)[220]이 '하열한 것을 좋아하는 마음'(下劣意樂)을 버리게 하려고 '큰 근기를 가진 성문 수행자'(大聲聞)는 장차 부처가 될 것이라고 보증하는 것과 같다. 또

---

218 『해심밀경解深密經』 권2 제5「무자성상품無自性相品」(T16, 695a22~26). "善男子! 若一向趣寂聲聞種性補特伽羅, 雖蒙諸佛施設種種勇猛加行方便化導, 終不能令當坐道場證得阿耨多羅三藐三菩提. 何以故? 由彼本來唯有下劣種性故, 一向慈悲薄弱故, 一向怖畏衆苦故."

219 중생이 좋아하고 좋아하는 것(衆生意樂樂樂): 이 논의 네 가지 의취(平等意趣·別時意趣·別義意趣·衆生意樂意趣) 중의 하나인 중생의락의취衆生意樂意趣를 말한다. 중생들이 조금 이루고 거기에 만족하려는 마음을 없애기 위하여, 그들이 좋아하는 것에 따라 여러 가지로 설하는 것.

220 부정종성不定種性: 5종성五種性 가운데 하나로 성문聲聞·연각緣覺·보살菩薩이라는 삼승三乘의 종성種性에서 아직 그 종성이 결정되지 않은 부류이다. 『불광대사전』, p.1179 참조. 또한 '[깨달음의 세계로 갈지, 타락하여 해로운 세계로 갈지] 방향이 정해져 있지 않은 부류의 중생'을 의미하는 부정취중생不定聚衆生과도 같은 맥락의 개념으로 보인다. 이러한 부정종성不定種性에 대해 『대승입능가경』 권2에서는 "不定種性者, 謂聞說彼三種法時. 隨生信解而順修學"(T16, 597b23~25)이라고 하여 성문승종성聲聞乘種性·연각승종성緣覺乘種性·여래승종성如來乘種性의 세 가지 종성에 대해 설하는 것을 들었을 때 신해信解를 내는 것에 따라 수학修學하는 종성이라고 하므로, 성문의 길과 연각의 길과 여래의 길 중에서 아직 어느 쪽으로도 정해지지 않은 종성을 말하는 것으로 보인다.

한 '[삼승三乘을] 하나처럼 통하게 하는 가르침'(一乘)을 설하니, 다시 [별개의 것인] 두 번째가 없다."[221]

案云, 彼經旣是究竟眞實了義說, 說言聲聞永不成佛, 是知法花說諸聲聞當得作佛, 是方便語, 不了義說. 是故『阿毘達磨□[222]』云, "是隨衆

---

221 관련된 원문은 다음과 같다. 『대승아비달마잡집론大乘阿毘達磨雜集論』(일명『대법론對法論』) 권12 「결택분중법품決擇分中法品」(T31, 752a24~b10). "何等爲四? 謂平等意趣, 別時意[4]趣, 別義意[*]趣, 衆生意樂意[*]趣. 平等意[*]趣者, 如說我於爾時曾名勝觀如來, 應, 正等覺, 與彼法身無差別故. 別時意[*]趣者, 如說若有願生極樂世界皆得往生. 若暫得聞無垢月光如來名者, 卽於阿耨多羅三藐三菩提决不退轉. 如是等言, 意在別時故. 別義意[*]趣者, 如說一切諸法皆無自性, 如是等言不可如文便取義故. 衆生意樂意[*]趣者, 謂於一善根, 或時稱讚, 爲令歡喜勇猛修故；或時毁呰, 爲遮得少善生喜足故. 爲貪行者稱讚佛土富樂莊嚴, 爲慢行者稱讚諸佛或有增勝. 爲恒悔惱障修善者說如是言, 於佛菩薩雖行輕毁. 然彼衆生亦生天趣. 爲不定種性者, 捨離聲聞下劣意樂故, 記大聲聞當得作佛, 又說一乘, 更無第二." 대정장 해당 교감주에서 "[4] 趣【大】 * , 樂【聖】 * ."라고 하였고, 뒤에 나오는 [*]은 "趣【大】 * , 樂【聖】 * "이라고 하였다. 〈산스크리트본의 해당 내용: ASBh., p.115. pudgalāśayābhiprāyo yat tad eva kuśalamūlaṃ kasyacit praśaṃsanti kasyacid vigarhate 'lpamātrasaṃtuṣṭasya / tathā rāgacaritasya buddhakṣetravibhūti darśayati, mānacaritasya keṣāṃcid eva buddhānām adhikāṃ saṃpattiṃ varṇayanti / kaukṛtyenāvṛtasya ye buddhabodhisattveṣv apakāram api kariṣyanti te sarve svargopagā bhaviṣyantīty āha / aniyatagotrasya mahāśrāvakān buddhatve vyākaroti, ekaṃ ca yānaṃ na dvitīyam astīti deśayati śrāvakatvāśayatyājanārtham //; 사람의 성향을 의도한 것은 [다음과 같다.] 바로 그 선근에 대해 어떤 사람에게는 칭찬하거나 혹은 조금 [발생한 선근에] 만족한 사람에게는 꾸짖는다. 탐욕으로 행하는 자에게는 불국토의 부유함을 보여주고 만심으로 행하는 자에게는 모든 부처님이 가진 더 뛰어난 완전함을 칭찬한다. 후회로 뒤덮인 사람에게는 붓다와 보살에게 잘못을 저지른 그 모든 사람도 천상에 태어날 것이라고 말한다. 종성이 정해지지 않은 사람에게는 불과를 염두에 두고 대성문이 될 것이라고 예언한다. 그리고 성문의 성향을 버리게 하기 위해 승은 하나뿐이고 두 번째는 없다고 가르친다. (이것이 사람의 성향을 고려하여 다양한 방식으로 설법하는 것이다.)〉

222 저본에 '□'로 되어 있으나, 문맥상 '論'을 추가하여 번역한다. 내용상 해당하는 경

生意樂而說, 非是直說眞實道理." 修多羅者, 以文爲勝, 阿毘達磨, 以
理爲勝, 由有如是二種明證, 當知法花一乘之敎, 定非究竟了義說也.

[T34, 874c14~20; H1, 493b12~19]

생각건대, 저『[해심밀]경』이 이미 '궁극적 참된 진실인 완전한 뜻[에
속하는] 가르침'(究竟眞實了義說)으로서 〈'가르침을 들어서 [혼자] 깨달으
려는 수행자'(聲聞)는 영원히 부처가 될 수 없다.〉라고 말하였으니,『법
화경』에서 〈모든 '가르침을 들어서 [혼자] 깨달으려는 수행자'(聲聞)가
부처가 될 것이다.〉라고 말한 것은 '방편으로 한 말'(方便語)로 '완전하
지 않은 뜻[에 속하는] 가르침(不了義說)223임을 알 수 있다. 이런 까닭으
로『대승아비달마잡집론大乘阿毘達磨雜集論』에서는 [다음과 같이] 말하였
다. "이는 '중생이 마음으로 좋아하는 것'(衆生意樂)에 따라 설하는 것이
지 '참된 진실 그대로의 도리'(眞實理)를 곧바로 설한 것은 아니다."224
[『해심밀경』같은] 수다라修多羅225는 경문으로써 탁월함을 이루고 [『대승아
비달마잡집론』같은] 아비달마阿毘達磨226는 이치로써 탁월함을 이루니, 이

론은『대승아비달마잡집론大乘阿毘達磨雜集論』이다.
223 불요의설不了義說: 앞의 '요의了義와 불요의不了義' 각주 참고.
224 이에 해당하는 원문은『대승아비달마잡집론大乘阿毘達磨雜集論』에 직접 나오진
　　않지만, 앞에서 나온『대승아비달마잡집론大乘阿毘達磨雜集論』(일명『대법론對法
　　論』) 권12 「결택분중법품決擇分中法品」(T31, 752a24~b10)의 원문을 요약 인용한
　　것으로 보인다.
225 수다라修多羅(sūtra): 경經・계경契經으로 한역하는데, 산문체로 설한 것이다. 12
　　부경十二部經 중 하나이다. 12부경은 부처님의 설법을 서술방식이나 내용에 따라
　　분류한 것이다. 이 외에도 산문체로 된 내용을 다시 운문체로 설한 기야祇夜
　　(geya・重頌), 가타伽陀(gāthā・偈頌) 등이 있다.
226 아비달마阿毘達磨(abhidharma): 약칭으로서 '아비담阿毘曇'이라고도 하고, 의역
　　하면 '대법對法'이라고 한다. 부처님이 설한 경經과 율律에 대한 체계적 논의論
　　議라는 뜻으로 경經・율律・논論 3장三藏 중 대승 이전 부파불교 시대에 성립
　　한 논장論藏을 가리킨다. 대표적으로『아비달마대비바사론阿毘達磨大毘婆沙論』

와 같은 두 가지 '명백한 증거'(明證)가 있기 때문에 『법화경』이 설하는 '[삼승을] 하나처럼 통하게 하는 가르침'(一乘之敎)은 반드시 '궁극적으로 완전한 뜻[에 속하는] 가르침'(究竟了義說)이 아님을 알아야 한다.

2) 완전한 뜻[에 속하는 가르침](了義)[이라는 주장]

或有說者, 『法花經』是究竟了義. 所以然者, 如來一代所說敎門略攝, 不出三種法輪. 何者爲三? 一者, 根本法輪, 二,²²⁷ 枝末法輪, 三者, 攝末歸本法輪.

[T34, 874c20~24; H1, 493b19~23]

어떤 사람은 『법화경』이 '궁극적으로 완전한 뜻[에 속하는 가르침]'(究竟了義)이라고 주장한다. 그 까닭은 [다음과 같다.]

'[석가모니] 여래께서 평생 설한 가르침들'(如來一代所說敎門)을 간략히 분류하면, '세 가지 가르침'(三種法輪)²²⁸을 벗어나지 않는다. 무엇이 세

(T27, 200권)이 있고, 『아비달마구사론阿毘達磨俱舍論』(T29, 30권)은 그 강요서 綱要書이다. 『불광대사전』, pp.3641, 3644 참조.

227 저본인 대정장에는 '者'가 없지만, 문맥상 '者'를 추가하여 번역한다.

228 이하의 '세 가지 가르침'(三種法輪)에 대한 설명은 길장吉藏의 『법화유의法華遊意』권1의 다음 내용을 인용한 것이다. "欲說三種法輪故說此經. 言三種者, 一者, 根本法輪, 二者, 枝末之敎, 三者, 攝末歸本. 根本法輪者, 謂佛初成道, 花嚴之會純爲菩薩, 開一因一果法門, 謂根本之敎也. 但薄福鈍根之流, 不堪於聞一因一果, 故於一佛乘分別說三, 謂枝末之敎也. 四十餘年, 說三乘之敎, 陶練其心, 至今《法花》, 始得會彼三乘歸於一道, 即攝末歸本敎也."(T34, 634c16~23) 즉 ① 근본법륜根本法輪은 석가모니 부처님이 처음 깨달음을 이루고 보살들만을 위해 설한 화엄법회로 일인일과법문一因一果法門이다. ② 지말법륜枝末法輪은 단지 복이 박약한 둔근의 중생이 일인일과법문一因一果法門을 감당하지 못하기 때문에 일불승의 가르침을 나누어 삼승으로 설한 것이다. ③ 섭말귀본법륜攝末歸本法輪은 삼승의 가르침을 40여 년 설하고 나자 중생의 마음이 닦여져 법화경을 설할 수 있게 되자, 비로소 앞서 설한 삼

가지인가? 첫 번째는 '[일승의] 근본[을 곧장 제시한] 가르침'(根本法輪)이고, 두 번째는 '[삼승과 같은] 지엽적인 가르침'(枝末法輪)이며, 세 번째는 '지엽을 포섭하여 [일승의] 근본으로 돌아가는 가르침'(攝末歸本法輪)이다.

> "根本法輪"者, 謂佛初成道, 花嚴之會, □[229]爲菩薩, 廣開一因一果法門, 謂根本之敎也. 但薄福鈍根之流, 深不堪聞一因一果故, 於一佛乘分別說三, 謂枝末之敎也. 四十餘年, 說三乘之敎, 陶練其心, 今至法花之會, 始得會三歸一, 卽攝末婦本敎也.
>
> [T34, 874c24~29; H1, 493b23~c5]

"[일승의] 근본[을 곧장 제시한] 가르침"(根本法輪)이란 '[석가모니] 부처님께서 진리를 성취하시자마자'(佛初成道) [열린] '『화엄경華嚴經』[의 도리를 설하시는] 법회'(花嚴之會)에서 오로지 보살菩薩을 위하여 〈'하나[처럼 통하게 하는 가르침의] 원인과 하나[처럼 통하게 하는 가르침의] 결과(一因一果)[230]로 '진리로 들어가게 하는 문'(法門)〉(一因一果法門)을 널리 여신 것

승을 회통하여 일불승의 도리에 돌아가게 된 것이다. 이는 『해심밀경解深密經』의 삼종법륜三種法輪과 차이가 있다. 『해심밀경』에서는 제1시에 성문승聲聞乘을 위해 사제상四諦相을 설하고 제2시에 대승大乘을 위해 은밀상隱密相을 설하며 제3시에 일체승一切乘을 위해 현료상顯了相을 설한다는 내용의 삼종법륜을 제시한다. 『불광대사전佛光大辭典』에 따르면 중국의 법상종法相宗에서는 소의경전인 이 『해심밀경』의 삼종법륜에 의거하여 유有·공空·중中의 삼시교三時敎를 세우는데, 제1시에서 설하는 사제四諦의 이치는 아공법유我空法有의 소승교小乘敎이고 제2시에 설하는 제법개공諸法皆空의 이치는 『반야경般若經』의 대승공교大乘空敎이며 제3시에 설하는 중도中道의 이치는 『해심밀경』의 유식교唯識敎라는 것이다. p.596 참조. 『해심밀경』에서는 유有·공空·중中의 삼시교라는 변증법적 과정을 거친다고 보았으나, 길장의 『법화유의法華遊意』에서는 교화의 방법과 대상에 따라 화엄·삼승·일불승으로 나누어 설명하였다.

229 저본에는 '□'로 되어 있지만, 『법화유의法華遊意』권1의 원문에 따라 '純'으로 교감하고 번역한다. "花嚴之會, 純爲菩薩"(T34, 634c18~19).

이 그것이니. [이를] '[일승의] 근본을 [곧장 제시한] 가르침'(根本法輪)이라고 말한다. 다만 '복이 부족하고 무딘 능력을 가진 부류'(薄福鈍根之流)가 '하나[처럼 통하게 하는 가르침의] 원인과 하나[처럼 통하게 하는 가르침의] 결과'(一因一果)[에 대한 가르침]을 듣는 것을 전혀 감당하지 못하므로, '하나처럼 통하게 하는 부처님의 가르침'(一佛乘)을 나누어 세 가지[인 삼승三乘]을 설하니 [이를] '[삼승과 같은] 지엽적인 가르침'(枝末法輪)이라고 말한다. [석가모니 부처님께서] 사십여 년 동안 '[성문 · 연각 · 보살] 세 종류의 수행자를 위한 가르침'(三乘之敎)을 설하여 그 [성문 · 연각 · 보살의] 마음을 도야하고 단련시켜 지금 '『법화경法花經』[의 도리를 설하시는] 법회'(法花之會)에 이르러 비로소 '삼승三乘을 [서로 통하고] 만나게 하여 일승一乘으로 돌아감'(會三歸一)을 얻게 하니, [이것이] 바로 '지엽을 포섭하여 [일승의] 근본으로 돌아가는 가르침'(攝末歸本法輪)이다.

> 如「信解品」明, "長者居師子坐, 眷屬圍遶, 羅列寶物", 卽指花嚴根本敎也. "喚子不得故, 密遣二人, 脫珍御服, 着弊垢衣", 謂隱一說三枝末敎也. "如富長者, 知悉下劣□,[231] 伏其心乃敎大智", 謂攝末歸本敎也.
>
> [T34, 874c29~875a5; H1, 493c5~10]

마치 「신해품信解品」에서 [다음과 같이] 밝힌 것과 같다. "[부자인] 장자長者가 사자좌師子坐에 앉아 있고 가족들이 [그 주위를] 둘러싸고 있었으며 보물을 나열해 놓았다."[232]라고 한 것은 곧 『화엄경花嚴經』[의 가르침]

---

230 '하나처럼 통하게 하는 가르침의 원인'(一[乘]因)을 세우기 때문에 곧 '삼승三乘의 원인'(三[乘]因)을 부수고, '하나처럼 통하게 하는 가르침의 결과'(一[乘]果)를 세우기 때문에 곧 '삼승三乘의 결과'(三[乘]果)를 부수는 것이다.

231 저본에는 '□'로 되어 있지만, 『법화유의法華遊意』의 원문에 따라 '柔'로 교감하고 번역한다. "如富長者知子志劣柔, 伏其心乃敎大智"(T34, 634c27~28).

인 [일승의] 근본[을 곧장 제시한] 가르침'(花嚴根本敎)을 가리킨다. "[헤어졌던] 아들을 불렀으나 [아들을 오게 할 수] 없었으므로, 은밀히 두 사람을 보내면서 보배로 장식한 옷을 벗고 헤어지고 더러운 옷을 입게 하였다."233라고 한 것은 '하나[처럼 통하게 하는 부처님의 가르침]을 숨기고'(隱 一[佛乘]) [삼승三乘인] 세 가지를 설한'(說三) '지엽적인 가르침'(枝末敎)을 일컫는다. "저 부유한 장자가 [거지가 된 아들의 마음이] 하열하고 유약한 것을 모두 알고, [아들의] 그 마음을 조복시키고 나서 비로소 '크나큰 지혜'(大智)를 가르쳤다."234라는 것은 '지엽을 포섭하여 [일승의] 근본으로 돌아가는 가르침'(攝末歸本法輪)을 일컫는다.235

> 是■236諸門, 處處有文. 當知此中, 初後二敎, 同是究竟了義之說, 第二敎者, 於一說三, 皆是方便不了義說. 爲成此義, 明證有二. 一者, 修多羅, 二者, 阿毘達磨.
>
> [T34, 875a5~8; H1, 493c10~14]

---

232 이 인용문은 『묘법연화경妙法蓮華經』 권2 제4 「신해품信解品」(T9, 18a3~5)의 내용을 요약한 것이다. "處師子座, 眷屬圍遶, 諸人侍衛, 或有計算, 金銀寶物, 出內財產."

233 이 인용문은 『묘법연화경』 권2 제4 「신해품」(T9, 17a5~8)의 내용을 요약한 것이다. "我今放汝, 隨意所趣. 窮子歡喜, 得未曾有, 從地而起, 往至貧里, 以求衣食. 爾時長者, 將欲誘引其子, 而設方便, 密遣二人, 形色憔悴無威德者."

234 이 인용문은 『묘법연화경』 권2 제4 「신해품」(T9, 18c9~13)의 내용을 요약한 것이다. "如富長者, 知子志劣, 以方便力, 柔伏其心, 然後乃付, 一切財物. 佛亦如是, 現希有事, 知樂小者, 以方便力, 調伏其心, 乃教大智."

235 이 문장은 『법화유의法華遊意』 권1의 다음 문장을 직접 인용한 것이다. "〈信解品〉 云「長者居師子座, 眷屬圍遶羅列寶物, 即指《花嚴》根本教也. 「喚子不得, 故密遣二人, 脫珍御服著弊垢衣」, 謂隱一說三, 謂枝末教也. 如富長者知子志劣柔, 伏其心乃教大智, 謂攝末歸本教."(T34, 634c24~28.)

236 저본인 대정장에 '■'로 되어 있지만, 문맥상 '等'으로 교감하고 번역한다.

〈이러한 [부처님 가르침의] '여러 방식'(諸門)²³⁷은 곳곳에 [증명할 수 있는] 글이 있다. 이 가운데 처음과 마지막의 두 가르침[인 '일승의 근본을 곧장 제시한 가르침'(根本法輪)과 '지엽을 포섭하여 일승의 근본으로 돌아가는 가르침'(攝末歸本法輪)]은 모두 〈궁극적인 '완전한 뜻[에 속하는] 가르침'〉(究竟了義之說)이고, 두 번째 가르침[인 '삼승과 같은 지엽적인 가르침'(枝末法輪)]은 〈하나[처럼 통하게 하는 부처님의 가르침]'(一[佛乘])을 [삼승三乘인] 셋으로 나누어 설한 것〉(於一說三)으로 모두 〈방편인 '완전하지 않은 뜻[에 속하는] 가르침'〉(方便不了義說)임을 알아야 한다. 이러한 뜻을 성립시키기 위해 증거를 밝히는 것에는 두 가지가 있다. 첫 번째는 [부처님이 설한 경전인] 수다라修多羅이고, 두 번째는 [논사들이 경전을 해석한 논서인] 아비달마阿毘達磨이다.

修多羅者, 略引三文. 一者, 如「安樂行品」云, "此『法花經』, 能令衆生, 至一切智, 一切世間, 多怨難信, 先所未說, 而今說之. 是諸如來, 第一之說, 於諸說中, 最爲甚深, 末後賜與. 如彼强力王, 久護明珠, 今乃與之." 二者, 「化城品」云, "是²³⁸諸佛方便,²³⁹ 分別說三乘, 唯有一佛乘, ■²⁴⁰處故說二." 三者, 『勝鬘經』云, "阿羅漢辟支佛, 四智究竟得蘇息處, 亦是如來是²⁴¹方便, 有餘不了義說." 如是等文, 不可具陳.

[T34, 875a8~17; H1, 493c14~24]

---

237 앞서 나온 '근본법륜根本法輪', '지말법륜枝末法輪', '섭말귀본법륜攝末歸本法輪'을 말한다.
238 『묘법연화경妙法蓮華經』 원문에는 '是'가 없으나 그대로 번역한다.
239 『묘법연화경妙法蓮華經』 원문에 따라 '力'을 추가하여 번역한다.
240 저본인 대정장에는 '■'로 되어 있지만, 『묘법연화경妙法蓮華經』 원문에 따라 '息'으로 교감하고 번역한다. 권3 제7 「화성유품化城喻品」(T9, 27b2). "唯有一佛乘, 息處故說二."
241 『승만경』 원문에 따라 '是'를 삭제하고 번역한다.

수다라修多羅[에서 밝히는 증거]로는 대략 세 가지 경문을 인용한다. 첫 번째는 [『법화경』] 「안락행품安樂行品」에서 [다음과 같이] 말한 것이다. "이 『법화경』은 중생으로 하여금 '모든 것을 사실 그대로 아는 지혜'(一切智)에 이르게 하지만, '모든 세상 사람들'(一切世間)이 대부분 비난하면서 믿기 어려워하기에 이전에는 설하지 않았던 것을 이제 설한 것이다. 이 것은 모든 여래의 '궁극적인 가르침'(第一之說)으로 [부처님이 설하신] 모든 가르침 가운데 가장 깊어서 마지막에 내어 주는 것이다. 마치 저 강력한 왕이 오래 지켜온 '빛나는 보배구슬'(明珠)을 이제 주는 것과 같다."242

두 번째는 [『법화경』] 「화성유품化城喩品」에서 [다음과 같이] 말한 것이다. "이것은 모든 부처님이 지닌 방편의 힘으로 분별하여 삼승을 설한

---

242 『묘법연화경妙法蓮華經』 권5 제14 「안락행품安樂行品」(T9, 39a15~17). "此『法華經』, 是諸如來第一之說, 於諸說中最爲甚深, 末後賜與, 如彼強力之王久護明珠, 今乃與之." 〈산스크리트본의 해당 내용: SP., pp.290-291. tadā tathāgato 'rhan samyaksaṃbuddho 'py ārāgitaḥ samānas teṣām āryāṇāṃ yodhānām imam evaṃrūpaṃ sarvalokavipratyanīkaṃ sarvalokāśraddheyam abhāṣitapūrvam anirdiṣṭapūrvaṃ dharmaparyāyaṃ bhāṣate sma / sarveṣāṃ sarvajñatāhārakaṃ mahācūḍāmaṇiprakhyaṃ tathāgataḥ śrāvakebhyo 'nuprayacchati sma / eṣā hi mañjuśrīs tathāgatānāṃ paramā dharmadeśanāyaṃ paścimas tathāgatānāṃ dharmaparyāyaḥ sarveṣāṃ dharmaparyāyāṇām ayaṃ dharmaparyāyaḥ sarvagambhīraḥ sarvalokavipratyanīkaḥ / yo 'yaṃ mañjuśrīs tathāgatenādya tenaiva rājñā balacakravartinā cirapirakṣitacūḍāmaṇir avamucya yodhebhyo dattaḥ /; 그때 여래·응공·정등각자도 모두 기뻐하며 그 성스러운 전사戰士들에게 이전에 설해지지 않았고 이전에 설명되지 않았으며, 모든 세간사람이 낯설어 하고 모든 세간사람이 쉽게 믿지 않는 이와 같은 법문을 [지금] 설하셨다. 여래는 모든 사람에게 일체지를 산출하는 크고 빛나는 머리장식 보석과도 같은 [법문]을 성문들에게 주었다. 문수여, 이것은 여래의 최고의 가르침이고, 이것은 여래의 최후의 법문이다. 이것은 모든 법문 중의 법문이고 모든 것 중에서 심오하고 모든 세간사람이 낯설어 하는 것이다. 문수여, 이것을 여래는 처음으로, 그 강력한 전 륜왕이 오랫동안 간직해 왔던 머리장식 보석을 전사들에게 주는 것처럼, [성문에게 주었다.]〉

것이니, 오직 '하나처럼 통하게 하는 부처님의 가르침'(一佛乘)만 있을 뿐이지만 [『법화경』「화성유품」의 '방편 삼아 신통력으로 나타낸 화성化城'과 같은] 쉬어 가는 곳'(息處)이기에 [성문승과 보살승인] 이승二乘을 설하셨다."[243]

세 번째는 『승만경』에서 [다음과 같이] 말한 것이다. "'더 이상 배울 것이 없는 경지에 도달한 수행자'(阿羅漢)와 '연기緣起의 이치로 [혼자] 깨달으려는 수행자'(辟支佛)는 [사성제四聖諦에 대한] 네 가지 지혜의 궁극적 경지'(四智究竟)[244]에서 쉴 곳을 얻지만, 이것 역시 여래의 방편으로 [미진한 뜻이] 남아 있는 완전하지 않은 뜻[에 속하는 가르침](有餘不了義)이다."[245] 이와 같은 경문들은 다 말할 수 없을 정도이다.

阿毘達磨者, 略引三處文. [246]『法花論』云, "決定增上慢, 二種聲聞, 根未熟故, 佛不與授記, 菩薩與授記. 菩薩與記者, 方便令發心故." 二者, 『智度論』說, "問. 阿羅漢, 先世因緣之所受身, 必應當滅, 住在何

---

243 『묘법연화경妙法蓮華經』권3 제7「화성유품化城喩品」(T9, 27b1~2). "諸佛方便力, 分別說三乘, 唯有一佛乘, 息處故說二." 〈산스크리트본의 해당 내용: SP., p.198. Skt.: upāyakauśalya vināyakānāṃ yad yāna deśenti trayo maharṣī / ekaṃ hi yānaṃ na dvitīyam asti viśrāmaṇārthaṃ tu dvi yāna deśitā //106//; 위대한 선인(=붓다)는 교화의 대상을 위한 능숙한 수단으로 3승을 설했다. [그렇지만] 승은 하나[뿐]이고 두 번째는 없다. 하지만 중간쉼터를 위해 2승을 설했다.〉

244 네 가지 지혜: 유식학에서 말하는 사지四智는 부처의 경지에서 이루는 대원경지大圓鏡智·평등성지平等性智·묘관찰지妙觀察智·성소작지成所作智이다. 하지만 위의 원문에서 말하는 사지四智는 이승二乘의 '사제四諦에 대한 네 가지 지혜'이다. 즉 고지苦智·집지集智·멸지滅智·도지道智이다. 이에 대하여 길장의 『승만보굴勝鬘寶窟』을 참고하면 다음과 같다. "四諦智以說, 若知苦能壞陰魔, 若斷集壞煩惱魔, 若爲證滅壞死魔, 若能修道壞天魔."(T37, 59a5~6.)

245 『승만사자후일승대방편방광경勝鬘師子吼一乘大方便方廣經』권1 제5「일승장一乘章」(T12, 219c18~20)의 구절에서 취한 것이다. "言阿羅漢辟支佛, 觀察解脫四智究竟, 得蘇息處者, 亦是如來方便, 有餘不了義說."

246 저본인 대정장과 한불전 원문에는 '一者'가 없지만, 문맥상 추가하여 번역한다.

處, 而具足佛道? 答. 得阿羅漢時, 三界諸漏因緣盡故, 更不復生三界.
有淨佛立,[247] 出於三界, 乃至無有煩惱之名. 於是國立[248]佛所, 聞『法
花經』, 具足佛道." 三者, 『寶性論』云, "問. 說闡提無涅槃性, 常不入
涅槃者, 此義云何?[249] 爲欲示顯誇大乘因故. 此明何義? 爲欲迴轉誹謗
大乘心. 不求大乘心,[250] 依無量時, 故作是說. 以彼實有淸淨性故."

[T34, 875a17~28; H1, 493c24~494a13]

아비달마阿毘達磨[에서 밝히는 증거]로는 대략 세 곳에서의 글을 인용
한다. 첫 번째는 『법화론法花論』에서 [다음과 같이] 말한 것이다. "[성문聲
聞의 길이] 결정된 [수행자]'(決定[聲聞])와 '최고라는 교만[을 가진 성문聲聞
수행자]'(增上慢[聲聞]) [이] 두 종류 성문聲聞 [수행자]는 근기가 아직 익지
않았기에 부처님께서 '부처가 될 것이라는 보증'(授記)을 주지 않았고
보살에게는 '부처가 될 것이라는 보증'(授記)을 주셨다. 보살에게 '부처
가 될 것이라는 보증'(授記)을 준 것은, 방편으로 '깨달음을 구하는 마음
을 일으키게'(發心) 하기 위해서이다."[251] 두 번째는 『대지도론大智度

---

247 저본인 대정장과 한불전 원문에는 '立'으로 되어 있지만, 『대지도론』 원문에 따라
   '土'로 교감하고 번역한다. 권93 제83 「석필정품釋畢定品」(T25, 714a11~12). "更
   不復生三界, 有淨佛土."
248 저본인 대정장과 한불전 원문에는 '立'으로 되어 있지만, 『대지도론』 원문에 따라
   '土'로 교감하고 번역한다. 권93 제83 「석필정품釋畢定品」(T25, 714a13). "於是國
   土."
249 "問說闡提無涅槃性, 常不入涅槃者, 此義云何?"의 『구경일승보성론究竟一乘寶性論』
   해당 원문은 권3 제5 「일체중생유여래장품一切衆生有如來藏品」(T31, 831b5~6)의
   "向說一闡提常不入涅槃, 無涅槃性者, 此義云何?"이다. 뜻을 살려 문장을 재구성한
   것으로 보인다.
250 『구경일승보성론究竟一乘寶性論』의 원문에 따라 '故'를 추가하여 번역한다.
251 『묘법연화경우파제사妙法蓮華經優波提舍』 권1 제3 「비유품譬喻品」(T26, 18b12~
   14). "決定增上慢, 二種聲聞, 根未熟故, 如來不與授記, 菩薩與授記. 菩薩授記者, 方便
   令發心故." 한편 대정정의 교감주에 【宋】【元】【明】【宮】본의 원문은 다음과 같

263

論』에서 [다음과 같이] 설한 것이다. "묻는다. 〈'더 이상 배울 것이 없는 경지에 도달한 수행자'(阿羅漢)라도 '이전 세상의 인연으로 받은 몸'(先世因緣之所受身)은 반드시 멸하는데 어느 곳에 머물러 있다가 '부처가 되는 길'(佛道)을 모두 이루는가?〉 답한다. 〈'더 이상 배울 것이 없는 경지에 도달한 수행자[가 되는 결과]'(阿羅漢[果])를 얻을 때는 '[욕망세계(欲界) · 유형세계(色界) · 무형세계(無色界), 이] 세 가지 세계의 모든 번뇌의 인연'(三界諸漏因緣)이 다하기 때문에, '[욕망세계(欲界) · 유형세계(色界) · 무형세계(無色界), 이] 세 가지 세계'(三界)에 또다시 태어나지는 않는다. [그리고] '온전한 부처님 세상'(淨佛土)이 있는데, [이곳은] '[욕망세계(欲界) · 유형세계(色界) · 무형세계(無色界), 이] 세 가지 세계'(三界)를 벗어나 있으며 '번뇌라는 이름'(煩惱之名)조차 없다. 이러한 세상의 부처님이 계신 곳에서 『법화경法花經』을 듣고 '부처가 되는 길'(佛道)을 모두 이룬다."[252] 세 번

다고 밝혔다. "若決定者, 增上慢者, 二種聲聞, 根未熟故, 如來不與授記, 應化聲聞是大菩薩與授記. 菩薩與授記者, 方便令發菩提心故." 이는 앞에서 언급한 것으로 사종성문에게 수기를 주는 것에 대한 것이다. 여기서 보살이 수기를 받는다는 것은 『법화경론法華經論』의 앞뒤 문맥이나 고본의 내용을 참고하면 '退已還發菩提心者'이거나 '應化聲聞'이기 때문이다. 즉 세친이 저술한 『법화경론法華經論』에는 사종성문에 대하여 다음과 같이 나온다. 권1 제3 「비유품譬喩品」(T26, 18b8~12). "늘聲聞授記者, 聲聞有四種. 一者決定聲聞, 二者增上慢聲聞, 三者退菩提心聲聞, 四者應化聲聞. 二種聲聞, 如來與授記, 謂應化聲聞, 退已還發菩提心者." 사종성문은 ① 결정성문決定聲聞, ② 증상만성문增上慢聲聞, ③ 퇴보리심성문退菩提心聲聞, ④ 응화성문應化聲聞이다. 그런데 세친은 ③ 퇴보리심성문退菩提心聲聞, ④ 응화성문應化聲聞은 수기를 받지만, ① 결정성문決定聲聞, ② 증상만성문增上慢聲聞은 근기가 미숙하여 수기를 받지 못한다고 하였다. 따라서 '應化聲聞'은 본래 응신으로 나타난 대보살이므로 수기를 받을 수 있고, 퇴보리심성문退菩提心聲聞은 보살의 보리심을 내었다가 퇴보한 성문이므로 다시 발심을 일으키기 위해 수기를 준다는 것이다.

252 위 본문에 해당하는 원문은 다음과 같다. 『대지도론大智度論』 권93 제83 「석필정품釋畢定品」(T25, 714a9~13). "問曰. 阿羅漢先世因緣所受身必應當滅, 住在何處而具足佛道? 答曰. 得阿羅漢時, 三界諸漏因緣盡, 更不復生三界. 有淨佛土, 出於三界, 乃至

째는 『보성론寶性論』에서 [다음과 같이] 설한 것이다. "묻는다. 〈'좋은 능력이 모두 끊어진 자'([一]闡提)²⁵³에게는 '열반할 수 있는 면모'(涅槃性)가 없어서 언제나 열반에 들어가지 못한다.〉라고 말하는 것은, 이 뜻이 무엇인가? '대승[의 가르침]을 비방하는 원인'(謗大乘因)을 드러내 보이기 위함이다. 이것은 [또한] 어떠한 뜻을 밝힌 것인가? '대승[의 가르침]을 비방하는 마음'(誹謗大乘心)을 바꾸어 주려는 것이다. '대승[의 가르침]을 구하지 않는 마음'(不求大乘心)이기 때문에 '헤아릴 수 없는 시간'(無量時)에 의지해야 하니, 그런 까닭에 이렇게 설한 것이다. 저들에게도 실제로는 '온전한 면모'(淸淨性)가 있기 때문이다."²⁵⁴

無煩惱之名. 於是國土佛所, 聞『法華經』, 具足佛道."

253 일천제一闡提: 범어 'icchantika'의 발음을 옮긴 말로서, 『불광대사전』(p.85)에 따르면 일천저가一闡底迦, 일전가一顚迦, 일천제가一闡提柯, 천제闡提라고도 옮기며 때로는 아전저가阿顚底迦, 아천제阿闡提, 아천저가등가阿闡底迦等詞 등으로 부르기도 한다. 의역으로는 단선근斷善根, 신불구족信不具足. 극욕極欲, 대탐大貪, 무종성無種性, 소종燒種 등이 있다고 한다. 이에 의거하면 일천제의 뜻은 불도를 닦을 수 있는 좋은 능력이 끊어져 믿음이 부족하고 탐욕만을 쫓아다니는 자로서, 불도를 추구하는 품성이 없어져 버린 자를 가리킨다. 『열반경』 권5(T12, 633c3~5)에서는 일천제一闡提를 "斷滅一切諸善根本"이라고 규정한다. "一闡提也, 何等名爲一闡提耶? 一闡提者, 斷滅一切諸善根本, 心不攀緣一切善法, 乃至不生一念之善."; 『대승입능가경大乘入楞伽經』 권2(T16, 597c9~12)에서는 "大慧, 此中一闡提, 何故於解脫中不生欲樂? 大慧, 以捨一切善根故, 爲無始衆生起願故. 云何捨一切善根, 謂謗菩薩藏."이라고 하여, 일천제가 해탈에 대해 원하고 즐거워하지 않는 까닭은 모든 선근善根을 버렸기 때문이고, 모든 선근을 버린다는 것은 보살장菩薩藏을 비방하는 것이라고 설명한다. 일천제와 관련하여 『열반종요涅槃宗要』(H1, 525b18~19)의 '가르침의 핵심 내용을 분석함(辨敎宗)' 단락에서는 『열반경』의 사종대의四種大義를 밝히는 중에 "四者, 闡提謗法執性二乘, 悉當作佛."이라고 하여, 〈일천제인 '진리를 비방하는 자'(謗法)와 '불변의 독자적 본질이 있다는 견해에 집착하는 자'(執性)인 [성문聲聞·연각緣覺] 두 부류의 수행자'(二乘) 모두가 부처님이 되리라는 가르침〉을 원효는 『열반경』의 네 번째 대의大義로서 제시한다.

254 『구경일승보성론究竟一乘寶性論』 권3 제5 「일체중생유여래장품一切衆生有如來藏品」(T31, 831b5~8). "向說一闡提常不入涅槃, 無涅槃性者, 此義云何? 爲欲示現謗大乘因故. 此明何義? 爲欲迴轉誹謗大乘心. 不求大乘心故, 依無量時, 故如是說. 以彼實

依是等文, 當知諸教說有二乘定不成佛, 及說無性有情等言, 皆是方
便不了義說. 若說一乘更無第二, 一切衆生皆當作佛, 如是經典是眞了
義. 問. 若立初師義者. 後師所引文, 云何和會? 彼師通曰, 諸一乘教
所說諸文, 皆爲護彼不定性者, 皆是方便, 故不相違. 『法花論』文
及『寶性論』, 亦爲述後方便教意, 『智度論』文說, 阿羅漢生淨土者, 是
約不定種性聲聞. 由是道理, 亦不相違.

[T34, 875a28~b7; H1, 494a13~23]

이러한 글들에 의거하여, 여러 교설에서 어떤 이승二乘은 결단코 성
불할 수 없다고 설하거나, 또는 '[성문聲聞·연각緣覺이나 부처가 되는] 자
질이 없는 중생'(無性有情) 등이라고 설한 것은 모두 '방편인 완전하지
않은 뜻[에 속하는] 가르침'(方便不了義說)이라는 것을 알아야 한다. 만약
〈일승一乘일 뿐 다시 두 번째[인 다른 것]은 없어 모든 중생이 다 부처가
된다.〉고 설하는 경우라면, 이와 같은 경전은 '진실인 완전한 뜻[에 속하
는 가르침]'(眞了義)이다.

묻는다. 만일 처음 [『법화론法花論』에 의거한] 논사의 뜻을 세운다면,
뒤의 [『대지도론大智度論』에 의거한] 논사가 인용한 글과 어떻게 '소통시켜

有淸淨性故."〈산스크리트본의 해당 내용: RGV., p.37. yat punar idam uktam
icchantiko 'tyantam aparinirvāṇadharmeti tan mahāyānadharmapratigha
icchantikatve hetur iti mahāyānadharmapratighanivartanārtham uktaṃ
kālāntarābhiprāyeṇa / na khalu kaścit prakṛtiviśuddhigotrasaṃbhavād
atyantāviśuddhidharmā bhavitum arhati /; 그런데 '일천제는 궁극적으로 반열반
하는 속성이 없다'고 설한 것은 대승의 가르침에 대한 혐오가 일천제의 원인이기
때문에, 대승의 가르침에 대한 혐오를 그치게 하기 위해 다른 시간을 의도하여 설
한 것이다. 본성적으로 청정한 성향이 존재하기 때문에 어떤 사람도 궁극적으로
청정하지 않은 속성을 가질 수는 없다.〉

만나게'(和會) 하겠는가?

[답한다.] 저 논사[255]가 [여러 다른 주장들을] 통하게 하면서 [다음과 같이] 말한다. 〈[삼승을] 하나처럼 통하게 하는 가르침'(一乘敎)들에서 설한 모든 글은 다 저 '[수행 수준의 특성이] 정해지지 않은 면모'(不定性)[256]를 지닌 자를 옹호하기 위함이어서 모두 방편이니, 따라서 서로 어긋나지 않는다. 『법화론法花論』의 글과 『보성론寶性論』도 뒤의 '방편으로 작용하는 가르침의 뜻'(方便敎意)을 서술하기 위한 것이고, 『대지도론大智度論』의 글에서 설한 '아라한이 온전한 세상에 태어난다.'(阿羅漢生淨土)라는 것은 '[수행 수준의 특성이] 정해지지 않은 면모[를 가진] 성문'(不定性聲聞)에 의거한 것이다. 이런 도리로 말미암아 또한 서로 어긋나지 않는다.〉

問. 若立後師義者, 前所引證, 云何得通? 彼師通云, 『深密經』說, "終不能令, 當坐道場, 證得無上正等菩提"者, 是明決定當入無餘, 永不能令, 不入無餘, 直證無上正等菩提. 是故說爲一向趣寂. 然彼聲聞入無餘時, 住八萬劫, 或住六萬四萬二萬, 然後起心, 卽入大生於淨土, 具足佛道. 若論不定種性人者, 唯住有餘, 依地入大, 如『瑜伽論』, 分

---

255 원효의 입장인 것으로 보인다.
256 부정성不定性: 또는 부정종성不定種性이라고 한다. 5종성五種性 또는 5종종성五種種性 가운데 하나이다. 『불광대사전』에서는 성문聲聞·연각緣覺·보살菩薩이라는 삼승三乘의 종성種性에서 아직 그 종성이 결정되지 않은 부류라고 한다. p.1179 참조. 한편 『대승입능가경』 권2에서는 "不定種性者, 謂聞說彼三種法時, 隨生信解而順修學."(T16, 597b23~25)이라고 하여 성문승종성聲聞乘種性·연각승종성緣覺乘種性·여래승종성如來乘種性의 세 가지 종성에 대해 설하는 것을 들었을 때 신해信解를 내는 것에 따라 수학修學하는 종성이라고 하므로, 성문의 길과 연각의 길과 여래의 길 중에서 아직 어느 쪽으로도 정해지지 않은 종성을 말하는 것으로 보인다. 5종성은 ① 성문승종성聲聞乘種性, ② 연각승종성緣覺乘種性, ③ 여래승종성如來乘種性, ④ 부정종성不定種性, ⑤ 무종성無種性이다.

明說故. 是故彼經, 亦不相違. 『對法論』文說"一乘教爲方便"者, 是述三乘權教之意, 而非究竟道理之說. 如彼執三乘者說云"十五有漏■[257]無記"者, 是約麁相境界而說, 非是究竟眞實道理. 是故當知, 彼『對法論』或有述於方便敎文, 由是道理, 不相違也.

[T34, 875b8~21; H1, 494a23~b14]

묻는다. 만약 뒤의 논사의 뜻을 세운다면 먼저 인용한 증명은 어떻게 [여러 다른 주장들과] 통할 수 있는가?

저 논사[258]가 [여러 다른 주장들을] 통하게 하면서 [다음과 같이] 말한다. 〈『해심밀경解深密經』에서 설한 "끝내 '진리 자리'(道場)에 앉아 '더 이상 높은 경지가 없이 완전히 동등해진 깨달음'(無上正等菩提)을 증득하게 할 수 없다."[259]라는 것은, 반드시 [아무 작용도 없는] '완전한 [열반의 경지]'(無餘[涅槃])에 들어가고자 하면 끝내 ['완전한 [열반의 경지]'(無餘[涅槃])에 들어가게] 할 수 없음을 밝힌 것이니, [아무 작용도 없는] '완전한 [열반의 경지]'(無餘[涅槃])에 들어가지 않으면 곧바로 '더 이상 높은 경지가 없이 완전히 동등해진 깨달음'(無上正等菩提)을 증득한다. 이런 까닭에 '한결같이 고요한 [열반의 경지]에 나아가는 것'(一向趣寂)이라고 설한 것이다. 그런데 저 성문聲聞이 '완전한 [열반의 경지]'(無餘[涅槃])에 들어갈 때에는, 팔만八萬 겁劫[260] 동안 머물거나 혹은 육만六萬 · 사만四萬 · 이만二萬 겁

---

257 저본인 대정장에는 '■'로 되어 있지만, 『불지경론佛地經論』을 참고하여 '八'로 교 감하고 번역한다. 『불지경론』권1(T26, 293c2). "以十八界十五有漏八無記等."

258 원효의 입장인 것으로 보인다.

259 이와 관련된 『해심밀경』의 원문은 다음과 같다. 권2 제5 「무자성상품無自性相品」 (T16, 695a22~25) "善男子, 若一向趣寂聲聞種性補特伽羅, 雖蒙諸佛施設種種勇猛加 行方便化導, 終不能令當坐道場證得阿耨多羅三藐三菩提."

260 겁劫(산스크리트어: kalpa, 팔리어: kappa)은 겁파劫波 · 겁파劫跛 등으로 음역되

劫 동안 머물다가 그 후 마음을 일으켜 곧 대승大乘에 들어가 '온전한 세상'(淨土)에 태어나서 '부처가 되는 길'(佛道)을 모두 이루는 것이다. 만약 '[수행 수준의 특성이] 정해지지 않은 면모[를 가진] 사람'(不定種性人)을 논하면, 오로지 '[신체로 인한 속박이] 남은 [열반]'(有餘[涅槃])에 머물며 [그 열반의] 경지에 의지하여[261] 대승에 들어가니, 『유가사지론瑜伽師地論』에 분명히 설한 것과 같다.[262] 이런 까닭으로 저 경經과도 서로 어긋

며, 분별시분分別時分·장시長時·대시大時 등으로 의역된다. 본래 고대 인도 바라문교의 매우 긴 시간 단위인데, 불교에서 확대하여 사용한다. 즉 셀 수 없는 긴 시간을 의미하므로 경론 중에 비유나 고사로 나타난다. 불교의 시간관념은 겁劫을 기초로 삼아 세계의 생성生成과 훼멸毀滅 과정을 설명한다. 경론마다 설명이 다른데, 대표적인 몇 가지만 보면 다음과 같다. 『대지도론大智度論』 권38에는 대겁大劫과 소겁小劫으로 두 가지 겁을 설명하고, 『대비바사론大毘婆沙論』 권135에는 중간겁中間劫·성괴겁成壞劫·대겁大劫으로 세 가지 겁을 설명하며, 『구사론俱舍論』 권12에는 괴겁壞劫·성겁成劫·중겁中劫·대겁大劫으로 네 가지 겁을 설명한다. 또한 구마라집이 번역한 『법화경』에는 소겁小劫·중겁中劫(「提婆達多品」)이 나오지만 산스크리트본에는 모두 'antara-kalpa'로 나온다. 『대비바사론大毘婆沙論』 권135에는 80중겁中劫(antara-kalpa)을 일대겁一大劫(mahā-kalpa)으로 삼았다.(『불광대사전』 p.3541.) 일반적으로 잘 알려진 겁에 대한 비유로는 개자겁芥子劫과 반석겁盤石劫이 있다. 개자겁은 『잡아함경雜阿含經』 권34(T2, 242b 22~b24)에 나오는 비유로 다음과 같다. "사방상하 1유순의 철성鐵城에 개자를 가득 채워 놓고, 백 년마다 하나의 개자를 제거하여 다 없어질지라도 1겁은 아직 끝나지 않는다."(譬如鐵城, 方一由旬, 高下亦爾, 滿中芥子, 有人百年取一芥子, 盡其芥子, 劫猶不竟.) 또한 반석겁은 『아비달마대비바사론阿毘達磨大毘婆沙論』 권135(T27, 700b8~10)에 나오는 비유로 다음과 같다. "마치 성읍 가까운 곳에 큰 덩어리로 된 돌산이 있는데, 크기가 상하 사방 1유선나踰繕那(유순由旬)이다. 이것을 백 년에 한 번씩 가시국迦尸国의 가는 실로 스쳐서 산이 모두 마멸되어도 겁劫은 아직 끝나지 않는다."(如近城邑有全段石山, 縱廣高量各踰繕那, 迦尸細縷百年一拂, 山已磨滅, 此劫未終.)

261 의지依地: 이는 『유가사지론』 권80(T30, 749a10~11)의 원문에 따른다면 '依涅槃界中'으로 보인다. "問若唯住有餘依涅槃界中, 能發趣阿耨多羅三藐三菩提者."

262 이와 관련된 『유가사지론』의 전체 원문은 다음과 같다. "問迴向菩提聲聞, 爲住無餘依涅槃界中, 能發趣阿耨多羅三藐三菩提耶? 爲住有餘依涅槃界耶? 答. 唯住有餘依涅槃界中可有此事, 所以者何? 以無餘依涅槃界中, 遠離一切發起事業, 一切功用皆悉止

나지 않는다.

『대법론對法論』의 글에서 말하는 "[삼승을] 하나처럼 통하게 하는 가
르침'(一乘敎)은 방편이다."라는 것은, 삼승三乘은 '방편적 가르침의 뜻'
(權敎之意)이지 '궁극적 도리를 설한 것'(究竟道理之說)이 아님을 서술한
것이다. 저 삼승에 집착한 사람이 말하는 〈'15가지 흘러나오는 번뇌'(十
五有漏)²⁶³와 '여덟 가지 이롭지도 않고 해롭지도 않은 것'(八無記)²⁶⁴〉²⁶⁵
이라는 것은, '거친 양상의 대상세계'(麁相境界)에 의거해서 말한 것이지
'궁극적인 사실 그대로의 도리'(究竟眞實道理)가 아니다. 이런 까닭에 저
『대법론』에는 '방편으로 작용하는 가르침의 문장'(方便敎文)을 서술하는
것도 있다는 것을 알아야 하니, 이러한 도리로 말미암아 서로 어긋나지

息. 問. 若唯住有餘依涅槃界中, 能發趣阿耨多羅三藐三菩提者, 云何但由一生便能證得
阿耨多羅三藐三菩提耶? 所以者何. 阿羅漢等尚當無有所餘一生, 何況當有多生相續?
答. 由彼要當增諸壽行, 方能成辦, 世尊多分依此迴向菩提聲聞, 密意說言. 物類善男子
若有善修四神足已, 能住一劫或餘一劫餘一劫者, 此中意說過於一劫, 彼雖如是增益壽
行, 能發趣阿耨多羅三藐三菩提, 而所修行極成遲鈍, 樂涅槃故. 不如初心始業菩薩."
(T30. 749a5~20)

263 십오유루十五有漏: 『사리불아비담론舍利弗阿毘曇論』에 의하면, 십오유루는 안이
비설신眼耳鼻舌身의 오근五根과 색성향미촉色聲香味觸의 오경五境을 합친 십색계
十色界와 안식眼識·이식耳識·비식鼻識·설식舌識·신식身識의 오식계五識界의
번뇌를 합친 것이다. 『사리불아비담론』 권2 제2「문분계품問分界品」(T28, 535c
10~ 11). "云何十五有漏? 十色界, 五識界, 是名十五有漏."

264 팔무기八無記: 『사리불아비담론舍利弗阿毘曇論』에 의하면, 12入 가운데 안입眼
入·이입耳入·비입鼻入·설입舌入·신입身入, 향입香入·미입味入·촉입觸入을
'여덟 가지 무기無記'라고 한다. 『사리불아비담론』 권1 제1「문분입품問分入品」
(T28, 530b25~27). "云何八無記? 眼入·耳入·鼻入·舌入·身入, 香入·味入·觸
入, 是名八無記."

265 이 내용은 『불지경론』의 다음 문장을 참고할 만하다. 『불지경론佛地經論』 권
1(T26, 293c3~9). "十八界通有漏無漏皆有善性, 然據二乘境界麁相相似, 說言十八界
中十五有漏八無記等. 有義, 淨土定心所變, 雖有色等似十界相非十界攝, 非諸世間五識
所得, 如遍處等所緣靑等, 皆是自在所生色故, 法界所攝, 是故淨土雖用色等爲其體性,
是無漏善亦不相違."

않는다.〉

問. 二師所通, 一據相違, 何者爲實, 何者爲勝? 答. 皆是經論, 有何
不實? 所以然者, 爲護一向趣寂者意, 則如初師所通爲實, 爲護不定種
姓人意, 則如後師所說爲實. 皆當物機, 各得和通故. 若就道理判其勝
負者, 彼師義狹而且短. 彼說佛■[266]不遍一切故, 又說二■[267]竟斷滅
故. 第二師義, 寬而復長. 返前短狹, 其義可知. 斯則以短狹義, 會寬長
文, 文傷■■[268]會, 用寬長義, 容短狹文, 文狹則無傷義, 則易會. 由是
道理, 後說爲勝. 是故當知, 此『法花經』乃是究竟了義之教也.

[T34, 875b21~c2; H1, 494b14~c1]

묻는다. 두 논사가 통하게 한 것은 하나[의 논사]에 의거하면 서로 어
긋나니, 어느 것이 사실이고, 어느 것이 뛰어난 것인가?

답한다. 모두 [진리를 설하는] 경전과 논서인데 사실 아닌 것이 어찌 있
겠는가? 왜냐하면, '한결같이 고요한 [열반의 경지]에 나아가는 자'(一向趣
寂者)를 옹호하려는 뜻이라면 앞의 논사가 통하게 한 것이 사실이고,
'[수행 수준의 특성이] 정해지지 않은 면모[를 가진] 사람'(不定種性人)을 옹
호하려는 뜻이라면 뒤의 논사가 설한 것이 사실이다. 모두 상황(物機)
에 맞추어 각자 '서로 응하여 통함'(和通)을 얻기 때문이다. 만약 도리에
나아가 그 우열을 판단한다면, 저 [처음] 논사의 뜻은 '좁고도 짧다'(狹而
且短). 저 논사는 '부처가 되는 길'(佛道)이 일체에 두루 하지 않다고 설

---

266 저본인 대정장에는 '■'로 되어 있지만, 문맥상 '道'를 추가하여 번역한다.
267 저본인 대정장에는 '■'로 되어 있지만, 문맥상 '乘'을 추가하여 번역한다.
268 저본인 대정장에는 '■■'로 되어 있지만, 문맥상 '則難'을 추가하여 번역한다. 뒤
   문장의 '則易會'와 대조구문이다.

하기 때문이며, 또 이승[二乘이 성취한 것]은 결국 없어진다고 설하기 때문이다. [그리고] 두 번째 논사의 뜻은 '넓고도 길다'(寬而復長). 앞의 '짧고 좁은 것'과 상반되니 그 뜻을 알 수 있을 것이다. 이러하다면 '짧고 좁은 뜻'(短狹義)으로 '넓고 긴 글'(寬長文)을 회통하면 문장이 손상되어 곧 회통이 어렵고, '넓고 긴 뜻'(寬長義)을 사용하여 '짧고 좁은 글'(短狹文)을 수용하면 글이 좁아도 곧 뜻을 손상함이 없어 쉽게 회통한다. 이런 도리로 말미암아 뒤의 설이 뛰어나다. 그러므로 이 『법화경』이 바로 '궁극적으로 완전한 뜻에 속하는 가르침'(究竟了義之教)이라는 것을 알아야 한다.

今依是義, 以通諸文, 諸文相違, 皆得善通. 所以然者, 以諸了義究竟教內, 不無方便 不了之言. 如『解深密經』中說言, "一切聲聞緣覺菩薩, 同皆共一此妙清淨道, 皆同是一究竟清淨." 如□[269]是道理爲彼經宗, 所以彼經是眞了義. 而彼經說, '寂趣聲聞, 終不能得坐於道場', 如是等文是方便說. 爲護決定二乘意故, 作是方便不了義說. 由是道理, 『夫人』性等說, 彼以爲不了義說. 如是二文不相違也.

[T34, 875c2~11; H1, 494c2~11]

이제 이러한 뜻에 의거하여 모든 글을 통하게 하면 모든 글의 서로 어긋남이 모두 잘 통할 수 있다. 왜냐하면 '모든 완전한 뜻[에 속하는] 궁극의 가르침'(諸了義究竟教) 속에는 '방편인 완전하지 않은 말'(方便不了之言)이 없지 않기 때문이다. 마치 『해심밀경解深密經』에서 [다음과 같이] 말한 것과 같다. "모든 성문聲聞·연각緣覺·보살菩薩은 모두가 이 '동일한 미묘하고 온전한 진리'(一妙清淨道)를 함께 하고, 모두가 이 '동일

한 궁극적 온전함'(一究竟淸淨)을 함께한다."[270] 만약 이러한 도리를 저 『해심밀경解深密經』의 '근본 취지'(宗)로 삼는다면, 그러기에 저 『해심밀경解深密經』은 '사실 그대로의 완전한 뜻[에 속하는 가르침]'(眞了義)이다. 그런데 저 『해심밀경解深密經』에서 〈'고요함(寂)으로만 나아가는 성문' (寂趣聲聞)은 끝내 '진리의 자리'(道場)에 앉을 수 없다.〉[271]고 설하였으니, 이러한 글들은 '방편적인 가르침'(方便說)이다. [성문聲聞·연각緣覺의 길이] 결정된 두 부류의 수행자'(決定二乘)를 옹호하려는 뜻 때문에 이 〈방편인 '완전하지 않은 뜻[에 속하는] 가르침'〉(方便不了義說)을 지은 것이다. 이러한 도리로 말미암아 『승만경勝鬘經』[에서 설하는] '[사성제四聖諦에 대한] 네 가지 지혜의 궁극'(四智究竟)] 경지(性) 등의 가르침[272]을 저 [논사가] '완전하지 않은 뜻[에 속하는 가르침]'(不了義)이라고 한 것이다. 이와 같이 두 글은 서로 어긋나지 않는다.

又此『法花經』中說言, "爲□□[273]故, 化作寶城, 更止息已, 終引佛果." 依是道理, 以說一乘, 是爲經究竟了義. 此經亦有不了義語, □[274]

---

270 위의 글은 다음 『해심밀경解深密經』 권2 제5 「무자성상품無自性相品」(T16, 695a 17~19)에서 인용한 것이다. "一切聲聞, 獨覺, 菩薩, 皆共此一妙淸淨道, 皆同此一究竟淸淨." 원문과는 다소 글자 차이가 있는데, 『해심밀경』 원문에 따라 번역한다.

271 위의 문장은 다음 원문을 요약한 것이다. 『해심밀경解深密經』 권2 제5 「무자성상품」(T16, 695a22~26). "善男子! 若一向趣寂聲聞種性補特伽羅, 雖蒙諸佛施設種種勇猛加行方便化導, 終不能令當坐道場證得阿耨多羅三藐三菩提. 何故? 由彼本來唯有下劣種性故, 一向慈悲薄弱故, 一向怖畏衆苦故."

272 이는 앞에 나온 다음 인용문을 의미하는 것 같다. 『勝鬘經』云, "阿羅漢辟支佛, 四智究竟得蘇息處, 亦是如來是方便, 有餘不了義說."; 『승만사자후일승대방편방광경勝鬘師子吼一乘大方便方廣經』 「일승장一乘章」(T12, 219c18~20). "言阿羅漢辟支佛, 觀察解脫四智究竟, 得蘇息處者, 亦是如來方便, 有餘不了義說."

273 저본인 대정장에는 '□□'로 되어 있지만, 『법화경』의 원문을 참고하여 '止息'으로 교감하고 번역한다. 『묘법연화경妙法蓮華經』 권3 제7 「화성유품化城喻品」(T9, 26a23). "如彼導師, 爲止息故, 化作大城."

直說言, "唯有□□,²⁷⁵ 無二無三." 是文爲□□定■■,²⁷⁶ 說無趣寂二
乘之行, 而實不無趣寂二乘之行. 是故說無, 是方便語. 由是道理, 『對
法論』說"爲方便"者, 亦有道理也.

『法花宗要』

弘安六年八月十七日相承之.

[T34, 875c11~19; H1, 494c11~19]

또 이 『법화경法花經』에서는 "멈추어 쉬게 하려고 '보물이 가득한
성'(寶城)을 신통력으로 만들고, 멈추어 쉬게 한 다음에는 마침내 '부처
경지'(佛果)로 이끈다."²⁷⁷라고 설하였다. 이러한 도리에 의거하여 '[삼승

---

274 저본인 대정장에는 '□'로 되어 있지만, 문맥상 '此'로 교감하고 번역한다.

275 저본인 대정장에는 '□□'로 되어 있지만, 『법화경』의 원문을 참고하여 '一乘法'으
로 교감하고 번역한다. 『묘법연화경妙法蓮華經』 권1 제2 「방편품方便品」(T9, 8a
17~18) "唯有一乘法, 無二亦無三."

276 저본인 대정장에는 '□□定□□'로 되어 있지만, 앞의 본문 내용을 참고하여 '護
不定種姓人'으로 교감하고 번역한다. 『법화종요』(T34, 875b8~c2) "問. 若立後師義
者, 前所引證, 云何得通? 彼師通云, 『深密經』說, 〈終不能令, 當坐道場, 證得無上正等
菩提〉者, 是明決定當入無餘, 永不能令, 不入無餘, 直證無上正等菩提. 是故說爲一向趣
寂. 然彼聲聞入無餘時, 住八萬劫, 或住六萬四萬二萬, 然後起心, 卽入大生於淨土, 具足
佛道. 若論不定種性人者, 唯住有餘, 依地入大, 如『瑜伽論』, 分明說故. 是故彼經, 亦不
相違. 『對法論』文說 "一乘教爲方便"者, 是述三乘權教之意, 而非究竟道理之說. 如彼執
三乘者說云〈十五有漏■無記〉者, 是約麁相境界而說, 非是究竟眞實道理. 是故當知,
彼『對法論』或有述於方便教文, 由是道理, 不相違也. 問. 二師所通, 一據相違, 何者爲
實, 何者爲勝? 答. 皆是經論, 有何不實? 所以然者, 爲護一向寂寞者, 則如初師所通爲
實, 爲護不定種姓人意, 則如後師所說爲實. 皆當物機, 各得和通故. 若就道理判其勝負
者, 彼師義狹而且短. 彼說佛■不遍一切故, 又說二■竟斷滅故. 第二師義, 寬而復長.
返前短狹, 其義可知. 斯則以短狹義, 會寬長文, 文傷■■會, 用寬長義, 容短狹文, 文狹
則無傷義, 則易會. 由是道理, 後說爲勝. 是故當知, 此『法花經』乃是究竟了義之教也."

277 이 인용문은 다음 원문을 요약한 것으로 보인다. 『묘법연화경妙法蓮華經』 권3 제
7 「화성유품化城喩品」(T9, 26a23~24). "如彼導師, 爲止息故, 化作大城. 既知息已,
而告之言, '寶處在近, 此城非實, 我化作耳'." 〈산스크리트본의 해당 내용: SP.,

三乘을] 하나로 보는 가르침'(一乘)을 설하니, 이것이 『법화경法花經』을 '궁극적으로 완전한 뜻[에 속하는 가르침]'(究竟了義)으로 만든다. 이 『법화경法花經』에는 또한 '완전하지 않은 뜻[에 속하는] 말'(不了義語)도 있으니, 여기서는 단지 "오직 '[삼승三乘을] 하나로 보는 가르침'(一乘法)만 있을 뿐, 두 번째도 없고 세 번째도 없다."[278]라고 말한다. 이 글은 '[수행 수준의 특성이] 정해지지 않은 면모[를 가진] 사람'(不定種性人)을 보호하기 위하여 〈'고요함(寂)으로만 나아가는 이승의 수행'(趣寂二乘之行)은 없다.〉라고 말한 것이지만, 실제로는 '고요함(寂)으로만 나아가는 이승의 수행'(趣寂二乘之行)이 없는 것은 아니다. 그러므로 〈없다〉라고 말한 것은 '방편적인 말'(方便語)이다. 이러한 도리로 말미암아 『대법론對法論』에서 "'[삼승을] 하나처럼 통하게 하는 가르침'(一乘敎)은] 방편이다."[279]라고 설한 것에도 도리가 있다.

『법화종요法花宗要』

홍안 6년(1283) 8월 17일 받들어 쓰다.

---

p.189. yathā sa deśikas tad ṛddhimayam nagaram abhinirmimīte teṣām sattvānāṃ viśrāmaṇārthaṃ viśrāntānāṃ caiṣām evaṃ kathayatīdaṃ khalv ṛddhimayaṃ nagaram iti /; 마치 그 안내자가 그 중생들이 쉴 수 있도록 초월적 능력으로 이루어진 그 도시를 만들고, 그들이 쉰 후에 "이것은 [진짜 도시가 아니라] 사실은 초월적 능력으로 만들어진 도시다"하고 말하는 것과 같다.〉

278 이 인용문은 다음 원문을 요약한 것으로 보인다. 『묘법연화경妙法蓮華經』 권1 제2 「방편품方便品」(T9, 8a17~18). "唯有一乘法, 無二亦無三." 〈산스크리트본의 해당 내용: SP., p.46. ekaṃ hi yānaṃ dvitiyaṃ na vidyate tṛtīyaṃ hi naivāsti; 승은 하나이다. 두 번째는 없고 세 번째도 존재하지 않는다.〉

279 앞의 본문에서 인용한 부분이다. 『법화종요』 권1(T34, 875b16~17). "『對法論』文說 '一乘敎爲方便'者, 是述三乘權敎之意, 而非究竟道理之說."

화엄경소華嚴經疏

『진역화엄경[1]소서[2]晉譯華嚴經疏[3]序』

석원효釋元曉 지음

原夫無障無碍法界法門者, 無法而無不法, 非門而無不門也. 爾乃非大非小, 非促非奢, 不動不靜, 不一不多. 由非大故, 作極微而無遺, 以非小故, 爲大[4]虛而有餘, 非促之故, 能含三世劫[5]波, 非奢之故, 擧體入一刹, 不動不靜故, 生死爲涅槃, 涅槃爲生死, 不一不多故, 一法是一切法, 一切法是一法. 如是無障無礙之法, 乃作法界法門之術, 諸大菩

---

1 진역晉譯『화엄경華嚴經』은 60권『화엄경』으로 불타발타라佛陀跋陀羅(359~429)가 중국 진나라 때인 418년~420년 사이에 번역한 것이므로 진역晉譯 또는 구역舊譯『화엄경華嚴經』이라고 한다.

2 저본底本은『한국불교전서』제1책(동국대학교 출판부, 1979)에 수록된 〈진역화엄경소서晉譯華嚴經疏序〉(H1, 495a1~b19)이다. 이에 대한 교감본은『동문선』83권(경희출판사, 1966년)에 수록된 〈진역화엄경소서晉譯華嚴經疏序〉이다. 이 동문선 영인본은 조선고서간행회에서 1915년에 출판한 것을 대본으로 삼았다. 따라서 본 번역의 저본은『한국불교전서』에 수록된 〈진역화엄경소서晉譯華嚴經疏序〉(H1, p.495a1~b19)로 삼고, 교감본으로는『동문선』83권(경희출판사, 1966년)에 수록된 〈진역화엄경소서晉譯華嚴經疏序〉로 삼는다. 원문 검색은 한국고전번역원 〈한국고전종합DB: https://db.itkc.or.kr/〉에서 가능하다. 한편『신수대장경』제85권 고일부古逸部에 수록된 「화엄경소 권제삼華嚴經疏卷第三」에는 「진역화엄경소서晉譯華嚴經疏序」의 일부가 전한다.『신수대장경』수록본은 고잔지(高山寺)에 있는 세키스이인(石水院) 소장본을 1670년에 필사한 것이다.

3 『동문선』에는 '䟽'로 되어 있지만, 저본인『한불전』에 따라 '疏'로 번역한다.

4 저본인『한불전』이나『동문선』에 모두 '大'로 되어 있지만, 고문에서 '大'는 '太'와 통용되기 때문에, '太'로 교감하여 번역한다.

5 『동문선』에는 '刧'으로 되어 있지만, 저본인『한불전』에 따라 '劫'으로 번역한다.

薩之所入也, 三世諸佛之所出也. 二乘四果之聾盲, 凡夫下士之所笑
驚.

[H1, 495a1~15]

무릇 〈막힘도 없고 걸림도 없는 '[사실 그대로의] 현상세계'⁶(無障無碍法
界)[로 들어가는] '진리의 문'(法門)〉(無障無碍法界法門)이라는 것은, '[불변·

---

6 법계法界는 산스크리트어인 'dharma~dhatū'(팔리어 dhamma~dhatū)의 번역어
   이다. 『불교어대사전』의 설명에 따르면, 'dhatū'는 동사어근 √dhā(두다)에서 유
   래한 남성명사로서 원래는 요소의 뜻이었지만 불교에서는 계界 또는 성性의 의미
   가 추가되었다고 한다. 니까야/아함에서 법계는 18계界의 하나로서 '의意~법法'의
   관계에 의해 형성되는 현상세계의 영역을 가리키는 개념이다. 인간의 감관능력을
   조건으로 경험되는 현상세계가 법계인 것이다. 『불광대사전』의 설명에 따르면,
   『구사론』 권1(T29, 3c28~4a1)에서는 "受領納隨觸, 想取像爲體, 四餘名行蘊, 如是受
   等三及無表無爲, 名法處法界."라고 하여 수상행受想行 등 3온과 무표색無表色, 무
   위법無爲法을 법계라 하였다. 대승불교에서는 법계의 뜻이 확대되어 사물의 근
   원, 법의 근원, 우주의 존재, 진리 그 자체 등을 의미하는 말로도 쓰이게 되었다.
   특히 화엄종에서는 '현실의 있는 그대로의 세계'(事)와 '그 세계가 그렇게 있도록
   해 주는 것'(理)의 두 가지가 하나로 연결되어 있는 본연을 표현하는 말로 쓰인다.
   『불교어대사전』(p.1249)의 설명에 따르면, 법法은 성性의 뜻으로서 법성法性과
   같은 뜻이고, 계界는 분分의 뜻으로서 법성의 발로인 세계 자체이기 때문에, 법계
   는 한편으로는 세계·우주와 같은 뜻이고 다른 한편으로는 진여眞如·법성과 동
   의어가 되는 것이다. 그런데 법계를 '진리'라는 의미의 '법성法性'으로 간주하는 시
   선에는 '현상세계와 진리를 하나로 결합시켜 이해하려는 관점'이 반영되고 있는
   것으로 보인다. 붓다의 법설은 인간의 감관능력으로 경험 가능한 현상들(法)을 벗
   어나지 않는다. 처음부터 끝까지 그 현상들에서 '궁극적 자유와 평안'(해탈, 열반)
   을 성취하는 길을 말한다. 그런 점에서 붓다의 법설은 '사실 그대로의 진리에 상
   응하는 현상세계'의 구현을 목표로 한다고 말할 수 있다. 따라서 근본무지에 의한
   왜곡과 오염에서 벗어난 세계를 '진리가 드러난 온전한 현상세계'로 설명하려는
   관점은 붓다의 법설과 맞닿아 있다. 흥미롭게도 원효의 저술에서 목격되는 '법계
   法界'의 용법에도 '현상세계'와 '진리세계'의 두 의미가 결합되어 있다. 문장 맥락
   에 따라 '현상세계'나 '진리세계'라는 번역어를 선택할 수 있는데, 어떤 경우에도
   그 이면에는 '사실 그대로의 진리에 상응하는 현상세계' '현상세계와 진리가 하나
   로 만나는 지평'을 겨냥하는 원효의 안목이 작동하고 있다.

동일·독자의] 현상이 없으면서도 [사실 그대로의] 현상이 아님이 없는 것'(無法而無不法)이며, '[특정한 곳으로만 들어가는] 문이 아니면서도 [어디로든 들어가는] 문이 아님이 없는 것'(非門而無不門)이다. 이 [〈막힘도 없고 걸림도 없는 '사실 그대로의 현상세계'〉(無障無碍法界)]는 '큰 것도 아니고 작은 것도 아니며'(非大非小), '빠른 것도 아니고 느린 것도 아니며'(非促非奢), '움직이지도 않고 고요하지도 않으며'(不動不靜), '하나인 것도 아니고 많은 것도 아니다'(不一不多). 〈'큰 것이 아니기'(非大) 때문에 '가장 미세한 것'(極微)이 되고도 '남음이 없고'(無遺)〉(由非大故, 作極微而無遺) 〈'작은 것이 아니기'(非小) 때문에 [모든 것을 수용하는] 큰 허공'(太虛)[7]이 되고도 '남음이 있으며'(有餘)〉(以非小故, 爲太虛而有餘), 〈'빠르지 않은 것'(非促)이기 때문에 '과거·현재·미래의 오랜 시간'(三世劫波)[8]을 머금을 수

---

7 태허太虛: 모든 것을 수용하는 큰 허공太虛이다. 이 말의 출전은 『장자莊子』 「지북유知北遊」의 다음 문장에 나온다. "外不觀乎宇宙, 內不知乎大初, 是以不過乎崑崙, 不遊乎太虛."

8 삼세겁파三世劫波: 과거·현재·미래의 오랜 시간을 의미한다. 삼세三世는 과거·현재·미래이다. 겁겁(산: kalpa, 팔: kappa)은 겁파劫波·겁파劫跛 등으로 음역되고, 분별시분分別時分·장시長時·대시大時 등으로 의역된다. 본래 고대 인도 바라문교의 매우 긴 시간 단위인데, 불교에서 확대하여 사용한다. 즉 셀 수 없는 긴 시간을 의미하므로 경론 중에 비유나 고사로 나타난다. 불교의 시간관념은 겁겁을 기초로 삼아 세계의 생성生成과 훼멸毁滅의 과정을 설명한다. 경론마다 설명이 다른데, 대표적인 몇 가지만 보면 다음과 같다. 『대지도론大智度論』 권38에는 대겁大劫과 소겁小劫으로 두 가지 겁을 설명하고, 『대비바사론大毘婆沙論』 권135에는 중간겁中間劫·성괴겁成壞劫·대겁大劫으로 세 가지 겁을 설명하고, 『구사론俱舍論』 卷12에는 괴겁壞劫·성겁成劫·중겁中劫·대겁大劫으로 네 가지 겁을 설명한다. 또한 구마라집이 번역한 『법화경』에는 소겁小劫·중겁中劫(「提婆達多品」)이 나오지만 산스크리트본에는 모두 'antara~kalpa'로 나온다. 『대비바사론大毘婆沙論』 권135에는 80중겁中劫(antara~kalpa)을 일대겁一大劫(mahā~kalpa)으로 삼았다.(『불광대사전』 p.3541.) 일반적으로 잘 알려진 겁에 대한 비유는 개자겁芥子劫과 반석겁盤石劫이 있다. 개자겁芥子劫은 『잡아함경雜阿含經』 卷34(T2, p.242b22~b24)에 나오는 비유로 다음과 같다. "사방상하 1유순의 철성鐵城에 개자를 가득 채워 놓고, 백 년마다 하나의 개자를 제거하여 다 없

있고〉(非促之故, 能含三世劫波) 〈'느리지 않은 것'(非奢)이기 때문에 모든 것이 '한 찰나'(一刹[那])에 들어가며〉(非奢之故, 擧體入一刹), 〈'움직이지도 않고 고요하지도 않기'(不動不靜) 때문에 '[근본무지에 매여] 태어나고 죽는 [윤회하는] 삶'이 [바로] 열반이고 열반이 [바로] '[근본무지에 매여] 태어나고 죽는 [윤회하는] 삶'이며〉(生死爲涅槃, 涅槃爲生死), 〈'하나인 것도 아니고 많은 것도 아니기'(不一不多) 때문에 하나의 현상이 [바로] 모든 현상이고 모든 현상이 [바로] 하나의 현상이다〉(一法是一切法, 一切法是一法). 이와 같은 '막힘도 없고 걸림도 없는 도리'(無障無碍之法)가 바로 '[사실 그대로의] 현상세계[로 들어가는] 진리의 문'(法界法門)을 만드는 기술이니, [이 문이] '모든 위대한 보살'(諸大菩薩)이 들어가는 곳이고 '과거·현재·미래의 모든 부처'(三世諸佛)가 나오는 곳이다. [이러한 〈막힘도 없고 걸림도 없는 '사실 그대로의 현상세계'로 들어가는 '진리의 문'〉(無障無碍法界法門)에 대해서는] '[성문聲聞, 연각緣覺] 두 부류의 수행자의 네 가지 결실'(二乘四果)[9]로도 귀먹고 눈먼 것 같고, '일반 사람과 낮은 수준의 학인'(凡夫下

어질지라도 1겁은 아직 끝나지 않는다."(譬如鐵城, 方一由旬, 高下亦爾, 滿中芥子, 有人百年取一芥子, 盡其芥子, 劫猶不竟.) 또한 반석겁盤石劫은 『아비달마대비바사론阿毘達磨大毘婆沙論』 卷135(T27, p.700b08~b10)에 나오는 비유로 다음과 같다. "마치 성읍 가까운 곳에 큰 덩어리로 된 돌산이 있는데, 크기가 상하사방 1유선나踰繕那(유순由旬)이다. 이것을 백 년에 한 번씩 가시국迦尸国의 가는 실로 스쳐서 산이 모두 마멸되어도 겁겁은 아직 끝나지 않는다."(如近城邑有全段石山, 縱廣高量各踰繕那, 迦尸細縷百年一拂, 山已磨滅, 此劫未終.)

9   이승사과二乘四果: 성문聲聞과 연각緣覺 등의 소승 수행자들이 얻는 '네 단계의 수행 결과'(四果)를 가리킨다. 각 단계 사이에 예비과정인 사향四向의 단계를 다시 두어 여덟 단계의 수행 결과를 설정하기도 하는데, 이를 사향사과四向四果라고 한다. 첫 번째 예류과預流果(⑤srotāpanna~phala)는 견도見道에서 처음으로 사성제를 알고서 '성자의 대열'(豫流)에 곧 합류하게 되는 단계를 가리킨다. 음역音譯하여 수다원과須陀洹果라고도 한다. 두 번째 일래과一來果(⑤sakṛdāgāmi~phala)는 또 한 번의 생사를 겪고 나야 성자가 된다는 뜻을 담은 말이다. 욕계欲界 9품의 번뇌 중 처음부터 6품까지를 끊은 단계로서, 음역音譯으로는 사다함과斯陀含果이다. 세 번째 불환과不還果(⑤anāgāmi~phala)는 일래과를 증득한 뒤 욕계 9품의

土)이 비웃거나 놀라는 것이다.

> 若人得入是法門法,[10] 即能不過一念, 普現無邊三世, 復以十方世界, 咸入一微塵內, 斯等道術, 豈可思議? 然依彼門, 用看此事, 猶是一日三出門外, 十人共坐堂內, 佺然之域, 有何奇特? 況乎須彌入於芥子者, 稀來[11]入於大倉也, 方丈內乎衆座者, 宇宙內於萬物也, 內入甚寬, 何足爲難乎哉!
>
> [H1, 495a15~23]

만약 [어떤] 사람이 이러한 '진리의 문'(法門)에 들어갈 수 있는 자라면, '한 생각이 지나지도 않는 [짧은 시간]'(不過一念)에도 '끝없는 과거·현재·미래'(無邊三世)를 두루 나타낼 수 있고, 또한 '온 세계'(十方世界)를 '작은 티끌 하나'(一微塵) 안에 모두 넣을 수 있으니, 이와 같은 '진리[를 드러내는] 방법'(道術)을 어찌 생각으로 헤아릴 수 있겠는가? 그러나 '저 [진리의] 문'(彼門)에 의거하여 이러한 일을 살펴본다면, 마치 하루에 문 밖으로 세 번 나가고 열 사람이 함께 집 안에 앉는 것과 같으니, 그런 일에 어찌 기이하고 특별함이 있겠는가? 더욱이 수미산須彌山[12]이 겨자

나머지 번뇌인 3품을 다 끊은 경지이다. 이 단계에서 들어서야 다시는 욕계에 태어나지 않는다는 뜻에서 불환不還이라는 용어를 채택한 것으로 이해할 수 있다. 음역音譯하여 아나함과阿那含果라고도 한다. 네 번째 무학과無學果([S]arhat~phala)는 불환과에 이어 색계와 무색계의 모든 번뇌를 끊고 열반에 들어 다시는 윤회하지 않는 경지로서, 더 이상 공부할 것이 없다는 뜻으로 무학無學이라는 용어를 썼다. 음역音譯으로는 아라한과阿羅漢果이다.

10 저본인 『한불전』에는 '法'으로 되어 있지만, 『동문선』에 따라 '者'로 교감하고 번역한다.

11 저본인 『한불전』에는 '來'로 되어 있지만, 『동문선』에 따라 '米'로 교감하고 번역한다.

12 수미산須彌山: 고대 인도의 우주관에 따르면, 우주의 중심에는 '수미須彌'라는 거

씨로 들어가는 것은 좁쌀(稗米)[13]이 '큰 [곡식] 창고'(大倉)에 들어가는 것과 같으며, '작은 방'(方丈)에 여러 자리를 안에 갖추는 것[14]은 우주가 만물을 받아들이는 것과 같으니, 받아들이고 들어감이 매우 넉넉한데 어찌 어렵다고 할 수 있겠는가!

> 若乃鳳皇翔于靑雲, 下觀山岳之卑, 河伯屆乎大海, 顧羞川河之狹, 學者入乎此經普門, 方知會[15]學之齷齪也. 然短翮之鳥, 庇山林而養形, 微鱉之魚, 潛涓流而安性, 所以淺近敎門, 亦不可已之耳.
>
> [H1, p.495a23~b4]

마치 봉황鳳皇이 '푸른 [하늘의] 구름'(靑雲)까지 날아올라서 산악이 낮게 펼쳐져 있음을 내려다보고, 하백河伯[16]이 큰 바다에 이르면 하천河川

대한 산이 있다고 한다. 이 수미산의 주위에는 4대륙과 바다가 있는데 모두 구산팔해九山八海를 이루며 겹겹이 둘러싸고 있다. 이 수미산을 가장 아래에서 떠받치고 있는 풍륜風輪으로부터 시작하여 해, 달, 수미산須彌山, 사천왕四天王, 삼십삼천三十三天, 야마천夜摩天, 도솔천兜率天, 낙변화천樂變化天, 타화자재천他化自在天, 범세천梵世天 등을 아울러 1소세계一小世界라 부른다고 한다. 『불광대사전』, p.523 참조.

13 제미稗米: 논이나 물가에서 자라는 볏과의 한해살이풀로 주로 가축의 사료로 쓰인다. 일반적으로 좁쌀을 비유한다.

14 방장方丈은 사방으로 1장丈(약 3m)이 되는 작은 방인데, 이곳에 여러 사람이 앉는 자리를 만드는 것이다. 이는 『유마경維摩經』의 내용(T14, 546b)에 따른 것으로 보인다. 유마거사는 신통을 부려 문병 온 이들을 위해 방 안에 3만 2천 자리를 마련했다.

15 저본인 『한불전』에는 '會'로 되어 있지만, 『동문선』에 따라 '曾'으로 교감하고 번역한다.

16 하백河伯: 황하黃河를 관장하는 신神이다. 이는 『장자莊子』「추수秋水」편에 나오는 내용에 의거한 것이다. 가을비가 내려 하천이 불어나 황하로 흘러들자 천하의 아름다움이 모두 자기에게 있다고 생각하였다. 하지만 계속 흘러 동쪽의 바다에 이르러서 바다의 광대함을 보고는 탄식했다고 하며 부끄러워했다고 한다. 원문은

의 좁음을 뒤돌아보면서 부끄럽게 여기는 것처럼, '[불법佛法을] 배우는 사람'(學者)이 이 『화엄경』의 '두루 갖춘 문'(普門)[17]에 들어가면 비로소 '이전에 배운 것이 [매우] 보잘것없음'(曾學之齷齪)을 알게 된다. 그러나 날개가 짧은 새는 산림山林에 의지하여 몸을 기르고 조그마한 물고기는 얕은 시냇물에 잠겨서 본성을 편안히 하니, 이런 까닭에 '얕고 쉬운 가르침'(淺近敎門)이라도 그만둘 수는 없는 것이다.

> 今是經者, 斯乃圓滿無上頓敎法輪, 廣開法界法門, 顯示無邊行德.
> 行德無畏而示之階, 階故可以造修矣. 法門無涯開之的, 的故可以進趨
> 矣. 趨入彼門者, 即無所入故, 無所不入也, 修行此德者, 即無所得故,
> 無所不得也. 於是三賢十聖, 無行而不圓, 三身十佛, 無德而不備. 其
> 文郁郁, 其義蕩蕩, 豈可得而稱焉?
>
> [H1, 495b4~12]

지금 이 [『화엄경』이라는] 경전은 바로 '완전하고 가장 높고 한꺼번에 깨닫는 가르침'(圓滿無上頓敎法輪)이어서, '진리 세계[로 통하는] 진리의

다음과 같다. "秋水時至, 百川灌河, 涇流之大, 兩涘渚崖之間, 不辯牛馬. 於是焉河伯
欣然自喜, 以天下之美爲盡在己. 順流而東行, 至於北海, 東面而視, 不見水端. 於是焉
河伯始旋其面目, 望洋向若而歎曰: 「野語有之曰: 『聞道百以爲莫己若者』, 我之謂也.
且夫我嘗聞少仲尼之聞而輕伯夷之義者, 始吾弗信; 今我睹子之難窮也, 吾非至於子之門
則殆矣, 吾長見笑於大方之家."

17 보문普門(samanta~mukha): 무량문無量門이라고도 한다. 화엄종華嚴宗에서는 원
교圓敎에서 설하는 중중무진重重無盡의 모든 원인과 조건이 갖추어진 이치를 말
한다. 즉 하나 가운데 모든 현상(法)을 갖추고 있는 것이다. 또한 『화엄경』에서는
일문교법一門敎法에서 일체문一切門을 모두 포함하는 것을 보문普門 또는 보법普
法이라고 부른다. 그리고 불보살佛菩薩이 갖가지 조건에 의지하여 갖가지 형상
形相을 나타내 보여 중생을 구제하는 것을 보문시현普門示現이라고 한다. 『불광
대사전』, p.4986.

문'(法界法門)을 널리 열어 '한계가 없는 수행 능력'(無邊行德)을 드러내 보인다. [『화엄경』에 의거하는] '수행 능력'(行德)에는 [막혀] 두려워함이 없지만 [또한] 단계를 드러내니, 단계가 있기 때문에 수행을 지어 갈 수 있다. [또] [『화엄경』이 여는] '진리의 문'(法門)에는 한계가 없지만 [또한] '나아갈 곳'(的)을 열고 있으니, '나아갈 곳'(的)이 있기 때문에 앞으로 나아갈 수 있다. [그런데] 그 문門에 나아가 들어간 자는 곧 '들어가는 곳이 없기'(無所入) 때문에 '들어가지 않는 곳이 없고'(無所不入), 이러한 능력을 수행하는 자는 곧 '얻는 것이 없기'(無所得) 때문에 '얻지 않는 것이 없다'(無所不得). 이에 '[십주十住·십행十行·십회향十迴向, 이] 세 가지 단계에 이른 현자'(三賢)[18]와 '열 가지 본격적인 수행 단계에 이른 성자'(十聖)[19]는 '수행이 완전하지 않음이 없고'(無行而不圓), '[법신法身·보신報

---

18 삼현三賢: 보살의 52위位에서 십해十解/십주十住, 십행十行, 십회향十迴向의 단계에 도달한 보살, 즉 제11위에서 제40위까지에 해당하는 보살을 가리키는 말이다.

19 십성十聖: 보살 수행의 단계를 구분하는 52위位 중, 제41위로부터 제50위까지의 계위階位이다. 환희지歡喜地·이구지離垢地·발광지發光地·염혜지焰慧地·난승지難勝地·현전지現前智·원행지遠行智·부동지不動地·선혜지善慧地·법운지法雲地가 그것이다. 『대승기신론』(T32, 577c7~15)은 육종염심六種染心을 이 십지와 연관시켜 설명하고 있다. "'오염된 마음'(染心)에는 여섯 가지가 있으니, 무엇이 여섯 가지인가? 첫 번째는 '집착에 서로 응하는 오염[된 마음]'(執相應染)이니, [이 오염된 마음은] '[가르침을] 들어서 [혼자] 부처가 되려는 수행자'(聲聞)와 '연기의 이치를 깨달아 [혼자] 부처가 되려는 수행자'(緣覺)의 해탈 및 [대승의] '[진리에 대한] 믿음과 서로 응하는 경지'(信相應地)에 의거하여 멀리 벗어나는 것이다. 두 번째는 '[집착이] 끊어지지 않는 것에 서로 응하는 오염[된 마음]'(不斷相應染)이니, '[진리에 대한] 믿음과 서로 응하는 경지'(信相應地)에 의거하여 '수행의 수단과 방법'(方便)을 익히고 배워서 [이 오염된 마음을] 점점 버려 나가다가 '[보살수행의] 열 가지 [본격적인] 단계'(十地) 가운데 '첫 번째 단계'(初地, 歡喜地)인 '온전한 마음의 경지'(淨心地)를 성취하여 궁극적으로 벗어날 수 있는 것이다. 세 번째는 '[근본무지에 따라] 분별하는 이해에 서로 응하는 오염[된 마음]'(分別智相應染)이니, '[[보살수행의] 열 가지 [본격적인] 단계'(十地)의 '두 번째 단계'(第二地, 離垢地)인] '윤리적 행위능력을 두루 갖춘 경지'(具戒地)에 의거하여 [이 오염된 마음에서] 점점 벗어나다가 [십지의 '일곱 번째 단계'(第七地, 遠行地)인] '[불변·독자의 본질/

身·응신應身, 이] 세 가지 부처 몸'(三身)[20]과 '열 종류의 부처님'(十佛)[21]은

실체로 차별된] 차이가 없이 방편을 쓸 수 있는 경지'(無相方便地)에 이르러 궁극적으로 벗어나는 것이다. 네 번째는 '[식識이] 나타낸 유형적인 대상에 [의식 차원에서는] 서로 응하지 않는 오염[된 마음]'(現色不相應染)이니, [십지의 '여덟 번째 단계'(第八地, 不動地)인] '유형적인 것으로부터 자유로운 경지'(色自在地)에 의거하여 [이 오염된 마음에서] 벗어날 수 있는 것이다. 다섯 번째는 '주관이 된 마음에 [의식 차원에서는] 서로 응하지 않는 오염[된 마음]'(能見心不相應染)이니, [십지의 '아홉 번째 단계'(第九地, 善彗地)인] '마음에서 자유로운 경지'(心自在地)에 의거하여 [이 오염된 마음에서] 벗어날 수 있는 것이다. 여섯 번째는 '[근본무지에 의한] 애초의 움직임에 [의식 차원에서는] 서로 응하지 않는 오염[된 마음]'(根本業不相應染)이니, [십지의 '열 번째 단계'(第十地, 法雲地)인] '보살의 수행단계를 모두 마친 경지'(菩薩盡地)에 의거하여 '여래의 경지'(如來地)에 들어가면 [이 오염된 마음에서] 벗어날 수 있는 것이다."(染心者有六種, 云何爲六? 一者, 執相應染, 依二乘解脫及信相應地遠離故. 二者, 不斷相應染. 依信相應地修學方便, 漸漸能捨, 得淨心地究竟離故. 三者, 分別智相應染. 依具戒地漸離, 乃至無相方便地究竟離故. 四者, 現色不相應染. 依色自在地能離故. 五者, 能見心不相應染. 依心自在地能離故. 六者, 根本業不相應染. 依菩薩盡地, 得入如來地能離故.) 원효의 관점에 따르면, 보살 수행의 52단계(52位)에서 십지十地 이전인 십신十信·십주十住·십행十行·십회향十廻向 단계에서의 관행觀行은 모두 방편관方便觀에 속하고, 십지 초지初地부터의 관행은 정관正觀에 해당한다. 그에 의하면, 자리행과 이타행이 하나로 결합되는 분기점은 십지의 초지이며, 십지부터는 자리행과 이타행이 근원에서 하나로 결합하는 경지가 펼쳐지게 되고, 등각等覺과 묘각妙覺에 이르러 그 완벽한 경지가 된다. 또 십지의 초지初地 이상의 지평을 여는 정관正觀의 핵심을 원효는 유식관唯識觀으로 본다. 정관이 작동하는 초지 이상의 경지에서 현상과 존재의 사실 그대로인 진여공성眞如空性에 직접 접속하게 되고, 그때 '[사실 그대로]를] 비로소 깨달은' 시각始覺을 증득하여 본각本覺[인 '사실 그대로 앎']과 상통하게 되어 '시각이 곧 본각'이라는 일각一覺의 지평에 올라선다. 이후의 과제는 본각과의 상통 정도를 확장해 가는 것이다. 초지에서 위로 올라갈수록 상통의 원만성이 확대되다가, 등각等覺 경지에서 성취하게 되는 금강삼매에 의거하여 마침내 묘각妙覺 지평이 열려 시각과 본각이 완전하게 하나가 된다. 이러한 이해를 반영하여 본 번역에서는 '십지十地'를 [보살수행의] 열 가지 [본격적인] 단계'로 번역한다.

20 삼신三身: 부처의 면모를 세 측면에서 설명하는 것이다. 이 삼신의 명칭과 분류, 각각의 해석에 대해서는 경론經論에 여러 가지 설이 있어 일정하지 않다. 두 가지가 대표적이다. 첫 번째는 법신法身과 보신報身과 응應·화신化身이다. 법신은 진리 그 자체로서 비로자나불과 대일여래가 여기에 해당한다. 보신은 중생을 위해

'능력을 갖추지 않음이 없다'(無德而不備). [『화엄경』의] 그 문장은 '빛나고 빛나며'(郁郁) 그 뜻은 '넓고 넓으니'(蕩蕩), 어찌 말로 칭할 수 있겠는가?

所言'大方廣佛華嚴'者, 法界無限, 大方廣也, 行德無邊, 佛華嚴也. 非大方, 無以廣佛華, 非佛華, 無以嚴大方. 所以雙擧方華之事, 表其廣嚴之宗. 所言'經'者, 圓滿法輪, 周聞十方無餘世界, 遍轉三世無際有

서원을 세워 수행한 결과로서 성취한 부처의 몸인데, 아미타불이 여기에 해당한다. 응신은 부처님이 중생을 교화하기 위하여 중생들의 근기에 따라 변화하여 몸을 나타내는 것을 뜻한다. 즉 때와 장소, 중생의 능력이나 소질에 따라 나타나 그들을 구제하는 부처인데, 석가모니불을 포함한 과거불과 미래의 미륵불이 여기에 해당한다. 응신과 화신은 모두 여래如來가 중생의 바람에 응하여 세상에 나타내는 몸이지만, 응신이 32상相 80종호種好를 갖추어 중생을 교화하는 석가모니 부처님의 몸을 가리키는 데 비해, 화신은 응신의 분신화불分身化佛로서 중생을 교화하기 위해 부처님의 형태가 아닌 모습으로 나타나는 몸을 가리킨다. 삼신의 두 번째 유형은 자성신自性身과 수용신受用身 및 변화신變化身이다. 자성신은 진리 그 자체이고, 수용신은 깨달음의 경지를 되새기면서 스스로 즐기고 또 그 경지를 중생들에게 설하여 그들을 즐겁게 하는 부처이며, 변화신은 중생을 구제하기 위해 변화하여 나타나는 부처이다.

21 십불十佛: 『화엄경華嚴經』에서 설하는 열 종류의 부처님으로 『화엄경공목장華嚴經孔目章』 권2(T45, 560a1~3)에서는 두 가지 종류의 십불인 이종십불二種十佛을 주장한다. "皆不離二種十佛, 一行境十佛, 謂無著佛等, 如「離世間品」說. 二解境十佛, 謂第八地三世間中佛身衆生身等, 具如彼說." 행경십불行境十佛은 『화엄경華嚴經』 「이세간품離世間品」(T9, p.663b18~23)의 다음 문장에 보인다. "佛子! 菩薩摩訶薩有十種見佛. 何等爲十? 所謂無著佛, 安住世間成正覺故, 願佛, 出生故, 業報佛, 信故, 持佛, 隨順故, 涅槃佛, 永度故, 法界佛, 無處不至故, 心佛, 安住故, 三昧佛, 無量無著故, 性佛, 決定故, 如意佛, 普覆故." ① 무착불無著佛, ② 원불願佛, ③ 업보불業報佛, ④ 지불持佛, ⑤ 열반불涅槃佛, ⑥ 법계불法界佛, ⑦ 심불心佛, ⑧ 삼매불三昧佛, ⑨ 성불本性佛, ⑩ 여의불如意佛이 그것이다. 또 해경십불解境十佛은 「십지품十地品」(T9, p.565b24~26)의 다음 문장에 보인다. "若於己身作衆生身, 國土身, 業報身, 聲聞身, 辟支佛身, 菩薩身, 如來身, 智身, 法身, 虛空身." 즉 ① 중생신衆生身, ② 국토신國土身, ③ 업보신業報身, ④ 성문신聲聞身, ⑤ 벽지불신辟支佛身, ⑥ 보살신菩薩身, ⑦ 래신如來身, ⑧ 지신智身, ⑨ 법신法身, ⑩ 허공신虛空身이 그것이다.

情, 極軌窮常, 故名曰徑.[22] 擧是大意以標題目, 故言道‘大方廣佛華嚴
經’也.

[H1, 495b12~19]

‘대방광불화엄大方廣佛華嚴’이라고 말한 것은, ‘진리 세계가 제한이 없
음’(法界無限)이 ‘대방광大方廣’이며 ‘수행의 능력이 끝이 없음’(行德無邊)
이 ‘불화엄佛華嚴’이다. ‘대방大方’이 아니면 ‘불화佛華’를 넓힐(廣) 방법이
없고, ‘불화佛華’가 아니면 ‘대방大方’을 장엄(嚴)할 방법이 없다. 이런 까
닭으로 ‘대방大方과 불화佛華의 일’(方華之事)을 쌍으로 들어 그 넓힘(廣)
과 장엄(嚴)의 ‘근본 뜻’(宗)을 나타내었다. ‘경經’이라고 말한 것은, ‘완전
한 가르침’(圓滿法輪)이 ‘시방의 남김 없는 [모든] 세계’(十方無餘世界)에까
지 두루 들리고 ‘과거와 현재와 미래에 있는 끝없이 [많은] 중생’(三世無
際有情)[23]에게까지 [법륜法輪을] 널리 굴려 ‘최고의 법칙인 궁극적 한결같
음’(極軌窮常)이니, 그러므로 ‘경經’이라고 부른 것이다. 이런 ‘전체의
뜻’(大意)를 들어 제목으로 삼았기 때문에 ‘대방광불화엄경大方廣佛華嚴
經’이라고 말하였다.

---

22 저본인 『한불전』에는 ‘徑’으로 되어 있지만, 문맥상 ‘經’으로 교감하고 번역한다.
저본의 교감주에도 ‘經’으로 의심된다고 하였다.

23 유정有情: 『성유식론술기成唯識論述記』 권1(T43, 233c29~234a1)에서는 “梵云薩
埵, 此言有情, 有情識故.”라고 하여, 범어 ‘sattva’의 음역인 살타薩埵를 유정有情이
라고 의역하는 것은 ‘정식情識’이 있기 때문이라고 설명한다. 『佛光大辭典』(p.
2441)에서는, 유정은 신역新譯으로서 구역舊譯인 중생衆生과 일반적으로 통용되
는 용어이지만 유정은 인·천·아귀·축생·아수라 등 ‘의식이 있는 것’(有情識之
物)인 데 비해 중생은 초목금석草木金石, 산하대지山下大地 등의 비정非情·무정
無情인 것까지 포함한다는 일설一說도 소개한다.

『화엄경소花嚴經疏』권제3(卷第三)[24]

「여래광명각품如來光明覺品」[25]

〈전체의 뜻〉(大意)

此中如來放光普照十方, 令諸大衆除滅闇障, 覺如來身周遍法界, 以之故言光明覺品. 是答二問, 義如前說. 又此佛光滅諸疑惑拔衆災難, 由是義故答彼二句, 更起元位. 信心分內有二之中, 擧所得果, 起願樂心, 卽於前, 此下第二, 不所修行, 生進趣意. 此中四品, 科爲二分, 謂前二品, 遣諸疑難, 以生信解, 其後二品, 正說行德而令進修. 初中亦二, 初品遣疑, 次品通難. 通難者, 於法難解, 生諸難故, 遣疑者, 於佛未信, 起諸疑故. 此疑因何而得起者, 前二品說, 佛號諦名遍布十方一切世界, 於是疑言, 〈爲佛身遍故, 名聲隨遍耶, 爲身局世, 此唯名聲遍耶? 若唯名聲遍而身不遍者, 如何身業之報狹, 口業之果寬? 本修二業, 皆無量故, 若如名遍身亦遍者, 何故但見佛世?〉此會爲遣是疑, 故此品來. 大意如是.

[H1, 495c4~496a1]

---

24 『한국불교전서』제1책(동국대학교 출판부, 1979)에 수록된 〈화엄경소권제삼花嚴經疏卷第三〉(H1, 495c1~497c10)이다. 『한국불교전서』 수록본은 『신수대장경』 수록본을 저본으로 삼은 것이며 『신수대장경』 수록본은 고잔지(高山寺)에 있는 세키스이인(石水院) 소장본을 1670년에 필사한 것이다.

25 「여래광명각품如來光明覺品」은 60권본 『화엄경華嚴經』의 구성인 7처 8회 34품에서 제2회인 보광법당회普光法堂會에 해당한다. 보광법당회에는 모두 여섯 품이 있는데, 지금 주석하고 있는 것은 제5품인 「여래광명각품如來光明覺品」(T9, 422b17~427a1)이다. 제3품은 「여래명호품如來名號品」(T9, 418a25~420b4), 제4품은 「사제품四諦品」(T9, 420b5~422b16), 제6품은 「보살명난품菩薩明難品」(T9, 427a2~430a15), 제7품은 「정행품淨行品」(T9, 430a22~432c17), 제8품은 「현수보살품賢首菩薩品」(T9, 432c18~441b4)이다.

여기에서는 여래가 빛을 놓아 '모든 세계'(十方)를 두루 비추어 온갖 대중들이 [근본무지(無明)의] 어두운 장애를 없애어 '여래의 몸'(如來身)이 [모든] '현상 세계'(法界)에 두루 미치어 있음을 깨닫게 하니, 이런 까닭에 '[여래가] 광명으로 깨닫게 하는 품'([如來]光明覺品)이라 부른다. 이것은 두 가지 질문[26]에 답한 것인데, [질문의] 뜻(義)은 앞서 설한 것과 같다. 또 이 '부처의 광명'(佛光)이 온갖 의혹을 제거하고 온갖 재난을 없애 버리니, 이런 뜻 때문에 저 두 구절[의 질문]에 답하여 다시 '원래 [질문하던] 자리'(元位)를 불러일으킨 것이다. '신심에 관한 부분'(信心分) 안에 있는 두 가지 가운데, 〈'얻은 결실'(所得果)을 거론하여 [그 결실을] '원하고 좋아하는 마음'(願樂心)을 일으키게 하는 것〉은 앞에서까지이고, 이 아래는 두 번째인 〈수행하지 않는 자에게 '앞으로 나아가려는 뜻'(進趣意)을 내도록 한 것〉이다.[27]

여기에서의 4품(四品)[28]을 '내용에 따라 분류하면'(科) 둘로 나뉘는데, 앞의 2품[29]은 온갖 의심과 질문을 없애어 '믿음과 이해'(信解)를 일으키는 것이고, 그다음 2품[30]은 '수행의 공덕'(行德)을 곧바로 설하여 수행으로 나아가게 하는 것이다. 처음 [2품] 중에도 두 가지가 있으니, 초품初品은 의심을 없애는 것이고 다음 품은 질문을 풀어 주는 것이다. '질문

---

26 제3「여래명호품如來名號品」과 제4「사성제품四聖諦品」에서 제기한 두 가지 의문을 말하는 것으로 보인다.

27 신심에 관해 설하는 제2회 보광법당회普光法堂會 중에서 제3「여래명호품如來名號品」과 제4「사제품四諦品」을 한 부분으로 묶고, 제5「여래광명각품如來光明覺品」에서부터 제8「현수보살품賢首菩薩品」까지를 다른 한 부분으로 묶어 양분하고 있다.

28 제5「여래광명각품如來光明覺品」, 제6「보살명난품菩薩明難品」, 제7「정행품淨行品」, 제8「현수보살품賢首菩薩品」을 말한다.

29 제5「여래광명각품如來光明覺品」과 제6「보살명난품菩薩明難品」을 말한다.

30 제7「정행품淨行品」과 제8「현수보살품賢首菩薩品」을 말한다.

을 풀어 줌(通難)은 법을 이해하기 어려워 온갖 질문을 일으키기 때문이고, '의심을 없앰'(遣疑)은 부처[의 가르침]을 아직 믿지 못하여 온갖 의심을 일으키기 때문이다. 이 의심은 무엇 때문에 일어난 것인가 하면, 앞서의 「여래명호품如來名號品」과 「사성제품四聖諦品」 2품에서는 〈부처의 명호名號와 사성제四聖諦라는 명칭이 시방의 모든 세계에 두루 펴져 있다.〉라고 설했는데, 이에 대해 [다음과 같이] 의심한다. 〈'부처의 몸'(佛身)이 두루 하기 때문에 [사성제의] 명성名聲도 따라서 두루 한 것인가, [아니면] [부처의] 몸은 세간에 국한되어 있고 오직 [사성제의] 명성만이 두루한 것인가? 만약 오직 [사성제의] 명성만 두루 하고 [부처] 몸은 두루하지 않은 것이라면, 어떻게 '몸으로 짓는 행위'(身業)의 과보[인 부처 몸]은 협소한데 '입으로 짓는 행위'(口業)의 과보[인 사성제의 명성]은 넓은가? 본래 ['몸으로 짓는 행위'(身業)와 '입으로 짓는 행위'(口業), 이] 두 행위(業)를 수행하는 것은 모두 한량없기에 만약 [사성제의] 명성이 두루 하면 [부처] 몸도 두루한 것이라면, 어째서 단지 부처가 세상에 있는 것만을 보는가?〉 이 「여래광명각품」의 모임은 이런 의심을 없애려는 것이니, 그런 까닭에 이 품品이 있게 된 것이다. [「여래광명각품」] '전체의 뜻'(大意)은 이와 같다.

次釋其文. 文中有二, 先明光從出處, 後顯光所照處. 初中言"從兩足相輪, 放百億光明", 相輪卽是千輻輪相, 爲表信行. 始發起者, 初起十心, 增至百千, 止觀雙運, 入賢首位, 故從兩足相輪而出也. "遍照"以下, 光所照處, 從近至遠, 十重漸增, 表所爲始發趣者, 漸修增進必滿位. 此中正顯佛身遍然, 所以身口二業果報, 皆同無邊等周法界. 就第一重卽有二分, 先序光所照處所見之事, 後明濡首菩薩說偈讚佛. 初中亦二, 先顯光照百億世界, 後明普見佛及大衆. 後之九重, 科文亦爾.

[H1, 496a1~496a13]

다음은 그 [「여래광명각품」의] 글을 해석한다. 글에는 두 가지가 있는데, 먼저는 광명이 나오는 곳을 밝힌 것이고, 나중은 광명이 비추는 곳을 나타낸 것이다. 처음 중에서 "두 발의 '바큇살 무늬'(相輪)로부터 백억의 광명을 놓는다."(從兩足相輪, 放百億光明)[31]라고 말했는데, '바큇살 무늬'(相輪)는 바로 천 개의 바큇살 무늬로서 '믿음을 일으키는 수행'(信行)을 나타낸다. [깨달음을 구하는 마음을] 비로소 일으킨 자는 처음에 '열가지 마음'(十心)[32]을 일으켜서 백천 가지로 늘려나가고, '[빠져들지 않는 마음국면에 의거한] 그침'(止)과 '[사실대로 보는] 이해'(觀)[33]를 쌍으로 [함께]

---

31 『화엄경』 권5 「여래광명각품」(T9, 422b18). "從兩足相輪, 放百億光明."

32 십심十心 : 십신심十信心이라고도 한다. 보살이 처음 닦아야 할 열 가지 마음으로 보살 52계위 중 최초 10위인데, 경전마다 그 명칭이나 차례가 조금씩 다르다. 『범망경梵網經』 권상에서는 ① 사심捨心, ② 계심戒心, ③ 인심忍心, ④ 진심進心, ⑤ 정심定心, ⑥ 혜심慧心, ⑦ 원심願心, ⑧ 호심護心, ⑨ 희심喜心, ⑩ 정심頂心으로 구분하였고, 『보살영락본업경菩薩瓔珞本業經』 권상 「현성명자품賢聖名字品」에서는 ① 신심信心, ② 염심念心, ③ 정진심精進心, ④ 정심定心, ⑤ 혜심慧心, ⑥ 계심戒心, ⑦ 회향심迴向心, ⑧ 호법심護法心, ⑨ 사심捨心, ⑩ 원심願心으로 구분하였다. 이 외에도 구마라집이 번역한 『인왕경仁王經』 권상 「보살교화품菩薩教化品」에서는 사심捨心을 시심施心으로 바꾸었으며, 『능엄경楞嚴經』 권8에도 십신十信이 나온다. 『불광대사전』, p.629.

33 지止와 관觀: 지止는 사마타에 상응하는 용어이고 사마타는 산스크리트어 'śamatha'(팔리어 samatha)의 발음을 옮긴 것으로 한역漢譯으로는 사마타奢摩他라고 한다. 그리고 관觀은 위빠사나에 상응하는 용어이고 위빠사나는 산스크리트어 'vipaśyanā'(팔리어 vipassanā)의 발음을 옮긴 것으로 한역漢譯으로는 비발사나毘婆舍那라고 한다. 사마타는 동사어근 '√śam'(고요하다)에서 파생한 남성명사로서 고요(quiet), 평정(tranquillity), 격정의 부재(absence of passion) 등의 뜻이다(M. Moniar Williams, Sanskrit English Dictionary, p.1054 참고). 『불광대사전』(p.1473)의 설명에 따르면, 문헌에 따라 다양한 뜻으로 해석될 수 있지만, 지관止觀으로 병칭될 경우의 사마타(止)는 마음을 한곳으로 거두어들여 흐트러지거나 요동하는 것을 그치게 하고 망상 분별이 생겨나는 것을 막아서 그치게 하는 것을 의미한다. 그리고 위빠사나는 동사어근 '√paś'(보다)의 앞에 접두어 'vi'(분리)가 첨가된 여성 명사로서 '바른 앎'(right knowledge)의 뜻이다(M. Moniar Williams, Sanskrit English Dictionary, p.974 참고). 『불광대사전』(p.1473)의 설

운행하여 '현수보살의 단계'(賢首位)에 들어가니, 그러므로 두 발의 '바퀴살 무늬'(相輪)로부터 [광명이] 나온 것이다. "두루 비춘다."(遍照) 이하는, 광명이 비추는 곳이 가까운 데서부터 먼 데까지 '열 겹'(十重)으로 점차 늘어가니 처음 '믿음을 일으켜 나아가는 자'(發趣者)가 점차 수행하면서 증진하여 반드시 '단계를 완성 시킴'(滿位)을 나타낸다.

여기서는 '부처 몸'(佛身)이 두루 있음을 곧바로 나타내고 있으니, 그러므로 '몸과 입으로 짓는 두 가지 행위'(身口二業)의 과보가 모두 '끝없이 동등하게 펼쳐진 현상 세계'(無邊等周法界)와 같다.

['열 겹'(十重) 가운데] '첫 번째 겹'(第一重)에 입각하면 두 가지로 나뉘는데, 먼저는 광명이 비추어지는 곳에서 보이는 일을 순서대로 설했고 나

명에 따르면, 위빠사나(觀)는 '바른 지혜'(正智)를 열어 '모든 현상'(諸法)을 '살펴 이해하다'(觀照)는 뜻이다. 그런데 『대승기신론』와 원효의 관점은 이러한 일반적 관점과 달라 주목된다. 특히 지止를 '산만하거나 동요하지 않는 집중상태'라고 보는 통념과 많이 다르다. 그리고 이러한 『대승기신론』과 원효의 관점은 오히려 붓다의 정학定學/선禪 법설과 상통할 가능성이 있다. 『대승기신론』 권1 「수행신심분修行信心分」에서는 "云何修行止觀門? 所言止者, 謂止一切境界相, 隨順奢摩他觀義故. 所言觀者, 謂分別因緣生滅相, 隨順毘鉢舍那觀義故."(T32, 582a12~15)라고 하여 일체경계상一切境界相을 그치는 것이 지止이고, 인연생멸상因緣生滅相을 구분하여 아는 것이 관觀이라고 설명한다. 원효는 이 대목에 관해 『기신론소』 권2에서 "言謂止一切境界相者, 先由分別, 作諸外塵, 今以覺慧, 破外塵相, 塵相既止, 無所分別. 故名爲止也. 次言分別生滅相者, 依生滅門, 觀察法相, 故言分別. 如 『瑜伽論』「菩薩地」 云, 〈此中菩薩, 即於諸法, 無所分別, 當知名止, 若於諸法, 勝義理趣, 及諸無量安立理趣世俗妙智, 當知名觀.〉 是知依眞如門, 止諸境相, 故無所分別, 即成無分別智, 依生滅門, 分別諸相, 觀諸理趣, 即成後得智也."(H1, 727a2~12. '〈〉'는 『유가사지론』 권45의 인용 부분을 표시함)라고 하는데, 모든 현상에 대해 무소분별無所分別인 것이 지止이고 모든 현상의 승의이취勝義理趣와 무량안립이취無量安立理趣에 관한 세속묘지世俗妙智가 관觀이라는 『유가사지론』 권45의 설명에 따라, '지止는 진여문에 의거하여 각혜覺慧로 외진상外塵相을 깨뜨려 외진상에 대해 무분별지無分別智를 이루는 것'이고 '관觀은 생멸문에 의거하여 모든 현상의 특징들(法相)과 이취理趣를 관찰하여 후득지後得智를 이루는 것'이라고 결론짓는다.

중은 유수보살濡首菩薩[34]이 게송을 설하여 부처를 찬탄하는 것을 밝혔다. 처음에도 두 가지가 있으니, 먼저 광명이 백억百億 세계를 비추는 것을 나타내었고 나중에는 두루 만나는 부처와 중생을 밝혔다. 뒤의 [나머지] '아홉 겹'(九重)도 '내용에 따른 구분'(科文)은 마찬가지이다.

> 讚佛中亦有二, 先明一處, 後例餘處. 頌中有二也, 前二頌, 依東方佛號, 讚佛不動相, 後之八頌, 寄濡首菩薩名, 顯無住無得智. 初中亦二, 初頌反顯, 後頌順明. 反顯義者, 若知如來脫縛離滿, 則謂如來有動有出, 既有所得, 非淨眼故. 順明義者, 若知如來觀一切法皆無所有, 則順如來不動之智, 既非有住, 疾作佛故.
>
> [H1, 496a13~21]

'부처를 찬탄함'(讚佛) 가운데에도 두 가지가 있으니, 먼저는 한곳을 밝힌 것이고 나중은 나머지 곳들을 [앞서의] 예에 따르게 한 것이다.[35] 게송 중에도 두 가지가 있으니, 앞의 두 게송[36]은 '동쪽에 있는 부처'(東方佛)의 명호에 의거하여 부처의 '[모든 현상에 의해] 움직이지 않는 모습'(不動相)을 찬탄하고 있으며, 나중의 여덟 게송[37]은 유수濡首보살의 명

---

34 문수보살을 가리킨다. 『화엄경탐현기華嚴經探玄記』권4(T35, 169c), "名文殊師利 或云尸利, 或云曼殊室利, 或翻爲敬首, 或云溥首, 又云濡首, 又云妙德, 又云妙吉祥."

35 『화엄경』권5 「여래광명각품」(T9, 423a3), "여기서 문수사리가 게송을 외는 것처럼 모든 곳에서도 마찬가지이다."(如此處文殊師利説偈, 一切處亦復如是.)

36 『화엄경』권5 「여래광명각품」(T9, 422c12~15), "若有知正覺, 解脱離諸漏, 不著一切世, 彼非淨道眼. 若有知如來, 觀察無所有, 知法散滅相, 彼人疾作佛."

37 『화엄경』권5 「여래광명각품」(T9, 422c16~423a2), "能見此世界, 一切處無著, 如來身亦然, 是人疾成佛. 若於佛法中, 其心隨平等, 入不二法門, 彼人難思議. 若見我及佛, 安住平等相, 彼住無所住, 遠離一切有. 色受無有數, 想行識亦然, 能如是知者, 彼是大牟尼. 見者無所有, 所見法亦無, 明了一切法, 彼能照世間. 一念見諸佛, 出現于世間, 而實無所起, 彼人大名稱. 無我無衆生, 亦無有敗壞, 若轉如是相, 彼則無上人. 一中解無量,"

칭에 의탁해 '머묾 없고 걸림 없는 지혜'(無住無碍智)를 나타냈다. 처음
[의 두 게송] 중에도 두 가지가 있으니, 첫 게송[38]은 '반어적으로 드러냄'
(反顯)이고 뒤의 게송[39]은 '순리에 따라 밝힘'(順明)이다. '반어적으로 드
러냄'(反顯)의 뜻은 [다음과 같은 것이다.] 만약 〈여래는 속박을 벗어나 [번
뇌의] 가득함에서 떠났다.〉고 안다면 여래에게 움직임이 있고 벗어남이
있다고 말하는 것이니, 이미 얻는 바가 있어 '온전한 안목'(淨眼)이 아니
기 때문이다. '순리에 따라 밝힘'(順明)의 뜻은 [다음과 같은 것이다.] 만약
〈여래는 일체 현상이 '모두 [불변·독자의 본질/실체를] 지닌 것이 없음'(皆
無所有)을 본다.〉고 안다면 여래의 [모든 현상에 의해] 움직이지 않는 지
혜'(不動智)를 따르는 것이니, 이미 [어디에도] 머무름 있음'(有住)이 아니
어서 속히 부처를 이루기 때문이다.

> 後八頌中, 即有四雙. 第一雙中初頌, 達俗無實, 次頌, 入眞無二. 第
> 二雙者, 先明於人無住, 後顯於法久得. 第三雙者, 先明於法離有無,
> 後顯於佛無減增. 第四離[40]雙者, 先明人法無所得門轉化衆生, 後顯一
> 多無障礙門得無所畏. 一切法入一法故, 一中解無量, 一法入一切法
> 故, 無量中解一也. 所以能得互相入者, 展轉互爲鏡影而生, 非實而生,
> 故無障礙. 是謂濡首菩薩法門.
>
> [H1, 496a21~b7]

나중의 여덟 게송에는 4쌍(四雙)이 있다. 제1쌍 중에 첫 게송[41]은 '세

無量中解一, 展轉生非實, 智者無所畏."

38 『화엄경』 권5 「여래광명각품」(T9, 422c12~13), "若有知正覺, 解脫離諸漏, 不著一
切世, 彼非淨道眼."

39 『화엄경』 권5 「여래광명각품」(T9, 422c14~15), "若有知如來, 觀察無所有, 知法散
滅相, 彼人疾作佛."

40 「離」는 잘못 추가된 잉자剩字로 보인다. 삭제하고 번역한다.

속에 [불변·독자의 본질/실체인] 실제가 없음'(俗無實)을 통달한 것이며,
다음의 게송⁴²은 '진리에는 [불변·독자의 본질/실체로 나뉘는] 둘이 없음'
(眞無二)에 들어간 것이다. 제2쌍에서는 먼저⁴³ 사람에 대해 '머묾이 없
음'(無住)을 밝혔고 나중에는⁴⁴ 현상(法)에 대해 [불변·독자의 본질/실체가
없음을] 영구히 증득함'(久得)을 나타냈다. 제3쌍에서 먼저⁴⁵ 현상(法)에
대해 [불변·독자의 본질/실체로서의] 있음과 [아무것도] 없음을 여의었음'
(離有無)을 밝혔고, 나중⁴⁶에는 부처에 대해 '줄어듦과 늘어남이 없음'(無
減增)을 나타냈다. 제4쌍에서는 먼저⁴⁷ '사람과 현상이 [불변·독자의 본
질/실체로서] 얻을 것이 없다는 측면'(人法無所得門)에서 중생을 교화함을
밝혔고, 나중⁴⁸에는 '하나(一)와 많음(多)이 [서로] 걸림이 없는 측면'(一多
無障礙門)에서 '두려울 것이 없는 경지를 얻음'(得無所畏)을 나타냈다. '모
든 현상'(一切法)이 '하나의 현상'(一法)에 들어가기 때문에 하나(一)에서
'무한한 것'(無量)을 이해하고, '하나의 현상'(一法)이 '모든 현상'(一切法)
에 들어가기 때문에 '무한한 것'(無量)에서 하나(一)를 이해한다. 능히

---

41 『화엄경』권5 「여래광명각품」(T9, 422c16~17), "能見此世界, 一切處無著, 如來身
    亦然, 是人疾成佛."

42 『화엄경』권5 「여래광명각품」(T9, 422c18~19), "若於佛法中, 其心隨平等, 入不二
    法門, 彼人難思議."

43 『화엄경』권5 「여래광명각품」(T9, 422c20~21), "若見我及佛, 安住平等相, 彼住無
    所住, 遠離一切有."

44 『화엄경』권5 「여래광명각품」(T9, 422c22~23), "色受無有數, 想行識亦然, 能如是
    知者, 彼是大牟尼."

45 『화엄경』권5 「여래광명각품」(T9, 422c24~25), "見者無所有, 所見法亦無, 明了一
    切法, 彼能照世間."

46 『화엄경』권5 「여래광명각품」(T9, 422c26~27), "一念見諸佛, 出現于世間, 而實無
    所起, 彼人大名稱."

47 『화엄경』권5 「여래광명각품」(T9, 422c28~29), "無我無衆生, 亦無有敗壞, 若轉如
    是相, 彼則無上人."

48 『화엄경』권5 「여래광명각품」(T9, 423a1~2), "一中解無量, 無量中解一, 展轉生非
    實, 智者無所畏."

서로 간에 들어갈 수 있는 까닭은 [하나(一)와 많음(多)이] 펼쳐지면서 서로 거울(鏡)과 '[거울에 비치는] 영상'(影)이 되면서 생기는 것이지 [독자적인] 실재實在로서 생겨나는 것은 아니기 때문이니, 그러므로 [서로 간에 들어가는 것에] 장애가 없다. 이것을 유수濡首 보살의 법문이라 한다.

第二頌中, 亦有二分. 在前二頌, 寄南方佛號, 歎智惠火法門, 後之八頌, 依彼菩薩名, 顯覺首法門. 初中有二, 前之一頌, 見諸衆生癡闇, 令求無上惠明, 後之一頌, 內懷不轉智火, 外轉無上光輪. 後八頌中, 亦作四雙. 第一雙者, 前則弘誓爲首, 覺生死眠, 後則慈悲爲懷, 降衆魔怨. 第二雙者, 內得深智覺, 能害諸煩惱, 外擊正法鼓, 警覺十方國. 第三雙者, 下則於一切有而不取著, 上則於一切佛而生歎喜念. 第四雙者, 爲救衆生, 長劫受苦, 爲護佛法, 不惜身命. 是爲覺首菩薩自覺覺他法門.

[H1, 496b7~b19]

제2의 게송에도 두 가지 구분이 있다. 앞의 두 게송[49]에서는 '남쪽에 있는 부처'(南方佛)의 명호에 의탁해 '지혜의 불'(智惠火) 법문을 찬탄하며, 나중의 여덟 게송[50]에서는 저 보살의 명칭에 의거해 각수覺首보살의 법문을 나타낸다. 처음[의 두 게송]에는 두 가지가 있으니, 앞의 한 게

---

49 『화엄경』 권5 「여래광명각품」(T9, 423a16~19), "見衆生苦逼, 癡覆愛欲刺, 常求無上道, 諸佛法如是. 離斷常二邊, 見法實不轉, 昔所未曾轉, 轉此無上輪."

50 『화엄경』 권5 「여래광명각품」(T9, 423a20~b6), "不可思議劫, 被弘誓德鎧, 爲度生死故, 大聖法如是. 導師降衆魔, 勇健莫能勝, 愛語離衆怖, 無上慈悲法. 內得甚深智, 能害諸煩惱, 一念見一切, 彼自在示現. 能擊正法鼓, 聲震十方國, 令得無上道, 自覺法如是. 不壞無量境, 能遊無數刹, 不取一切有, 彼自在如佛. 無比歡喜念, 諸佛常淸淨, 虛空等如來, 彼是具足願. 一一衆生故, 阿鼻地獄中, 無量劫燒煮, 心淨如最勝. 不惜身壽命, 常護諸佛法, 具足行忍辱, 彼得如來法."

송[51]은 온갖 중생의 '어리석음의 어둠'(癡闇)을 보고서 '[더 이상] 높은 것이 없는 지혜의 밝음'(無上惠明)을 구하게 하는 것이고, 나중의 한 게송[52]은 안으로는 '굴러 바뀌지 않는 지혜의 불'(不轉智火)을 품고서 밖으로는 '[더 이상] 높은 것이 없는 광명의 바퀴'(無上光輪)를 굴리고 있다.

나중의 여덟 게송도 역시 4쌍을 이루고 있다. 제1쌍에서 앞[53]은 '크나큰 바람'(弘誓)을 으뜸으로 삼아 [무명無明에 덮인] 생사의 잠을 깨우고, 뒤[54]는 자비를 품고서 온갖 '[수행을 방해하는] 원수 같은 마구니'(魔怨)를 항복시킨다. 제2쌍[55]에서는 안으로는 '깊은 지혜의 깨달음'(深智覺)을 얻어 온갖 번뇌를 능히 꺾어 버리고, 밖으로는 '올바른 진리의 북'(正法鼓)을 쳐서 시방의 나라들을 일깨운다. 제3쌍[56]에서는 아래로는 모든 있음(有)에 대해 취하여 집착하지 않고, 위로는 모든 부처에 대해 환희하는 생각을 낸다. 제4쌍[57]에서는 중생을 구제하기 위해 긴 겁 동안 고통을 받고 불법을 수호하기 위해 '몸과 목숨'(身命)을 아끼지 않는다. 이것이 각수覺首보살의 '스스로도 깨닫고 남도 깨닫게 하는 법문'(自覺覺他法門)이다.

---

51 『화엄경』 권5 「여래광명각품」(T9, 423a16~17), "見衆生苦逼, 癡覆愛欲刺, 常求無上道, 諸佛法如是."

52 『화엄경』 권5 「여래광명각품」(T9, 423a18~19), "離斷常二邊, 見法實不轉, 昔所未曾轉, 轉此無上輪."

53 『화엄경』 권5 「여래광명각품」(T9, 423a20~21), "不可思議劫, 被弘誓德鎧, 爲度生死故, 大聖法如是."

54 『화엄경』 권5 「여래광명각품」(T9, 423a22~23), "導師降衆魔, 勇健莫能勝, 愛語離衆怖, 無上慈悲法."

55 『화엄경』 권5 「여래광명각품」(T9, 423a24~27), "內得甚深智, 能害諸煩惱, 一念見一切, 彼自在示現, 能擊正法鼓, 聲震十方國, 令得無上道, 自覺法如是."

56 『화엄경』 권5 「여래광명각품」(T9, 423a28~b2), "不壞無量境, 能遊無數刹, 不取一切有, 彼自在如佛, 無比歡喜念, 諸佛常清淨, 虛空等如來, 彼是具足願."

57 『화엄경』 권5 「여래광명각품」(T9, 423b3~6), "一一衆生故, 阿鼻地獄中, 無量劫燒煮, 心淨如最勝, 不惜身壽命, 常護諸佛法, 具足行忍辱, 彼得如來法."

第三頌中, 亦有二分. 在前一頌, 寄西方佛名, 歎淨智法行, 其後九
頌, 依彼財首菩薩之名, 明現種種功德之則, 饒益一切衆生法門. 初中
有二, 上半覺淨, 下半心淨. 是謂淨智法行也.

[H1, 496b19~24]

제3의 게송[58]에도 두 가지 구분이 있다. 앞의 한 게송[59]은 '서쪽에 있
는 부처'(西方佛)의 명호에 의탁해 '온전한 지혜의 진리다운 실천'(淨智法
行)을 찬탄하고, 나중의 아홉 게송[60]은 저 재수財首보살의 명칭에 의거
해 갖가지 능력(功德)을 나타내는 법칙과 모든 중생을 '넉넉히 이롭게'
(饒益) 하는 법문을 밝힌 것이다. 처음[의 한 게송] 중에는 두 가지가 있으
니, 위의 반 [게송][61]은 '깨달음의 온전함'(覺淨)이고 아래의 반 [게송][62]은
'마음의 온전함'(心淨)이다. 이것을 '온전한 지혜의 진리다운 실천'(淨智
法行)이라 한다.

第四頌中, 亦有二分. 在前九頌, 寄北方佛號, 歎具威德智惠法門,
最後一頌, 依彼寶首菩薩之名, 顯如鍊金清淨法門. 初中亦二. 在前一

---

58 『화엄경』 권5 「여래광명각품」(T9, 423b18~c8)의 게송이다.
59 『화엄경』 권5 「여래광명각품」(T9, 423b18~19), "如來覺諸法, 如幻如虛空, 心淨無
    障礙, 調伏群生類."
60 『화엄경』 권5 「여래광명각품」(T9, 423b20~c8), "或見初生時, 妙色如金山, 住是最
    後身, 照明如滿月. 或見經行時, 攝無量功德, 念慧善具足, 明行人師子. 或見明淨眼, 觀
    察照十方, 或時見戲笑, 衆生樂欲故. 或見師子吼, 清淨無比身, 示現末後生, 所說無非
    實. 或見出家時, 解脫一切縛, 修習諸佛行, 常樂觀寂滅. 或見坐道場, 善覺一切法, 度諸
    功德岸, 癡闇煩惱滅. 或見天人尊, 具足大悲心, 或見轉法輪, 度脫諸群生. 或見無畏吼,
    儀容甚微妙, 調伏一切世, 神力無障礙. 或見寂靜心, 世間燈永滅, 或見十力尊, 顯現自在
    法."
61 『화엄경』 권5 「여래광명각품」(T9, 423b18), "如來覺諸法, 如幻如虛空."
62 『화엄경』 권5 「여래광명각품」(T9, 423b19), "心淨無障礙, 調伏群生類."

頌, 總標內外威德具足, 於中上半, 內證威德, 下之二句, 外現威德. 其次八頌, 別顯四雙威德具足. 第一雙者, 自覺離塵德, 化他普起威. 第二雙者, 無陰離苦威, 內解外脫德. 第三雙者, 靜而恒動威, 動而常寂德. 第四雙者, 善知甚深德, 普見廣度威.

[H1, 496b24~c10]

제4의 게송[63]에도 두 가지 구분이 있다. 앞의 아홉 게송[64]은 '북쪽에 있는 부처'(北方佛)의 명호에 의탁해 '위엄과 능력을 모두 갖춘 지혜 법문'(具威德智惠法門)을 찬탄했으며, 마지막 한 게송[65]은 저 보수寶首보살의 명칭에 의탁해 '황금을 제련하는 것과 같은 온전한 법문'(如鍊金淸淨法門)을 나타냈다. 처음[의 아홉 게송] 중에도 두 가지가 있다. 앞의 한 게송[66]은 '안팎으로 위엄과 능력을 모두 갖춤'(內外威德具足)을 총체적으로 드러냈는데, 이 중 위의 반 [게송]은 안으로 '위엄과 능력'(威德)을 증득한 것이고, 아래의 두 구절은 밖으로 '위엄과 능력'(威德)을 나타낸 것이다. 그다음 여덟 게송은 4쌍으로 '위엄과 능력을 모두 갖춤'(威德具足)을 개별적으로 나타냈다. 제1쌍[67]은 '스스로 깨달아 번뇌에서 벗어난 능력'

---

63 『화엄경』권5 「여래광명각품」(T9, 423c20~424a10)의 게송이다.

64 『화엄경』권5 「여래광명각품」(T9, 423c20~424a8), "善逝法甚深, 無相亦無有, 衆生顚倒故, 次第現一切. 無有我我所, 彼境界空寂, 善逝身淸淨, 自覺離諸塵. 等覺明解脫, 無量不可數, 無邊世界中, 因緣和合起. 無諸陰界入, 永離生死苦, 不在世間數, 故號人師子. 內外俱解脫, 本來常自空, 一切離虛妄, 諸佛法如是. 離愛諸煩惱, 長流永不轉, 正覺解諸法, 度無量衆生. 一念不二相, 樂觀寂滅法, 其心無所著, 佛在無量. 善知因緣法, 業報及衆生, 最勝無礙智, 甚深難思議. 普見十方界, 嚴淨諸佛刹, 如來離虛妄, 度脫無量衆."

65 『화엄경』권5 「여래광명각품」(T9, 424a9~10), "佛智如鍊金, 一切有非有, 隨其所應化, 爲說淸淨法."

66 『화엄경』권5 「여래광명각품」(T9, 423c20~21), "善逝法甚深, 無相亦無, 衆生顚倒故, 次第現一切."

67 『화엄경』권5 「여래광명각품」(T9, 423c22~25), "無有我我所, 彼境界空寂, 善逝身

(自覺離塵德)과 '타인을 교화해 모두 일어나게 하는 위엄'(化他普起威)이
다. 제2쌍[68]은 '[집착에 물든 색色·수受·상想·행行·식識의] 오음五陰이
없어서 고통에서 벗어난 위엄'(無陰離苦威)과 '안으로 풀려나고 밖으로
벗어나는 능력'(內解外脫德)이다. 제3쌍[69]은 '고요하면서도 항상 움직이
는 위엄'(靜而恒動威)과 '움직이면서도 항상 고요한 능력'(動而常寂德)이
다. 제4쌍[70]은 '매우 심오함을 잘 아는 능력'(善知甚深德)과 '널리 제도하
는 것을 두루 보이는 위엄'(普見廣度威)이다.

第五頌中, 亦作二分. 在前五頌, 依彼第五德首菩薩, 明共自利利他
功德, 其後五頌, 寄彼第五明智佛號, 歎彼明照不思議境. 初中亦二,
前之一頌, 下化群生慈悲之德, 其後四頌, 上求佛道進修之德. 後之五
頌, 亦分爲二, 在前二頌, 明觀身心實相境界, 其後三頌, 達無量不思
議境.

[H1, 496c10~17]

제5의 게송[71]도 두 가지 구분을 이루고 있다. 앞의 다섯 게송[72]은 저

淸淨, 自覺離諸塵. 等覺明解脫, 無量不可數, 無邊世界中, 因緣和合起."
68 『화엄경』 권5 「여래광명각품」(T9, 423c26~29), "無諸陰界入, 永離生死苦, 不在世
間數, 故號人師子. 內外俱解脫, 本來常自空, 一切離虛妄, 諸佛法如是."
69 『화엄경』 권5 「여래광명각품」(T9, 424a1~4), "離愛諸煩惱, 長流永不轉, 正覺解諸
法, 度無量衆生. 一念不二相, 樂觀寂滅法, 其心無所著, 佛自在無量."
70 『화엄경』 권5 「여래광명각품」(T9, 424a5~8), "善知因緣法, 業報及衆生, 最勝無礙
智, 甚深難思議. 普見十方界, 嚴淨諸佛刹, 如來離虛妄, 度脫無量衆."
71 『화엄경』 권5 「여래광명각품」(T9, 424a22~b12)의 게송이다.
72 『화엄경』 권5 「여래광명각품」(T9, 424a22~b2), "離諸人天樂, 常行大慈心, 救護諸
群生, 是彼淨妙業. 一向信如來, 其心不退轉, 不捨念佛, 是彼淨妙業. 永離生死海,
不退法流, 善住淸涼慧, 是彼淨妙業. 身四威儀中, 觀佛深功德, 晝夜常不斷, 是彼淨妙
業. 知三世無量, 不生懈怠心, 常求佛功德, 是彼淨妙業."

제5 덕수德首보살에 의거해 '스스로에게도 이롭고 남도 이롭게 하는 능력'(自利利他功德)을 밝혔고, 나중의 다섯 게송[73]은 저 제5 명지불明智佛의 명호에 기탁하여 그 광명이 비추는 '생각으로 헤아리기 어려운 경지'(不思議境)를 찬탄하였다. 처음[의 다섯 게송]에도 두 가지가 있으니, 앞의 한 게송[74]은 '아래로는 뭇 중생을 교화하는 자비의 능력'(下化群生慈悲之德)이고, 뒤의 네 게송[75]은 '위로는 불도佛道를 구하여 닦아 나가는 능력'(上求佛道進修之德)이다. 나중의 다섯 게송도 역시 두 가지로 나뉘니, 앞의 두 게송[76]은 '몸과 마음의 사실 그대로'(身心實相)를 관찰하는 경지를 밝혔고, 나중의 세 게송[77]은 '한량없는 이루 헤아릴 수 없는 경지'(無量不思議境)를 통달한 것이다.

第六頌中, 卽有二分, 七言六頌, 五言五頌. 七言頌中, 亦有二分, 在前二頌, 依彼第六目首菩薩, 反顯淨目所見妙色, 其後四頌, 寄東南方佛號, 嘆究竟智深妙界. 五言頌中, 亦有二分, 在前二頌, 依目首名, 嘆

---

73 『화엄경』 권5 「여래광명각품」(T9, 424b3~b12), "觀身如實相, 一切皆寂滅, 離我非我著, 是彼淨妙業. 觀察衆生心, 遠離虛妄想, 成就實境界, 是彼淨妙業. 能稱無量土, 悉飮一切海, 成就神通智, 是彼淨妙業. 計數諸佛國, 色相非色相, 一切盡無餘, 是彼淨妙業. 無量佛土塵, 一塵爲一佛, 悉能知其數, 是彼淨妙業."

74 『화엄경』 권5 「여래광명각품」(T9, 424a22~23), "離諸人天樂, 常行大慈心, 救護諸群生, 是彼淨妙業."

75 『화엄경』 권5 「여래광명각품」(T9, 424a24~b2), "一向信如來, 其心不退轉, 不捨念諸佛, 是彼淨妙業. 永離生死海, 不退佛法流, 善住淸涼慧, 是彼淨妙業. 身四威儀中, 觀佛深功德, 晝夜常不斷, 是彼淨妙業. 知三世無量, 不生懈怠心, 常求佛功德, 是彼淨妙業."

76 『화엄경』 권5 「여래광명각품」(T9, 424b3~6), "觀身如實相, 一切皆寂滅, 離我非我著, 是彼淨妙業. 觀察衆生心, 遠離虛妄想, 成就實境界, 是彼淨妙業."

77 『화엄경』 권5 「여래광명각품」(T9, 424b7~12), "能稱無量土, 悉飮一切海, 成就神通智, 是彼淨妙業. 計數諸佛國, 色相非色相, 一切盡無餘, 是彼淨妙業. 無量佛土塵, 一塵爲一佛, 悉能知其數, 是彼淨妙業."

佛淨眼自在法門, 後之三頌, 寄彼佛號, 嘆究竟智甚深境界.

[H1, 496c17~497a1]

제6의 게송[78]에도 두 가지 구분이 있는데, 칠언七言으로 이루어진 여섯 게송[79]과 오언五言으로 이루어진 다섯 게송[80]이다. 칠언으로 이루어진 게송에도 두 가지 구분이 있는데, 앞의 두 게송[81]은 저 제6 목수目首 보살에 의거해 '청정한 눈에 보이는 묘한 형색'(淨目所見妙色)을 반어법으로 나타냈으며, 나중의 네 게송[82]은 '동남쪽에 있는 부처'(東南方佛)의 명호에 의탁해 '궁극적 지혜의 심오하고 미묘한 경지'(究竟智深妙界)를 찬탄한 것이다. 오언으로 이루어진 게송에도 두 가지 구분이 있는데, 앞의 두 게송[83]은 목수目首보살의 명칭에 의거해 '부처의 온전한 안목으

---

78 『화엄경』권5「여래광명각품」(T9, 424b24~c16)의 게송이다.

79 『화엄경』권5「여래광명각품」(T9, 424b24~c6), "若以色性大神力, 而欲望見調御士, 是則瞖目顚倒見, 彼爲不識最勝法. 如來身色形相處, 一切世間莫能觀, 億那由劫欲思量, 妙色威神不可極. 非以相好爲如來, 無相離相寂滅法, 一切具足妙境界, 隨其所應悉能現. 諸佛正法不可量, 無能分別説其相, 諸佛正法無合散, 其性本來常寂滅. 不以陰數爲如來, 遠離取相眞實觀, 得自在力決定見, 言語道斷行處滅. 等觀身心無異相, 一切内外悉解脱, 無量億劫不二念, 善逝深遠無所著."

80 『화엄경』권5「여래광명각품」(T9, 424c7~c16), "普放妙光明, 遍照世境界, 淨眼一切智, 自在深廣義. 一能爲無量, 無量能爲一, 知諸衆生性, 隨順一切處. 身無所從來, 去亦無所至, 虛妄非眞實, 現有種種身. 一切諸世間, 皆從妄想生, 是諸妄想法, 其性未曾有. 如是眞實相, 唯佛能究竟, 若能如是知, 是則見導師."

81 『화엄경』권5「여래광명각품」(T9, 424b24~27), "若以色性大神力, 而欲望見調御士, 是則瞖目顚倒見, 彼爲不識最勝法. 如來身色形相處, 一切世間莫能觀, 億那由劫欲思量, 妙色威神不可極."

82 『화엄경』권5「여래광명각품」(T9, 424b28~c6), "非以相好爲如來, 無相離相寂滅法, 一切具足妙境界, 隨其所應悉能現. 諸佛正法不可量, 無能分別説其相, 諸佛正法無合散, 其性本來常寂滅. 不以陰數爲如來, 遠離取相眞實觀, 得自在力決定見, 言語道斷行處滅. 等觀身心無異相, 一切内外悉解脱, 無量億劫不二念, 善逝深遠無所著."

83 『화엄경』권5「여래광명각품」(T9, 424c7~10), "普放妙光明, 遍照世境界, 淨眼一切智, 自在深廣義. 一能爲無量, 無量能爲一, 知諸衆生性, 隨順一切處."

로 펼치는 걸림 없는 법문'(佛淨眼自在法門)을 찬탄한 것이며, 뒤의 세 게 송[84]은 저 [동남방東南方] 부처의 명호에 의탁해 '궁극적 지혜의 깊고도 깊은 경지'(究竟智甚深境界)를 찬탄한 것이다.

第七頌中, 亦作二分. 在前二頌, 寄西南方佛號, 讚佛無上智覺, 其 後八頌, 依彼菩薩進首之名, 顯其進入佛智境界. 初中亦二, 前嘆自覺 覺他無上之智, 後讚無染無毀無上之德. 後八頌中四雙不現.[85] 第一雙 者, 進入佛智, 進入法海. 第二雙者, 正轉法輪, 正思佛道. 第三雙者, 順佛眞教, 知佛實德. 第四雙者, 觀察寂滅, 了知平等. 是謂進首進入 法門也.

[H1, 497a1~a10]

제7의 게송[86]에도 두 가지 구분이 있다. 앞의 두 게송[87]은 '서남쪽에 있는 부처'(西南方佛)의 명호에 의탁해 부처의 '더 이상 위가 없는 지혜 의 깨달음'(無上智覺)을 찬탄한 것이며, 뒤의 여덟 게송[88]은 저 진수進首

---

84 『화엄경』 권5 「여래광명각품」(T9, 424c11~16), "身無所從來, 去亦無所至, 虛妄非 眞實, 現有種種身. 一切諸世間, 皆從妄想生, 是諸妄想法, 其性未曾有. 如是眞實相, 唯 佛能究竟, 若能如是知, 是則見導師."

85 '不現'은 불필요하게 추가된 잉자剩字로 보인다. 삭제하고 번역한다.

86 『화엄경』 권5 「여래광명각품」(T9, 424c28~425a18)의 게송이다.

87 『화엄경』 권5 「여래광명각품」(T9, 424c28~425a2), "最勝自覺超世間, 無依殊特莫 能勝, 大仙化度一切有, 具足淨妙諸功德. 其心無染無處所, 常住無想亦無依, 永處吉祥 無能毀, 威德尊重大導師."

88 『화엄경』 권5 「여래광명각품」(T9, 425a3~425a18), "從本淨明滅衆冥, 永離諸染無 塵穢, 寂然不動離諸想, 是名善入如來智. 欲入善逝深法海, 遠離身心虛妄想, 解了諸法 眞實性, 永不隨順疑惑心. 一切世界如來境, 悉能爲轉正法輪, 於法自性無所轉, 無上導 師方便說. 曉了諸法無疑惑, 有無妄想永已離, 不生差別種種念, 正意思惟佛菩提. 諦了 分別諸法時, 無有自性假名說, 隨順諸佛眞實教, 法非一相亦不多. 衆多法中無一相, 於一法中亦無多, 若能如是了諸法, 是知諸佛無量德. 觀察諸法及衆生, 國土世間悉寂滅,

305

보살의 명칭에 의탁해 '부처 지혜의 경지에 진입함'(進入佛智境界)을 나타낸 것이다. 처음[의 두 게송]에도 두 가지가 있으니, 앞의 것[89]은 〈스스로도 깨닫고 남도 깨닫게 하는 '더 이상 위가 없는 지혜'〉(自覺覺他無上之智)를 찬탄한 것이며, 뒤의 것[90]은 〈오염도 없고 훼손도 없는 '더 이상 위가 없는 능력'〉(無染無毀無上之德)을 찬탄한 것이다. 나중의 여덟 게송에는 4쌍이 있다. 제1쌍[91]은 '부처 지혜에 진입하는 것'(進入佛智)과 '진리의 바다에 진입하는 것'(進入法海)이다. 제2쌍[92]은 '진리의 수레바퀴를 올바로 굴리는 것'(正轉法輪)과 '불도佛道를 올바로 사유하는 것'(正思佛道)이다. 제3쌍[93]은 '부처의 참된 가르침에 따르는 것'(順佛眞教)과 '부처의 진실한 능력을 아는 것'(知佛實德)이다. 제4쌍[94]은 〈[근본무지(無明)에 의한 번뇌의 동요가] 그치고 사라짐'(寂滅)을 관찰하는 것〉(觀察寂滅)과 '평등함을 분명히 아는 것'(了知平等)이다. 이것을 '진수進首보살이 진입하

心無所依不妄想, 是名正念佛菩提. 衆生諸法及國土, 分別了 知無差別, 善能觀察如自性, 是則了知佛法義."

89 『화엄경』 권5 「여래광명각품」(T9, 424c28~29), "最勝自覺超世間, 無依殊特莫能勝, 大仙化度一切有, 具足淨妙諸功德."

90 『화엄경』 권5 「여래광명각품」(T9, 425a1~2), "其心無染無處所, 常住無想亦無依, 永處吉祥無能毀, 威德尊重大導師."

91 『화엄경』 권5 「여래광명각품」(T9, 425a3~6), "從本淨明滅衆冥, 永離諸染無塵穢, 寂然不動離邊想, 是名善入如來智. 欲入善逝深法海, 遠離身心虛妄想, 解了諸法眞實性, 永不隨順疑惑心."

92 『화엄경』 권5 「여래광명각품」(T9, 425a7~10), "一切世界如來境, 悉能爲轉正法輪, 於法自性無所轉, 無上導師方便說. 曉了諸法無疑惑, 有無妄想永已離, 不生差別種種念, 正意思惟佛菩提."

93 『화엄경』 권5 「여래광명각품」(T9, 425a11~14), "諦了分別諸法時, 無有自性假名說, 隨順諸佛眞實教, 法非一相亦不多. 衆多法中無一相, 於一法中亦無多, 若能如是了諸法, 是知諸佛無量德."

94 『화엄경』 권5 「여래광명각품」(T9, 425a15~18), "觀察諸法及衆生, 國土世間悉寂滅, 心無所依不妄想, 是名正念佛菩提. 衆生諸法及國土, 分別了知無差別, 善能觀察如自性, 是則了知佛法義."

는 법문'(進首進入法門)이라 한다.

第八偈中, 有二十頌, 即爲二分. 在前十頌, 寄西北方佛號, 嘆自在
智方便, 後十頌, 依菩薩法首之名, 嘆於法義隨順智力. 初中五雙. 第
一雙者, 大智自在, 大德成就. 第二雙者, 覺性廣觀, 離相深樂. 第三雙
者, 於有無礙, 於空無著. 第四雙者, 諦了差別, 樂觀平等. 第五雙者,
攝一切智, 成最勝意. 如是五雙十門方便, 皆是自在智差別也. 次嘆法
智, 亦有五雙. 第一雙者, 深法順知, 至處遍至. 第二雙者, 隨順一心,
能至深境. 第三雙者, 記念時節, 了知成敗. 第四雙者, 所知差別, 能了
方便. 第五雙者, 觀察三世, 覺知平等. 五雙皆是法首法門也.

[H1, 497a10~23]

제8의 게송[95]에는 20개의 게송이 있는데 두 가지로 나뉜다. 앞의 열
게송[96]은 '서북쪽에 있는 부처'(西北方佛)의 명호에 의탁해 '걸림 없는 지
혜의 수단과 방법'(自在智方便)을 찬탄했으며, 나중의 열 게송[97]은 법수

---

95 『화엄경』권5 「여래광명각품」(T9, 425b1~c11)의 게송이다.
96 『화엄경』권5 「여래광명각품」(T9, 425b1~b20), "大智無有量, 妙法無倫匹, 究竟能
度彼, 生死大海岸. 壽命無終極, 永已離熾然, 彼成大功德, 是則方便力. 於諸佛深法,
隨覺如自性, 常觀三世法, 不生止足想. 了達所緣境, 未曾起妄想, 彼樂不思議, 是則方便
力. 常樂觀衆生, 而無衆生想, 示現有身趣, 永離諸趣想. 內常樂禪寂, 而無繫心想, 彼心
無所著, 是則方便力. 方便善觀察, 諦了諸法相, 專念正思惟, 常行涅槃性. 樂於解脫道,
具足平等慧, 彼住寂滅法, 是則方便力. 隨順調御士, 最勝佛菩提, 攝取一切智, 廣大如法
性. 善入眞實諦, 教化諸群生, 彼成最勝意, 是則方便力."
97 『화엄경』권5 「여래광명각품」(T9, 425b21~c11), "佛說深法義, 悉能隨順知, 入深廣
智慧, 滅除諸障礙. 一切至處道, 是處悉能到, 行是自覺道, 是則方便力. 心猶虛空界,
亦如變化法, 一切所依性, 是相則非相. 行於涅槃性, 猶若虛空相, 能到深妙境, 是則方便
力. 常記念晝夜, 晦明日月數, 年歲時劫分, 亦隨觀察知. 一切諸世界, 始終成敗相, 悉能
諦了知, 是則方便力. 一切群萌類, 隨業受生死, 有色及無色, 有想亦非想. 彼彼姓名號,
所趣諦了知, 得此不思議, 是則方便力. 一切過去世, 未來現在法, 隨順佛所說, 善念諦觀

307

法首보살의 명칭에 의탁해 '부처님 가르침의 뜻에 수순하는 지혜의 힘' (於法義隨順智力)을 찬탄했다. 처음[의 열 게송]에 다섯 쌍이 있다. 제1쌍[98] 은 '크나큰 지혜의 걸림 없음'(大智自在)과 '크나큰 능력의 성취'(大德成 就)이다. 제2쌍[99]은 〈깨달음 본연(覺性)의 광대한 이해〉(覺性廣觀)와 '[불 변·독자의 본질/실체라고 보는] 차이(相)에서 벗어난 깊은 즐거움'(離相深 樂)이다. 제3쌍[100]은 '있음(有)에 대해 걸림이 없음'(於有無礙)과 '공空에 대해 집착하지 않음'(於空無著)이다. 제4쌍[101]은 '차별을 명료하게 이해 함'(諦了差別)과 '평등을 즐겨 관찰함'(樂觀平等)이다. 제5쌍[102]은 〈모든 [것을 사실 그대로 만나게 하는] 지혜'(一切智)[103]를 품음〉(攝一切智)과 '가장

察. 覺三世平等, 如其眞實相, 是諸深妙道, 無比方便力."

98 『화엄경』 권5 「여래광명각품」(T9, 425b1~4), "大智無有量, 妙法無倫匹, 究竟能度 彼, 生死大海岸. 壽命無終極, 永已離熾然, 彼成大功德, 是則方便力."

99 『화엄경』 권5 「여래광명각품」(T9, 425b5~8), "於諸佛深法, 隨覺如自性, 常觀三世 法, 不生止足想. 了達所緣境, 未曾起妄想, 彼樂不思議, 是則方便力."

100 『화엄경』 권5 「여래광명각품」(T9, 425b9~12), "常樂觀衆生, 而無衆生想, 示現有身 趣, 永離諸趣想. 內常樂禪寂, 而無繫心想, 彼心無所著, 是則方便力."

101 『화엄경』 권5 「여래광명각품」(T9, 425b13~16), "方便善觀察, 諦了諸法相, 專念正 思惟, 常行涅槃性. 樂於解脫道, 具足平等慧, 彼住寂滅法, 是則方便力."

102 『화엄경』 권5 「여래광명각품」(T9, 425b17~20), "隨順調御士, 最勝佛菩提, 攝取一 切智, 廣大如法性. 善入眞實諦, 敎化諸群生, 彼成最勝意, 是則方便力."

103 일체지一切智: 산스크리트어 'sarva-jñā'(팔리어: 'sabba-nāṇa')의 음역인 '살반야 薩般若/살바야薩婆若'의 한역이다. 뜻으로 풀면 '모든 [것을 사실 그대로 만나게 하는] 지혜'(一切智)이다. 원효는 『대승기신론소』(H1, 710b20~c12)에서 『인왕반 야경』의 구절(始從伏忍至頂三昧, 照第一義諦不名爲見, 所謂見者, 是薩婆若故.)을 인 용하여 이 '모든 [것을 사실 그대로 만나게 하는] 지혜'(薩婆若)를 거론하고 있다. 즉 『대승기신론』(T32, 576b27~c4)의 "또 '마음이 일어난다'(心起)는 것에는 알 수 있는 '첫 양상'(初相)이 없지만 '첫 양상을 안다'(知初相)고 말한 것은, 바로 '분별하 는 생각이 없어짐'(無念)을 일컫는 것이다. 이런 까닭에 모든 중생을 '깨달았다' (覺)고 부르지 못하니, 본래부터 [근본무지에 따라 분별하는] 생각'(念)들이 서로 꼬리를 물고 이어져 아직 그 생각에서 떠난 적이 없기 때문에 '시작을 말할 수 없 는 근본무지'(無始無明)라 말한다. 만일 '분별하는 생각이 없어짐'(無念)을 체득한

뛰어난 뜻을 성취함'(成最勝意)이다. 이러한 '다섯 쌍의 열 가지 방편'(五雙十門方便)은 모두 '걸림 없는 지혜의 구분'(自在智差別)이다.

다음[의 열 게송]에서 '[부처님 가르침의] 도리가 지닌 지혜를 찬탄함'(嘆法智)에도 다섯 쌍이 있다. 제1쌍104은 '깊은 도리에 수순하는 앎'(深法順知)과 '이를 수 있는 곳에 두루 이르는 것'(至處遍至)이다. 제2쌍105은 〈'하나처럼 통하는/통하게 하는 마음'(一心)106에 수순하는 것〉(隨順一心)

자라면 곧 '[근본무지에 따라 분별하는] 마음양상'(心相)의 '생겨나고 머무르며 달라지고 사라짐'(生住異滅)을 안다. '분별하는 생각이 없는 경지'(無念)와 같아졌기 때문에 [이럴 때] 실제로는 '비로소 깨달아 감'(始覺)의 [내용들에] 차이가 없으니, '[분별망상의] 네 가지 양상'(四相)이 동시에 있어도 모두 스스로 존립할 수 없으며 본래 평등하고 동일한 깨달음(覺)이기 때문이다."(是故一切衆生不名爲覺, 以從本來念念相續, 未曾離念故說無始無明. 若得無念者, 則知心相生住異滅. 以無念等故, 而實無有始覺之異, 以四相俱時而有, 皆無自立, 本來平等, 同一覺故.)라는 구절을 주석하면서『인왕반야경』의 이 구절을 인용하고 있다.

104 『화엄경』권5「여래광명각품」(T9, 425b21~24), "佛說深法義, 悉能隨順知, 入深廣智慧, 滅除諸障礙. 一切至處道, 是處悉能到, 行是自覺道, 是則方便力."
105 『화엄경』권5「여래광명각품」(T9, 425b25~28), "心猶虛空界, 亦如變化法, 一切所依性, 是相則非相. 行於涅槃性, 猶若虛空相, 能到深妙境, 是則方便力."
106 '일심一心'의 번역어: '一心'은 원효사상의 근원적이고도 궁극적인 개념인데 '하나처럼 통하는/통하게 하는 마음'이라고 번역해 보았다. '一心'에 대한 원효 자신의 설명, '一心'과 직결되어 있는 '一覺' '一味' 등에 관한 원효의 설명, 이 개념들이 등장하는 맥락 등을 종합적으로 고려한 번역이다. 원효가 채택하는 '一心'이라는 기호는 '모든 현상을 산출해 내는 실체나 본체' 혹은 '현상의 이면에 있는 불변의 어떤 기체基體'를 지시하는 것이 아니다. 그 어떤 '불변·독자의 본질/실체가 있다는 생각'에도 막히거나 갇히지 않는 인지지평, 그리하여 '실체나 본질의 차이로 나누는 분별'에서 풀려난 채 차이들을 만날 수 있는 마음수준을 지시하는 기호로 보는 것이 적절하다고 생각한다. 이런 이해를 기본으로 삼아 '一心'을 '하나처럼 통하는 마음'이라 번역한 것이다.『기신론소』(H1, 705a11~16)에 나오는 '一心'에 관한 원효의 정의定義적 해설은 다음과 같다. "'두 측면'(二門)이 [나뉘는 것이] 이와 같은데, 어째서 '하나처럼 통하는 마음'(一心)이라 하는가? 말하자면, 오염되었거나 청정하거나 그 모든 것의 '본연적 면모'(性)는 [본질로서] 다른 것이 아니기에(無二),

과 '능히 심오한 경지에 이르는 것'(能至深境)이다. 제3쌍[107]은 '때를 잘 아는 것'(記念時節)과 '성패를 명료하게 아는 것'(了知成敗)이다. 제4쌍[108]은 '아는 것을 [잘] 구별하는 것'(所知差別)과 '수반과 방법을 잘 아는 것'(能了方便)이다. 제5쌍[109]은 '[과거·현재·미래] 삼세를 관찰하는 것'(觀察三世)과 '평등함을 깨달아 아는 것'(覺知平等)이다. [이] 다섯 쌍은 모두 법수法首보살의 법문이다.

第九頌中, 亦有二分. 在前十頌, 寄彼下方佛號, 嘆梵天智法門, 其後十頌, 依彼智首菩薩之名, 嘆其却闇智燈法門. 初中有二, 二頌略標, 八頌廣釋. 標中亦二, 前明梵行, 後顯梵音. 言梵行者, 梵天現化化人間時, 受難行法, 形如骨鎖, 常知難行卽是梵行. 八頌廣釋, 卽顯四門. 一者二頌, 離高慢法門, 除生死苦難. 二者二頌, 不放逸法門, 除世間放逸. 三者二頌, 宣無我教門, 滅衆生著我. 四者二頌, 弘誓普潤門, 滅

참됨(眞)과 허구(妄)의 두 국면은 [본질적] 차이가 있을 수 없으니, 그러므로 '하나'(一)라고 부른다. 이 '다르지 않은'(無二) 자리에서 모든 것을 실재대로이게 하는 것은 [이해하는 작용이 없는] 허공과는 같지 않아 '본연적 면모'(性)가 스스로 신묘하게 이해하니, 그러므로 '마음'(心)이라 부른다. 그런데 이미 '둘'(二)이 있지 않다면 어떻게 '하나'(一)라는 것이 있을 수 있으며, '하나'(一)가 있지 않다면 무엇에 입각하여 '마음'(心)이라 하겠는가? 이와 같은 도리는 언어적 규정에서 벗어나고 [불변·독자의 본질/실체로] 분별하는 생각을 끊은 것이니, 무엇으로써 지칭해야 할지 알 수가 없지만 억지로나마 '하나처럼 통하는 마음'(一心)이라 부른다." (二門如是, 何爲一心? 謂染淨諸法其性無二, 眞妄二門不得有異, 故名爲一. 此無二處, 諸法中實, 不同虛空, 性自神解, 故名爲心. 然旣無有二, 何得有一, 一無所有, 就誰曰心? 如是道理, 離言絶慮, 不知何以目之, 强號爲一心也.)

107 『화엄경』 권5 「여래광명각품」(T9, 425b29~c3), "常記念晝夜, 晦朔日月數, 年歲時劫分, 亦隨觀察知. 一切諸世界, 始終成敗相, 悉能諦了知, 是則方便力."

108 『화엄경』 권5 「여래광명각품」(T9, 425c4~7), "一切群萌類, 隨業受生死, 有色及無色, 有想亦非想. 彼彼姓名號, 所趣諦了知, 得此不思議, 是則方便力."

109 『화엄경』 권5 「여래광명각품」(T9, 425c8~11), "一切過去世, 未來現在法, 隨順佛所說, 善念諦觀察. 覺三世平等, 如其眞實相, 是諸深妙道, 無比方便力."

衆生熾火. 此曰皆是梵天行門也. 後十頌中, 亦有二分. 在前二頌, 略
標智門, 於中前頌, 擧所滅闇, 其後七[110]頌, 顯能滅燈. 八頌釋中, 亦有
四門. 一者二頌, 般渡漂流法門, 二者二頌, 橋拯沈沒法門, 三者二頌,
方便拔苦法門, 四者二頌, 實智與樂法門.

[H1, 497a23~b16]

제9의 게송[111]에도 두 가지 구분이 있다. 앞의 열 게송[112]은 저 '아래
쪽에 있는 부처'(下方佛)의 명호에 의탁해 '범천梵天[113] 지혜의 법문'(梵天
智法門)을 찬탄한 것이며, 나중의 열 게송[114]은 저 지수智首보살의 명칭

---

110 '七'은 잘못 추가된 잉자剩字로 보인다. 삭제하고 번역한다.
111 『화엄경』 권5「여래광명각품」(T9, 425c23~426b4)의 게송이다.
112 『화엄경』 권5「여래광명각품」(T9, 425c23~426a13), "受持難行法, 堅固不退轉, 日
夜常精進, 未曾起疲厭. 已度難度海, 大音師子吼, 一切衆生類, 我今悉當度. 漂浪生死
流, 沈淪愛欲海, 癡惑結重網, 昏冥大怖畏. 離慢堅固士, 是能悉除斷, 超勇成世雄, 是則
佛境界. 世間諸放逸, 長迷醉五欲, 非實興妄想, 永爲大苦障. 勤修不放逸, 奉行諸佛法,
大誓能度彼, 是則佛境界. 慧者滅本際, 無量難見劫, 衆生依吾我, 無窮生死轉. 令入寂
滅法, 奉行最勝教, 誓宣此妙法, 是則佛境界. 見彼苦衆生, 孤惸無救護, 永淪諸惡趣,
三毒恒熾然. 無間無救處, 晝夜常火焚, 誓度斯等苦, 是則佛境界."
113 범천梵天: 범천梵天은 범어梵語로는 Brahmā이다. 음역은 婆羅賀摩 · 梵摩이며, 의
역은 淸淨 · 離欲이다. 인도사상에서 모든 것의 근원을 '범梵'이라고 하며, 이를 신
격화한 것이 바라문교이다. 범천은 인도의 창조신으로서 파괴신인 濕婆Śiva, 유
지신인 毘濕奴Viṣṇu와 더불어 바라문교의 삼대신三大神으로 불린다. 불교 내에서
는 제석천과 함께 불교의 호법신이다. 석가세존께서 도리천에 올라 어머니를 위
해 설법하고, 현세에 내려올 때에 범왕이 부처님의 우측에서 시봉하였다. 『불광
대사전』, p.5828.
114 『화엄경』 권5「여래광명각품」(T9, 426a14~426b4), "迷惑失正路, 習行諸邪徑, 見彼
群生類, 長處大闇冥. 爲現智慧燈, 令見諸佛法, 誓能爲照明, 是則佛境界. 一切三有海,
深廣無涯底, 見彼群生類, 漂溺莫能濟. 爲彼勤方便, 興造正法船, 普拯所應度, 是則佛境
界. 無有本實見, 常依無明住, 沈沒生死淵, 愚癡心迷亂. 慧者見斯苦, 爲之設法橋, 大悲
演說法, 是則佛境界. 見彼生地獄, 楚毒難可量, 長夜老病死, 三苦競侵逼. 自覺深妙法,
專修方便慧, 誓度斯等苦, 是則佛境界. 聞佛甚深法, 信心無疑惑, 周滿十方刹, 普行諸法
界. 觀察空寂法, 其心無恐怖, 現同一切身, 是則天人師."

311

에 의탁해 그 '어둠을 물리치는 지혜 등불의 법문'(却闇智燈法門)을 찬탄한 것이다. 처음[의 열 게송]에 두 가지가 있으니, [처음의] 두 게송은 '간략한 표방'(略標)이고, [나중의] 여덟 게송은 '자세한 해석'(廣釋)이다.

'[간략한] 표방'([略]標)에도 두 가지가 있으니, 앞[115]은 범행梵行을 밝힌 것이고, 뒤[116]는 범음梵音을 나타낸 것이다. 범행梵行이라는 것은 범천梵天이 '변화시킨 몸'(化身)을 나타내서 인간을 교화할 때 '행하기 어려운 수행법'(難行法)을 받아들여서 형상이 해골과 같은데, '행하기 어려운 수행'(難行)이 곧 범행梵行이라는 것을 항상 아는 것이다.

여덟 게송의 '자세한 해석'(廣釋)은 바로 네 가지 방식(門)을 나타낸 것이다. 첫 번째의 두 게송[117]은 '오만함을 여의는 가르침'(離高慢法門)으로 생사의 고난을 없애는 것이다. 두 번째의 두 게송[118]은 '방일하지 않는 가르침'(不放逸法門)으로 세간의 방일함을 없애는 것이다. 세 번째의 두 게송[119]은 '불변·독자의 자아가 없다는 것을 펼치는 가르침'(宣無我教門)으로 중생이 자아에 집착하는 것을 없애는 것이다. 네 번째의 두 게송[120]은 '크나큰 바람으로 두루 적셔 주는 방법'(弘誓普潤門)으로 중생의 거센 [번뇌의] 불을 끄는 것이다. 이것이 〈모두가 '범천의 수행방법'(梵天

---

115 『화엄경』 권5 「여래광명각품」(T9, 425c23~24), "受持難行法, 堅固不退轉, 日夜常精進, 未曾起疲厭."

116 『화엄경』 권5 「여래광명각품」(T9, 425c25~26), "已度難度海, 大音師子吼, 一切衆生類, 我今悉當度."

117 『화엄경』 권5 「여래광명각품」(T9, 425c27~426a1), "漂浪生死流, 沈淪愛欲海, 癡惑結重網, 昏冥大怖畏. 離慢堅固士, 是能悉除斷, 超勇成世雄, 是則佛境界."

118 『화엄경』 권5 「여래광명각품」(T9, 426a2~5), "世間諸放逸, 長迷醉五欲, 非實興妄想, 永爲大苦障. 勤修不放逸, 奉行諸佛法, 大誓能度彼, 是則佛境界."

119 『화엄경』 권5 「여래광명각품」(T9, 426a6~9), "慧者滅本際, 無量難見劫, 衆生依吾我, 無窮生死轉. 令入寂滅法, 奉行最勝教, 誓宣此妙法, 是則佛境界."

120 『화엄경』 권5 「여래광명각품」(T9, 426a10~13), "見彼苦衆生, 孤惸無救護, 永淪諸惡趣, 三毒恒熾然. 無間無救處, 晝夜常火焚, 誓度斯等苦, 是則佛境界."

行門)이다.〉라고 말하는 것이다.

  나중의 열 게송에도 두 가지 구분이 있다. 앞의 두 게송은 '지혜의
문'(智門)을 간략히 표방한 것인데, 이 가운데 먼저의 게송[121]은 '소멸되
는 어둠'(所滅闇)을 제시하였고 나중의 게송[122]은 '능히 소멸시키는 등
불'(能滅燈)을 나타냈다. 여덟 게송의 해석에도 '네 가지'(四門)가 있다.
첫 번째의 두 게송[123]은 표류하는 중생을 운반해 건네주는 법문이며, 두
번째의 두 게송[124]은 침몰하는 중생을 다리를 놓아 건져 주는 법문이며,
세 번째의 두 게송[125]은 방편으로 고통을 뽑아 주는 법문이며, 네 번째
의 두 게송[126]은 '진실한 지혜'(實智)로 즐거움을 주는 법문이다.

> 第十頌中, 亦有二分. 在前四頌, 寄彼上方佛號, 歎伏怨智法門, 後
> 十六頌, 依彼菩薩賢首之名, 廣說賢首勝能法門. 初中有二, 在前二頌,
> 正顯伏怨勝智十力, 其次二頌, 標示伏怨名聲勝德. "普爲衆生"以下,
> 第二賢首法門. 於中有二, 前之四頌, 下化衆生勝能, 後十二頌, 上求
> 佛道勝能. "能問十方佛"以下, 第二上求佛道, 合十二頌, 以爲六雙. 一

---

121 『화엄경』 권5 「여래광명각품」(T9, 426a14~15), "迷惑失正路, 習行諸邪徑, 見彼群
    生類, 長處大闇冥."
122 『화엄경』 권5 「여래광명각품」(T9, 426a16~17), "爲現智慧燈, 令見諸佛法, 誓能爲
    照明, 是則佛境界."
123 『화엄경』 권5 「여래광명각품」(T9, 426a18~21), "一切三有海, 深廣無涯底, 見彼群
    生類, 漂溺莫能濟. 爲彼勤方便, 興造正法船, 普拯所應度, 是則佛境界."
124 『화엄경』 권5 「여래광명각품」(T9, 426a22~25), "無有本實見, 常依無明住, 沈沒生
    死淵, 愚癡心迷亂. 慧者見斯苦, 爲之設法橋, 大悲演說法, 是則佛境界."
125 『화엄경』 권5 「여래광명각품」(T9, 426a26~29), "見彼生死獄, 楚毒難可量, 長夜老
    病死, 三苦競侵逼. 自覺深妙法, 專修方便慧, 誓度斯等苦, 是則佛境界."
126 『화엄경』 권5 「여래광명각품」(T9, 426b1~4), "聞佛甚深法, 信心無疑惑, 周滿十方
    刹, 普行諸法界. 觀察空寂法, 其心無恐怖, 現同一切身, 是則天人師."

者, 問佛見佛爲雙, 二者, 能說能化爲雙, 三者, 聞佛音見佛身, 以爲雙
也. 四者, 著有無著, 開以爲雙也. 第五雙者, 下喩上法, 第六雙者, 外
譬內法. 此後兩雙, 依比量門, 證成佛身周遍之義. 上來十重光明遍照,
顯佛色身無所不遍. 十重說偈, 讚佛功德, 明佛內德亦無不周. 於中亦
顯菩薩德者, 明諸菩薩隨佛能適於佛. 起疑除遣已盡.

[H1, 497b16~c9]

제10의 게송[127]에도 두 가지 구분이 있다. 앞의 네 게송[128]은 저 '위쪽
에 있는 부처'(上方佛)의 명호에 의탁해 '원한을 굴복시키는 지혜를 찬탄
하는 법문'(歎伏怨智法門)이고, 나중의 열여섯 게송[129]은 저 [열 번째 보살
인] 현수賢首보살의 명칭에 의탁해 '현수보살의 뛰어난 능력을 자세히
설하는 법문'(廣說賢首勝能法門)이다.

처음 [네 게송] 중에 두 가지가 있으니, 앞의 두 게송[130]은 〈'원한을 굴

---

127 『화엄경』 권5 「여래광명각품」(T9, 426b20~427a1)의 게송이다.
128 『화엄경』 권5 「여래광명각품」(T9, 426b20~27), "無量無數劫, 一念悉觀察, 無來亦
無去, 現在亦不住. 一切生滅法, 悉知眞實相, 超度方便岸, 具足十種力. 無等大名稱,
普遍十方刹, 永離生死難, 究竟一切法. 皆悉能遍至, 一切諸世界, 具足能敷演, 淸淨微妙
法."
129 『화엄경』 권5 「여래광명각품」(T9, 426b28~427a1), "普爲衆生類, 正心奉諸佛, 是故
獲直心, 眞實淨依果. 隨順分別知, 了達如如相, 得佛自在力, 十方靡不現. 從始供養佛,
樂行忍辱法, 能入深禪定, 觀察眞實義. 悉令一切衆, 歡喜向如來, 菩薩行是法, 速逮無
上道. 能問十方佛, 其心常湛然, 信佛不退轉, 威儀悉具足. 一切有無法, 了達非有無, 如
是正觀察, 能見眞實佛. 無量淨樂心, 境界滿十方, 一切國土中, 能說眞實義. 滅除衆垢難,
安住平等法, 若能如是化, 斯人等如來. 聞佛妙音聲, 逮得無上法, 常轉淨法輪, 甚深難知
見. 最勝所說法, 具足七覺義, 如是無上觀, 常見諸佛身. 不見如來空, 寂滅猶幻化, 雖
見無所見, 如盲對五色. 虛妄取相者, 是人不見佛, 一切無所著, 乃見眞如來. 衆生種種
業, 難可分別知, 十方內外身, 種種無量色. 佛亦如是, 一切滿十方, 難知能知者, 彼是
大導師. 譬如無量刹, 依止虛空住, 不從十方來, 去亦無所至. 世界若成敗, 本來無所依,
佛身亦如是, 充滿虛空界."
130 『화엄경』 권5 「여래광명각품」(T9, 426b20~23), "無量無數劫, 一念悉觀察, 無來亦

복시키는 뛰어난 지혜'(伏怨勝智)가 지닌 '열 가지 힘'(十力)[131] 〈伏怨勝智十力〉을 곧바로 나타낸 것이며, 그다음 두 게송[132]은 '원한을 굴복시키는 명성의 뛰어난 능력'(伏怨名聲勝德)을 보인 것이다.

"널리 중생을 위해"(普爲衆生) 이하는 두 번째인 [여섯 게송으로 이루어진] 현수賢首 보살의 법문이다. 여기에는 두 가지가 있으니, 앞에 네 게송[133]은 '아래로 중생을 교화하는 뛰어난 능력'(下化衆生勝能)이고, 나중의 열두 게송은 '위로 불도(佛道)를 구하는 뛰어난 능력'(上求佛道勝能)이다.

"능히 '모든 곳의 부처님들'(十方佛)에게 질문한다."(能問十方佛) 이하는 두 번째인 '위로 불도를 구하는 부분'(上求佛道)으로서 도합 열두 게송을 여섯 쌍으로 분류한다. 첫 번째[134]는 '부처에게 질문함'(問佛)과 '부처를 봄'(見佛)을 쌍으로 삼고, 두 번째[135]는 '능히 설함'(能說)과 '능히 교

無去, 現在亦不住. 一切生滅法, 悉知眞實相, 超度方便岸, 具足十種力."

131 십력十力: 『대지도론』 권2(T25, 75a20~29)에서는 일체지인一切智人인 부처님이 얻은 열 가지 지혜의 힘을 다음과 같이 나열한다. "實有一切智人, 何以故? 得十力故. ① 知處非處故, ② 知因緣業報故, ③ 知諸禪定解脫故, ④ 知衆生根善惡故, ⑤ 知種種欲解故, ⑥ 知種種世間無量性故, ⑦ 知一切至處道故, ⑧ 先世行處憶念知故, ⑨ 天眼分明得故, ⑩ 知一切漏盡故. … 如是種種因緣故, 佛爲一切智人." 번호는 십력十力의 순서를 표시한다. 같은 책 권19(T25, 198b7~8)에서는 "佛雖有無量力. 但說十力. 於度衆生事足."이라고 하여 부처님이 가진 무량력無量力에서 십력만을 말해도 중생을 구제하는 일에 충분하다고 설명한다.

132 『화엄경』 권5 「여래광명각품」(T9, 426b24~27), "無等大名稱, 普遍十方刹, 永離生死難, 究竟一切法. 皆悉能遍至, 一切諸世界, 具足能敷演, 淸淨微妙法."

133 『화엄경』 권5 「여래광명각품」(T9, 426b28~c6), "普爲衆生類, 正心奉諸佛, 是故獲直心, 眞實淨依果. 隨順分別知, 了達如如相, 得佛自在力, 十方靡不現. 從始供養佛, 樂行忍辱法, 能入深禪定, 觀察眞實義. 悉令一切衆, 歡喜向如來, 菩薩行是法, 速逮無上道."

134 『화엄경』 권5 「여래광명각품」(T9, 426c7~10), "能問十方佛, 其心常湛然, 信佛不退轉, 威儀悉具足. 一切有無法, 了達非有無, 如是正觀察, 能見眞實佛."

135 『화엄경』 권5 「여래광명각품」(T9, 426c11~14), "無量淨樂心, 境界滿十方, 一切國

화함'(能化)을 쌍으로 삼으며, 세 번째[136]는 '부처의 음성을 들음'(聞佛音)과 '부처의 몸을 봄'(見佛身)을 쌍으로 삼는다. 네 번째[137]는 '있음에 대한 집착'(著有)과 '집착을 없앰'(無著)을 열어 쌍으로 삼는다. 다섯 번째 쌍[138]은 '아래의 비유'(下喩)와 '위의 도리'(上法)이고, 여섯 번째 쌍[139]은 '밖의 비유'(外譬)와 '안의 도리'(內法)이다. 이 나중의 [다섯 번째와 여섯 번째] 두 쌍은 '추리의 방법'(比量門)[140]에 의거해 〈'부처를 이룬 몸'(成佛身)이 [모든 곳에] 두루한다는 뜻〉(成佛身周遍之義)을 증명한다.

지금까지 '열 겹 광명'(十重光明)으로 '두루 비추어'(遍照) '형상을 지닌 부처의 몸'(佛色身)이 두루하지 않는 바가 없음을 나타내었다. [그리고] '열 겹'(十重)으로 게송을 설하여 '부처의 능력'(佛功德)을 찬탄하여 '안에

　　　　土中, 能說眞實義. 滅除衆垢難, 安住平等法, 若能如是化, 斯人等如來."
136 『화엄경』 권5 「여래광명각품」(T9, 426c15~18), "聞佛妙音聲, 逮得無上法, 常轉淨法輪, 甚深難知見. 最勝所說法, 具足七覺義, 如是無上觀, 常見諸佛身."
137 『화엄경』 권5 「여래광명각품」(T9, 426c19~22), "不見如來空, 寂滅猶幻化, 雖見無所見, 如盲對五色. 虛妄取相者, 是人不見佛, 一切無所著, 乃見眞如來."
138 『화엄경』 권5 「여래광명각품」(T9, 426c23~26), "衆生種種業, 難可分別知, 十方內外身, 種種無量色. 佛身亦如是, 一切滿十方, 難知能知者, 彼是大導師."
139 『화엄경』 권5 「여래광명각품」(T9, 426c27~427a1), "譬如無量刹, 依止虛空住, 不從十方來, 去亦無所至. 世界若成敗, 本來無所依, 佛身亦如是, 充滿虛空界."
140 비량比量: 주어진 전제로부터 결론을 추론하거나 이끌어 내는 행위(M. Monier~Williams, Sankrit English Dictionary, p.37)를 뜻하는데, 산스크리트어 'anumāna'에서 유래한 것이다. 'anumāna'는 동사어근 '√mā(재다, 헤아리다)'에서 파생한 명사에 접두어 'anu'(~를 따라)가 부가되어 만들어진 단어이기에, 한역漢譯으로는 추리推理, 추론推論, 유추類推로 풀이되었다. 대승불교 후기에 이르면 인식논리학이 발달하게 되는데, 여기서 이 'anumāna'는 '비량'으로 한역되면서 인식수단의 하나를 의미하는 개념으로 자리 잡는다. 즉, 기존의 앎을 근거로 해서 아직 알지 못하는 사실에 대한 주장(宗)을 비교하여 이유/근거에 해당하는 인(因)과 비유/사례에 해당하는 유(喩)를 통해 입증하여 새로운 앎을 이끌어 내는 방식을 가리킨다. 이에 반해 직접지각에 해당하는 인식은 현량(現量, pratyakṣa)이라고 부른다.

갖춘 부처의 능력'(佛內德) 또한 두루하지 않음이 없음을 밝혔다. 여기에다 또한 '보살의 능력'(菩薩德)을 나타낸 것은 모든 보살이 부처를 따라 능히 부처로 나아갈 수 있음을 밝힌 것이다. 제기된 의문을 제거하는 것을 다 마쳤다.

寬文十年七月九日以石水院本寫了

관문寬文 10년(1670년) 7월 9일 세키스이인(石水院, 교토京都의 고산지高山寺 소재) 사본을 필사하다.

해심밀경소서 解深密經疏序

『해심밀경소서解深密經疏序』[1]

석원효釋元曉

> 原夫佛道之爲道也, 湛爾沖玄, 玄於無閒,[2] 泰然廣遠, 遠於無邊. 爾
> 乃有爲無爲, 如幻化而無二, 無生無相, 括內外而偕泯. 偕泯之者, 脫
> 二縛而懸解, 無二之者, 同一味而澹神. 故能遊三世而平觀, 流十方而
> 現身, 周法界而濟物, 窮未來而彌新.
>
> [H1, 553a1~11]

무릇 '부처가 되는 길'(佛道)에서의 길(道)이라는 것은, '맑은 것이어
서'(湛爾) '불변의 실체가 없으면서도 현묘하게 있으니'(沖玄) '틈새 없는
것'(無間)[에 들어가는 작은 것]보다도 [더 작을 정도로] 현묘(玄)[하게 있는 것]
이지만, [또한] '크나큰 것이어서'(泰然) '넓으며 아득하게 먼 것이니'(廣
遠) '가없는 것'(無邊)보다 [더] 멀다. 이 [길]에서는 또한 '[방편가설의 말로]

---

1   저본底本은 『한국불교전서』 제1책(동국대학교 출판부, 1979)에 수록된 〈해심밀
    경소서解深密經疏序〉(H1, p.553a1~b1)이다. 이에 대한 교감본은 『동문선』 83권
    (경희출판사, 1966년)에 수록된 〈해심밀경소서解深密經疏序〉이다. 이 동문선 영
    인본은 조선고서간행회에서 1915년에 출판한 것을 대본으로 삼았다. 따라서 본
    번역의 저본은 『한국불교전서』에 수록된 〈해심밀경소서解深密經疏序〉로 삼고,
    교감본으로는 『동문선』 83권(경희출판사, 1966년)에 수록된 〈해심밀경소서解深
    密經疏序〉로 삼는다. 『동문선』본에 대한 원문 검색은 한국고전번역원 〈한국고전
    종합DB: https://db.itkc.or.kr/〉에서 가능하다.
2   저본인 『한불전』에는 '閒'이라고 되어 있지만, 『동문선』을 참고하여 '間'으로 교감
    하고 번역한다.

함이 있음'(有爲)과 '[방편가설의 말로] 함이 없음'(無爲)³이 마치 [실체가 없는] '허깨비가 나타난 것'(幻化)⁴과 같아서 '[불변·독자의 본질/실체로서] 둘[로 나뉨]이 없으며'(無二),⁵ '[모든 현상(一切法)이 실체로서] 생겨남도 없고⁶

---

3 유위有爲와 무위無爲: 관련된 『해심밀경解深密經』 「승의제상품勝義諦相品」(T16, pp.688c23~689a17)의 원문은 다음 같다. "善男子! 一切法者, 略有二種, 一者, 有爲, 二者, 無爲. 是中有爲, 非有爲非無爲, 無爲, 亦非無爲非有爲. 如理請問菩薩, 復問解甚深義密意菩薩言, 「最勝子! 如何有爲, 非有爲非無爲, 無爲, 亦非無爲非有爲?」 解甚深義密意菩薩謂如理請問菩薩曰, 「善男子! 言有爲者, 乃是本師假施設句. 若是本師假施設句, 即是遍計所集言辭所說. 若是遍計所集言辭所說, 即是究竟種種遍計言辭所說. 不成實故, 非是有爲. 善男子! 言無爲者, 亦墮言辭. 設離有爲, 無爲少有所說, 其相亦爾. 然非無事而有所說. 何等爲事? 謂諸聖者以聖智, 聖見, 離名言故, 現等正覺. 即於如是離言法性, 爲欲令他現等覺故, 假立名想謂之有爲. 善男子! 言無爲者, 亦是本師假施設句. 若是本師假施設句, 即是遍計所集言辭所說. 若是遍計所集言辭所說, 即是究竟種種遍計言辭所說. 不成實故, 非是無爲. 善男子! 言有爲者, 亦墮言辭. 設離無爲, 有爲少有所說, 其相亦爾. 然非無事而有所說. 何等爲事? 謂諸聖者以聖智, 聖見, 離名言故, 現等正覺. 即於如是離言法性, 爲欲令他現等覺故, 假立名想謂之無爲."

4 환화幻化: 관련된 『해심밀경解深密經』 「승의제상품勝義諦相品」(T16, p.689a23~b4)의 원문은 다음 같다. "善男子! 如善幻師或彼弟子, 住四衢道, 積集瓦, 礫, 草, 葉, 木等, 現作種種幻化事業. 所謂象身, 馬身, 車身, 步身, 末尼, 真珠, 琉璃, 螺貝, 璧玉, 珊瑚, 種種財, 穀, 庫藏等身. 若諸衆生愚癡, 頑鈍, 惡慧種類, 無所曉知, 於瓦, 礫, 草, 葉, 木等上諸幻化事, 見已聞已, 作如是念, 〈此所見者, 實有象身, 實有馬身, 車身, 步身, 末尼, 真珠, 琉璃, 螺貝, 璧玉, 珊瑚, 種種財, 穀, 庫藏等身.〉 如其所見, 如其所聞, 堅固執著, 隨起言說, 〈唯此諦實, 餘皆愚妄.〉 彼於後時應更觀察."

5 무이無二: 위의 유위무위有爲無爲와 환화幻化를 종합하면, 일체법一切法인 유위有爲와 무위無爲가 모두 변계소집遍計所集으로 설해진 방편가설적 언사言辭로서 환화幻化와 같기 때문에 유위有爲와 무위無爲가 '둘이 아니라는 것'(無二)이다.

6 무생無生: 관련된 『해심밀경解深密經』 「무자성상품無自性相品」(T16, p.694b14~24)의 원문은 다음 같다. "一切諸法無生, 無滅, 本來寂靜, 自性涅槃. 「善男子! 我亦依法無我性所顯勝義無自性性, 密意說言, 一切諸法無生, 無滅, 本來寂靜, 自性涅槃. 何以故? 法無我性所顯勝義無自性性, 於常常時, 於恒恒時, 諸法法性, 安住, 無爲. 一切雜染不相應故, 於常常時, 於恒恒時, 諸法法性安住無爲, 由無爲故無生無滅. 一切雜染不相應故, 本來寂靜, 自性涅槃. 是故我依法無我性所顯勝義無自性性, 密意說言, 一切諸法無生, 無滅, 本來寂靜, 自性涅槃."

[실체로서의] 양상도 없어서'[7](無生無相) '안과 밖[의 모든 실체관념]을 묶어서 다 없앤다'(括內外而偕泯). '[안과 밖의 모든 실체관념을] 다 없앤다'(偕泯)는 것은 〈'[상박相縛과 추중박麤重縛, 이] 두 가지 얽매임[8]에서 벗어나'(脫二縛) '묶임에서 풀려나는 것'(懸解)〉[9](脫二縛而懸解)이며, '[불변·독자의 본질/실체로서] 둘[로 나뉨]이 없다'(無二)는 것은 〈'한 맛[처럼 통하는 경지]와 같아져서'(同一味)[10] '마음을 안온하게 하는 것'(澹神)이다〉(同一味而澹神). 그러므로 능히 〈'과거·현재·미래'(三世)에 노닐면서 [사실 그대로를] 평등하게 이해하고〉(遊三世而平觀), 〈'모든 곳'(十方)에 다니면서 '[부처의] 몸을 나타내며'(現身)〉(流十方而現身),[11] 〈'[모든] 현상세계'(法界)를 두루

---

7 무상無相: 관련된 『해심밀경解深密經』 「일체법상품一切法相品」(T16, p.693b22~c1)의 원문은 다음 같다. "復次, 德本! 相名相應以爲緣故, 遍計所執相而可了知. 依他起相上, 遍計所執相執以爲緣故, 依他起相而可了知. 依他起相上, 遍計所執相無執以爲緣故, 圓成實相而可了知. 「善男子! 若諸菩薩能於諸法依他起相上, 如實了知遍計所執相, 即能如實了知一切無相之法. 若諸菩薩如實了知依他起相, 即能如實了知一切雜染相法. 若諸菩薩如實了知圓成實相, 即能如實了知一切淸淨相法."

8 이박二縛: 두 가지 속박은 상박相縛과 추중박麤重縛이다. 상박相縛은 분별한 대상에 얽매임이고, 추중박麤重縛은 거칠고 무거운 번뇌에 얽매이는 결박이다.

9 탈이박이현해脫二縛而懸解: 두 가지 속박인 상박相縛과 추중박麤重縛에서 벗어나 묶임에서 풀려나는 것이다. 관련된 『해심밀경解深密經』 「분별유가품分別瑜伽品」(T16, p.702c12~15)의 원문은 다음 같다. "云何善知心出? 謂如實知出二種縛. 所謂相縛及麁重縛. 此能善知, 應令其心從如是出."

10 동일미同一味: 관련된 『해심밀경解深密經』 「승의체상품勝義諦相品」(T16, p.692a4~24)의 원문은 다음 같다. "復次, 善現! 修觀行芯芻, 通達一蘊眞如勝義法無我性已, 更不尋求各別餘蘊, 諸處、緣起、食、諦、界、念住、正斷、神足、根、力、覺支、道支眞如勝義法無我性. 唯即隨此眞如勝義無二智爲依止, 故於遍一切一味相勝義諦, 審察趣證. … 是故, 善現! 由此道理, 當知勝義諦是遍一切一味相. 「善現! 譬如種種非一品類異相色中, 虛空無相, 無分別, 無變異, 遍一切一味相. 如是, 異性, 異相一切法中, 勝義諦遍一切一味相, 當知亦然."

11 위 본문의 "遊三世而平觀, 流十方而現身"은 『해심밀경解深密經』 「서품序品」(T16, p.688b22~23)의 다음 문장을 활용한 것이다. "遊於三世平等法性, 其身流布一切世界."

다니며 중생을 구제하고〉(周法界而濟物), '미래세가 다하도록 더욱 새로
워진다'(窮未來而彌新).

> 於是如來, 對一生之大士, 解彼甚深密義, 居二九之圓土, 轉此了義
> 法輪. 其爲敎也, 極精粹焉, 棄繁華而錄實, 撮要妙而究陳. 開有無之
> 法相, 示勝義之離邊, 明止觀之本末, 簡立破之似眞.
>
> [H1, 553a11~16]

이에 여래如來께서는 '한 생애만 더 지나면 부처의 자리를 대신할 수
있는 보살'(一生之大士)[12][인 미륵보살]에게 저 '매우 심오하고 은밀한 이
치'(甚深密義)를 설명하셨으니, '18가지가 온전한 세상'(二九之圓土)[13]에

---

12 일생지대사一生之大士: 이는 일생보처보살一生補處菩薩이며, 한 생애만 더 지나면
부처의 자리를 대신할 수 있는 보살을 의미한다. 『해심밀경解深密經』「분별유가
품分別瑜伽品」에서 일생보처보살一生補處菩薩인 미륵보살에게 '매우 심오하고 은
밀한 이치'(甚深密義)를 해설한 것을 가리킨다.

13 이구지원토二九之圓土: 이는 『해심밀경解深密經』「서품序品」(T16, p.688b18~19)
의 다음 문장에 대해 원측이 주석한 '정토의 18가지 뛰어난 특징'이다. "無量功德
衆所莊嚴, 大寶花王衆所建立大宮殿中." 이에 대한 원측의 『해심밀경소解深密經
疏』주석은 다음과 같다.(X21, pp.185c17~186a2; H1, 141c~150c) "就釋此經住處
之中, 有十九句, 顯彼淨土十八圓滿. 十八圓滿, 即十八段. 言十八者, 如佛地論第一卷
云. 論曰, 此顯如來住處圓滿, 謂佛淨土. 如是淨土, 復由十八圓滿事故, 說名圓滿. 謂顯
色圓滿, 形色圓滿, 分量圓滿, 方所圓滿, 因圓滿, 果圓滿, 主圓滿, 輔翼圓滿, 眷屬圓滿,
住持圓滿, 事業圓滿, 攝益圓滿, 無畏圓滿, 住處圓滿, 路圓滿, 乘圓滿, 門圓滿, 依持圓
滿. 由十九句, 如其次第, 顯示如是十八圓滿. 即此圓滿所嚴宮殿, 名佛淨土. 佛住如是
大宮殿中, 說此契經." 구체적으로 18가지가 원만한 정토의 모습은 다음과 같다. ①
현색원만顯色圓滿, ② 형색원만形色圓滿, ③ 분량원만分量圓滿, ④ 방처원만方處
圓滿, ⑤ 인원만因圓滿, ⑥ 과원만果圓滿, ⑦ 주원만主圓滿, ⑧ 보익원만補益圓滿,
⑨ 권속원만眷屬圓滿, ⑩ 주지원만住持圓滿, ⑪ 사업원만事業圓滿, ⑫ 섭익원만攝
益圓滿, ⑬ 무외원만無畏圓滿, ⑭ 주소원만住所圓滿, ⑮ 노원만路圓滿, ⑯ 업원만
業圓滿, ⑰ 문원만門圓滿, ⑱ 의지원만依持圓滿.

계시면서 이 '완전한 뜻을 갖춘 가르침'(了義法輪)[14]을 펼치셨다. 그 가르침은 지극한 핵심이니, 번잡하거나 화려한 것을 버리고 진실한 것만 담았고, 중요하고 오묘한 것을 취하여 남김없이 펼쳤다. [그리하여] 〈[변계소집성遍計所執性(分別性)·의타기성依他起性·원성실성圓成實性(眞實性)의] 있음과 없음이라는 '현상의 특징'(法相)〉(有無之法相)[에 대한 가르침]을 열어 '궁극적 진리'(勝義)[15]는 [삼성三性이 있다(有)거나 없다(無)고 하는] 치우침에서 벗어났음'(離邊)을 드러내었고,[16] 〈'그침 수행'(止)과 '이해 수행'

---

14 요의了義: 불법의 완전한 가르침을 직접 드러내는 것을 요의了義라고 하고, 그렇지 못하고 점차적으로 방편을 통해 중생을 이끄는 것을 불요의不了義라고 한다. 즉 직접적이고 완전하게 불법의 도리를 빠짐없이 드러내는 가르침이 요의교了義教이니, 마치 대승경전에서 생사와 열반이 다름이 없다는 것을 설하는 것과 같다. 이에 비해 중생의 이해 정도에 맞추느라 불법의 완전한 뜻을 직접 드러내지 못하고 점차적으로 방편을 통해 중생을 이끄는 가르침이 불요의교不了義教이니, 마치 생사를 싫어하여 등지게 하고 열반을 좋아하여 추구하게 하는 경전의 가르침과 같은 것이다. 『불광대사전』, p.165. 참조. 한편 『해심밀경解深密經』의 교판教判은 삼시설三時說인데, 그 가운데 세 번째 시時의 교설만을 요의설로 인정한다. "世尊! 於今第三中, 普爲發趣一切乘者, 依一切法皆無自性, 無生, 無滅, 本來寂靜, 自性涅槃, 無自性性, 以顯了相轉正法輪, 第一甚奇, 最爲希有. 于今世尊所轉法輪無上無容, 是真了義, 非諸諍論安足處所."(T16, p.697b4~9.)

15 승의勝義(paramārtha): 이제二諦 중 하나로 속제俗諦와 반대되는 개념이다. 제일의제第一義諦 또는 진제眞諦라고도 부른다. 『해심밀경解深密經』「승의제상품勝義諦相品」에서는 승의勝義에 대하여 구체적으로 논하면서 마지막에 다음과 같은 게송으로 정리하였다. "內證無相之所行, 不可言說絕表示, 息諸諍論勝義諦, 超過一切尋思相."(T16, p.690a26~27.)

16 개유무지법상開有無之法相, 시승의지이변示勝義之離邊: 삼성三性의 있음(有)과 삼성三性의 없음(無)에 관한 도리를 펼쳐, 있음과 없음 어디에도 치우치지 않는 '궁극적 진리'(勝義)를 드러내는 것이다. 변계소집성遍計所執性(分別性)·의타기성依他起性·원성실성圓成實性(眞實性)이라는 삼성三性의 있음(有)에 대해 이 삼성三性의 공의空義를 삼무성三無性으로 설명한다. ① 상무성相無性(lakṣaṇa-niḥsvabhāvatā), ② 생무성生無性(utpatti-niḥsvabhāvatā), ③ 승의무성勝義無性(paramārtha- niḥsvabhāvatā)이 그것이다. 변계소집성은 망념으로 두루 분별하고 거기에 집착하는 것이고, 의타기성은 다른 것에 의존하여 발생하는 것이며, 원성실성은 참됨이 완전하게 이루어진

면모인데, 이 세 가지 모두 불변·독자의 본질이 없다는 것이다. 삼무자성三無自性이라고도 한다. 삼성三性은 현상의 면모(性)를 세 가지 측면에서 밝힌 것이다. 삼성三性에 대해서는 『해심밀경解深密經』 권2의 제4 「일체법상품―切法相品」에서 다음과 같이 서술하고 있다. "謂諸法相略有三種, 何等爲三? 一者, 遍計所執相, 二者, 依他起相, 三者, 圓成實相. 云何諸法遍計所執相? 謂一切法名假安立自性差別, 乃至爲令隨起言說. 云何諸法依他起相? 謂一切法緣生自性, 則此有故彼有, 此生故彼生, 謂無明緣行, 乃至招集純大苦蘊. 云何諸法圓成實相? 謂一切法平等眞如. 於此眞如, 諸菩薩衆勇猛精進爲因緣故, 如理作意, 無倒思惟爲因緣故, 乃能通達. 於此通達, 漸漸修集, 乃至無上正等菩提方證圓滿."(T16, 693a16~25). 삼무성三無性에 대해서는 『해심밀경』 권2의 제5 「무자성상품無自性相品」에서 변계소집성(分別性)·의타기성·원성실성(眞實性) 세 가지에 순서대로 상무자성相無自性, 생무자성生無自性, 승의무자성勝義無自性을 대입하여 모두 각자의 본질이 없다는 뜻을 설명하고 있다. "當知我依三種無自性性密意, 說言一切諸法皆無自性, 所謂相無自性性, 生無自性性, 勝義無自性性. 「善男子! 云何諸法相無自性性? 謂諸法遍計所執相. 何以故? 此由假名安立爲相, 非由自相安立爲相, 是故說名相無自性性. 云何諸法生無自性性? 謂諸法依他起相. 何以故? 此由依他緣力故有, 非自然有, 是故說名生無自性性. 云何諸法勝義無自性性? 謂諸法由生無自性性故, 說名無自性性. 即緣生法, 亦名勝義無自性性. 何以故? 於諸法中, 若是淸淨所緣境界, 我顯示彼以爲勝義無自性性, 依他起相非是淸淨所緣境界, 是故亦說名爲勝義無自性性. 復有諸法圓成實相, 亦名勝義無自性性. 何以故? 一切諸法法無我性名爲勝義, 亦得名爲無自性性, 是一切法勝義諦故, 無自性性之所顯故. 由此因緣, 名爲勝義無自性性."(T16, pp.694a13~694b1.) 이러한 설명에 따르면, 3무성은 3성의 뜻이 무자성에 있고 동시에 그 무자성無自性의 뜻이 단견斷見에 떨어지는 것도 아님을 알리는 데 핵심이 있는 것으로 보인다.

17 지관止觀: 지止는 산스크리트어 'śamatha(팔리어 samatha)', 관觀은 산스크리트어 'vipaśyanā(팔리어 vipassanā)'를 한역漢譯한 것이다. 그리하여 사마타/위빠사나를 흔히 '지관止觀'이라고도 부른다. 사마타는 동사어근 '√śam'(고요하다)에서 파생한 남성명사로서 고요(quiet), 평정(tranquillity), 격정의 부재(absence of passion) 등의 뜻이다(M. Moniar Williams, Sanskrit English Dictionary, p.1054 참고). 『불광대사전』(p.1473)의 설명에 따르면, 지관止觀과 병칭될 경우의 사마타(止)는 마음을 한곳으로 거두어들여 흐트러지거나 요동하는 것을 그치게 하고 망상 분별이 생겨나는 것을 막아서 그치게 하는 것을 의미한다. 그리고 위빠사나는 동사어근 √paś(보다)의 앞에 접두어 'vi'(분리)가 첨가된 여성 명사로서 '바른 앎(right knowledge)'의 뜻이다(M. Moniar Williams, Sanskrit English Dictionary, p.974 참고). 『불광대사전』(p.1473)의 설명에 따르면, 위빠사나(觀)는 '바른 지

됨과 참됨〉(立破之似眞)을 가려내었다.

教窮三藏聖教, 理盡四種道理, 行卽分別六度, 位卽宣說十地. 十地
行成之時, 證得圓滿轉依, 轉依法身, 不可思議, 絶諸戱論, 極無所爲.
無所爲故, 無所不作, 無所論極, 無所不言. 無不作故, 入相之化, 遍八
荒而頓起, 無不言故, 三輪之教, 流三千而彌諠. 彌諠之說, 未嘗有言,
頓起之相, 本來不然, 是謂如來甚深密藏. 今此經者, 開發密藏, 所以
立題目, 名『解深密經』.

[H1, 553a16~b1]

[이 『해심밀경』의] 가르침(教)은 '[경장經藏·율장律藏·논장論藏이라는] 세 가지 창고에 담긴 성스러운 가르침'(三藏聖教)을 끝까지 다하였고, [그] 이치(理)는 '네 가지 도리'(四種道理)[19]를 [남김없이] 다 갖추었으며, 수행

혜'(正智)를 열어 '모든 현상'(諸法)을 '살펴 이해하다'(觀照)는 뜻이다. 『대승기신론』과 원효의 관점은 이러한 일반적 관점과 달라 주목된다. 특히 지止를 '산만하거나 동요하지 않는 집중상태'라고 보는 통념과 많이 다르다. 그리고 이러한 『대승기신론』과 원효의 관점은 정학/선 이해의 새로운 길을 제시하고 있다. 붓다가 설한 사마타/위빠사나, 혹은 지관止觀의 의미와 내용이 무엇인가에 대해서는 전통적 관점에 매이지 않는 새로운 탐구가 요청되는데, 『대승기신론』과 원효가 제시하는 관점은 이러한 탐구의 유익한 길잡이가 된다. 본 원효전서 번역 가운데 『대승기신론소·별기』와 『금강삼매경론』의 해당 내용을 참조할 수 있다.

18 지관止觀에 대해서는 『해심밀경』「분별유가품分別瑜伽品」에서 자세하게 설명한다. 지관을 통해 상박과 추중박을 끊고 해탈할 수 있다고 하면서, 이에 대한 구체적인 수행법을 설명하고 있다. 이에 대하여 원측은 『해심밀경소解深密經疏』(『韓佛全』 1, pp.297a10~22)에서 주석하는데, 이에 따르면 지관의 설명은 18가지로 구분된다. "有十八門. 一分別止觀依住門, 二止觀所緣差別門, 三分別能求止觀門, 四隨順止觀作意門, 五止觀二道同異門, 六分別止觀唯識門或可分別心境一異門, 七修習止觀單覆門, 八止觀種數差別門, 九依不依法止觀門, 十有尋伺等差別門, 十一止擧捨相差別門, 十二知法知義差別門, 十三止觀能攝諸定門, 十四止觀因果作業門, 十五止觀治障差別門, 十六止觀能證菩提門, 十七引發廣大威德門, 十八於無餘依滅受門."

은 '[보시布施・지계持戒・인욕忍辱・정진精進・선정禪定・지혜智慧의] 여섯 가지 보살수행'(六度)[20]을 [자세히] 분별하였으며, '[수행의] 지위'(位)는 '[보살수행의] 열 가지 [본격적인] 단계'(十地)[21]를 널리 설명하였다. '[보살수행

---

19 사종도리四種道理:『해심밀경解深密經』에서 말하는 네 가지 도리는 ① 관대도리觀待道理, ② 작용도리作用道理, ③ 증성도리證成道理, ④ 법이도리法爾道理이다. 이와 관련된『해심밀경』의 원문은 다음과 같다.(T16, pp.709b12~710a18) "道理者, 當知四種. 一者, 觀待道理, 二者, 作用道理, 三者, 證成道理, 四者, 法爾道理. 觀待道理者, 謂若因若緣, 能生諸行, 及起隨說, 如是名爲觀待道理. 作用道理者, 謂若因若緣, 能得諸法, 或能成辦, 或復生已作諸業用, 如是名爲作用道理. 證成道理者, 謂若因若緣, 能令所立, 所說, 所標, 義得成立, 令正覺悟, 如是名爲證成道理. … 法爾道理者, 謂如來出世, 若不出世, 法性, 安住, 法住, 法界, 是名法爾道理."

20 육도六度: 육바라밀六波羅密(ṣaḍ-pāramitā)이다. 대승보살이 불도를 이루고자 실천하는 여섯 가지 수행덕목인데, 전칭은 육바라밀다六波羅蜜多이고 육도六度, 육도무극六度無極, 육도피안六到彼岸 등으로 의역된다. 여섯 가지는 다음과 같다. ① 보시바라밀布施波羅蜜, ② 지계바라밀持戒波羅蜜, ③ 인욕바라밀忍辱波羅蜜, ④ 정진바라밀精進波羅蜜, ⑤ 선정바라밀禪定波羅蜜, ⑥ 지혜바라밀智慧波羅蜜이 그것이다.『불광대사전』, p.1273 참조.

21 십지十地: 보살 수행의 단계를 구분하는 52위位 중, 제41위로부터 제50위까지의 계위階位이다. 환희지歡喜地・이구지離垢地・발광지發光地・염혜지焰慧地・난승지難勝地・현전지現前智・원행지遠行智・부동지不動地・선혜지善慧地・법운지法雲地가 그것이다.『해심밀경』(T16, p.703b14~17)에서 말하는 십지도 이와 같다. "世尊! 如佛所說菩薩十地, 所謂極喜地, 離垢地, 發光地, 焰慧地, 極難勝地, 現前地, 遠行地, 不動地, 善慧地, 法雲地."『대승기신론』(T32, 577c7~15)은 육종염심六種染心을 이 십지와 연관시켜 설명하고 있다. "'오염된 마음'(染心)에는 여섯 가지가 있으니, 무엇이 여섯 가지인가? 첫 번째는 '집착에 서로 응하는 오염[된 마음]'(執相應染)이니, [이 오염된 마음은] '[가르침을] 들어서 [혼자] 부처가 되려는 수행자'(聲聞)와 '연기의 이치를 깨달아 [혼자] 부처가 되려는 수행자'(緣覺)의 해탈 및 [대승의] '[진리에 대한] 믿음과 서로 응하는 경지'(信相應地)에 의거하여 멀리 벗어나는 것이다. 두 번째는 '[집착이] 끊어지지 않는 것에 서로 응하는 오염[된 마음]'(不斷相應染)이니, '[진리에 대한] 믿음과 서로 응하는 경지'(信相應地)에 의거하여 '수행의 수단과 방법'(方便)을 익히고 배워서 [이 오염된 마음을] 점점 버려 나가다가 '[보살수행의] 열 가지 [본격적인] 단계'(十地) 가운데 '첫 번째 단계'(初地, 歡喜地)인 '온전한 마음의 경지'(淨心地)를 성취하여 궁극적으로 벗어날 수 있는 것이다. 세 번째는 '[근본무지에 따라] 분별하는 이해에 서로 응하는 오염[된 마음]'(分

의] 열 가지 [본격적인] 단계'(十地)의 수행이 성취될 때 '완전하게 의지처

別智相應染)이니, '[보살수행의] 열 가지 [본격적인] 단계'(十地)의 '두 번째 단계'(第二地, 離垢地)인 '윤리적 행위능력을 두루 갖춘 경지'(具戒地)에 의거하여 [이 오염된 마음에서] 점점 벗어나다가 '[십지의 '일곱 번째 단계'(第七地, 遠行地)인] '[불변·독자의 본질/실체로 차별된] 차이가 없이 방편을 쓸 수 있는 경지'(無相方便地)에 이르러 궁극적으로 벗어나는 것이다. 네 번째는 [식識이] 나타낸 유형적인 대상에 [의식 차원에서는] 서로 응하지 않는 오염[된 마음]'(現色不相應染)이니, [십지의 '여덟 번째 단계'(第八地, 不動地)인] '유형적인 것으로부터 자유로운 경지'(色自在地)에 의거하여 [이 오염된 마음에서] 벗어날 수 있는 것이다. 다섯 번째는 '주관이 된 마음에 [의식 차원에서는] 서로 응하지 않는 오염[된 마음]'(能見心不相應染)이니, [십지의 '아홉 번째 단계'(第九地, 善慧地)인] '마음에서 자유로운 경지'(心自在地)에 의거하여 [이 오염된 마음에서] 벗어날 수 있는 것이다. 여섯 번째는 '[근본무지에 의한] 애초의 움직임에 [의식 차원에서는] 서로 응하지 않는 오염[된 마음]'(根本業不相應染)이니, [십지의 '열 번째 단계'(第十地, 法雲地)인] '보살의 수행단계를 모두 마친 경지'(菩薩盡地)에 의거하여 '여래의 경지'(如來地)에 들어가면 [이 오염된 마음에서] 벗어날 수 있는 것이다."(染心者有六種, 云何爲六? 一者, 執相應染. 依二乘解脫及信相應地遠離故. 二者, 不斷相應染. 依信相應地修學方便, 漸漸能捨, 得淨心地究竟離故. 三者, 分別智相應染. 依具戒地漸離, 乃至無相方便地究竟離故. 四者, 現色不相應染. 依色自在地能離故. 五者, 能見心不相應染. 依心自在地能離故. 六者, 根本業不相應染. 依菩薩盡地, 得入如來地能離故.) 원효의 관점에 따르면, 보살 수행의 52단계(52位)에서 십지十地 이전인 십신十信·십주十住·십행十行·십회향十廻向 단계에서의 관행觀行은 모두 방편관方便觀에 속하고, 십지 초지初地부터의 관행은 정관正觀에 해당한다. 그에 의하면, 자리행과 이타행이 하나로 결합되는 분기점은 십지의 초지이며, 십지부터는 자리행과 이타행이 근원에서 하나로 결합하는 경지가 펼쳐지게 되고, 등각等覺과 묘각妙覺에 이르러 그 완벽한 경지가 된다. 또 십지의 초지初地 이상의 지평을 여는 정관正觀의 핵심을 원효는 유식관唯識觀으로 본다. 정관이 작동하는 초지 이상의 경지에서 현상과 존재의 사실 그대로인 진여공성眞如空性에 직접 접속하게 되고, 그때 '['사실 그대로'를] 비로소 깨달은' 시각始覺을 증득하여 본각本覺[인 '사실 그대로 앎]과 상통하게 되어 '시각이 곧 본각'이라는 일각一覺의 지평에 올라선다. 이후의 과제는 본각과의 상통 정도를 확장해 가는 것이다. 초지에서 위로 올라갈수록 상통의 원만성이 확대되다가, 등각等覺 경지에서 성취하게 되는 금강삼매에 의거하여 마침내 묘각妙覺 지평이 열려 시각과 본각이 완전하게 하나가 된다. 이러한 이해를 반영하여 본 번역에서는 '십지十地'를 '[보살수행의] 열 가지 [본격적인] 단계'로 번역한다.

를 바꿈'(圓滿轉依)²²을 증득하니, '의지처를 바꾸어 가는 [수행]'(轉依)으로 [성취한] '진리 몸'(法身)은 '생각으로 이루 헤아릴 수 없는 것'(不可思議)이고 온갖 '[사실을 왜곡하는] 분별로 따지는 일'(戲論)을 끊어 전혀 '[불변·독자의 본질/실체로 보고 분별하는 생각에 이끌려] 하는 것이 없다'(無所爲).²³ '[불변·독자의 본질/실체로 보고 분별하는 생각에 이끌려] 하는 것이 없기'(無所爲) 때문에 또한 '[사실 그대로에 의거하여] 짓지 않는 것이 없고'(無

---

22 전의轉依: 범어인 'āśraya-parivṛtti'에서 'āśraya'는 '어떤 것이 의지하거나 안주하는 대상'(that on which anything depends or rests)의 뜻이고, 'parivṛtti'는 '바꾸어 감'(turning), '변혁'(revolution)의 뜻이다. *Sanskrit-English Dictionary*, pp. 158, 601 참조. 『성유식론』권9(T31, 51a3~9)에서는 전의轉依에서 전전과 의依를 구분하여 다음과 같이 설명한다. "依謂所依, 即依他起與染淨法, 爲所依故. 染謂虛妄遍計所執, 淨謂眞實圓成實性. 轉謂二分轉捨轉得. 由數修習無分別智, 斷本識中二障麤重故, 能轉捨依他起上遍計所執, 及能轉得依他起中圓成實性. 由轉煩惱, 得大涅槃, 轉所知障, 證無上覺, 成立唯識意, 爲有情, 證得如斯二轉依果." 이에 따르면 먼저 전의轉依에서 의依는 '의지하는 대상'(所依)을 말하는 것으로서, 의타기성依他起性에 더불어 있는 염법染法과 정법淨法의 두 부분을 말하는데, 염법은 허망한 변계소집성遍計所執性이고 정법淨法은 진실한 원성실성圓成實性이다. 다음으로 전의轉依에서 전전은 염법인 변계소집성과 정법인 원성실성의 두 부분을 '버리도록 바꾸거나 증득하도록 바꾸는 것'을 말한다. 구체적으로는 무분별지無分別智를 자주 닦아 본식本識인 아뢰야식阿賴耶識 중에 있는 번뇌장煩惱障·소지장所知障의 추중麤重을 끊음으로써 의타기성 상의 변계소집성을 버리도록 바꾸고 의타기성 상의 원성실성을 증득하도록 바꾸는 것이 그것이다. 번뇌장을 바꾸어 '번뇌에 요동치는 마음의 그침'인 대열반大涅槃을 얻고 소지장을 바꾸어 '사실 그대로 보는 최고의 이해'인 무상각無上覺을 얻음으로써 유식唯識의 뜻이 성립한다는 설명에서는, '두 가지 전의의 결과'(二轉依果)를 '분별에 요동치는 마음의 완전한 그침'인 대열반과 '사실 그대로 보는 최고의 이해'인 무상각無上覺이라고 제시한다. 이에 따르면 전의의 대상은 의타기성 상의 변계소집성, 번뇌장·소지장 등이고 전의의 결과는 의타기성 상의 원성실성, 대열반·무상각 등이 된다.

23 위의 문장은 『해심밀경解深密經』「여래성소작사품如來成所作事品」의 다음 문장을 활용한 것이다.(T16, p.708b14~20.) "世尊! 如佛所說如來法身, 如來法身有何等相? 佛告曼殊室利菩薩曰, 善男子! 若於諸地波羅蜜多, 善修出離, 轉依成滿, 是名如來法身之相. 當知此相, 二因緣故不可思議. 無戲論故, 無所爲故. 而諸衆生計著戲論, 有所爲故."

所不作), '[불변·독자의 본질/실체로 보는] 극단을 거론하는 것이 없기에'(無所論極) '[사실 그대로를] 말하지 않는 것이 없다'(無所不言). '[사실 그대로에 의거하여] 짓지 않음이 없기'(無不作) 때문에 '[교화를 위해 중생 세상의] 모습으로 들어가는 변화'(入相之化)²⁴를 '여덟 가지 방향[의 모든 세상]'(八荒)²⁵에 두루 걸쳐 한꺼번에 일으키고, '[사실 그대로를] 말하지 않음이 없기'(無不言) 때문에 '세 가지 유형으로 펼치는 가르침'(三輪之敎)²⁶을 '우주의 모든 세계'(三千[大千世界])에 흘려 두루 가득하게 한다. [그] '두루 가득하게 하는 가르침'(彌諠之說)은 일찍이 있었던 말이 아니며, [중생 교화

---

24 입상지화入相之化: 『해심밀경解深密經』「여래성소작사품如來成所作事品」(T16, 08c04~7)에서 여래가 변화신을 나타내는 방편으로 다음과 같은 모습을 보인다고 설한다. "善男子! 遍於一切三千大千佛國土中, 或衆推許增上王家, 或衆推許大福田家, 同時入胎, 誕生, 長大, 受欲, 出家, 示行苦行, 捨苦行已成等正覺." 한편 잘 알려진 팔상성도八相成道 다음과 같다. ① 도솔내의상兜率來儀相, ② 비람강생상毘藍降生相, ③ 사문유관상四門遊觀相, ④ 유성출가상踰城出家相, ⑤ 설산수도상雪山修道相, ⑥ 수하항마상樹下降魔相, ⑦ 녹원전법상鹿苑傳法相, ⑧ 쌍림열반상雙林涅槃相이 그것이다. 둘을 비교하자면, 『해심밀경』에서는 일반적인 팔상성도에서 ⑥ 수하항마상樹下降魔相까지는 거의 동일하지만, 뒤의 ⑦ 녹원전법상鹿苑傳法相, ⑧ 쌍림열반상雙林涅槃相은 없다.

25 팔황八荒: 팔황에서 팔八은 동·서·남·북·북동·남동·북서·남동쪽의 여덟 방향을 가리키고, 황荒은 아주 먼 땅이라는 의미이다. 따라서 이는 모든 방향에 펼쳐진 온 세계를 의미한다. 팔굉八紘, 팔극八極 등과 같다.

26 삼륜지교三輪之敎: 『해심밀경解深密經』「무자성상품無自性相品」(T16, p.697a23~b9)에서 말하는 교상판석으로 세 가지로 구분한다. 즉 ① 이사제상전정법륜以四諦相轉正法輪, ② 이은밀상전정법륜以隱密相轉正法輪, ③ 이현요상전정법륜以顯了相轉正法輪이 그것이다. 관련 원문은 다음과 같다. "世尊! 初於一時在婆羅痆斯仙人墮處, 施鹿林中, 惟爲發趣聲聞乘者, 以四諦相轉正法輪. 雖是甚奇, 甚爲希有, 一切世間諸天, 人等, 先無有能如法轉者. 而於彼時所轉法輪, 有上, 有容, 是未了義, 是諸諍論安足處所. 世尊! 在昔第二時中, 惟爲發趣修大乘者, 依一切法皆無自性, 無生, 無滅, 本來寂靜, 自性涅槃, 以隱密相轉正法輪. 雖更甚奇, 甚爲希有, 而於彼時所轉法輪, 亦是有上, 有所容受, 猶未了義, 是諸諍論安足處所. 世尊! 於今第三時中, 普爲發趣一切乘者, 依一切法皆無自性, 無生, 無滅, 本來寂靜, 自性涅槃, 無自性性, 以顯了相轉正法輪. 第一甚奇, 最爲希有. 于今世尊所轉法輪無上無容, 是真了義, 非諸諍論安足處所."

를 위해] '한꺼번에 일으킨 모습'(頓起之相)은 본래 그러한 것이 아니니, 이것을 '여래의 매우 깊고 은밀한 창고'(如來甚深密藏)라고 부른다. 이제 이 경전은 [이] '[여래의] 은밀한 창고'(密藏)를 열어 [그 내용을] 드러내니, 따라서 제목을 세워 『해심밀경解深密經』이라고 부른다.

대승육정참회大乘六情懺悔

『대승육정참회大乘六情懺悔』

─대승의 도리로 '여섯 가지 지각능력'(六情)[1]을 참회하는 글─

석원효釋元曉 지음

> 若依法界始遊行者, 於四威儀, 無一唐遊, 念諸佛不思議德, 常思實
> 相, 朽銷業障, 普爲六道無邊衆生, 歸命十方無量諸佛. 諸佛不異而亦
> 非一, 一即一切, 一切即一, 雖無所住, 而無不住, 雖無所爲, 而無不
> 爲. 一一相好, 一一毛孔, 遍無邊界, 盡未來際, 無障無礙, 無有差別,
> 教化衆生, 無有休息. 所以者何? 十方三世一塵一念, 生死涅槃, 無二
> 無別, 大悲般若, 不取不捨, 以得不共法相應故.
>
> [H1, 842a1~14; T45, 921c6~16]

만약 현상세계(法界)에 의거하여 처음으로 '[해탈하려는] 수행'(遊行)을
하려는 사람이라면, '일상의 행위'(四威儀)[2]에서 헛된 행위를 한 가지라

---

1 육정六情: 구역舊譯 경론들은 많은 경우 육근六根을 육정六情으로 번역하고 있다.
여섯 가지 감관능력인 눈(眼)·귀(耳)·코(鼻)·혀(舌)·몸(身)·의식(意)이 모두
대상을 지각하는 능력인 정식情識을 지니고 있기 때문에 육정六情이라 부른다.
『증일아함경增一阿含經』 권32, 『중관논소中觀論疏』 권4말(卷四末) 「육정품六情
品」 등에 용례가 보인다. 『불광대사전』, p.1291. 여기서는 '여섯 가지 지각능력'
이라 번역한다.

2 사위의四威儀: 팔리어로는 'cattāro iriyā-pathā'이다. 여기서 'iriyā'는 여성명사로
서 '자세, 태도'를 뜻하고, 'patha'는 남성명사로 '길'을 의미한다. 따라서 일상에서
이루어지는 행행(⑤⑫gamana)·주住(⑤sthāna, ⑫thāna)·좌좌(⑤niṣadyā ⑫
nisajjā)·와와(⑤śaya,śayana, ⑫sayana)의 모든 동작에서 흐트러짐이 없는 자

도 없게 하고, 모든 부처님의 '불가사의한 능력'(不思議德)을 잊지 않으며, 언제나 '차이 현상들의 사실 그대로'(實相)를 성찰하면서 [차이들을 오염시켜 온] '행위의 장애'(業障)를 없애고, [근본무지에 이끌려 떠돌아다니는] 여섯 가지 세계'(六道)의 끝없는 중생들을 널리 위하려고 '모든 세계의 한량없는 부처님들'(十方無量諸佛)께 목숨을 바치는 듯 귀의해야 한다.

모든 부처님은 '다르지 않으면서도 또한 같은 것도 아니니'(不異而亦非一), '하나[의 부처]가 곧 일체[의 부처]이고 일체[의 부처]가 곧 하나[의 부처]이며'(一卽一切, 一切卽一), '비록 머무는 것이 없지만 머무르지 않는 것도 없고'(雖無所住, 而無不住), '비록 하는 것이 없지만 하지 않는 것도 없다.'(雖無所爲, 而無不爲.) [부처님이 지닌] 낱낱의 '탁월한 모습'(相好)과 낱낱의 털구멍은 끝없는 세계에 두루 미쳐 '미래의 시간'(未來際)이 다하도록 막힘도 없고 걸림도 없으며 차별도 없이 중생을 교화하면서 쉬지를 않는다. 그 까닭은 무엇인가? '온 세계와 과거·현재·미래'(十方三世)의 '한 티끌'(一塵)과 '한 생각'(一念), '태어나고 죽는 현상'(生死)과 열반涅槃[의 경지]에는, [본질이 다른] 두 가지도 없고 [본질이 다른] 별개의 것도 없어서 [모든 부처님은] '크나큰 연민을 펼치는 지혜'(大悲般若)를 취하지도 않고 버리지도 않으면서 '[부처님의 18가지] 이로운 능력'(不共法)[3]과 상

세를 존중하는 의미로 이해할 수 있다. 『장아함경長阿含經』 권8(T1, 51a26~28)에서는 "復有四法, 謂四威儀. 可行知行, 可住知住, 可坐知坐, 可臥知臥"라고 하여 일상의 동작 그대로에 주의를 기울여 알아차려야 한다는 뜻으로 사위의四威儀를 이해하고 있다. 『대반야바라밀다경大般若波羅蜜多經』 권327(T6, 673c8~11)에서도 "善現! 是菩薩摩訶薩成就無上菩提作意, 常不遠離大菩提心, 身四威儀, 往來入出, 擧足下足, 心無散亂, 行住坐臥, 進止威儀, 所作事業, 皆住正念."이라고 하여 동작마다 정념正念을 행하는 것으로 나타난다.

3　18불공법十八不共法: 부처에게만 있는 18가지 이로운 능력을 말한다. 『보살영락본업경』 권2 「인과품因果品」에서는 부처의 과덕果德 중 하나의 항목인 18불공법十八不共法에 대해 "復次十八不共法, 所謂身無失, 念無失, 口無失, 無異想, 無不定心, 無不知已捨, 心念無減, 欲無減, 精進無減, 智慧無減, 解脫無減, 解脫知見無減, 身業隨

응하게 하기 때문이다.

今於此處蓮花藏界, 盧舍那佛坐蓮花臺, 放無邊光, 集無量衆生, 轉無所轉大乘法輪, 菩薩大衆遍滿虛空, 受無所受大乘法樂. 而今我等, 同在於此一實三寶無過之處, 不見不聞, 如聾如盲, 無有佛性, 何爲如是? 無明顚倒, 妄作外塵, 執我我所, 造種種業, 自以覆弊, 不得見聞, 猶如餓鬼臨河見火. 故今佛前, 深生慚愧, 發菩提心, 誠心懺悔.

[H1, 842a14~23; T45, 921c16~24]

지금 이곳 '커다란 연꽃의 수많은 꽃잎 위에 있는 수많은 세계'(蓮華藏界)[4]에서 노사나불[5]께서 '연꽃으로 둘러싸인 좌대'(蓮花臺)에 앉아 끝없

智慧行, 口業隨智慧行, 意業隨智慧行, 智慧知過去未來現在無礙無障."(T24, 1020a7~12)이라고 하여 ① '몸에 허물이 없음'(身無失), ② '[분별망상에 빠져들지 않는] 알아차림의 간직에 허물이 없음'(念無失), ③ '말에 허물이 없음'(口無失), ④ '차별하는 생각이 없음'(無異想), ⑤ '선정禪定에 들지 않은 마음이 없음'(無不定心), ⑥ '판단하지 않음으로써 [중생을] 버리는 마음이 없음'(無不知已捨), ⑦ '[분별망상에 빠져들지 않는] 알아차림을 마음으로 간직함이 줄어듦이 없음'(心念無減), ⑧ '[중생을 구제하려는] 의욕이 줄어듦이 없음'(欲無減), ⑨ '노력이 줄어듦이 없음'(精進無減), ⑩ '지혜가 줄어듦이 없음'(智慧無減), ⑪ '해탈이 줄어듦이 없음'(解脫無減), ⑫ '해탈한 앎과 견해가 줄어듦이 없음'(解脫知見無減), ⑬ '신체행위가 지혜에 따라 펼쳐짐'(身業隨智慧行), ⑭ '언어행위가 지혜에 따라 펼쳐짐'(口業隨智慧行), ⑮ '마음행위가 지혜에 따라 펼쳐짐'(意業隨智慧行), ⑯ '지혜로 과거를 아는 것에 장애가 없음'(智慧知過去無礙無障), ⑰ 지혜로 미래를 아는 것에 장애가 없음'(智慧知未來無礙無障), ⑱ 지혜로 현재를 아는 것에 장애가 없음'(智慧知現在無礙無障)의 18가지를 제시한다. 마지막 세 가지 불공법不共法에 해당하는 '智慧知過去未來現在無礙無障'의 압축된 표현과 비교하자면, 18불공법十八不共法에 관해 같은 내용을 제시하는 『마하반야바라밀경』 권5에서는 "十六智慧知見過去世無閡無障, 十七智慧知見未來世無閡無障, 十八智慧知見現在世無閡無障."(T8, 256a2~5)이라고 하여 더 친절하게 표현한다.

4 연화장계蓮華藏界: 연화장세계蓮華藏世界와 같은 것으로 이는 『화엄경』과 『범망경』에 나타난 세계이다. 이 세계는 연꽃에서 생겨난 세계이며 혹은 연꽃 중에 헤

337

는 광명을 펼치면서 한량없는 중생들을 모아놓고 '굴린 바가 없는 대승의 수레바퀴'(無所轉大乘法輪)를 굴리니, '수많은 보살'(菩薩大衆)이 허공을 두루 가득 채우면서 '받은 것이 없는 대승 진리의 즐거움'(無所受大乘法樂)을 받는다. 그러나 지금 우리는 이 '하나처럼 통하는 진실인 [불佛·법法·승僧] 세 가지 보배의 허물없는 곳'(一實三寶無過之處)에 똑같이 있으면서도 보지 못하고 듣지 못하여, 마치 귀가 먼 것과 같고 눈이 먼 것과 같이 '부처 면모'(佛性)가 있음[을 보고 들음]이 없으니, 어째서 이러한가? '근본 무지'(無明)에 거꾸러져 [불변·독자의 본질이나 실체로 간주하는] 외부 대상세계'(外塵)를 허망하게 지어 놓고 '나'(我)와 '나의 것'(我所)이라 집착하면서 갖가지 행위(業)를 지으니, 스스로 ['근본 무지'(無明)로] 뒤집히고 넘어졌기에 보지 못하고 듣지 못하는 것이 마치 아귀가 강물을 보면서 [강물을] 불(火)로 보는 것과 같다. 그러므로 이제 부처님 앞에 깊은 곳으로부터 '스스로 부끄러워함과 남에게 부끄러워함'(慚愧)을 일으키고 '깨달음을 구하는 마음'(菩提心)을 일으키면서 진실한 마음으로

아릴 수 없는 공덕을 갖추고 있음을 가리키거나 광대장엄廣大莊嚴한 세계 또는 연화국蓮華國을 의미하기도 한다. 한편 『화엄경』과 『범망경』의 내용상 차이도 있다. 『범망경』에서 설하는 연화상세계蓮華上世界에는 천 개의 잎이 있는 큰 연화 속에 세계를 갖추고 있음을 가리킨다. 천 개의 잎이 달린 연화가 형성 때마다 한 잎이 한 세계가 되고, 각 세계마다 백억 개의 수미산이 있으며, 백억 개의 사천하四天下 및 백억 개의 남염부제南閻浮提가 있다. 노사나불盧舍那佛이 이 세계의 본원本源이 되고, 연화대 위에 가부좌를 하고 앉아 계신다. 아울러 자신의 몸으로 천 명의 석가모니로 변화하며, 각각 한 잎 위에 앉아 계신다. 그리고 천 명의 석가가 다시 한 명씩 백억의 보살 석가로 변화하여 각각 남염부제南閻浮提의 보리수 아래에서 보살의 심지법문心地法門을 설하신다. 『불광대사전』, p.7724.

5 노사나불盧舍那佛: 노사나불盧舍那佛의 梵語는 'Rocana-buddha'이다. 곧 보신불報身佛(Saṃbhogakāya-buddha)이다. 진리를 증득함으로써 불과佛果를 체득하여 부처의 지혜를 갖춘 부처의 몸을 의미한다. '노사나盧舍那'는 지혜가 광대하고 그 지혜의 광명이 널리 비추는 법신을 가리키며, 비로자나毘盧遮那(Vairocana, 大日如來)를 간략히 부르는 명칭이다. 『불광대사전』, p.7867.

[다음과 같이] 참회한다.

我及衆生, 無始以來, 無明所醉, 作罪無量. 五逆十惡, 無所不造, 自
作敎他, 見作隨喜. 如是衆罪, 不可稱數, 諸佛賢聖之所證知. 已作之
罪, 深生慚愧, 所未作者, 更不敢作. □[6]此諸罪實無所有, 衆緣和合,
假名爲業. 卽緣無業, 離緣亦無. 非內非外, 不在中間. 過去已滅, 未來
未生, 現在無住. 故所作以其無住, 故亦無生. 先有非生, 先無誰生? 若
言本無及與今有二義和合名爲生者, 當本無時, 卽無今有, 當今有時,
非有本無, 先後不及, 有無不合, 二義無合, 何處有生? 合義旣壞, 散亦
不成, 不合不散, 非有非無. 無時無有, 對何爲無, 有時無無, 待誰爲
有? 先後有無, 皆不得成, 當知業性, 本來無生. 從本以來, 不得有生,
當於何處, 得有無生? 有生無生, 俱不可得, 言不可得, 亦不可得. 業性
如是, 諸佛亦爾. 如經說言, "譬如衆生造作諸業, 若善若惡, 非內非外,
如是業性非有非無, 亦復如是. 本無今有, 非無因生, 無作無受, 時節
和合, 故得果報." 行者若能數數思惟如是實相而懺悔者, 四重五逆, 無
所能爲, 猶如虛空不爲火燒. 如其放逸無慚無愧, 不能思惟業實相者,
雖無罪性, 將入泥梨, 猶如幻虎還呑幻師. 是故當於十方佛前, 深生慚
愧, 而作懺悔.

[H1, 842a23~c1; T45, 921c24~922a18]

저와 중생은 '시작을 알 수 없는 때 이래로'(無始以來) '근본 무지'(無
明)에 취하여 죄를 지음이 한량이 없나이다. '결과가 특히 해로운 다섯
가지 행위'(五逆)[7]와 '열 가지 해로운 행위'(十惡)[8]를 짓지 않은 것이 없

---

6 문맥상 '然'으로 보고 번역한다.
7 오역중죄五逆重罪: 결과가 특히 해로운 5가지 행위. 소승에서는 '부친 살해'(殺父),
  '모친 살해'(殺母), '성자 살해'(殺阿羅漢), '수행공동체의 화합을 파괴'(破和合僧),

고, 스스로도 짓고 남에게도 짓게 하면서 짓는 것을 보고는 그에 따라 기뻐했습니다. 이와 같은 많은 죄를 이루 다 헤아릴 수 없으니, 모든 부처님과 성현들께서 깨달음으로 아는 것입니다. 이미 지은 죄에 대해서는 깊은 곳으로부터 '스스로 부끄러워함과 남에게 부끄러워함'(慚愧)을 일으키고, 아직 짓지 않은 것은 다시 감히 짓지 않겠나이다.

그런데 이 모든 죄는 실제 [불변·독자의 본질로서] 있는 것이 아니니, 여러 조건(緣)이 '어울려 모인 것'(和合)을 방편 삼아 업業이라 부릅니다. [따라서] '조건 자체에도 업이 없고 조건을 떠나서도 [업이] 없습니다.'(卽緣無業, 離緣亦無.) [또 업은] '[몸] 안에 있는 것도 아니고 [몸] 밖에 있는 것도 아니며'(非內非外), 중간에 있는 것도 아닙니다(不在中間). [그리고] 과거는 이미 사라졌고, 미래는 아직 생기지 않았으며, 현재는 머무름이 없습니다. 따라서 '짓는 업'(所作)은 그것이 [현재에] 머무르는 것이 없기

'부처님 몸에 피를 내게 함'(出佛身血)을 거론하고, 대승에서는 여기에 '탑이나 절의 파괴'(塔寺破壞), '삼보 비방'(誹謗三寶), '승려를 욕보임'(辱使僧侶), '인과법을 믿지 않고 열 가지 해로운 행위를 함'(不信因果犯十惡業) 등을 추가한다.

8 십악十惡: 십악업十惡業이라고도 하며 십선업十善業 또는 십선업도十善業道의 반대가 되는 말이다. 이 십선十善과 십악十惡의 개념은 『아함경』으로부터 대승의 경론에 이르기까지 폭넓게 나타나고 있다. 십악十惡은 살생殺生, 투도偸盜, 사음邪淫, 망어妄語, 양설兩舌, 악구惡口, 기어綺語, 탐욕貪欲, 진에瞋恚, 사견邪見을 가리킨다. 따라서 십선十善은 이 10가지 악을 행하지 않는 것으로 제시되는데, 경론에 따라서는 이들 십악十惡 앞에 '不'자를 붙여서 십선十善을 나타내는가 하면 '離'자 또는 '斷'자 등을 첨가하기도 한다. 이것은 그 원류가 되는 『중아함경』의 경우처럼 이 세 글자가 혼용되고 있는 사례에서 잘 나타나고 있다. 『중아함경中阿含經』 권3 제17 「가미니경伽彌尼經」(T1, 440b3~5). "離殺, 斷殺, 不與取, 邪婬, 妄言, 乃至離邪見, 斷邪見, 得正見." 한편 당唐나라 때 실차난타實叉難陀가 번역한 『십선업도경十善業道經』이라는 문헌도 나타나고 있어서 흥미롭다. 여기서 제시하고 있는 10가지 항목은 다음과 같다. 『십선업도경十善業道經』 권1(T15, 158a2~6). "言善法者, 謂人天身, 聲聞菩提, 獨覺菩提, 無上菩提, 皆依此法以爲根本而得成就, 故名善法. 此法即是十善業道. 何等爲十? 謂能永離殺生, 偸盜, 邪行, 妄語, 兩舌, 惡口, 綺語, 貪欲, 瞋恚, 邪見."

에 또한 [미래에도 실체로서] 생겨나는 것이 없습니다. [또 과거는 이미 사라졌으니] 과거에 있던 것이 [지금] 생겨나는 것이 아니며, 과거에 없던 것이라면 무엇이 [지금] 생겨나는 것이겠습니까? 만약 '본래 없음'(本無)과 '지금 있음'(今有)이라는 두 가지 뜻을 화합하여 '생겨남'(生)이라 부르는 것이라고 말한다면, '본래 없음'(本無)에 해당할 때에는 곧 '지금 있음'(今有)이 없고 '지금 있음'(今有)에 해당할 때에는 '본래 없음'(本無)이 있는 것이 아니어서, 선先과 후後가 만나지 않고 있음(有)과 없음(無)이 합해지지 않아 ['본래 없음'(本無)과 '지금 있음'(今有)이라는] 두 가지 뜻은 합하지 않으니, 어디에서 '생겨남'(生)이 있겠습니까?

['본래 없음'(本無)과 '지금 있음'(今有)이라는 두 가지] 뜻을 합하는 것이 이미 무너졌고 ['본래 없음'(本無)과 '지금 있음'(今有)을] 나누는 것 역시 성립하지 않으니, ['본래 없음'(本無)과 '지금 있음'(今有)은] 합할 수도 없고 나눌 수도 없어 있음(有)도 아니고 없음(無)도 아닙니다. 없음(無)일 때에는 있음(有)이 없지만 무엇을 상대하여 없음(無)이 되겠으며, 있음(有)일 때에는 없음(無)이 없지만 무엇을 의지하여 있음(有)이 되겠습니까? [이처럼] 선先과 후後, 있음(有)과 없음(無)이 모두 [단독으로는] 성립할 수 없으니, '업의 본연'(業性)은 본래 [불변·독자의 본질/실체로서] 생겨남이 없다고 알아야 합니다. [또] 본래부터 [불변·독자의 본질/실체로서] 생겨남이 있을 수 없는데, 어느 곳에 '생겨남이 없음'(無生)이 있을 수 있겠습니까? [이처럼] '생겨남이 있음'(有生)과 '생겨남이 없음'(無生)은 모두 [불변·독자의 본질/실체로서] 얻을 수 없으며, '얻을 수 없다고 하는 것'(言不可得) 역시 [불변·독자의 본질/실체로서] 얻을 수 없습니다. '업의 본연'(業性)은 이와 같으며 모든 부처님도 또한 그러한 것입니다.

마치 경전(『대반열반경』)에서, "비유하자면 중생이 온갖 업을 지을 때 [그 업이] 선하기도 하고 악하기도 하지만 [그 업은] 안[에 있는 것]도 아니고 밖[에 있는 것]도 아니니, 이와 같이 '업의 본연'(業性)이 있는 것도 아니고 없는 것도 아닌 것 또한 마찬가지이다. [업이] '본래 없음'(本無)과

'지금 있음'(今有)은 원인 없이 생긴 것이 아니지만 '지은 [업의 실체]'(作)도 없고 '받은 [업의 실체]'(受)도 없으니, 시절[의 인연]이 '어울려 합하기'(和合) 때문에 과보를 받는다."⁹라고 말하는 것과 같습니다.

수행자가 만약 이와 같은 '차이 현상들의 사실 그대로'(實相)를 자주 자주 성찰하면서 참회한다면 '허물이 무거운 네 가지 죄업'(四重罪)¹⁰이나 '결과가 특히 해로운 다섯 가지 죄업'(五逆罪)을 저지르는 것이 없으니, 마치 허공이 불에 타지 않는 것과 같습니다. 만약 그가 방일하여 '스스로 부끄러워함'(慚)도 없고 '남에게 부끄러워함'(愧)도 없어 [업의 본연'(業性)인] '업의 사실 그대로'(業實相)를 사유할 줄 모르는 자라면, 비록 '죄의 면모'(罪性)가 없더라도 장차 지옥(泥梨)¹¹에 들어갈 것이니, 마치 환술로 만든 호랑이가 도리어 환술사를 삼켜 버리는 것과도 같습니다. 그러므로 '온 세상'(十方)의 부처님 앞에서 깊은 곳으로부터 '스스로 부끄러워함과 남에게 부끄러워함'(慚愧)을 일으켜 참회합니다.

作是悔時, 莫以爲作, 卽應思惟懺悔實相, 所悔之罪, 旣無所有, 云何得有能懺悔者, 能悔所悔, 皆不可得, 當於何處, 得有悔法? 於諸業障, 作是悔已, 亦應懺悔六情放逸. 我及衆生, 無始已來, 不解諸法本來無生, 妄想顚倒, 計我我所, 內立六情, 依而生識, 外作六塵, 執爲實有. 不知皆是自心所作, 如幻如夢, 永無所有, 於中橫計男女等相, 起諸煩惱, 自以纏縛, 長沒苦海, 不求出要, 靜慮之時, 甚可怪哉. 猶如眠

9 『대반열반경』(T12, 555b26~c1). "譬如衆生造作諸業, 若善若惡, 非內非外, 如是業性 非有非無, 亦復非是. 本無今有, 非世因出, 非此作此受此作彼受彼作彼受, 無作無受, 時 節和合, 而得果報." '非無因出'이 '非無因生'으로, '而得果報'가 '故得果報'로 바뀌었고, '非此作此受此作彼受彼作彼受'는 생략된 채 인용하고 있다.

10 사중죄四重罪: '의도적으로 산 목숨 죽이는 행위'[殺生], '정당하게 주어지지 않은 것을 취하는 행위'(偸盜), '삿된 음행'(邪婬), 거짓말(妄語)을 일컫는다.

11 니리泥梨: 梵語 niraya, naraka의 축약번역(略譯)으로 지옥을 뜻한다.

時睡蓋覆心, 妄見己身大水所漂, 不知但是夢心所作, 謂實流溺, 生大
怖懅. 未覺之時, 更作異夢, 謂我所見是夢非實. 心性聰故, 夢內知夢,
卽於其溺不生其懅, 而未能知身臥床上, 動頭搖手, 勤求永覺. 永覺之
時, 追緣前夢, 水與流身, 皆無所有, 唯見本來靜臥於床. 長夢亦爾, 無
明覆心妄作六道, 流轉八苦. 內因諸佛不思議熏, 外依諸佛大悲願力,
髣髴信解. 我及衆生, 唯寢長夢, 妄計爲實. 違順六塵, 男女二相, 並是
我夢, 永無實事, 何所憂喜, 何所貪瞋? 數數思惟, 如是夢觀漸漸修, 得
如夢三昧. 由此三昧, 得無生忍, 從於長夢, 豁然而覺, 卽知本來永無
流轉, 但是一心臥一如床. 若離能如是, 數數思惟, 雖緣六塵, 不以爲
實, 煩惱羞愧, 不能自逸, 是名大乘六情懺悔.

[H1, 842c1~843a7; T45, 922a19~b14]

이렇게 참회할 때에는 [참회에 불변·독자의 본질/실체가 있다는] 생각으
로 하지 말고 응당 '참회의 사실 그대로'(懺悔實相)를 사유해야 하니, 참
회해야 하는 죄가 이미 [불변·독자의 본질/실체로서] 없는데 어떻게 참회
하는 주체가 [불변·독자의 본질/실체로서] 있을 수 있으며, 참회 주체와
대상을 모두 [불변·독자의 본질/실체로서] 얻을 수 없는데 어느 곳에 '참
회하는 현상'(悔法)이 있겠습니까? 모든 '지은 행위로 인한 장애'(業障)에
대해 이처럼 참회하고 나서, 또한 '여섯 가지 지각능력'(六情)의 방일함
을 [다음과 같이] 참회해야 합니다.

저와 중생은 '시작을 알 수 없는 때 이래로'(無始以來) '모든 현상'(諸
法)이 본래 [불변·독자의 본질/실체로서] 생겨남이 없음'(無生)을 이해하
지 못하여 망상으로 거꾸러져 '나'와 '나의 것'을 [불변·독자의 본질/실체
라고] 헤아려, 안으로는 '여섯 가지 지각능력'(六情)을 수립하고 [그것에]
의거하여 [망상으로 분별하는] 식識을 일으키고, 밖으로는 [불변·독자의 본
질/실체로 간주하는] '여섯 가지 감관대상'(六塵)을 지어 놓고는 집착하여

'[불변·독자의 본질/실체인] 실제 존재'(實有)라고 여깁니다. [그리고는 그것 들이] 모두 자기 마음이 지어낸 것으로 허깨비와 같고 꿈과 같아 끝내 [불변·독자의 본질/실체로서] 존재하는 것이 없다는 것을 알지 못하여, 그 가운데서 남자와 여자 등의 차이(相)를 이리저리 분별하여 온갖 번뇌를 일으켜 스스로 얽어 묶어 고통의 바다에 오랫동안 빠져 있으면서도 벗 어나기를 구하지 않으니, '고요히 생각'(靜慮)[12]해 볼 때 매우 기괴한 일 이 아닙니까.

마치 잠잘 때 수면이 마음을 덮어 버려 자기 몸이 큰물에 떠내려가는 것을 헛되이 보고는 [이것이] 단지 꿈꾸는 마음이 만들어 낸 것인 줄을 알지 못하여 〈실제로 흐르는 물에 빠져 있다〉고 하면서 큰 두려움을 일으키는 것과 같습니다. 아직 [꿈에서] 깨지 않았을 때는 다시 다른 꿈 을 지으면서 〈내가 본 것은 꿈이지 실제가 아니다〉라고 말하기도 합니 다. [그의] 심성이 총명하기 때문에 꿈속에서 꿈인 줄을 알아 그 물에 빠 진 것에 대해 두려움을 일으키지는 않지만, 아직 몸이 침상에 누워 있 음을 알지는 못하여 머리를 흔들고 손을 내저으면서 애써 [꿈에서] 완전 히 깨어나기를 구합니다. [그리고] 완전히 깼을 때는 지난 꿈을 떠올리 면서 물과 [그 물에] 떠내려가던 몸이 모두 없고 오직 본래 침상에 고요 히 누워 있음을 봅니다. [무명無明에 덮인 고통의] 긴 꿈도 그러하니, '근본 무지'(無明)가 마음을 덮어 망상으로 [근본무지에 이끌려 떠돌아다니는] 여 섯 가지 세계'(六道)를 지어 '여덟 가지 고통'(八苦)[13]에 흘러 다닙니다.

---

12 정려靜慮는 일반적으로 '선禪' 혹은 '선정禪定'을 의미하는 것이지만 여기서는 한 자의 뜻 그대로 '고요히 생각함'으로 번역하는 것이 적절해 보인다.

13 팔고八苦: '태어나 커가면서 겪는 고통'(生苦), '늙어 가면서 겪는 고통'(老苦), '병 으로 겪는 고통'(病苦), '죽음 때문에 겪는 고통'(死苦), '사랑하는 대상과 헤어져서 겪는 고통'(愛別離苦), '구하는 것을 얻지 못하여 겪는 고통'(求不得苦), '몸의 다섯 가지 구성요소에 대한 집착에서 발생하는 고통'(五陰盛苦)을 말한다. 앞의 7가지

[이것은] 안으로는 모든 부처님의 '불가사의한 영향력'(不思議熏)을 원인으로 삼고 밖으로는 모든 부처님의 '크나큰 연민을 펼치려는 바람의 힘'(大悲願力)에 의지해야 비슷하게나마 믿어 이해할 수 있습니다.

저와 중생은 오직 '자면서 꾸는 긴 꿈'(寢長夢)을 실제라고 '망상으로 헤아립니다'(妄計). [그러니] '여섯 가지 대상세계를 거스르거나 따르는 것'(違順六塵)과 '남자와 여자라는 두 가지 차이'(男女二相)는 모두 나의 꿈이어서 끝내 '실제의 것'(實事)이 아니니, 무엇을 근심하고 기뻐하겠으며 무엇을 탐내고 성낼 것입니까? 자주자주 사유하여 이처럼 '꿈과 같다고 보는 이해'(夢觀)를 점점 익히면 '꿈과 같다고 보는 이해에 의한 삼매'(如夢三昧)를 얻습니다. 이 삼매로 말미암아 '생겨나[고 사라지]는 것에 대해 실체적 현상으로 보지 않음을 확고하게 간직하는 경지'(無生忍)[14]를 얻어 긴 꿈으로부터 시원하게 깨어나면, 곧 본래부터 '[고통세계

가 고통의 개별적 사례라면, 마지막 8번째인 오음성고(五陰盛苦)는 모든 고통을 관통하는 보편적 측면이다.

14 무생인無生忍: 무생법인無生法忍이라고도 한다. 이 세상 모든 현상(法)이 단독으로 생겨나지 않는다는 이치를 받아들인다(忍)는 의미로 '불변·독자의 본질/실체가 없음'(空)이라는 속성(性)을 설명할 때 주로 사용되는 술어이다. 산스크리트 원어로는 'anutpattika-dharma-kṣānti'. 이 무생인의 개념은 반야부 계열의 경전에서 가장 먼저 제시하였는데, 이후 『유마경』, 『법화경』을 비롯하여 『유가사지론』 등의 유식학 논서에도 나타나며, 후기 대승경론에 속하는 『입능가경』과 『무량수경』 등의 정토계 경전에서도 등장하고 있어서 대승불교 사상의 핵심을 담고 있는 개념어 중에서도 매우 폭넓게 사용된 술어로 이해할 수 있다. 관련 내용 중에서 무생법인의 의미를 설명하고 있는 것을 몇 가지 소개하면 다음과 같다. 『대반야경大般若經』 권327(T6, 672a20~25). "善現! 是菩薩摩訶薩, 以自相空觀一切法, 已入菩薩正性離生, 乃至不見少法可得不可得故, 無所造作. 無造作故, 畢竟不生. 畢竟不生故, 名無生法忍. 由得如是無生法忍故, 名不退轉菩薩摩訶薩"; 『대지도론大智度論』 권50(T25, 417c5~6). "無生法忍者, 於無生滅諸法實相中, 信受通達無礙不退, 是名無生忍"; 『십지경론十地經論』 권10(T26, 179b11~15). "入一切法, 本來無生·無成·無相·無出. 不失, 無盡, 不行, 非有有性, 初中後平等. 眞如無分別入一切智智, 是菩薩遠

에] 흘러 다니던 일'(流轉)은 끝내 없고 다만 '하나처럼 통하는 마음'(一
心)[15]이 '[온전함과] 하나처럼 통하여 같아지는 자리'(一如床)[16]에 누워 있
음을 알게 됩니다.

만약 [꿈에서] 벗어나는 것을 능히 이처럼 하면서 자주자주 생각한다
면, 비록 '여섯 가지 대상세계'(六塵)와 관계 맺더라도 [그것들을] '[불변·
독자의 본질/실체인] 실재'(實)라고 여기지 않으면서 번뇌를 부끄러워하여
스스로 방일할 수 없을 것이니, 이것을 '대승의 도리로 여섯 가지 지각
능력을 참회하는 것'(大乘六情懺悔)이라고 말합니다.

離一切心意識憶想分別, 無所貪著, 如虛空平等. 入一切法如虛空性, 是名得無生法忍”;
『입능가경入楞伽經』 권7(T16, 555b17~18). “菩薩摩訶薩, 遠離心意意識分別相故,
得無生法忍.”

15 일심一心의 번역어: '一心'은 원효사상의 근원적이고도 궁극적인 개념인데 '하나처
럼 통하는 마음'이라고 번역해 보았다. '一心'에 대한 원효 자신의 설명, '一心'과 직
결되어 있는 '一覺' '一味' 등에 관한 원효의 설명, 이 개념들이 등장하는 맥락 등을
종합적으로 고려한 번역이다. 원효가 채택하는 '一心'이라는 기호는 '모든 현상을
산출해 내는 실체나 본체' 혹은 '현상의 이면에 있는 불변의 어떤 기체基體'를 지
시하는 것이 아니다. 그 어떤 '불변·독자의 본질/실체가 있다는 생각'에도 막히
거나 갇히지 않는 인지지평, 그리하여 '실체나 본질의 차이로 나누는 분별'에서 풀
려난 채 차이들을 만날 수 있는 마음수준을 지시하는 기호로 보는 것이 적절하다
고 생각한다. 이런 이해를 기본으로 삼아 '一心'을 '하나처럼 통하는 마음'이라 번
역한 것이다.

16 일여상一如床: '일一'과 '여如'(tathā)는 『대승기신론』과 원효가 진리나 깨달음의
특징이나 양상을 설명할 때 채택되는 대표적 개념들이다. '진여眞如'라는 용어와
같은 의미계열에서 사용된다. 이 용어들이 사용되는 경우들의 의미맥락을 종합할
때 이렇게 말할 수 있다. 〈'一'은 '불변·독자의 실체나 본질로 인한 상호 격절隔絶
적 분리'가 해체되어 마치 '하나처럼 서로 통하고 서로 만나 작용하는 지평'을 지
시한다. 그리고 '如'는, '불변·독자의 실체나 본질을 설정하여 전개하는 희론분별
의 허구적 왜곡과 차별'에 가려졌던 사실이 '그대로'(如) 드러나는 사태이다. '분별
희론의 기만과 오염체계'가 해체되고 거두어진 만큼 드러나는 '사실 그대로'를 지
시하는 개념이다.〉 일여一如에 대한 이런 이해를 담아 '일여상一如床'을 '[온전함
과] 하나처럼 통하여 같아지는 자리'라고 번역하였다.

발심수행장發心修行章

『발심수행장發心修行章』[1]

—[깨달음을 구하려는] 마음을 일으켜 수행하게 하는 글—

분황사芬皇寺 사문沙門 원효元曉 지음

夫諸佛諸佛, 莊嚴寂滅宮, 於多劫海, 捨欲苦行, 衆生衆生, 輪廻火宅門, 於無量世, 貪欲不捨. 無防天堂, 少往至者, 三毒煩惱, 爲自家財, 無誘惡道, 多往入者, 四蛇五欲, 爲妄心寶. 人誰不欲歸山修道, 而爲不進, 愛欲所纏. 然而不歸山藪修心, 隨自身力, 不捨善行. 自樂能捨, 信敬如聖, 難行能行, 尊重如佛. 慳貪於物, 是魔眷屬, 慈悲布施, 是法王子. 高岳峨巖, 智人所居, 碧松深谷, 行者所棲.[2] 飢餐[3]木果, 慰其飢腸, 渴飮流水, 息其渴情. 喫甘愛養, 此身定壞, 著柔守護, 命必有終. 助響巖穴, 爲念佛堂, 哀鳴鴨鳥, 爲歡心友. 拜膝如氷, 無戀火心, 餓腸如切, 無求食念. 忽至百年, 云何不學, 一生幾何, 不修於逸. 離心中愛, 是名沙門, 不戀世俗, 是名出家. 行者羅網, 狗被象皮, 道人戀懷, 蝟入鼠宮. 雖有才智, 居邑家者, 諸佛是人生悲憂心, 設無道行, 住山室者, 衆聖是人生歡喜心. 雖有才學, 無戒行者, 如寶所導而不起行, 雖有勤行, 無智慧者, 欲往東方而向西行. 有智人所行, 蒸米作飯, 無

---

1 『한국불교전서』의 설명에 따르면 수록된 『발심수행장發心修行章』은 해인사사간 장海印寺寺刊藏이 저본底本이고 갑본甲本은 숭정崇禎8년의 운주용장사간雲住龍藏寺刊이다.

2 '棲'는 갑본에서 '栖'라고 한다.

3 '餐'은 갑본에서 '飱'이라 한다.

智人所行, 蒸沙作飯. 共知喫食而慰飢腸, 不知學法而改癡心. 行智俱備, 如車二輪, 自利利他, 如鳥兩翼. 得粥祝願, 不解其意, 亦不檀越所羞恥乎, 得食唱唄, 不達其趣, 亦不賢聖應慚愧乎. 人惡尾蟲不辨淨穢, 聖憎沙門不辨淨穢. 棄世間喧, 乘空天上, 戒爲善梯, 是故破戒, 爲他福田, 如折翼鳥, 負龜翔空. 自罪未脫, 他罪不贖. 然豈無戒行, 受他供給. 無行空身, 養無利益, 無常浮命, 愛惜不保. 望龍象德, 能忍長苦, 期獅子座, 永背欲樂. 行者心淨, 諸天共讚, 道人戀色, 善神捨離. 四大忽散, 不保久住, 今日夕矣, 頗行朝哉. 世樂後苦, 何貪着哉, 一忍長樂, 何不修哉. 道人貪, 是行者羞恥, 出家富, 是君子所笑. 遮言不盡, 貪着不已, 第二無盡, 不斷愛着. 此事無限, 世事不捨, 彼謀無際, 絶心不起. 今日不盡, 造惡日多, 明日無盡, 作善日少, 今年不盡, 無限煩惱, 來年無盡, 不進菩提. 時時移移, 速經日夜, 日日移移, 速經月晦, 月月移移, 忽來年至, 年年移移, 暫到死門. 破車不行, 老人不修, 臥生懈怠, 坐起亂識. 幾生不修, 虛過日夜, 幾活空身, 一生不修. 身必有終, 後身何乎. 莫速急乎, 莫速急乎.

[H1, 841a1~c6]

夫諸佛諸佛, 莊嚴寂滅宮, 於多劫海, 捨欲苦行, 衆生衆生, 輪廻火宅門, 於無量世, 貪欲不捨. 無防天堂, 少往至者, 三毒煩惱, 爲自家財, 無誘惡道, 多往入者, 四蛇五欲, 爲妄心寶.

무릇 모든 부처님과 부처님들이 '무지의 번뇌가 그쳐 사라진 궁전'(寂滅宮)을 웅장하게 세우신 것은 헤아릴 수 없이 수많은 세월 동안 탐욕을 버리면서 힘들게 수행하셨기 때문이고, 중생과 중생이 '[번뇌에] 불타는 집안'(火宅門)에서 돌고 도는 것은 한량없는 세월 동안 탐욕을 버리지 않았기 때문이다. 막지 않는 '천상 세계'(天堂)에 적게 가는 것은 '[탐욕·분노·무지라는] 세 가지 독과 같은 번뇌'(三毒煩惱)를 자기 집 재물로 삼기 때문이고, 유혹하지 않는 '나쁜 세상'(惡道)에 많이 들어가는 것은 '[지地·수水·화火·풍風] 네 가지로 이루어진 뱀과 같이 위험한 육신'(四蛇, 四大)과 '다섯 가지 욕망'(五欲)[4]을 망상하는 마음의 보배로 삼기 때문이다.

人誰不欲歸山修道, 而爲不進, 愛欲所纏. 然而不歸山藪修心, 隨自身力, 不捨善行. 自樂能捨, 信敬如聖, 難行能行, 尊重如佛. 慳貪於物, 是魔眷屬, 慈悲布施, 是法 王子. 高岳峨巖, 智人所居, 碧松深谷, 行者所棲. 飢餐木果, 慰其飢腸, 渴飮流水, 息其渴情. 喫甘愛養, 此身定壞, 著柔守護, 命必有終. 助響巖穴, 爲念佛堂, 哀鳴鴨鳥, 爲歡心友. 拜膝如氷, 無戀火心, 餓腸如切, 無求食念. 忽至百年, 云何不學, 一生幾何, 不修放逸.

사람치고 누가 산으로 들어가 도 닦고 싶어 하지 않으리오만 나아가지 못하는 것은 애욕에 얽혀 있기 때문이다. 그러나 산 깊은 곳으로 들어가 마음은 닦지 못하여도 자신의 힘에 따라 선행을 버리지 말지어다. 자기가 즐기는 것을 능히 버리면 성인처럼 믿고 공경할 것이며, 행하기 어려운 것을 능히 행하면 부처님처럼 존중할 것이다. 재물을 아끼고 탐하는 것은 [도 닦는 것을 방해하는] 마구니의 권속이고, '사랑과 연민'(慈悲)으로 '베풀고 나누는 것'(布施)은 '진리 왕[인 부처님]의 자식'(法王子)이다. 높은 산 험한 바위는 지혜로운 사람이 거주하는 곳이고, 푸른 소나무 깊은 골짜기는 수행자가 사는 곳이다. 주리면 나무 열매를 따 먹어 주

---

4 두 가지 의미로 사용된다. 하나는 '다섯 감관'(五官)의 대상인 색色·성聲·향香·미味·촉觸에서 일어나는 욕망이고, 다른 하나는 재물욕(財欲)·성욕(色欲)·음식욕(飮食欲)·명예욕(名欲)·수면욕(睡眠欲)이다. 산스크리트어로는 pañca kāmāḥ, 팔리어로는 pañca kāmā이다.

린 창자를 달래고, 목마르면 흐르는 물을 마셔 갈증을 식히노라. 맛난 것을 먹으며 사랑하고 기를지라도 이 몸은 반드시 부서지고, 부드러운 것을 입으며 지키고 보호할지라도 목숨은 반드시 마침이 있다. 메아리 울리는 바위굴을 염불당念佛堂으로 삼고, 슬피 우는 오리와 새를 마음 달래는 벗으로 삼는다. 절하는 무릎이 얼음같이 시려도 불 그리워하는 마음 내지 않으며, 주린 창자가 끊어질 듯해도 밥 구하는 생각 일으키지 않는다. 잠깐이면 백 년에 이르는데 어찌 배우지 아니하며, 일생이 얼마나 되길래 닦지 않고 방일하겠는가.

離心中愛, 是名沙門, 不戀世俗, 是名出家. 行者羅網, 狗被象皮, 道人戀懷, 蝟入鼠宮. 雖有才智, 居邑家者, 諸佛是人生悲憂心, 設無道行, 住山室者, 衆聖是人生歡喜心. 雖有才學, 無戒行者, 如寶所導而不起行, 雖有勤行, 無智慧者, 欲往東方而向西行. 有智人所行, 蒸米作飯, 無智人所行, 蒸沙作飯. 共知喫食而慰飢腸, 不知學法而改癡心. 行智俱備, 如車二輪, 自利利他, 如鳥兩翼. 得粥祝願, 不解其意, 亦不檀越所羞恥乎, 得食唱唄, 不達其趣, 亦不賢聖應慚愧乎.

마음속 애욕에서 벗어난 이를 사문이라 하고, 세속을 그리워하지 않는 것을 출가라 하노라. 수행자가 [번뇌의] 그물에 얽혀드는 것은 개가 코끼리 가죽을 덮어쓴 것[처럼 구속되는 것]이고, 도 닦는 사람이 애정을 품는 것은 고슴도치가 쥐구멍에 들어간 것[처럼 속박되는 것]이네. 비록 재능과 지혜가 있더라도 마을에 사는 사람은 모든 부처님이 이 사람에 대해 '연민과 우려의 마음'(悲憂心)을 내시고, 설사 '도 닦는 행위'(道行)가 없더라도 산속 거처에 사는 사람은 모든 성인이 이 사람에 대해 환희심을 내시노라. [또] 비록 재능과 배움이 있더라도 계행戒行이 없는 사람이라면 보배 있는 곳으로 이끌어도 움직이지 않는 것과 같고, 비록 부지런한 수행이 있더라도 지혜가 없는 사람은 동쪽으로 가고자 하면서도 서쪽을 향해 가는 것과 같도다. 지혜가 있는 사람이 수행하는 것은 쌀을 쪄서 밥을 짓는 것이고, 지혜가 없는 사람이 수행하는 것은 모래를 쪄서 밥을 지으려는 것이다. 밥을 먹어 주린 창자를 달랠 줄은 모두가 알지만, 불법을 배워 어리석은 마음을 고칠 줄은 모르노라. 수행과 지혜를 모두 갖추는 것은 수레의 두 바퀴와 같고, 자기를 이롭게 하고 남도 이롭게 하는 것은 새의 두 날개와 같도다. 죽을 얻어 축원을 하면서도 그 [축원의] 뜻을 이해하지 못하면 참으로 시주자에게 수치스러울 일이 아닐 것이며, 밥을 얻어 [불보살의 은덕을] 찬탄(唱唄)하되 그 뜻을 알지 못하면 참으로 [불보살] 현성賢聖들께 부끄러울 일이 아니냐.

人惡尾蟲不辨淨穢, 聖憎沙門不辨淨穢. 棄世間喧, 乘空天上, 戒爲善梯, 是故破戒, 爲他福田, 如折翼鳥, 負龜翔空. 自罪未脫, 他罪不贖. 然豈無戒行, 受他供給. 無行空身, 養無利益, 無常浮命, 愛惜不保. 望龍象德, 能忍長苦, 期獅子座, 永背欲樂. 行者心淨, 諸天共讚, 道人戀色, 善神捨離. 四大忽散, 不保久住, 今日夕矣, 頗行朝哉. 世樂後苦, 何貪着哉, 一忍長樂, 何不修哉. 道人貪, 是行者羞恥, 出家富, 是君子所笑.

사람들은 벌레가 깨끗함과 더러움을 구분하지 않는 것을 미워하듯, 성현들은 사문이 청정함과 오염을 구분하지 못하는 것을 미워하신다. 세간의 시끄러운 번뇌를 버리고 천상으로 오르는 데는 계율이 좋은 사다리가 되니, 그러므로 계율을 깨뜨리고서 남의 복 밭이 되려는 것은 마치 날개를 부러뜨린 새가 거북이를 업고 하늘에 높이 오르려는 것과 같다. 자신의 죄를 아직 벗지 못하면 남의 죄를 대신해 줄 수 없는 법. 그러니 어찌 '계율 지키려는 수행'(戒行)이 없으면서 남이 주는 공양을 받겠는가. 수행이 없는 헛된 몸은 길러도 이익이 없고, 무상하여 덧없는 목숨은 사랑하고 아까워해도 [영원히] 보전하지 못한다. '용과 코끼리처럼 탁월한 도인의 능력'(龍象德)을 바란다면 오랜 고통을 참아내야 하고, '부처 자리'(獅子坐)에 앉고자 한다면 [감관의] 즐거움을 바라는 것을 완전히 등질지어다. 수행하는 사람이 마음이 청정하면 천신들이 모두 찬탄하고, '도 닦는 사람'(道人)이 이성에 대한 욕정을 품으면 [수행을 돕는] 좋은 신들이 [그를] 버린다. [몸을 이루고 있는 지수화풍地火水火風] '네 가지 물질'(四大)은 문득 흩어져 오래 머무르게 할 수 없는데, 오늘은 [벌써] 저녁이니 [내일] 아침으로 가는구나. 세상의 쾌락은 나중에 고통이 되거늘 어찌 [쾌락에] 탐착할 것이며, 한 번 참으면 오래도록 즐겁거늘 어찌 수행하지 않을 것인가. '도 닦는 사람'(道人)이 탐욕을 내는 것은 수행인의 수치이고, 출가한 사람이 재산을 쌓는 것은 군자들의 웃음거리가 된다.

> 遮言不盡, 貪着不已, 第二無盡, 不斷愛着. 此事無限, 世事不捨, 彼謀無際, 絶心不起. 今日不盡, 造惡日多, 明日無盡, 作善日少, 今年不盡, 無限煩惱, 來年無盡, 不進菩提. 時時移移, 速經日夜, 日日移移, 速經月晦, 月月移移, 忽來年至, 年年移移, 暫到死門. 破車不行, 老人不修, 臥生懈怠, 坐起亂識. 幾生不修, 虛過日夜, 幾活空身, 一生不修. 身必有終, 後身何乎. 莫速急乎, 莫速急乎.

[탐착을] 막아 주는 말들이 끝이 없거늘 탐착을 그치지 못하고, 다음 [으로 미루는 것]이 끝이 없거늘 애착을 끊지 못하는구나. 이런 일이 무한하거늘 세상일을 버리지 못하고, 저리 꾀하는 것이 끝이 없거늘 끊어버리는 마음을 일으키지 못한다. ['오늘은 한다'는] 오늘이 끝이 없기에 나쁜 일 짓는 것이 나날이 많아지고, ['내일에 한다'는] 내일이 끝이 없기에 좋은 일 짓는 것은 나날이 적어지며, ['금년에는 한다'는] 금년이 끝이 없기에 한없이 번뇌하고, ['내년에 한다'는] 내년이 끝이 없기에 깨달음에 나아가지 못하는구나. 시간과 시간이 옮아가고 옮아가 낮과 밤이 속히 지

나가고, 하루와 하루가 옮아가고 옮아가 초하루와 그믐이 속히 지나가며, 달과 달이 옮아가고 옮아가 어느새 내년에 이르고, 연年과 연이 옮아가고 옮아가 잠깐 사이에 죽음의 문에 이른다. 부서진 수레는 가지못하고 늙은 사람은 수행하지 못하니, 누워서는 게으름을 피우고 앉아서는 어지러운 생각을 일으킨다. 얼마나 [오랜] 생을 수행하지 않았으면서도 낮과 밤을 헛되이 보내며, 얼마나 [오래] 헛된 몸을 키웠으면서도 일생동안 수행하지 않는가. 몸은 반드시 끝남이 있으니, [내생의] 뒷몸은 어찌할 것인가. 어찌 급하지 아니하며, 어찌 급하지 아니한가.

십문화쟁론十門和諍論

『십문화쟁론十門和諍論』[1]

원효 지음

(誓幢和上碑) 十門論者, 如來在世, 已賴圓音, 衆生等 …(판독 불가) 雨驟, 空空之論雲奔, 或言我是, 言他不是, 或說我然, 說他不然, 遂成河漢矣. 大 … 山而投廻谷, 憎有愛空, 猶捨樹以赴長林. 譬如靑藍共體, 氷水同源, 鏡納萬形, 水分 …. 通融, 聊爲序述, 名曰十門和諍論.

[H1, 838a4~10]

【(화상의 저술) 가운데 『십문화쟁론十門和諍論』은, 여래가 세상에 계실 적에는 '온전한 가르침'(圓音)에 의지하였지만, 중생들이 … 빗방울처럼 흩뿌리고 헛된 주장들이 구름처럼 내달리며, 〈나는 맞고 다른 사람은 틀리다.〉고 말하기도 하고, 〈나는 타당한데 다른 사람은 타당하지 않다.〉고 주장하여, (그 상이한 견해들의 배타적 주장이) 황하黃河와 한수漢水처럼 큰 강물을 이루었다. … (공空을 싫어하고 유有를 좋아하는 것은 마

1 번역은 한불전에 수록된 『십문화쟁론十門和諍論』을 대상으로 한다. 한불전 소재 『십문화쟁론』은 해인사海印寺 사간장본寺刊藏本 단간斷簡으로 전하는 권상卷上 제10장(第十張), 제15장(第十五張), 제16장(第十六張), 제31장(第三十一張)의 단간과 서당화상비誓幢和上碑의 『십문화쟁론』 관련 내용을 소개하고 있다. 그런데 제31장(第三十一張) 단간은 판독이 안 되는 글자가 많아 내용 파악이 불가능하기에 번역에서 제외한다. 그리고 서당화상비의 관련 구절은 판독이 안 되는 글자가 많지만 맥락을 파악할 수는 있어서 번역에 포함한다. 아울러 다른 문헌에 인용되어 전하는 『십문화쟁론』의 기타 내용들을 종합하여 번역에 추가한다.

치) 산을 (버리고) 골짜기를 돌아가는 것과 같고, 유有를 싫어하고 공空을 좋아하는 것은 나무를 버리고 큰 숲으로 달려가는 것과 같다. 비유하자면, 청색과 남색은 바탕을 같이하고, 얼음과 물은 근원을 같이하며, 거울은 모든 형상을 받아들이고, 물이 (수천 갈래로) 나누어지는 것과 같다. … (유有와 공空에 관한 주장들을) '통하게 하고 화합하게 하여'(通融) 서술하고는 『십문화쟁론』이라고 이름하였다.】

1. 공空과 유有에 관한 잘못된 이해를 바로잡고 집착을 풀어 주는 화쟁 — '공空·유有 화쟁'

… 有. 此所許有, 不異於空. 故雖如前而非增益. 假許是有, 實非墮有, 此所許有, 非不墮有. 故雖如後而非損減. 前說實是有者, 是不異空之有, 後說不墮有者, 不墮異空之有. 是故俱許而不相違. 由非不然, 故得俱許, 而亦非然, 故俱不許. 此之非然不異於然, 喩如其有不異於空. 是故雖俱不許而亦不失本宗, 是故四句竝立而離諸過失也.

問. 雖設徵言, 離諸妨難, 言下之旨, 彌不可見. 如言其有不異於空, 此所引喩, 本所未解. 何者? 若實是有, 則異於無. 喩如牛角不同兎角. 若不異空, 定非是有. 喩如兎角無異於空. 今說是有而不異空, 世間無類. 如何得成? 設有同喩, 立不異空, 由前比量, 成不定過.

答. 汝雖巧便, 設諸妨難, 直難言說, 不反意旨, 所引譬喩, 皆不得成. 何以故? 牛角非有, 兎角不無故. 如汝所取, 但是名言故. 我寄言說, 以示絕言之法, 如寄手指, 以示離指之月. 汝今直爾, 如言取義, 引可言喩, 難離言法, 但看指端, 責其非月. 故責難彌精, 失理彌遠矣. 然今更引聖說離言之喩. 喩如虛空容受一切長短等色屈申等業, 若時除遣諸色色業, 無色虛空, 相似顯現. 謂除丈木處, 卽丈空顯, 除尺木處, 卽尺空顯, 除屈, 屈顯, 除申, 申顯等. 當知. 卽此顯現之空, 似長似短,離言之事, 如是空事. 隨其所應, 前時容受長短等色. 然所容受色, 異於虛空, 凡夫邪想分別所取. 故喩遍計所執諸法. 雖無所有, 而計異空故. 能容受事, 不異虛空, 非諸凡夫分別所了. 故喩依他起相諸法. 雖實是有, 而不異空故. 又彼遍計所執自性, 非無所依獨自成立, 依他起相爲所依止, 遍計所執方得施設. 喩如虛空離言之事, 隨其所應, 容受諸色.

菩薩若離妄想分別, 除遣遍計所執相時, 便得現照離言之法, 尒時諸法離言相顯. 喩如除遣諸色相時, 隨其除處, 離色空顯. 由如是等比量道理, 應知諸法皆等虛空. 如『金鼓經』言, "若言其異者, 一切諸佛菩薩行相, 則是執着. 何以故? 一切聖人於行非行法中, 同智慧行, 是故不異. 是故五陰非有, 不從因緣生. 非不有, 五陰不過聖境界故. 非言語之所能及." 『慧度經』言, "雖生死道長, 衆生性多, 而生死邊如虛空, 衆生性邊亦如虛空", 『中觀論』云, "涅槃之實際及與世間際, 如是二際者, 無毫釐許異." 『瑜伽論』云, "若諸有情於佛所說甚深空性相應經典, 不解密意, 於是經中說〈一切法皆無自性, 皆無有事, 無生無滅〉, 說〈一切法皆等虛空, 皆如幻夢〉, 彼聞是已, 心生驚怖, 誹謗此典, 言〈非佛說〉. 菩薩爲彼, 如理會通, 如實和會, 攝彼有情. 爲彼說言, 〈此經不說一切諸法都無所有, 但說諸法所言自性都無所有.〉雖有一切所言說事, 依止彼故, 諸言說轉. 然彼所說可說自性, 據第一義, 非其自性. 譬知[2]空中有衆多色色業, 可得容受一切諸色色業. 謂虛空中現有種種, 若往若來屈申等事. 若於尒時, 諸色色業皆悉除遣, 即於尒時, 唯無色性淸淨虛空相似顯現, 如是即於相似虛空, 離言說事. 有其種種言說所作邪想分別, 隨戲論着, 似色業轉. 又即如是一切言說邪想分別, 隨戲論着, 似衆色業, 皆是似空, 離言說事之所容受. 若時菩薩, 以妙聖智,

---

2 『유가사지론』원문에 따라 '知'를 '如'로 교감한다.

除遣一切言說所起邪想分別隨戱論着, 尒時菩薩, 最勝聖者, 證得諸法離言說事. 唯有一切言說自性, 非性所顯. 喩如虛空淸淨相顯, 亦非過此. 有餘自性, 應更尋思故."

[H1, 838a11~839a16, 卷上 第十張]

【이 있음(有)이라고 인정한 것은 '불변·독자의 본질/실체가 없음'(空)과 다르지 않다. 따라서 비록 앞에서처럼 [있음(有)이라고] 하여도 '실체가 수립되는 것'(增益)이 아니다. '있는 것(有)이다'라고 방편으로(가설적으로) 인정한 것이기에 실제(實)가 [실체로서] 있음(有)이 되는 것은 아니지만, 이 있음(有)이라고 인정한 것이 [현상으로서] 있음(有)이 되지 않는 것도 아니다. 따라서 비록 뒤에서처럼 [공空이라] 하여도 '완전히 없어지는 것'(損減)이 아니다. 앞에서 말한 '실제로 있는 것'(實是有)이라는 것은 〈'불변·독자의 본질/실체가 없음'(空)과 다르지 않은 있음(有)〉(不異空之有)이고, 뒤에서 말한 '있음(有)이 되지 않는다'(不墮有)라는 것은 〈'불변·독자의 본질/실체가 없음'(空)과는 다른 있음(有)〉(異空之有)이 되지 않는 것이다. 그러므로 [유有와 공空이] 모두 허용되어 서로 어긋나지 않는다. 그렇지 않은 것이 아니기 때문에 모두 허용되고, 또한 그렇지 않기 때문에 모두 허용되지 않는다. 이 '그렇지 않음'(非然)은 '그러함'(然)과 다르지 않으니, 마치 그 있음(有)이 '불변·독자의 본질/실체가 없음'(空)과 다르지 않음과 같다. 그러므로 비록 모두 허용되지 않지만 또한 본래의 근본취지를 잃지 않으니, 따라서 4구(四句)³를 함께 세워도 모든 허물에서 벗어난다.

---

3 사구四句: 존재에 대해 네 가지로 분류하여 고찰하는 방법으로 사구분별四句分別이라고도 한다. 즉, 존재에 대해 〈① 있다(有), ② 없다(無), ③ 있기도 하고 없기도 하다(亦有亦無), ④ 있는 것도 아니고 없는 것도 아니다(非有非無)〉의 네 가지 판단을 적용하는 것이다.

묻는다. 비록 미묘한 말을 하여 모든 비판에서 벗어나지만 말의 뜻은 더욱 이해할 수 없다. 만일 〈그 있음(有)은 공空⁴과 다르지 않다〉고 말해도 여기서 끌어들인 비유는 본래의 뜻이 아직 이해가 되지 않는다. 어째서인가? 만약 '실제로 있는 것'(實是有)이라면 곧 없음(無)과는 달라야 한다. 비유컨대 소의 뿔이 토끼의 뿔과 같지 않은 것과 같다. 만약에 〈공空과 다르지 않다〉(不異空)고 하면 분명 '있는 것'(是有)이 아니다. 비유컨대 토끼의 뿔은 없음(空)과 다름이 없는 것과 같다. 지금 〈'있는 것'(是有)이지만 공空과 다르지 않다〉(是有而不異空)라고 말하니, 세상에 이와 같은 것은 없다. 어떻게 그럴 수 있겠는가? 설사 같은 비유를 들어 〈공空과 다르지 않다〉(不異空)는 주장을 세워도 앞의 추론으로 말미암아 〈[주장을 확립하기에 불충분한] 불확정적인 추론 이유'(不定因)를 설정하는 오류〉(不定過)를 범하게 된다.

답한다. 당신이 비록 교묘한 방법으로 여러 가지 비판을 설정하고 있지만, 단지 말을 힐난하는 것이지 뜻을 뒤집지는 못하며, 끌어들인 비유들도 모두 성립되지 않는다. 어째서인가? '소의 뿔'[이라는 비유]는 [실체로서의] 있음(有)[을 지시하는 것]이 아니고 '토끼의 뿔'[이라는 비유]는 [아무것도] 없음(無)[을 지시하는 것]이 아니기 때문이다. 당신이 붙잡은 것은 [나타내려는 뜻이 아니고] 다만 언어일 뿐이기 때문이다. 나는 언어에 의지하여 '언어 환각이 사라진 도리'(絶言之法)를 드러내니, 마치 손가락에 의지하여 손가락을 떠난 달을 내보이는 것과 같은 것이다. 당신은

---

4 공空에 대한 번역어: '공空'에 대한 올바른 이해를 거론하는 맥락에서는 '불변·독자의 본질/실체가 없음'으로, 오해를 거론하는 맥락에서는 '없음'이나 '공空'으로 번역한다. 공空과 유有의 관계에 대한 잘못된 이해와 올바른 이해를 모두 거론하면서 전개하는 화쟁 논의이기 때문이다. 잘못된 이해는 '공空과 유有'를 '없음과 있음'의 상반된 의미로 보는 것이고, 올바른 이해는 '공空과 유有'를 '다르지 않음'(不異, 불二)으로 보는 것이다.

지금 오직 '말대로만 뜻을 취하고'(如言取義) 말로 할 수 있는 비유를 끌어들여서 '언어 환각에서 벗어난 도리'(離言法)를 비난하니, 단지 손가락 끝을 보고 그것이 달이 아니라고 비난하는 것이다. 그러므로 비난이 정밀해질수록 도리를 잃어버리고 갈수록 멀어진다.

그러하니 이제 다시 부처님이 설한 '말 여읨'의 비유를 인용해 보겠다. 비유하건대 허공은 길고 짧은 등의 모든 형색과 구부리거나 펴는 등의 모든 행위를 다 수용하는데, 만일 갖가지 형색과 유형의 행위들을 제거할 때에는 형태 없는 허공이 [그 제거된] 형태만큼 드러난다. 이를테면 한 길 크기의 나무를 제거한 곳에는 곧 한 길만큼의 허공이 나타나고, 한 자 크기의 나무를 제거한 곳에는 곧 한 자만큼의 허공이 나타나며, 구부러진 것을 제거한 곳에는 구부러진 만큼의 허공이, 펴진 것을 제거한 것에는 펴진 만큼의 허공이 나타나는 것이다.

그러므로 마땅히 [다음과 같이] 알아야 한다. 이렇게 해서 나타난 허공은 긴 것 같기도 하고 짧은 것 같기도 하니, 언어를 여읜 현상은 이와 같은 허공 현상과 같은 것이다. [허공은] 그것이 응하는 것에 따라 앞에서처럼 길거나 짧은 등의 형색을 수용한다. 그런데 〈수용된 형색은 허공과는 다른 것이다.〉라는 것은 범부 중생이 잘못된 인식과 분별로 취한 것이다. 그러므로 [유식唯識의] '[잘못된 분별로] 두루 헤아려 집착한 현상들'(遍計所執諸法)에 비유할 수 있다. [허공이 수용한 형색들은] 비록 [실체로서] 있는 것이 아니지만 허공(空)과 다른 것이라고 헤아리기 때문이다. 능히 [허공에] 수용한 것들은 허공과 다르지 않으니, [이 도리는] 모든 범부 중생의 분별에 의해 알 것이 아니다. 그러므로 [유식唯識의] '의지하여 생겨나는 양상의 현상들'(依他起相諸法)에 비유할 수 있다. 비록 '실제로 있는 것'(實是有)이지만 '불변·독자의 본질/실체가 없음'(空)과 다르지 않기 때문이다. 또 저 '[잘못된 분별로] 두루 헤아려 집착한 특징'(遍計所執自性)은 의지하는 것이 없이 독자적으로 성립하는 것이 아니고, '의지하여 생겨나는 양상'(依他起相)이 의지하는 바가 되어 '[잘못된 분별로]

두루 헤아려 집착한 것'(遍計所執)이 비로소 성립하게 된다. 비유컨대 허공의 '말 여읜 것(離言之事)'이 그 응하는 바에 따라 모든 형색을 수용하는 것과 같다.

보살이 만약 망상의 분별을 여의어 [잘못된 분별로] 두루 헤아려 집착하는 양상'(遍計所執相)을 없애 버리면, 곧 '언어 환각에서 벗어난 도리'(離言之法)를 드러내 비출 수 있게 되고, 그럴 때 〈모든 현상의 '언어 환각에서 벗어난 양상'〉(諸法離言相)이 나타난다. 마치 모양 있는 모든 양상을 제거해 버릴 때, 그 제거한 곳을 따라 모양을 여읜 허공이 나타나는 것에 비유할 수 있다. 이와 같은 유비추리들로 인해 모든 현상은 다 허공과 같은 것이라고 알아야만 한다. 마치 『금고경金鼓經』에서, "만약 그것이 다른 것이라고 말한다면 모든 부처님과 보살들의 행위들은 곧 집착이다. [그러나 부처와 보살의 행위는 집착이 아니다.] 어째서인가? 모든 성인은 행하거나 행하지 않거나 모두 지혜의 행위이니, 그러므로 다르지 않다. 따라서 [성인에게] '자아를 이루고 있는 요소들의 다섯 가지 더미'(五陰, 五蘊)는 [불변·독자의 실체로서] 있는 것이 아니고'(非有) [근본무지(無明)에 매인] 인연을 좇아 생겨난 것도 아니다. [그러나] '존재하지 않는 것도 아니니'(非不有), '자아를 이루고 있는 요소들의 다섯 가지 더미'(五陰, 五蘊)가 성스러운 세계이기 때문이다. [이것은] 언어가 도달할 수 있는 것이 아니다."[5]라고 말하는 것과 같다.

『대혜도경大慧度經』에서는 "비록 [근본무지에 매여] 태어나고 죽는 길'(生死道)이 길고 중생 성품이 많지만 [근본무지에 매여] 태어나고 죽는 측면'(生死邊)은 [실체 없는] 허공과 같고 '중생 성품의 측면'(衆生性邊)도 [실

---

5 『합부금광명경』 권4(T16, 380b18~23) "若言其異者, 一切諸佛菩薩行相, 則是執著. (未得解脫煩惱繫縛, 則不能得阿耨多羅三藐三菩提.) 何以故? 一切聖人於行非行法中, 同智慧行, 是故不異. 是故五陰非有, 不從因緣生. 非不有, 五陰不過聖境界故. 非言語之所能及." 괄호 안의 구절은 생략하여 인용하고 있다.

체 없는] 허공과 같다."⁶라고 하였고, 『중관론中觀論』에서는 "열반의 세계와 세간의 세계, 이 두 세계는 털끝만큼도 다름이 없다."⁷라고 하였다. [또] 『유가론瑜伽論』에서는 [이렇게] 말한다. "만일 중생들이 부처님이 설한 심오한 공성空性에 상응하는 경전에서 은밀한 뜻을 이해하지 못하면, 이 경 가운데서 설하는 〈모든 현상에는 '불변·독자의 본질/실체'(自性)가 없고, '실체로 있는 현상'(有事)이 없으며, [실체로서] 생겨남도 없고 사라짐도 없다.〉는 것이나 〈모든 현상은 다 허공과 같고 환몽幻夢과 같다.〉는 것에 대해 듣고 나서는, 마음이 놀라움과 두려움을 일으켜이 경전을 비방하면서 〈부처님 말씀이 아니다.〉라고 말한다. 보살은그들을 위하여, '이치대로 만나서 통하게 하고'(如理會通) '사실대로 어울려 만나게 하면서'(如實和會) 그 중생들을 포섭한다. [그리하여 보살은]저들을 위하여 〈이 경전은 모든 현상이 전혀 없다고 설하는 것이 아니라, 단지 모든 현상에는 이른바 '불변·독자의 본질/실체'(自性)가 전혀없다고 설하는 것이다.〉라고 말한다. 비록 [보살에 의해] 설해진 온갖 말이 있지만 중생들에 의지하기에 모든 언설을 굴린다. 그러나 중생들이말하는 '언설로써 지칭할 수 있는 불변·독자의 본질/실체'(可說自性)라는 것은, '궁극적인 뜻'(第一義)에 의거한다면 '불변·독자의 본질/실체'(自性)가 아니다. 비유하자면, 허공 가운데 수많은 모양(色)과 '유형적행위'(色業)들이 있어도 [허공이] 그 모든 모양과 유형적 행위들을 수용할수 있는 것과 같은 것이다. [이것은] 허공 가운데 나타나 있는 온갖 것들을 일컫는 것이니, 가고 오고 구부리고 펴는 등의 일이다. 만약 그때에모든 모양과 유형적 행위를 다 제거해 버리면 바로 그때에 오직 형체가없는 청정한 허공 같은 것이 드러나니, 이와 같은 허공 같은 것에서 '언

---

6 『마하반야바라밀경』 권17(T8, 349b7~9) "雖生死道長, 衆生性多. (爾時應如是正憶念) 生死邊如虛空, 衆生性邊亦如虛空." 괄호 안의 구절은 생략되어 있다.
7 『중론』 권4(T30, 36a10~11) "涅槃之實際及與世間際, 如是二際者, 無毫釐差別."

설로 지어낸 것'(言說事)을 여읜다. 갖가지 언설로 지어낸 삿된 망상과
분별이 있으면, 희론을 따라 집착하여 '유형적 행위'(色業) 같은 것이 펼
쳐진다. 또 이와 같은 갖가지 언설로 지어낸 삿된 망상과 분별로 희론
을 따라 집착하여 갖가지 '유형적 행위'(色業) 같은 것을 짓지만, [그것들
은] 모두 허공과 같은 것이어서 '언설로 지어낸 것을 여읜 것'(離言說事)
에 수용된다. 만약 이때 보살이 묘한 성스러운 지혜로써 갖가지 언설이
일으킨 삿된 망상과 분별로 희론을 따라 집착하는 것을 버리면, 이때
보살은 가장 수승한 성자로서 모든 현상[의 본연]이 '언설로 지어낸 것을
여읜 것'(離言說事)임을 증득하게 된다. 오직 '온갖 언설에 의해 세워지
는 불변·독자의 본질/실체'(一切言說自性)가 있을 뿐, [실제로 존재하는]
'불변·독자의 본질/실체'(性)가 [언설에 의해] 나타난 것은 아니다. 비유
하자면 허공의 청정한 모습이 나타난 것과 같아서, 또한 이 [언어] 밖의
것이 아니다. 다른 '불변·독자의 본질/실체'(自性)들도 응당 다시 '분별
하는 생각을 일으키고 지속시켰기'(尋思) 때문[에 세워진 것]이다."**8]**

8 『유가사지론』 권45(T30, 541a13~b12) "若諸有情於佛所說甚深空性相應經典, 不解
如來密意義趣, 於此經中說一切法皆無自性, 皆無有事, 無生無滅, 說一切皆等虛空,
皆如幻夢, 彼聞是已, 如其義趣, 不能解了, 心生驚怖, 誹謗如是一切經典, 言非佛說. 菩
薩爲彼諸有情類, 方便善巧, 如理會通如是經中如來密意甚深義趣, 如實和會, 攝彼有情.
菩薩如是正會通時, 爲彼說言, 此經不說一切諸法都無所有, 但說諸法所言自性都無所
有. 是故說言一切諸法皆無自性. 雖有一切所言說事, 依止彼故, 諸言說轉. 然彼所說可
說自性, 據第一義, 非其自性. 是故說言一切諸法皆無有事. 一切諸法所言自性理既如
是, 從本已來都無所有, 當何所生, 當何所滅? 是故說言一切諸法無生無滅. 譬如空中有
衆多色業, 可得容受一切諸色業. 謂虛空中現有種種若往若來若住若起墮屈伸等事.
若於爾時, 諸色業皆悉除遣, 即於爾時, 唯無色性清淨虛空, 其相顯現. 如是即於相似
虛空, 離言說事. 有其種種言說所作邪想分別隨戱論著, 似色業轉. 又即如是一切言說邪
想分別隨戱論著似衆色業, 皆是似空, 離言說事之所容受. 若時菩薩, 以妙聖智, 遣除一
切言說所起邪想分別隨戱論著, 爾時菩薩, 最勝聖者, 以妙聖智, 證得諸法離言說事. 唯
有一切言說自性, 非性所顯. 譬如虛空淸淨相現, 亦非過此. 有餘自性, 應更尋求. 是故
宣說一切諸法皆等虛空." 원효가 인용하고 있는 내용은 『유가사지론』 원문과 대체
로 유사하지만 여러 부분에서 순서가 바뀌거나 변형 내지 생략되어 있다.

2. 〈중생은 모두 불성佛性을 가지고 있다〉는 주장과 〈불성이 없는 중생도 있다〉는 주장의 다툼을 해소시켜 주는 화쟁 ─ '불성유무佛性有無 화쟁'

又彼經言, "衆生佛性, 不一不二. 諸佛平等, 猶如虛空, 一切衆生, 同共有之." 又下文云, "一切衆生, 同有佛性, 皆同一乘. 一因一果, 同一甘露, 一切當得常樂我淨. 是故⁹一味." 依此經文, 若立'一分無佛性'者, 則違大乘平等法性同體大悲如海一味. 又若立言, '定有無性. 一切界差別可得故. 如火性中無水性'者, 他亦立云, '定皆有性. 一味性平等可得故. 如諸麤色聚悉有大種性', 則有決定相違過失. 又若立云, '定有無性. 由法介故'者, 他亦立云, '定無無性. 由法介故', 是亦決定相違過失.

執有無性論者通曰, "經言'衆生悉有心'者, 汎擧一切有性無性未得已得諸有情也. 凡其有心當得菩提者, 於中簡取有性未得之有心也." 設使一切有心皆當得者, 已得菩提者, 亦應當得耶? 故知非謂一切有心皆當得也. 又言"猶如虛空, 一切同有"者, 是就理性, 非說行性也. 又說"一因一果乃至一切當得常樂我淨"者, 是約少分"一切", 非說一切"一切". 如是, 諸文皆得善通. 又若立云, '由法介故, 無無性'者, 則衆生有盡, 是爲大過. 如前所立'由法介故, 有無性'者, 則無是失. 故知, 是似決定相違, 而實不成相違過失. 如有立言, '火非濕性. 由法介故', 又有立言, '火是濕性. 由法介故', 此似決定相違, 而實無此過失. 以火性是熱, 實非濕故. 無性有情, 道理亦介.

問. "若立後師義, 是說云何通?" 如『顯揚論』云, "云何唯現在世非般

---

9 『열반경』 원문에 따라 '故'를 '名'으로 교감하여 번역한다.

涅槃法? 不應理故. 謂不應言於現在世, 雖非般涅槃法, 於餘生中, 復可轉爲般涅槃法. 何以故? 無般涅槃種性法故. 又若於此生, 先已積集順解脫分善根, 何故不名般涅槃法? 若於此生, 都未積集, 云何後生能般涅槃? 是故定有非般涅槃種性有情."『瑜伽論』中, 亦同此說. 又若‘一切皆當作佛’, 則衆生雖多, 必有終盡, 以無不成佛者故. 是則諸佛利他功德亦盡. 又若‘衆生必有盡’者, 最後成佛, 則無所化. 所化無故, 利他行闕, 行闕成佛, 不應道理. 又若說‘一切盡當作佛’, 而言‘衆生永無盡’者, 則爲自語相違過失. 以永無盡者, 永不成佛故. 又如一佛一會, 能度百千萬億衆生, 今入涅槃於衆生界, 漸損. 以不若有漸損, 則有終盡, 有損無盡, 不應理故. 若無損者, 則無滅度, 有滅無損, 不應理故. 如是進退, 終不可立. 無同類故, 其義不成.

執皆有性論者通曰, “彼新論文, 正破執於‘先來無性, 而後轉成有性義’者. 如彼文言〈謂不應言於現在世, 雖非般涅槃法, 於餘生中, 可轉爲般涅槃法〉故.” 今所立宗, 本來有性, 非謂先無而後轉成. 故不墮於彼論所破. 又彼敎意立無性者, 爲欲廻轉不求大乘之心, 依無量時而作是說. 由是密意, 故不相違.

彼救難云‘一切有心皆當得者, 佛亦有心, 亦應更得’者, 是義不然. 以彼經中自簡別故. 彼云, “衆生亦尒, 悉皆有心. 凡有心者, 當得菩提”, 佛非衆生, 何得相濫? 又彼難云‘若皆作佛, 必有盡’者, 是難還着自無性宗. 何者? 如汝宗說, ‘無性有情, 本來具有法尒種子, 窮未來際, 種子無盡.’ 我今問汝, 隨汝意答. 如是種子, 當言一切皆當生果, 當言亦有不生果者? 若言‘亦有不生果’者, 不生果故, 則非種子. 若言‘一切皆當生果’者, 是則種子, 雖多必有終盡. 以無不生果者故. 若言‘雖一切種子皆當生果, 而種子無窮故, 無終盡, 而無自語相違過’者, 則應信受‘一切衆生, 皆當成佛, 而衆生無邊故, 無終盡.’ 又汝難云, 有滅無 ….

[H1, 839a17~840a18, 卷上 第十五/十六張]

369

【또 저 『열반경』에서 말하기를, "중생의 '부처 면모'(佛性)는 같은 것도 아니고 다른 것도 아니다. 모든 부처는 평등하여 마치 허공과 같으니, 모든 중생이 똑같이 '부처 면모'(佛性)를 지니고 있다."[10]라고 하였다. 또 그 아래 글에서 말하기를, "모든 중생은 똑같이 '부처 면모'(佛性)를 지녔으니, 다 같이 [모두를 태우는] 하나의 수레(一乘)와 같다. 각각의 원인과 결과가 하나의 감로[甘露]와 같아서 모두가 마땅히 '늘 [사실 그대로] 한결같음'(常) · '[사실 그대로의] 즐거움'(樂) · '[사실 그대로의] 참된 자기'(我) · '[사실 그대로의] 청정함(淨)'을 얻는다. 이것을 '한 맛'(一味)이라 부른다."[11]라고 하였다. 이 경전 문구에 의거한다면, 만약 〈어떤 중생에게는 '부처 면모'(佛性)가 없다〉는 주장을 세운다면, 곧 〈대승의 '평등한 진리 면모'(平等法性)와 '한 몸으로 여기는 크나큰 연민'(同體大悲)은 바다와 같이 '한 맛'(一味)〉이라는 것을 위배한다. 또 만약 [어떤 사람은] 〈'부처 면모'(佛性)가 없는 중생은 반드시 있다. 모든 세계는 차별이 있을 수 있기 때문이다. 마치 불의 성질 가운데는 물의 성질이 없는 것과 같이.〉라는 주장을 세우고, 다른 사람 역시 〈[중생에게는] 반드시 모두 '부처 면모'(佛性)가 있다. '한 맛과 같은 평등함'(一味性平等)은 얻을 수 있기 때문이다. 마치 [차이가] 뚜렷한 갖가지 유형적인 것들(諸麤色聚)에는 모두 [평등한] 위대한 근본 면모'(大種性)가 있는 것과 같이.〉라는 주장을 세운다면, '양립할 수 없는 주장을 확립하는 오류'(決定相違過失)가 있게 된다. 또 만약 [어떤 사람은] 〈반드시 '부처 면모'(佛性)가 없는 중생이 있다. 본래 그러하기 때문이다.〉라는 주장을 세우고, 다른 사람 역시

---

10 『열반경』 권27(T12, 784a25~26) "衆生佛性, 不一不二. 諸佛平等, 猶如虛空, 一切衆生, 同共有之."

11 『열반경』 권30(T12, 805b8~10) "一切衆生, 同有佛性, 皆同一乘(同一解脫). 一因一果, 同一甘露, 一切當得常樂我淨. 是名一味." 원효의 인용문에는 괄호 안의 구절이 빠졌고, '是名一味'가 '是故一味'로 바뀌었다. '故'는 '名'으로 교감한다. 필사 과정에서 발생한 오기로 보인다.

〈반드시 '부처 면모'(佛性)가 없는 중생은 없다. 본래 그러하기 때문이다.〉라는 주장을 세운다면, 이것 역시 '양립할 수 없는 주장을 확립하는 오류'(決定相違過失)이다.

〈'부처 면모'(佛性)가 없는 중생이 있다고 하는 주장〉이나 〈'부처 면모'(佛性)가 없는 중생은 없다고 하는 주장〉을 견지하는 사람들은 모두 이렇게 말한다. "경전에서 〈중생은 모두 마음을 지니고 있다.〉[12]고 말하는 것은, '부처 면모'(佛性)가 있는 중생과 없는 중생, 아직 ['부처 면모'(佛性)를] 증득하지 못한 중생과 이미 ['부처 면모'(佛性)를] 증득한 중생 모두를 통틀어 거론한 것이다. 무릇 〈마음이 있는 자는 반드시 깨달음을 얻는다〉는 것은, 그 중간에서 〈'부처 면모'(佛性)가 있으나 아직 증득하지 못한 마음〉(有性未得之有心)을 두고 한 말이다."라고.

[그런데] 만약 〈마음을 지닌 중생들은 모두 반드시 ['부처 면모'(佛性)를] 증득한다.〉라고 한다면, 이미 깨달음을 증득한 자도 응당 ['부처 면모'(佛性)를] 증득해야 한다는 것인가? 그러므로 『열반경』에서 말한 〈중생은 모두 마음을 지니고 있다.〉고 하는 것은[〈마음을 지닌 모든 중생이 반드시 모두 ['부처 면모'(佛性)를] 증득한다.〉라고 것을 말하는 것이 아님을 알 수 있다. 또 [『열반경』에서] "[모든 부처는 평등하여] 마치 허공과 같으니, 모든 중생이 똑같이 '부처 면모'(佛性)를 지니고 있다."[13]라고 말하는 것은, '진리 측면'(理性)에서 말한 것이지 '행위 측면'(行性)을 말한 것이 아니다. 또 [『열반경』에서] "각각의 원인과 결과가 [하나의 감로甘露와 같아서] 모두가 마땅히 '늘 [사실 그대로] 한결같음'(常)·[사실 그대로의] 즐거움'(樂)·[사실 그대로인] 참된 자기'(我)·[사실 그대로의] 청정함(淨)'을 얻는

12 『열반경』 권27(T12, 524c7~9) "衆生亦爾, 悉皆有心. 凡有心者, 定當得成阿耨多羅三藐三菩提."
13 『열반경』 권27(T12, 784a25~26) "諸佛平等, 猶如虛空, 一切衆生, 同共有之."

다."14라고 설한 것은, '[조건을 지닌] 일정한 부분'(少分)에 의거하여 "모두
(一切)"라고 한 것이지 '[조건 없는] 전부'(一切)를 "모두(一切)"라고 한 것이
아니다. 이와 같이 모든 경문經文은 다 잘 통하고 있다.

또 만약 〈본래 그러하기 때문에 '부처 면모'(佛性)가 없는 자가 없다.〉
고 주장한다면 중생이 다 없어지게 된다는 것이니 이것은 큰 과오가 된
다. 그리고 앞에서 [어떤 사람이] 주장하는 것처럼 〈본래 그러하기 때문
에 '부처 면모'(佛性)가 없는 자가 있다.〉고 한다면, '[부처 면모가] 없다'
(無)는 것이 과오가 된다. 그러므로 '양립할 수 없는 주장을 확립하는
것'(決定相違)처럼 보이지만 실제로는 '모순이 확정적인 추론의 오류'(相
違過失)가 성립하지 않는다는 것을 알 수 있다. [그리고] 만약 [어떤 사람
은] 〈불은 습성이 아니다. 본래 그러하기 때문이다.〉라고 주장하고, 또
[다른 사람은] 〈불은 습성이다. 본래 그러하기 때문이다.〉라고 주장한다
면, 이것은 '양립할 수 없는 주장을 확립하는 것'(決定相違)처럼 보이지
만 실제로는 이런 과실이 없다. 불의 성질은 뜨거움이어서 실제로는 습
성이 아니기 때문이다. '부처 면모가 없는 중생'(無性有情)의 도리도 이
런 것이다.

묻는다. "만약 뒤쪽 논사의 뜻을 세운다면, 이 주장을 어떻게 통하게
하겠는가?"

[답한다.] 『현양론顯揚論』에서 [다음과 같이] 말한 것과 같다. "어찌 오직
현재만을 '완전한 열반의 현상'(般涅槃法)이 아니라고 하겠는가? 이치에
맞지 않는 것이다. 현재만을 ['완전한 열반의 현상'(般涅槃法)이 아니라고] 말
해서는 안 되니, 비록 [현재는] '완전한 열반의 현상'(般涅槃法)이 아니지

---

14 『열반경』 권30(T12, 805b9~10) "一因一果, 同一甘露, 一切當得常樂我淨. 是名一
味."

만 남은 생애 중에 다시 바뀌어 '완전한 열반의 현상'(般涅槃法)이 될 수 있다. 어째서 그러한가? '완전한 열반으로 결정되어 있는 현상'(般涅槃 種性法)은 없기 때문이다. 또 만약 금생에 '해탈의 가능성을 높이는 이로운 능력'(順解脫分善根)을 이미 쌓았다면, 무슨 이유로 '완전한 열반의 현상'(般涅槃法)이라 하지 않겠는가? [마찬가지로] 만일 금생에 전혀 ['해탈의 가능성을 높이는 이로운 능력'(順解脫分善根)을] 쌓지 못한다면 어찌 내생에 열반을 성취할 수 있겠는가? 그러므로 [이런 경우라면] '완전한 열반을 이루지 못하는 부류의 중생'(非般涅槃種性有情)이 반드시 있는 것이다."15 『유가론瑜伽論』에도 이와 같은 교설이 있다.

또 만일 〈일체 중생이 모두 반드시 부처가 된다〉고 하면 중생이 비록 많지만 반드시 끝나서 다함이 있게 되니, 부처를 이루지 못하는 자가 없기 때문이다. 그렇다면 모든 부처님의 '남을 이롭게 하는 능력'(利他功德)도 끝나게 된다. 또 만약 〈중생이 반드시 다함이 있다〉면, 마지막 중생이 부처를 이루면 교화받을 중생이 없어진다. [그리고] 교화받을 중생이 없어지기 때문에 '남을 이롭게 하는 행위'(利他行)도 없어지게 되는데, '남을 이롭게 하는 행위'(利他行)가 없이 부처를 이룬다는 것은 도리에 맞지 않는다. 또 만약 〈일체 중생이 모두 반드시 부처를 이룬다〉고 하면서도 〈중생은 끝내 다함이 없다〉고 말한다면, '자기의 말에 자기가 어긋나는 오류'(自語相違過失)가 된다. 끝내 다함이 없는 것은 끝내 부처를 이루지 못하기 때문이다.

또 만일 한 부처님이 한 설법 모임에서 백천만억 중생을 능히 제도한다면, 이제 [중생들이] '중생의 세계'(衆生界)에서 열반에 들어 점차 줄어

---

15 『현양성교론』권20(T31, 581a27~b4) "云何唯現在世非般涅槃法? 不應理故. 謂不應言於現在生, 雖非般涅槃法, 於餘生中, 復可轉爲般涅槃法. 何以故? 無般涅槃種性法故. 又若於此生, 先已積集順解脫分善根, 何故不名般涅槃法? 若於此生, 都未積集[順解脫分善根], 云何後生能般涅槃? 是故定有非般涅槃種性有情." 괄호 안 구절이 생략된 채 인용되어 있다.

들게 된다. 만약 점차 줄어들어 다함이 있는 것이 아니라면, 줄어듦이 있는데도 다함이 없다는 것이어서 이치에 맞지 않는다. 만약 줄어듦이 없다면 열반에 도달함이 없는 것인데, [실제로는] 열반함이 있는데도 줄어듦이 없다는 것은 이치에 맞지 않는다. 이와 같이 [만약 〈일체 중생이 모두 반드시 부처를 이룬다〉고 하면서도 〈중생은 끝내 다함이 없다〉고 말한다면] 나아가거나 물러가거나 간에 끝내 주장을 세우지 못하게 된다. [주장들이] '같은 속성에 속하는 유형'(同類)이 아니기 때문에 그 뜻이 성립하지 않는다.

〈모든 중생이 '부처 면모'(佛性)를 지니고 있다〉는 이론을 견지하는 사람들은 모두 [이와 같이] 말한다. "저 『현양론顯揚論』의 글은 〈이전에는 '부처 면모'(佛性)가 없다가 후에 바뀌어 '부처 면모'(佛性)를 지니게 되었다〉는 뜻에 대한 집착을 곧바로 깨뜨리는 것이다. 그 경문에서 〈현재만을 ['완전한 열반의 현상'(般涅槃法)이 아니라고] 말해서는 안 되니, 비록 [현재는] '완전한 열반의 현상'(般涅槃法)이 아니지만 남은 생애 중에 [다시] 바뀌어 '완전한 열반의 현상'(般涅槃法)이 될 수 있다.〉[16]고 말하는 것이 그것이다." [그런데] 지금 세우는 주장은 〈본래부터 '부처 면모'(佛性)가 있다〉는 것이지 〈전에는 없다가 후에 바뀌어 이루어졌다〉는 것을 말하는 것이 아니다. 그러므로 『현양론』이 깨뜨린 것에 해당하지 않는다. 또 그 [『현양론』의] 교의敎意가 세우는 〈'부처 면모'(佛性)가 없다〉는 것은 대승의 마음을 구하지 않는 것을 돌이키게 하고자 하는 것이니, 무량한 시간에 의거하여 이러한 주장을 하는 것이다. 이러한 은밀한 뜻으로 말미암아 [그 주장이] 서로 어긋나지 않는다.

---

16 『현양성교론』 권20(T31, p.581a27-29) "謂不應言於現在生, 雖非般涅槃法, 於餘生中, 復可轉爲般涅槃法." '現在生'이 '現在世'로, '復'가 생략된 채 인용되어 있다.

그가 힐난하고자 말하는 〈마음을 가진 모든 중생은 마땅히 깨달음을 증득할 수 있는 것이라면, 부처님도 마음을 지니고 있으니 또한 응당 다시 깨달음을 얻어야 한다〉라는 것은, 이 뜻이 그렇지 않다. 그 경전에서 스스로 구별하고 있기 때문이다. 그 경전에서는 "중생도 또한 이와 같아서 모두 마음이 있다. 무릇 마음이 있는 자는 마땅히 깨달음을 얻을 수 있다."[17]고 말하니, 부처는 중생이 아닌데 어찌 서로 뒤섞이겠는가?

또 저들이 힐난하여 말하는 〈만약 모두 부처를 이루면 반드시 [중생이] 다함이 있다〉는 것은, 〈'부처 면모'(佛性)가 없는 중생이 있다〉는 자신의 주장을 도리어 비난하는 것이다. 왜 그런가? 당신들의 주장처럼, 〈'부처 면모'(佛性)가 없는 중생은 본래부터 그러한 종자를 지녀 미래가 다하도록 그 종자는 다함이 없다〉고 하자. [그렇다면] 내 이제 당신에게 묻노니, 당신의 뜻에 따라 대답해 보라. 〈이와 같은 종자는 모두가 응당 결과를 생겨나게 한다〉고 말해야 하는가, 〈결과를 생겨나게 하지 않는 것도 있다〉고 말해야 하는가? 만일 〈결과를 생겨나게 하지 않는 것도 있다〉고 한다면, 결과를 생겨나게 하지 않으므로 [그것은] 곧 종자가 아니다. 또 만일 〈모두가 응당 결과를 생겨나게 한다〉고 말한다면, 이것은 곧 종자이니 아무리 많아도 반드시 끝나 다함이 있다. 결과를 생겨나지 않게 하는 것이 없기 때문이다. 만약 〈비록 모든 종자가 응당 결과를 생겨나게 하지만 종자가 끝이 없기 때문에 다함이 없어 '자기의 말에 자기가 어긋나는 오류'(自語相違過)가 없다〉라고 말한다면, [그런 논리라면] 곧 〈모든 중생은 응당 부처를 이루지만 중생이 끝이 없기 때문에 다함이 없다〉라고 믿어 수용해야만 할 것이다. 또 당신은 힐난하여 말하기를, … (이하 결장缺張)】

---

17 『열반경』권25(T12, p.769a20-21) "衆生亦爾, 悉皆有心. 凡有心者, 定當得成阿耨多羅三藐三菩提."

3. 다른 문헌에 인용되어 전하는 『십문화쟁론』 및 관련 내용들

1) 공空/유有 화쟁에 관한 내용으로서 일본 묘우에(明惠, 1173-1232)
의 『금사자장광현초金師子章光顯鈔』에 인용된 내용

『和諍論』云, "不可以有限心, 測量無限之法, 起增減見, 墮闡提網.
如經言, '若有四部, 若起增見, 若起減見, 諸佛如來, 非彼世尊. 如是
等人, 非我弟子.' 此人, 以起二見因緣, 從冥入冥, 從闇入闇, 我說是
人, 名一闡提."

[『금사자장광현초金師子章光顯鈔』권하卷下, 『大日本佛教全書』13, 207a.]

【『십문화쟁론』은 말한다. "유한한 마음으로 무한한 진리를 헤아리려
서는 안 되는 것이니, '['실체로서 항상 있다'(有/常/增見)고 하거나 '아무것도
없다'(無/斷/減見)고 하는] 보태거나 없애는 견해'(增減見)를 일으키면 '좋
은 능력이 모두 끊어진 자'(一闡提)의 그물에 떨어진다. 경전에서 〈어떤
사부대중이 '['실체로서 항상 있다'(有/常/增見)고 하는] 보태는 견해'(增見)를
일으키거나 ['아무것도 없다'(無/斷/減見)고 하는] 없애는 견해'(減見)를 일으
키면, 모든 부처와 여래는 그의 스승이 아니다. 이런 사람들은 나의 제
자가 아니다.〉라고 말하는 것과 같다. 이 사람은 [증견增見과 감견減見,
이] 두 가지 견해를 일으킨 인연 때문에 어둠에서 어둠으로, 암흑에서
암흑으로 들어가니, 나는 이 사람을 '좋은 능력이 모두 끊어진 자'(一闡
提)라 부른다."】

2) 불성佛性의 보편성과 차별성 주장에 대한 화쟁으로서 고려 균여 (均如, 923-973)의 『석화엄교분기원통초釋華嚴敎分記圓通抄』에 인용된 『십문화쟁론』

> 曉公云, "五性差別之敎, 是依持門, 皆有佛性之說, 是緣起門", 如是 會通兩家之諍.
>
> [『석화엄교분기원통초釋華嚴敎分記圓通抄』, H4, 311c.]

【원효는 "'다섯 가지 성품이 차별된다는 가르침'(五性差別之敎)은 '[차 이들이 서로] 의지하고 있는 계열'(依持門)[에 속하는 것]이고, 〈모두 '부처 면모'(佛生)가 있다는 가르침〉(皆有佛性之說)은 '조건적 발생의 계열'(緣起 門)[에 속하는 것]이다."라고 말하여, 두 이론의 배타적 주장(諍)을 이와 같이 [서로] '만나 통하게(會通)' 한다.】

> 『和諍論』云, "問. 一切衆生, 皆有佛生耶? 當言亦有無性有情耶? 答. 又有說者, 〈於有情界, 定有無性. 一切界差別故, 無始法爾故.〉云 云, 又有說者, 〈一切衆生, 皆有佛性〉云云. 問. 二師所說, 何者爲實? 答. 又有說者, 二師所說, 皆是實. 何以故? 皆依聖敎而成立故, 法門非 一無障礙故. 是義云何? 眞俗相望, 有其二門, 謂依持門及緣起門. 依 持門者, 猶如大虛持風輪等, 緣起門者, 猶如巨海起波浪等. 就依持門, 眞俗非一, 衆生本來法爾差別. 故有衆生, 從無始來樂着生死, 不可動 拔. 就此門內, 於是衆生六處之中, 求出世法可生之性, 永不可得. 故 依此門, 建立無性有情也. 約緣起門, 眞妄無二, 一切法同一心爲體. 故諸衆生, 從無始來, 無不卽此法界流轉. 就此門內, 於諸衆生心神之 中, 求不可令歸自源者, 永不可得. 故依此門, 建立一切皆有佛性. 如 是二門, 本無相妨."
>
> [『석화엄교분기원통초釋華嚴敎分記圓通抄』, H4, 325b-c.]

【『십문화쟁론』에서는 [다음과 같이] 말한다. "묻는다. 모든 중생에게 '부처 면모'(佛生)가 있는가? [아니면] '부처 면모가 없는 중생'(無性有情)도 있다고 말해야 하는가? 답한다. 어떤 사람은 〈중생 세계에는 분명 '부처 면모가 없는 중생'이 있다. 모든 세계가 차별이기 때문이고, 시작을 알 수 없는 때부터 그러하기 때문이다.〉는 등으로 말하고, 또 어떤 사람은 〈모든 중생에게는 '부처 면모'(佛生)가 있다.〉는 등으로 말한다. 묻는다. 두 논사의 주장 가운데 어떤 것이 맞는가? 답한다. 어떤 이[18]는 말한다. 두 논사의 주장이 모두 맞다. 왜 그런가? 모두 성스러운 가르침에 의지하여 세워졌기 때문이고, '진리의 문'(法門)은 하나가 아니어서 걸림이 없기 때문이다. 이것은 무슨 의미인가? 진리다움(眞)과 속됨(俗)의 '상호 관계'(相望)에는 두 가지 계열(門)이 있으니, [차이들이 서로] 의지하고 있는 계열'(依持門)과 '조건적 발생의 계열'(緣起門)이 그것이다. [차이들이 서로] 의지하고 있는 계열'(依持門)이라는 것은 큰 허공이 바람(風輪) 등을 의지하는 것과 같고, '조건적 발생의 계열'(緣起門)이라는 것은 큰 바다에서 파도와 물결 등이 일어나는 것과 같다. [차이들이 서로] 의지하고 있는 계열'(依持門)에 나아가면 '진리다움(眞)과 속됨(俗)이 같지 않아'(眞俗非一) 중생과 '본래 그러함'(本來法爾)[인 진리]가 차별된다. 그러므로 시작을 알 수 없는 때부터 [근본무지(無明)에 매인] 삶과 죽음'(生死)에 즐겨 달라붙어 구제해 낼 수가 없는 중생이 있다. 이 계열(門) 안에서는 이 중생의 '여섯 감관능력을 통한 경험 세계'(六處) 가운데서 세속에서 벗어나게 하는 현상을 생겨나게 할 수 있는 면모(性)를 구하여도 끝내 얻을 수가 없다. 그러므로 이 계열(門)에 의거하여 〈'부처 면모'(佛性)가 없는 중생〉(無性有情)을 주장하는 것이다. '조건적 발생의 계열'(緣起門)에 의한다면 '진리다움(眞)과 망령됨(妄)'이 별개의 것이 아

---

18 원효 자신을 가리키는 것으로 보인다.

니어서'(眞妄無二), 모든 현상이 다 같이 '하나처럼 통하는 마음'(一心)을 본연(體)으로 삼는다. 그러므로 모든 중생이 시작을 알 수 없는 때부터 이 '진리 세계의 흐름'(法界流轉)과 같지 않음이 없다. 이 계열(門) 안에 서는, 모든 중생의 마음 가운데서 자신의 근원으로 돌아가지 못하게 하는 것을 구하여도 끝내 얻을 수가 없다. 그러므로 이 계열(門)에 의거하여 〈모든 중생에게 '부처 면모'(佛性)가 있다.〉고 주장하는 것이다. [그런데] 이와 같은 '두 계열'(二門)은 본래 서로 방해함이 없다.】

『和諍論』中, 依『瑜伽』『顯揚』等, 立依持門, 依『涅槃』等經, 立緣起門. 然不通取『瑜伽』等文句, 但依五性差別之文, 立依持門, 亦不通取『涅槃經』文, 但依皆有佛性之文, 立緣起門.

[『석화엄교분기원통초釋華嚴教分記圓通鈔』, H4, 326a.]

【『십문화쟁론』에서는, 『유가론』·『현양론』 등에 의거하여 '[차이들이 서로] 의지하고 있는 계열'(依持門)을 세우고, 『열반경』 등에 의거하여 '조건적 발생의 계열'(緣起門)을 세운다. 그러나 『유가론』 등의 문구를 모두 취하는 것이 아니라 단지 '다섯 가지 성품이 차별된다'(五性差別)는 [뜻과 관련된] 문구에 의거하여 '[차이들이 서로] 의지하고 있는 계열'(依持門)을 세우고, 또한 『열반경』의 문구를 모두 취하는 것이 아니라 단지 '모두 불성이 있다'는 [뜻과 관련된] 문구에 의거하여 '조건적 발생의 계열'(緣起門)을 세운다.】

『和諍論』中, "猶如巨海起波浪者, 其巨海則喻眞如佛性故." [균여均 如, 『석화엄교분기원통초釋華嚴教分記圓通鈔』 권3, H4, 326a.]

【『십문화쟁론』에서, "거대한 바다가 파도를 일으키는 것과 같다는 것은, 그 거대한 바다가 바로 진여(眞如)인 불성(佛性)을 비유한 것이기

때문이다"라고 하였다.】

曉公『和諍論』, 引三師說, "問. 諸師所說, 何非何是? 答. 又有說者, 諸說皆是. 何以故? 各依聖敎而成立故. 是義云何? 若依作因受果之門, 新熏種子, 正爲因緣. 於生自果, 有功能故, 云云. 若依從性成果之門, 唯本性界, 正爲種子, 云云. 若就和合生果門者, 新熏種子, 雖有功能, 如其無性, 果卽不生. 生果由性, 性卽爲因. 雖有本性, 若無新熏, 卽無功能. 功能生果, 豈非種子? 故依此門, 卽當說云, '有二種子, 共生一果.'"[19]

[『석화엄교분기원통초釋華嚴敎分記圓通鈔』, H4, 315a.]

【원효의『화쟁론』에서는 세 논사의 주장을 인용하고 [이렇게] 말하고 있다. 〈묻는다. 여러 논사의 주장들 가운데 어떤 것이 틀리고 어떤 것이 맞는가? 답한다. 어떤 이[20]는 말한다. 여러 주장이 모두 맞다. 어째서 그러한가? 각기 [부처님의] 성스러운 가르침에 의거하여 성립하기 때문이다. 이 뜻은 무엇인가? 만약 '원인을 지어서 과보를 받는 측면'(作因受果之門)에 의거한다면, '새로 거듭 익힌 종자'(新熏種子)가 바로 인연이 된다. 자기 과보를 생겨나게 하는 데 공능이 있기 때문이다. … 만약 '속성에 따라 과보를 이루는 측면'(從性成果之門)에 의거한다면, 오직 '근본속성의 요소'(本性界)가 바로 종자가 된다. … 만약 '생겨나게 함과 과보를 이룸을 종합하는 측면'(和合生果門)에 의거한다면, '새로 거듭 익힌 종자'(新熏種子)는 비록 [생겨나게 하는] 공능이 있지만 만약 그가 속성(性)이 없다면 과보가 생겨나지 않는다. 과보를 생겨나게 하는 것은 속성

---

19 신라 견등見登의『대승기신론동이약집大乘起信論同異略集』에는 같은 내용이 보다 완전한 내용으로 인용되어 있다. 아래에 소개해 두었다.
20 원효 자신을 가리키는 것으로 보인다.

(性) 때문이니, 속성이 바로 원인이 된다. [그런데] 비록 '근본 속성'(本性)이 있어도 만약 '새로 거듭 익힘'(新熏)이 없다면 곧 공능이 없다. 공능이 과보를 생겨나게 하는 것이니, 어찌 ['새로 거듭 익힘'(新熏)이] 종자가 아니겠는가? 그러므로 이 측면(門)에 의거한다면 마땅히 다음과 같이 말할 수 있다. 〈[속성(性)과 '새로 거듭 익힘'(新熏), 이] 두 가지 종자가 있어 함께 하나의 과보를 생겨나게 한다.〉라고.〉】

3) 신라 견등見登의 『대승기신론동이약집大乘起信論同異略集』에 인용된 내용

丘龍『和諍論』云. "夫佛地萬德, 略有二門. 若從因生起之門, 報佛功德, 刹那生滅. 初師所說, 且得此門. 若就息緣歸原之門, 報佛功德, 凝然常住. 後師所說, 亦得此門. 隨一一德, 有此二門, 二門相通, 不相違背."

[『대승기신론동이약집大乘起信論同異略集』, H3, 695a.]

【구룡(원효)의 『화쟁론』에서는 [이렇게] 말한다. "무릇 '부처 경지가 지닌 온갖 능력'(佛地萬德)에는 대략 두 가지 측면(門)이 있다. 만약 '원인에 따라 생겨나는 측면'(從因生起之門)으로 본다면, '[진리성취의] 결실인 부처 몸이 지닌 능력'(報佛功德)은 찰나에 생멸한다. 앞의 논사가 말한 것은 또한 이 측면(門)을 취한 것이다. 만약 '[망상분별의] 조건을 그쳐 근원으로 돌아간 측면'(息緣歸原之門)으로 본다면, '[진리성취의] 결실인 부처 몸이 지닌 능력'(報佛功德)은 분명히 한결같다. 뒤의 논사가 말한 것은 또한 이 측면(門)을 취한 것이다. 각각의 능력을 따라 이 '두 측면'(二門)이 있는데, 두 측면은 서로 통하는 것이지 서로 위배되는 것이 아니다."】

由如是義, 故丘龍和上云, "若依作因受果之門, 新熏種子, 正爲因緣. 於生自果, 有功德故. 彼本性者, 直是果法. 可生之性, 而於生果, 無有功能. 但名果性, 不名爲用. 故若依此門, 唯有新成種子, 而無本性種子. 彼新熏師意, 得此門也. 若依從性成果之門, 唯本性界, 正爲種子. 以是果法之自性故. 新熏不作果法自性. 故約此門, 彼新熏習但能熏發本性種子, 不能則成自體種子. 其唯本有種子意, 得此門也. 若就和合生果門者, 新熏種子, 唯有功能, 如其無性, 果則不生. 生果由性, 性則爲因. 雖有本性, 若無新熏, 則無功能. 功能生果, 豈非種子? 故依此門, 則當說云, '有二種子, 共生一果.' 其新熏法爾竝立一果師意, 得此門也."

[『대승기신론동이약집大乘起信論同異略集』, H3, 709a.]

【이러한 뜻 때문에 구룡화상은 [이렇게] 말한다. "만약 '원인을 지어서 과보를 받는 측면'(作因受果之門)에 의거한다면, '새로 거듭 익힌 종자'(新熏種子)가 바로 인연이 된다. 자기 과보를 생겨나게 하는 데 공능이 있기 때문이다. [이때 '새로 거듭 익힌 종자'(新熏種子)의] '근본 속성'(本性)이 바로 '결과를 이루는 것'(果法)이다. [그런데] [특정한 내용을] 생겨나게 할 수 있는 속성(性)이지만 과보를 생겨나게 하는 데에는 공능이 없다. [그래서] 단지 '과보의 속성'(果性)이라고 부를 뿐 작용(用)이라고 부르지는 않는다. 따라서 만약 이 측면(門)에 의거한다면, 오직 '새로 성립한 종자'(新成種子)만 있지 '근본 속성의 종자'(本性種子)는 없다. 저 '새로 거듭 익힘'(新熏)을 주장하는 논사들의 뜻은 이 측면(門)을 취한 것이다. 만약 '속성에 따라 과보를 이루는 측면'(從性成果之門)에 의거한다면, 오직 '근본 속성의 요소'(本性界)가 바로 종자가 된다. 이것이 '결과를 이루는 것'(果法)의 '자기 속성'(自性)이기 때문이다. '새로 거듭 익힘'(新熏)은 '결과를 이루는 자기 속성'(果法自性)을 만들지는 못한다. 그러므로

이 측면(門)에 의거하면, 저 '새로 거듭 익힘'(新熏習)은 다만 '근본 속성의 종자'(本性種子)에 '거듭 영향을 끼쳐 작동하게 할 수 있지'(能熏發) '자기 바탕으로서의 종자'(自體種子)를 곧바로 이룰 수는 없다. 저 오직 '본래 있는 종자'(本有種子)[만을 주장하는 논사들]의 뜻은 이 측면(門)을 취한 것이다. 만약 '생겨나게 함과 과보를 이룸을 종합하는 측면'(和合生果門)에 의거한다면, '새로 거듭 익힌 종자'(新熏種子)는 비록 [생겨나게 하는] 공능이 있지만 만약 그가 속성(性)이 없다면 과보가 생겨나지 않는다. 과보를 생겨나게 하는 것은 속성(性) 때문이니, 속성이 바로 원인이 된다. [그런데] 비록 '근본 속성'(本性)이 있어도 만약 '새로 거듭 익힘'(新熏)이 없다면 곧 공능이 없다. 공능이 과보를 생겨나게 하는 것이니, 어찌 ['새로 거듭 익힘'(新熏)이] 종자가 아니겠는가? 그러므로 이 측면(門)에 의거한다면 마땅히 다음과 같이 말할 수 있다. 〈[속성(性)과 '새로 거듭 익힘'(新熏), 이] 두 가지 종자가 있어 함께 하나의 과보를 생겨나게 한다.〉라고. 저 〈'새로 거듭 익힘'(新熏)과 '본래 있는 것'(法爾)이 함께 하나의 과보를 세운다.〉고 주장하는 논사의 뜻은 이 측면(門)을 취한 것이다."】

4) 안연安然의 『진언종교시의眞言宗教時義』에 인용된 내용

元曉師, 約諸宗作和諍論云, "諸宗所執, 皆得佛意."

[『진언종교시의眞言宗教時義』권2, T75, 400c.]

【원효는 여러 주장들을 묶어 『십문화쟁론』을 저술하고는 [이렇게] 말했다. "모든 주장이 붙들고 있는 것이 다 부처님 뜻을 얻었다."】

판비량론判比量論

『판비량론判比量論』[1]

―갖가지 추론에 대한 비판적 검토―

석원효 지음(釋元曉述)

1   본 번역은 한국불교전서(1-814~816)에 실린 『판비량론』을 대상으로 하였다. 한
    국불교전서 소재 『판비량론』에는 간다 기이치로(神田喜一郎) 소장 고사본古寫本
    과 사카이 우키치(酒井宇吉) 소장본 내용이 실려 있다. 김성철의 연구(『판비량
    론』 번역, 동국대출판부, 2019, '한글본 한국불교전서 신라23'에 수록)에 따르면,
    현재까지 발견된 『판비량론』 단편들은 총 8종류인데, 단편이지만 가장 분량이 많
    은 간다 기이치로(神田喜一郎) 소장본, 사카이 우키치(酒井宇吉) 소장본, '회향게
    廻向偈'가 실린 필사본, 오치아이 히로시(落合博志) 소장본, 고토(五島)미술관 소
    장본, 바이케이(梅溪) 구장본舊藏本, 미쓰이(三井)기념박물관 소장본, 도쿄(東京)
    국립박물관 소장본이 그것이다. 일본에 유통된 『판비량론』 필사본은 신라에서
    서사書寫되어 일본에 전래된 것으로 추정되고 있으며, 온전한 내용으로 보존되다
    가 에도시대 말기에 조각으로 나뉘어 산실된다. 다른 소장본이나 동아시아 불교
    문헌에 인용된 부분들의 내용에 대해서는 김성철의 연구를 참조할 수 있다. 간다
    소장본 『판비량론』의 구성과 논제는 다음과 같다: 〈제7절. '드러나지 않는 정토'
    (非顯淨土)라는 말에 대한 비판〉〈제8절. 호법護法의 '識의 4분설'에 대한 원효의
    비판〉〈제9절. 제8식의 존재증명〉〈제10절. 아뢰야식의 공존 근거와 공존 근거
    의 인식기관에 대한 원효의 비판〉〈제11절. 구구인九句因 중 제5구인(第五句因)
    이 부정인不定因임을 논증함〉〈제12절. 상위결정인相違決定因이 부정인不定因임
    을 논증함〉〈제13절. '오성각별설五性各別說 비판'에 대한 원효의 재비판〉〈제14
    절. 아집我執과 법집法執에 대한 논파와 관계된 논의〉. 한불전에는 간다 소장본의
    영인본 출간(1967) 직후 발견된 사카이 우키치(酒井宇吉) 소장본의 내용이 추가
    되어 있는데, 이것을 〈추가 단간斷簡〉이라는 제목으로 번역하였다. 번역은 〈원문
    번역 → 과단 번역〉의 방식을 취한다. 한불전에 실려 있지 않은 추가로 발견된 단
    간斷簡들은 김성철의 연구를 참조할 수 있다.

7절. '드러나지 않는 정토'(非顯淨土)라는 말에 대한 비판

> "… 定過,[2] 亦能破彼. 是等難故. 又應定問, 〈汝言非顯淨土言中, 淨
> 土之惠,[3] 爲擧淨土之體? 爲不擧耶?〉 若言擧者, 則違自宗. 此淨土敎,
> 能顯淨土故. 若不擧者, 不違他宗. 非顯之言, 不遮淨土故. 於此當當
> 開心[4]辨彼, 意在前則, 墮自語相違過失. 若彼救言, 〈此淨土欠,[5] 擧淨
> 土體問[6]之欠[7]不入淨土之敎, 故無自語相違過〉者, 則以此惠[8]亦成不
> 定. 如是進退, 皆不應理. (二量)"
>
> [H1, 814c1~15]

번 역

"〔설혹 이 이유(因)를 구하여도〕 〔주장을 확립하기에 불충분한〕 불확정
적인 추론 이유의 오류'(不定過)(가 있으니) 역시 그것을 논파할 수 있다.

---

2 김성철은 이 부분이 고토미술관 소장본 마지막 부분과 이어지는 내용으로 보고
   있다. "設求此因, 有不(定過, 亦能破彼. 是等難故.) 밑줄 부분이 고토미술관 소장본
   마지막 부분이고 괄호 안은 간다 소장본의 첫 부분이다. 김성철의 추정을 번역에
   반영한다. 그러나 산실된 논의가 있을 가능성도 배제할 수는 없다. 다만 간다 소
   장본의 첫 부분인 "定過"는 '不定過'가 분명하다.
3 김성철은 도쿄국립박물관 소장본의 복원문에 근거하여 '惠'를 '名'으로 교감하고
   있다. 이에 따른다.
4 김성철은 '當當開心'을 '兩兩關心'으로 교감하고 있다. 이에 따른다.
5 김성철은 '欠'을 '名'으로 교감하고 있다. 이에 따른다.
6 김성철은 '問'을 '而'로 교감하고 있다. 이에 따른다.
7 김성철은 '欠'을 '名'으로 교감하고 있다. 이에 따른다.
8 김성철에 따라 '名'으로 교감하여 번역한다.

왜냐하면 똑같은 논란이 있을 수 있기 때문이다. 또한 [다음과 같이] 물어야 한다. 당신이 말하는 '드러나지 않은 정토'(非顯淨土)라는 말에서 정토라는 말은 정토 자체를 거론한 것인가? [정토 자체를] 거론한 것이 아닌가? 만약 [주장 명제] [만약 정토 자체를] 거론한 것이라면, 자기 학파의 주장을 위배한 것이다. [이유 명제] [왜냐하면 '드러나지 않은 정토'라는 말은 정토 자체가 드러나지 않는다는 의미가 되는데] 이 정토[에 대한 당신]의 가르침은 정토를 드러내는 것이기 때문이다. 만약 [주장 명제] ['정토 자체'를] 거론한 것이 아니라면, 다른 학파의 주장을 위배한 것이 아니다. [이유 명제] '드러나지 않는다'는 말이 정토를 부정하는 것은 아니기 때문이다. [질문에 해당하는] 두 가지['7.0.11'과 '7.0.12']와 [그에 따른] 두 가지 난관 ['7.1.1'과 '7.2.1']에 대해 마음으로 판단하여 [그] 뜻이 앞쪽['7.0.11'과 '7.1.1']에 있다고 한다면 '자기의 말에 자기가 어긋나는 오류'(自語相違過失)를 범하게 된다. 만약 그러한 오류를 벗어나기 위해 〈이 정토라는 말은 정토 자체를 거론한 것이지만, 이러한 말로 정토에 대한 가르침으로 들어가는 것이 아니기 때문에 '자기의 말에 자기가 어긋나는 오류'(自語相違過)는 없다.〉라고 한다면, 곧 이 [정토라는] 말 때문에 역시 '[주장을 확립하기에 불충분한] 불확정적인 추론 이유의 오류'(不定過)를 범하게 된다. 이와 같이 나아가든 물러서든 모두 이치에 맞지 않다. 【[이상] '두 가지 추론'(二量)】"

과단 번역

【7.0.0】 [9] " 〔설혹 이 이유(因)를 구하여도〕 '[주장을 확립하기에 불충분한] 불확정적인 추론 이유의 오류'(不定過)[10](가 있으니) 역시 그것을 논

파할 수 있다. 왜냐하면 똑같은 논란이 있을 수 있기 때문이다. 또한 [다음과 같이] 물어야 한다.

【7.0.1】 당신이 말하는 '드러나지 않은 정토'(非顯淨土)라는 말에서 정토라는 말은

【7.0.11】 정토 자체를 거론한 것인가?

【7.0.12】 [정토 자체를] 거론한 것이 아닌가?

【7.1.0】 만약

【7.1.1】 [주장 명제] [만약 정토 자체를] 거론한 것이라면, 자기 학파의 주장을 위배한 것이다. [이유 명제] [왜냐하면 '드러나지 않은 정토'라는 말은 정토 자체가 드러나지 않는다는 의미가 되는데] 이 정토[에 대한 당신]

---

10 디그나가의 구구인九句因에 의하면 9개의 구구인 가운데 제2구와 제8구는 바른 추론인推論因 즉 정인正因이며, 제4구와 제6구는 추론인推論因의 제2 조건인 동품정유성同品定有性과 제3 조건인 이품변무성異品遍無性을 모두 어기는 상위인相違因이며, 나머지 제1구, 제3구, 제5구, 제7구, 제9구는 부정인不定因이다. 그런데 이 다섯 개의 부정인不定因 가운데 제1구, 제3구, 제7구, 제9구는 공부정인共不定因이며 제5구만이 불공부정인不共不定因이다. 그렇다면 제7절에서 원효가 말하는 부정인不定因은 무엇을 말하는 것일까? 제10절 "제8아뢰야식은 동시적으로 존재하는 근거를 갖는 것이다. 왜냐하면 식識을 본성으로 하는 것이기 때문이다. 가령 6식 등과 같다."라는 추론식과, 제13절 "불성佛性이 없는 유정有情과 결정이승決定二乘은 모두 성불하는 것이다. 아직 성불하지 못한 유정에 속하는 것이기 때문이다. 가령 보살과 같다."라는 추론식이, 모두 7절에서와 마찬가지로 〈똑같은 논란이 있을 수 있기 때문〉이라는 논거를 제시하고 있다. 따라서 이 7절의 부정인은 '상위결정相違決定의 부정인不定因'에 해당된다고 할 수 있다. 『인명입정리론因明入正理論』은 '상위결정의 부정인'에 대해 다음과 같이 설명한다. 〈'모순이 확정적인 것'(相違決定)은 다음과 같다. "소리는 무상無常이다. 만들어진 것이기 때문이다. 가령 항아리와 같다."라는 추론식과 "소리는 상주常住이다. 왜냐하면 들리는 것이기 때문이다. 가령 소리의 보편과 같다."라는 추론식에서 각각의 추론인推論因은 각자의 추론식에서는 바른 추론인推論因 즉 정인正因이지만 두 추론식을 비교해서 볼 때 서로 모순인 결론(주장)을 도출하는 두 추론인推論因을 상위결정相違決定의 추론인이라고 한다.〉 따라서 이 7절의 부정인不定因은 상위결정의 부정인이다.

의 가르침은 정토를 드러내는 것이기 때문이다.

【7.2.0】 만약

【7.2.1】 [주장 명제] ['정토 자체'를] 거론한 것이 아니라면, 다른 학파의 주장을 위배한 것이 아니다. [이유 명제] '드러나지 않는다'는 말이 정토를 부정하는 것은 아니기 때문이다.

【7.3.10】 [질문에 해당하는] 두 가지['7.0.11'과 '7.0.12']와 [그에 따른] 두 가지 난관['7.1.1'과 '7.2.1']에 대해 마음으로 판단하여

【7.3.11】 [그] 뜻이 앞쪽['7.0.11'과 '7.1.1']에 있다고 한다면 '자기의 말에 자기가 어긋나는 오류'(自語相違過失)[11]를 범하게 된다.[12]

【7.4.10】 만약

【7.4.11】 그러한 오류를 벗어나기 위해 〈이 정토라는 말은 정토 자체를 거론한 것이지만, 이러한 말로 정토에 대한 가르침으로 들어가는 것이 아니기 때문에 '자기의 말에 자기가 어긋나는 오류'(自語相

---

11 자기의 말과 모순하는 주장 명제는 "나의 어머니는 석녀이다."라고 말하는 것과 같다." 인도논리학에서는 이것을 자어상위(自語相違, svavacana-viruddha)라 한다. 명제 그 자체에 모순을 포함하는 것으로서, 주장 명제의 주어와 술어가 모순하여 어떠한 의미도 전할 수 없는 것이다. 그 외에 잘 거론되는 사례로 "모든 명제는 허위이다."라고 하는 기술이 있다. 이것은 동서고금에서 널리 문제가 되고 있다. 또 "추론은 인식근거가 아니다."라는 것은 유물론자(Cārvāka)들의 주장인데, 이 명제는 어떠한 오류도 포함하고 있지 않지만 추론식에서 주장명제로서 제출되면 그 태도 자체가 모순이 된다. 이 문제는 『니야야빈두』에서도 논의되고 있다. 또한 "언어는 의미를 전하는 것이 아니다."라고 하는 것도 잘못된 주장 명제이다.

12 입론자의 '드러나지 않은 정토'(非顯淨土)라는 말에서 대해, 원효는 "정토 그 자체를 거론한 것인가? 아니면 정토 그 자체를 거론한 것이 아닌가?"라고 묻는다. 만약 그 말이 '정토 그 자체를 거론한 것'이라면, 그 말 자체로 이미 정토 자체를 드러내고 있기 때문에 자기가 한 말에 자기의 말이 모순이 되는 자어상위自語相違 즉 '자가당착의 오류'를 범하게 된다. 한편 그 말이 '정토 그 자체를 거론하지 않은 것'이라면, 정토가 존재한다고 하는 상대의 주장이 비판되지 않는다는 것이다. 아울러 원효는〈 이러한 자가당착의 오류를 벗어나기 위해서 다음과 같이 주장한다고 해도 부정의 오류를 면하기 어렵다.〉고 말한다.

違過)는 없다.〉라고 한다면,

【7.5.10】 곧

【7.5.11】 이 [정토라는] 말 때문에 역시 '[주장을 확립하기에 불충분한] 불확
정적인 추론 이유의 오류'(不定過)를 범하게 된다.

【7.5.20】 이와 같이

【7.5.21】 나아가든 물러서든 모두 이치에 맞지 않다.[13]

【7.6.0】 【[이상] '두 가지 추론'(二量)】"

8절. 호법護法의 '식識 4분설'에 대한 원효의 비판

"八. 執四分者, 爲破三分, 立比量云,〈自證心[14]有卽體能證. 能證心
分攝故. 猶如相分. 自證應非心分所攝. 以無卽體之能證故. 如兎角
等.〉判云, 此二比量是似非眞. 皆不能離不定過故. 謂自證分, 爲如相

---

13 '상위결정相違決定의 부정인不定因'의 오류를 벗어나기 위해 대론자가 제시한 추
론과 원효가 반박한 추론을 식으로 구성하면 다음과 같다. 〈대론자의 추론식〉
[주장 명제] '드러나지 않는 것이 정토이다.'라는 판단은 자어상위自語相違의 오류
를 범하지 않는다. [이유 명제] 그러한 판단은 정토에 대한 가르침에 들어가는 것
이 아니기 때문이다. 〈원효의 추론식〉 [주장 명제] '드러나지 않는 것이 정토이
다.'라는 판단은 자어상위自語相違의 오류를 범한다. [이유 명제] 그러한 판단은
정토에 대한 가르침에 들어가는 것이기 때문이다. 따라서 '드러나지 않는 것이 정
토이다.'라는 판단이 정토에 대한 가르침에 속한다고 하면 자어상위의 오류를 범
하게 되고, '드러나지 않는 것이 정토이다.'라는 판단이 정토에 대한 가르침에 속
하지 않는다고 하면 상위결정의 부정인의 오류를 범하게 된다. 그래서 원효는 '나
아가든 물러서든 논리에 맞지 않다.'고 했던 것이다.

14 김성철은 '心'을 '必'로 교감하고 있다. 이에 따른다.

分心分攝故, 有卽體能證? 爲如眼識生相心分攝故, 無卽體能證? 如是前因有不定過. 又自證分, 爲如兎角無卽體能證故, 非心分攝? 爲如耳識相分三相無卽體能證故, 是心分所攝? 如是後因亦有不定. 若彼救言, 〈五識三相, 不離體故, 是其自證之所緣境〉, 理亦不然. 相分三相, 不離相故, 五識見分, 亦得緣故. 此若不許, 彼何得然? 設許彼前, 此必不許, 五識所¹⁵緣法界諸處, 法相雜亂. 違理教故. 只由如是, 相分三相, 於彼二因, 並作不定. 設彼救言, 〈相分三相, 非心分攝〉, 則有比量相違過失. 當知, 第四分, 有言而無義. (二量)"

[H1, 814c16~815a13]

번 역

"[인식은 대상의 측면인 상분相分과 주체의 측면인 견분見分 그리고 견분을 확인하는 자증분自證分과 그 자증분을 확인하는 증자증분證自證分으로 구성된다는] [인식의] 4분설(四分說)을 주장하는 자는 [인식은 상분과 견분 그리고 자증분으로 구성된다는] [인식의] 3분설(三分說)을 논파하기 위해 [두 가지] 추론식을 세워 [다음과 같이] 말한다. [제1의 추론식은 다음과 같다.] 〈[주장 명제] 자증분에는 반드시 '자체를 떠나지 않으면서 자신을 확인하는 것' (卽體能證)이 존재해야만 한다. [이유 명제] [자증분은] 심분心分에 포함되는 것이기 때문이다. [유례 명제] 마치 상분相分과도 같이. [다음으로 제2의 추론식은 다음과 같다] [주장 명제] 자증분은 심분에 포함되는 것이 아니어야 한다. [이유 명제] 자체를 떠나지 않으면서 자신을 확인하는 것이 존재하지 않기 때문이다. [유례 명제] 마치 토끼의 뿔 등과 같이.

[이 두 추론식에 대해] 비판해 보면 [다음과 같다.] 이 두 추론식(比量)은

---

15 김성철은 '所'를 '能'으로 교감하고 있다. 이에 따른다.

그럴듯하여도 참(眞)이 아니다. [이 두 추론식] 모두 '[주장을 확립하기에 불충분한] 불확정적인 추론 이유의 오류'(不定過)를 벗어날 수 없기 때문이다. [그 이유를] 말하자면 [다음과 같다.] [제1의 추론식에서,] 자증분은 상분相分처럼 심분心分에 포함되는 것이기 때문에 '자체를 떠나지 않으면서 자신을 확인하는 것'(卽體能證)이 존재하는가? [그렇지 않으면] 안식眼識의 생상生相처럼 심분에 포함되는 것이기 때문에 '자체를 떠나지 않으면서 자신을 확인하는 것'(卽體能證)이 존재하지 않는가? 이와 같이 앞의 [제1 추론식의] 추론인推論因은 ['추론인이 갖추어야 할 세 가지 조건'(因之三相) 가운데 동품정유성同品定有性은 충족시키지만 이품변무성異品遍無性은 충족시키지 못하기 때문에] '[주장을 확립하기에 불충분한] 불확정적인 추론 이유의 오류'(不定過)를 범하고 있다.

또 [제2의 추론식에서] 자증분은 토끼 뿔처럼 '자체를 떠나지 않으면서 자신을 확인하는 것'(卽體能證)이 존재하지 않기 때문에 심분에 포함되지 않는 것인가? [그렇지 않으면] 이식耳識의 상분相分의 [생生ㆍ주住ㆍ멸滅] '세 가지 양상'(三相)처럼 '자체를 떠나지 않으면서 자신을 확인하는 것'(卽體能證)이 존재하지 않기 때문에 심분에 포함되는 것인가? 이와 같이 뒤의 [제2의 추론식의] 추론인推論因도 [추론인이 갖추어야 할 세 가지 조건'(因之三相) 가운데 동품정유성同品定有性은 충족시키지만 이품변무성異品遍無性은 충족시키지 못하기 때문에] '[주장을 확립하기에 불충분한] 불확정적인 추론 이유의 오류'(不定過)를 범하고 있다.

만약 그가 이 난관에서 벗어나기 위해서 〈[이식耳識을 포함한] '다섯 가지 식'(五識)의 [상분相分의] [생生ㆍ주住ㆍ멸滅] '세 가지 양상'(三相)은 자체(體)에서 벗어나지 않기 때문에 그 [다섯 가지 식'(五識)의] 자증분의 대상이다.〉라고 말해도 이치에 맞지 않다. [다섯 가지 식'(五識)의] 상분相分의 [생生ㆍ주住ㆍ멸滅] '세 가지 양상'(三相)은 [변화하는] 양상(相)에서 벗어나지 않기 때문에 '다섯 가지 식'(五識)의 견분 역시 [그것을 자증분의] 대상으로 삼을 수 있기 때문이다. [따라서 '양립할 수 없는 주장을 도출하는 불확정적인 추론 이유의 오류'(相違決定不定過)를 범하는 것이다.] 만약 [후자의] 이 [추론]을 인정하지 않는다면 [전자의] 저 추론은 어떻게 옳을 수 있겠는가? 설혹 저 앞의 추론은 인정해도 이 [추론]은 결코 인정하지 않는다면 '다섯 가지 식'(五識)[의 자증분]이 현상세계(法界)의 모든 것을 대상으로 하는 것이 되어 '현상의 분류체계'(法相)가 뒤섞여 혼란스럽게 된다. 이 치와 교리를 위배하기 때문이다. 단지 이와 같기 때문에 상분相分의 [생生·주住·멸滅] '세 가지 양상'(三相)은 저 두 개의 추론인(因)을 모두 '[주장을 확립하기에 불충분한] 불확정적인 추론 이유'(不定因)로 만들어 버린다. 설혹 그가 [자신의 난점에서] 벗어나기 위해 〈상분相分의 [생生·주住·멸滅] '세 가지 양상'(三相)은 심분心分에 포함되는 것이 아니다.〉라고 말해도, 곧 '추론과 모순된 주장 명제를 제시하는 오류'(比量相違過失)가 있게 된다. [따라서] 제4분[인 증자증분證自證分]은 말은 있어도 [맞는] 뜻은 없다는 것을 알아야 한다. 【[이상] '두 가지 추론'(二量)】"

과단 번역

1.

【8.1.0】"[인식은 대상의 측면인 상분相分과 주체의 측면인 견분見分 그리고 견분을 확인하는 자증분自證分과 그 자증분을 확인하는 증자증분證自證分으로 구성된다는] [인식의] 4분설(四分說)을 주장하는 자는 [인식은 상분과 견분 그리고 자증분으로 구성된다는] [인식의] 3분설(三分說)을 논파하기 위해 [두 가지] 추론식을 세워 [다음과 같이] 말한다.

【8.1.1】[제1의 추론식은 다음과 같다.] 〈[주장 명제] 자증분에는 반드시 '자체를 떠나지 않으면서 자신을 확인하는 것'(卽體能證)이 존재해야만 한다. [이유 명제] [자증분은] 심분心分에 포함되는 것이기 때문이다. [유례 명제] 마치 상분相分과도 같이.

2.

【8.2.1】 [다음으로 제2의 추론식은 다음과 같다] [주장 명제] 자증분은 심분에 포함되는 것이 아니어야 한다. [이유 명제] 자체를 떠나지 않으면서 자신을 확인하는 것이 존재하지 않기 때문이다. [유례 명제] 마치 토끼의 뿔 등과 같이.

3.

【8.3.10】 [이 두 추론식에 대해] 비판해 보면 [다음과 같다.]

【8.3.11】 이 두 추론식(比量)은 그럴듯하여도 참(眞)이 아니다.

【8.3.12】 [이 두 추론식] 모두 '[주장을 확립하기에 불충분한] 불확정적인 추론 이유의 오류'(不定過)를 벗어날 수 없기 때문이다.

【8.3.20】 [그 이유를] 말하자면 [다음과 같다.]

【8.3.21】 [제1의 추론식에서,] 자증분은 상분相分처럼 심분心分에 포함되는 것이기 때문에 '자체를 떠나지 않으면서 자신을 확인하는 것'(即體能證)이 존재하는가?

【8.3.22】 [그렇지 않으면] 안식眼識의 생상生相처럼 심분에 포함되는 것이기 때문에 '자체를 떠나지 않으면서 자신을 확인하는 것'(即體能證)이 존재하지 않는가?

【8.3.23】 이와 같이 앞의 [제1 추론식의] 추론인推論因은 '추론인이 갖추어야 할 세 가지 조건'(因之三相) 가운데 동품정유성同品定有性은 충족시키지만 이품변무성異品遍無性은 충족시키지 못하기 때문에 '[주장을 확립하기에 불충분한] 불확정적인 추론 이유의 오류'(不定過)를 범하고 있다.[16]

---

[16] 디그나가에 의하면 추론이 사이비가 아니라 참이 되기 위해서는 그 추론의 추론인은 세 가지 조건을 갖추어야만 한다. 즉 제1조건은 (추론인이) 추론대상에 존재할 것(anumeya sadbhāvaḥ), 제2조건은 (추론인이) 추론대상과 동류[동품]에만

【8.3.30】 또

【8.3.31】 [제2의 추론식에서] 자증분은 토끼 뿔처럼 '자체를 떠나지 않으면서 자신을 확인하는 것'(卽體能證)이 존재하지 않기 때문에 심분에 포함되지 않는 것인가?

【8.3.32】 [그렇지 않으면] 이식耳識의 상분相分의 [생생·주住·멸滅] '세 가지 양상'(三相)처럼 '자체를 떠나지 않으면서 자신을 확인하는 것'(卽體能證)이 존재하지 않기 때문에 심분에 포함되는 것인가?

【8.3.33】 이와 같이 뒤의 [제2의 추론식의] 추론인推論因도 ['추론인이 갖추어야 할 세 가지 조건'(因之三相) 가운데 동품정유성同品定有性은 충족시키지만 이품변무성異品遍無性은 충족시키지 못하기 때문에] '[주장을 확립하기에 불충분한] 불확정적인 추론 이유의 오류'(不定過)를 범하고 있다.[17]

존재할 것(tattulya eva sadbhāvaḥ), 제3조건은 (추론인이) 추론대상과 동류가 아닌 것(이류, 이품)에는 결코 존재하지 않을 것(asatināst itā eva)이 올바른 추론인이 갖추어야 할 세 가지 조건들이다. 디그나가의 논리학의 특징 가운데 하나가, 유례를 들어 제2조건과 제3조건을 만족시킨다면 그것은 올바른 추론인이라고 간주하는 것이다. 이에 비추어 볼 때, 제2조건 즉 〈'심분에 포함되는 것' 가운데 '즉체능증이 반드시 존재하는 것'이 있는가?〉라는 이 제2조건을 충족시키는 유례로는 상분이 존재한다. 상분은 일심으로부터 분화된 것이므로 심분에 포함되는 것이기도 하면서 상분과 본체가 같은 견분에 의해 그 존재가 확인되고 있기 때문이다. 또한 제3조건 즉 〈'심분에 포함되는 것' 가운데 '즉체능증이 존재하지 않는 것'이 있는가?〉라는 이 제3조건을 충족시키는 유례가 없어야만 하는데 실제로는 안식의 생상生相이 존재한다. 안식의 3상 가운데 하나인 안식의 생상은 안식이라는 심왕과 관계되므로 심분에 포함되지만 즉체능증이 없는 것이다. 따라서 〈추론식 1〉은 올바른 추론인이 갖추어야 할 제2조건 즉 동품정유성을 충족시키지만 제3조건 이품변무성을 결여하고 있다. 원효는, 이 제1의 추론식은 상분이라는 유례를 통해 제2조건을 충족시키지만 안식의 생상이라는 유례를 들어 제3조건을 결여하고 있어 동품유와 이품유인 '공부정인의 오류'를 범하고 있음을 지적한다.

17 이 〈추론식2〉도 제2조건 즉 〈'즉체능증이 존재하지 않는 것' 가운데 '심분에 포함되지 않는 것'이 있는가?〉라는 이 제2조건을 충족시키는 유례로는 토끼 뿔이 존재

4.

【8.4.10】 만약 그가 이 난관에서 벗어나기 위해서

【8.4.11】 〈[이식耳識을 포함한] '다섯 가지 식'(五識)의 [상분相分의] [생生·주住·멸滅] '세 가지 양상'(三相)은 자체(體)에서 벗어나지 않기 때문에

【8.4.12】 그 ['다섯 가지 식'(五識)의] 자증분의 대상이다.〉라고 말해도

【8.4.13】 이치에 맞지 않다.

5.

【8.4.21】 ['다섯 가지 식'(五識)의] 상분相分의 [생生·주住·멸滅] '세 가지 양상'(三相)은 [변화하는] 양상(相)에서 벗어나지 않기 때문에 '다섯 가지 식'(五識)의 견분 역시 [그것을 자증분의] 대상으로 삼을 수 있기 때문이다. [따라서 '양립할 수 없는 주장을 도출하는 불확정적인 추론 이유의 오류'(相違決定不定過)[18]를 범하는 것이다.]

한다. 토끼 뿔은 허공의 꽃이나 거북의 털과 같이 실제로 존재하는 것이 아니기 때문에 즉체능증이 존재하지 않을 뿐만 아니라 심분에도 전혀 포함되지 않는 것이다. 따라서 이 토끼 뿔이라는 유례는 제2조건을 만족시킨다. 또한 제3조건 즉 〈'즉체능증이 존재하지 않는 것' 가운데 '심분에 포함되는 것'이 있는가?〉라는 것은, 원효에 의하면 이 제3조건을 충족시키는 유례가 존재해서는 안 되는데, '이식耳識의 상분相分의 3상相'이 존재한다. 이 '이식의 상분의 3상'은 '즉체능증이 존재하지 않는 것'임에도 불구하고 '심분에는 포함되는 것'이기 때문에 제3조건을 충족시키지 않는다. 따라서 〈추론식2〉도 올바른 추론인이 갖추어야 할 제2조건 즉 동품정유성을 충족시키지만 제3조건인 이품변무성을 결여하고 있어 동품유와 이품유가 되어 공부정인의 오류를 범하고 있음을 지적한다.

18 '상위결정相違決定의 부정인不定因'(virudhāvyabhicārī)은 부정인不定因의 하나이다. '모순 범위에서 벗어나지 않는 추론인推論因'으로 모순을 범하고 있는 추론인을 말한다. 니야야 바이세시카학파에서 satpatipaksa에 상당하는 것인데, "(자기의 주장과 모순된 주장을 성립시키는) 부정인이란, 예컨대 〈소리(언어)는 무상한 것이다. 왜냐하면 (언어는) 만들어진 것이기 때문이다. 예를 들면 병 등이 그러하

【8.4.22】 만약 [후자의] 이 [추론]을 인정하지 않는다면 [전자의] 저 추론은 어떻게 옳을 수 있겠는가?

【8.5.10】 설혹 저 앞의 추론은 인정해도 이 [추론]은 결코 인정하지 않는다면

다.〉라는 것과 〈언어는 상주하는 것이다. 왜냐하면 언어는 귀에 들리는 것이기 때문이다. 예를 들면 언어인 것 일반이 그러하다.〉라는 경우이다." 양자는 의혹을 일으키는 추론인이기 때문에 이 양자 모두 하나의 부정인으로서 정리되어 거론되는 것이다. 이것을 인명因明에서는 상위결정相違決定이라고 한다. 이 경우 입론자는 〈A는 C이다.〉라고 주장하고 대론자는 〈A는 비非C이다.〉라고 주장하여 이 두 개의 주장은 서로 모순하고 있다. 그런데 두 논자가 제출한 추론인推論因 개념은 모두 바른 추론인이 갖추어야 할 세 가지 조건을 충족하고 있어 어느 것이 바르다고는 말할 수 없다. 구체적인 예로서 바이세시카학파는 〈언어는 무상한 것이다.〉라고 주장하고, 미망사학파 등은 〈언어는 상주하는 것이다.〉라고 주장한다. 인명의 론인推論因 모두 바른 추론인이지만 모두 의심스추론식으로 표현하면 다음과 같다. 〈입론자의 주장〉 [주장 명제] 언어는 무상한 것이다. [이유 명제] (언어는) 만들어진 것이기 때문이다. [유례 명제] 가령, 병 등과 같다. 〈대론자의 반대 주장〉 [주장 명제] 언어는 무상한 것이다. [이유 명제] 언어는 들리는 것이기 때문이다. [유례 명제] 가령, 언어의 보편과 같다. 이 두 추론을 구성하는 추론인을 상위결정, 혹은 위결違決이라고 한다. 이 두 개의 추러운 추론이다. 이를 'virudhāvyabhicārīn(모순된 것을 성립시킨다)'라고 한다. 이 대립에 관해 나카무라 하지메(中村 元)는 이렇게 말한다. "이것을 양쪽 모두 의심스러운 추론인이라고 하는 것은 옳지 않다. 두 개의 추론인은 바른 추론인이기 때문이다. 위의 예에서는 소리의 의미가 각각 다르다고 일단 설명한다. 그러나 이것은 철학적인 문제를 주어로서 세우는 경우에는 이율배반(antinomie)이 되는 추론을 말하는 것이 될 것이다. 위의 실례에서 주어가 되고 있는 소리(sabda)란 인도철학 일반에서 개념 또는 의미라는 뜻으로 사용된다. 그렇다면 여기서는 실로 실념론과 유명론의 대립을 문제로 하는 것이다. 실념론과 유명론의 대립은 그리스 철학의 최전성기에 시작하여 중세철학에서 왕성하게 논의되고 현대에 이르러서도 아직 최종적 해결을 보지 못하고 있다. 이 문제에 관해서 샹카라스바민은 '그 어떠한 것도 결정될 수 없다.'라고 단정을 내린다. 인류의 철학사에서 경탄할 만한 입장인 것이다. 칸트철학에서 안티노미는 약간의 형이상학적 주제만으로 한정된다. 그런데 상카라스바민은 문제를 더욱 근저에까지 파고들어 간 것이다." 中村元, 『インド論理學の理解のために』, 『法華文化研究』 224.

【8.5.11】 '다섯 가지 식'(五識)[의 자증분]이 현상세계(法界)의 모든 것을 대상으로 하는 것이 되어 '현상의 분류체계'(法相)가 뒤섞여 혼란스럽게 된다.

【8.5.12】 이치와 교리를 위배하기 때문이다.

【8.5.13】 단지 이와 같기 때문에 상분相分의 [생生·주住·멸滅] '세 가지 양상'(三相)은 저 두 개의 추론인(因)을 모두 '[주장을 확립하기에 불충분한] 불확정적인 추론 이유'(不定因)로 만들어 버린다.

6.

【8.6.10】 설혹 그가 [자신의 난점에서] 벗어나기 위해

【8.6.11】 〈상분相分의 [생生·주住·멸滅] '세 가지 양상'(三相)은 심분心分에 포함되는 것이 아니다.〉라고 말해도, 곧 '추론과 모순된 주장 명제를 제시하는 오류'(比量相違過失)[19]가 있게 된다.

【8.7.0】 [따라서] 제4분[인 증자증분證自證分]은 말은 있어도 [맞는] 뜻은 없다는 것을 알아야 한다.

【8.8.0】 【[이상] '두 가지 추론'(二量)】"

---

19 '비량상위의 오류'(比量相違過失)의 산스크리트 원어는 anumāna viruddha이다. 간단하게 말하면 추론과 모순되고 있는 주장 명제이다. 이것은 '잘못된 주장 명제'(似宗)의 하나이다. 추론과 모순되고 있는 주장 명제라는 것은 예를 들면 '항아리는 상주(영원불변)하는 것이다.'라고 주장하는 경우이다. 인명학에서는 이것을 비량상위라 부른다. 이것은 사람들이 일치하여 인정하는 추론의 결론과 모순되는 주장 명제이다. '항아리는 만들어진 것이다.'와 '만들어진 것은 무상한 것이다.'라는 두 개의 명제에서 '항아리는 무상한 것이다.'라는 결론이 도출되지만, 그것과 모순된다고 말하는 것이다. 中村元, 『インド論理學の理解のために』, 『法華文化研究』40.

9절. 제8식의 존재증명

"九. 無性攝論, 爲成第八, 對彼小乘, 立二比量, 謂〈八識敎是聖言
攝.[20] 以[21]無我故. 如四阿含.〉又〈八識敎契當道理. 是聖敎故. 如六
識敎.〉如是展轉, 證有八識. 今於此中, 直就所詮而立比量, 證□[22]識.
謂〈眼耳鼻識必有舌身意識不攝餘別識. 非二[23]六門中三識攝故. 猶如
舌身意識.〉此中極成六識, 爲他異品. 自許八識, 爲自異品. 三識攝
因, 於彼不轉. 是故此因, 決定能立. 若以轉識攝故爲因, 則於他異轉,
設以是識性故爲因, 亦於自異品, 皆不能離不定過也. (三量)"

[H1, 815a14~24]

번역

"무성無性의 『섭대승론석攝大乘論釋』에서는 제8식[의 존재]를 논증하
기 위해 저 소승을 상대로 2종의 추론식을 세우니 다음과 같다. 〈[주장
명제] 제8식[의 존재]에 대한 가르침은 성인의 말씀에 포함되는 것이다.
[이유 명제] [제8식의 존재에 대한 가르침은 '불변·독자의 자아가 없다'(無
我)[는 가르침]과 유사하기 때문이다. [유례 명제] 마치 4아함경과 같이.〉
또 〈[주장 명제] 제8식[의 존재]에 대한 가르침은 도리에 합당한 것이다.
[이유 명제] 이 [제8식의 존재에 대한 가르침]은 성인의 가르침이기 때문이

20 김성철에 따르면 "爲成第八, 對彼小乘, 立二比量. 謂八識敎是聖言攝"은 한불전에 없
지만 필사본과 대조할 때 누락된 문장이다. 추가한다.
21 김성철은 '以'를 '似'로 교감한다. 이에 따른다.
22 김성철은 '□'가 '第八' 두 글자의 누락으로 본다. 이에 따른다.
23 김성철에 따라 '二'를 '三'으로 교감한다.

다. [유례 명제] 마치 '여섯 가지 식'(六識)[의 존재]에 대한 가르침과 같이.〉 [무성의 『섭대승론석』에서는] 이처럼 [논리를] 전개하여 제8식이 존재한다는 것을 논증한다.

지금 여기서는 바로 [그] 의미(所詮)로 나아가서 추론식을 세워 제8식[의 존재]를 입증해 보겠다. 그것은 다음과 같다. 〈[주장 명제] 안眼·이耳·비鼻 [세 가지] 식識에는 반드시 설舌·신身·의意 [세 가지] 식識에 포함되지 않는 '다른 별도의 [근거가 되는] 식'(餘別識)이 있어야 한다. [이유 명제] 왜냐하면 [안眼·이耳·비鼻 3식은] 삼육문三六門 속의 3식識[인 육식신六識身]에 포함되는 것이기 때문이다. [유례 명제] 마치 설舌·신身·의식意識과 같이.〉 여기서 [소승과 대승] 양측 모두 인정하는 6식은 다른 학파의 이품異品에 해당된다. [그리고] 자파[인 대승의 유식唯識]이 인정하는 제8식은 자기 학파의 이품異品에 해당된다. [그런데] '3식에 포함된다'(三識攝)라는 '이유 명제'(因)는 저 [다른 학파의 이품인 6식 및 자기 학파의 이품인 제8식 양측]에 적용되지 않는다. 따라서 ['3식에 포함되기 때문에'(三識攝故)라는] 이 '이유 명제'(因)는 확고하게 성립한다. 만약 '전식에 포함되기 때문'(轉識攝故)을 '이유 명제'(因)로 삼으면 [이품변무성異品遍無性을 위배하여] 다른 학파[인 소승]의 이품異品에 적용되고, 설혹 '식성識性이기 때문'(識性故)을 '이유 명제'(因)로 삼아도 [이품변무성異品遍無性을 위배하여 다른 학파인 소승뿐 아니라] 자신의 학파[인 대승유식]의 이품異品에도 역시 적용되어, [이러한 두 가지 '이유 명제'(因)] 모두 '[주장을 확립하기에 불충분한] 불확정적인 추론 이유의 오류'(不定過)에서 벗어날 수 없다. 【[이상] '세 가지 추론'(三量)】"

과단 번역

1.

【9.0.0】 "무성無性의 『섭대승론석攝大乘論釋』에서는 제8식[24][의 존재]를

논증하기 위해 저 소승을 상대로 2종의 추론식을 세우니

【9.1.0】 다음과 같다.

【9.1.1】 〈[주장 명제] 제8식[의 존재]에 대한 가르침은 성인의 말씀에 포함되는 것이다. [이유 명제] [제8식의 존재에 대한 가르침은] '불변·독자의 자아가 없다'(無我)[는 가르침]과 유사하기 때문이다. [유례 명제] 마치 4아함경과 같이.〉

【9.2.0】 또

【9.2.1】 〈[주장 명제] 제8식[의 존재]에 대한 가르침은 도리에 합당한 것이다. [이유 명제] 이 [제8식의 존재에 대한 가르침]은 성인의 가르침이기 때문이다. [유례 명제] 마치 '여섯 가지 식'(六識)[의 존재]에 대한 가르침과 같이.〉

【9.2.2】 [무성의『섭대승론석』에서는] 이처럼 [논리를] 전개하여 제8식이 존재한다는 것을 논증한다.[25]

---

24 이 제8식을『대승기신론』에서는 아리야식이라 번역하고 유식에서는 아뢰야식이라고 달리 번역한다.『대승기신론』은 아리야식을 망식妄識이 아니라 진망화합식眞妄和合識으로 보는 반면, 유식과 이를 따르는 중국의 법상종은 아뢰야식을 망식으로 규정하는 것이다.

25 원효는 무성의『섭대승론석攝大乘論釋』에 기술된 '제8아뢰야식이 존재한다는 것을 논증한 추론식'을 두 개 제시한다. 〈추론식1〉 [주장 명제] 제8식이 존재한다는 가르침은 성인의 말씀에 포함되는 것이다. [이유 명제] 왜냐하면 (제8식이 존재한다는 가르침은) 자아가 없다는 (가르침과) 유사하기 때문이다. [유례 명제] 가령, 4아함경과 같다. 〈추론식2〉 [주장 명제] 제8식이 존재한다는 가르침은 도리에 합당한 것이다. [이유 명제] 왜냐하면 (제8식이 존재한다는 가르침은) 성인의 가르침이기 때문이다. [유례 명제] 가령, 6식이 존재한다는 가르침과 같다. 원효는 추론식1과 추론식2에 대해서 논리적 타당성을 언급하지 않지만, 사실은 이 두 추론식은 함께 소별불극성所別不極成의 오류를 범하고 있으며 또한 수일불성隨一不成의 오류까지 범하고 있다. 소별불극성의 오류는 인도논리학의 33개의 오류 가운데 주장이 범하는 9개의 오류 가운데 하나이다. 3지작법 가운데 '주장의 후명사는 입론자와 대론자 모두 인정하지만, 전명사는 대론자가 인정하지 않는 어구를 기술할 경우 생기는 오류이다. 예를 들면 불교도가 기독교도를 향해 "석가모니 부처

2.

【9.2.3】 지금 여기서는 바로 [그] 의미(所詮)로 나아가서 추론식을 세워 제8식[의 존재]를 입증해 보겠다.

【9.3.0】 그것은 다음과 같다.

【9.3.1】〈[주장 명제] 안眼·이耳·비鼻 [세 가지] 식識에는 반드시 설舌·신身·의意 [세 가지] 식識에 포함되지 않는 '다른 별도의 [근거가 되는] 식'(餘別識)이 있어야 한다. [이유 명제] 왜냐하면 [안眼·이耳·비鼻 3식은] 삼육문三六門²⁶ 속의 3식識[인 육식신六識身]에 포함되는

님은 우리들의 구세주이다."라고 주장할 때 후명사인 '구세주'는 입론자인 불교도나 대론자인 기독교도 모두 인정하지만, 전명사인 '석가모니 부처님'은 입론자인 불교도는 인정하는데 대론자인 기독교도는 인정하지 않기 때문에 이러한 주장의 전명사가 범하는 오류를 소별불극성의 오류라 한다. 마찬가지로 [추론식1]과 [추론식2]에서 주장 명제의 후명사인 '성인의 말씀에 포섭되는 것'은 입론자인 대승유식학파나 대론자인 소승 모두 인정하지만, 전명사인 '제8아뢰야식'은 대승은 인정하지만 소승은 인정하지 않기 때문에 이 추론식은 소별불극성의 오류를 범하는 추론식이다. 한편 추론식2의 추론인推論因인 '(제8식이 존재한다는 가르침은) 성인의 가르침'이라는 것을 대론자인 소승 측에서는 인정하지 않기 때문에 이것은 의사적疑似的 추론인인 수일불성의 오류를 범하는 것이다. 수일불성이란 입론자와 대론자 가운데 그들 중 어느 한쪽에는 승인되지 않는 이유로서 불성인不成因의 오류 가운데 하나이다. '언어는 무상인 것이다.'라는 것이 논증되지 않으면 안될 때 '(언어는) 만들어진 것이기 때문이다.'라는 이유 명제를 '언어는 현현하는 것'이라고 주장하는 입론자에 대해서 제시한다면 입론자와 대론자 둘 중의 어느 한쪽에 있어서는 불성인이 된다. 인명에서는 이것을 수일불성이라 부른다. 그 이유는 '언어는 만들어진 것이다.'라는 이유 명제(소전제)는 바이세시카학파 등(성생론聲生論)이 주장하는 바이지만 미망사학파 등은 이것을 승인하지 않는다. 후자는 언어는 본유상주本有常住하는 것이며 간혹 인간의 발성에 의해 현현되는 것이라고 주장한다. 즉 후자는 '언어는 현현하는 것'이라고 주장하는 논자(성현론聲現論)이다. 이들에 대해서 '언어는 만들어진 것이기 때문'이라는 이유 명제를 제시해도 이유로서의 증명력을 가지고 있지 않은 것이다. 수일불성은, 실제 문제로서는 자기 자신은 승인하지만 상대가 승인하지 않는 명제를 논리적 이유로써 제시하는 것이다.

26 삼육문三六門은 육육법문六六法門 가운데 하나이다. 최초로 육육법문을 설한 것

것이기 때문이다. [유례 명제] 마치 설舌 · 신身 · 의식意識과 같이.〉

【9.4.1】 여기서 [소승과 대승] 양측 모두 인정하는 6식은 다른 학파의 이 품異品에 해당된다.

【9.4.2】 [그리고] 자파[인 대승의 유식唯識]이 인정하는 제8식은 자기 학 파의 이품異品에 해당된다.

【9.4.3】 [그런데] '3식에 포함된다'(三識攝)라는 '이유 명제'(因)는 저 [다른 학파의 이품인 6식 및 자기 학파의 이품인 제8식 양측]에 적용되지 않는 다.

【9.4.4】 따라서 ['3식에 포함되기 때문에'(三識攝故)라는] 이 '이유 명제'(因) 는 확고하게 성립한다.

3.

【9.5.1】 만약 '전식에 포함되기 때문'(轉識攝故)을 '이유 명제'(因)로 삼 으면

【9.5.2】 [이품변무성異品遍無性을 위배하여] 다른 학파[인 소승]의 이품異品 에 적용되고,

【9.5.3】 설혹 '식성識性이기 때문'(識性故)을 '이유 명제'(因)로 삼아도

은 『잡아함경』(T2, 86c27~28)이다. "무엇을 육육법이라 하는가? 육내입처, 육외 입처, 육식신, 육촉신, 육수신, 육애신을 일컫는다."(何等爲六六法? 謂六內入處, 六 外入處, 六識身, 六觸身, 六受身, 六愛身.) 이 『잡아함경』의 경문을 바수반두는 불 교철학의 교과서라 할 수 있는 『구사론』(T29, 52b16~18)에서 인용한다. "경에서 말하길, 〈육육법문이란 무엇을 말하는 것인가? 첫째 육내처, 둘째 육외처, 셋째 육식신, 넷째 육촉신, 다섯째 육수신, 여섯째 육애신이다.〉"(經言, 云何六六法門? 一六內處, 二六外處, 三六識身, 四六觸身, 五六受身, 六六愛身.) 이 가운데 육식신을 육육법 가운데 세 번째 있다고 해서 삼육문이라 했던 것이다. 참고로 육식신은 안 식신, 이식신, 비식신, 설식신, 신식신, 의식신의 여섯이다. 요컨대 이 삼육문은 『잡아함경』을 연원으로 하며, 바수반두가 『구사론』에서 인용한 것을 원효가 원 용한 것으로 보인다.

【9.5.4】[이품변무성異品遍無性을 위배하여 다른 학파인 소승뿐 아니라] 자신의 학파[인 대승유식]의 이품異品에도 역시 적용되어,

【9.6.1】[이러한 두 가지 '이유 명제'(因)] 모두 '[주장을 확립하기에 불충분한] 불확정적인 추론 이유의 오류'(不定過)에서 벗어날 수 없다.

【9.7.0】【[이상] '세 가지 추론'(三量)】"

10절. 아뢰야식의 공존 근거와 공존 근거의 인식기관에 대한 원효의 비판

"十. 『成唯識論』立比量言, 〈第八必有俱有所依. 是識性故. 如六識等.〉此因不定. 有等難故. 謂有立言, 〈第八必無俱有所依. 是根本故. 猶如眞如.〉若言〈此有有法差別相違過失. 能成第八是無爲故〉, 是則前因亦有是過. 能成八是轉識故. 若言〈自害故, 不成難〉, 彼亦違自, 故非難也. 今者別立, 〈賴耶末那必無俱有所依之根. 非六識性之所攝故. 如眼根等.〉若難, 〈此因有相違過. 能成七八非能緣性. 如眼根等'〉, 此亦不然. 由心所法, 成不定故. 若言〈望前亦有不定. 以心所法非六識性, 有所依故〉, 此非不定. 以前立言, 所依根故. 若望心所, 但是所依, 非所依根. 法處所攝, 不待根故. 是故, 彼宗雖知依與所依差別, 未解所依與根有異. 若論所依, 通於八識及與心所. 其所依根, 不通心所及於七八. 有破此宗, 立比量云, 〈意識俱有根, 定非能能[27]緣性. 六識心心所之所不攝故, 六識俱有根, 隨一所攝故. 如眼根等.〉彼

---

27 '能' 하나는 삭제한다. 한불전과 김성철도 모두 삭제하고 있다.

宗反以法處所攝色法爲意, 故作是難. 此雖[28]通破大乘諸宗. 然有相違
決定過生. 謂立〈意根必非色性. 有分別識不共依故. 如第六識俱有作
意.〉由此等難, 彼因不定. (四量)"

번 역

"『성유식론』에서 추론식을 세워 다음과 같이 말한다. 〈[주장 명제] 제
8식에는 반드시 '[마음(心) 및 '마음에 의한 현상'(心所)과] 함께 존재하는 의
지처'(俱有所依)가 있어야 한다. [이유 명제] [제8식은] '인식을 본성으로 하
는 것'(識性)이기 때문이다. [유례 명제] 마치 6식 등과 같이.〉[그러나] 여
기에 사용된 '이유 명제'(因)는 '[주장을 확립하기에 불충분한] 불확정적인
추론 이유'(不定因)이다. 왜냐하면 똑같은 논란이 있을 수 있기 때문이
다. 이를테면 다음과 같이 추론식을 세워 말할 수 있다. 〈[주장 명제] 제8
식에는 결코 '[마음(心) 및 '마음에 의한 현상'(心所)과] 함께 존재하는 의지
처'(俱有所依)가 없어야 한다. [이유 명제] [제8식은]   근본이기 때문이다.
[유례 명제] 마치 진여와 같이.〉 만약 〈여기에는 '현상의 특징과 모순되
는 추론 이유의 오류'(有法差別相違過失)가 있다. 제8식이 무위법임을 논
증하는 것으로 되기 때문이다.〉라고 말한다면, 앞의 '이유 명제'(因)에
도 이런 오류가 있게 된다. 제8식이 [제7]전식(轉識)임을 논증하는 것으로
되기 때문이다. 만약 [원효의 비판에 대해] 〈자신을 해치기 때문에 [이런]
비판이 성립할 수 없다.〉라고 말한다면, 그 [말] 역시 자기를 위배하기
때문에 비판이 되지 않는다.

---

28 김성철에 따라 '雖'를 '難'으로 교감한다.

이제 나는 별도로 추론식을 세워 〈[주장 명제] 아뢰야식과 말나식에는 '[마음(心) 및 '마음에 의한 현상'(心所)과] 함께 존재하는 의지처인 근거'(俱有所依之根)가 없어야 한다. [이유 명제] [아뢰야식과 말나식은] '6식의 본성'(六識性)에 포함되는 것이 아니기 때문이다. [유례 명제] 마치 안근眼根 등과 같이.〉라고 한다. 만약 〈여기서의 '이유 명제'(因)에는 '모순되는 잘못된 추론 이유의 오류'(相違過)가 있다. '제7식과 제8식은 능연성能緣性이 아니다. 마치 안근眼根 등과 같이.'라는 것을 입증하는 셈이다.〉라고 비판한다면, 이것 또한 옳지 않다. [이품異品에] 심소법心所法[이 있기] 때문에 '[주장을 확립하기에 불충분한] 불확정적인 추론 이유'(不定因)의 오류를 범하기 때문이다. 만약 〈앞[의 추론식]에 의거해도 '[주장을 확립하기에 불충분한] 불확정적인 추론 이유의 오류'(不定因)를 범하게 된다. 심소법은 '6식의 본성'(六識性)은 아니지만 의지처(所依)를 갖기 때문이다.〉라고 말한다면, 이것은 '[주장을 확립하기에 불충분한] 불확정적인 추론 이유의 오류'(不定因)가 아니다. 앞[의 추론식]을 세우면서 말한 것은 [의지처(所依)가 아니라] '의지처인 인식기관'(所依根)이기 때문이다. 만약 '마음에 의한 현상'(心所)에 의거한다면 단지 의지처(所依)이지 '의지처인 인식기관'(所依根)이 아니다. '개념 영역에 포함되는 것'(法處所攝)은 인식기관(根)에 의지하지 않기 때문이다.

그러므로 그러한 주장은 비록 능의能依와 소의所依의 차이를 알지만, 아직 의지처(所依)와 '의지처인 인식기관'(所依根)에 차이가 있다는 것을 알지 못한다. 만약 의지처(所依)를 논하면, 제8식에서 '마음에 의한 현상'(心所)에 이르기까지 모두 공통된다. [그러나] 그 '의지처인 인식기관'(所依根)은 '마음에 의한 현상'(心所) 및 제7식, 제8식에 공통하지 않는다. 어떤 사람은 이런 주장을 논파하기 추론식을 세워 다음과 같이 말한다. 〈[주장 명제] [제6]의식과 공존하는 소의근所依根은 결코 능연能緣을 본성으로 하는 것이 아니다. [이유 명제] [제6의식과 공존하는 소의근은] 6식의 마음(心)과 '마음 현상'(心所)이 소속되지 않는 것이기 때문이며,

6식과 공존하는 인식기관(根) 가운데 어느 하나에 소속되기 때문이다. [유례 명제] 마치 안근眼根 등과 같이.〉

그러한 주장은 [의근意根의 대상인] '개념 영역에 포함된 유형적 현상' (法處所攝色法)을 거꾸로 '의식[이라는 인식기관]'(意[根])으로 보기 때문에 이런 비판을 하는 것이다. 이런 비판은 대승의 모든 주장을 파괴하는 것이다. 그런데 [법처法處에 포함된 색色을 의근意根으로 보는 이런 비판에는] '양립할 수 없는 주장을 확립하는 오류'(相違決定過)가 발생하게 된다. 다음과 같은 추론식을 세울 수가 있다. 〈[주장 명제] '의식이라는 인식기 관'(意根)은 결코 '형상을 본성으로 하는 것'(色性)이 아니다. [이유 명제] [의근意根은] 분별을 지닌 식이 함께 의지하지 않기 때문이다. [유례 명제] 마치 제6식과 공존하는 작의作意와 같이.〉 이러한 똑같은 비판으로 말 미암아 저 [추론식의] '이유 명제'(因)도 [주장을 확립하기에 불충분한] 불확 정적인 추론 이유'(不定因)가 된다. 【[이상] '네 개의 추론'(四量)】"

과단 번역

1.

【10.1.0】 "『성유식론』에서 추론식을 세워 다음과 같이 말한다.

【10.1.1】 〈[주장 명제] 제8식에는 반드시 '[마음(心) 및 '마음에 의한 현상' (心所)과] 함께 존재하는 의지처'(俱有所依)가 있어야 한다.[29] [이유 명

---

29 전5식, 제6의식, 제7말나식, 제8아뢰야식의 '구유소의俱有所依'가 무엇이냐에 대해 난타, 안혜, 정월, 호법은 각각 의견을 달리하였다. 이 네 논사의 주장을 정리하면 다음과 같다. 난타에 의하면 전5식은 제6의식을 구유소의로 삼는다. 그러나 제7말나식과 제8아뢰야식은 언제나 상속하며 전변하기에 별도의 구유소의를 갖지 않는다. 안혜에 의하면 전5식은 각각 두 가지를 구유소의로 삼는데, 하나는 5색근 가운데 각각에 해당하는 근이고, 다른 하나는 제6의식이다. 제6의식은 오직 제7말나식만을 구유소의로 삼고, 제7식은 제8아뢰야식만을 구유소의로 삼으며,

제] [제8식은] '인식을 본성으로 하는 것'(識性)이기 때문이다. [유례 명제] 마치 6식 등과 같이.〉

【10.1.2】 [그러나] 여기에 사용된 '이유 명제'(因)는 [주장을 확립하기에 불충분한] 불확정적인 추론 이유'(不定因)이다. 왜냐하면 똑같은 논란이 있을 수 있기 때문이다.

2.

【10.2.0】
이를테면 다음과 같이 추론식을 세워 말할 수 있다.

【10.2.1】 〈[주장 명제] 제8식에는 결코 [마음(心) 및 '마음에 의한 현상'(心所)과] 함께 존재하는 의지처'(俱有所依)가 없어야 한다. [이유 명제] [제8식은] 근본이기 때문이다. [유례 명제] 마치 진여와 같이.〉

3.

【10.2.2】 만약 〈여기에는 '현상의 특징과 모순되는 추론 이유의 오류'(有法差別相違過失)[30]가 있다.

제8아뢰야식은 언제나 전변하지 않고 스스로 존재하므로 구유소의를 갖지 않는다. 정월에 의하면 전5식과 제6의식 그리고 제7말나식에 대한 견해는 안혜의 것과 동일하지만, 제8아뢰야식의 구유소의에 대해서는 견해를 달리한다. 먼저 현행하는 제8아뢰야식은 언제나 제7말나식을 구유소의로 삼는데, 3계 가운데 욕계나 색계와 같이 '색이 있는 계'에서는 이런 제7말나식과 함께 5색근을 구유소의로 삼는다. 그러나 종자의 상태인 제8아뢰야식의 경우는 이숙식을 구유소의로 삼으며 처음 현행의 훈습을 받을 때에는 현행인 능훈을 구유소의로 삼는다. 그리고 호법에 의하면, 전5식은 5색근과 제6의식과 제7말나식과 제8아뢰야식을 구유소의로 삼고, 제6의식은 제7말나식과 제8아뢰야식을 구유소의로 삼으며, 제7말나식은 제8아뢰야식만을 구유소의로 삼고, 제8아뢰야식은 제7말나식만을 구유소의로 삼는다.(김성철, 『원효의 판비량론 기초연구』, 255-256 참조.)

30 유법차별상위有法差別相違의 산스크리트 원어는 dharmiviśeṣaviparītasādhanaḥ으로 상위인相違因의 하나이다. 이와 관련하여 나카무라 하지메는 이렇게 말한

【10.2.21】제8식이 무위법임을 논증하는 것으로 되기 때문이다.〉

4.

【10.2.22】 라고 말한다면, 앞의 '이유 명제'(因)에도 이런 오류가 있게
되다.

【10.2.31】제8식이 [제7]전식轉識임을 논증하는 것으로 되기 때문이다.

【10.2.32】만약 [원효의 비판에 대해] 〈자신을 해치기 때문에 [이런] 비판
이 성립할 수 없다.〉라고 말한다면,

【10.2.33】그 [말] 역시 자기를 위배하기 때문에 비판이 되지 않는다.

5.

【10.3.0】이제 나는 별도로 추론식을 세워

【10.3.1】〈[주장 명제] 아뢰야식과 말나식에는 '[마음(心) 및 '마음에 의한
현상'(心所)과] 함께 존재하는 의지처인 근거'(俱有所依之根)가 없어야
한다. [이유 명제] [아뢰야식과 말나식은] '6식의 본성'(六識性)에 포함되
는 것이 아니기 때문이다. [유례 명제] 마치 안근眼根 등과 같이.〉라
고 한다.

─────

다. "주장 명제의 주어가 내함적으로 의미하는 것과 반대되는 것을 증명하는 추론
이유라는 것은 (지금 기술한) 이 추론 이유가 그 같은 대론자가 앞서 기술하는 주
장에서 그 같은 주장 명제의 주어 그것이 내함하는 의미인 '존재한다'라는 관념을
만들어 내는 것을 증명하는 것이다. 왜냐하면 양자의 경우 모두 증명하는 것이 확
실하기 때문이다. 이것을 인명학에서는 유법차별상위인이라고 부른다. 제3의 상
위인 '유법자상상위인'에서 거론한 추론식이 실은 '유성이라는 것이 존재하지 않
는다.'라는 것을 논증하는 것이 되지만 '유성'이 내속하고 있기 때문에 실체도 속
성도 운동도 존재한다고 말할 수 있듯이, 만약 '존재성'이 존재하지 않는다고 한다
면 실체도 속성도 운동도 존재하지 않는 것이 되어 버린다. 즉 바이세시카학파가
앞서 언급한 추론식을 제시함으로써 의도하고 있었던 것과 정반대가 되어 버리는
것이다."(中村元, 『インド論理學の理解のために』, 『法華文化研究』72.)

6.

【10.3.20】 만약 〈여기서의 '이유 명제'(因)에는 '모순되는 잘못된 추론 이유의 오류'(相違過)³¹가 있다.

【10.3.21】 '제7식과 제8식은 능연성能緣性이 아니다.

【10.3.2.11】 마치 안근眼根 등과 같이.'라는 것을 입증하는 셈이다.〉라 고 비판한다면,

7.

【10.3.22】 이것 또한 옳지 않다.

【10.3.23】 [이품異品에] 심소법心所法[이 있기] 때문에 '[주장을 확립하기에 불충분한] 불확정적인 추론 이유'(不定因)의 오류를 범하기 때문이다.

8.

【10.3.31】 만약 〈앞[의 추론식]에 의거해도 '[주장을 확립하기에 불충분한] 불확정적인 추론 이유의 오류'(不定因)를 범하게 된다. 심소법은 '6 식의 본성'(六識性)은 아니지만 의지처(所依)를 갖기 때문이다.〉라

---

31 상위과相違過의 산스크리트 원어는 viruddha이다. 풀어 쓰면 '모순되는 잘못된 추론 이유의 오류'이다. 즉 모순인矛盾因의 오류이다. '모순되는 잘못된 추론 이 유'란 자신의 정설을 승인해 두고 그 뒤에 제시된 그 정설과 모순되는 추론 이유 이다. 모순되는 추론 이유는 4종이다. 즉 첫째 주장명제의 술어 그 자체와 반대의 것을 내함적으로 증명하는 추론이유, 둘째 주장명제의 술어의 내함적으로 의미하 는 것과 반대의 것을 증명하는 추론 이유, 셋째 주장명제의 주어 그것과 반대의 것을 증명하는 추론 이유, 넷째 주장명제의 주어의 내함적으로 의미하는 것과 반 대의 것을 증명하는 추론 이유이다. 실로 추론을 적용시키는 주체 속에는 존재하 지 않고 그것(추론대상)과 같은 종류의 모든 것 속에 존재하지 않고, 그렇게 해서 그것과 모순되는 것 속에 존재하는 바의 추론 이유는 바라는 결론과 반대의 결론 을 증명하는 것이기 때문에 모순이다. 예를 들면 이 동물은 뿔을 가진 것이기 때 문에 말이라고 말하는 것과 같다. 中村元, 『インド論理學の理解のために』, 『法華 文化研究』222.

고 말한다면

9.

【10.3.32】 이것은 '[주장을 확립하기에 불충분한] 불확정적인 추론 이유의 오류'(不定因)가 아니다.

【10.3.33】 앞[의 추론식]을 세우면서 말한 것은 [의지처(所依)가 아니라] '의지처인 인식기관'(所依根)이기 때문이다.

【10.3.41】 만약 '마음에 의한 현상'(心所)에 의거한다면 단지 의지처(所依)이지 '의지처인 인식기관'(所依根)이 아니다.

【10.3.42】 '개념 영역에 포함되는 것'(法處所攝)은 인식기관(根)에 의지하지 않기 때문이다.

【10.3.43】 그러므로 그러한 주장은 비록 능의能依와 소의所依의 차이를 알지만, 아직 의지처(所依)와 '의지처인 인식기관'(所依根)에 차이가 있다는 것을 알지 못한다.

【10.3.51】 만약 의지처(所依)를 논하면,

【10.3.52】 제8식에서 '마음에 의한 현상'(心所)에 이르기까지 모두 공통된다.

【10.3.53】 [그러나] 그 '의지처인 인식기관'(所依根)은 '마음에 의한 현상'(心所) 및 제7식, 제8식에 공통하지 않는다.

10.

【10.4.0】 어떤 사람은 이런 주장을 논파하기 추론식을 세워 다음과 같이 말한다.

【10.4.1】 〈[주장 명제] 제6의식과 공존하는 소의근所依根은 결코 능연能緣을 본성으로 하는 것이 아니다. [이유 명제] [제6의식과 공존하는 소의근은] 6식의 마음(心)과 '마음 현상'(心所)이 소속되지 않는 것이기 때문이며, 6식과 공존하는 인식기관(根) 가운데 어느 하나에 소

속되기 때문이다. [유례 명제] 마치 안근眼根 등과 같이.〉

11.

【10.4.20】 그러한 주장은 [의근意根의 대상인] '개념 영역에 포함된 유형
    적 현상'(法處所攝色法)을 거꾸로 '의식[이라는 인식기관]'(意[根])으로
    보기 때문에 이런 비판을 하는 것이다.

【10.4.21】 이런 비판은 대승의 모든 주장을 파괴하는 것이다.

【10.4.22】 그런데 [법처法處에 포함된 색色을 의근意根으로 보는 이런 비판
    에는] '양립할 수 없는 주장을 확립하는 오류'(相違決定過)가 발생하
    게 된다.

【10.5.0】 다음과 같은 추론식을 세울 수가 있다.

【10.5.1】 〈[주장 명제] '의식이라는 인식기관'(意根)은 결코 '형상을 본성
    으로 하는 것'(色性)이 아니다. [이유 명제] [의근意根은] 분별을 지닌
    식이 함께 의지하지 않기 때문이다. [유례 명제] 마치 제6식과 공존
    하는 작의作意와 같이.〉

【10.5.2】 이러한 똑같은 비판으로 말미암아 저 [추론식의] '이유 명제'
    (因)도 [주장을 확립하기에 불충분한] 불확정적인 추론 이유'(不定因)가
    된다.

【10.6.0】 【[이상] '네 개의 추론'(四量】 "

11절. 구구인九句因 중 제5구인(第五句因)이 부정인不定因임 을 논증함

"十一. 如聲論師立〈聲爲常. 所聞性故〉, 若對勝論, 相違決定, 對佛第[32]子, 不共不定, 以無共許同品法故. 有難此因, 立比量言, 〈所聞性因, 應非疑因. 同品無故. 如相違因.〉又立〈此因, 應非不定. 異品無故. 猶如正因.〉備法師云,〈『理門論』言'一向離故', 是通彼難〉, 謂立宗言, 〈所聞性因, 是不定攝. 一向離故. 如共不定.〉'一向離'言, 闕[33]一相也. 判云, 此因有不定過. 以所見性, 雖闕一相而非不定, 是不成故. 謂立〈聲無常. 所見性故.〉此因, 同有異無. 唯闕初相. 是故亦爲闕一相也. 若爲避此不定過故, 更立因言, 〈後二相中闕一相故. 猶如共等四不定因〉,〈此因亦有餘不定過. 如於空宗, 緣生故因, 雖於後二相中, 闕一而是眞因, 非不定故〉, 故不能作相違決定. 又前所立異品無故非疑因者, 亦有不定. 如諸相違決定之因, 雖異品無而是疑因故. 唯有同品無故之因, 且離不定, 立非疑因. 此中應立相違比量, 謂〈所聞性, 不定因攝. 等立相違宗故. 猶如共不定因.〉如『理門論』顯此因云, 〈以若不共所成立法, 立所有差別, 遍攝一切, 皆是疑因. 唯彼有性, 彼所攝故, 一向離故.〉案云, 不共所成立者, 如立〈聲常. 所聞性故〉, 或立〈無常. 所聞性故.〉如是, 一切無不等立, 言'所有, 遍攝一切.' 由是道理, 所聞性因, 望彼一切, 皆是疑因. '一向離故'者, 轉成等立諸宗之義. 以望諸宗, 皆同不共. 皆同是一向義, 不共是其離義. 由一向離故, 等立於諸宗, 諸宗相違故, 其因是不定. (五量)"

[H1, 815c2~816a13]

번 역

"성론사聲論師처럼 〈[주장 명제] 소리는 상주하는 것이다. [이유 명제]

---

32 '第'는 '弟'여야 한다. 김성철도 '弟'로 교감하고 있다.
33 한불전에는 '門' 속에 '報'가 들어간 이체자異體字로 기재하는데, 김성철에 따라 '闕'자로 교감한다. 이하의 경우도 마찬가지로 교감한다.

[소리는] 귀에 들리는 것이기 때문이다.〉라는 추론식을 세울 경우, 승론
勝論에 대해서는 '양립할 수 없는 주장을 확립'(相違決定)하는 추론식이
되며, 불제자佛弟子에 대해서는 [추론인이 동품과 이품 모두에 존재하지 않
아] 주장을 확정하기에 불충분한 추론 이유'(不共不定)를 지닌 추론식이
되는데, [입론자와 대론자] 모두 인정하는 동품同品의 법이 존재하지 않기
때문이다. [이상 제1추론]

어떤 사람은 이러한 '추론 이유'(因)를 비판히여 추론식을 세워 [다음
과 같이] 말한다. 〈[주장 명제] '귀에 들리기 때문'이라는 '이유 명제'(因)는
응당 '의사적疑似的 추론 이유'(疑因)가 아니다. [이유 명제] '귀에 들리는
것'이라는 추론 이유는 '상주하는 것'이라는 동품同品에는 존재하는 것이 아
니기 때문이다. [유례 명제] 마치 [타당한 추론의 이유 명제가 갖추어야 할 세
가지 조건'(因의 三相) 가운데 '두 번째 조건'(第二相, 同品定有性)과 '세 번째 조
건'(第三相, 異品遍無性)을 모두 어겨] 주장과 양립할 수 없는 결과를 확정
하는 추론 이유'(相違因)와 같이. 또 [다음과 같은] 추론식을 세운다. 〈[주
장 명제] ['귀에 들리기 때문'이라는] 이 '추론 이유'(因)는 응당 [주장을 확립하
기에 불충분한] 불확정적인 것'(不定)이 아니다. [이유 명제] ['귀에 들리기 때
문'이라는 추론 이유는 '무상한 것'이라는] 이품異品에는 존재하는 것이 아니
기 때문이다. [유례 명제] 마치 '바른 추론 이유'(正因)와 같이.〉

문비법사文備法師는 〈『이문론理門論』에서는 '한쪽으로 벗어나 있기
때문'(一向離故)이라 말하는데, 이것이 그 논란을 해결한다.〉라고 하면
서 추론식을 세워 [다음과 같이] 말한다. 〈[주장 명제] '귀에 들리기 때문'이
라는 추론 이유는 [주장을 확립하기에 불충분한] 불확정적인 것'(不定)에
포함되는 것이다. [이유 명제] ['귀에 들리기 때문'이라는 추론 이유는] 한쪽으
로 벗어나 있기 때문이다. [유례 명제] 마치 [추론 이유를 지니고 있는 것이
동품同品과 이품異品의 양쪽에 걸쳐 존재하기 때문에] '[타당한 추론의 이유 명
제가 갖추어야 할 세 가지 조건'(因의 三相) 가운데 '세 번째 조건'(第三相, 異品遍
無性)만 어겨] 주장을 확정하는 것이 확실치 않은 추론 이유'(共不定因)와

같이.〉 [여기에서] '한쪽으로 벗어나 있다'(一向離)라는 말은 ['타당한 추론의 이유 명제가 갖추어야 할 세 가지 조건'(因의 三相) 가운데] '하나의 조건'(一相)을 결여하고 있다는 것이다.

[이상과 같은 논의를] 비판적으로 검토하면 다음과 같다. [문비법사가 제시한 '어느 한쪽이 벗어나 있기 때문'이라는] 이 추론 이유는 ['주장을 확립하기에 불충분한] 불확정적인 추론 이유의 오류'(不定過)를 범하고 있는 것이다. 왜냐하면 '눈에 보이는 것[이기 때문'이라는 추론 이유]는 비록 ['타당한 추론의 이유 명제가 갖추어야 할 세 가지 조건'(因의 三相) 가운데] '하나의 조건'(一相)을 결여하고 있지만 ['주장을 확립하기에 불충분한] 불확정적인 추론 이유'(不定因)가 아니라 ['타당한 추론의 이유 명제가 갖추어야 할 세 가지 조건'(因의 三相) 가운데 '첫 번째 조건'(第一相, 遍是宗法性)을 어긴] 주제의 속성임이 확정되어 있지 않은 추론 이유'(不成因)이기 때문이다. 이것을 추론식으로 구성하면, 〈[주장 명제] 소리는 무상한 것이다. [이유 명제] [소리는] 눈에 보이는 것이기 때문이다.〉라는 것이 된다. 여기서의 추론 이유는 [무상한 것이라는] 동품同品에는 존재하지만 [상주하는 것이라는] 이품異品에는 존재하지 않는다. ['타당한 추론의 이유 명제가 갖추어야 할 세 가지 조건'(因의 三相) 가운데] 오직 첫 번째 조건[인 주제소속성(遍是宗法性)]만을 결여한 것이다. 그러므로 이 [추론 이유] 역시 ['타당한 추론의 이유 명제가 갖추어야 할 세 가지 조건'(因의 三相) 가운데] 하나를 결여하고 있는 것이다.

만약 이와 같은 ['주장을 확립하기에 불충분한] 불확정적인 추론 이유의 오류'(不定過)를 피하기 위해 다시 '추론 이유'(因)를 세워, 〈[주장 명제] '귀에 들리기 때문'이라는 추론 이유는 ['주장을 확립하기에 불충분한] 불확정적인 것'(不定)에 포함되는 것이다.] [이유 명제] ['귀에 들리기 때문'이라는 추론 이유는 '타당한 추론의 이유 명제가 갖추어야 할 세 가지 조건'(因의 三相)에서 뒤의 두 가지 조건 가운데 하나를 결여하는 것이기 때문이다. [유례 명제] 마치 [추론 이유를 지니고 있는 것이 동품同品과 이품異品의 양쪽에 걸쳐

존재하기 때문에] '['타당한 추론의 이유 명제가 갖추어야 할 세 가지 조건'(因의
三相) 가운데 '세 번째 조건'(第三相, 異品遍無性)만 어겨] 주장을 확정하는 것
이 확실치 않은 추론 이유'(共不定因) 등의 네 가지 '[주장을 확립하기에 불
충분한] 불확정적인 추론 이유'(不定因)와 같이.〉라고 말한다면, 〈[주장 명
제] 이와 같은 '추론 이유'(因)도 역시 나머지의 '[주장을 확립하기에 불충분
한] 불확정적인 추론 이유의 오류'(不定過)를 범하는 것이다. [유례 명제]
마치 '공空이라는 주장'(空宗)에 대해 제시하는 '조건에 따라 생기기 때
문'이라는 추론 이유와 같이, [이유 명제] 비록 뒤의 두 가지 조건[인 동품
정유성同品定有性과 이품변무성異品遍無性] 가운데 하나를 결여하고 있어
도 이것은 '참된 추론 이유'(眞因)이며 '[주장을 확립하기에 불충분한] 불확
정적인 추론 이유'(不定因)가 아니기 때문에.〉라고 할 수 있으니, 그러
므로 [나의 추론에 대해] '양립할 수 없는 주장을 확립하는 추론'(相違決定)
이라 할 수가 없다. 또한 앞에서 세운 〈이품異品에는 존재하지 않기 때
문에 '의사적疑似的 추론 이유'(疑因)가 아니다.〉라는 추론식도 역시 '[주
장을 확립하기에 불충분한] 불확정적인 추론 이유의 오류'(不定過)를 범한
다. 모든 '양립할 수 없는 주장을 확립하는 추론의 이유'(相違決定之因)는
비록 이품異品에는 존재하지 않지만 '의사적疑似的 추론 이유'(疑因)이기
때문이다. [그렇다면] 오직 〈동품同品에는 존재하지 않는 것이기 때문〉
이라는 '추론 이유'(因)만이 남게 되는데, [대론자는 이 추론 이유를 통해서]
'[주장을 확립하기에 불충분한] 불확정적인 추론 이유'(不定因)에서 벗어나
'의사적疑似的 추론 이유'(疑因)가 아니라는 것을 입증하려 한다.

　[그러기 위해서는] 여기서 '양립할 수 없는 주장을 확립하는 추론식'(相
違比量)을 세워야만 하는데, 이는 다음과 같다. 〈[주장 명제] '귀에 들리는
것[이기 때문에]'는 '[주장을 확립하기에 불충분한] 불확정적인 추론 이유'(不
定因)에 포함된다. [이유 명제] 상반된 주장을 동등하게 내세울 수 있기
때문이다. [유례 명제] 마치 '[타당한 추론의 이유 명제가 갖추어야 할 세 가지
조건'(因의 三相) 가운데 '세 번째 조건'(第三相, 異品遍無性)만 어겨] 주장을 확

정하는 것이 확실치 않은 추론 이유'(共不定因)와 같이.〉『이문론理門論』에서는 이와 같은 '추론 이유'(因)를 밝혀 다음과 같이 말한다. 〈만약 '[타당한 추론의 이유 명제가 갖추어야 할 세 가지 조건'(因의 三相) 가운데 '두 번째 조건'(第二相, 同品定有性)만 어겨] 주장을 확정하는 것이 확실치 않은 추론 이유'(不共不定因)에 의해 성립되는 것이라면, 증명한 모든 것이 일체를 모두 포함하기 때문에 모두가 '의사적疑似的 추론 이유'(疑因)이다. 왜냐하면 오직 그와 같은 존재만이 그것에 포함되기 때문이고, '한쪽으로 벗어나 있기 때문'(一向離故)이다.

생각건대, '[타당한 추론의 이유 명제가 갖추어야 할 세 가지 조건'(因의 三相) 가운데 '두 번째 조건'(第二相, 同品定有性)만 어겨] 주장을 확정하는 것이 확실치 않은 추론 이유'(不共不定因)에 의해 성립되는 것이란, 〈[주장 명제] 소리는 상주하는 것이다. [이유 명제] 들리는 것이기 때문이다.〉라는 추론식을 세우든지, 혹은 〈[주장 명제] [소리는] 무상인 것이다. [이유 명제] 소리는 들리는 것이기 때문이다.〉라는 추론식을 세우는 것과 같다. 이와 같이 일체는 동등하게 성립하지 않는 것이 없기 때문에 '[증명한] 모든 것이 일체를 모두 포함한다.'라고 말한 것이다. 이러한 도리로 말미암아 '귀에 들리는 것'이라는 '추론 이유'(因)는 그 일체의 추론식에 대해서 모두 '의사적疑似的 추론 이유'(疑因)이다. '한쪽으로 벗어나 있기 때문'(一向離故)이라는 것은 모든 주장을 대등하게 성립시킨다는 의미이다. 어떠한 주장에 대해서도 '모두 똑같이 불공'(皆同不共)이기 때문이다. '모두 똑같이'(皆同)라는 것은 '한쪽으로'(一向)라는 의미이며, '불공不共'이라는 것은 '벗어나 있다'(離)는 의미이다. '한쪽으로 벗어나 있기 때문에'(一向離故) 모든 주장을 대등하게 세우는데, 모든 주장은 상위하기 때문에 그러한 '추론 이유'(因)는 [주장을 확립하기에 불충분한] 불확정적인 추론 이유'(不定因)이다. 【[이상] '다섯 개의 추론'(五量)】"

번 역

1.

【11.1.0】 "성론사聲論師처럼

【11.1.0】 〈[주장 명제] 소리는 상주하는 것이다. [이유 명제] [소리는] 귀에 들리는 것이기 때문이다.〉라는 추론식을 세울 경우,

【11.1.2】 승론勝論에 대해서는 '양립할 수 없는 주장을 확립'(相違決定)하는 추론식이 되며,

【11.1.3】 불제자佛弟子에 대해서는 '[추론인이 동품과 이품 모두에 존재하지 않아] 주장을 확정하기에 불충분한 추론 이유'(不共不定)[34]를 지닌 추론식이 되는데,

【11.1.4】 [입론자와 대론자] 모두 인정하는 동품同品의 법이 존재하지 않기 때문이다. [이상 제1추론]

2.

【11.2.0】 어떤 사람은 이러한 '추론 이유'(因)를 비판하여 추론식을 세

---

34 불공부정不共不定의 원어는 asādhāraṇa이다. '[추론인이 동품과 이품 모두에 존재하지 않아] 주장을 확정하기에 불충분한 추론 이유'로 풀 수 있다. 달리 말하면 모순되는 두 개의 개념 어디에도 관계가 없는 추론인이다. "이 불공부정의 추론인이라는 것은 예를 들면 '언어는 귀에 들리는 것이기 때문에 상주이다.'라는 경우이다. '귀에 들리는 것'이라는 추론인은 상주성이라는 부류에서도 무상성이라는 부류에서도 배제되고 있기 때문에, 그렇게 해서 상주성과 무상성을 떠난 다른 것(제3자)은 존재할 수 없기 때문에, 이 '귀에 들리는 것'이라는 추론인은 의혹을 일으키는 추론인이다. 어떠한 것이 '귀에 들리는 것'이라는 것이 되는가? 이것을 인명에서는 불공부정이라 부른다. 여기서 인용된 유례는 미망사학파 등 언어 상주론자가 바이셰시카학파 등 언어 무상론자에 대한 논의이다. 이 경우 '귀에 들리는 것'이라는 개념은 상주와도 무상과도 관계가 없는 불공의 개념이다. 그렇기 때문에 증명의 힘을 가지고 있지 않은 것이다. 이것은 구구인 가운데 제5구 '동품비유, 이품비유'에 상당한다."(中村元, 『インド論理學の理解のために』, 『法華文化硏究』56.)

420 『판비량론』

위 [다음과 같이] 말한다.

【11.2.1】 〈[주장 명제] '귀에 들리기 때문'이라는 '이유 명제'(因)는 응당 '의사적疑似的 추론 이유'(疑因)가 아니다. [이유 명제] ['귀에 들리는 것'이라는 추론 이유는 '상주하는 것'이라는] 동품同品에는 존재하는 것이 아니기 때문이다. [유례 명제] 마치 '[타당한 추론의 이유 명제가 갖추어야 할 세 가지 조건'(因의 三相) 가운데 '두 번째 조건'(第二相, 同品定有性)과 '세 번째 조건'(第三相, 異品遍無性)을 모두 어겨] 주장과 양립할 수 없는 결과를 확정하는 추론 이유'(相違因)와 같이.

3.

【11.3.0】 또 [다음과 같은] 추론식을 세운다.

【11.3.1】 〈[주장 명제] ['귀에 들리기 때문'이라는] 이 '추론 이유'(因)는 응당 '[주장을 확립하기에 불충분한] 불확정적인 것'(不定)이 아니다. [이유 명제] ['귀에 들리기 때문'이라는 추론 이유는 '무상한 것'이라는] 이품異品에는 존재하는 것이 아니기 때문이다. [유례 명제] 마치 '바른 추론 이유'(正因)와 같이.〉

4.

【11.4.0】 문비법사文備法師는 〈『이문론理門論』에서는 '한쪽으로 벗어나 있기 때문'(一向離故)이라 말하는데, 이것이 그 논란을 해결한다.〉라고 하면서 추론식을 세워 [다음과 같이] 말한다.

【11.4.1】 〈[주장 명제] '귀에 들리기 때문'이라는 추론 이유는 '[주장을 확립하기에 불충분한] 불확정적인 것'(不定)에 포함되는 것이다. [이유 명제] ['귀에 들리기 때문'이라는 추론 이유는] 한쪽으로 벗어나 있기 때문이다. [유례 명제] 마치 [추론 이유를 지니고 있는 것이 동품同品과 이품異品의 양쪽에 걸쳐 존재하기 때문에] '[타당한 추론의 이유 명제가 갖추어야 할 세 가지 조건'(因의 三相) 가운데 '세 번째 조건'(第三相, 異品遍無性)

만 어게] 주장을 확정하는 것이 확실치 않은 추론 이유'(共不定因)[35]
와 같이.〉

【11.4.11】 [여기에서] '한쪽으로 벗어나 있다'(一向離)라는 말은 [타당한
추론의 이유 명제가 갖추어야 할 세 가지 조건'(因의 三相) 가운데] '하나의
조건'(一相)을 결여하고 있다는 것이다.

5.

【11.5.0】 [이상과 같은 논의를] 비판적으로 검토하면 다음과 같다.

【11.5.01】 [문비법사가 제시한 '어느 한쪽이 벗어나 있기 때문'이라는] 이 추
론 이유는 [주장을 확립하기에 불충분한] 불확정적인 추론 이유의 오
류'(不定過)를 범하고 있는 것이다.

【11.5.02】 왜냐하면 '눈에 보이는 것[이기 때문'이라는 추론 이유]는 비록
[타당한 추론의 이유 명제가 갖추어야 할 세 가지 조건'(因의 三相) 가운데]
'하나의 조건'(一相)을 결여하고 있지만 [주장을 확립하기에 불충분한]

---

35 공부정共不定의 원어는 sādhāraṇa이다. [타당한 추론의 이유 명제가 갖추어야 할
세 가지 조건'(因의 三相) 가운데 '세 번째 조건'(第三相, 異品遍無性)만 어게] 주장
을 확정하는 것이 확실치 않은 추론 이유'로 풀 수 있다. 달리 말하면 모순되는 두
개의 개념에 공통인 추론인이다. "공통인 부정인이라는 것은 예를 들면 '언어는
상주인 것이다. 왜냐하면 언어는 인식의 대상이기 때문이다.'라는 경우이다. 인식
대상인 것이라는 추론인은 상주인 것과 무상인 것, 두 종류의 존재 가운데 공통으
로 존재하기 때문에 그 추론인은 부정인이다. '언어는 예를 들면 항아리와 같이,
인식의 대상이기 때문에 무상이다.'라는 것과 '언어는 허공과 같이 인식대상이기
때문에 무상이다.'라는 것이 그 어느 경우에도 있을 수 있기 때문이다. 이것을 인
명에서는 '공부정'이라 부른다. 입론자는 'A는 C이다.'라고 주장하고 반대론자가
'A는 비C이다.'라고 주장하고 있는 경우에 입론자가 'A는 B이기 때문이다.'라는
이유명제를 제시했다고 하자. 그때 B는 C에도 있을 수 있고, 비C에도 있을 수 있
는 경우에 B는 공통인 부정인으로 되는 것이다. 이것은 구구인 가운데 제1구 '동
품유, 이품유'에 상당한다."(中村元, 『インド論理學の理解のために』, 『法華文化研
究』158.)

불확정적인 추론 이유'(不定因)가 아니라 '[타당한 추론의 이유 명제가 갖추어야 할 세 가지 조건'(因의 三相) 가운데 '첫 번째 조건'(第一相, 遍是宗法性)을 어긴] 주제의 속성임이 확정되어 있지 않은 추론 이유'(不成因)[36]이기 때문이다.

【11.5.03】 이것을 추론식으로 구성하면

【11.5.1】 〈[주장 명제] 소리는 무상한 것이다. [이유 명제] [소리는] 눈에 보이는 것이기 때문이다.〉라는 것이 된다.

【11.5.11】 여기서의 추론 이유는 [무상한 것이라는] 동품同品에는 존재하지만 [상주하는 것이라는] 이품異品에는 존재하지 않는다.

【11.5.12】 '[타당한 추론의 이유 명제가 갖추어야 할 세 가지 조건'(因의 三相)

---

36 불성인不成因의 원어는 asiddha이다. '[타당한 추론의 이유 명제가 갖추어야 할 세 가지 조건'(因의 三相) 가운데 '첫 번째 조건'(第一相, 遍是宗法性)을 어긴] '주제의 속성임이 확정되어 있지 않은 추론 이유'로 풀 수 있다. 달리 말하면 주장 명제의 주장과 추론인(이유 명제의 술어)의 관계가 확정되어 있지 않은 것이다. "그 가운데 불성인은 4종이다. 즉 ① 양자에 있어서의 불성, ② 어느 쪽 가운데 한쪽의 불성, ③ 의심스러운 불성, ④ 근거의 불성이다. 『인명입정리론』에는 불성인에 다음의 4종이 있다고 한다. ① 양구불성兩俱不成, ② 수일불성隨一不成, ③ 유예불성猶豫不成, ④ 소의불성所依不成이다. 〈그 가운데 불성인 추론인은 4종이다. 즉 ① 양자에 있어서의 불성, ② 양자 가운데 한쪽에 있어서의 불성, ③ 증명하려고 하는 그것 자체의 불성, ④ 추론되어야만 하는 것의 불성이다.〉 ① 양자에 있어서의 불성이란, 주장 명제와 반주장 명제의 양자 모두 승인되지 않는 추론인이다. 예를 들면 '언어는 무상인 것이다. 부분으로 이루어진 것이기 때문이다.'라고 하는 논증이다. ② 양자 가운데 한쪽에 있어서의 불성이란, 예를 들면 '언어는 무상인 것이다. 결과이기 때문이다.'라고 하는 논증이다. 즉 언어는 실제로 결과이지만 미망사학파는 그것을 승인하지 않는다. ③ 증명하려고 하는 그것 자체가 불성이란, 예를 들면 연기가 존재하는 것에 의해서 불을 추론하는 것이 행해져야만 하는데도 추론인으로서 수증기가 제시된다면 연기가 존재하는 것에 관해서는 불성이다. ④ 추론되어야 할 존재의 불성이란, 예를 들면 '암흑은 지地요소에 의해 이루어진 물체이다. 흑색의 존재이기 때문이다.'라고 말하는 것과 같다. 암흑은 실체가 아니다. 그 흑색은 임시로 가탁된 것이다."(中村元, 『インド論理學の理解のために』, 『法華文化研究』 57.)

가운데] 오직 첫 번째 조건[인 주제소속성(遍是宗法性)]만을 결여한 것이다.

【11.5.13】 그러므로 이 [추론 이유] 역시 ['타당한 추론의 이유 명제가 갖추어야 할 세 가지 조건'(因의 三相) 가운데] 하나를 결여하고 있는 것이다.

6.

【11.6.0】 만약 이와 같은 '[주장을 확립하기에 불충분한] 불확정적인 추론 이유의 오류'(不定過)를 피하기 위해 다시 '추론 이유'(因)를 세워,

【11.6.1】 〈[주장 명제] '귀에 들리기 때문'이라는 추론 이유는 '[주장을 확립하기에 불충분한] 불확정적인 것'(不定)에 포함되는 것이다.] [이유 명제] ['귀에 들리기 때문'이라는 추론 이유는 '타당한 추론의 이유 명제가 갖추어야 할 세 가지 조건'(因의 三相)에서] 뒤의 두 가지 조건 가운데 하나를 결여하는 것이기 때문이다. [유례 명제] 마치 [추론 이유를 지니고 있는 것이 동품同品과 이품異品의 양쪽에 걸쳐 존재하기 때문에] '[타당한 추론의 이유 명제가 갖추어야 할 세 가지 조건'(因의 三相) 가운데 '세 번째 조건'(第三相, 異品遍無性)만 어겨] 주장을 확정하는 것이 확실치 않은 추론 이유'(共不定因) 등의 네 가지 '[주장을 확립하기에 불충분한] 불확정적인 추론 이유'(不定因)와 같이.〉라고 말한다면,

7.

【11.7.0】 〈[주장 명제] 이와 같은 '추론 이유'(因)도 역시 나머지의 '[주장을 확립하기에 불충분한] 불확정적인 추론 이유의 오류'(不定過)를 범하는 것이다.

【11.7.1】 [유례 명제] 마치 '공空이라는 주장'(空宗)에 대해 제시하는 '조건에 따라 생기기 때문'이라는 추론 이유와 같이, [이유 명제] 비록 뒤의 두 가지 조건[인 동품정유성同品定有性과 이품변무성異品遍無性] 가운데 하나를 결여하고 있어도 이것은 '참된 추론 이유'(眞因)이며

'[주장을 확립하기에 불충분한] 불확정적인 추론 이유'(不定因)가 아니기 때문에.〉라고 할 수 있으니,

【11.7.11】 그러므로 [나의 추론에 대해] '양립할 수 없는 주장을 확립하는 추론'(相違決定)이라 할 수가 없다.

8.

【11.8.1】 [주장 명제] 또한 앞에서 세운 〈이품異品에는 존재하지 않기 때문에 '의사적疑似的 추론 이유'(疑因)[37]가 아니다.〉라는 추론식도 역시 '[주장을 확립하기에 불충분한] 불확정적인 추론 이유의 오류'(不定過)를 범한다. [이유 명제] 모든 '양립할 수 없는 주장을 확립하는 추론의 이유'(相違決定之因)는 비록 이품異品에는 존재하지 않지만 '의사적疑似的 추론 이유'(疑因)이기 때문이다.

9.

【11.9.0】 [그렇다면] 오직 〈동품同品에는 존재하지 않는 것이기 때문〉이라는 '추론 이유'(因)만이 남게 되는데, [대론자는 이 추론 이유를 통해서] '[주장을 확립하기에 불충분한] 불확정적인 추론 이유'(不定因)에서 벗어나 '의사적疑似的 추론 이유'(疑因)가 아니라는 것을 입증하려 한다.

---

37 의인疑因의 원어는 hetvābhāsa인데, '의사적疑似的 추론 이유'라고 풀어 쓸 수 있다. 한역에서는 사인似因이라 번역한다. 여기서 '사似'란 사이비라는 의미이다. 실제는 ahetu(비인非因)와 같다. "잘못된 추론인은 불확정적인 추론인, 모순되는 추론인, 논제와 유사한 추론인, 논증 대상과 유사한 추론인, 시간이 지나가 버린 추론인이다. 이것에 의해서 불성(asiddha), 모순(viruddha), 의심스러운 것(sandigdha), 불확정인 것(anadhyavasita), 시간이 이미 지나가 버린 것(kālātyayāpadiṣṭa) 등의 5종이 의사적 추론인이다."(中村元, 『インド論理學の理解のために』, 『法華文化研究』 82~83.)

【11.9.01】 [그러기 위해서는] 여기서 '양립할 수 없는 주장을 확립하는 추론식'(相違比量)을 세워야만 하는데, 이는 다음과 같다.

【11.9.1】 〈[주장 명제] '귀에 들리는 것[이기 때문에]'는 [주장을 확립하기에 불충분한] 불확정적인 추론 이유'(不定因)에 포함된다. [이유 명제] 상반된 주장을 동등하게 내세울 수 있기 때문이다. [유례 명제] 마치 '[타당한 추론의 이유 명제가 갖추어야 할 세 가지 조건'(因의 三相) 가운데 '세 번째 조건'(第三相, 異品遍無性)만 어겨] 주장을 확정하는 것이 확실치 않은 추론 이유'(共不定因)와 같이.〉

【11.9.10】 『이문론理門論』에서는 이와 같은 '추론 이유'(因)를 밝혀 다음과 같이 말한다.

【11.9.11】 [주장 명제] 〈만약 '[타당한 추론의 이유 명제가 갖추어야 할 세 가지 조건'(因의 三相) 가운데 '두 번째 조건'(第二相, 同品定有性)만 어겨] 주장을 확정하는 것이 확실치 않은 추론 이유'(不共不定因)에 의해 성립되는 것이라면, 증명한 모든 것이 일체를 모두 포함하기 때문에 모두가 '의사적疑似的 추론 이유'(疑因)이다. [이유 명제] 왜냐하면 오직 그와 같은 존재만이 그것에 포함되기 때문이고, '한쪽으로 벗어나 있기 때문'(一向離故)이다.

【11.10.00】 생각건대,

【11.10.01】 '[타당한 추론의 이유 명제가 갖추어야 할 세 가지 조건'(因의 三相) 가운데 '두 번째 조건'(第二相, 同品定有性)만 어겨] 주장을 확정하는 것이 확실치 않은 추론 이유'(不共不定因)에 의해 성립되는 것이란,

【11.10.1】 〈[주장 명제] 소리는 상주하는 것이다. [이유 명제] 들리는 것이기 때문이다.〉라는 추론식을 세우든지, 혹은

【11.10.2】 〈[주장 명제] [소리는] 무상인 것이다. [이유 명제] 소리는 들리는 것이기 때문이다.〉라는 추론식을 세우는 것과 같다.

【11.10.21】 이와 같이 일체는 동등하게 성립하지 않는 것이 없기 때문에 '[증명한] 모든 것이 일체를 모두 포함한다.'라고 말한 것이다.

【11.10.22】 이러한 도리로 말미암아 '귀에 들리는 것'이라는 '추론 이유'(因)는 그 일체의 추론식에 대해서 모두 '의사적疑似的 추론 이유'(疑因)이다.

【11.10.23】 '한쪽으로 벗어나 있기 때문'(一向離故)이라는 것은 모든 주장을 대등하게 성립시킨다는 의미이다.

【11.10.24】 어떠한 주장에 대해서도 '모두 똑같이 불공'(皆同不共)이기 때문이다.

【11.10.25】 '모두 똑같이'(皆同)라는 것은 '한쪽으로'(一向)라는 의미이며,

【11.10.26】 '불공不共'이라는 것은 '벗어나 있다'(離)는 의미이다.

【11.10.27】 '한쪽으로 벗어나 있기 때문에'(一向離故) 모든 주장을 대등하게 세우는데,

【11.10.28】 모든 주장은 상위하기 때문에

【11.10.29】 그러한 '추론 이유'(因)는 '[주장을 확립하기에 불충분하] 불확정적인 추론 이유'(不定因)이다.

【11.11.00】 【[이상] '다섯 개의 추론'(五量)】"

12절. 상위결정인相違決定因이 부정인不定因임을 논증함

"十二. 相違決定, 立二比量. 又[38]軌法師, 自作問答.〈問. 具足三相, 應是正因. 何故此中而言不定? 答. 此疑未決, 不敢解之. 有通釋者, 隨而爲臣.[39]〉此中問意, 立比量云,〈違決中因, 應是正因. 具三相故.

---

38 김성철에 따라 '又'는 '文'으로 교감한다.
39 한불전 교감주에서는 〈'臣'은 '注'로 의심된다.〉고 하였지만 김성철은 장준藏俊의

如餘眞因.〉今者通曰,〈違決之因, 非正因攝. 有等難故. 如相違因.〉
由此, 顯彼有不定過. 又〈此二因, 非相違攝. 同品有故. 猶如正因[40]〉,
又〈此二因, 非不成攝. 是共許故. 如不共由.[41] 如是二因, 不定因攝.
非正非違, 非不成故. 如餘五種不定因也.〉(六量)"

[H1, 816a14~24]

번 역

"'양립할 수 없는 주장을 확립하는 추론'(相違決定)은 2개의 추론식을
세운다. 문궤文軌법사는 [다음과 같이] 스스로 질문하고 대답한다. 〈묻는
다. [타당한 추론이 갖추어야 할] '세 가지 조건'(三相)을 모두 갖추면 응당
'바른 추론 이유'(正因)이다. 무엇 때문에 ['세 가지 조건'(三相)을 모두 갖춘
'양립할 수 없는 주장을 확립하는 추론의 이유'(相違決定因)인] 이것에 대해 '[주
장을 확립하기에 불충분한] 불확정적인 추론 이유'(不定因)라고 하는가? 답
한다. 이 의문은 아직 해결되지 않았으며, 이것을 해결할 엄두를 내지
못한다. [이것을] 통하게 해석하는 사람이 있다면 그를 따라 신하가 될
것이다.〉

여기서의 질문의 의미를 추론식으로 세워 말하면 다음과 같다. 〈[주
장 명제] '모순을 초래하는 결정적인 추론 이유'(違決中因)는 응당 '바른
추론 이유'(正因)이다. [이유 명제] [타당한 추론이 갖추어야 할] '세 가지 조
건'(三相)을 갖추고 있기 때문이다. [유례 명제] 마치 나머지 다른 '참된

『인명대소초因明大疏抄』 권15(T68, 525c)에 인용된 『원효화상연기元曉和尚緣
起』의 내용에 따라 '臣'이 맞다는 것을 확인하고 있다.

40 "又此二因, 非相違攝., 同品有故. 猶如正因."은 한불전에 빠져 있지만 필사본의 문
장이 누락된 것이라는 김성철의 교감에 따라 추가하였다.

41 '由'는 '因'이어야 한다. 김성철의 교감도 같다.

추론 이유'(眞因)들과 같이.〉

나는 [이 문제를] 통하게 하여 다음과 같이 말한다. 〈[주장 명제] '모순을 초래하는 결정적인 추론 이유'(違決之因)는 '바른 추론 이유'(正因)에 포함되는 것이 아니다. [이유 명제] ['모순을 초래하는 결정적인 추론 이유'(違決之因)는] 똑같은 논란을 초래할 수 있기 때문이다. [유례 명제] 마치 '[타당한 추론의 이유 명제가 갖추어야 할 세 가지 조건'(因의 三相) 가운데 '두 번째 조건'(第二相, 同品定有性)과 '세 번째 조건'(第三相, 異品遍無性)을 모두 어겨] 주장과 양립할 수 없는 결과를 확정하는 추론 이유'(相違因)와 같이.〉 이 [추론식]으로 그것에 '[주장을 확립하기에 불충분한] 불확정적인 추론 이유의 오류'(不定過)가 있음을 드러낸다. 또 〈[주장 명제] 이 두 '추론 이유'(因)는 '[타당한 추론의 이유 명제가 갖추어야 할 세 가지 조건'(因의 三相) 가운데 '두 번째 조건'(第二相, 同品定有性)과 '세 번째 조건'(第三相, 異品遍無性)을 모두 어겨] 주장과 양립할 수 없는 결과를 확정하는 추론 이유'(相違因)에 포함되는 것이 아니다. [이유 명제] 왜냐하면 [이 두 '추론 이유'(因)는] 동품 同品이 존재하는 것이기 때문이다. [유례 명제] 마치 '바른 추론 이유'(正因)와 같이.〉[라고 말하고,] 또 〈[주장 명제] 이 두 '추론 이유'(因)는 '[타당한 추론의 이유 명제가 갖추어야 할 세 가지 조건'(因의 三相) 가운데 '첫 번째 조건'(第一相, 遍是宗法性)을 어긴] 주제의 속성임이 확정되어 있지 않은 추론 이유'(不成因)에 포함되는 것이 아니다. [이유 명제] [이 두 '추론 이유'(因)는 입론자와 대론자] 양쪽 모두 인정하는 것이기 때문이다. [유례 명제] 마치 '[타당한 추론의 이유 명제가 갖추어야 할 세 가지 조건'(因의 三相) 가운데 '두 번째 조건'(第二相, 同品定有性)만 어겨] 주장을 확정하는 것이 확실치 않은 추론 이유'(不共不定因)와 같이. [주장 명제] 이와 같은 두 가지 '추론 이유'(因)는 '[주장을 확립하기에 불충분한] 불확정적인 추론 이유'(不定因)에 포함되는 것이다. [이유 명제] [추론대상과 양립할 수 없는 결과를 확립하는 두 개의 추론인은] '바른 추론 이유'(正因)도 아니고, '[타당한 추론의 이유 명제가 갖추어야 할 세 가지 조건'(因의 三相) 가운데 '두 번째 조건'(第二相, 同品定有

性)과 '세 번째 조건'(第三相, 異品遍無性)을 모두 어겨 주장과 양립할 수 없는 결과를 확정하는 추론 이유'(相違因)도 아니며, '[타당한 추론의 이유 명제가 갖추어야 할 세 가지 조건'(因의 三相) 가운데 '첫 번째 조건'(第一相, 遍是宗法性)을 어긴] 주제의 속성임이 확정되어 있지 않은 추론 이유'(不成因)도 아니기 때문이다. [유례 명제] 마치 다른 다섯 가지 '[주장을 확립하기에 불충분한] 불확정적인 추론 이유'(不定因)와 같이.〉[라고 말한다.] 【이상 '여섯 가지 추론'(六量)】"

과단 번역

【12.1.0】 "'양립할 수 없는 주장을 확립하는 추론'(相違決定)은 2개의 추론식을 세운다. 문궤文軌법사는 [다음과 같이] 스스로 질문하고 대답한다.

【12.1.1】 〈묻는다. [타당한 추론이 갖추어야 할] '세 가지 조건'(三相)을 모두 갖추면 응당 '바른 추론 이유'(正因)이다. 무엇 때문에 ['세 가지 조건'(三相)을 모두 갖춘 '양립할 수 없는 주장을 확립하는 추론의 이유'(相違決定因)인] 이것에 대해 '[주장을 확립하기에 불충분한] 불확정적인 추론 이유'(不定因)라고 하는가? 답한다. 이 의문은 아직 해결되지 않았으며, 이것을 해결할 엄두를 내지 못한다.

【12.1.2】 [이것을] 통하게 해석하는 사람이 있다면 그를 따라 신하가 될 것이다.〉

2.

【12.2.0】 여기서의 질문의 의미를 추론식으로 세워 말하면 다음과 같다.

【12.2.1】 〈[주장 명제] '모순을 초래하는 결정적인 추론 이유'(違決中因)는 응당 '바른 추론 이유'(正因)이다. [이유 명제] [타당한 추론이 갖추어야 할] '세 가지 조건'(三相)을 갖추고 있기 때문이다. [유례 명제] 마치

나머지 다른 '참된 추론 이유'(眞因)들과 같이.〉

3.

【12.3.0】 나는 [이 문제를] 통하게 하여 다음과 같이 말한다.

【12.3.1】 〈[주장 명제] '모순을 초래하는 결정적인 추론 이유'(違決之因)는 '바른 추론 이유'(正因)에 포함되는 것이 아니다. [이유 명제] ['모순을 초래하는 결정적인 추론 이유'(違決之因)는] 똑같은 논란을 초래할 수 있기 때문이다. [유례 명제] 마치 '[타당한 추론의 이유 명제가 갖추어야 할 세 가지 조건'(因의 三相) 가운데 '두 번째 조건'(第二相, 同品定有性)과 '세 번째 조건'(第三相, 異品遍無性)을 모두 어겨] 주장과 양립할 수 없는 결과를 확정하는 추론 이유'(相違因)와 같이.〉

【12.3.11】 이 [추론식]으로 그것에 '[주장을 확립하기에 불충분한] 불확정적인 추론 이유의 오류'(不定過)가 있음을 드러낸다.

4.

【12.4.1】 또 〈[주장 명제] 이 두 '추론 이유'(因)는 '[타당한 추론의 이유 명제가 갖추어야 할 세 가지 조건'(因의 三相) 가운데 '두 번째 조건'(第二相, 同品定有性)과 '세 번째 조건'(第三相, 異品遍無性)을 모두 어겨] 주장과 양립할 수 없는 결과를 확정하는 추론 이유'(相違因)에 포함되는 것이 아니다. [이유 명제] 왜냐하면 [이 두 '추론 이유'(因)는] 동품同品이 존재하는 것이기 때문이다. [유례 명제] 마치 '바른 추론 이유'(正因)와 같이.〉[라고 말하고,]

5.

【12.5.0】 또

【12.5.1】 〈[주장 명제] 이 두 '추론 이유'(因)는 '[타당한 추론의 이유 명제가 갖추어야 할 세 가지 조건'(因의 三相) 가운데 '첫 번째 조건'(第一相, 遍

是宗法性)을 어긴] 주제의 속성임이 확정되어 있지 않은 추론 이유'(不成因)에 포함되는 것이 아니다. [이유 명제] [이 두 '추론 이유'(因)는 입론자와 대론자] 양쪽 모두 인정하는 것이기 때문이다. [유례 명제] 마치 '['타당한 추론의 이유 명제가 갖추어야 할 세 가지 조건'(因의 三相) 가운데 '두 번째 조건'(第二相, 同品定有性)만 어겨] 주장을 확정하는 것이 확실치 않은 추론 이유'(不共不定因)와 같이.

6.

【12.6.1】 [주장 명제] 이와 같은 두 가지 '추론 이유'(因)는 ['주장을 확립하기에 불충분한] 불확정적인 추론 이유'(不定因)에 포함되는 것이다. [이유 명제] [추론대상과 양립할 수 없는 결과를 확립하는 두 개의 추론인은] '바른 추론 이유'(正因)도 아니고, '['타당한 추론의 이유 명제가 갖추어야 할 세 가지 조건'(因의 三相) 가운데 '두 번째 조건'(第二相, 同品定有性)과 '세 번째 조건'(第三相, 異品遍無性)을 모두 어겨] 주장과 양립할 수 없는 결과를 확정하는 추론 이유'(相違因)도 아니며, '['타당한 추론의 이유 명제가 갖추어야 할 세 가지 조건'(因의 三相) 가운데 '첫 번째 조건'(第一相, 遍是宗法性)을 어긴] 주제의 속성임이 확정되어 있지 않은 추론 이유'(不成因)도 아니기 때문이다. [유례 명제] 마치 다른 다섯 가지 '[주장을 확립하기에 불충분한] 불확정적인 추론 이유'(不定因)와 같이.)[라고 말한다.] 【[이상] '여섯 가지 추론'(六量)】 "

13절. 오성각별설五性各別說 비판에 대한 원효의 재비판

"十三. 或有爲難五種之[42]性, 立比量言,〈無性有情, 必當作佛. 以有心故. 如有性者.〉此因不定, 故成不難.〈爲如諸佛, 以有心故, 非當作佛? 爲如菩薩, 以有心故, 必當作佛?〉前別立因, 言以未成佛之有情故. 此因亦有他不定過. 爲如菩薩種性, 爲如決定二乘. 若爲避此, 更立宗言,〈無性性[43]有情決定二乘, 皆當作佛. 以未成佛有情攝故. 猶如菩薩〉, 此有求[44]難, 故成不定.〈如是三人, 非當作佛. 以無大乘無漏種子而非菩薩種性攝故. 如木石等諸無情物.〉又有比量相違過失. 謂〈五種姓中餘四種姓, 墮地獄時, 應有四德. 許作佛故. 如菩薩姓.〉許則違教, 不許違理. 此違自語[45]比量過也. (五量)"

[H1, 816b1~16]

번 역

"어떤 사람은 5종의 종성種性을 비판하기 위해 추론식을 세워 다음과 같이 말한다.〈[주장 명제] 불성佛性이 없는 유정有情은 반드시 성불할 것이다. [이유 명제] 마음을 가지고 있기 때문이다. [유례 명제] 마치 불성이 있는 유정과 같이.〉이 '추론 이유'(因)는 [주장을 확립하기에 불충분한] 불확정적인 추론 이유'(不定因)이기 때문에 비판이 성립되지 못한다.〈[유례 명제] 모든 부처와 같이 [이유 명제] 마음을 가지고 있기 때문에 [주장명제] 성불하지 않는 것인가? [유례 명제] 보살과 같이 [이유 명제] 마음을 가지고 있기 때문에 [주장 명제] 반드시 성불하는 것인가?〉앞에서 별도로 세운 '추론 이유'(因)는 아직 성불하지 못한 유정을 가지고 말한 것

---

42 '之'는 '種'이어야 한다. 김성철의 교감도 같다.
43 '性'자 하나는 삭제되어야 한다. 한불전과 김성철의 교감도 같다.
44 '求'는 '等'이어야 한다. 김성철의 교감도 같다.
45 '語'는 '悟'의 오사라고 하는 김성철의 교감에 따른다.

이기 때문이다. 이 ['아직 성불하지 못한 유정이기 때문'이라는] '추론 이유'
(因) 또한 다른 학파에 대해 '[주장을 확립하기에 불충분한] 불확정적인 추
론 이유의 오류'(不定過)를 범하는 것이다. 보살의 종성種性과 같은 것인
지, '[성문聲聞·연각緣覺의 길이] 결정된 두 부류의 수행자'(決定二乘)와 같
은 것인지.

만약 이러한 비판을 피하기 위해 다시 주장을 세워 말하기를, ⟨[주장
명제] '불성이 없는 유정'(無性有情)과 '[성문聲聞·연각緣覺의 길이] 결정된
두 부류의 수행자'(決定二乘)는 모두 성불할 것이다. [이유 명제] [이들은]
'아직 성불하지 못한 유정'(未成佛有情)에 포함되기 때문이다. [유례 명제]
마치 보살과 같이.⟩라고 한다면, 이 추론에도 똑같은 비판이 있을 수
있기 때문에 '[주장을 확립하기에 불충분한] 불확정적인 추론 이유의 오류'
(不定過)를 이룬다. ⟨[주장 명제] 이와 같은 세 부류의 사람은 성불하는
것이 아니다. [이유 명제] [이들은] 대승의 무루종자無漏種子도 없을 뿐만
아니라 보살종성菩薩種性에 포함되는 것도 아니기 때문이다. [유례 명제]
마치 나무나 돌 등 여러 무정물無情物과 같이.⟩ 또 '추론과 모순된 주장
명제를 제시하는 오류'(比量相違過失)를 범하게 된다. 이것은 다음과 같
다. ⟨[주장 명제] 5종의 종성 가운데 나머지 다른 4종의 종성은 지옥에
떨어질 때에도 [상常·낙樂·아我·정淨, 이] '네 가지 능력'(四德)을 가져야
한다. [이유 명제] [이들에게도] 성불은 인정되기 때문이다. [유례 명제] 마치
보살종성菩薩種性과 같이.⟩ [이러한 주장을] 인정한다면 [지옥에 떨어지는
종성에게 열반의 '네 가지 능력'(四德)을 인정하는 것이 되어] 교리를 위배하게
되고, 인정하지 않는다면 [4종성은 성불할 수 없는 것이 되어 '모든 종성은 성
불할 것'이라는] 논리를 위배하게 된다. 이는 '스스로 알고 있는 것과 어
긋나는 추론의 오류'이다. 【[이상] '다섯 가지 추론'(五量)】 "

1.

【13.1.0】 "어떤 사람은 5종의 종성種性[46]을 비판하기 위해 추론식을 세워 다음과 같이 말한다.

【13.1.1】 〈[주장 명제] 불성佛性이 없는 유정有情은 반드시 성불할 것이다. [이유 명제] 마음을 가지고 있기 때문이다. [유례 명제] 마치 불성이 있는 유정과 같이.〉

2.

【13.2.0】 이 '추론 이유'(因)는 [주장을 확립하기에 불충분한] 불확정적인 추론 이유'(不定因)이기 때문에 비판이 성립되지 못한다.

【13.2.1】 〈[유례 명제] 모든 부처와 같이 [이유 명제] 마음을 가지고 있기 때문에 [주장명제] 성불하지 않는 것인가?

【13.2.2】 [유례 명제] 보살과 같이 [이유 명제] 마음을 가지고 있기 때문에 [주장 명제] 반드시 성불하는 것인가?〉

3.

【13.2.11】 앞에서 별도로 세운 '추론 이유'(因)는

---

46 이 제13절은 유식교학에서 오성 즉 정성성문, 정성연각, 정성보살, 부정종성, 무성유정 등이 성불할 수 있는가의 여부에 대한 논란이다. 여기서 정성성문이란, 성문과 즉 아라한과만을 증득할 수 있는 중생을, 정성연각이란 독각 즉 벽지불과만을 증득할 수 있는 중생을, 정성보살이란 보살행을 통해 불과를 증득할 수 있는 중생을, 부정종성이란 불과의 증득여부가 아직 결정되어 있지 않은 중생을, 무성유정이란 아라한과 벽지불과 또는 불과를 증득할 수 없는 중생을 의미한다. 이 5종의 중생 가운데 보살종성과 부정종성 2종만이 성불이 가능하며, 나머지 정성성문, 정성연각, 무성유정은 결코 성불할 수 없다는 것이 유식교학의 오성각별설이다.

【13.2.12】 아직 성불하지 못한 유정을 가지고 말한 것이기 때문이다.

4.

【13.2.21】 이 [‘아직 성불하지 못한 유정이기 때문’이라는] ‘추론 이유’(因) 또한 다른 학파에 대해 ‘[주장을 확립하기에 불충분한] 불확정적인 추론 이유의 오류’(不定過)를 범하는 것이다. 보살의 종성種性과 같은 것인지, ‘[성문聲聞·연각緣覺의 길이] 결정된 두 부류의 수행자’(決定 二乘)와 같은 것인지.

5.

【13.3.0】 만약 이러한 비판을 피하기 위해 다시 주장을 세워 말하기를,

【13.3.1】 〈[주장 명제] ‘불성이 없는 유정’(無性有情)과 ‘[성문聲聞·연각緣 覺의 길이] 결정된 두 부류의 수행자’(決定二乘)는 모두 성불할 것이 다. [이유 명제] [이들은] ‘아직 성불하지 못한 유정’(未成佛有情)에 포 함되기 때문이다. [유례 명제] 마치 보살과 같이.〉라고 한다면,

6.

【13.4.0】 이 추론에도 똑같은 비판이 있을 수 있기 때문에 ‘[주장을 확 립하기에 불충분한] 불확정적인 추론 이유의 오류’(不定過)를 이룬다.

【13.4.1】 〈[주장 명제] 이와 같은 세 부류의 사람은 성불하는 것이 아 니다. [이유 명제] [이들은] 대승의 무루종자無漏種子도 없을 뿐만 아 니라 보살종성菩薩種性에 포함되는 것도 아니기 때문이다. [유례 명 제] 마치 나무나 돌 등 여러 무정물無情物과 같이.〉

7.

【13.5.0】 또 ‘추론과 모순된 주장 명제를 제시하는 오류’(比量相違過失) 를 범하게 된다. 이것은 다음과 같다.

【13.5.1】 〈[주장 명제] 5종의 종성 가운데 나머지 다른 4종의 종성은 지옥에 떨어질 때에도 [상常·낙樂·아我·정淨, 이] '네 가지 능력'(四德)을 가져야 한다. [이유 명제] [이들에게도] 성불은 인정되기 때문이다. [유례 명제] 마치 보살종성菩薩種性과 같이.〉

【13.5.11】 [이러한 주장을] 인정한다면 [지옥에 떨어지는 종성에게 열반의 '네 가지 능력'(四德)을 인정하는 것이 되어] 교리를 위배하게 되고,

【13.5.12】 인정하지 않는다면 [4종성은 성불할 수 없는 것이 되어 '모든 종성은 성불할 것'이라는] 논리를 위배하게 된다.

【13.5.13】 이는 '스스로 알고 있는 것과 어긋나는 추론의 오류'이다.

【13.6.00】 [이상] '다섯 가지 추론'(五量)】 ”

14절. 아집我執과 법집法執에 대한 논파와 관계된 논의

“十四. 『成唯識論』爲破我法, 立比量言, 〈凡[47]諸我見, 不緣實我. 有所緣故. 如緣餘心. 我見所緣, 定非實我. 是所緣故. 如所餘法.〉又言, 〈外道餘乘所執諸法異心心所, 非實有性. 是所取[48]故. 如心心所. 能取彼覺, 亦不緣彼. 是能取故. 如緣此覺.〉判云, 此中有四比量, 是眞能破. 破我法故, 無過生故. 或因此破, 破大乘云, 〈諸緣第八識見, 不緣阿賴耶相. 有所緣故. 如緣[49] ….”

[H1, 816b17~c2]

---

47 김성철에 따르면 '凡'은 『성유식론』에서 '又'이다. 원효의 의도적 선택으로 보아 그대로 둔다.
48 한불전 교감주에서는 〈'取'는 '依'일 수도 있다.〉라고 한다. 본 번역에서는 '取'로 보고 번역한다.
49 이하는 결락缺落되어 있다.

"『성유식론』에서는 자아(我)와 현상(法)[에 관한 잘못된 견해]를 논파하기 위해 추론식을 세워 다음과 같이 말한다. 〈[주장 명제] 무릇 모든 '자아에 대한 견해'(我見)는 '사실 그대로의 자아'(實我)를 대상으로 하는 것이 아니다. [이유 명제] [모든 아견我見은] 대상(所緣)이 존재하기 때문이다. [유례 명제] 마치 다른 것을 대상으로 하는 마음과 같이. [주장 명제] '자아에 대한 견해'(我見)의 대상은 결코 '사실 그대로의 자아'(實我)가 아니다. [이유 명제] [아견의 대상은] 대상이기 때문이다. [유례 명제] 마치 다른 대상적 현상과 같이.〉 또 [추론식을 세워] 다음과 같이 말한다. 〈[주장 명제] 외도나 다른 [소]승에서 파악하는 마음(心)과 '마음에 의한 현상'(心所)과는 다른 모든 현상은 '실제로 존재하는 것'(實有性)이 아니다. [이유 명제] [그것들은] '파악된 것'(所取)이기 때문이다. [유례 명제] 마치 마음(心)과 '마음에 의한 현상'(心所)과 같이. [주장 명제] 파악하는 주체인 저 앎(覺)도 그 [현상들]을 대상으로 하는 것이 아니다. [이유 명제] 왜냐하면 [파악하는 주체인 앎(覺)은] 파악하는 주체이기 때문이다, [유례 명제] 마치 이 앎을 대상으로 하는 것과 같이.〉

이상을 비판적으로 검토해 보자. 여기에는 4개의 추론식이 존재하니, 이것은 '참된 깨뜨리는 것'(眞能破)이다. 자아(我)와 현상(法)[에 관한 잘못된 견해]를 논파하기 때문이고, [제시한 추론인은 어떠한] 오류의 발생도 없기 때문이다. 혹은 이러한 논파에 의거하여 대승을 논파하면서 다음과 같이 말한다. 〈[주장 명제] 제8식을 대상으로 하는 모든 견해는 아뢰야식의 상분相分을 대상으로 하는 것이 아니다. [이유 명제] [제8식을 대상으로 하는 모든 견해는] 대상을 지닌 것이기 때문이다. [유례 명제] 마치 …같이."

1.

【14.0.0】 "『성유식론』에서는 자아(我)와 현상(法)[에 관한 잘못된 견해]를 논파하기 위해 추론식을 세워 다음과 같이 말한다.

【14.1.1】 〈[주장 명제] 무릇 모든 '자아에 대한 견해'(我見)는 '사실 그대로의 자아'(實我)를 대상으로 하는 것이 아니다. [이유 명제] [모든 아견我見은] 대상(所緣)이 존재하기 때문이다. [유례 명제] 마치 다른 것을 대상으로 하는 마음과 같이.

【14.2.1】 [주장 명제] '자아에 대한 견해'(我見)의 대상은 결코 '사실 그대로의 자아'(實我)가 아니다. [이유 명제] [아견의 대상은] 대상이기 때문이다. [유례 명제] 마치 다른 대상적 현상과 같이.〉 또 [추론식을 세워] 다음과 같이 말한다.

【14.3.1】 〈[주장 명제] 외도나 다른 [소]승에서 파악하는 마음(心)과 '마음에 의한 현상'(心所)과는 다른 모든 현상은 '실제로 존재하는 것'(實有性)이 아니다. [이유 명제] [그것들은] '파악된 것'(所取)이기 때문이다. [유례 명제] 마치 마음(心)과 '마음에 의한 현상'(心所)과 같이.

【14.4.1】 [주장 명제] 파악하는 주체인 저 앎(覺)도 그 [현상들]을 대상으로 하는 것이 아니다. [이유 명제] 왜냐하면 [파악하는 주체인 앎(覺)은] 파악하는 주체이기 때문이다, [유례 명제] 마치 이 앎을 대상으로 하는 것과 같이.〉

2.

【14.5.0】 이상을 비판적으로 검토해 보자. 여기에는 4개의 추론식이 존재하니, 이것은 '참된 깨뜨리는 것'(眞能破)이다. 자아(我)와 현상(法)[에 관한 잘못된 견해]를 논파하기 때문이고, [제시한 추론인은 어떠한] 오류의 발생도 없기 때문이다. 혹은 이러한 논파에 의거하여

대승을 논파하면서 다음과 같이 말한다.

【14.5.1】〈[주장 명제] 제8식을 대상으로 하는 모든 견해는 아뢰야식의 상분相分을 대상으로 하는 것이 아니다. [이유 명제] [제8식을 대상으로 하는 모든 견해는] 대상을 지닌 것이기 때문이다. [유례 명제] 마치 …같이."

15절. 추가 단간斷簡[50]

"… 何[51]可言類同相異? 同異二義, 耳[52]相乖違而言言[53]體一, 必不應理. 判云, 此中 有九比量. 於中前六, 破彼本執, 後之三量, 破衆賢救. 謂〈和合時, 應非眼等. 異前眼等故. 猶如色聲等.〉又〈類應非同. 與異體一故. 猶如異相. 相亦非異. 與同一體故. 故[54]猶如同類.〉違自比量, 故不應理. 此中, 或有還破大乘, 謂〈大乘色處, 應非假色. 是所知故. 如聲處等.〉餘處亦爾. 若大乘宗許有假色, 則不能離如是等過. 然眞大乘亦不許有如言假色, 說有實色. 故彼比量, 便立. 已成蘊界處等一切法門, 皆於絶言, 假施設故. (十量)"

[H1, 816c3~16]

---

50 간다 기이치로(神田喜一郞) 소장 고사본古寫本의 영인본 출간(1967) 직후 발견된 사카이 우키치(酒井宇吉) 소장본의 내용이다.
51 '何' 앞에 '云'이 있었던 것으로 보인다. '云'을 추가하여 번역한다. 김성철의 교감도 같다.
52 김성철은 '耳'를 '互'로 교감하고 있다. 이에 따른다.
53 '言'자 하나는 잉자剩字로 보인다.
54 '故'는 삭제한다. 김성철의 교감도 같다.

새롭게 발견된 부분 ―『구사론俱舍論』과『순정리론順正理論』의 '감각 기관(根)이 둘인 경우 종류(類)는 같으나 특성(相)은 다르다'는 설說에 대한 비판―

"… 어떻게 종류(類)는 같으나 특성(相)은 다르다고 말할 수 있겠는 가? 같음과 다름은 두 가지 의미로서 [그 의미가] 서로 어긋남에도 '바탕 (體)은 같다.'라고 말하는 것은 결코 이치에 맞지 않다.

이상의 논의에 대해 비판적으로 고찰해 보겠다. 여기에는 아홉 가지 추론식이 있다. 그 가운데 앞의 여섯 가지는 그 본래의 주장을 논파하 고, 뒤의 세 가지 추론식은 중현衆賢의 변명을 논파한다. 그것은 다음 과 같이 말하는 것이다. 〈[주장 명제] 화합할 때에는 눈 등이 아니다. [이 유 명제] 앞에서의 눈 등과 다르기 때문이다. [유례 명제] 마치 모양(色)이 나 소리(聲) 등과 같이.〉 또 〈[주장 명제] 종류(類)는 '같은 것'(同)이어서 는 안 된다. [이유 명제] '다른 것'(異)과 바탕(體)이 같은 것이기 때문이 다. [유례 명제] 마치 '다른 특성'(異相)과 같이. [주장 명제] 특성(相)도 '다 른 것'(異)이 아니다. [이유 명제] '같은 것'(同)과 '동일한 바탕'(一體)이기 때문이다. [유례 명제] 마치 '같은 종류'(同類)와 같이.〉

[이런 추론식은] 자기 학파의 추론식을 위배하기 때문에 이치에 맞지 않다. 이 가운데는 도리어 대승大乘을 논파하는 사람이 있으니, [그는] 다음과 같이 말한다. 〈[주장 명제] 대승大乘에서 말하는 '형상을 지닌 것 들'(色處)은 〈실재하지 않는 '형상을 지닌 것'〉(假色)이 아니어야 한다. [이유 명제] '알려지는 것'(所知)이기 때문이다. [유례 명제] 마치 '소리나는 것들'(聲處) 등과 같이.〉 '다른 지각 대상들'(餘處)의 경우도 마찬가지다. 만약 대승의 주장이 〈실재하지 않는 '형상을 지닌 것'〉(假色)이 있음을 인정한다면 이와 같은 오류들에서 벗어날 수 없다. 그러나 '참된 대승'

(眞大乘)은 말한 바와 같은 〈실재하지 않는 '형상을 지닌 것'〉(假色)이 있음도 인정하지 않으면서 〈사실 그대로의 '형상을 지닌 것'〉(實色)이 있다고 설한다. 그러므로 그런 추론식은 그대로 성립된다. 이미 성립한 온蘊 · 계界 · 처處 등 일체의 법문法門은 모두 말이 끊어진 지평에서 '방편으로 베풀어진 것'(假施設)이기 때문이다. 【이상】 '열 가지 추론'(十量)】"

과단 번역

새롭게 발견된 부분 ─『구사론俱舍論』과『순정리론順正理論』의 '감각기관(根)이 둘인 경우 종류(類)는 같으나 특성(相)은 다르다'는 설說에 대한 비판─

【15.0.0】 "… 어떻게 종류(類)는 같으나 특성(相)은 다르다고 말할 수 있겠는가? 같음과 다름은 두 가지 의미로서

【15.0.1】 [그 의미가] 서로 어긋남에도 '바탕(體)은 같다.'라고 말하는 것은 결코 이치에 맞지 않다.

【15.0.2】 이상의 논의에 대해 비판적으로 고찰해 보겠다. 여기에는 아홉 가지 추론식이 있다.

【15.0.3】 그 가운데 앞의 여섯 가지는 그 본래의 주장을 논파하고, 뒤의 세 가지 추론식은 중현衆賢의 변명을 논파한다.

【15.1.0】 그것은 다음과 같이 말하는 것이다.

【15.1.1】 〈[주장 명제] 화합할 때에는 눈 등이 아니다. [이유 명제] 앞에서의 눈 등과 다르기 때문이다. [유례 명제] 마치 모양(色)이나 소리(聲) 등과 같이.〉

【15.2.0】 또

【15.2.1】 〈[주장 명제] 종류(類)는 '같은 것'(同)이어서는 안 된다. [이유

명제] '다른 것'(異)과 바탕(體)이 같은 것이기 때문이다. [유례 명제]
마치 '다른 특성'(異相)과 같이.

【15.3.1】 [주장 명제] 특성(相)도 '다른 것'(異)이 아니다. [이유 명제] '같
은 것'(同)과 '동일한 바탕'(一體)이기 때문이다. [유례 명제] 마치 '같
은 종류'(同類)와 같이.〉

【15.3.2】 [이런 추론식은] 자기 학파의 추론식을 위배하기 때문에 이치
에 맞지 않다.

【15.4.0】 이 가운데는 도리어 대승大乘을 논파하는 사람이 있으니,
[그는] 다음과 같이 말한다.

【15.4.1】 〈[주장 명제] 대승大乘에서 말하는 '형상을 지닌 것들'(色處)은
〈실재하지 않는 '형상을 지닌 것'〉(假色)이 아니어야 한다. [이유 명
제] '알려지는 것'(所知)이기 때문이다. [유례 명제] 마치 '소리나는 것
들'(聲處) 등과 같이.〉

【15.4.11】 '다른 지각 대상들'(餘處)의 경우도 마찬가지다.

【15.4.12】 만약 대승의 주장이 〈실재하지 않는 '형상을 지닌 것'〉(假
色)이 있음을 인정한다면 이와 같은 오류들에서 벗어날 수 없다.

【15.4.13】 그러나 '참된 대승'(眞大乘)은 말한 바와 같은 〈실재하지 않
는 '형상을 지닌 것'〉(假色)이 있음도 인정하지 않으면서 〈사실 그
대로의 '형상을 지닌 것'〉(實色)이 있다고 설한다.

【15.4.14】 그러므로 그런 추론식은 그대로 성립된다. 이미 성립한 온
蘊・계界・처處 등 일체의 법문法門은 모두 말이 끊어진 지평에서
'방편으로 베풀어진 것'(假施設)이기 때문이다. 【[이상] '열 가지 추
론'(十量)】 "

회향게廻向偈

증成道理甚難思, 自非笑却微易解, 今依聖典擧一隅, 願通佛道流三世.

증명을 이루는 도리는 생각하기가 지극히 어려우나
스스로 비웃으며 밀쳐내지 않고 조금이나마 쉽게 풀어
이제 성스러운 불전에 의지해 그 한 모퉁이를 드러내니
원하옵건대 부처님의 길이 트여 삼세에 유포되게 하소서.[55]

判比量論 一卷 釋元曉述
咸亨二年 歲在辛未 十月十六日
住行名寺 着筆租訖

판비량론 1권, 석원효 지음.
함형 2년 신미년[56] 7월 16일
행명사에 머물며 붓을 잡아 시작하여 마치다.

---

55 김성철은 "富貴原章信은 이 회향게가 오사誤寫된 것이리라고 추정하며, 이대로는
도저히 의미가 통하지 않는다고 토로한다. 그리고 이와 유사한 선주善珠의 『인명
논소명등초因明論疏明燈抄』말미의 회향게만 소개한다. 이는 다음과 같다: 因明道
理深難思 非一切智誰能解 故蒙篤請採百家 爲始學徒授近慧 述而不作爲妙意 披覽後生
勿疑解 今依先迹擧一隅 願通佛道流三世(大正藏68, p.435b.). 김상현은 회향게를 다
음과 같이 번역한다: 증성의 도리는 참으로 어려워 / 자비소각은 이해하기 어렵다
/ 이제 성전에 의지해 한 모퉁이를 드니 / 원컨대 불도가 삼세에 유포되게 하소서
(김상현, 『역사로 읽는 원효』, 고려원, 1994, p199). 김상현 역시 '자비소각'의 의미
는 해석하지 않고 남겨 둔다. 필자는 현존하는 회향게가 원본 그대로일 것이라는
전제 위에 무리이긴 하지만 위와 같이 번역하였다."라고 하면서 자신의 번역을 이
렇게 제시한다. "증성의 이치에 대해 생각하는 일은 지극히 어렵지만 내 웃으며 밀
쳐 버리지 않고 조금이나마 쉽게 풀어 이제 성스러운 불전에 의지해 그 일부를 제시
하니 불도가 소통되어 언제나 계속되기를 바라옵니다."(『원효의 판비량론 기초연
구』, p.411.) '自非笑却微易解'에 관한 김성철의 번역을 수용하면서 번역해 보았다.
56 서기 671년. 원효 나이 55세에 해당한다.

ㄱ

ㅊ

ㅌ

ㅍ

ㅎ

ㄱ

ㅊ

ㅇ

336

ㄱ

ㄷ

ㅂ